인구감소 · 기후변화 시대의

공지의 재발견

유휴 · 방치부동산 살릴 길 찾다

이희연 • 권영상 • 이동근 • 전의찬 공저

문우사
MoonWoo

머 리 말

우리나라는 급격한 출산율 저하와 고령화를 겪고 있기 때문에 선진국보다 훨씬 더 해결해야 할 과제들이 많으며, '저출산·고령화의 덫'을 해결하지 못한다면 불안한 미래를 맞을 수밖에 없다. 인구감소 및 인구구조의 지역별 차이는 주택수요를 비롯한 토지이용 수요와 기반시설 수요에 지대한 영향을 미치게 되며, 지방 중소도시 및 농촌의 공동화 및 유휴시설 발생을 가속화시킬 것으로 예상된다. 이미 지방에서는 인구감소에 따라 개발수요가 감소되고 있는데도 불구하고 과잉개발로 인한 문제들이 심각하다. 뿐만 아니라 지식과 기술 융합이 주도하는 4차 산업혁명 시대에 접어들게 되면서 전통적 제조업 기반의 노후화된 산업단지 문제는 더 심각해질 것이다. 저출산의 여파로 인구감소 추세는 앞으로도 지속될 것으로 전망되고 있어 기개발지의 유휴화가 가속될 것이며, 이를 효율적으로 관리·활용하는 문제가 매우 시급하다. 그러나 지금까지 우리나라는 토지수요에 대한 개발압력을 해결하는 데 초점을 두어왔으며, 과잉공급된 토지에 대한 관리 문제는 소홀하였다. 인구감소를 겪고 있는 대부분 지역에서 토지공급이 토지수요를 초과하면서 과잉공급된 토지이용 문제가 점차 심각하게 부각되고 있다.

인구가 감소하고 경제가 침체되고 있는 해외 도시들의 경우 쇠퇴도시의 부정적 이미지에서, 축소도시라는 긍정적 이미지를 부여하면서 인구, 건물, 토지사용을 적게 하고 덜 개발하는 스마트 쇠퇴(smart decline), 인구 규모가 작으면서도 과거의 역사와 문화유산을 갖고 있는 지역이 아름답다(small and old is beautiful)라는 새로운 발상의 전환을 시도하면서 다양한 정책들을 수립하고 있다. 특히 축소도시를 미래의 '새로운 개발'을 위한 기회로 만들어가고 있다. 성장이라는 환상에서 벗어나 현실적으로 빈 공지나 버려진 건물들을 철거하고 그린인프라, 일시적 활용, 다운 조닝 등 새로운 대안을 통해 지역 주민의 삶의 질을 높이고 주민들이 보다 행복하고 살기 좋은 지역을 만들기 위한 정책들을 과감히 펼치고 있다. 우리나라에서도 도시 성장 패러다임 관점에서 부정적으로 사용되어 온 도시쇠퇴 개념을 보다 긍정적인 개념으로 전환하고 도시의 위기를 기회로 인식하는 변화와 함께 도시재생특별법에 따른 다양한 사업들을 펼치고 있지만 아직까지 가시적인 성과를 거두고 있지 못하다.

인구 감소-기후변화 시대를 맞이하면서 지속적으로 발생하게 되는 유휴·방치부동산을 살릴 길을 찾기 위해서는 도시계획, 도시설계, 조경, 환경에너지 분야의 다학제적, 융·복합적인 연구가 필수적이다. 유휴·방치부동산이 어디서, 어떻게, 왜 발생하는가를 분석하고, 유휴·방치부동산 활용을 위해 법·제도적 측면을 고찰하고 개선 방안을 도출하는 **도시계획** 분야, 빈집이나 노후화된 건축물을 철거 또는 재활용하기 위한 디자인 방안을 제시하는 **도시설계** 분야, 유휴 부지를 녹지화하여 지역주민들에게 생태계서비스를 증진시키는 방안을 연구하는 **조경·생태** 분야, 유휴·방치부동산을 재활용하여 재생에너지 생산과 온실가스 저감 효과 등의 기후변화 대응 방안에 관심을 두는 **환경에너지** 분야의 융·복합적인 연구가 절대적으로 필요하다. 이 책은 서울대학교 연구처에서 공모한 융·복합 연구과제에 선정되어 연구비를 지원받아 지난 1년 동안 '인구감소-기후변화 시대의 공지의 재발견'에 초점을 맞추어 유휴·방치부동산의 살릴 길을 찾기 위해 도시계획, 도시설계, 조경, 환경에너지 분야에서 연구한 결과물을 책으로 출간하게 된 것이다.

이 책은 총 8장으로 구성되어 있다. 1장에서는 인구감소와 기후변화 시대의 도시정책 패러다임이 왜, 어떻게 변화되어야 하는가를 다루었다. 2장에서는 아직까지 우리나라의 경우 유휴 또는 방치된 부동산을 지칭하는 개념적 정의 및 이를 측정하는 기준이 없다는 점을 고려하여 유휴·방치부동산의 개념 정의와 유형별 측정기준을 제시하고, 우리나라 유휴·방치부동산 발생 특성과 실태 양상 및 공간분포 특성을 GIS를 통해 지도화하여 살펴보았다.

3장에서는 유휴·방치부동산에 대한 새로운 도시재생 디자인 방법을 적용하는 데 초점을 두었다. 공폐가를 재활용하기 위해 채움에서 비움으로의 패러다임 전환의 필요성을 강조하고, 실제로 유휴·방치부동산 밀집지구인 부산의 우암동과 문현2동 사례 대상지에 시뮬레이션을 통해 새로운 도시재생 디자인 방안을 적용하였다.

4장에서는 유휴·방치부동산을 녹지화하고 있는 미국의 대표적 도시들을 살펴본 후, 부산시를 대상으로 하여 유휴·방치부동산의 녹지화를 통한 생태계서비스 증진 방안을 모색하였다. 특히 유휴·방치부동산을 활용하여 지역주민들이 필요로 하는 생태계서비스 수요를 충족시키는 데 초점을 두었다.

5장에서는 신재생에너지 생산과 관련된 국내·외 정책과 유휴·방치부동산을 활용하여 신재생에너지를 생산하고 있는 국내·외 사례들을 소개하였다. 또한 부산시 강서구의 미활용 공공부지, 미활용 폐교, 저이용 체육시설을 활용하여 태양광발전을 하는 경우와 대저생태공원을 대상으로 바이오연료 작물을 재배하는 경우 에너지 생산량과 온실가스 배출 감축 효과를 시뮬레이션을 통해 분석하였다.

6장에서는 해외 유휴·방치부동산 관련 정책 및 전략에 대해 고찰하였다. 특히 유휴·방치부동산의 관리 및 활용에 다양한 경험과 노하우를 축적하고 있는 미국, 일본, 영국의 정책을 중점적으로 살펴보았다. 빈집 발생에 대비한 사전 방지 전략, 이미 발생한 빈집에 대한 대응 전략 및 빈집 활용을 위한 다각적인 제도들에 대해 폭넓게 고찰하였다.

7장에서는 우리나라에 초점을 두고 유휴·방치부동산 활용과 관련된 우리나라 법령 및 정책과 사업들을 고찰하였다. 다양한 유휴·방치부동산(빈집, 빈 점포, 노후화된 산업단지, 폐교와 미활용되고 있는 철도부지)과 관련된 법령과 정책 및 사업들을 고찰한 후, 향후 유휴·방치부동산을 활용하고자 하는 경우의 문제점을 도출하였다.

마지막 8장에서는 유휴·방치부동산 재활용을 위한 새로운 도시재생 방안을 모색하였다. 인구감소-기후변화 시대의 유휴·방치부동산을 살릴 길을 찾기 위한 제도적 기반과 새로운 전략을 모색하였다. 새로운 전략으로 유휴·방치부동산 밀집지구에 커뮤니티 셰어하우징을 통한 삶터와 쉼터 공간 조성, 노후·미활용 산업부지를 활용하여 스테이케이션 레포츠 공간 조성, 그리고 폐교를 활용한 함께 늙어가는 시니어 코하우징 방안을 예시하였다.

아직까지 우리나라의 경우 다양한 유형의 유휴·방치부동산을 포괄하여 다룰 수 있는 개념이 부재하고, 각 유형별 유휴·방치부동산의 발생량을 측정하는 방법이 부재하다는 점을 고려해 볼 때, 이 책은 다양한 자료들을 수집·가공하여 유형별 유휴·방치부동산의 발생량을 간편하고 적실하게 측정하는 방법을 제시하였다. 또한 유휴·방치부동산 관련 법, 제도, 정책 및 사례들을 폭넓게 고찰하고, 유휴·방치부동산 문제를 해결하는 데 관심을 둔 여러 분야에서의 전략과 정책 및 사업들에 대한 다양한 사진과 이미지들을 제공하여 독자들이 읽기 쉽도록 하였다. 더 나아가 우리나라 전국적 차원에서의 유형별 유휴·방치부동산의 발생과 공간 분포 특성을 다루는 한편, 구체적인 사례지역을 선정하여 밀착형 현장조사와 다양한 사람들과의 심층 인터뷰 및 설문조사를 통해 유휴·방치부동산 실태에 대한 현장감뿐만 아니라, 시뮬레이션을 통해 해당 유휴·방치부동산을 활용하는 경우 변화된 새로운 경관까지 보여주는 등 유휴·방치부동산을 주제로 하여 매우 포괄적이면서도 총체적인 시각을 제공하고자 노력하였다.

이 책이 유휴·방치부동산 발생 문제를 겪고 있는 해당 지자체장, 토지이용계획을 관할하는 국토교통부 관계자들, 학계 전문가들, 이 분야와 관련된 연구원, 그리고 학부, 대학원생들에게 유휴·방치부동산의 살릴 길을 모색하고 제도화하는 방안을 강구하는 안내서가 되었으면 하는 바람이다. 특히 이 책을 통해 향후 해당 도시 특성에 부합되는 유휴·방치부동산의 맞춤형 활용 방안을 모색하는 데 유익한 아이디어를 제공함으로써 국토의 지속가능성과 지역주민의 삶의 질을 향상시키는 데 기여하였으면 한다.

끝으로 융·복합 연구를 수행할 수 있도록 재정적 지원을 해주신 서울대학교에 깊은 감사를 드리며, 이 책을 펴낼 수 있도록 도와주신 문우사 김영훈 사장님께도 깊은 감사를 드린다. 지난 1년 동안 인구감소-기후변화 시대의 공지의 재발견을 위해 고심하면서 열정적으로 연구에 참여해준 융·복합 연구팀의 교수들과 도시계획팀의 한수경, 손은정, 맹희영; 도시설계팀의 유혜정, 박주영; 조경·생태팀의 김예화, 박윤선; 환경에너지팀의 강성민, 전영재 석·박사 학생들에게도 감사의 마음을 전한다. 그리고 무엇보다도 이 책이 출판될 수 있도록 지혜와 건강을 허락해주신 하나님께 무한한 영광을 드린다.

2017년 6월
푸르름이 짙어 가는 관악산을 바라보면서
대표 저자 이희연 씀

목 차

01 인구감소와 기후변화 시대의 도시정책 패러다임의 변화

1. 도시 쇠퇴에 따른 도시재생 정책 및 전략
2. 도시축소·기후변화 시대의 도시정책 패러다임의 변화

1 도시 쇠퇴에 따른 도시재생 정책 및 전략

1) 인구감소와 기후변화 시대의 특징과 이슈들

(1) 인구감소 추세와 문제

우리나라는 선진국들에 비해 급격한 출산율 저하와 고령화를 겪고 있기 때문에 해결해야 할 과제들이 훨씬 더 많으며, '저출산·고령화의 덫'을 해결하지 못한다면 불안한 미래를 맞을 수밖에 없다. 우리나라는 2012년 6월에 세계에서 7번째로 '20-50 클럽'에 속하게 되는 뜻깊은 순간을 맞이하였다. '20-50 클럽'은 1인당 국민소득 2만 달러-인구 5,000만 명을 동시에 충족하는 국가를 뜻하는 신조어로서, 일반적으로 1인당 국민소득 2만 달러는 선진국으로 진입하는 기준으로, 인구 5,000만 명은 인구 대국을 분류하는 기준으로 인식되고 있다(조선일보, 2012. 5. 28.). '20-50 클럽'에 처음으로 진입한 국가는 일본(1987년)이며, 그 뒤를 이어 미국, 프랑스, 이탈리아, 독일, 그리고 1996년에 영국이 진입하여 총 6개국이었다. 이는 두 가지 기준을 충족하는 것이 쉽지 않음을 시사해준다.

그러나 1960~1970년 동안 2.21%로 증가하던 우리나라의 인구성장률은 계속 감소 추세를 보이면서 2060년에는 -1.0%까지 낮아질 전망이다. 이에 따라 2030년에 5,216만 명까지 증가하지만, 그 이후부터는 인구가 지속적으로 감소하여 2045년 4,981만 명, 2060년에는 4,396만 명이 될 것으로 예상된다. 이러한 인구감소 추세는 미래 국가 경쟁력에 상당히 부정적 영향을 미치게 될 것이다.

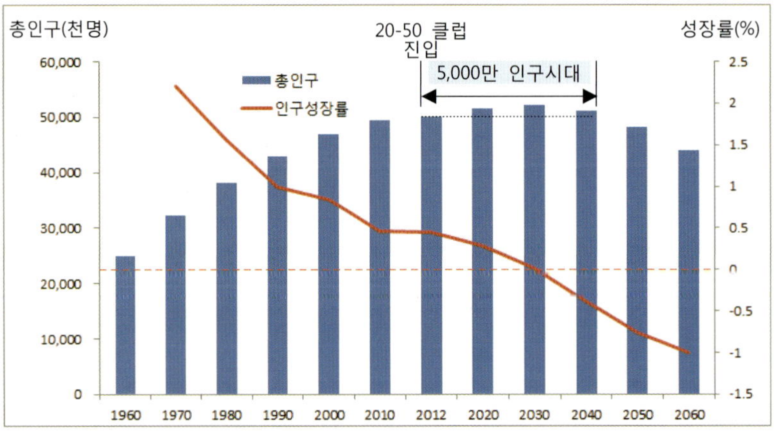

출처: 통계청(2011), 장래인구추계: 2010-2060.

그림 1-1. 우리나라의 인구변화 추세, 1960~2060년

인구성장률의 감소는 곧바로 노동력성장률의 감소로 이어지게 된다. <그림 1-2>에서 볼 수 있는 바와 같이 우리나라는 2017년 이후 노동력성장률도 (-)를 경험할 것으로 예측되고 있다. 미래 경제를 전망하는 데 있어서 노동력성장률 또는 생산가능인구의 비중이 중요한 이유는 이러한 현상을 단시간 내에 역전시키기 힘든 지속성을 갖고 있기 때문이다. 인구감소 추세에 따른 노동력성장률 감소 현상은 우리나라뿐만 아니라 전 세계 주요 국가들이 겪고 있는 공통적인 현상이지만, 우리나라의 경우 그 감소폭과 감소 속도가 세계 최고 수준이다.

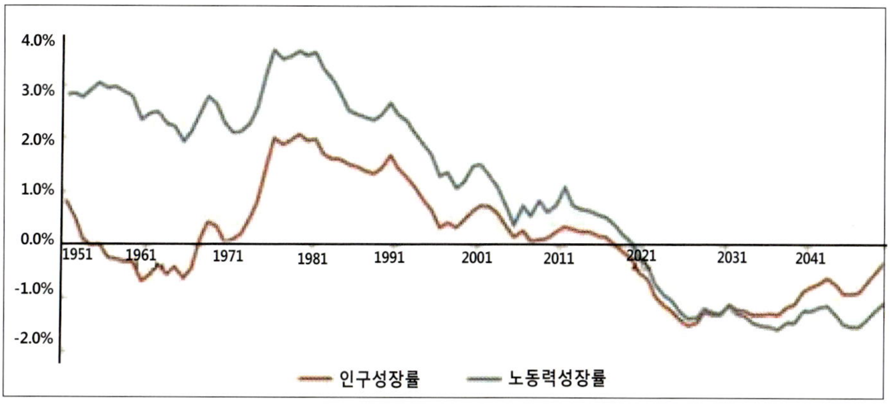

출처: OECD(2012), Economic Survey of Korea.

그림 1-2. 한국의 인구성장률과 노동력성장률의 변화 추세 전망

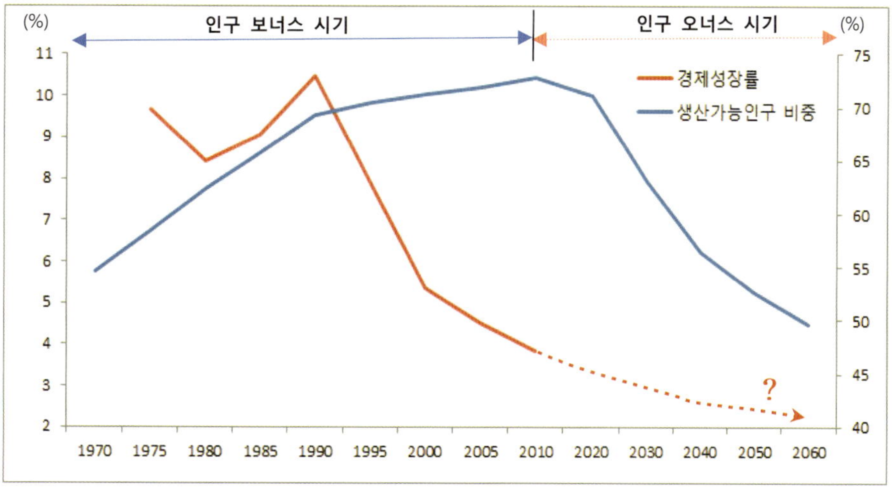

주: 경제성장률은 실질GDP성장률이며 기간의 평균치임.
출처: 한국은행, 국민소득; 통계청(2011), 장래인구추계: 2010-2060.

그림 1-3. 우리나라의 생산가능인구 비중과 실질 경제성장률 추이

지난 50여 년간 우리나라는 생산연령층 비중의 증가로 인해 세계 경제의 불황기에도 상당한 수준의 경제성장률을 달성해왔다. 1970년대 중반부터 1990년대 중반까지 우리나라의 실질 경제성장률은 8~10% 수준을 보여 왔으며, 이 기간 동안 생산가능인구의 비중은 55%에서 70% 수준까지 높아졌다. IMF 이후 세계 경제가 어려웠던 2008년을 지나면서도 우리나라가 4% 수준의 경제성장률을 유지할 수 있었던 것도 인구 보너스 시기에 해당되었기 때문이다.

그러나 2017년부터 우리나라의 생산가능인구는 감소될 것으로 전망되고 있다. 일본의 경우 1992년부터, 미국은 2008년부터 생산가능인구 감소가 시작되면서 경제적 어려움을 겪었다. 생산가능인구 감소 여파에 대해 혹자는 노동생산성을 높이면 되지 않겠느냐고 반문하지만, 최근에 들어서면서 경제는 인구이고, 인구는 국력이라는 주장이 다시 힘을 얻고 있다. 이미 고전 경제학자 맬서스(Tomas Malthus)의 인구론(인구 증가가 경제 발전을 저해하는 요인)은 전혀 현실감이 없는 것으로 입증되면서 노벨경제학상을 수상한 쿠즈네츠(Simon Kuznets)의 '인구 증가는 경제 성장을 오히려 촉진시킬 수 있다'는 주장이 상당히 설득력을 얻고 있다. 그의 주장에 따르면, 생산기술의 혁신이 급진전되고 있는 현시대에 인구 증가는 혁신 가능성을 높여 주며, 그 결과 1인당 GDP가 증가하고 부양가능인구가 증가한다는 것이다. 이처럼 인구 증가가 부(富)의 지도를 바꾸게 되는 시대가 도래하고 있다.

한편, 피터 드러커(Peter Druker)는 인류 최대 혁명은 '인구가 줄어드는 혁명'이라고 지적하면서 인구 감소가 매우 심각한 현상이라는 점에 경종을 울리고 있다. 저출산·고령화로 인해 생산가능인구가 줄어들면서 세금이 감소되는 데 비해, 의학의 발달에 힘입은 급속한 고령화로 인해 연금과 의료비용이 상승하면서 국가 재정이 악화되는 상황이 초래된다. 우리나라의 경우 2017년부터 생산가능인구 비중이 감소되면서 경제성장세도 하락할 수밖에 없는 인구 오너스 시기로 접어들게 된다(그림 1-3 참조). 생산가능인구의 비중이 줄어들면 경제활동인구도 줄어들게 되고, 이는 노동력 부족과 노동생산성 저하로 이어지게 된다. 또한 생산가능인구 감소로 인해 수요가 감소되는 한편 노인 부양비 상승으로 소비와 저축률이 떨어지게 되고, 이에 따라 저축감소에 의한 경상수지 악화 가능성이 높아지며 궁극적으로는 자본 축적 둔화, 국가 재정 악화, 경제 성장 침체, 성장 잠재력 저하의 악순환을 겪게 될 것이다. 이와 같이 생산가능인구의 감소가 지속되는 한 어떠한 유형의 경기부양책도 한계를 가지며 그 효과를 기대하기 매우 어렵다.

우리나라의 합계출산율은 OECD 국가들 중에서 가장 낮은 수준이며, 출산율과 더불어 한국 사회는 세계적으로 유례없는 고령화 현상을 경험하고 있다. 저출산·고령화는 인구구조의 변화뿐만 아니라 생활양식의 다변화를 가져온다. 즉, 저출산·고령화는 사회의 기본 단위인 가족 형태의 변화를 비롯하여, 국토 공간의 이용 및 개발 수요에 지대한 영향을 미친다. 지난 반세기 동안 우리나라는 지역 간 인구증감 추세의 엄청난 변화를 겪어 왔으며, 이러한 추세는 앞으로 더욱 심화될 것으로 전망된다. 한 국가 내의 지역별 인구증감은 자연적 증가와 인구이동에 의한 사회적 증가에 의해 영향을 받게 된다. 2010~2040년 동안 시·도별 자연증가율 추세를 살펴보면, 2010~2015년에 전남과 강원에서 먼저 출생아보다 사망자가 많아지는 마이너스 자연증가가 시작되어, 2015~2020년에는 경북, 전북, 부산에서, 2020~2025년에는 경남에서, 2025~2030년에는 충청과 대구에서, 그리고 2035~2040년에는 16개 시·도 모두 마이너스 자연증가를 보일 전망이다(통계청, 2012). 이렇게 시·도별 자연증가율 추세는 시기만 다를 뿐 모두 마이너스를 보이고 있어 전국적으로 인구감소를 경험하게 된다. 따라서 지역 간 인구변화 추세는 인구이동에 의한 사회적 증가에 의해 지대한 영향을 받을 것임을 예상할 수 있다. 우리나라의 경우 지역별로 인구감소 및 인구구조의 변화 추세가 매우 다르기 때문에 이로 인해 국토공간에 미치는 영향력도 지역별로 상당히 달라질 수밖에 없다. 향후 우리나라의 인구감소 및 인구구조의 변화는 이미 형성된 국토공간구조를 변형시키기보다는 오히려 강화시키는 방향으로 작용할 것으로 전망된다. 수도권 및 대도시권과 중소도시 및 농촌에 미치는 저출산·고령화 추세와 외국인 증가 경향 등의 인구구조 요인들의 영향력과 파급효과는 엄청나게 다를 것이다. 인구구조 변화에 따라 국토공간 상에 '인구증가 → 젊은 연령층 인구유입 → 경제활력 유지 → 생활수준 향상 → 추가적 인구유입'의 선순환과 그 반대의 악순환이 전개될 가능성이 높아, 인구구조에 의한 지역발전의 이중구조는 점점 더 고착화될 가능성이 높다.

최근 일본 창성회의 의장인 마스다 히로야가 저술한 「지방소멸」이라는 책이 상당히 이슈가 되고 있다(增田寛也, 2014/2015). 이 책에서 그는 향후 30년 이내에 일본은 '대도시만 생존하는 극점 사회'를 맞게 될 것이라고 예측하면서, 20~39세 여성인구를 지방소멸의 핵심지표로 설정하고 2010~2040년 동안 20～39세 여성인구가 50% 이하로 감소하는 지방자치단체 896곳이 '소멸 가능성'이 있다고 전망하였다. 고령화로 인해 인구 재생산의 잠재력이 극도로 저하된 상황에서 '젊은 여성'이 머무르지 않는다면 그 지역사회는 유지될 수 없다는 것이 이 책의 핵심 메시지이다. 지방소멸이란 용어가 다소 극단적인 표현이라고도 볼 수 있지만, 그만큼 '지방인구의 균형'이 무너지면 일본 사회에 어떠한 현상이 도래할 것인지에 대한 경종을 울린 이 책은 한국사회에도 많은 시사점을 주고 있다.

이 아이디어를 바탕으로 이상호(2016)는 우리나라 지방소멸 가능성을 측정하는 지표로 '20~39세 여성인구(가임여성의 90% 이상이 이 연령대에 속함) 비중'을 기준으로 하여 분석한 결과 2016년 '65세 이상 고령인구'와 '20~39세 여성인구'의 비율이 역전되는 것으로 나타났다. 2004년 우리나라의 20~39세 여성인구 비중은 16.9%로 65세 이상 고령인구 8.3%보다 2배 정도 많았으나, 11년이 지난 2015년 여성인구는 전체 인구의 13.4%로 줄어든 반면 65세 이상 고령인구는 13.1%를 차지하여 거의 1:1의 비율을 보이고 있다. 이와 같이 젊은 여성인구와 고령인구의 비율이 역전되는 데 걸린 기간을 보면 일본이 16년, 미국이 21년인 데 비해 우리나라는 불과 11년이 소요되었다. 고령인구 비중과 20~39세 여성인구 비율이 1.0이라는 것은 인구가 유지되는 최소한의 방어선이라고 할 수 있다. 만일 이 비율이 1.0 이하로 떨어질 경우, 인구 소멸의 위험성은 상당히 커진다. 실제로 2004년 20~39세 여성인구 비중이 10%에도 미치지 못하는 지자체는 6개에 불과했으나 2014년에는 77개 지자체로 증가하였다. 여성인구 비율이 10% 미만인 데 비해 고령인구 비율이 20%를 넘는다면 두 지표 간 비율은 0.5 이하가 될 것이다. 실제로 2015년 이 비율이 0.5 미만인 지자체 수는 79개이며, 대부분 비수도권에서 나타나고 있다. 특히 전남의 경우 인구소멸 위험지역이 3/4 이상(22개 지자체 가운데 17개 지자체)을 보이고 있다.

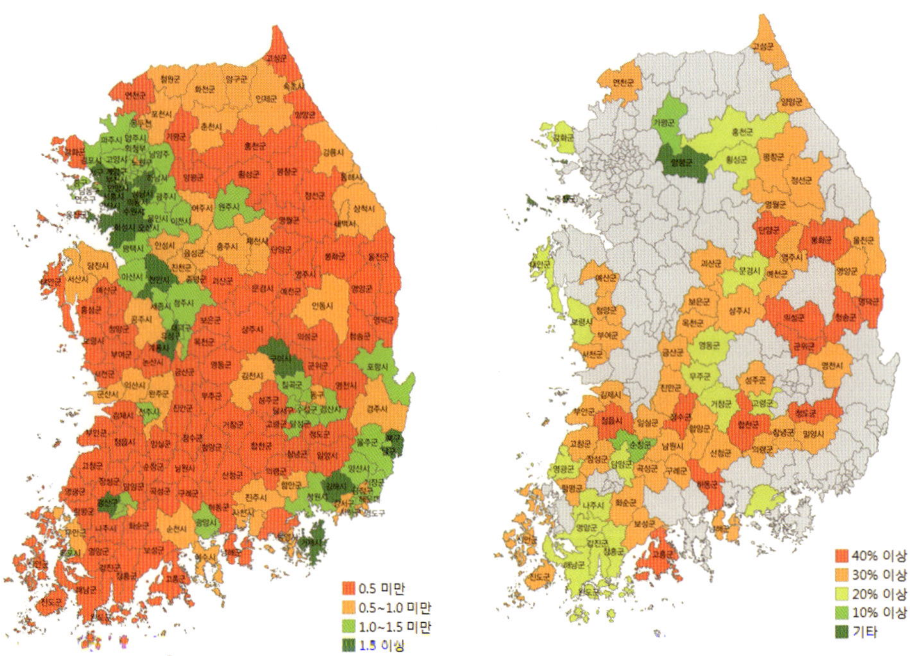

(A) 20-39세 여성인구와 65세 이상 고령인구 비율

(B) 20-39세 여성인구 비중이 10% 미만 지자체에서의 여성인구 감소율(2014년/2004년)

출처: 이상호(2016), p.8, p.11.

그림 1-4. 인구감소로 인해 소멸위기에 놓여있는 지역들

'인구소멸'이라는 위기의식이 커지면서 각 지자체별로 다양한 출산 장려 정책을 도입하고 있다. 일례로 경북 의성군의 경우 2005년 약 6,000명이던 20~39세 여성인구가 2015년 3,435명으로 감소함에 따라, 2016년에 들어와 출산장려금과 양육비 지원을 대폭 확대하였으며, 넷째 아이를 낳으면 1,850만원을 지원하고 있다[1]. 재정자립도가 낮고 재정이 충분치 않은 의성군에서 이렇게 출산 지원금을 크게 늘린 것은 젊은 여성인구의 감소로 인해 인구소멸 위기의식이 강하게 작용하였음을 엿볼 수 있다.

인구감소 및 인구구조의 지역별 차이는 국토공간구조와 토지이용에도 엄청난 파급효과를 가져오게 될 것이다. 직접적으로는 주택 수요를 비롯한 토지이용 및 기반시설 수요에 지대한 영향을 미치며, 지방 중소도시 및 농촌의 공동화와 유휴시설 발생을 가속화시킬 것으로 예상된다. 이미 지방에서는 인구감소로 인해 개발수요가 감소하는 상황에 직면하면서도 개발이 행해지면서 과잉 공급으로 인한 미분양 문제들이 심각하게 나타나고 있다. 특히 도시계획 권한이 지방자치단체로 이양되면서 지방자치단체장의 정치적 판단에 따라 무리하게 개발 사업이 시행되는 사례들이 나타나고 있다. 인구가 감소되어 택지에 대한 수요가 감소하고 있는 상황에서 무리한 개발사업은 국토이용 차원에서 심각한 문제를 남기게 될 것이다. 뿐만 아니라 지식기반사회가 진전되고 지식·기술의 융복합화를 기반으로 하는 신산업 동력이 세계 경제성장을 주도하게 되면서 제조업 기반의 노후화된 산업단지가 유휴화되는 현상도 발생하고 있다. 전 세계적으로 무역이 더욱 활발해지면서 농지에 대한 수요도 점차 줄어들고 대규모 산업단지가 노후화되어가는 현 상황은 향후 우리나라의 토지이용계획 및 정책에서의 패러다임 전환이 필요함을 시사해준다. 앞으로 우리나라의 경우 토지수요와 공급의 지역 간 불균형 문제가 중요한 이슈로 떠오를 것으로 전망된다. 또한, 인구 감소와 산업의 재구조화에 따라 축소도시들의 심각한 쇠퇴 문제, 저성장에 따른 실업 문제, 그리고 기성 시가지의 유휴 공간 및 공폐가 발생 등 다양한 문제들이 부각될 것이다.

(2) 기후변화 시대의 특징과 이슈들

미래사회가 직면하게 되는 또 다른 중요한 위기 요인은 기후변화이다. 기후변화는 국토환경, 국토 공간구조, 에너지와 자원이용, 교통체계, 경제, 문화 등 다방면에

1) 의성군의 지원금을 보면 첫째아 지원금은 100만원(출생 50만원, 첫돌 50만원), 둘째아 지원금은 210만원(출생 100만원, 첫돌 50만원, 5만원×12개월=60만원), 셋째아 지원금은 1,550만원(첫돌 50만원, 25만원×60개월=1,500만원), 그리고 넷째아 이상 지원금은 1,850만원(첫돌 50만원, 30만원×60개월=1,800만원으로 인구소멸 위기를 벗어나고자 적극적인 출산 장려책을 도입하고 있음.

걸쳐 영향을 미친다. 아울러 기후변화는 단순히 지역적 차원에서 나타나는 자연현상이 아니라, 지구적 차원의 영향을 갖기 때문에 지구 공동체적 관점에서도 중요하게 고려되고 있다. 전 지구적 차원에서 기후변화에 대응하기 위해 선진국뿐만 아니라 개발도상국의 온실가스 배출량 감축과 기후변화 적응을 위해 다각적인 방안들이 모색되고 있다. 기후변화 문제를 해결하고자 노력하는 가운데 녹색기후기금(GCF: Green Climate Fund)이 설립되었고 2012년 말 우리나라에 GCF 사무국을 유치하게 되었다.

기후변화에 의한 지구의 평균 기온 상승은 해수면 상승과 강수량 변화와 같이 환경에 직접적 영향을 미칠 뿐만 아니라, 지역에 따라 수자원, 에너지, 농업, 식량, 보건, 생태계 부문 등을 포함하여 인간의 삶과 관련된 다양한 부문에 지대한 영향을 준다. 특히 도시화가 진전되고 해안지역의 인구 집중화가 심화되면서 홍수와 가뭄 피해는 더욱 커지고 있다. 실제로 1980~2000년 동안 홍수 재난 건수는 230%, 홍수 피해자는 114% 증가했고 가뭄 재난 건수도 38% 증가하였다(CRED, 2011).

기후변화에 관한 정부간협의체(IPCC: Intergovernmental Panel on Climate Change) 제5차 평가 종합보고서(2014)에 따르면, 온실가스의 감축 없이 현재와 같은 추세로 온실가스를 배출하는 경우(RCP 8.5)[2], 21세기 말(2071~2100년) 지구의 평균 온도는 1986~2005년에 비해 3.7℃, 해수면은 63cm 상승할 것으로 전망되고 있다. 만일 온실가스 감축이 상당히 실현되는 경우[3] 평균기온은 1.8℃, 해수면은 47cm 정도로 상승 폭을 완화시킬 것으로 예상하고 있다. 하지만 지금 당장 온실가스 배출을 '0'으로 줄인다고 하더라도 이미 배출된 이산화탄소의 20% 이상이 1,000년 넘게 대기 중에 남아 있기 때문에 기후변화 양상은 수백 년 더 지속된다는 점도 경고하고 있다. 기후변화로 인한 영향력은 우리나라에서도 직면하고 있는 심각한 문제이다. 기상청(2012)이 발표한 '한반도 미래기후변화 전망 보고서'에 따르면 현재 추세대로 온실가스를 계속 배출하는 경우(RCP 8.5), 21세기 말(2071~2100년) 한반도 평균기온은 현재(1981~2010년)보다 5.7℃ 상승, 강수량은 약 18~20% 정도 증가할 것으로 전망된다. 특히 온실가스 배출로 인한 기온 상승, 폭염, 열대야, 호우 증가가 더 심화될 것으로 예상되며, 만일 온실가스 감축이 이루어지는 경우 기후변화

2) IPCC에서는 대표농도경로(RCP: Representative Concentration Pathways)는 인간활동이 대기에 미치는 복사량으로 온실가스 농도를 정하고 있음. 하나의 대표적인 복사강제력(온실가스 등으로 에너지의 평형을 변화시키는 영향력의 정도를 의미하는 양)에 대해 다양한 시나리오를 세울 수 있다는 의미에서 '대표(Representative)'라는 단어를, 온실가스 배출 시나리오를 시간 흐름에 따른 변화를 보기 위해 '경로(Pathways)'라는 단어를 사용함. 여기서 RCP 2.6(최선의 시나리오: 인간 활동에 의한 영향을 지구 스스로 회복 가능한 경우), RCP 4.0~6.5(온실가스 저감 정책이 상당히~어느 정도 실현되는 경우), RCP 8.5(현재 추세(저감 없이)로 온실가스가 배출되는 경우)임. 최악의 시나리오인 RCP 8.5인 경우 2100년 이산화탄소 농도는 936ppm에 도달할 것으로 전망됨.

3) 2100년 이산화탄소 농도가 538ppm에 도달할 경우임.

완화는 기온과 강수량보다는 폭염과 열대야 등에서 그 효과가 더 클 것으로 전망되고 있다.

최근 지구 온난화의 영향으로 인해 여름은 더 더워지고 겨울은 더 추워지는 경향이 나타나면서 자연재해의 발생 빈도와 피해가 점점 더 커지고 있다. 자연재해 가운데 우리나라에 가장 큰 피해를 주는 것은 태풍과 호우이며, 겨울철 대설 피해도 점차 커지고 있다. 지난 35년 동안 우리나라에서 발생한 자연재해 피해를 보면, 태풍과 호우 강도에 따라 피해 정도가 상당히 다르게 나타나고 있다. 1987년 태풍 셀마로 인해 1,000명 이상의 인명 피해가 발생하였고, 1989년 홍수와 1998년 태풍으로 인해 각각 307명과 384명의 사망자 및 실종자가 발생하였다. 2000년 이후 자연재해로 인한 인명 피해자수는 줄어들고 있으나 피해액은 계속 증가하고 있다.

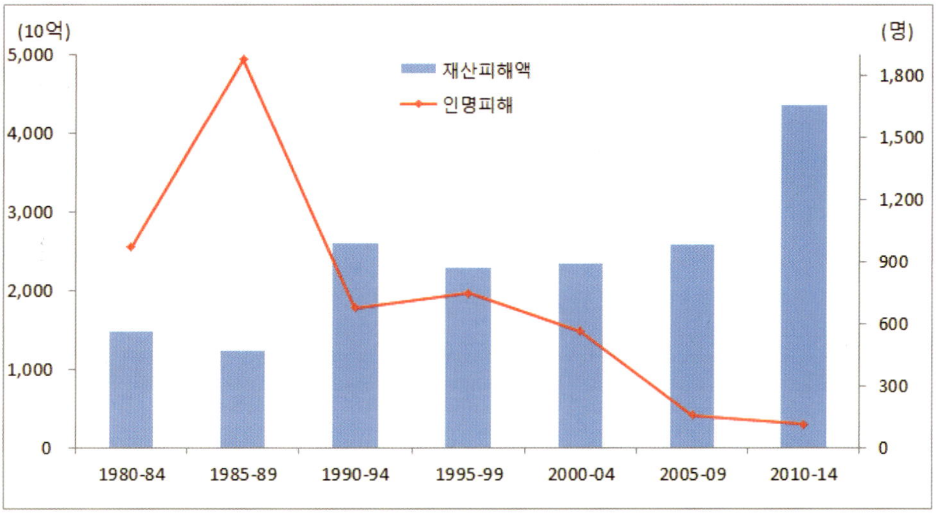

주: 태풍, 홍수, 호우, 강풍, 풍랑, 해일, 조수, 대설, 가뭄, 지진과 이에 준하는 자연재해로 발생한 피해자수와 피해액이며, 자연재해피해액은 2014년 환산가격으로 나타낸 액수임.
출처: 국민안전처, 재해연보(1980-2014)

그림 1-5. 자연재해로 인한 피해, 1980~2014년.

2000년대 들어와 엄청난 큰 피해를 준 자연재해로는 2002년 8월 말에 발생한 태풍 루사(246명 인명피해와 5.1조원의 재산피해), 2003년 9월 태풍 매미(131명 인명피해와 4.7조원의 재산피해), 그리고 2006년 7월 7일~29일까지 계속된 태풍 에위니아, 빌리스, 개미와 장마전선에 의한 집중호우(63명 인명피해, 1.9조원의 재산피해)를 들 수 있다. 이로 인해 지난 10년(2000~2010년) 동안 기상재난으로 인한 자연재해 피해액은 총 20.8조원에 달하고 있으며, 재해유형별로 보면 태풍(60.4%), 호우(27.2%), 대설(11.9%)이 총 피해액의 99.4%를 차지하고 있다. 우리나라 자연재해로 인한 피해액 추세를 보면, 2000년 이후 대형재난 피해액이 2000년 이전 시기의 연평균 피해액의 4배에 달할 정도로 증가 추세를 보이고 있다. 인명피해는 감소 추세를 보이고 있으나, 기반시설 확충과 자산시설의 가치 증대 등에 따라 재난으로 인한 피해액수는 급격히 증가하고 있다.

또한 2011년 7월 26~28일 동안 서울에 588mm라는 기록적인 강수로 인해 우면산 산사태가 발생하여 인명 피해 및 많은 침수피해를 입었다. 우면산 산사태 사례는 각종 기반시설과 인구가 밀집되어 있는 지역에서 기후변화로 인한 재해가 발생하는 경우 얼마나 피해가 심각하며, 또 재해에 취약한가를 잘 드러낸 사례이다. 지난 30여 년간 전국적으로 볼 때 침수면적은 감소하고 있으나 수해 피해액은 증가하는 추세를 보이고 있는데, 이는 재해 대응책이 충분히 갖추어지지 못한 도시들에서 재해가 발생하는 경우 피해가 훨씬 더 커지고 있음을 말해준다.

출처: http://m.blog.daum.net/47euymyung/7954501.

그림 1-6. 우면동 산사태 당시 상황

인구감소와 마찬가지로 기후변화에 따른 영향력도 지역적 차원에서 상당히 다르게 나타난다. 모든 지역이 유사하게 자연재해로 인해 피해를 입는 것이 아니라 지형적 영향과 기반시설 확충 정도에 따라 자연재해 피해 규모가 지역별로 불균등한 분포를 보이고 있다. 특히 해당지역의 개발정도, 재해취약지역 유·무에 영향을 받을 뿐만 아니라 인문사회학적 측면(지역의 인구, 사회, 경제적 요인, 지역방재 태세, 주민의식 등)에 따라서도 달라지는 것으로 알려져 있다(김양수, 2005)[4]. 또한, 자연재해로 인해 피해를 입은 지역들 중에서도 해당 지역의 역량에 따라 원상태로 회복하고자 하는 능력(회복력)이 차이를 보이고 있다. 따라서 기후변화 시대를 직면하면서 도

4) 일례로 도시지역의 경우 도시개발에 따른 불투수층 면적의 증가로 인하여 도시화 비율이 가장 높은 대도시에 상습수해지역이 많이 분포하며, 도시지역 중에서 대도시·중소도시의 경우 도시화 과정에서 체계적인 방재대책을 수립하지 않아 내수배제 불량에 의한 침수가 주로 발생함. 그렇지만 산간지역이나 농촌의 경우 하천 미정비 등으로 인하여 외수침수에 의한 피해발생 비율이 높음(감사연구원, 2009).

시 및 지역계획을 수립하는 데 있어서 자연재해로 인한 피해 예방과 회복력을 키우기 위한 정책들이 주요 이슈로 다루어져야 한다.

기후변화에 관한 국제연합 기본협약(UNFCCC: United Nations Framework Convention on Climate Change)에서 제시하는 기후변화 대응방안에는 기후변화의 주된 원인이 되는 인간 활동에 의한 지구 온난화 현상을 저감하는 것으로, 지구온난화를 유발시키는 온실가스 배출을 제한하고 흡수원을 증가시키는 '완화(mitigation)'와 기후변화에 의해 초래되는 피해에 대한 취약성을 감소시키고 회복력을 증진시키는 '적응(adaptation)'의 두 가지 방법이 있다. 온실가스 감축 의무가 있는 선진국은 배출권 거래 및 해외로의 청정개발체제(CDM: Clean Development Mechanism) 사업을 통해 온실가스 배출량 감축 목표량을 달성하기 위해 '완화'에 더 치중하고 있다. 반면에 개발도상국의 경우 직접적으로 온실가스 배출량을 줄이거나 흡수하려는 감축 노력보다는 국가의 경제성장을 위해 국토개발을 수행하는 한편 기후변화로 인한 위험을 최소화하고 재해로 인한 피해에 대처하려는 '적응' 부문에 더 많은 관심을 기울이고 있다. 특히 개발수요가 매우 높은 개발도상국의 경우 탄소배출에 대한 규제와 기후변화로 인한 피해는 개발도상국의 경제개발 성과를 상쇄시킬 수 있기 때문에, '완화'와 '적응' 방안을 동시에 도입하기 매우 어렵다.

표 1-1. 기후변화에 대응하는 완화와 적응의 특징

구분	완화	적응
관심 사항	• 기후변화 원인	• 기후변화 결과
공간 규모	• 지구적 차원의 기후변화 감소	• 지역적 차원의 피해 감소
영향 범위	• 기후변화의 부정적·긍정적 영향 모두 감소, 적응 촉진	• 기후변화의 긍정적 영향을 활용, 부정적 영향을 감소시키는 선택적 행위
시간 프레임	• 장기적 편익	• 단기적 편익
대안의 비용-편익	• 온실가스 감축효과의 정량화 및 대안별 비교 가능	• 정량화의 어려움, 지역에 따라 비용-편익 차이 발생
비용 주체 및 수혜자	• 배출원 또는 지역의 비용 부담 • 주로 타인에게 이익 • 지구적 편익, 미래 세대에게 편익	• 지역의 비용 부담 • 주로 적응행위 이행 주체에게 이익 • 지역적 편익
대응 부문	• 에너지, 수송, 건물, 산업 부문	• 도시계획, 물, 농업, 보건, 연안지역 부문
형평성	• 상대적으로 덜 취약한 국가의 무임승차 발생	• 기후변화를 야기한 원인자가 아닌 지역이 피해 입음
인센티브	• 인센티브 필요	• 인센티브 필요성 낮음
시급성	• 정치적 시급성 및 정당성 낮음	• 정치적 시급성 및 합법성 높음

출처: 이세원·이희연(2013), p.97.

그러나 완화와 적응은 상충적이라기보다는 서로 보완적인 성격을 가지고 있으므로 동시에 추구해야 하며, 완화 및 적응 전략 간의 상호관계를 이해하면서 통합적인 정책을 수립하는 것이 바람직하다. 따라서 개발도상국의 경우 경제개발·국토개발을 수행하는 동시에, 온실가스 발생량을 완화할 수 있도록 도시의 토지이용 계획 및 교통 인프라(특히 자전거 및 대중교통 비율 증대), 에너지 절약과 함께 신재생에너지 보급 확대, 녹지화 전략을 수립하고, 기후변화로 인한 재해 방지를 위해 인프라를 구축하는 전략이 무엇보다도 필요하다.

한편, 우리나라의 2013년 온실가스 총배출량은 694.5백만톤 CO_2eq.(CO_2eq.는 모든 종류의 온실가스를 CO_2로 환산한 단위임)로서, 이는 1990년 총배출량(292.3백만톤 CO_2eq.)에 비해 137.6% 증가한 것이다. 온실가스 배출량 증가는 주로 에너지, 산업공정, 농업, 폐기물 부문에서 나타났으며, LULUCF 분야[5]의 경우 온실가스 흡수량이 전년보다 4.4% 감소하였다(그림 1-7 참조). 2013년 우리나라의 1인당 온실가스 총배출량은 13.8톤 CO_2eq.으로 1990년에 비해 102.9% 증가하였으며, 우리나라 1인당 온실가스 배출량은 지속적으로 증가하는 추세를 보이고 있다. 유엔기후변화협약(UNFCCC)의 온실가스 의무감축국들과 비교하면, 2013년도 우리나라 온실가스 총배출량 순위는 세계 6위(미국, 러시아, 일본, 독일, 캐나다 다음)이다. 의무감축국에 포함되지 않았으나 온실가스 배출량이 우리나라보다 많은 중국과 인도를 포함하면, 우리나라의 온실가스 총배출량 순위는 8위에 해당된다. 우리나라 온실가스 감축안은 2030년 BAU[6]를 기준으로 14.7~31.3% 수준의 감축 목표를 수립하였는데, 이는 2012년 실제로 배출된 온실가스 배출량에 비해 5.5~15.0% 감소되는 것이다. 정부는 2012년 기준 이산화탄소(CO_2) 배출 세계 7위, 온실가스 누적 배출량 세계 16위, 1인당 탄소배출량이 OECD 국가 중 6위에 해당한다는 점들을 감안하고, 특히 한국의 국제적인 책임과 GCF[7] 사무국 유치 등 그동안 쌓아온 기후변화 대응 리더십을 고려하여 에너지 신산업 및 제조업 혁신의 기회를 삼는다는 차원에서 온실가스 감축 목표 수준을 상향 조정하였으나, 여전히 국제사회 기준에 비추어보면 미흡한 감축 목표치이다.

---

5) LULUCF(Land Use-Land Use Change and Forestry)는 기후변화협약상의 '토지이용, 토지이용 변화 및 임업을 말하며, 산림지, 경작지, 초지, 습지, 거주지, 기타 토지 등으로 분류되며, 여기서 산림은 유일하게 온실가스 흡수원의 기능을 가지고 있음.

6) BAU(Business As Usual) 배출량은 국가 감축목표 설정 시 기준선(baseline)이 되며, 과거부터 현재까지의 온실가스 감축기술발전 또는 점진적으로 강화되는 온실가스 감축 정책의 추세가 미래에도 지속된다는 것을 전제로 미래 온실가스 배출량 추이를 전망하게 됨.

7) 녹색기후기금(GCF: Green Climate Fund)은 인천광역시 송도에 위치한 국제기구로, 선진국이 개발도상국의 온실가스 감축과 기후변화 적응을 지원하기 위해 설립되었음. 2012년 말 UN기후변화협약(UNFCCC)회의에서 GCF 사무국 유치가 인천 송도로 확정되었음. 이 기구를 통해 2020년까지 약 8,000억 달러의 기금을 조성하여 개발도상국을 지원하게 됨.

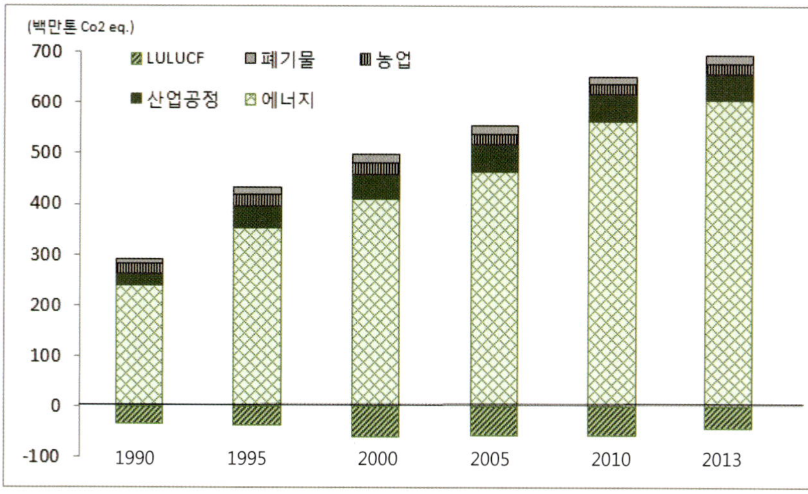

출처: 온실가스종합정보센터, 2015년 국가온실가스인벤토리보고서

그림 1-7. 우리나라 온실가스 배출량 추이, 1990~2013년

(3) 인구감소-기후변화 시대에 직면하게 되는 토지이용 이슈

인구 감소-기후변화 시대의 메가트랜드 속에서 우리가 직면하게 되는 또 다른 문제는 토지이용 관련 이슈들이다. 아직까지 메가트랜드의 영향으로 인해 야기되는 토지이용 변화들을 예상하여 어떠한 토지이용 계획이나 정책을 수립해야 하는가에 대한 구체적 논의는 매우 부족한 편이다. 또한, 이러한 메가트랜드의 변화가 지역별로 미치는 영향력이 상당히 다를 수 있다는 점은 모두 인지하지만, 지역별로 차별화되어 나타나는 영향력을 어떻게 다루어야 하는가에 대한 논의는 매우 미미한 실정이다. 현재 토지이용과 관련된 논의는 주로 녹색성장이나 환경 및 에너지 자원 분야에서 다루어지고 있다. 에너지 소비로 인한 환경 및 기후변화 대응을 위해 도시 공간의 입체적·복합적 이용 및 자원절약형 토지이용, 콤팩트한 조밀 개발 등을 다루고 있다. 특히 녹색성장을 위해 재생 에너지 사용, 온실가스 배출 감축, 신성장 동력을 추동하면서 이를 위해 토지이용 측면에서 고려되어야 하는 요인들을 부각시키고 있지만, 이 요인들의 작동을 위한 지역 차원에서의 구체적 계획 및 전략들은 수립되지 못하고 있다.

인구감소-기후변화로 인해 우리나라가 직면하게 될 토지이용 문제를 살펴보기 위해 먼저 시가화 면적에 초점을 두어야 한다. 시가화 면적은 용도지역 구분에 따른 면적을 통해 파악할 수 있다. 「국토의 계획 및 이용에 관한 법률」에 의해 용도지역은 도시지역, 관리지역, 농림지역, 자연환경보전지역으로 구분되며, 이 중 도시지역은 주거지역, 상업지역, 공업지역, 녹지지역, 미지정지역으로 다시 세분된다. 2014년

말 우리나라 토지의 용도지역별 면적을 보면, 전체 용도지역(106,102㎢) 중 농림지역 49,344㎢(46.5%), 관리지역 27,155㎢(25.6%), 도시지역 17,597㎢(16.6%), 자연환경보전지역 12,006㎢(11.3%) 순으로 나타나고 있다. 전체 면적의 16.6%를 차지하는 도시지역의 경우, 녹지지역 12,662㎢(72.0%), 주거지역 2,595㎢(14.8%), 공업지역 1,142㎢(6.5%), 미지정지역 870㎢(5.0%), 상업지역 328㎢(1.9%) 순으로, 도시지역의 72%가 녹지지역이며, 상업면적은 불과 1.9%에 지나지 않는다. 용도지역 면적의 증감 추세를 보면, 도시지역 면적은 점차 증가하는 데 비해 녹지지역 면적은 감소하고 있으며, 관리지역은 상당히 증가하는 반면 농림지역 및 자연환경보전지역은 감소하고 있다. 특히 관리지역 면적이 증가하고 있는 것은 자연환경보전지역(국립공원), 농림지역(농업진흥지역 및 보전산지)의 일부가 관리지역으로 변경·지정되었기 때문이다. 또한, 우리나라의 총인구 5,133만 명 중 4,705만 명이 도시지역에 거주하고 있어 도시지역에 거주하는 인구비율은 약 91.7%에 달한다. 우리나라 도시지역 인구비율은 1960년(39.1%)부터 2000년(88.3%)까지 급증하는 추세를 보였으나, 2005년(90.1%) 이후 증가 추세가 둔화되고 있다. 이는 우리나라의 도시화가 거의 종점에 도달하였음을 보여준다.

표 1-2. 우리나라 도시지역 인구비율 추이, 1960~2014년 (단위: 천명, %)

구분	1960	1970	1980	1990	2000	2005	2010	2014
전체 인구(명)	24,989	31,435	37,449	43,390	47,964	48,782	50,516	51,328
도시인구(명)	9,784	15,750	25,783	35,558	42,375	43,960	45,933	47,048
비도시인구(명)	15,205	15,685	11,711	7,832	5,589	4,822	4,583	4,280
도시지역 인구비율(%)	39.15	50.10	68.73	81.95	88.35	90.11	90.93	91.66

출처: 국토교통부, 도시계획현황 통계.

한편, 2014년 우리나라 비도시지역 면적은 전체 국토면적의 83.4%를 차지하며, 용도지역을 시가화지역, 비시가화지역(유보용도, 보전용도)으로 재분류하는 경우 비시가화지역의 면적은 101,271㎢(전체 국토의 95.4%)에 달한다. 따라서 우리나라 국토면적 가운데 시가화면적은 불과 4.6%에 지나지 않는다. 비도시지역 면적 가운데 가장 넓은 면적을 차지하고 있는 농림지역은 2005~2012년 동안 1,535㎢ 감소(7년간 안동시 크기의 농림지역 토지가 감소됨)한 반면, 도시지역 또는 시가화지역으로 변화되기 쉬운 관리지역은 1,152㎢ 증가하였다. 이에 따라 우리나라 1인당 도시지역 면적은 2001년 67.7㎡에서 2014년 86.4㎡로 증가하여, 지난 10년 동안 인구 1인당 소비하는 도시지역 면적이 27% 증가하였다. 특히 1인당 소비하는 주거면적도 45.1㎡에서 55.1㎡로 증가하였다(표 1-3 참조).

표 1-3. 우리나라 도시지역 면적 및 1인당 도시지역 면적 변화, 2001~2014년

연도	도시지역면적(㎢)	1인당 도시지역 면적(m^2)			
		계(D=A+B+C)	주거지역(A)	상업지역(B)	공업지역(C)
2001	16,084.6	67.7	45.1	5.8	16.9
2005	17,039.8	72.3	48.3	6.0	18.0
2010	17,492.2	83.9	54.3	6.8	22.8
2013	17,596.8	86.4	55.1	7.0	24.2

출처: 국토교통부, 도시계획현황 통계.

앞에서 살펴본 바와 같이 인구감소나 기후변화로 인한 자연재해의 영향력은 지역별로 차이가 나며, 그 결과는 지역별 토지이용에도 상당한 영향력을 미치게 될 것임을 쉽게 인지할 수 있다. 지역별 인구감소 추세에 따라 2040년 시점에서 1인당 도시면적의 변화가 어떻게 나타나는가, 1인당 토지소비 면적이 얼마나 차이를 보이는가를 살펴보기 위하여, 2040년까지 도시면적의 증가가 없다는 가정하에 2040년까지 1인당 도시지역의 토지면적을 지역별로 비교하였다. 이러한 간단하고 단순한 비교만으로도 2040년 시점에서 지역별 토지이용의 효율성이나 조방적 토지이용 정도를 평가할 수 있다. 2040년 시점까지 광역시·도별 1인당 도시지역 면적의 변화 추세를 보면 <표 1-4>와 같다. 지역별 인구감소 추세에 따라, 2040년 시점에서 1인당 도시지역 면적이 2010년에 비해 다소 감소하는 지역과 오히려 2040년에는 1인당 토지소비 면적이 증가하는 지역이 나타나고 있다. 2020년 중반까지 인구 증가가 예상되는 인천, 경기, 대전, 강원, 충북, 충남, 경남, 제주는 1인당 토지소비 면적이 줄어들 것으로 예상되는 반면, 1인당 토지소비 면적이 가장 많이 증가할 것으로 예상되는 지역은 전남, 부산, 대구, 울산, 경북 순으로 나타나고 있다. 더욱 주목할 점은 2040년 시점에서 지역별 '1인당 도시지역 토지의 소비량' 차이이다. 1인당 가장 좁은 토지면적을 소비하는 서울(1인당 61.1㎡)에 비해 가장 넓은 면적을 소비하는 전남(1,014.9㎡)의 경우 주민 1인당 토지소비면적의 차이가 무려 16.6배에 달할 것으로 전망된다. 또한, 수도권에 거주하는 주민 1인당 소비하는 토지면적이 상대적으로 매우 좁은 데 비해, 전라남북도, 경상북도, 강원도에 거주하는 주민 1인당 소비하는 토지면적은 상대적으로 넓을 것이다. 이와 같은 지역 간 1인당 토지소비 면적의 차이는 2010년에 비해 2040년에 더욱 심화될 것으로 전망된다(표 1-4 참조). 시가화면적에 대한 인구밀도 역시 지역별로 상당한 차이를 보이게 될 것이다. 2040년 가장 인구밀도가 높을 경기도(31,940인/㎢)와 가장 인구밀도가 낮을 전남(5,712인/㎢)을 비교해 보면 인구밀도 차이가 5.6배로 나타나고 있다. 이는 향후 경기도에 거주하는 사람들은 전남 주민에 비해 매우 콤팩트한 공간에서 살게 될 것임을 말해준다.

표 1-4. 인구감소 추세에 따른 1인당 도시지역 토지면적의 변화, 2010~2040년 (단위: ㎡)

	2010년	2020년	2030년	2040년	2010~2040년 변화량
서 울	60.3	59.8	59.4	**61.1**	0.8
인 천	214.7	197.3	190.3	191.9	**-22.8**
경 기	287.8	258.8	248.1	250.5	**-37.3**
부 산	272.1	282.3	294.2	312.8	40.7
대 구	322.8	328.0	339.2	359.5	36.6
광 주	322.4	313.6	318.3	333.8	11.4
대 전	327.6	313.1	309.0	315.9	**-11.7**
울 산	690.2	666.5	674.8	713.7	23.5
강 원	683.9	667.3	653.6	653.6	**-30.3**
충 북	474.0	443.4	425.1	421.6	**-52.4**
충 남	439.0	404.5	384.5	378.5	**-60.5**
전 북	498.1	497.5	497.8	503.7	5.6
전 남	973.2	1000.8	1007.2	**1014.9**	41.7
경 북	701.2	700.7	704.4	721.5	20.3
경 남	588.5	566.2	561.7	578.0	**-10.5**
제 주	828.5	799.2	795.0	806.4	**-22.1**

주: 2040년 시점까지 도시지역의 면적 변화가 없다는 가정하에서 1인당 소비면적을 산출하였음.
출처: 통계청(2012), 장래인구추계, 도시계획현황 통계(2015).

이상에서 살펴본 바와 같이 2040년 지역별 인구감소 추세에 따라 궁극적으로 토지이용상의 커다란 차이가 나타나게 될 것임을 말해준다. 이는 또한 지역별 인구감소 추세에 따라 2040년 시점에서 토지이용의 효율성 또는 토지이용의 집약/조방적 측면에서 상당한 차이가 발생할 것임을 시사해준다. 더 나아가 인구감소에 따른 토지이용 계획이나 정책을 수립하는 경우, 각 지역의 인구감소 추세에 따른 토지이용상의 문제들을 심층적으로 파악하고 지역별로 맞춤형 토지이용 계획과 전략이 시행되어야 함을 잘 말해주고 있다.

2) 국내 도시재생 정책의 특징과 한계점

(1) 도시재생 정책 및 전략의 특징

지난 40여 년간 눈부신 경제성장과 급격한 도시화가 진행되면서, 도시 외곽의 신시가지 개발을 통해 주택을 대량으로 공급해왔다. 또 다른 한편으로는 노후화가 진행된 기존 주택지의 재개발이나 재건축, 도심재개발사업 등 물리적 환경개선 중심의 도시정비사업을 통해서도 주택을 공급해왔다. 특히 대규모 전면철거형 개발방식이 도입되면서, 수도권 및 대도시의 주택 부족 문제를 비교적 짧은 시간 내에 해결하였고, 주택 수급의 균형을 가져왔다는 긍정적인 평가도 내려지고 있다.

그러나 2008년 이후 글로벌 금융위기로 인해 세계 경제가 침체되면서 과열되었던 우리나라의 부동산 경기도 침체를 겪게 되었고 인구가 점차 감소되면서, 그동안 도시성장에 맞춰진 도시정비 및 도시개발 방식은 한계에 도달하게 되었다. 기성 시가지의 재개발·재건축 중심의 도시정비사업에 따른 부정적인 측면들이 부각되면서, 최근 정비구역의 해제와 뉴타운 사업의 철회 등이 빈번하게 나타나고 있다. 특히 정비사업의 추진 과정 속에서 원주민의 이탈, 재정착률 저조, 주민 간 갈등으로 인한 지역공동체 붕괴, 기반시설 확보에 대한 구조적 어려움, 수요 감소로 인한 사업성 문제 등 다양한 문제들이 점차 심각해지면서 정비사업이 사회적 비효율을 초래했다는 비판까지 받게 되었다.

현재 우리나라 도시들의 대부분은 인구 감소와 함께 경제기반이 약화되고 생활환경이 매우 취약해지면서 쇠퇴 현상을 보이고 있다. 2010년 기준으로, 우리나라 230개 시·군·구 중 166개(72%), 3,470개 읍·면·동 중 2,239개(65%) 지역에서 쇠퇴가 진행중인 것으로 나타나고 있다. 대도시의 경우 구도심의 인구가 40~70%가 감소하면서 도심 공동화 현상이 심화되고 있으며, 지방 중소도시의 경우 전반적인 인구 감소와 경제침체 속에서도 신시가지 개발로 인해 구도심의 침체는 더욱 심각한 상태이다.

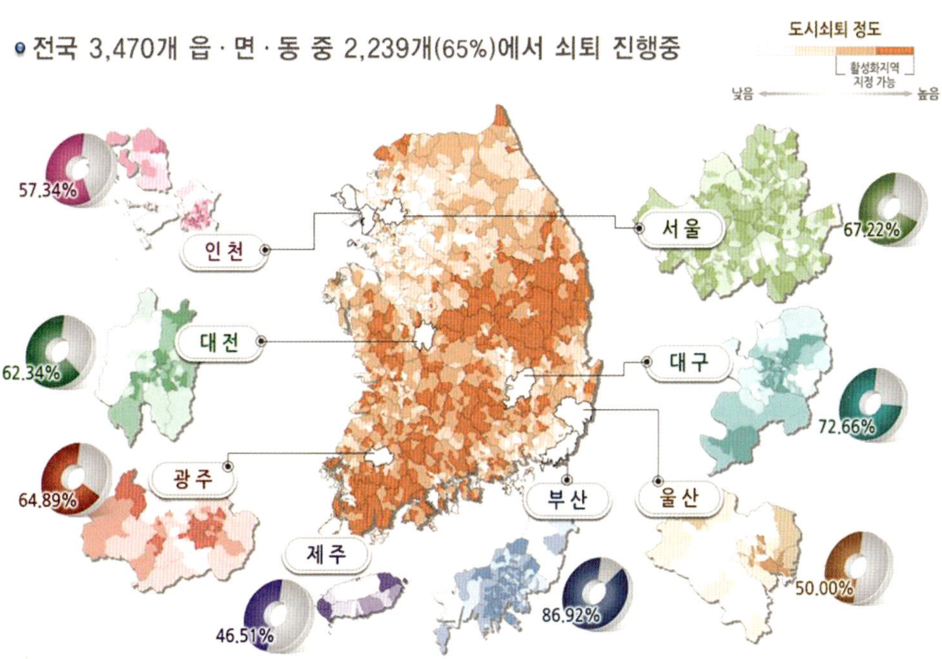

출처: 국토교통부(2011). 우리나라 도시쇠퇴 현황.

그림 1-8. 우리나라의 도시쇠퇴 현황

이렇게 우리나라 구도심 또는 구시가지의 쇠퇴가 심각하게 나타나는 것은 도시 외곽으로의 신시가지 개발, 산업구조 변화와 경제의 세계화가 진전되면서 도시 경제기반 및 산업 경쟁력이 약화되었기 때문으로 풀이할 수 있다. 대다수 도시들에서 도시 외곽에 신도시(또는 신시가지) 개발은 구도심(또는 구시가지)의 침체라는 연쇄효과를 가져왔으며, 인구 감소와 경제 침체로 인해 한정적인 구매력과 잠재 수요 감소는 구도심의 상권에도 심각한 타격을 주었다. 설상가상으로 많은 도시들의 경우, 시청을 비롯한 주요 행정기관들의 외곽 이전, 대형할인점 등 새로운 업태의 상업시설 등이 신시가지에 입점함에 따라 구도심의 중심지 기능은 점점 더 약화되고 쇠퇴하게 되었다.

이러한 배경하에서 2000년 이후 우리나라의 도시정책 분야에서 가장 중요한 화두로 떠오른 것이 바로 도시재생이다. 도시및주거환경정비법이나 도시재정비촉진을 위한 특별법 등을 통해서는 더 이상 도시쇠퇴에 효율적으로 대응할 수 없다고 인식하여 정부는 2006년부터 도시재생 R&D 사업을 도입하게 되었다. 즉, 도시 외곽의 대규모 신규 개발 및 기능 이전에 따른 기성 시가지의 쇠퇴, 환경훼손에 대한 사회적 비용 증가, 유·무형의 지역자산의 훼손과 방치, 지역 정체성 결여 등 다양한 문제들에 직면하면서 이를 해결하기 위해 도시재생 정책을 수립하게 되었다.

일반적으로 도시재생이란 산업구조의 변화 및 신도시·신시가지 위주의 도시 확장으로 인하여 상대적으로 쇠퇴되고 있는 지역에 대한 물리적 환경 개선과 함께 새로운 기능을 도입·창출함으로써 물리·환경적, 경제적, 사회·문화적으로 재활성화시키는 것이라고 정의할 수 있다. 즉, 도시쇠퇴 문제를 해결하기 위해 과거와 같이 물리적 측면만을 강조하는 것이 아니라, 경제적·사회적·환경적 측면에서 종합적으로 접근하는 것이다. 그러나 도시재생이 무엇을 의미하며 도시재생의 목표가 무엇인가에 대한 명쾌한 정의가 내려지지 못한 채, 도시재생 정책을 시행하면서 오히려 다양한 문제점들도 발생하게 되었다. 이에 따라 도시정책에 대한 반성과 도시쇠퇴 문제, 사회·경제적 여건의 변화와 도시재생의 필요성에 관해 수년 동안 논의를 거쳐 「도시재생 활성화 및 지원에 관한 특별법(이하 도시재생특별법); 제11868호」이 제정되어 2013년 12월에 시행되었다. 이에 따라 법·제도적으로 도시재생의 개념이 공식화되었다. 도시재생특별법은 도시의 경제적·사회적·문화적 활력 회복을 위하여 공공의 역할과 지원을 강화함으로써 도시의 자생적 성장 기반을 확충하고 도시의 경쟁력을 제고하며 지역 공동체를 회복하는 것을 목적으로 하고 있다. 해당 법률의 제2조에서는 도시재생을 "인구의 감소, 산업구조의 변화, 도시의 무분별한 확장, 주거환경의 노후화 등으로 쇠퇴하는 도시를 지역역량의 강화, 새로운 기능의 도입·창출 및 지역자원의 활용을 통하여 경제적·사회적·물리적·환경적으로 활성화시키는 것을 말한다"고 정의하고 있다. 또한, 도시재생사업의 범위도 도시재생활성화구역에서 국가와 지방자치단체 차원에서 시행하는 지역발전사업과 함께, 「도시 및 주거환경정비법」, 「도시개발법」, 「항만법」, 「경관법」 등 개별 법규에서 규정하는 각종 개발 사업들을 모두 포괄하고 있다(도시재생특별법 제2조). 도시재생특별법은 도시재생을 위한 계획수립, 추진조직, 도시재생사업의 비용 조달, 도시재생 선도지역의 지정, 주민참여 활성화 등이 큰 골격을 이루고 있다. 더 나아가 도시재생특별법에서는 지역에서의 도시재생이 효율적으로 이루어질 수 있도록 국가도시재생기본방침, 도시재생전략계획, 도시재생활성화계획의 3단계 도시재생 계획수립 체계를 제시하고 있으며, 원활하고 효율적인 도시재생 추진을 위해 심의조정기구, 정부조직 및 지원조직을 설치할 수 있도록 하고 있다. 이와 같은 도시재생사업은 기존의 물리적 정비 위주의 전면적 철거방식 위주로 시행되었던 도시정비사업의 한계를 인식하고 지역의 고유한 역사·문화자산 등을 최대한 활용하여, 지역주민·시장상인·지역전문가와 지자체의 공동 참여 속에 지역특성에 맞는 경제·사회·문화 등 종합적 맞춤형 재생 추진에 역점을 두고 있다.

특히 국가도시재생기본방침은 국가 차원의 도시재생전략으로 향후 10년 동안의 도시재생 추진방향을 제시하고 있다. 이 방침에 따르면 앞으로 10년간 국가는 '국민이 행복한 경쟁력 있는 도시 재창조'라는 비전하에, '창조경제 중심의 일자리 창출 및 도시경쟁력 강화', '국민 삶의 질 향상 및 생활복지 구현', '쾌적하고 안전한 정주환경 조성', '지역 정체성 기반의 문화가치와 경관 회복', 그리고 '주민역량 강화 및 공동체 활성화' 등의 5대 목표를 추구한다. 그리고 5대 목표를 달성하기 위한 추진전략으로서, '기성시가지 중심으로의 도시정책 전환', '지역·주민의 창의성을 바탕으로 한 자율적 추진', '부처 간 협업을 통해 재생이 시급한 지역에 집중 지원', '지역별 맞춤형 특례, 재정·금융지원 등 복합적 정책수단 활용', '시혜적 복지가 아닌 자생적 공간복지 달성'을 제시하고 있다.

이상에서 살펴본 바와 같이 계획적이고 종합적인 도시재생 추진체제를 구축하여 물리적·비물리적 지원을 통한 민관 협력 재생사업을 수행하여 궁극적으로 지속적인 경제 성장 및 사회적 통합 유도, 도시문화 품격 제고, 더 나아가 국민 삶의 질을 향상시키고자 한다. 따라서 도시재생은 그동안 주로 인구 감소, 지역경제 침체, 주거환경 노후화 등을 경험하고 있는 쇠퇴도시에 활력을 불어넣는 것으로서, 도시재생특별법 시행은 도시재생사업에 대한 실질적인 첫걸음이라고 할 수 있다. 그러나 아직까지 도시재생사업이 생소한 측면이 있고, 제도화 초기 단계이기 때문에 도시재생 정책에 대해 우려하기도 한다. 정부는 이러한 점을 감안하여 '도시재생 선도지역' 지정 제도를 통해 도시재생 선도지역을 지정하여 시범사업을 추진하고 있다. '도시재생 선도지역'은 도시재생이 시급하거나 파급효과가 큰 지역을 국토교통부장관이 직접 지정하거나 또는 지자체 요청에 따라 지정된 지역이다. 따라서 시범적 도시재생 선도 지역에서의 성과에 따라 도시재생 사업의 성패가 달려있다고도 볼 수 있다. 향후 추진되는 국가 도시재생정책은 특별법 및 도시재생 기본방침의 내용을 토대로 하여, 장소 중심적으로 다양한 사업과 지역을 연계하고 통합하는 데에 초점을 맞추고 진행될 것으로 예상된다. 도시재생은 향후 우리 사회가 추구해야 할 중요한 과제이며 또한 희망이다. 도시재생의 궁극적인 목적은 '살기 좋은 도시', '지속가능한 도시'를 만들어 가는 것이기 때문에 도시재생 정책 및 사업들이 잘 이루어져 야 할 것이다. 특히 경제기반형 도시재생의 경우 근린재생형에 비해 넓은 범위의 다양한 주체 및 사업들이 연계되기 때문에, 이들을 장소 중심적으로 어떻게 엮고 통합하는 계획을 세우고 실행해 나갈 것인가에 대한 검토가 필수적이다. 이와 같은 우리나라의 도시재생 사업의 전개과정을 나타내면 <그림 1-9>와 같다.

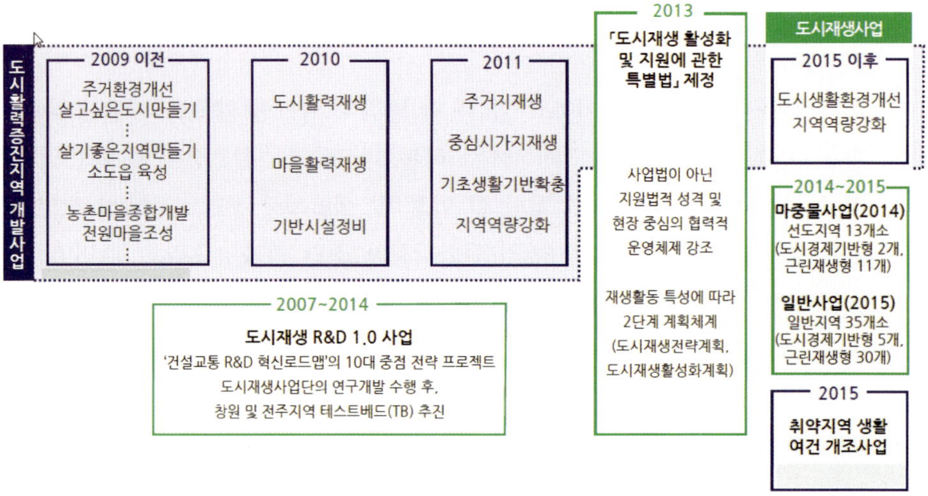

출처: 구자훈(2015), p.30.

그림 1-9. 우리나라 도시재생 정책의 변화 과정

(2) 도시재생 정책의 한계점 및 문제점

정부는 도시 규모 및 유형별로 특화된 도시재생 전략을 추진하고자 노력하고 있다. 대도시의 경우, 기능이 쇠퇴한 이전 유휴부지, 폐항만, 철도 역세권, 노후산단 등에 새로운 기능을 도입하여 경제기반형 재생을 시도하는 한편, 중규모 거점도시의 경우 원도심에 거점기능(행정·상업·보건·문화)을 확충하거나 외부 관광수요 및 특화산업 유치를 통해 활력을 회복하는 중심시가지형 재생을 시도해왔다. 그러나 쇠퇴 현상을 가장 깊숙이 경험하고 있는 소도시의 경우, 소생활권의 중심 기능을 유지하면서 선택과 집중을 통해 지역자산을 활용한 일반근린형 재생 및 기성 시가지의 특색을 활용한 소규모 지역경제 활성화 전략을 시도해왔다.

그러나 지금까지 시행된 도시재생 정책에 대해 긍정적인 평가와 함께 문제점들도 제기되고 있다. 먼저, 긍정적인 측면을 보면 과거의 '관' 주도의 방식에서 벗어나 사업의 기획·시행 단계에 주민들이 적극 참여하면서 수요자 중심의 상향식 거버넌스 형성을 시도하고 있다는 점이다. 또한, 문화·예술, 관광, 상권 활성화, 일자리, 복지, 산업 등 부처 간, 부서 간 협업을 통해 종합적으로 도시재생의 효과를 도출하고자 노력했다는 점이다. 실제로 13개 선도지역에서 이루어진 57개 사업들을 보면 부처 간 협업 사업들이 상당히 많다. 2016년도에는 33곳이 신규 선도지역으로 추가 지정되었으며, 노후시설 개량 및 정비 등 물리적 하드웨어적 사업보다는 경쟁력 있는 소프트웨어 콘텐츠를 구상하는 방향을 지향하고 있다.

이와 같이 기존의 재개발·재건축 사업에 비해 도시재생사업은 비교적 긍정적인 평가를 얻고 있으나, 비판의 목소리도 커지고 있으며 일부 사업들의 경우 주민들과의 갈등을 겪으면서 사업이 지연되거나 정체되는 현상을 보이고 있다. 도시재생정책의 필요성이나 당위성에도 불구하고 비판적 평가를 받는 것은 여러 가지 요인들이 복합적으로 얽혀있다고 볼 수 있다. 그러나 문제의 핵심은 지자체와 해당지역 주민들이 여전히 도시재생사업을 하드웨어에 초점을 둔 물리적 사업으로 이해하거나, 지역 맞춤형 도시재생 사업에 대한 전문성과 경험 부족, 해당 지역 주민들의 소극적인 참여, 그리고 부서 간 예산 운용을 비롯한 협업의 어려움이 존재하기 때문이다.

우리나라의 도시재생 정책은 오랜 기간 동안 관련 정책을 수행해온 선진국들에 비해 많은 한계를 보이고 있다. 도시재생특별법 제정을 통해 도시재생사업의 본격적인 추진을 위한 제도적 기반이 마련되었으나, 도시재생특별법에 지나치게 다양한 이해관계자들의 요구들이 반영되면서 본래의 정책 방향이 혼선을 빚거나 구체적인 방안을 도출하기 위한 제도적 지원책이 충분하게 명시되지 못했다. 즉, 도시재생사업의 범위가 지나치게 넓고 법적 성격이 모호하기 때문에 실제 사업을 추진하는 과정에서 많은 어려움을 겪고 있다. 도시재생사업의 범위를 보면 국가 및 지자체가 주도하는 도시재생사업을 포함하여 공동체활성화사업, 재정비촉진사업(기존의 뉴타운 사업), 도시개발·역세권개발사업, 산업단지개발·재생사업, 항만재개발사업, 상권활성화·시장정비사업, 도시·군계획시설사업·시범도시사업, 경관사업 등 10여개 영역을 다 포함하고 있다. 특히 2008년 글로벌 금융위기 이후 도시정비구역이 상당수 해제되었고, 사실상 중단 상태에 놓여있는 기존 도시정비사업도 도시재생사업에 포함되어 있다.

또 다른 문제점은 주민참여 활성화를 위한 제도적 장치가 미흡하다는 점이다. 다수의 지자체에서 행해지고 있는 도시재생사업을 살펴보면 커뮤니티 활성화나 지역산업과 연관된 사업들이 계획되어 있으나, 주민 개개인의 경제적 측면에서의 실질적 수혜가 크지 않거나 아직 그 효과가 드러나지 못하기 때문에 도시재생사업에 대한 주민들의 관심과 참여가 매우 낮다. 도시재생사업은 해당 지역주민의 적극적인 참여가 수반되어야 하지만, 일부 특정한 성공사례를 제외하고는 주민 참여가 소극적이거나 형식적인 참여 수준에 머무르고 있다. 따라서 주민 참여를 위한 충분한 제도적 장치가 마련되지 않고서는 도시재생사업이 성공적으로 추진될 수 없기 때문에 사업의 직접적인 수혜자인 주민의 역량을 강화하고 사업에 대한 지식과 다양한 측면의 거버넌스 조직을 위해 인재를 육성해야 하는 어려움을 안고 있다. 마을 공동체 형성을 위해서는 주민역량을 강화하고 주민 정주의식이 제고되어야만 한다. 더 나아가 주민의 적극적 참여가 전제된다 할지라도, 추진과정에서 도시재생사업 비용이 원활하게 조달되어야 한다. 그러나 도시재생특별법에서는 사업시행자와 사업비용의 조달 주체를 분명하게 밝히고 있지 않으며, 대부분의 도시재생 선도구역은 사업비용을 거의 국가에 의존하고 있다. 만일 국가로부터 예산 지원이 적절하게 이루어지지 않을 시 지자체 역량만으로는 사실상 사업을 추진하기 어렵다. 따라서 도시재생사업을 효과적으로 수행하기 위해서는 적절한 사업 선정, 적극적인 주민 참여, 지속적인 공공 지원이 매우 중요하다.

도시재생사업 추진 과정에서 발생하는 보다 현실적인 문제점은 도시재생사업이 경제적·사회적·환경적 영역을 포괄하고 있기는 하나 아직까지 물리적 환경 개선에 집중되어 있기 때문에, 실제 사업 추진을 위해 유휴·방치된 토지와 건물들을 구입하는 데 엄청난 비용이 소요되지만 현실적으로는 이에 대한 재정적 지원이 제한적이라는 점이다. 특히 지방자치제가 시행된 이후 상당히 많은 지방중소도시들에서 신시가지 조성과 행정기관의 외곽 이전에 따른 구도심의 쇠퇴가 가속화되고 있다. 인구유출 및 감소, 고령화, 도시경제의 쇠퇴, 성장 동력의 부재로 활력을 상실한 상황에서 수익성이 담보되지 않는 사업에 민간이 개입될 가능성은 거의 없다. 따라서 재원을 공공에 전적으로 의존해야 하는 재정자립도도 낮은 지방중소도시들의 경우, 물리적인 재생 방식에서 벗어나 지역의 전통과 문화, 지역 자원의 특성에 맞는 성공적인 도시재생 사업을 펼쳐 나가야 하나 지방의 인적, 재정적 역량이 매우 부족하며, 관청 주도가 아닌 다양한 이해관계자들 간 거버넌스 조직이 미비하여 맞춤형 도시재생사업을 계획하고 시행해나가기 매우 어려운 형편이다.

2 도시축소·기후변화 시대의 도시정책 패러다임의 변화

1) 도시축소에 따른 패러다임의 변화

(1) 도시 성장 시기의 개발-확산 패러다임의 한계

패러다임이란 특정한 과학 영역 내에서 주어진 과학 공동체의 구성원들이 공유하는 이론의 근본적 집합, 공통된 규범, 가치, 기술을 말한다(Kuhn, 1970). 그러나 패러다임 내에서 수용된 이론과 관점에 대해 의심하게 되는 상황이 발생하는 경우, 새로운 이론이 수용되며 새로운 패러다임이 등장하게 된다. 즉, 많은 패러다임 가운데 가장 지배적인 패러다임 하나가 존재하다가, 그 패러다임으로 설명할 수 없는 상황들이 많아지고, 기본 가정들이 도전받게 되면 기존의 패러다임은 위기를 맞게 된다. 이런 과정 속에서 다른 여러 패러다임들이 나타나고 서로 경쟁하다가 어느 패러다임이 새롭게 득세하고 수용되면 패러다임이 전환되고 과학혁명이 이루어진다. 토마스 쿤(Tomas Kuhn)에 따르면 새로운 패러다임이 새로운 정상과학으로 인정받고 수용되는 과정을 통해 과학이 발전해 오고 있는 것이다. 특히 기존의 핵심 패러다임이 주어진 현상을 수용하지 못하고 공동체 내에서 합의를 이루지 못하는 반면, 새로운 패러다임이 지지를 받을 만큼 충분히 성숙된 경우 패러다임의 전환이 이루어진다. 여기서 패러다임의 전환이란 단순히 주어진 문제들을 어떻게 풀 것인가에 대해 다른 방법론을 제시하는 것만이 아니라, 현상을 이해하는 방식과 이해를 바탕으로 문제를 구성하는 방식, 그리고 문제에 대한 해답을 찾는 방식 등이 전혀 다름을 의미한다. 그러나 새롭게 부상하는 패러다임이라고 해서 전혀 새로운 것은 아니며, 기존의 패러다임 위에서 혁신적으로 생성되면서 새로운 패러다임으로 대체되어 나간다.

도시 성장과 도시계획에서도 우세하게 지배해온 패러다임하에서 다양한 문제들이 발생하게 되면, 이를 해결하기 위한 대안을 모색하는 가운데 자연스럽게 새로운 패러다임이 형성된다. 특히 도시계획의 패러다임은 해당 시기를 살고 있는 사람들이 보편적으로 받아들이는 지배적인 사고, 관념, 가치관으로 그 시대 상황을 잘 반영한다. 따라서 도시계획의 패러다임은 인구, 경제, 사회적 변동에 의해 큰 영향을 받으며, 해당 시기를 살아가는 사람들의 인식과 가치관에 따라서도 영향을 받게 된다.

전 세계적으로 도시화율이 절반을 넘어서고 있으며, 우리나라의 경우 도시에 거주하는 인구가 90%를 상회하고 있다. 현대 사회에서 도시란 경제사회 발전의 동력이며, 최근에는 창조와 혁신의 요람으로 간주되고 있다. 세계화가 진전되면서 각 도시들은 국내뿐만 아니라 세계의 다른 도시들과 치열한 경쟁을 통해 경쟁력을 높여야 하는 상황에 처해있다. 특히 글로벌 차원에서 복잡하게 얽혀있는 정치, 경제적 변화에 적응하면서 도시 경쟁력을 높이기 위해 그 어느 때보다도 도시의 역량 강화가 필요한 시점이다.

1960년대 이후 경제개발과 산업화 시기를 거치는 동안 우리나라 경제는 급성장하였고 도시화도 급진전되었다. 이렇게 인구와 도시가 급성장하던 시기의 지배적인 패러다임은 '개발-확산'이라고 볼 수 있다. 도시로 몰려드는 인구와 경제성장으로 인해 각종 수요가 늘어나게 되면서 택지, 신시가지, 신도시 개발, 상하수도 시설, 도로와 교량 신설과 확충, 산업단지 조성 등 각종 개발 행위들이 활발하게 이루어졌다. 이와 같이 우리나라의 도시정책은 도시성장에 초점이 맞추어져 왔으며, 개발-확산 패러다임하에서 대규모로 개발 행위가 이루어졌다. 이러한 패러다임하에서 도시계획 및 정책은 도로, 건물, 주택, 도시설계, 공원 등 환경의 정비, 시설물 배치 등 물리적 요소에 초점을 두었다. 그러나 대도시로의 인구 집중과 외연적 확산, 대도시 과밀화로 인한 교통 혼잡, 환경오염, 자연생태계 파괴, 기존 도심의 쇠퇴, 커뮤니티의 비활성화 등 다양한 도시문제들도 야기되었다.

도시 성장에 따른 외연적 확산으로 인해 구도심이나 구시가지가 쇠퇴하고 산업화 초기에 건설했던 사회간접자본이 노후화됨에 따라, 다양한 도시문제들이 발생하게 되었고, 이에 대한 사회적 비판이 높아짐에 따라 기존의 도시개발 패러다임은 강한 도전을 받게 되었다. 1990년대 초부터 등장하기 시작한 '지속가능한 도시'라는 새로운 패러다임에 대한 매력도가 커지면서, 점차 도시 쇠퇴와 환경 문제 개선에 초점을 둔 도시재생과 도시관리를 지향하는 패러다임으로 바뀌어가고 있다. 특히 저출산-고령화, 경제 저성장기로 접어들게 되면서 기존의 개발 패러다임은 한계에 부딪히게 되었다. 한편으로는 세계화에 따른 지방화가 진전되고 경제의 지식기반화, 소프트화에 따른 도시 경쟁력 요인이 달라짐에 따라, 도시의 총체적인 삶의 질(여가, 자연환경, 웰빙, 복지 포함)에 대한 관심도 높아지고 있다. 이렇게 국민의 여가와 문화, 위락 생활이 점점 더 중요해지고 복지, 건강, 행복, 웰빙 등에 대한 욕구 및 환경문제에 대한 관심이 증가하면서, 도시계획도 '사람'들의 삶의 질과 행복을 향상시키는 데 초점을 두는 패러다임으로의 전환이 요구되고 있다. 즉, 지역주민의 삶의 질과 행복 향상이라는 패러다임하에서, 지역 주민들의 건강, 안전, 정주 여건 등 물리적 기반시설의 공급뿐만 아니라 문화, 여가, 교육, 의료서비스 등 질적인 측면에서의 충족, 더 나아가 지역사회에서의 형평성, 정의, 참여를 통해 지역사회 전체의 행복을 느끼도록 해주어야 한다는 당위성이 높아지고 있다.

다른 한편으로는 국민소득이 증대되고 삶의 질에 대한 관심이 고조되면서, 주거환경이나 생활환경의 변화 그리고 도시계획이 자신들의 재산권에 미칠 영향 등에 대한 국민들의 관심도 급격히 높아졌다. 또한, 정보화의 빠른 확산으로 인해 국민들이 정책의 추진 배경이나 정책수단의 적절성 등에 대해서도 상당한 지식수준과 정보를 갖고 있다. 따라서 정부가 어디까지 개입하고, 어떠한 방식으로 개입해야 하는지, 또는 민간과 공공의 적절한 역할 분담은 어떻게 해야만 국민들의 요구 수준을 충족시키면서도 사회적으로 요구되는 최소한의 공공성을 확보할 수 있는가에 대한 심도 있는 고민이 필요하다. 인구감소와 그에 따른 저성장 징후가 예견되는 상황에서, 향후 도시공간 및 토지이용을 어떤 점에 초점을 맞추어 수립하는 것이 바람직할 것인가? 특히 지역주민들의 행복, 웰빙, 복지, 건강을 충족시키기 위해 도시계획을 어떻게 수립할 것인가? 더 나아가 기후변화, 에너지 자원의 희소성, 환경문제가 심각해지면서 녹색성장에 대한 압박이 더욱 강해질 시점에서 바람직한 도시계획은 과연 무엇인가? 향후 도시공간에 대한 토지이용 계획을 수립할 때 여전히 토지 생산성을 높이는 토지정책을 수행해 나갈 필요가 있는가? 등등 대답되어야 할 질문들이 상당히 많다.

향후 도시계획 및 정책을 수립하는 경우 토지이용에 대한 인식 전환이 절대적으로 필요하다. 효율성, 형평성, 친환경성이라는 토지이용의 패러다임을 유지하면서 시대적 상황에 유연하게 대응할 수 있는 토지이용 계획 수립이 시급히 요구된다. 즉, 주민들의 삶의 질 향상을 위한 터전과 생산적 요소로서의 토지수요를 충족시키는 동시에 토지이용에 따른 부정적인 환경영향을 최소화하면서, 계층·지역 간 형평성을 확보하고 미래 세대가 깨끗한 환경을 누릴 수 있도록 토지를 이용해야 한다. 토지이용을 둘러싼 개발과 보전, 토지의 공급과 수요, 토지의 경제적 가치와 환경적 가치의 적절한 조화를 이루어나가야 한다. 더 나아가 지속가능한 토지이용을 위해서는 현세대의 이익을 최대한 보장하는 방식보다는 미래 세대와 주변 생태계의 이익을 함께 고려하는 방식으로 토지이용의 패러다임이 전환되어야 한다. 뿐만 아니라 토지자원에 대한 인식의 전환도 필요하다. 토지는 크게 주거용지로서의 생활공간, 경제활동을 위한 생산공간, 위락, 휴양을 위한 자연공간으로 구분할 수 있다. 지금까지 인구 증가에 따른 토지 수요, GRDP 향상을 가져오는 생산 공간으로서의 토지 가치에 초점을 두어왔다면, 앞으로는 인구 감소에 따른 토지 수요, 삶의 터전인 생활공간과 위락·휴양공간으로서의 토지의 자연환경적 가치를 중시하는 정책들이 마련되어야 한다. 더 나아가 새로운 패러다임은 과거 신규 개발, 확산 정책, 대규모 공급정책, 전면 개발 방식에서 재생, 관리 정책, 수요자 맞춤형 정책, 점진적, 단계적 개발 정책으로 방향이 전환되어야 한다(권영섭, 2013).

(2) 스마트 축소도시 패러다임의 등장과 특징

인구가 감소하고 경제가 침체되고 있는 해외 도시들의 경우, 쇠퇴도시가 주는 부정적 이미지에서 탈피해 축소도시라는 긍정적 이미지를 강조하고, 인구, 건물, 토지의 사용을 적게 하고 덜 개발하는 다양한 정책들을 도입하고 있다. 특히 예전의 방식대로 도시의 인구와 고용 성장을 유도하기보다는 기존 도시민들의 삶의 질을 향상시키는 데 초점을 두고, 황폐해진 건물들을 철거하는 데 드는 비용을 정부로부터 지원받으면서 축소도시 미래의 새로운 기회를 조성하고 있다. 성장이라는 환상에서 벗어나 현실적으로 빈 공지나 버려진 건물들을 철거하고 그린인프라, 일시적 활용, 다운 조닝 등 새로운 대안을 통해 지역 주민의 삶의 질을 높이고 주민들이 행복하고 살기 좋은 도시를 만들기 위한 정책을 구사하고 있다.

클리블랜드, 디트로이트, 영스타운 등의 축소도시들은 수십 년간 지속된 인구감소로 인해 부동산이 방치되고 버려지며 지가가 폭락하는 상황에 직면하여, Re-Imagining, Smart Shrinkage 또는 Smart Decline과 접근을 통해 혁신적 토지이용 계획을 선도함으로써 위기를 기회로 삼았다. 이들 도시의 토지이용 핵심은 도시민들을 위해 유휴토지를 도시농업, 커뮤니티 그린 스페이스, 대체에너지, 그린인프라 등으로 활용함으로써, 생태도시, 친환경 도시를 실현하는 기회로 삼는 것이다. 더 나아가 축소도시의 실태를 고려하여 일시적 활용, 적정규모화, 다운조닝도 시행하고 있다(Pagano and Bowman, 2004). 이처럼 "버려진 것으로부터 기회를 창출하자(National Vacant Property Campaign)"는 것이 축소도시 문제를 해결하기 위해 등장한 새로운 패러다임이다. 이는 무엇보다도 과거 성장기에 가졌던 생각에서 벗어나 도시쇠퇴에 직면하여 보다 현실적이며 유연적인 토지이용 전략들을 구사하는 것이다. 축소도시의 경우 성장도시와는 달리 토지사용에 대한 개발압력이 없기 때문에 홍수·재해 관리, 오픈 스페이스 조성, 도시농업 등을 저렴한 비용으로 실행할 수 있다. 또한 축소도시들의 경우, 오래된 구조물의 이용 및 변형이 비교적 자유로우며, 오래된 산업공간들은 '열린 도시(open cities)'로 변화될 수 있다.

축소도시 담론을 펼쳐나가는 데 있어서 중요한 전제 조건은 바로 '꼬리표'이다. 즉 'Shrinking Smart'처럼 도시축소 현상에 긍정적 이미지를 부여하는 것이다. 인구를 적게 하고, 건물을 적게 하고, 토지사용을 적게 하고 덜 개발하는 스마트 쇠퇴(smart decline)를 지향해나가면서, '인구가 적으면서도 과거의 역사와 문화유산을 갖고 있는 지역이 아름답다(small and old is beautiful)'라는 발상의 전환이 필요하다(Popper et al., 2002). 또한, 도시의 인구와 고용 성장을 유도하기보다는 기존 도시민의 삶의 질을 향상시키는 데 더욱 초점을 두는 것도 필요하다. 이러한 분위기가 조성되어야 독일이나 미국의 도시들에서와 같이, 황폐해진 건물들을 철거하는 데 드는 비용을 정부로부터 지원받을 수 있다. 끝없는 성장이라는 환상에서 벗어나 축소도시 현실에 적응하기 위해 버려진 건물들을 철거하고 빈 공지에 그린인프라를 통해 보다 살기 좋은 도시를 조성해나가고자 하는 인식의 전환이 우선되어야 한다. 도시쇠퇴는 도시개발 과정에서 필연적으로 발생하는 부정적인 산물이 아니며, 저출산·고령화시대에 나타나는 자연적인 현상으로 받아들이고, 축소도시를 활성화시키려는 새로운 관점을 가져야 한다.

최근 일본에서 가장 주목할 만한 움직임은 인구감소 문제와 수도권 집중문제를 동시에 해결하려는 이른바 「지역, 사람, 일자리의 創生 종합전략」(이하에서는 지방창생전략)이다. 제2차 일본 생산성본부의 「일본창성회의·인구감소문제 검토 분과회」에서는 20~39세의 젊은 여성 인구를 지역의 미래를 결정짓는 지표로 판단하고 지자체별로 장래 인구를 추계하였다. 특히 대도시로의 인구 유입이 지속될 것이라는 전제하에서 추계를 한 결과, 2040년 시점이 되면 후쿠시마현을 제외한 약 1,800개의 시정촌 중에서, 젊은 여성 인구가 현재의 절반 이하로 줄어드는 지역은 896개로 산출되었다. 소멸될 시정촌의 리스트가 2014년 5월에 공개되었으며, 2014년 11월에는 「지역·사람·일자리 창생법」을 제정하고 지방창생본부를 만들었다. 지방창생전략의 기본 원칙은 지역·사람·일자리의 창생과 선순환을 확립하는 것으로, 일자리가 사람을 부르고 사람이 일자리를 부르는 선순환 구조를 확립하고 유지해나가도록 지역에 활력을 되찾아주는 것이다. ① 일자리의 창생이라는 것은 젊은 세대가 안심하고 일할 수 있도록 이에 상응하는 임금, 안정된 고용형태, 보람 있는 일자리라고 하는 '고용의 질'을 중시한다는 것이다. ② 사람의 창생이라는 것은 지방에 새로운 사람의 흐름을 만들기 위해 지방에서의 청년 취업을 촉진하고, 지방에의 이주·정착을 촉진함과 더불어, 안심하고 결혼·출산·육아를 할 수 있도록 대폭적인 지원을 제공하는 것이다. ③ 지역의 창생이라는 것은 지방에서 안심하고 살 수 있도록 중산간 지역 등 지방도시, 대도시 등의 각 지역의 특성에 맞게 과제를 해결한다는 것이다(이윤석, 2015).

전통적으로 성장을 전제로 하고 있는 도시정책 패러다임과 행정·제도하에서는 축소도시에서 나타나는 토지이용 문제를 다루기 어렵다. 따라서 축소도시의 실태에 걸맞은 현실적인 도시계획 패러다임과 전략을 구상해야만 한다. 그러나 인구의 지속적인 감소가 도시 시스템 전반에 걸쳐 어떠한 영향을 가져올 것인가를 정확하게 예측하기 매우 어렵다. 또한 토지 수요에 대한 개발압력이 있는 지역과 개발압력이 거의 없고 오히려 인구감소로 인해 공지 발생, 토지 유휴화가 나타나고 있는 지역에 모두 적용할 수 있는 토지이용 계획을 수립할 수도 없을 것이다. 어메니티를 충족시켜주는 위락, 휴양경관의 기능을 가진 토지는 공공재적 성격을 지니고 있으며, 이러한 자연공간에 대한 수요가 더욱 중요하게 다루어져야 할 지역들을 추출하고 이에 맞는 정책을 구사하여야 한다. 외부 수요의존형의 개발방식에서 탈피하고 제로섬 게임의 개발방식에서 벗어나, 지역주민을 위한 보다 내실화된 토지이용 계획이 수립되고 실천되어져야 한다. 토지이용계획은 토지이용의 용도(use), 강도(intensity) 및 밀도(density)뿐만 아니라 토지이용·개발의 시기(timing) 및 비용(cost)까지 제어하는 수단이다. 자원절약적 토지이용을 위해서는 도시용지의 공급을 도시내부의 나대지 활용이나 재개발 및 재건축 등을 통해 해결하는 내부충진식 개발을 우선시하는 것도 필요하다. 그러나 보다 더 적극적인 방안으로 특히 토지이용의 시간용도제(time zoning)라는 새로운 제도 도입도 검토해보아야 할 것이다. 즉, 토지이용 시기에 따라 용도를 분류하는 유연적인 토지이용계획을 수립하여 지역의 토지이용 변화에 대응하면서 적정한 시기에 요구되는 용도로 전환하는 것이다. 뿐만 아니라 어메니티를 충족시켜주는 위락, 휴양경관의 기능을 가진 토지의 가치를 부각시키는 동시에, 그러한 토지의 공공재적 성격을 강화시켜 나갈 필요도 있다. 더 나아가 환경계획과 토지이용계획은 서로 분리될 수 없으며, 두 계획을 하나로 통합하고 토지 공급 위주의 개발정책에서 탈피하여 과잉 공급된 토지 관리에 대한 전략을 모색해야 한다.

축소도시에서 인구와 일자리, 자본, 부, 건물은 감소하지만, 토지와 여유 있는 공간, 녹지공간은 엄청난 잠재력이 될 수 있으며, 이를 기후변화 시대에 직면하여 축소도시의 새로운 발전 가능 기회로 바라보려는 태도가 필요하다. 우리나라의 경우 대부분의 지방 도시들에서 인구가 감소되고 있다. 이제 우리나라도 '쇠퇴'라는 단어가 주는 부정적인 이미지를 극복하고 축소도시를 바라보는 긍정적 인식과 그에 걸맞은 도시재생 방안을 새로운 관점에서 고민하여야 한다. 인구감소로 인하여 도시가 쇠퇴하도록 내버려두는 것이 아니라, 계획적으로 도시를 축소함으로써 인구 감소와 기후변화 시대에 선대응하여 주민들이 편안하고 행복하게 살 수 있는 정주여건을 마련해 주어야 한다.

2) 기후변화 시대에 대응하는 도시정책 패러다임

(1) 기후변화에 취약한 축소도시들의 실태

도시 쇠태 현상을 겪고 있는 도시들의 또 다른 문제는 쇠퇴지구들의 대부분이 기후변화 대응력이 약하고 그에 따라 자연재해로 인한 피해가 상대적으로 더욱 크게 발생한다는 점이다. 특히 축소도시에서 흔히 나타나는 노후화된 불량주택 밀집지구의 경우 기후변화에 매우 취약하기 때문에 자연재해로 인한 피해가 크다. 또한, 에너지 시설 노후화에 따른 에너지 비효율성과 친환경에너지 미보급 등으로 인해 이산화탄소 발생량도 더 많다. 이는 쇠퇴지구가 상대적으로 기후변화 영향에 따른 적응과 온실가스 발생 저감 및 완화 측면 모두 취약함을 시사해준다. 현재 우리나라의 도시재생 정책은 과거 물리적 정비 방식에서 경제, 사회, 문화 등 다양한 측면에서의 도시 기능 회복을 위한 노력을 기울이고 있지만, 기후변화와 관련된 대응 방향이나 수단 등은 매우 미미한 편이다.

현재 우리나라의 경우, 상습침수지역·산사태 위험지역 등 자연재해의 발생우려가 있는 지역을 '자연재해위험지구'로 지정하고 체계적으로 정비·관리하여 자연재해를 사전 예방하거나 재해를 경감시키고자 노력하고 있다. 감사연구원(2009)의 '자연재해와 상습수해지역 관리현황 및 문제점' 보고서에 따르면 태풍, 호우 등으로 주민의 생명과 재산에 피해가 일어날 수 있는 자연재해위험지구가 전국적으로 718곳이며, 전남이 96곳으로 제일 많고, 경남 86곳으로 2위를 차지한다. 그러나 경남의 경우 10년간 8차례 이상 침수된 상습수해지역 130곳 가운데 불과 8곳만 자연재해위험지구로 지정되었다. 이는 전국 평균 22.8%(718곳 중 164곳)에 비해 훨씬 못 미치고 있다. 자연재해 위험지구 지정을 꺼리는 원인은 부동산 가격의 하락과 건축제한에 따른 지역주민 민원, 그리고 민원해소사업 추진을 위한 재정부담 과중 등이다. 자연재해 위험지구 정비사업은 자연재난에 대한 지방비 투자 확대 등 지방자치단체의 적극적인 참여를 유도하기 위하여 매칭펀드(matching fund) 방식으로 추진되고 있다. 정비사업에 소요되는 재원은 원칙적으로 자연재해 위험지구를 지정·관리하는 지방자치단체 부담으로 하고, 지방자치단체의 재정 상황을 감안하여 국고를 일부 지원할 수 있도록 하고 있다. 지방자치단체에서는 자연재해 위험지구에 대하여 국비 60%, 지방비 40%의 비율로 정비사업 투자재원을 마련하여 사업을 추진하고 있다. 그 결과 재정자립도가 낮은 지방자치단체에서는 자연재해 위험지구 정비사업과 관련된 매칭펀드 확보가 어렵기 때문에 사업 추진이 지연되고 있다. 즉, 인구가 감소하고 경제가 침체되어 재정자립도가 낮은 지방자치단체에서는 지방비 확보가 어려워 자연재해 위험지구 정비사업 추진이 부진한 반면에 상대적으로 재정자립도가 높은 지방자치단체는 많은 국비를 지원받아 재해로부터 피해를 줄이고 있다.

시·도별 재정자립도에 따른 자연재해 위험지구 해제율을 비교한 결과 3개 시·도(경기도, 인천광역시, 울산광역시)를 제외한 다른 시도들의 경우 자연재해 위험지구 해제율과 지방자치단체의 재정자립도 간의 상관계수는 0.69인 것으로 나타났다(감사연구원, 2009). 특히 재정자립도가 최하위인 전라남도(11.0%)의 경우 자연재해 위험지구 해제율이 32.4%로 매우 낮은 것으로 나타났다. 이와 같이 재정자립도가 낮은 지방자치단체의 경우 자연재해 위험지구에 대한 정비사업 추진이 지연되면서 재해예

방사업이 적시에 이루어지지 못하고 있으며, 피해발생 이후 국고로부터 복구비를 지원받아 긴급복구를 하는 실정이다. 이는 자연재해 피해와 복구비를 증가시키는 결과를 초래해 국가예산을 낭비하는 악순환으로 이어질 가능성이 높음을 시사해준다.

아직까지 우리나라의 경우 도시재생 정책에서 쇠퇴지구의 기후변화 완화 및 적응 대응방안은 거의 고려되지 못하고 있다. 물론 환경적 측면을 고려하는 것이 포함되어 있으나, 직접적으로 기후변화와 관련되어 있지 못하다. 다만 신도시 개발에서 저탄소 녹색도시 사업에서 탄소 저감이 고려되고 있는 정도이다. 기성 시가지의 경우 기후변화 관련 정책들, 특히 온실가스 배출 저감을 위한 정책이 더욱 필요하다. 쇠퇴한 지역일수록 노후화된 건축물과 기반시설의 낙후 및 에너지시설의 비효율성으로 인해 기후변화로 인한 영향력이 더욱 크기 때문에 도시재생 정책에 기후변화와 관련된 정책들을 포함시킬 필요가 있다. 재해발생 시 주택이나 기반시설 등 지역사회의 물리적 자산에 대한 회복력을 높이는 방법은 기존 자산이 파괴될 경우 이를 대체할 수 있는 대체재를 최대한 많이 확보하는 것이다. 2002년 집중호우 때 김해시 한림면의 경우 총 5천명이 넘는 이재민이 발생하였는데, 당시 한림중학교 등 3곳에 이재민을 수용하였다. 대부분의 이재민은 물이 빠지고 파손된 가옥의 보수가 끝난 뒤 귀가하였으나 일부 지역에서는 주택이 파괴되고 이에 대한 조사 및 보상 지연으로 재건축이 늦어져 2년 넘게 컨테이너 생활을 해야 했다. 이는 대체재가 지역사회의 회복력에 어떤 영향을 미치는지를 보여주는 단적인 예이다(왕광익 외, 2013).

지구온난화로 인한 자연재해와 더불어 심각한 위기상황으로 대두되고 있는 것이 환경난민 혹은 기후난민 사태이다. 환경난민이란 가난과 환경파괴, 정부의 자연재해 방지 및 대처능력 결여로 인하여 떠나지 않으면 죽을 수밖에 없는 한계상황에 처해 자신들의 거주지를 떠나게 된 취약그룹을 말한다. 이는 주로 국제적 인구이동 현상을 일컫는 말이지만, 이는 보다 작은 공간 단위인 지역 내에서 발생할 수도 있다. 하지만 아직 우리나라에서는 이러한 기후변화로 인한 이주민에 대한 지원이 미흡한 편이다. 물론 현재 우리나라에서 재해취약지역 주민의 이주와 관련한 법률인 「재해위험 개선사업 및 이주대책에 관한 특별법」이 있다. 그러나 이는 재해위험지구 개선 및 이주대책 사업에 민간자본을 유치하는 데 초점을 맞추고 있는 사업법일 뿐이며, 이주민 지원에 대한 실질적인 내용을 담고 있지 못하다.

(2) 회복력 증진을 위한 도시정책 방향

인간의 다양한 활동으로 인해 나타나고 있는 기후변화의 영향은 복잡한 상호작용 속에서 계속 변화하고 있다(IPCC, 2011). 최근 기후변화로 인한 집중호우, 태풍, 폭염, 폭설, 혹한 등의 다양한 이상 기상현상이 빈번하게 발생하고 있으며, 이로 인한 인명 및 재산 피해가 점점 더 심각해짐에 따라 기후변화로 인한 피해를 줄이기 위한 대책 수립에 고심하고 있다. 특히 도시에서 겪게 되는 도심열섬 현상, 국지성 집중호우로 인한 홍수, 태풍에 의한 산사태 등으로 인한 피해 규모가 심각해지면서 회복력 증진을 위해 많은 노력을 기울이고 있다.

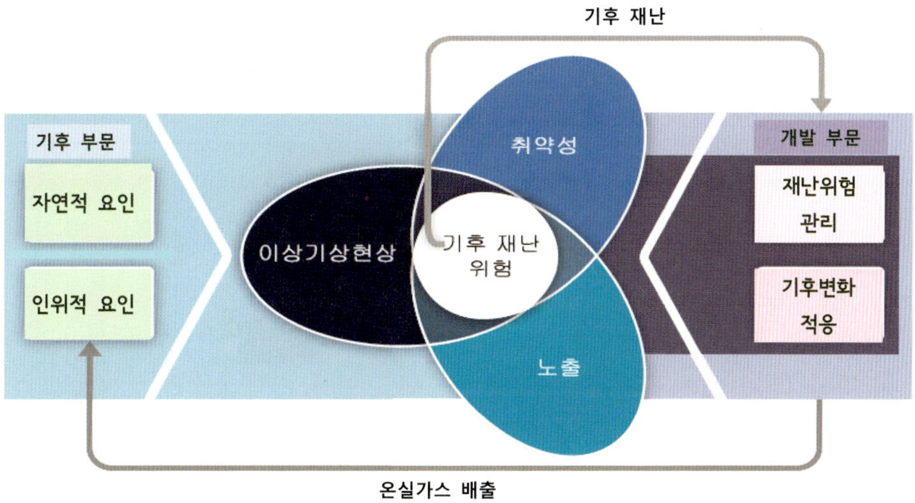

출처: IPCC(2011). Managing the risks of extreme events and disasters to advance climate change adaptation.

그림 1-10. 온실가스 배출과 기후변화 대응 관계

심리학에서 자주 사용되어온 회복력(레지리언스; resilience)이라는 용어가 최근 도시계획 분야에서도 사용되고 있다. 회복력이란 도시가 자연재해 등 물리적 충격을 받았을 때 이로 인한 피해를 줄이거나 피해로부터 다시 재기할 수 있는 능력을 말한다. 도시의 회복력은 도시의 취약성과 직결된다고 볼 수 있다. 여기서 취약성이란 충격에 의한 도시의 노출 규모와 빈도를 말하며, 도시가 기후변화로 인한 피해에 얼마나 노출되고 또 그로 인한 손실과 피해가 얼마나 심한가를 말해준다. Cutter et al.(2008)가 제시한 DROP(the Disaster Resilience of Place) 모델을 보면 기후변화에 따른 취약성과 적응력 및 회복력은 자기강화적이며 누적적인 관계를 가지고 있다(그림 1-11 참조). 이 모델은 기후변화로 인해 재해가 발생하는 경우 그에 대한 대응력이 조성되며, 이를 통해 재해 발생에 따른 영향을 흡수하는가 또는 초과하는가의 피드백을 통해 해당 커뮤니티의 내재된 회복 역량에 영향을 주는 일련의 관계를 잘 보여주고 있다.

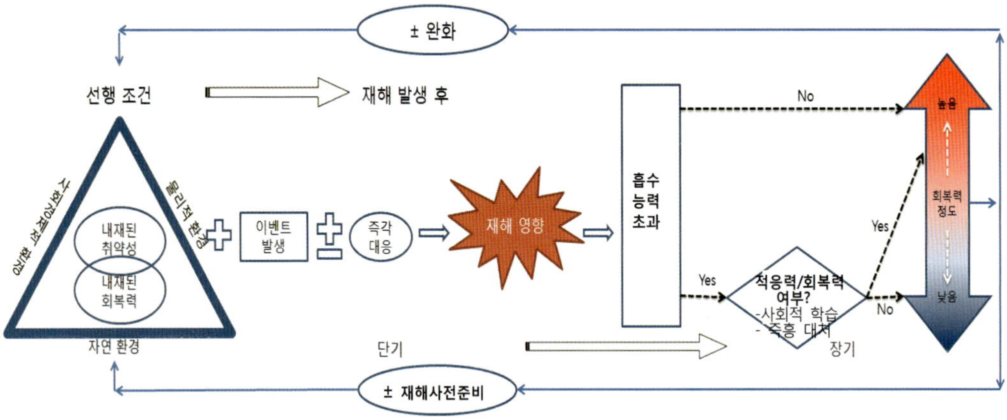

출처: Cutter et al., 2008, p.602.

그림 1-11. DROP 모델에서의 회복력 개념

최근 도시의 생태계서비스 개념이 도입되면서 기후변화 적응력을 높이고 회복력을 증진시키기 위한 다양한 전략들이 시도되고 있다. 생태계서비스란 자연에서 받는 혜택을 말하며, 도시 생태계 순환체계는 도시민에게 여러 가지 다양한 생태계서비스를 제공하며, 특히 도시의 녹지공간은 도시 생태계서비스에 중요한 역할을 한다. 도시 내 녹지공간은 기후변화로 인한 국지성 집중호우를 완화시키고 홍수 위험성을 감소시키며(McPhearson et al., 2013), 열섬효과(Gill et al., 2007), 시민의 건강(정서적 건강 포함)과 삶의 질 향상(Gomez-Baggethun et al., 2013)에도 중요한 역할을 하는 것으로 알려져 있다.

이미 선진국의 경우 도시 내 유휴지 활용을 통해 도시의 회복력을 높이려는 전략들을 수행하고 있다. 영국이나 일본의 경우 도시재생 정책에서 기후변화 대응을 위한 세부적 지침이나 가이드라인을 제시하고 있다. 일본이나 영국의 경우 도시재생이 필요한 지역에 환경, 에너지 대책을 적용하고 열섬 현상 대책 모델지역을 선정함으로써 지구 온난화, 열섬 현상의 개선과 함께 경제 활력을 도모하여 지속가능성을 높이고자 노력하고 있다. 영국의 기후변화 대응 도시재생 정책의 경우 중앙정부가 세부적 지침 및 가이드라인을 작성하여 방향성을 제시하면, 지역 스스로 지역 특성에 맞는 기후변화 대응 정책을 수립하고 지역의 다양한 파트너들이 참여하여 이를 추진하고 있다(양광식 외, 2013).

도시 내 녹지 공간은 기후변화로 인한 취약성을 감소시키고 회복력을 높여줄 수 있다는 관점에서 볼 때, 인구가 감소하고 기후변화에 대응할 역량이 부족한 축소도시의 경우 보다 적실한 도시정책의 비전은 회복력(resilience)을 높이는 것이다. 우리나라의 경우 도시계획 수립 시에 일정 비율의 녹지면적 확보를 의무화하고 있어

녹지율은 높아졌으나, 도시의 생태계서비스와 회복력에 대한 고려가 미흡하여 도시 녹지가 제대로 그 기능을 발휘하지 못하고 있다. 특히 도시쇠퇴로 인해 도시재생 정책을 수행하는 경우 쇠퇴 지구의 회복력을 향상시키려는 전략이 매우 필요하다. 즉, 도시재생과 기후변화 대응 간의 연계성을 높이고 탄소 배출을 줄이려는 노력과 함께, 도시재생 관련 제도에 구체적인 탄소 저감 방안이나 기후변화에 대응한 실제적인 계획들이 포함되어야 한다.

우리나라도 유휴공간을 방치하기보다는 녹지 공간으로 활용하여 도시 녹지의 생태적 가치를 제고하고 회복력을 증진시킬 수 있는 그린인프라 구축에 대한 제도와 정책적 뒷받침이 필요하다. 축소도시에서 가장 흔하게 나타나는 유휴·방치부동산 활용을 통해 기후변화에 효과적으로 대응할 수 있다. 재해에 대비하여 녹지화 정책을 시행하는 경우, 다양한 생태계 서비스를 고려하여 공원뿐만 아니라 자연재해를 방지하고 온실가스 배출을 저감할 수 있는 방안을 도입하는 것이 바람직하다. 도시 재생 사업의 초점을 경제 활성화에만 두지 않고, 기후변화, 에너지 취약성 등을 포괄적, 종합적으로 고려하여 도시재생지구를 선정해야 기후변화에 효과적으로 대응할 수 있는 정책을 도입할 수 있을 것이다. 그러나 아직까지 우리나라의 경우 도시재생지구 선정 시, 기후변화 취약성이나 온실가스 배출 등을 고려하지 못하고 있다. 기후변화 문제가 부상하고 있는 시점에서 도시재생 정책에서 기후변화로 인해 나타나는 재해 및 온실가스 배출 저감을 전략적으로 함께 추진해야 할 것이다. 녹지화 정책을 시행하되, 광장, 옥상, 지하도, 통로 등에 녹지 공간을 확보하고 불침투수층을 줄이고 건축물의 에너지 효율성을 높이는 재생 전략도 도입될 수 있다.

3) 기후변화 영향력을 최소화하기 위한 계획 및 정책

우리나라는 범지구적 기후변화대응 노력에 동참하고 녹색성장을 통한 저탄소사회를 구현하고자 국무조정실에서 2008년 9월 '기후변화대응종합기본계획'을 수립하였다. 이 계획에는 3가지 목표별 추진 과제가 명시되어 있다. 그러나 이 계획은 기후변화 '완화'에 초점을 두었기 때문에, 환경부에서는 2008년 12월에 기후변화 '적응'에 대한 중요성을 인지하고 기후변화로 인한 영향을 최소화하기 위하여 '국가기후변화적응종합계획(2008)'을 수립하였다. 2009년 정부는 저탄소녹색성장기본법 시행에 따라 '국가기후변화적응대책(2011~15년)'을 수립하였고 중앙부처에서는 1차 세부시행계획을 시행하였다. 간략하게 이러한 계획들을 살펴보면 다음과 같다.

(1) 국가기후변화적응종합계획(2009~2030년)

국가기후변화적응종합계획은 국가의 적응정책의 비전과 방향을 제시하는 국가 기본계획으로, 우리나라 '저탄소 녹색성장'의 주요 행동계획이 포함된 범부처간 참여형 종합계획이다. 계획 기간은 2009~2030년으로 단기와 중장기 계획으로 나누어 수립되었다. 단기계획(2009~2012년)은 취약성 평가 및 기반 조성 등 우선적으로 필요한 사업을 중심으로 추진하며, 중장기 계획(2009~2030년)은 기후변화로 인한 피해를 최소화하기 위한 사업 추진에 초점을 두고 있다. 국가기후변화적응종합계획의 비전, 목표 및 추진 전략을 보면 <그림 1-12>와 같다.

비전	기후변화 적응을 통한 안전사회 구축 및 녹색성장 지원

목표	
<단기 목표(~2012년)>	**종합적이고 체계적인 기후변화 적응역량 강화** - 한반도 시공간적 취약성 지도 100% 작성 - 예측, 감시 기술 수준 선진국 대비 70% 달성
<장기 목표(~2030년)>	**기후변화 위험 감소 및 기회의 현실화** - 과거 10년(1996~2005년) 대비 기상재해피해 10% 감소 - 기후변화 적응 관련 생산 GDP 대비 1% 달성

추진 전략

- **전략 1** 과학적이고 종합적인 기후변화 위험평가 체계 구축
- **전략 2** 비용효과적이고 지속가능한 적응프로그램 마련
- **전략 3** 적응 역량 강화 및 인식 제고를 위한 국내 파트너십 구축
- **전략 4** 국제협력과 기여를 통해 글로벌 리더십 확보
- **전략 5** 적응행동 이행 강화를 위한 제도적 기반 확보

출처: 관계부처 합동(2008), 국가기후변화적응종합계획.

그림 1-12. 국가기후변화적응종합계획의 주요 내용

(2) 국가기후변화적응대책(2011~2015년)

국가기후변화적응종합계획의 보완 및 개선을 통한 기후변화적응대책은 저탄소 녹색성장 기본법(제48조, 기후변화 영향평가 및 적응대책의 추진)을 시행 근거로 두고

있다. 이 법에는 기후변화의 영향을 완화시키거나 건강·자연재해 등에 대응하는 적응대책 수립과 관련된 내용, 기상정보관리체계 구축·운영, 기후변화 영향 조사·분석, 기후변화 취약성 조사·평가 및 결과 공표 등에 대한 내용들이 있다. 기후변화 적응대책은 10개 부문의 대책에 13개 중앙부처가 참여하고 있다.

이러한 기후변화 적응대책은 국가 및 중앙부처 이외에도 광역시·도 및 기초 시·군·구에 이르는 수립 체계를 갖고 있다(한국환경정책평가연구원, 2014). 정부에서는 '지자체 기후변화적응대책 세부 시행계획' 수립을 위한 가이드라인을 만들어서 각 기초 지자체들에게 배포하여, 지자체별로 기후변화 적응과 관련된 세부 시행계획을 수립하도록 하고 있다. 16개의 광역시·도의 경우 2011년에 기후변화 적응대책 세부 시행계획(계획기간: 2012~2016년)을 수립하였고 세종특별자치시의 경우 2014년에 수립을 완료하였다.

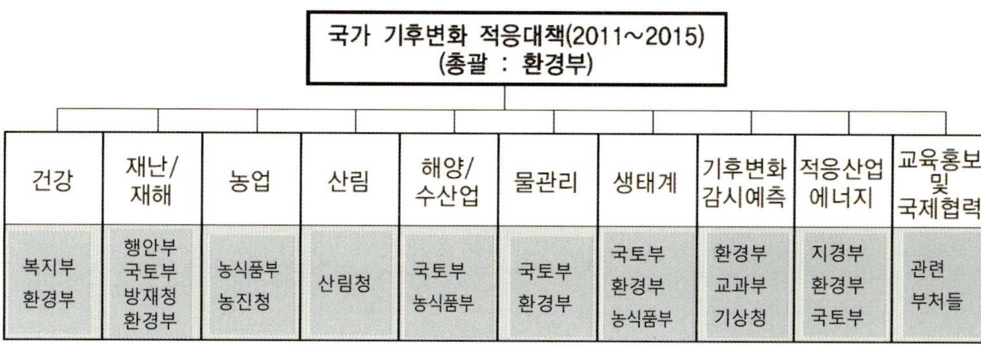

출처: 관계부처 합동(2010). 저탄소 녹색성장 기본법 시행에 따른 국가 기후변화 적응대책.

그림 1-13. 기후변화 적응대책 분야 및 관련 부처

(3) 제 2차 국가기후변화적응대책(2016~2020년)

제1차 국가기후변화적응대책(2011~2015년)을 통해 국가차원의 기후변화 적응 추진 기반체계를 마련하고, 부문별·지역별 기후변화 적응기반을 구축하고 지원하였다. 그러나 부문별 단기-중장기 목표와 성과지표의 부재, 적응대책 우선순위 설정 미흡 등과 같은 문제점이 드러나고, 정책 수립 의사결정 지원 도구와 기후변화 적응 전문인력 부족도 부각되었다. 이와 같이 기후변화 적응대책 추진을 위한 전략적 기반체계에 한계점이 드러나자 제2차 국가기후변화대책(2016~2020년)을 수립하게 되었다.

제2차 국가기후변화적응대책에서는 IPCC AR5(5th Assessment Report)에서 이슈화되고 있는 기후변화 가속화 전망과 UN 지속가능발전 목표와 신기후체제에서 적응의 중요성 강조, 그리고 최근 가뭄과 이상고온 현상에 따른 국민들의 관심 등을 반영하여 보다 실효성 있는 대응대책을 마련하고자 고심하였다. 이 대책은 기후변화 적응으로 국민이 행복하고 안전한 사회를 구축하고자 기후변화로 인한 위험감소 및 발전기회의 현실화를 목표로 설정하고 적응 원칙, 4대 정책 부문(16개 과제), 이행 기반(4개 과제), 점검평가 과정이라는 일련의 체계를 수립하였다.

비전		기후변화 적응으로 국민이 행복하고 안전한 사회구축
목표		기후변화로 인한 위험감소 및 기회의 현실화
적응원칙		지속가능발전 부합 / 취약계층 고려 / 과학기반 / 통합적 접근 / 참여활성화
4대 정책 부문 (16개 과제)	과학적 위험관리	▪ 기후변화 감시·예보시스템 ▪ 한국형 기후 시나리오 개발 ▪ 기후영향 모니터링 ▪ 취약성 통합평가·리스크관리 ▪ 통합정보 제공시스템 마련
	안전한 사회건설	▪ 기후변화 취약계층 보호 ▪ 건강피해 예방 및 관리 ▪ 취약지역·시설 관리 ▪ 재난·재해 관리
	산업계 경쟁력 강화	▪ 산업별 적응역량 강화 ▪ 산업별 적응인프라 확대 ▪ 기후변화 적응 기술개발 ▪ 해외시장 진출기반 조성
	지속가능한 자연자원관리	▪ 생물종 보전·관리 ▪ 생태계 기후변화 위험요소 관리 ▪ 생태계 복원·서식처 관리
이행 기반 (4개과제)	국내·외 이행기반 마련	▪ 적응정책 실효성 강화 ▪ 지역단위 적응활동 촉진 ▪ 적응 국제협력 강화 ▪ 적응 홍보·교육
점검평가		적응대책 핵심지표·부문별 성과지표

출처: 관계부처 합동(2015.12), p.59.

그림 1-14. 제2차 국가기후변화적응대책(2016~2020년)의 기본체계

참고문헌

감사연구원 (2009). 자연재해와 상습수해지역 관리 현황 및 문제점.

강상준·조성한 (2013). 자연재해로부터의 지역사회 회복탄력성 도입방안. 경기개발연구원.

관계부처 합동 (2008). 국가기후변화적응종합계획.

__________ (2010). 저탄소 녹색성장 기본법 시행에 따른 국가 기후변화 적응대책(2011-2015)

__________ (2015.12). 제2차 국가 기후변화 적응대책.

권영섭 (2013). 인구감소시대에 대응하는 새로운 지역발전정책 방향. 국토. 378. 16-24.

구자훈 (2015). "한국도시재생 현황과 과제". 도시재생 공동포럼. 대한국토도시계획학회 세미나자료집.

국립기상연구소 (2011). (IPCC 5차 평가보고서 대응을 위한) 기후변화 시나리오 보고서 2011.

국토해양부 (2012). 기후변화에 따른 국토취약성 분석과 적응방안: 국토민감성 분석과 향후 정책방향.

기상청 (2015). 기후변화 2014 종합보고서(IPCC 제5차 평가 종합보고서 국문판).

김양수 (2005). "우리나라 자연재난 발생추이 및 향후 전망". 자치발전. 2005년 6월호. 16-22.

김태근·박유연 (2012. 5. 28). 한국 '20-50 클럽' 진입... 마지막 '20-50 클럽' 국가가 될 가능성이 크다. 조선일보.

온실가스종합정보센터 (2015). 2015년 국가온실가스인벤토리보고서.

왕광익·이범현·정윤희·이진희·유선철 (2013). 기후변화 대응 도시재생 정책과제 및 계획수립 방안 연구. 국토연구원.

이상호 (2016). 한국의 '지방소멸'에 관한 7가지 분석. 지역고용동향브리프. 한국고용정보원.

이세원·이희연(2013). "개발도상국의 기후변화 취약성 실태와 기후변화 대응 과제". 한국도시지리학회 동계학술대회(2013.11.30.) 발표 논문집.

통계청 (2012). 장래인구추계 시도편: 2010-2040.

Cutter, S. L., Barnes, L., Berry, M., Burton, C., Evans, E., Tate, E. and Webb, J. (2008). "A place-based model for understanding community resilience to natural disasters". *Global Environmental Change*, 18, 598-606.

CRED(Centre for Research on the Epidemiology of Disasters) (2011). *Annual Disaster Statistical Review 2011*, International Development Office of Foreign Disaster Assistance.

Gill, S. E., Handley, J. F., Ennos, A. R. and Pauleit, S. (2007). "Adapting cities for climate change: the role of the green infrastructure". *Built Environment*, 33(1), 155-133.

Gómez-Baggethun, E. and Barton, D. N. (2013). "Classifying and valuing ecosystem services for urban planning". *Ecological Economics*, 86, 235-245.

Intergovernmental Panel on Climate Change(IPCC) (2014). *Climate Change 2014-Impacts, Adaptation and Vulnerability: Regional Aspects*. Cambridge, MA: Cambridge University Press.

Kuhn, T. S. (1962). *The Structure of Scientific Revolutions* (1st ed.); Enlarged 2nd ed. (1970), Chicago: University of Chicago Press.

OECD (2012). *Economic Survey of Korea*.

Pagano, M. A. and Bowman, A. (2004). Vacant land as opportunity and challenge, in Greenstein, R. and Sungu-Ermilyaz, Y.(eds.). *Recycling the City: The Use and*

Reuse of Urban Land, 15-32, Cambridge, MA: Lincoln Institute of Land Policy.
Popper, D. E. and Popper, F. J. (2002). "Small can be beautiful: coming to terms with decline". *Planning*, 68(7), 20-23.
增田寛也(마스다 히로야) (2015). 지방소멸 (김정환, 옮김). 서울: 와이즈베리. (원서출판 2014).

02 인구감소도시의 유휴 · 방치 부동산 발생 실태와 촉발 요인

1. 유휴·방치부동산의 개념과 유형화
2. 유형별 유휴·방치부동산의 발생 실태와 공간분포
3. 유휴·방치부동산의 발생을 이끄는 촉발 요인

1 유휴·방치부동산의 개념과 유형화[1)]

1) 유휴·방치부동산의 개념

(1) 유휴·방치부동산과 관련된 다양한 용어들

인구 감소가 지속되면서 우리나라 여러 도시들에서 사용되지 않거나 방치되어 있는 빈집, 빈 점포, 폐교, 철도 유휴부지, 폐산업시설, 미분양 산업용지, 빈 공공청사, 이전부지, 공사중단 방치부동산, 노후·불량주택 등이 많이 발생하면서 이에 대한 관심이 높아지고 있다. 이러한 부동산들을 폭넓게 지칭하기 위해 국내에서는 주로 유휴공간이라는 용어가 사용되어왔다. 그러나 최근에는 유휴공간에 대한 개념이 확대되면서 '사용되지 않거나 저이용되고 있는 유휴 상태뿐만 아니라 제대로 관리되지 못하고 있는 방치 상태의 토지나 건축물'을 포괄하고 있다(김동한 외, 2015; 임유경·임현성, 2012).

한편, 미국, 영국, 독일 등 서구에서는 유휴지(vacant land/lot), 유휴부동산(vacant property), 방치부동산(abandoned property), 황폐화된 부동산(blighted property), 버려진 토지(derelict land), 브라운필드(brownfields) 등 유사하면서도 의미상의 차이를 보이는 다양한 여러 용어들이 사용되고 있다. 또한 용어 사용도 시기에 따라 개념적 정의가 달라지고 있다. 1968년 이전까지만 해도 유휴지는 도시적 용도로 사용된 적이 없는 농지나 미개발지를 지칭하였고, 전통적으로 유휴지의 가치는 '개발 잠재력을 지닌 유보지'로 인식되었다(Hollstein, 2014). 그러나 2000년대 들어와 이러한 유휴지 개념은 '사용되지 않고 비어 있으며 때로는 방치 상태를 보이는 부동산'을 지칭하는 것으로 확대되었다. 즉, 유휴지는 공공 및 민간이 소유한 미개발지뿐만 아니라 구조물이 존재하였던 토지나 방치되거나 버려지거나 창호가 폐쇄되거나 부분적으로 파손되거나 철거된 구조물이 있는 토지까지 포함하는 개념으로 인식되고 있다(Bowman and Pagano, 2004). 그동안 인간의 사용가능성 측면에서 유휴부동산을 바라보았던 시각에서 최근에는 한 걸음 더 나아가 사회·생태적 측면에서 유휴부동산을 긍징직으로 바라보려는 시각(Kremer et al., 2013)으로까지 넓어지고 있다(표 2-1 참조).

1) 본 장은 한수경·이희연(2016, pp.4-7) 내용을 재구성·보완하였음.

표 2-1. 유휴지 및 유휴부동산 개념의 시기별 변화

시기	도시 팽창 인구성장 시대		도시 축소 인구감소 시대
초점	(도심 외곽) 미개발지	----------→	(도심 내부) 기개발지
지향	경제적, 인간중심적	----------→	사회·생태적
가치	개발 잠재력을 가진 유보지, 인간의 사용가능성	----------→	적응 역량을 갖춘 유연한 공간, 사회·생태적 기능

출처: 한수경(2016), p.24.

한편 유휴부동산 개념과는 차별화되어 불리워지고 있는 '방치부동산'은 1960년대 이후 미국 도시들에서 주택들이 방치되는 현상들이 나타나면서 등장한 용어이다. 방치부동산 논의에서 주목하고 있는 점은 빈 건축물이라고 모두 방치된 것은 아니며 사용 중인 건축물이라 하더라도 방치 상태에 놓일 수 있다는 것이다. 특히 부동산 소유주가 소유주로서의 책임들을 적절히 수행하지 않고 있는 경우 해당 부동산은 방치 부동산이 되며, 그 결과 해당 부동산은 비어 있거나 가까운 장래에 비게 될 것이다(Mallach, 2010). 이와 같이 부동산 소유주가 책임을 다하지 못하여 발생하는 '방치'의 개념에는 물리적 방치(구조적인 위험, 허물어져가는 외관 등), 경제적 방치(부동산 담보대출금 및 세금 체납, 각종 공과금 체납 등), 사회적 방치(쓰레기, 해충, 소음 등 각종 생활 불편)가 포함될 수 있다. 이 중에서도 사회적 방치는 근린 주거환경에 매우 부정적인 영향을 미치므로 자주 논란거리가 되고 있다.

표 2-2. 방치부동산의 유형별 특징

구분	기준
물리적 방치	• 쇠락하고 있는 물리적 외관(미관 저해) - 훼손되었거나, 황폐화되었거나, 거의 허물어져가는 불량한 건축물 외관 - 잡초, 쓰레기더미 등 관리되지 않는 땅 - 건축물의 구조적 결함이나 노후화
	• 건축물의 창호 폐쇄(boarded-up)
	• 전기·가스·수도 등 공공서비스 중단
경제적 방치	• 세입자에 대한 소유주의 서비스 중단
	• 세금, 부동산담보대출금, 공공요금 체납
	• 임대료 등 소유주의 경제적 이익이 없음
사회적 방치	• 공중안전 위협(범죄 발생 등)
	• 공중위생 위협(건강상의 위험) - 해충, 악취, 쓰레기, 소음, 환경오염
	• 화재 위험
	• 근린 부동산 가치 하락

출처: Hughes(1977)와 Mallach(2010) 내용을 재편집하였음.

방치부동산과 다소 유사한 개념인 '황폐화된 부동산'은 주로 미국의 법률상에서 재개발지역을 선정하는 기준으로 활용되어왔다. 황폐화된 부동산은 방치부동산 개념이 내포하고 있는 물리적, 경제적, 사회적 방치뿐만 아니라 물리적 환경 결핍(environmental deficiencies)도 중요하게 고려한다. 여기서 물리적 환경 결핍이란 협소하거나 불규칙한 필지 배치, 도로 용량의 부족, 혼잡함, 건물들로 차폐된 필지들, 녹지나 위락·공원시설의 부족, 채광, 상·하수도, 전기, 난방 등 필요한 어메니티(amenities)나 공공시설의 부족 등을 말한다(Nesmith, 2003). 펜실베니아주의 도시 재개발법[2)]에 따르면, 최소 1년 동안 비어있으며 세금이 납부되지 않고 있거나 보수를 통한 재이용, 리노베이션, 각종 생활불편(쓰레기, 해충, 소음 등) 제거 등이 필요한 부동산을 황폐화된 부동산으로 정의하고 있다. 이러한 황폐화된 부동산들의 경우 대부분이 특정 지구에 집중해서 나타나기 때문에 '황폐화된 지구'가 재개발 대상지구로서 더 주목을 받고 있다.

한편 '버려진 토지(derelict land)', '브라운필드(brown field)', 'TOADS (Temporarily Obsolete Abandoned Derelict Sites, 일시적으로 쓸모가 없어져 방치되고 버려져 있는 부지)' 개념은 오염 가능성이 있는 부동산을 지칭하는 경우에 주로 사용되고 있다. 영국의 경우 폐광을 정화하고 복원하려는 노력이 이루어지고 버려진 토지 개선을 위한 보조금을 마련하게 되면서 주목받게 되었다. 즉, 주택 및 산업용지를 위한 토지 부족 문제를 해결하고자 버려진 토지를 이용하는 데 관심을 두게 되었다. 영국과는 달리 미국에서 자주 사용되고 있는 용어는 브라운필드이다. 브라운필드는 주로 산업지역이나 상업지역에 방치되어 있거나 비어 있거나 저이용되고 있는 부지를 지칭한다. 브라운필드는 쓰레기 매립지, 오염된 공장이나 창고, 오래된 격납고, 기차역이나 버스터미널, 잡동사니나 쓰레기가 버려진 장소 등이 될 수 있다. 일명 슈퍼펀드(Superfund)라고도 불리는 브라운필드는 미국 연방정부의 포괄적 환경 대응, 보상, 책임 법률(CERCLA: Comprehensive Environmental Response, Compensation and Liability Act)이 1980년 제정됨에 따라 본격적으로 환경 및 계획 분야에서 주목을 받게 되었다. 미국 연방정부의 슈퍼펀드(Superfund)[3)] 법률에

2) Pennsylvania Statutes, Title 35. Health And Safety, Chapter 18A. Urban Redevelopment Law; PAST 35 P.S. § 1712.1. Blighted property removal. (2002; 2010).

3) 미국은 1970년대 대기오염방지법, 수질오염방지법, 도시 및 산업폐기물을 안전하게 처분하기 위한 절차를 규정한 자연보호회복법 등이 제정되면서 개발에 따른 환경영향평가를 실시하고, 대기, 물, 유해화학물질 등에 대해 규제하게 되었음. 이러한 법규들은 유해물질 배출 및 처리에 대한 규제를 강화함으로써 오염을 사전예방하는 것이었음. 그러나 뉴욕주 버팔로 근교의 러브컨넬의 전기화학공장으로부터 배출된 산업폐기물이 매립된 지역에 주택지가 조성된 이후 유해화학물질 누출, 오염 지하수의 음용 등으로 지역주민의 건강에 심각한 피해를 미친 러브캐널(LOVE CANAL) 사건이 발생되었음. 연방정부는 이 지역을 긴급재해지역으로 선포하였다. 사건 발생 당시 오염된 지역의 정화를 명령할 법적 근거도 없었고 연방정부가 정화작업을 수행할 기금도 없었음. 이에 따라 유해물질 오염지역에 대응할 수 있는 법률 제정의 필요성과 함께 이미 토양오염된 부지에 대한 정화를 목적으로 1980년 12월에 슈퍼펀드(Superfund) 법 일

따라 미국환경보호국(Environmental Protection Agency)에서는 인간의 건강 및 환경적 질에 위험하다고 결정된 부지들과 잠재적으로 위험한 부지들을 관리하였는데, 이러한 목록들이 브라운필드를 파악하는 우선적인 자료가 되었다(Nesmith, 2003). 연방정부 수준에서 브라운필드가 공식적으로 인식된 것은 1990년대 중반으로, 브라운필드 경제재개발 계획 및 오염된 부동산의 정화, 일자리 창출, 지역경제 확대, 커뮤니티 삶의 질 향상을 목적으로 공식적인 브라운필드 프로그램들이 시작되었다. 1998년 미국의 링컨연구소(Lincoln Institute)와 지역계획협회(RPA: Regional Plan Association)가 개최된 회의에서는 브라운필드 및 유휴지를 재개발 잠재력에 따라 3가지 유형으로 구분하였다. 1등급은 약간의 오염 문제를 가지고 있으나 경제적으로 개발 프로젝트 실행이 가능한 부지, 2등급은 매력적일 수 있으나 오염 위험이 좀 높거나 시장성이 낮아서 재개발을 위한 인센티브가 요구되는 부지, 3등급은 좋지 못한 입지나 불량한 접근성 때문에 재활용의 경제적 잠재 가능성이 낮으며, 높은 환경적 위험을 가진 부지이다. 이 가운데 1등급 부지의 경우 별다른 정부 투자나 전략적 계획이 없이도 개발가능하지만, 특히 3등급의 경우 막대한 정부 투자가 요구되며, 브라운필드 재개발 전략의 관점에서 보면 경제성이 떨어지기 때문에 취약지역에 입지한 브라운필드의 경우 방치되게 된다.

이상에서 살펴본 바와 같이 '유휴(vacancy)'와 '방치(abandonment)'의 개념이 서로 다르기 때문에 두 개념을 구분하여 사용하여야 하지만, 유휴와 방치 상태가 동시에 함께 일어나는 경우가 많기 때문에 두 개념을 완전히 분리하여 진단하는 것이 매우 어렵다. 따라서 유휴와 방치 개념에 대한 정확한 이해를 바탕으로 하되, 유휴와 방치가 병행하여 나타나거나 방치가 진전되고 있는 과정 등을 다룰 경우 두 개념을 통합하여 적절한 용어를 사용할 필요가 있다.

(2) 유휴·방치부동산의 정의

이러한 맥락에서 유휴 혹은 방치 상태를 보이는 부동산을 포괄하여 지칭하는 용어로 '유휴·방치부동산[4]' 개념이 유용할 수 있다. '유휴'란 이전에 개발된 적이 있는 토지와 건축물(구조물)이 적절히 사용되지 않고 비어 있는 상태이며, '방치'란 이전에

명 CERCLA가 제정되었음. 이와 같이 러브캐널 사건은 슈퍼펀드법 제정에 결정적인 계기가 되었으며, 이 법의 특징은 정부가 정화를 위한 정화기금을 확보하여 직접 정화를 실시할 뿐만 아니라 정화책임 당사자를 명확히 규정함으로써 당사자에게 정화의 책임을 지우는 강력한 환경법규라고 볼 수 있음. 1986년에 제정된 SARA는 CERCLA를 수정한 것으로, Superfund 자금을 16억불에서 85억불로 증가하고 부지의 정화비용과 대상범위 증대 및 복원기준을 엄격하게 적용하였음.

4) '유휴·방치부동산'은 유휴 혹은 방치 상태의 부동산을 포괄하여 지칭하는 용어로, 한수경·이희연(2016: 6)에서 처음으로 이 용어를 사용하였음.

개발된 적이 있는 토지와 건축물(구조물)이 물리적으로나 경제적으로 혹은 사회적으로 적절히 관리되지 못하고 있는 상태로 볼 수 있다. 따라서 유휴·방치부동산은 유휴 상태에 있는 부동산, 방치 상태에 있는 부동산, 혹은 유휴와 방치 상태에 동시에 놓여 있는 부동산을 모두 포함한다. 부연한다면 기존에 개발된 적이 있으나 현재 적절히 사용되지 않고 비어 있거나 물리적·경제적·사회적으로 적절히 관리되지 못하고 방치되어 있는 토지와 건축물(구조물)을 모두 유휴·방치부동산이라고 지칭할 수 있다. 또한, 유휴·방치부동산은 기존의 유휴공간, 유휴지, 유휴부동산, 방치부동산 등의 여러 용어들을 아우르면서, 특정 용도의 부동산이 아닌 여러 형태의 부동산들에 보다 유연하게 적용할 수 있는 탄력적인 개념이라고 할 수 있다. 인구감소 시대에는 그동안 외연적 확장으로 개발된 도시공간을 실수요에 맞도록 현명하게 축소해나가는 것이 필요하며, 기개발지에 주목하여 유휴나 방치 상태에 있는 부동산들을 어떻게 관리하고 활용해 나가야 하는가에 대한 고민이 시급하다. 따라서 유휴·방치부동산 개념은 인구감소 도시에서 축소계획을 수립하기 위해 각 도시별로 발생하는 다양한 유형의 부동산들을 다루는 데 매우 유용하다고 볼 수 있다.

2) 유휴·방치부동산의 유형

(1) 유휴·방치부동산의 유형화

유휴·방치부동산은 도시 내에서 다양한 형태로 발생하므로 이를 유형화하여 각 유형별 특징을 이해할 필요가 있다. 유휴·방치부동산을 유형화하는 경우 다양한 기준이 적용될 수 있으나, 도시계획적 측면에서 유휴·방치부동산을 효과적으로 관리하기 위한 전략을 수립하기 위해서는 용도를 기준으로 유형화하는 것이 적합하다고 볼 수 있다. 도시계획에서 사용하는 용도를 기준으로 유형화하는 경우 크게 4가지 유형(주거 유휴·방치부동산, 상업·복합 유휴·방치부동산, 산업 유휴·방치부동산, 공공 유휴·방치부동산)으로 구분될 수 있다.

먼저, 주거 유휴·방치부동산은 주거 목적으로 개발되었으나 사용되지 못하고 비어 있거나 적절히 관리·활용되지 못하고 있는 토지나 건축물을 지칭하며, 미분양 주거용지, 건물이 철거된 채로 방치된 주거용지, 공사 중단 후 방치된 주거용지나 주택, 공·폐가, 단수된 주택, 노후화되고 불량한 주택, 차량 접근이 불가능하거나 협소한 필지 등 부지환경이 취약한 주택 등이 이 범주에 포함된다. 상업·복합 유휴·방치부동산은 순수 상업 용도나 상업 및 거주 혼용의 목적으로 개발되었으나 사용되지 못하고 비어 있거나 적절히 관리되지 못하고 있는 토지나 건축물을 지칭하며, 미분양 상업용지나 복합용지, 건물이 철거된 상업용지나 복합용지, 전통시장의 빈 점포, 빈 상업·복합건물, 단수된 상업·복합건물, 노후화된 상업·복합건물, 부지환경이 취약한 상업·복합건물, 공사 중단 후 방치된 상업·복합용지나 건물 등이 이 범주에 포함된다. 한편, 산업 유휴·방치부동산에는 미분양 상태의 산업용지, 건물이 철거된 산업용지, 미가동 중인 산업시설, 단수된 공장, 노후화된 공장 등이 포함되며, 공공 유휴·방치부동산에는 미사용 국·공유지, 공공시설 이전적지, 철도 유휴부지, 빈 공공청사, 폐교, 폐역, 기타 활용되지 못하고 방치되어 있는 공공시설 등이 포함된다.

표 2-3. 유휴·방치부동산의 유형화

유형	토지	건축물(구조물) 포함
주거	• 미분양 주거용지 • 건물이 철거된 주거용지	- 공·폐가, 단수 주택 - 노후·불량주택 - 부지환경취약(불량접도, 과소필지) 주택 - 주거 공사중단 방치부동산
상업·복합	• 미분양 상업·복합용지 • 건물이 철거된 상업·복합용지	- 빈 상업·복합건물, 단수 상업·복합건물 - 전통시장 내 빈 점포 - 노후 상업·복합건물 - 부지환경취약(불량접도, 과소필지) 상업·복합건물 - 상업·복합 공사중단 방치부동산
산업	• 미분양 산업용지 • 건물이 철거된 산업용지	- 미가동 산업시설 - 단수 공장 - 노후 공장
공공	• 철도 유휴부지 • 공공시설 이전적지 • 미사용 국·공유지	- 빈 공공건물 (폐교, 폐역사, 기타 공공시설)

출처: 한수경·이희연(2016), p.6을 수정·보완함.

(2) 유휴·방치부동산의 유형별 측정 방법

우리나라의 경우 도시 전반에 걸쳐 발생하고 있는 다양한 유휴·방치부동산 실태를 파악할 수 있는 시스템이 아직까지 구축되어 있지 못하다. 뿐만 아니라 유휴·방치부동산의 발생량을 유형별로 파악하기 위한 측정 기준 및 방법도 정립되어 있지 못한 실정이다. 그러나 부동산의 유휴나 방치를 어떻게 측정하느냐에 따라 향후 이를 관리하는 범위와 전략이 달라질 수 있기 때문에, 국내 실정을 고려하여 유휴·방치부동산의 유형별 효과적인 측정 기준과 방법의 설정은 매우 중요하다. 이를 위해 먼저 도시 전체 차원에서 현재 사용 가능한 통계자료를 이용하여 유휴·방치부동산의 유형별 발생량과 공간 분포를 파악한 후, 특히 유휴·방치부동산이 밀집해 있는 근린지구를 대상으로 현장조사를 실시하여 유휴·방치부동산의 실태를 상세히 파악하는 것이 바람직하다.

유휴·방치부동산 실태를 정확하고 체계적으로 파악하기 위해서는 유휴 상태와 방치 상태를 측정하는 기준을 각각 설정하고, 그에 따라 구득 가능한 자료들을 활용하여 세부적인 측정 지표를 설정하여야 한다. 하지만 전국적인 차원에서 도시별 유휴·방치부동산의 발생량을 비교하고자 하는 경우, 전국 차원에서 가용한 자료가 매우 한정적이며, 현재 가용한 자료들을 통해 대략적인 유휴·방치부동산의 발생 현황 정도를 파악할 수 있다. 일례로, 주거 부동산의 유휴·방치 상태는 통계청에서 5년마다 조사하는 「인구주택총조사」의 빈집 통계를 통해 대략적으로 살펴볼 수 있다. 여기서 정의하는 빈집이란 '매매, 임대, 분양, 이사 등의 사유로 조사기간 동안 사람이 살지 않고 있는 주택'으로, 주택 종류별, 빈집사유, 비어있는 기간, 파손 정도에 따라 시·군·구별로 집계된 빈집 수를 국가통계포털에서 제공하고 있다(인구주택총조사 조사용어 설명 참조). 이 자료를 활용하여 주거용 유휴·방치부동산 측정 지표로 '1년 이상 비어있는 빈집 수(비율)' 및 '일부 파손된 빈집 수(비율)'을 산출할 수 있다. 더 나아가 주거용 부동산의 물리적 방치를 보여주는 지표로 '소형노후단독주택 수(비율)'을 고려해 볼 수 있다. 일반적으로 소형노후단독주택 범위에는 1980년 이전에 준공된 연면적 60㎡ 미만의 단독주택을 지칭하며, 이러한 주택의 경우 주거 공간이 좁고 노후화되어 물리적으로 열악한 상태에 놓여 있을 가능성이 매우 높다. 특히 이들 주택의 경우 향후 잠재적 유휴 상태로 전환될 가능성이 크기 때문에 주거 유휴·방치부동산을 측정하는 또 다른 유용한 지표가 될 수 있다.

한편, 상업·복합용 부동산의 유휴·방치 상태는 소상공인시장진흥공단에서 매년 수집하여 제공하는 「전통시장 및 점포경영 실태조사」의 '전통시장 내 빈 점포수(비율)'를 통해 파악해 볼 수 있다. 여기서 지칭하는 빈 점포의 범위에는 조사 시점을 기준으로 최근 3개월간 영업을 하지 않은 점포로, 각기 다른 임대자가 1주일 미만으로 임대하여 영업하는 경우도 포함한다. 그러나 이 자료는 전통시장 내 점포의 유휴 상태만을 파악할 수 있다는 점에서 한계가 있으나, 전국적인 차원에서 상업·복합용 부동산의 유휴·방치 상태를 파악할 수 있는 거의 유일한 자료이다.

유휴·방치 상태의 산업용 부동산의 경우 전국적인 차원에서 개별 입지에 들어서 있는 공장들의 상태를 파악하는 것은 어렵지만 산업단지 내에 위치한 공장들의 가동 상태나 미활용 산업용지 면적 등은 어느 정도 파악이 가능하다. 이는 한국산업단지공단에서 분기별로 제공하는 「전국산업단지현황통계」의 산업단지별 '미분양 산업시설구역 면적과 분양률' 자료를 통해 파악할 수 있으며, 입주업체수 및 가동업체수를 이용해 '미가동업체수'를 산출하여 활용할 수 있다.

한편 공공용 부동산의 상당수를 차지하는 국·공유지나 공공청사 등 국·공유재산의 유휴·방치 상태는 조달청이나 해당 지자체의 관련 부서를 통해 파악해 볼 수 있으나, 아직까지 관련 자료가 제대로 구축되어 있지 못하여 정확한 현황 파악이 어렵다. 그러나 폐교나 철도 유휴부지의 경우 비교적 자료 구축이 잘 되어 있다. 폐교는 교육부에서 매년 제공하는 「시·도교육청 폐교재산 현황」을 통해서 '폐교별 활용 현황과 부지 면적 및 건물 연면적' 등을 파악할 수 있고, 철도 유휴부지의 경우 한국철도시설공단에서 2015년 8월부터 제공 중인 「철도 유휴부지 현황자료」를 통해 '철도 유휴부지별 활용 현황과 면적' 등을 파악할 수 있다.

<표 2-4>는 전국적인 차원에서의 유휴·방치부동산 발생을 유형별로 파악하기 위해 사용 가능한 자료들을 정리한 것이다. 향후 유휴·방치부동산의 유형별로 측정할 수 있는 자료들이 더 구축된다면 보다 정확한 유휴·방치부동산 실태를 파악할 수 있을 것이다.

표 2-4. 유형별 유휴·방치부동산 발생 분석을 위해 가용한 전국 단위 자료

<table>
<tr><th>구분</th><th colspan="2">내용</th><th>자료명</th><th>연도</th><th>자료출처</th></tr>
<tr><td rowspan="9">유휴·
방치
부동산</td><td rowspan="3">주거[1]</td><td>1년이상 빈집 수(비율)</td><td rowspan="3">주택총조사</td><td rowspan="3">2010</td><td rowspan="3">통계청</td></tr>
<tr><td>일부파손 빈집 수(비율)</td></tr>
<tr><td>소형노후
단독주택 수(비율)[2]</td></tr>
<tr><td>상업·
복합</td><td>전통시장
빈 점포수(비율)[3]</td><td>전통시장·상점가 및
점포경영실태조사</td><td>2013</td><td>소상공인시장
진흥공단</td></tr>
<tr><td rowspan="2">산업</td><td>미분양 산업시설구역 면적</td><td rowspan="2">전국산업단지
현황통계</td><td rowspan="2">2015
(4분기)</td><td rowspan="2">한국산업단지공단</td></tr>
<tr><td>미가동 업체 수</td></tr>
<tr><td rowspan="3">공공</td><td>미활용 폐교부지 면적</td><td rowspan="2">시·도교육청
폐교재산현황</td><td rowspan="2">2015
(2015.6.30)</td><td rowspan="2">교육부</td></tr>
<tr><td>미활용 폐교 수</td></tr>
<tr><td>철도 유휴부지 면적</td><td>철도유휴부지현황자료</td><td>2015</td><td>한국철도시설공단</td></tr>
</table>

주: 1) 각각의 비율은 해당 도시의 총 주택 수 대비 백분율임.
2) 소형노후 단독주택은 1980년 이전 준공된 연면적 60㎡ 미만의 단독주택을 의미하며, 주택의 물리적 방치를 보여주는 지표로서 상정함.
3) 전통시장 빈 점포 비율은 해당 도시의 전체 전통시장 총 점포 수 대비 빈 점포 수의 백분율임.

2 유형별 유휴·방치부동산의 발생 실태와 공간 분포

1) 인구감소 도시에서 발생되는 유휴·방치부동산의 특징

2015년 현재 우리나라 시급 도시들[5] 중 약 1/4에 달하는 총 21개 도시들에서, 지난 20년 동안 1만명 이상의 인구가 감소한 것으로 나타나고 있다(그림 2-1, 표 2-5 참조). 이들 도시 가운데 서울과 부산을 제외한 19개 도시들은 모두 인구 50만명 이하의 지방 중소도시이며 대부분 도시와 농촌의 성격이 혼재되어 있는 도농복합시이다. 지난 20년 동안 25,000명 이상의 인구 감소를 경험한 중소도시들을 보면 김제시(39,694명)를 필두로 하여 여수시, 정읍시, 상주시, 영주시, 공주시, 익산시 순으로 나타나고 있다. 이들 대부분의 도시들은 경상북도 북부 내륙과 강원 남부 및 충남과 전북에 위치해있다. 지방 중소도시들 대다수의 경우 일반적으로 부동산에 대한 투자 수요가 현저히 낮고 실수요 부족으로 부동산 시장에서 거래가 거의 이루어지지 않고 있기 때문에 이미 발생한 유휴·방치부동산을 관리하거나 재활용을 기대하기 매우 힘든 실정이다. 그럼에도 불구하고 인구는 지속적인 감소 추세를 보이고 있어 향후 이들 도시에서의 유휴·방치부동산 발생은 지속적으로 증가될 것으로 전망된다.

한편 서울시와 부산시와 같은 대도시의 경우 아직까지 부동산 투자 수요가 존재하며 실수요도 있기 때문에 서울이나 부산에서 발생한 유휴·방치부동산들은 부동산 시장에서 거래되고 더 나아가 재활용될 가능성이 높을 것이라고 전제할 수 있다. 하지만 지난 20년간 서울시의 인구는 약 53만 명이 감소하였고, 부산시는 약 37만 명의 감소를 경험하였다. 이러한 인구 감소는 웬만한 지방 중소도시의 총인구수보다도 더 많은 인구수 이다. 이와 같이 큰 폭으로 인구가 감소됨에 따라 서울이나 부산시도 기성 시가지에 장기간 활용되지 못하고 방치되거나 저활용되고 있는 유휴·방치부동산이 적지 않을 것으로 예상된다.

5) 세종특별자치시와 제주특별자치도에 포함된 제주시 및 서귀포시를 제외한 82개 시급 도시를 말함.

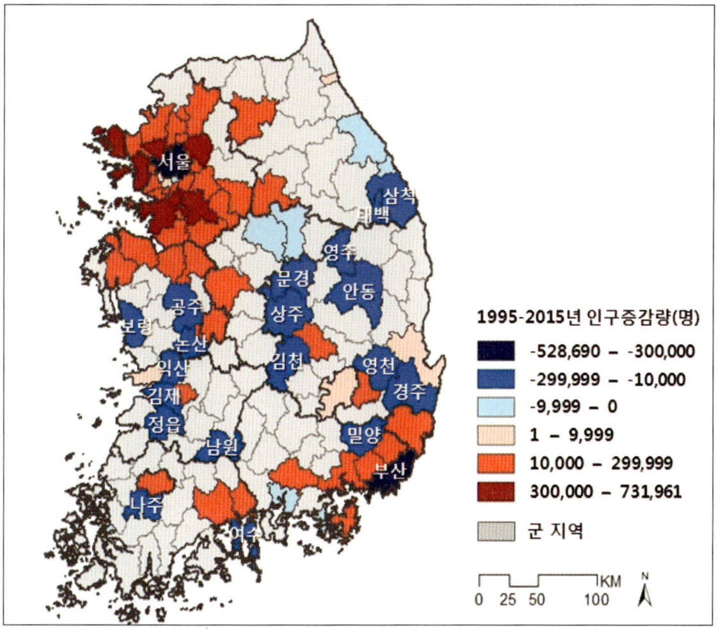

출처: 주민등록인구통계(1995년, 2015년).

그림 2-1. 우리나라 도시들의 인구증감량, 1995-2015년

표 2-5. 1995-2015년 동안 1만명 이상 인구가 감소한 도시들

행정구역		1995년 총인구수(명)	2015년 총인구수(명)	인구 변화(1995-2015)	
				인구감소량(명)	연평균인구감소율(%)
서울특별시		10,550,871	10,022,181	-528,690	-0.26
부산광역시		3,883,880	3,513,777	-370,103	-0.50
강원	태백시	64,850	47,501	-17,349	-1.54
	삼척시	90,005	70,839	-19,166	-1.19
충남	공주시	138,069	111,261	-26,808	-1.07
	보령시	122,895	104,754	-18,141	-0.80
	논산시	150,012	124,232	25,780	-0.94
전북	익산시	328,152	302,061	-26,091	-0.41
	정읍시	151,039	115,977	-35,062	-1.31
	남원시	109,185	84,856	-24,329	-1.25
	김제시	128,415	88,721	-39,694	-1.83
전남	여수시	329,139	290,168	-38,971	-0.63
	나주시	116,179	98,182	-17,997	-0.84
경북	경주시	283,766	259,773	-23,993	-0.44
	김천시	151,641	140,132	-11,509	-0.39
	안동시	192,522	169,221	-23,301	-0.64
	영주시	138,654	109,735	-28,919	-1.16
	영천시	123,069	100,648	-22,421	-1.00
	상주시	133,895	102,374	-31,521	-1.33
	문경시	95,778	75,784	-19,994	-1.16
경남	밀양시	131,187	107,896	-23,291	-0.97

인구감소가 모든 유휴·방치부동산 발생의 원인이라고 볼 수는 없지만, 인구가 감소함에 따라 수요가 줄어들게 되므로 필연적으로 토지나 건물들이 남아돌게 되고, 그러한 부동산들은 더 이상 활용되지 못하고 장기간 방치되기 쉽다. 특히 인구가 감소함에 따라 가장 즉각적으로 나타나는 것은 주택에 대한 수요 감소로 인해 빈집이 발생된다. 특히 도시의 인구가 전반적으로 감소하는 상황에서 도시 외곽에 신시가지가 조성된 경우, 구도심 및 구시가지에서의 인구 유출이 가속화되어 도심부에 빈집이 밀집해있는 모습을 쉽게 목격할 수 있다. 이러한 도시들에서는 구도심 지역의 상업·업무 기능이 신시가지로 옮겨감에 따라 상업·업무시설의 유휴·방치도 심각하다. 특히 신시가지로의 공공기관 이전은 연관된 서비스 기능의 동반 이전을 야기하여, 기존의 상업·업무시설들의 유휴·방치를 가속화시키고 있다. 또한, 도농통합시들의 경우 특히 읍·면 지역에서 학령기 인구 감소와 고령자 사망 등으로 인하여 빈집과 폐교들이 많이 발생하고 있다.

한편 도시들이 가진 개별적인 특성에 따라 특정한 유형의 유휴·방치부동산의 발생이 두드러지게 나타나고 있다. 예를 들어, 과거 산업도시로 번성했으나 해당 산업이 쇠퇴하면서 폐산업시설이 발생하거나, 과도한 산업용지 공급을 위한 토지개발로 인하여 사용되지 못한 채 방치되고 있는 미분양 산업용지도 나타나고 있다. 또한, 철도 교통이나 항만 개발로 활기를 띄웠던 도시들의 경우 교통체계의 변화로 인해 더 이상 효용성이 떨어져 사용되지 않고 있는 철도 유휴부지나 폐항만시설도 나타나고 있다. 이와 같이 산업, 철도, 항만 등 도시의 핵심적 기반시설의 쇠락은 배후 지역의 쇠퇴에도 상당한 영향을 미치면서 다양한 유형의 유휴·방치부동산들이 복합적으로 발생하는 양상을 보이게 된다.

뿐만 아니라 인구가 감소하는 도시들의 경우 세수가 줄어들고 도시 재정이 부족하기 때문에 유휴·방치부동산들을 적절히 관리하는 것이 매우 어려운 상황에 놓이게 된다. 특히 장기간 인구감소 추세를 보이는 도시에서는 기존에 개발된 토지나 건물의 유휴·방치 상태가 제대로 관리되지 못한 상태가 지속되면서 이웃 주민들이나 해당 커뮤니티에 각종 문제들을 발생시키면서 매우 부정적인 영향을 미치게 된다.

2) 주거 유휴·방치부동산의 발생 실태와 공간 분포

주거 유휴·방치부동산은 전국적으로 발생할 수 있으나, 발생 양상과 특징은 수도권과 비수도권, 대도시와 중소도시에서 다소 차별적으로 나타난다. 서울이나 부산과 같은 대도시의 경우 재개발·재건축을 위해 정비구역으로 지정된 지구에서 사업이 지연됨에 따라 단독주택이나 아파트들이 노후화되고 구조적으로 상당히 열악한 상태로 장기간 유지·관리되지 못한 채 유휴·방치되는 경우가 많다. 특히 낡고 불량한 주택들이 특정 정비구역 내에서 집중적으로 발생함에 따라, 해당 구역 전체가 황폐화된 모습을 보이기도 한다.

주거 유휴·방치부동산의 가장 일반적인 형태인 빈집은 인구 증감과 상관없이 거의 모든 도시에서 발생하고 있다. 그러나 인구 감소가 주택 수요의 감소로 직결되기 때문에 인구 감소를 경험하고 있는 도시들에서 빈집이 더욱 많이 발생하고 있다. 또한, 인구감소를 겪고 있는 대도시의 경우 워낙 주택 재고량이 많아 빈집 수(절대적 수치)가 많은 반면, 중소도시의 경우 빈집이 차지하는 상대적 비중(빈집/총 주택 수)이 매우 높은 편이다.

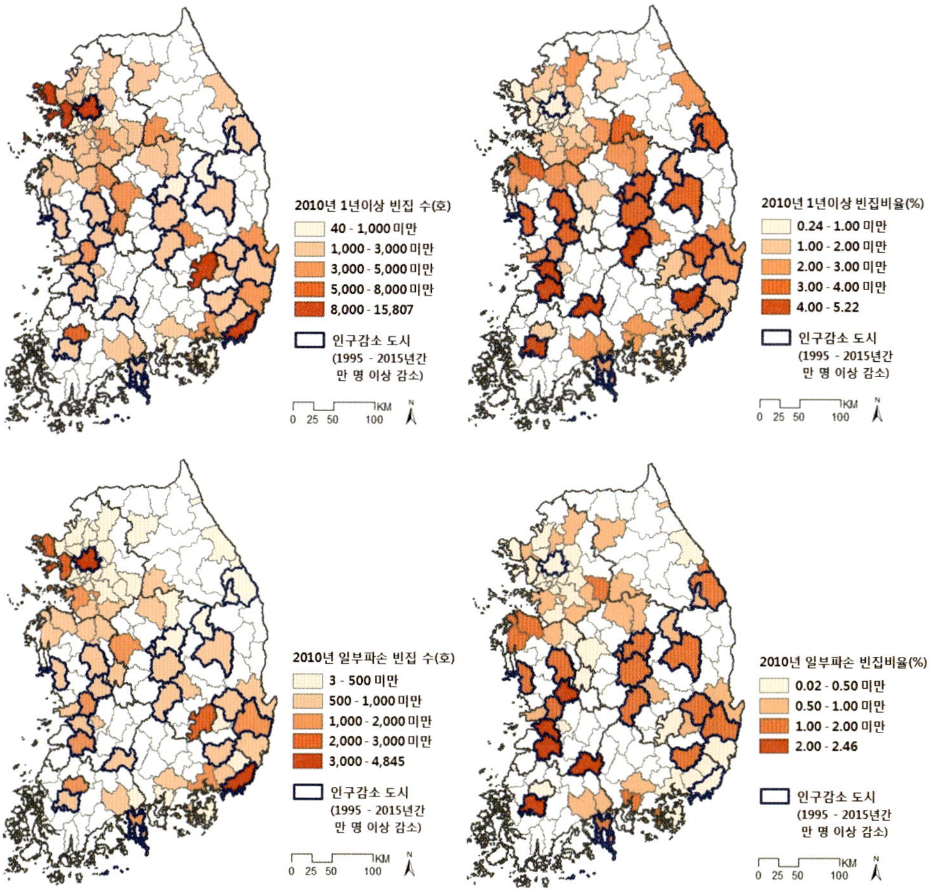

출처: 통계청, 주택총조사(2010년).

그림 2-2. 82개 도시의 1년 이상 빈집 수 및 비율, 일부파손 빈집 수 및 비율 분포

<그림 2-2>는 「주택총조사」에서 제공하는 빈집 자료를 활용하여, '1년 이상 장기간 유휴 상태에 있는 빈집 수(비율)'와 '일부파손 되어 유휴 및 방치 상태에 있는 빈집 수(비율)'을 산출하여 시·군별로 나타낸 것이다. 이를 통해 우리나라 도시들에서 발생하고 있는 빈집 발생 실태를 대략적으로 볼 수 있다. '1년 이상 빈집 수'와 '일부파손 빈집 수' 모두 주택 재고량이 많은 서울시와 부산시에서 상당히 높게 나타나고 있다. 그러나 '1년 이상 빈집 비율'과 '일부파손 빈집 비율'을 보면, 최근 20년간 인구감소를 경험하고 있는 지방 중소도시들에서 비교적 높게 나타나고 있음을 알 수 있다. 이는 인구감소 중소도시들에서 빈집의 상대적 발생 강도가 높음을 말해준다.

표 2-6. 인구감소 도시의 주거용 유휴·방치부동산 발생 현황

행정구역	빈집(2010)			물리적 방치주택(2010)
	1년이상 빈집수(비율[1]) (호, %)	1년이상 빈집 중 단독주택 비율 (%)	일부파손 빈집수(비율[1]) (호, %)	소형노후 단독주택수(비율[2]) (호, %)
전국	263,228(1.8)	58.1	93,469(0.6)	409,643(10.0)
서울특별시	**15,807(0.6)**	14.8	4,845(0.2)	22,491(5.5)
부산광역시	**13,073(1.3)**	43.3	4,287(0.4)	24,035(9.8)
태백시	625(3.1)	25.9	141(0.7)	1,081(16.2)
삼척시	1,081(3.9)	68.5	383(1.4)	2,429(17.1)
공주시	1,347(3.2)	78.5	592(1.4)	2,129(8.3)
보령시	1,355(3.5)	**91.1**	741(1.9)	1,807(7.9)
논산시	1,716(3.9)	86.2	890(2.0)	3,520(12.0)
익산시	**3,076(2.9)**	68.3	**1,284(1.2)**	3,672(9.6)
정읍시	**2,217(4.9)**	**90.9**	**1,013(2.2)**	3,908(14.1)
남원시	1,506(4.8)	**93.5**	704(2.3)	3,184(15.1)
김제시	1,646(4.6)	**91.1**	880(2.5)	2,673(10.4)
여수시	**2,233(2.3)**	76.5	**1,097(1.1)**	4,916(12.8)
나주시	1,808(5.2)	89.3	719(2.1)	4,137(16.4)
경주시	**2,694(2.9)**	77.2	**1,226(1.3)**	5,637(12.3)
김천시	**2,208(4.6)**	**90.6**	899(1.9)	4,235(15.2)
안동시	**2,134(3.5)**	83.1	824(1.4)	**6,027(18.9)**
영주시	803(2.0)	85.7	369(0.9)	3,790(16.9)
영천시	1,378(3.5)	89.0	718(1.8)	4,124(17.2)
상주시	1,563(3.9)	**97.6**	768(1.9)	4,548(15.0)
문경시	959(3.4)	87.1	361(1.3)	2,791(14.2)
밀양시	1,851(4.5)	**95.2**	816(2.0)	4,059(15.1)

주: 1) 해당 도시의 총 주택수 대비 비율.
2) 해당 도시의 총 단독주택수 대비 비율.

인구 감소를 겪고 있는 대다수 중소도시들의 경우 1년 이상 빈집들 가운데 단독주택이 차지하는 비중이 상당히 높게 나타나고 있다(표 2-6 참조). 특히 도농복합시(태백시 제외)들의 경우 1년 이상 빈집의 약 70%가 단독주택인 것으로 나타나고 있다. 이는 우리나라의 경우 단독주택에서의 빈집 발생이 매우 심각함을 말해준다. 특히, 보령시, 정읍시, 남원시, 김제시, 김천시, 상주시, 밀양시의 경우 1년 이상 빈집의 90% 이상이 단독주택에서 발생하고 있어, 장기간 유휴·방치되고 있는 단독주택 문제가 상당히 심각하게 부각될 것으로 예상된다.

한편, 인구감소 도시들을 대상으로 하여 단독주택의 물리적 방치 수준을 살펴보기 위해 '소형노후 단독주택 수(비율)'을 지도화한 결과, 빈집 발생의 공간 분포와 유사하게 나타났다. 즉, 서울시, 부산시와 같은 대도시에서는 '소형노후 단독주택의 절대량'이 많은 반면, 중소도시들에서는 '소형노후 단독주택이 전체 단독주택에서 차지하는 비중'이 높게 나타났다. 전국적으로 단독주택의 약 10% 정도가 소형노후 단독주택으로 나타났으며, 서울시와 부산시, 공주시, 보령시, 익산시를 제외한 대부분의 인구감소 도시들에서 단독주택의 10% 이상이 소형노후 단독주택으로 나타났다. 특히, 경북 안동시의 경우 단독주택의 약 19%(6,027호)가 소형노후 단독주택으로 나타나, 향후 단독주택에서의 빈집 발생이 더욱 가속화될 수 있음을 암시해준다.

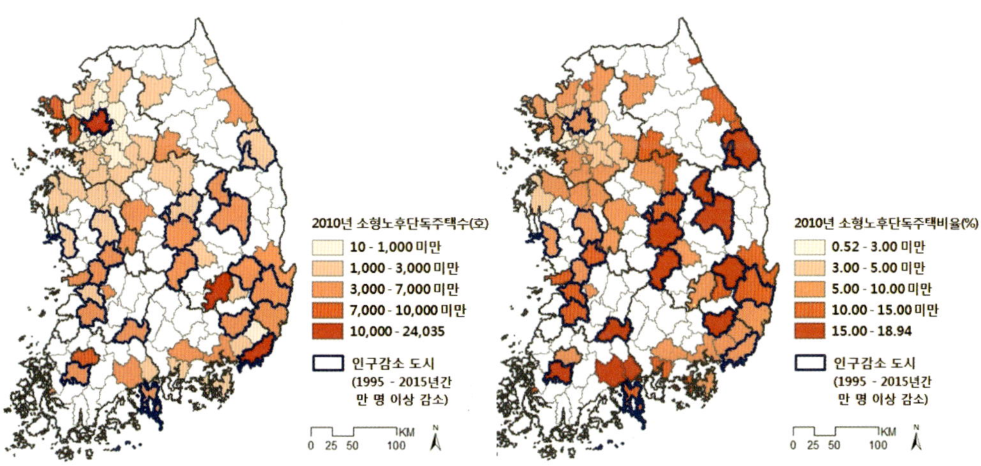

출처: 통계청, 주택총조사(2010년).

그림 2-3. 82개 도시의 소형노후 단독주택 수 및 비율 분포

한편, 정비구역으로 지정되는 사례가 별로 없는 중소도시의 경우 구도심 및 구시가지에서의 오래된 단독주택들의 유휴·방치가 심각하다. 구도심이나 구시가지에는 사람이 거주하지 않는 공가를 비롯하여 심각한 수준의 물리적 방치 상태에 놓인 폐가, 단수된 주택들을 쉽게 찾아볼 수 있다. 더 나아가 잠재적인 유휴 상태에 처해 있는 노후·불량주택들도 상당히 많이 분포해 있다. 이러한 유휴·방치 주택들의 근린주거환경을 보면 차량 접근이 불가능한 좁은 골목길에 위치해 있으며, 과소필지나 차량 접근이 불가능한 도로(4m 미만의 도로 폭)에 접해 있는 필지 위에 건축된 경우가 많다. 또한, 유휴·방치 주택들의 대문에는 각종 공공요금 미납 고지서들과 매매를 원한다고 적힌 종이들이 붙어있다. 이와 함께, 건물이 거의 허물어져 내렸거나 철거된 채 방치된 상태로 버려져 있는 주거 용지들도 발견된다(그림 2-4 참조).

출처: 필자 현지 촬영

그림 2-4. 구도심 및 구시가지 내 다양한 형태의 주거 유휴·방치부동산 모습

한편, 무분별한 주택 개발에 따른 공급 과잉으로 인해 미분양 상태인 신규 주택들이 공가로 나타나기도 한다. 국토교통부에 따르면 전국 미분양 주택은 2016년 7월 말 기준 63,127가구이며, 준공 이후 미분양 상태에 있는 주택만도 11,527가구로 집계되고 있다(미분양주택현황, 2016.7월 말 기준). 특히 수도권의 미분양 물량은 감소 추세를 보이지만, 지방의 경우 미분양 주택 증가 추세가 두드러지게 나타나고 있다(김정일, 2016). 그러나 수도권에서의 주택 공급량이 지방보다 훨씬 많기 때문에 실제 미분양 주택 수는 지방에 비해 수도권에서 더욱 심각할 수도 있다.

이 밖에도 경제적 문제로 인해 공사가 중단된 채 수년간 방치되어 있는 주거용 구조물이나 부지도 있다. 뿐만 아니라 우리나라 대다수 읍·면의 경우 노인 인구 감소로 인해 단독주택의 공·폐가 발생이 두드러지며, 가구 수가 많지 않을 경우 공폐가로 인해 마을 전체가 거의 황폐화되고 있는 곳들도 종종 볼 수 있다.

3) 상업·복합 유휴·방치부동산의 발생 실태와 공간 분포

상업·복합 유휴·방치부동산의 대표적인 사례는 구도심의 상권 쇠퇴 혹은 전통시장의 쇠락으로 인해 발생하는 빈 점포와 빈 점포주택이다. 상업·복합 유휴·방치부동산은 대도시, 중소도시 할 것 없이 전국적으로 발생하고 있으나, 중소도시들이 더 심각하다. 중소도시들의 경우 인구수가 적어 소비 수요가 한정되어 있기 때문에 구도심이나 전통시장 내에서 발생하고 있는 유휴·방치된 상업·복합건물들이 상인들에 의해 점유되기 매우 어려워, 장기적인 유휴·방치 상태로 남게 된다.

현재 전국 차원에서 가용한 자료인 '전통시장 빈 점포'는 상업·복합 유휴·방치부동산의 극히 일부만을 보여주기 때문에 도시별 상업·복합용 유휴·방치부동산 발생 실태를 파악하기에는 상당한 한계가 있다. 하지만 빈 점포가 많이 발생하는 전통시장들의 대다수가 구도심 상업지역에 위치해 있으며, 비단 전통시장의 쇠퇴뿐만 아니라 인근 상업지구의 쇠퇴가 동반되는 경우가 많다는 점을 고려해 볼 때 제한적이나마 상권 쇠퇴와 그로 인한 상업·복합 유휴·방치부동산의 발생 실태를 어느 정도 파악해 볼 수 있다.

<그림 2-5>는 우리나라 82개 도시들의 전통시장의 빈 점포 발생량을 지도화한 것이다. 인구 감소를 경험하고 있는 도시들 중에서도 전통시장 내 빈 점포가 전혀 발생하지 않는 사례도 있지만, 많은 도시들에서 빈 점포가 상당히 많이 발생하고 있다. 2013년 시점에서 볼 때 전국적으로 전통시장 내 빈 점포가 가장 많이 발생하고 있는 도시는 부산시로, 총 3,719호의 빈 점포가 발생하였는데 이는 부산시 전체 전통시장 점포 수의 약 13%에 해당하는 규모이다. 또한, 부산시 전체 전통시장의 약

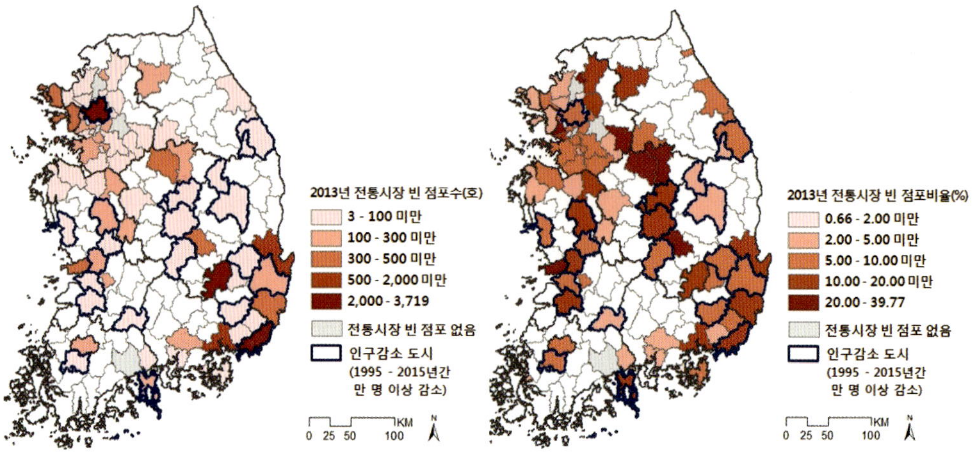

출처: 소상공인시장진흥공단, 전통시장·상점가및점포경영실태조사(2013년).

그림 2-5. 82개 도시의 전통시장 빈 점포 수 및 비율 분포

1/5에 달하는 161개 전통시장들에서 빈 점포 비율이 30% 이상인 것으로 나타나고 있다.

한편, 2013년 시점에서 인구 감소를 겪고 있는 중소도시들 가운데 익산시, 여수시, 공주시에서는 100호 이상의 전통시장 내에서 빈 점포가 발생하면서 전체 전통시장 점포수의 10% 이상이 빈 점포로 나타나고 있다. 빈 점포가 가장 많이 발생하고 있는 전통시장들을 보면 익산시 중앙동에 위치한 중앙시장(영업 중인 점포 174개, 빈 점포 54개), 여수 교동에 위치한 중앙시장(영업 중인 점포 126개, 빈 점포 50개), 공주시 중동에 위치한 산성시장 활성화구역(영업 중인 점포 500개, 빈 점포 90개)으로 해당 전통시장에서 50개 이상이 빈 점포임을 말해준다. 이들 시장은 모두 건물형의 상설시장으로, 해당 도시의 대표적인 구도심 상업지역에 입지해 있기 때문에 인접 상점가의 유휴·방치에도 어느 정도 영향을 미치고 있다. 특히, 익산시의 중앙시장과 공주시의 산성시장 활성화구역은 2000년대 후반 현대화 사업 등을 통한 물리적 개선이 이루어졌으나, 아직까지 그 효과는 미미하며, 주변의 상권 쇠퇴와 함께 전통시장의 활력이 떨어지면서 상업·복합 유휴·방치부동산이 지속적으로 발생하고 있다.

표 2-7. 인구감소 도시의 전통시장 빈 점포 발생 현황

행정구역	전통시장 빈 점포(2013)	
	전통시장 수 (빈 점포비율이 30% 이상인 전통시장 수) (개)	빈 점포수(비율[1]) (호, %)
전국	1,502(209)	19,599(9.5)
서울특별시	210(27)	3,187(6.5)
부산광역시	161(33)	**3,719(12.7)**
태백시	4(0)	6(2.9)
삼척시	8(0)	50(9.7)
공주시	3(1)	**165(12.7)**
보령시	5(0)	29(5.5)
논산시	6(0)	67(9.4)
익산시	11(3)	**129(14.1)**
정읍시	4(2)	75(16.9)
남원시	4(1)	14(4.4)
김제시	4(0)	19(6.9)
여수시	15(2)	**190(13.8)**
나주시	6(0)	34(8.4)
경주시	16(4)	254(8.9)
김천시	2(0)	20(5.3)
안동시	9(0)	40(3.9)
영주시	12(0)	36(3.7)
영천시	3(1)	40(8.7)
상주시	5(0)	40(11.9)
문경시	5(0)	61(15.2)
밀양시	6(0)	26(5.1)

출처: 소상공인시장진흥공단, 전통시장·상점가및점포경영실태조사(2013).
주: 1) 해당 도시의 전통시장 총 점포수 대비 빈 점포수의 백분율.

특히 전북 익산시 기차역 주변 중앙동 상가 일대는 신시가지로 상권이 이동됨에 따라 상업·복합건물들의 유휴·방치 상태가 10년 이상 지속되고 있다. 지속적인 인구감소로 인해 잠재 수요가 한정적인 상황에서, 신시가지인 영등동으로 상권이 이동함에 따라 익산시 구도심 상권의 축소는 가속화되었으며, 많은 상점들이 폐업되면서 점포들이 유휴·방치되기 시작하였다. 특히 신시가지 상권은 구도심 상권의 업종들과 유사하면서도 구도심에 비해 훨씬 쾌적하고 편리한 상업환경을 제공하고 있다. 더 나아가 소비자들의 다양한 니즈(needs)를 동시에 충족시켜줄 수 있는 대형복합시설이 입점하면서 구도심 일대의 상권은 더욱 쇠락하게 되었고, 상업·복합용 부동산들의 유휴·방치가 만연하게 되었다. 특히 과거 중심 상권을 형성했던 구도심의 숙박시설, 음식점, 의류매장, 목욕탕, 예식장, 금은방, 영화관 등 다양한 점포들이 입지하였던 상업 건물들이 유휴·방치되고 있다. 또한, 구도심에 입지한 상업 건물의 경우 낡고 불량하여 리모델링이 필요하지만 잠재 수요가 거의 없기 때문에 리모델링 사업이 이

출처: 필자 현지 촬영

그림 2-6. 유휴·방치된 전통시장 내 빈 점포(상)와 상업 가로 모습(하)

루어지지 못한 채 방치되어 있는 대형 상업건물들이 가로를 따라 늘어서 있는 모습도 찾아볼 수 있다. 이러한 상업·복합건물들이 밀집해 있는 거리는 저녁이나 밤뿐만 아니라 낮에도 왕래하는 사람들을 거의 찾아볼 수 없을 정도로 한산하다. 한편, 경제적인 문제로 인해 공사가 중단된 상업·복합건물, 신규 개발한 단지 내 미분양 상업·복합용지, 건물이 거의 허물어져 있거나 철거된 채 방치되어 있는 상업·복합용지 등도 상업·복합 유휴·방치부동산의 여러 형태들로 볼 수 있다.

하지만 최근 들어 대도시와 일부 지방 중심도시들에서 저렴한 임대료와 편리한 교통, 지자체의 지원 등에 힘입어 구도심과 전통시장 내 빈 건물들을 재활용하기 위해 예술가나 젊은 창업가들이 몰려들고 있다. 이들은 새롭고 독특한 분위기를 연출하면서 빈 건물들에 활기를 부어주고 있으며, 또 이러한 분위기를 맛보기 위해 사람들이 해당 지역으로 모여들면서 다시 활기를 찾아가고 있다. 서울시 종로구의 서촌이나 용산구의 우사단길 등이 그러한 예이다[6]. 이러한 흐름이 가속화되면서 심지어는 주거용 건물까지도 상업용으로 개조되고 있는데 단독주택지구인 삼청동, 연남동, 경리단길 등이 새로운 상업지구로 개발되면서 각광받고 있는 대표적인 곳이다.

6) 이러한 지역에 독특한 분위기의 예술 혹은 상업공간들이 생겨나고 유동인구가 늘어남에 따라, 대기업 프랜차이즈 매장들이 들어서고 임대료가 급증하고 있다. 이에 따라 이 지역의 재활성화를 이끌었던 주역들이 쫓겨나는 또 다른 문제에 봉착해 있다.

4) 산업 유휴·방치부동산의 발생 실태와 공간 분포

공장으로서의 기능을 상실한 채 더 이상 활용되지 못하고 방치되어 있는 폐산업시설이나 산업단지 준공 후 미분양 상태에 있는 산업용지 등은 산업 유휴·방치부동산의 전형적인 모습이다. 특히 산업화시기에 활발히 가동되었지만, 후기 산업화시대로 접어들면서 공장이 경쟁력을 잃어버리게 된 폐산업시설과 산업용지가 대표적이다. 따라서 산업용 부동산의 유휴·방치는 공업도시 특성을 보였던 일부 도시들에서 특히 두드러지며, 주로 공업지역에 위치한 산업단지를 중심으로 발생하고 있다. 일부 오래된 산업단지들은 도심부 혹은 도심부에 인접한 곳에 위치하기도 하나, 대부분의 산업단지들은 도심 외곽에 위치해 있다. 특히 최근 도심 외곽에 수요를 제대로 반영하지 못하고 신규로 조성된 산업단지들 가운데 미분양되어 산업용지가 장기간 미활용된 채 나대지로 방치되는 경우들도 나타나고 있다.

<그림 2-7>은 2015년 현재 조성·완료된 산업단지 내 미분양 산업시설구역 면적 현황을 나타낸 것으로, 특히 당진시, 익산시, 김제시 등에서 미분양 산업용지가 상대적으로 많이 나타나고 있다. 특히, 익산시와 김제시에서 각각 1,131,000㎡(미분양률 18.4%), 750,000㎡(미분양률 19%)의 상당히 넓은 면적의 미분양 산업시설구역이 나타나고 있다(표 2-8 참조). 문경시와 공주시에서도 각각 420,000㎡, 301,000㎡의 산

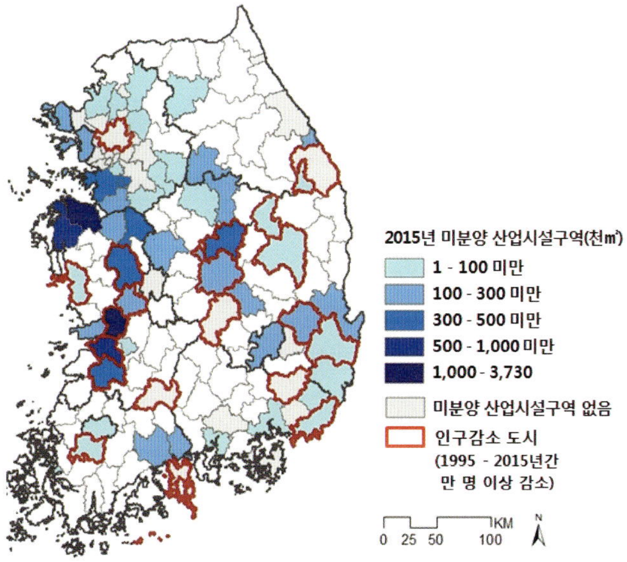

출처: 한국산업단지공단, 전국산업단지현황통계(2015년 4분기).

그림 2-7. 82개 도시의 미분양 산업시설구역 현황

표 2-8. 인구감소 도시의 산업용 유휴·방치부동산 발생 현황

행정구역	산업단지 내 미활용 산업용지 및 시설(2015)				
	전체 산업시설구역 (천㎡)	미분양 산업시설구역 (천㎡)	산업시설구역 미분양율 (%)	미가동업체수 (개)	가동/입주 업체비율 (%)
전국	320,355	16,453	5.1	4,678	93.9
서울특별시	1,569	0	0.0	1,144	88.4
부산광역시	14,919	25	0.2	280	94.1
태백시	181	18	9.9	5	86.8
삼척시	859	0	0.0	2	93.5
공주시	2,160	301	13.9	20	82.1
보령시	813	6	0.7	10	91.4
논산시	1,730	221	12.8	10	90.1
익산시	6,149	**1,131**	18.4	33	93.4
정읍시	2,876	386	13.4	23	90.2
남원시	571	0	0.0	11	84.9
김제시	3,950	750	19.0	18	90.9
여수시	3,668	0	0.0	22	**67.6**
나주시	1,542	87	5.6	26	84.2
경주시	2,698	43	1.6	2	99.2
김천시	621	0	0.0	4	94.3
안동시	966	76	7.9	16	85.7
영주시	1,323	7	0.5	8	93.2
영천시	1,675	127	7.6	35	71.3
상주시	2,143	195	9.1	11	84.7
문경시	1,124	420	**37.4**	7	91.0
밀양시	1,307	0	0.0	13	89.3

출처: 한국산업단지공단, 전국산업단지현황통계(2015년 4분기).

업시설구역이 미분양 상태에 있으며, 특히 문경시의 미분양율은 37.4%로 상당히 높은 수준이다. 한편 여수시에서는 미분양 산업시설구역이 존재하지는 않지만, 입주업체 대비 가동업체 비율이 67.6%로 나타나는 등 인구 감소 도시들 중에서는 가장 낮은 입주업체 가동률을 보이고 있다. 이는 여수시 산업단지 내에 유휴·방치 상태에 있는 산업시설들이 상당수 있음을 시사해준다.

익산시의 경우 노후산단뿐만 아니라 미분양 산업시설도 나타나고 있다. 1973년 영등동과 팔봉동 일대에 약 40만평 규모의 제1국가산업단지를 조성하여 국가수출전략산업으로 귀금속산업을 육성하기 시작했으며, 1980~1990년대에는 약 100만평 규모의 제2일반산업단지를 추가로 완공하여 산업도시로서의 기틀을 갖추었다. 더 나아

가 익산시는 산업기반을 확장하기 위해 2013년 7월 삼기면과 낭산면 일원에 제3일반산업단지 및 외국인부품소재전용공단을 준공하였으며, 2015년 1월에는 함열읍 일원에 제4일반산업단지를 추가로 준공하였다. 또한, 과거 호황기를 누렸으나 현재는 쇠락한 귀금속산업을 다시 활성화시키기 위해 최근 왕궁면 일대에 보석가공단지를 조성했으며 보석박물관 등과 함께 귀금속보석산업클러스터를 구축하고 있다.

그러나 제1국가산업단지 내에 위치한 귀금속1단지는 1975년 조성된 이후 귀금속보석산업의 수출 경쟁력을 확보하기 위해 집중적으로 육성되었으나, 2000년대 들어 귀금속보석산업의 경쟁력이 약화되었다. 2015년 시점에서 귀금속 1단지에 남아있는 귀금속 및 관련제품 제조업체 82개 중에서 종업원이 5명 미만인 영세업체는 전체의 61%(50개 업체)이다(익산시 공장등록현황). 이러한 귀금속보석산업의 쇠락 및 영세화는 공장의 물리적 노후화와 함께 귀금속1단지 내 노후 공장의 유휴·방치를 촉발하고 있다.

한편 익산시의 신규 산업단지 내에 미분양 용지가 다량 발생하고 있는데, 이는 익산시가 수요를 제대로 반영하지 못하고 과도하게 산업용지를 조성했기 때문이다. 일례로, 기존의 귀금속가공업체들의 경우 도심부 입지를 선호하지만 익산시는 도시 외곽에 신규 산업단지들을 조성하여 기업들을 유치하려고 하였다. 결국 도시 외곽에 조성한 산업용지가 타겟으로 삼았던 기업들에게 분양되지 못한 채 방치되는 상황을 초래하였다. 버려진 공장건물들은 산업단지뿐만 아니라 과거 도심부에 조성된 개별 공장부지에서도 종종 발생하며, 장기간 방치된 공장건물에서는 깨진 창문을 통해 잡초들이 무성히 자라고 있는 모습도 볼 수 있다(그림 2-8-가 참조). 접근성이 양호하지 못하거나 입지가 불량한 경우 공장건물들이 철거된 채 넓은 부지가 장기간 활용되지 못하고 나대지로 방치되어 있는 경우도 있다. 이러한 부지가 주택가와 인접해 있는 경우 이웃 주민들이 일시적으로 텃밭으로 활용되기도 한다(그림 2-8-나 참조). 그러나 도시 외곽에 위치한 미분양 산업용지의 경우 일시적으로도 활용되지 못한 채 넓은 나대지에 풀만 무성히 자라 있는 모습으로 방치되어 있는 경우가 많다(그림 2-8-다 참조).

그림 2-8-가. 익산시의 폐산업시설의 모습

출처: 필자 현지 촬영

그림 2-8-나. 익산시의 공장이 철거된 부지의 겨울과 봄의 모습

출처: 네이버 로드뷰(2015년 6월)

그림 2-8-다. 익산시의 미분양 산업용지의 모습

5) 공공 유휴·방치부동산의 발생 실태와 공간 분포

공공 유휴·방치부동산은 국가, 지자체, 공공기관 등이 소유하고 있는 토지나 건축물로, 빈 공공청사, 공공시설 이전적지, 폐역사, 철도 유휴부지, 폐교 등이 이 범주에 속한다. 빈 공공청사나 공공시설 이전적지, 폐역사, 철도 유휴부지 등은 대부분 기관 이전이나 관련 정책에 따른 폐쇄 결정으로 인해 발생하는 반면, 폐교의 발생은 학령기 인구 감소에 따른 것이다. 공공 유휴·방치부동산의 경우 민간이 소유한 부동산과는 달리, 공공의 개입이 상대적으로 쉽기 때문에 단기간 내에 다시 활용될 수 있다. 그러나 공공 유휴·방치부동산을 재활용하고자 하는 수요가 거의 없는 지역의 경우 다른 유형의 유휴·방치부동산과 마찬가지로 장기간 활용되지 못하고 빈 채로 남겨질 수 있다.

폐교는 인구감소 도시들에서 매우 흔하게 관찰되는 공공 유휴·방치부동산의 대표라고 볼 수 있다. 특히 읍·면에서 폐교 발생이 두드러진 것은 농촌의 지속적인 인구 감소와 고령화로 인해 학령기 인구가 급감하고 있기 때문이다. 1982년 이후 2015년까지 발생한 누적 폐교 수는 총 3,627개로, 이 중 절반 이상이 전남(약 22%), 경북(약 18.5%), 경남(약 15%)에서 발생하고 있다. 반면에 서울시나 광역시의 경우 폐교 발생 빈도가 현저히 낮다. 특히 서울의 경우 현재까지 단 1개교만이 폐교되었으나, 이미 매각되어 서울시의 경우 미활용 폐교는 전혀 없는 것으로 나타나고 있다. 2015년 시점에서 매각되지 않고 각 지역 교육청에서 보유하고 있는 폐교 수는 총 1,351개로, 이 중 740개는 대부된 상태이며 205개는 지자체에서 자체적으로 활용하고 있다. 아직도 전국적으로 미활용 폐교 수는 406개이며, 이들 폐교의 총 건물 연면적은 467,837㎡, 총 대지 면적은 4,559,198㎡에 이르고 있다.

현재까지 발생한 누적 폐교수와 미활용 중인 폐교수가 가장 많은 지역은 전라남도이며, 총 797개 폐교들 가운데 약 17%인 136개 폐교들이 활용되지 못하고 방치되고 있다. 특히 전라남도의 중소 도시들에서 미활용 폐교가 상당히 많이 나타나고 있으며, 장기간 방치로 인한 문제들이 심각할 수 있음을 시사해준다. 폐교의 경우 교실로 사용되었던 건물뿐만 아니라 숙소 건물, 그리고 넓은 운동장 부지를 포함하고 있어 비교적 다양한 활용 잠재력을 가지고 있으나, 아직까지 인근 주민들의 필요를 반영한 맞춤형 활용 사례는 많지 않다.

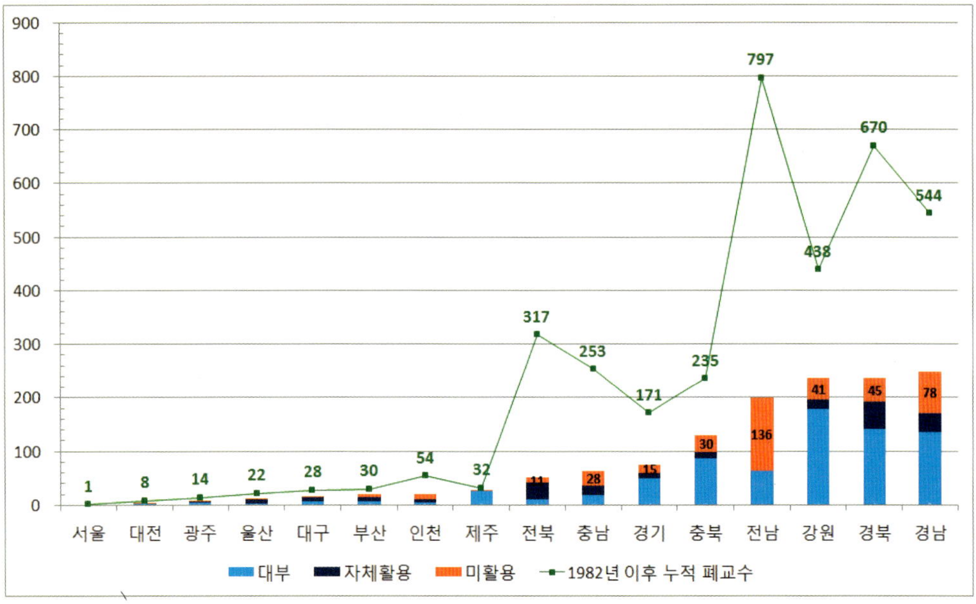

출처: 교육부, 시·도교육청 폐교재산현황(2015.6.30. 기준), 세종시 제외.

그림 2-9. 우리나라 시·도별 폐교 발생 현황

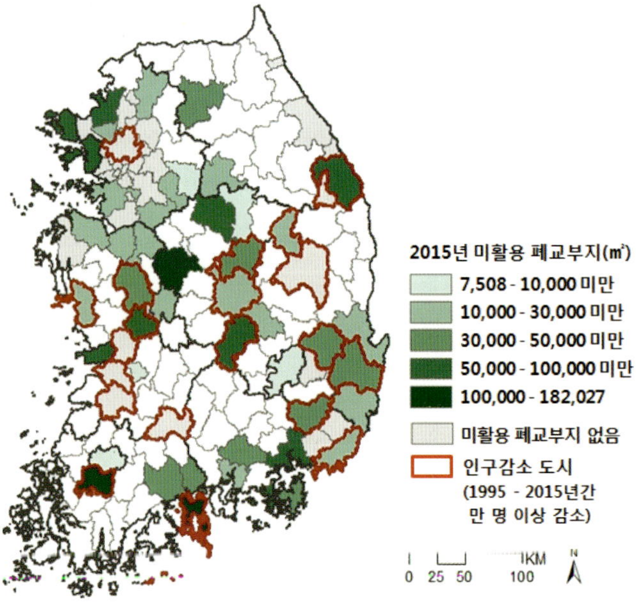

출처: 교육부, 시·도교육청 폐교재산현황(2015.6.30. 기준).

그림 2-10. 82개 도시의 미활용 폐교부지 현황

우리나라 도시들에서 나타나고 있는 미활용 폐교부지 실태를 보면 비교적 넓은 면적의 미활용 폐교 부지를 보유하고 있는 도시들이 있는 반면에 인구감소 도시들 중에서도 미활용 폐교부지가 발생하지 않는 도시들도 있다. 이는 폐교가 발생하더라도 각 지역 교육청의 폐교 관리 방침에 따른 활용도가 다름을 시사해준다.

미활용 폐교의 부지 면적이 가장 넓은 나주시와 여수시에는 각각 13개, 18개의 미활용 폐교가 있으며, 이들 도시의 총 폐교 부지면적은 각각 182,027㎡, 110,683㎡에 달하고 있다(표 2-9 참조). 특히 나주시의 경우 폐교 수는 여수시보다 적지만 전체 부지면적은 여수시보다 넓게 나타나고 있다. 이는 폐교마다 부지면적이나 건물연면적이 서로 다르기 때문이며, 따라서 단순히 폐교 수에 주목하기보다는 실제 미활용되고 있는 부지 및 건물 연면적을 함께 파악하여 관리할 필요가 있다.

표 2-9. 미활용 폐교 발생 상위 10개 도시

시군구명		미활용 폐교		
		폐교수 (개)	폐교부지면적(비율) (㎡, %)	건물연면적 (㎡)
전국		407	4,559,198(100.0)	467,837
1	**나주시**	**14**	**182,027(4.0)**	**12,849**
2	**여수시**	**18**	**110,683(2.4)**	**11,541**
3	청주시	8	105,047(2.3)	24,335
4	인천광역시	9	85,675(1.9)	6,347
5	삼척시	12	78,558(1.7)	7,070
6	창원시	9	71,020(1.6)	13,084
7	통영시	13	68,009(1.5)	8,836
8	충주시	4	64,213(1.4)	3,120
9	김천시	6	62,635(1.4)	6,530
10	파주시	3	59,820(1.3)	5,420

출처: 교육부, 시·도교육청 폐교재산현황(2015.6.30. 기준)

나주시에 위치하는 미활용 폐교는 총 14개로 대부분 분교들이다. 폐교된 지 20여년이 넘은 다도초덕림분교장, 남평초남석분교장, 다시초국동분교장, 남평동초등학교, 다시남초등학교는 아직 활용계획이 없는 상태로 매각을 기다리고 있다. 다른 폐교들도 특별한 활용계획을 수립하기보다는 향후 매각에 관심을 두고 있으며, 적절한 매수 대상자가 나타나기 전까지는 방치 상태이다. 그러나 금촌동초등학교, 산포초신도분교장, 산포초덕례분교장의 경우 혁신도시가 건설 중인 금천면 주변에 위치하고 있으며 주변에 호수가 자리하고 있어 물리적 환경이 양호한 조건을 가지고 있어서 새로운 잠재자원이 될 수 있는 가능성이 높다.

표 2-10. 나주시 미활용 폐교 현황

폐교명	폐교 년도	위치	재산대장규모(㎡)		재산대장금액(천원)			향후계획
			건물	토지	건물	토지	계	
다도초덕림분교장	1991	다도면	0	2,742	0	12,312	12,312	매각
남평초남석분교장	1994	남평읍	0	13,280	0	22,961	22,961	매각
다시초국동분교장	1995	문평면	766	11,113	132,967	30,666	163,633	매각
봉황초옥산분교장	2006	봉황면	988.51	20,655	254,928	169,712	424,640	매각
남평동초등학교	1999	남평읍	1,030	13,474	135,925	106,478	242,403	보존
나주초이화분교장	2008	토계동	1,751.87	14,268	124,147	754,777	878,924	대부
금천동초등학교	2009	금천면	1,436.68	9,508	260,296	292,797	553,093	자체활용
산포초신도분교장	2009	산포면	418.3	11,107	49,598	81,688	131,286	자체활용
세지북초등학교	2010	세지면	1,780.41	22,345	322,745	148,959	471,704	매각
동강초곡강분교장	2011	동강면	1,194	17,607	214,945	70,183	285,128	매각
산포초덕례분교장	2013	산포면	968.88	12,156	257,016	276,664	533,680	보존
문평남초등학교	2010	문평면	2,155.59	16,909	731,959	449,766	1,181,725	보존
다시남초등학교	1999	다시면	1,337.8	20,075	131,562	91,529	223,091	매각
공산고등학교	2013	공산면	3,056.26	15,210	1,655,297	112,986	1,768,283	매각

출처: 전라남도교육청.

출처: 필자 현지 촬영

그림 2-11. 나주시 폐교의 분포와 금촌동 초등학교 전경

한편 철도 유휴부지는 전국적으로 산재해 있으나, 특히 철도 노선이 지나면서 철도와 관련된 시설들이 집중되어 있는 도시들에서 발생하고 있다. 철도 유휴부지에는 철도 역사와 이에 부속된 부대시설, 철도 연변 부지 등 철도와 관련된 토지와 건축물 등이 포함되며, 폐선이나 이설로 인하여 발생한 나대지나 유휴지도 철도 유휴부지 개념에 포함된다(이지선·성현곤, 2010). 철도 역사나 부속시설의 토지나 건축물은 일반적인 공공용 유휴·방치부동산과 형태적 측면에서 유사하지만, 폐선부지(철도 연변 부지)의 경우 대부분 폭이 좁고 길이가 매우 긴 형태를 보이고 있어 재활용하는 것이 용이하지 못한 편이다.

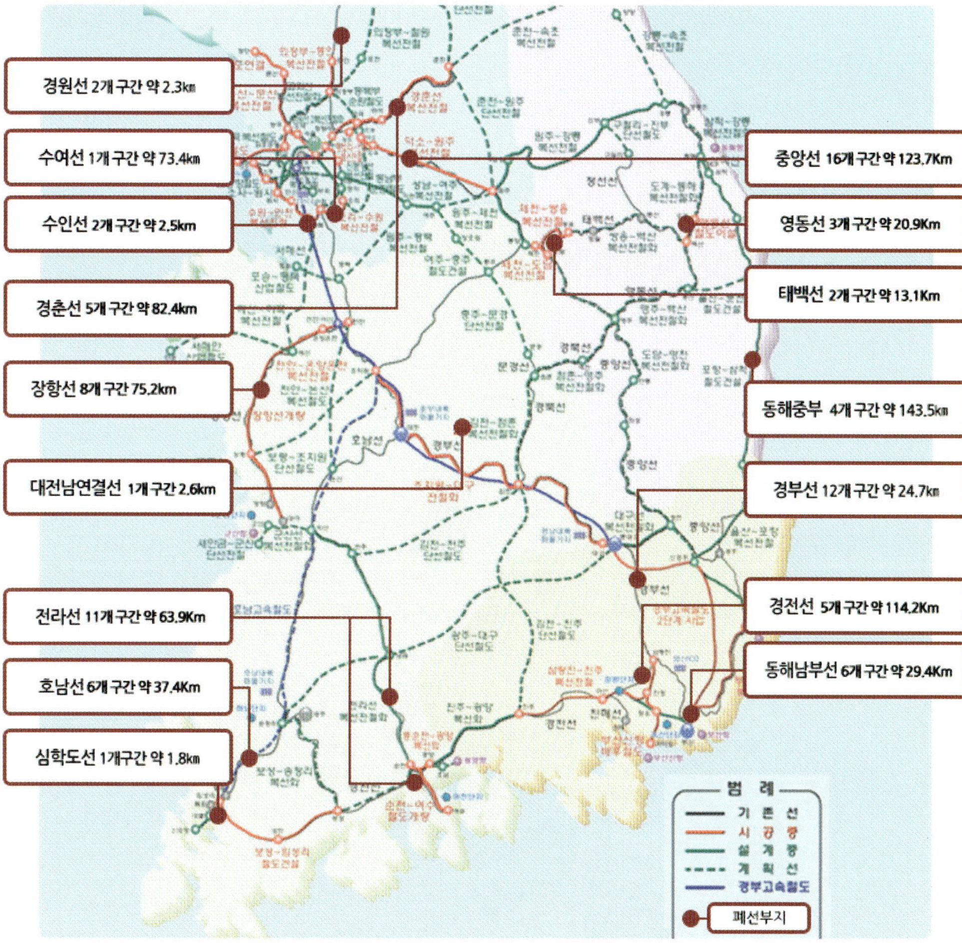

출처: 한국철도시설공단 홈페이지(2016년 3월 기준).

그림 2-12. 전국 철도 유휴부지 구간 및 위치도

한국철도시설공단이 관리하고 있는 철도 폐선부지는 2016년 3월 기준 813.7㎞(1천 573만㎡)으로 2018년에는 820.8㎞(1천 750만㎡)까지 늘어날 것으로 전망되며, 이는 여의도 면적의 6배에 달하는 규모이다. 철도 유휴부지는 철도의 복선화, 선로 개량 직선화 사업 등으로 인해 발생하고 있다. 폐선부지 발생 현황을 노선별로 보면 폐선부지가 가장 길게 발생하고 있는 노선은 동해중부선으로서 4개 구간에서 약 143.5㎞의 폐선부지가 발생하고 있으며, 중앙선, 경전선 등에서도 100㎞ 이상의 폐선부지가 발생하고 있다(그림 2-12 참조). 입지 여건이 양호하여 활용성이 높은 철도 유휴부지의 경우 정부에서 추진하는 행복주택 건설이나 공원 조성 등에 주로 이용되고 있으며, 레일 바이크 등 관광자원으로도 활용되기도 한다. 하지만 전체 철도 유휴부지의 약 절반가량인 8,785,788㎡의 부지가 아직까지 활용 방안을 찾지 못하고 방치되어 있는 것으로 나타나고 있다.

<그림 2-13>은 미활용되고 있는 철도 유휴부지 면적을 중심으로, 우리나라 82개 도시들의 철도 유휴부지 발생 현황을 나타낸 것이다. 인구 감소 도시들 중에서는 과거 철도 교통이 발달했던 삼척시, 부산광역시 등에서 미활용 철도 유휴부지가 상당히 넓게 발생하고 있다. 특히, 삼척시는 우리나라 도시들 중에서 가장 넓은 철도 유

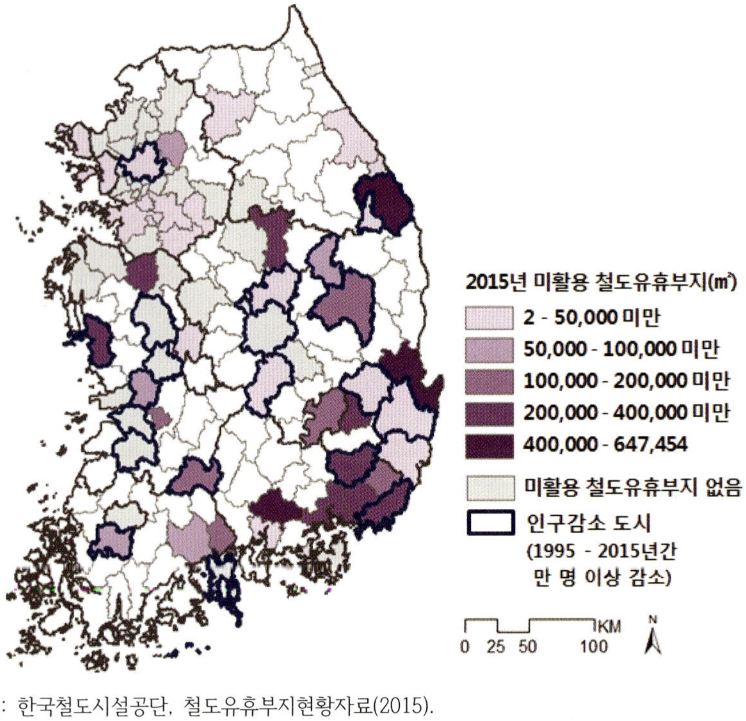

출처: 한국철도시설공단, 철도유휴부지현황자료(2015).

그림 2-13. 82개 도시의 미활용 철도 유휴부지 분포

표 2-11. 미활용 철도 유휴부지 발생 상위 10개 도시

시군구명		철도 유휴부지		
		전체 철도 유휴부지 면적(㎡)	미활용 철도 유휴부지 면적(㎡)	철도 유휴부지 미활용 비율(%)
전국		15,781,793	8,785,788	55.7
1	진주시	982,754	647,454	65.9
2	**삼척시**	**1,384,268**	**645,833**	**46.7**
3	포항시	622,840	446,644	71.7
4	김해시	674,653	396,627	58.8
5	**부산광역시**	**375,933**	**364,660**	**97.0**
6	제천시	360,947	326,772	90.5
7	밀양시	303,934	303,934	100.0
8	경산시	300,042	288,224	96.1
9	아산시	389,463	277,707	71.3
10	보령시	339,767	239,638	70.5

출처: 한국철도시설공단, 철도유휴부지현황자료(2015).

휴부지(1,384,268㎡)가 발생하였으며, 이 중 약 47%인 645,833㎡의 부지가 2015년 현재 미활용 상태에 있다. 부산시와 밀양시의 경우도 철도 유휴부지 대부분이 미활용되고 있는 것으로 파악되며, 그 면적은 각각 364,660㎡, 303,934㎡이다(표 2-11 참조).

부산시의 폐선부지는 경부선 일부와 동해남부선 일부를 포함하는데, 경부선의 경우 북구의 금곡동, 화명동, 덕천동에 있는 폐선부지 일부와 부산진구 부전동, 부암동의 일부 구간이며, 동해남부선의 경우 부전역~일광역(폐역)에 이르는 상당한 길이의 구간이다(그림 2-14 참조). 최근 부산시가 도심철도시설 부지의 효율적인 이용을 위해, 추가적으로 경부선 사상역~범일역 구간을 폐선하고 가야선으로 기능이전 시킨 뒤 부산진구 당감동·범천동·개금동의 시설들을 이전하기로 결정하면서 폐선부지는 보다 늘어날 전망이다. 철도 유휴부지 자체가 자원의 효율성을 저하시키고 도시 미관을 저해시킨다는 문제들이 제기되고 있다. 좁고 긴 부지 형태가 가지는 물리적 특성으로 인해 쉽게 매각이나 임대 처리가 어렵고, 부지의 입지적 특성에 따라 활용 방안이 제한적일 수밖에 없다. 따라서 철도 유휴부지가 가지는 특성에 가장 최적화된 활용 방안을 계획하고 현실화시키는 방안에 대한 논의가 철도 유휴부지 활용에서 가장 중요한 이슈라고 할 수 있다. 동해남부선 부지의 경우 폐선 이후 적극적인 활용 방안을 찾고 주변 경관과 연계한 관광계획을 수립하여 개발되고 있지만, 특별한 활용 계획이 없는 경부선 폐선 부지의 경우 이 부지를 무단점유하고 있는 가옥들이 있고 기찻길을 따라 주거취약지구가 밀집해 있다(그림 2-15 참조).

출처: 부산광역시 홈페이지.

그림 2-14. 부산시 동해남부선 폐선부지

출처: 좌-이재희 외(2012a), 우상단-이재희 외(2012b), 우하단-김경희(2013).

그림 2-15. 도로와 철길 사이에 섬처럼 낀 범천4동 기찻길 마을

3 유휴·방치부동산의 발생을 이끄는 촉발 요인[7)]

유휴·방치부동산은 단순히 하나의 요인이 아닌 다양한 요인들이 서로 상호 연관되어 복합적으로 발생하게 된다. 즉, 유휴·방치부동산 발생을 유도하는 요인들은 사회·경제적 환경이나 법·제도 및 정책 환경 등과 같은 거시적인 요인들과 부동산이 가진 고유 특성이나 부동산이 위치한 근린환경의 특성 및 소유주들의 부동산 이용·관리 행태 등과 같은 미시적인 요인들까지 상당히 다양하다. 더 나아가 유휴·방치부동산의 유형별로 유휴·방치부동산 발생을 촉발시키는 요인들도 다를 수 있다. 하지만 특정한 유휴·방치부동산 발생을 주도하는 촉발 요인도 다른 요인들과 상호 연계되어 다른 유형의 유휴·방치부동산 발생에도 간접적으로 영향을 미칠 수 있다.

1) 거시적 측면에서의 촉발 요인

(1) 사회·경제적 환경

유휴·방치부동산의 발생은 거시적 측면에서 산업구조, 교통체계, 인구구조, 생활양식 등의 변화와 연관되어 있다고 볼 수 있다. 산업구조의 변화와 소득에 따른 수요 변화로 인해 성장하였던 산업이 쇠퇴하거나, 경제의 세계화 과정에서 생산비용이 저렴한 국가로 제조업체들이 이전하는 경우 구 산업도시의 산업시설들이 상당히 버려지게 된다. 뿐만 아니라, 산업사회에서 후기 산업사회로 전환되면서 광산, 발전소, 공장 등 과거 산업사회에서 주도적 역할을 해오던 주요 생산 시설들이 더 이상 가동되지 못하고 버려지기도 한다. 이러한 산업구조의 변화는 해당 시기에 건설되었던 교통시설의 유휴·방치를 동반하게 된다. 일례로, 삼척시의 경우 탄광산업의 쇠퇴하면서 폐광과 함께 석탄 운반을 담당하던 철도 기능이 약화됨에 따라, 폐역이나 폐선부지 등 철도 유휴부지가 다량으로 발생하였다. 또한 산업 쇠퇴로 인해 일자리가 감소하고 인구가 줄어들면서 산업시설을 배후에서 지원하던 주거와 상업 기능도 함께 쇠락하여 빈집이나 빈 점포들이 동시에 발생하게 된다.

한편, 교통체계에서의 기술 발달로 인해 활발하게 이용되었던 교통시설들이 쓸모없어 방치되기도 한다. 주요 육상 운송수단이 철도에서 도로 중심으로 바뀌고 자동차 보급이 급증하게 되면서 육상 운송수요가 줄어든 철도시설들이 폐쇄되면서 철도역을 중심으로 성장하였던 지역들이 쇠퇴함에 따라 다양한 유휴·방치부동산들이 발

7) 3절은 한수경(2016, p.43-53)의 유휴·방치부동산의 발생 요인에 관한 내용을 재구성하였음.

생하게 된다. 또한, 해상 운송에서도 컨테이너 중심의 물동량이 증가하면서 이를 수용하기 어려운 전통적인 항만들의 경우 그 기능을 상실하게 되어 넓은 항만 부지가 방치된 상태로 남겨지는 경우도 종종 목격되고 있다. 부산시 북항의 경우 과거 화물 운송의 중심지였으나 컨테이너 운송 환경을 갖춘 신항만이 건설됨에 따라 화물 운송에 사용되었던 넓은 항만부지가 수년간 활용되지 못하고 방치되고 있다.

저출산-고령화로 인한 인구구조의 변화는 다양한 유형의 유휴·방치부동산 발생을 촉발시키는 요인이 되고 있다. 인구의 지속적인 감소는 주택 수요를 감소시키고 상권 쇠퇴를 가져와 빈집과 빈 점포들이 발생하는 직접적인 요인이 된다. 또한 저출산·은 취학연령의 인구의 감소로 이어지게 되고, 학생수 감소는 폐교 발생을 촉발하여 넓은 운동장과 건물이 빈 채로 남겨지게 된다. 또한, 1인 가구가 급증하면서 소형 주택에 대한 수요는 증가하는 한편 넓은 주택들의 유휴화를 유도하고 있다.

최근 정보통신의 발달, 소득 수준의 증가 및 그에 따른 생활양식의 변화가 나타나면서 주택 및 상품 소비에 대한 사람들의 선호가 크게 바뀌어가고 있다. 우리나라의 경우 아파트 단지에 대한 선호가 높아지면서 오래된 단독주택들이 비어가고 있으며, 자동차 접근이 편리하고 원스톱 소비가 가능하고 다양한 상품과 엔터테인먼트를 동시에 즐길 수 있는 대형 복합 상업시설들이 들어섬에 따라 기존의 전통시장이나 영세한 상점들은 더 이상 소비자들을 유인하지 못하고 경쟁력을 잃고 있다. 특히 동일한 업종일지라도 영세한 상점보다는 신시가지에 입지한 대형 쇼핑센터나 대형 영화관, 프랜차이즈 음식점 등으로 수요가 더욱 몰리면서 구도심 상권은 양적 측면뿐만 아니라 질적 측면에서도 신시가지 상권에 뒤처지게 되자 폐업으로 이어지면서 빈 점포들이 속출하게 된다.

(2) 법·제도 및 정책 환경

도시계획과 각종 토지이용 및 부동산 관련 법·제도와 규제, 그리고 정부 정책들은 종종 부동산의 유휴나 방치를 촉발시키는 동인으로 작용한다. 우리나라의 많은 도시들은 1980년대 이후 택지개발사업, 주택지 조성사업 등을 통해 도시 외곽에 신시가지를 조성하고 대규모 아파트 단지를 공급하는 정책을 시행해왔다. 특히 대단위 아파트 단지가 조성되면서 단지 내 패키지형 생활인프라가 제공되어 매우 편리한 주거환경이 조성되자 신시가지로의 이주가 활발히 이루어지게 되었다. 반면에 기성시가지의 생활인프라 개선이 잘 이루어지 않으면서 구시가지의 단독주택지구는 상대적으로 불량한 근린주거환경으로 인해 빈곤·취약계층이 밀집하게 되었고, 점차 빈집 발생을 촉진시키고 있다.

이와 동반하여 신시가지로의 공공청사 이전이 이루어지기도 하며, 이때 연관된 업종들이 함께 이전하는 경향을 보이기도 한다. 뿐만 아니라 신시가지에 인구가 집중됨에 따라 신규 상권이 발달하게 되고 기존 상권은 쇠퇴의 길로 접어들게 된다. 이에 따라 구시가지 내 주택들에 대한 수요는 현저히 감소하여 빈집 발생으로 이어지고, 쇠락한 구도심 상권 내 빈 점포 발생이 가속화된다.

이처럼 쇠락한 주거 및 상업 환경을 개선하기 위해 도시및주거환경정비법, 도시재정비촉진을위한특별법 등을 제정하고 근린주거환경이 매우 열악한 구역을 정비구역으로 지정하고 재개발을 시행하고자 하였다. 그러나 주택 수요 감소와 경기 침체로 인해 재개발 사업이 제때에 이루어지지 못하게 되자 정비구역으로 지정된 구역에서 유휴·방치부동산 발생이 증폭되기도 한다. 이는 정비구역 지정으로 인해 개별 부동산의 환경개선과 유지관리가 억제되고, 더 나아가 건축허가제한 조치가 이루어짐에 따라 개별적인 개발이 전혀 이루어지지 못하기 때문이다(김광중, 2010). 따라서 정비구역 지정 후 재개발 과정이 지연되거나 장기화될 경우 부동산의 유휴·방치가 촉진될 수 있다. 2000년대 후반 세계경제 위기 이후 부동산 및 건설시장의 경기 하락으로 인해 상당수의 재개발사업들이 표류하고 있다. 이에 따라 상대적으로 재개발 잠재수요가 많을 것으로 예상되어 정비구역으로 지정된 지역들이 많은 서울, 부산 등 대도시들에서 정비구역 내에서의 유휴·방치부동산 문제가 심각하다.

또한, 용도지역 및 지구의 지정이 부동산의 유휴·방치에 어느 정도 부분적으로 영향을 미칠 수 있다. 일례로 개발제한구역이나 보존지구 등으로 지정된 구역의 경우 해당 구역의 부동산들은 개발 제한으로 인해 부동산 유지 관리 및 거래에 부정적인 영향을 미치게 되고 그 결과 부동산 가치가 낮아지게 되면서 해당 부동산의 방치를 가져올 수도 있다(임유경·임현성, 2012).

한편 우리나라와 같이 소유주에게 최소한의 건물 유지 관리를 요구하는 법이나 제도가 마련되어 있지 못하고 기본적으로 사유재산에 대해 개입할 수 없다는 기본법이 강한 경우 부동산의 유휴·방치 상태로 진행되는 것을 사전에 예방하는 것이 매우 어렵다. 우리나라의 경우 주택이나 상업건물 등 사유재산의 유지 관리에 대한 책임은 전적으로 소유주의 자율에 맡기고 있다. 즉, 소유주가 자신의 부동산을 유휴·방치 상태로 두어도 법적인 조치를 취하기 매우 어렵기 때문에, 소유주로 하여금 부동산을 유휴·방치 상태로 남겨두는 것을 손쉽게 결정하도록 부추길 수도 있다. 우리나라에 비해 소유주의 건물 유지 관리에 관한 법·제도가 비교적 잘 구축되어 있는 미국의 경우에도 주 정부의 법률들이 지방정부의 행동을 심하게 제약함으로써 주변 근린환경을 희생하면서까지 개별 부동산 소유주를 보호하고 있다는 점이 종종 지적된다(Accordino and Johnson, 2000). 즉, 비어있는 부동산이 근린 주변의 부동산들에게 미칠 수 있는 부정적인 외부효과에도 불구하고, 법규 상에서 유휴부동산에 대한 최소한의 유지 관리만을 요구하고 있다는 것이다. 더 나아가 미국의 많은 주들에서 경험하고 있는 공통점은 세금이 상당 기간 연체되어 있는 부동산들을 취득하고 매매하는 과정이 길고 복잡하다. 미국의 경우 일반적으로 부동산이 수 년간(2~4년 정도) 세금이 연체될 때까지 공매과정을 시작할 수 없고 한번 시작된 법적 절차(소유주 찾기, 소유주에게 통지 등)는 2년 정도 소요되며, 특히 소유권이 명확하지 않은 경우 해당 부동산의 처분은 사실상 불가능하다(Accordino and Johnson, 2000: 313). 또한 부동산의 세금이 연체될 경우 법정뿐만 아니라 해당 지자체의 검찰청이 개입되고 부동산 유지 관리, 공매 과정 운영, 부동산 소유권 찾기 등 다양한 기능을 수행하는 협력자들이 개입되는데 이 중 어떤 부분에서 문제가 발생할 경우 전체 과정이 지연될 수 밖에 없다. 한편 세금 연체 부동산들이 공매 과정을 통해 팔렸다 하더라도, 새로운 소유주가 부동산을 보수하여 재이용하지 않고 단지 투기적인 투자 목적으로 이용하는 경우 해당 부동산이 유휴되거나 방치될 수 있다. 이를 방지하기 위해 미국의 일부 지자체에서는 공매 처분 부동산을 구매한 사람들은 해당 부동산에 대한 개발 및 계획을 제출하도록 요구하거나, 이를 위반하는 경우 벌금 혹은 부동산 몰수를 통해 처벌하는 경우도 있다. 이렇게 공공이 상당 기간 세금이 체납된 부동산을 압류하여 경매하는 과정이 길어지고 사실상 공공의 개입이 거의 불가능한 경우 해당 부동산의 방치 상황은 상당히 장기화될 수 있다.

2) 미시적 측면에서의 촉발 요인

(1) 부동산 및 근린주거환경의 물리적 특성

부동산이 유휴·방치되는 또 다른 중요한 요인으로서, 토지나 건축물, 주변 근린환경이 가진 물리적인 특성이다. 특히 건축물의 물리적 노후화는 부동산 방치를 이끄는 가장 대표적인 동인이다. 노후주택의 경우 거주하기에 더 이상 적합하지 않고 보수하여 사용할만한 가치가 없을 때 버려지게 된다. 또한 건축물의 규모나 배치 등이 잠재적인 구매자나 세입자에게 더 이상 매력적이지 않을 때 노후화를 촉발하여 유휴나 방치 상태로 진행된다. 이와 같은 부동산의 물리적 노후화 및 부동산 시장에서의 무관심 문제를 해결하는 데 가장 영향을 미치는 요인은 해당 부동산의 입지라고 볼 수 있다. 입지가 양호한 경우 소유주는 건축물을 보수하여 활용하려는 시도를 하지만, 만일 입지가 좋지 못하다고 인식될 경우 노후화된 해당 부동산은 방치 상태에 놓이게 된다.

한편, 필지의 취약한 물리적 환경으로 인해 유휴·방치가 촉발될 수 있다. 자동차 진입이 어려운 4m 미만의 도로에 접해 있는 필지, 부정형의 필지, 과소 필지 등과 같이 기반시설이 열악한 지구나 경사도가 높은 구릉지에 형성된 주거지 등에서 부동산의 유휴·방치가 보다 쉽게 일어날 수 있다. 대표적인 예로 6.25 당시 피난민들이 몰려들면서 과밀하게 조성된 부산의 구도심의 주거지, 특히 산복도로를 따라 밀집된 달동네에서 유휴·방치부동산이 많이 발생하는 것은 바로 이러한 요인 때문이라고 볼 수 있다. 이와 같은 필지의 물리적 취약성은 부동산의 유휴·방치를 일으키는 촉발 요인이 되기도 하지만 동시에 재이용의 주요 걸림돌이 되기도 한다. 또한, 토지의 오염으로 인해 유휴·방치가 촉발될 수 있다. 오염된 토지에 대한 정화 비용으로 인해 유휴·방치 상태가 장기간 지속되는 경우 해당 부동산의 상태는 더욱 악화될 수 있다. 일례로, 일본의 원자력 발전소 방사선 유출 사고 이후 주변 지역의 토지와 건물들은 기약 없이 방치되고 있는 실정이다.

(2) 소유 및 이용·관리 행태

유휴·방치부동산 발생의 또 다른 주요 촉발 요인은 소유주의 책임감과 부동산 관리 역량, 소유주와 세입자의 관계 등이다. 일반적으로 투기 의도를 가진 소유주의 경우 부동산에 대한 책임감이 낮은 반면에, 거주를 목적으로 하는 자가 소유주의 경우 해당 부동산에 대한 책임감도 높아 유지관리가 잘 이루어기 때문에 근린주거환경의 안정성에 긍정적인 영향을 미친다. 더 나아가 소유주가 해당 부동산을 방치하게 하는 데 영향을 미치는 요인 가운데 하나는 세입자와의 관계에 달려있으며, 특히 소유주가 세입자에 대한 불만족이 클 경우 해당 부동산이 방치되는 데 지대한 영향을 줄 수 있다. 한편, 인근 주민들의 유휴·방치부동산에 대한 무관심도 부동산의 유휴·방치에 영향을 미칠 수 있다. 즉, 근린에서 발생한 유휴·방치부동산 발생에 대해 이웃 주민들의 무관심은 행정 서비스의 관심을 불러일으키지 못한 채 지자체 행정의 무관심으로 이어지게 되며, 그 결과 유휴·방치부동산을 예방·관리하기 위한 공공의 개입이 적절히 이루어지지 않아 부동산의 유휴·방치 상황이 더욱 심화될 수 있다.

일반적으로 소유주가 확실하지 않거나 여러 명일 경우, 부동산에 대한 소유주의 책임감이 낮아 부동산 유지 관리가 원만하게 잘 이루어지지 못하게 되는데, 이는 부동산의 유휴·방치를 촉발할 수 있다(Nesmith, 2003). 따라서 고령의 소유주가 명확한 상속인 없이 사망하거나 다수의 상속인에게 부동산을 남길 때, 해당 부동산은 방치될 가능성이 크다. 그러나 상속인이 명확한 경우라 하더라도 상속인이 해당 부동산과 주변 지역에 대해서 잘 알지 못하는 경우, 부동산을 처분하거나 임대하는 등의 조치를 취하기보다는 내버려두는 경우들이 종종 발생한다. 또한, 상속받은 주택에 지속적으로 거주하기 위해 소요되는 유지비용이 잠재적 이익보다 더 많이 든다고 판단될 때 종종 방치가 발생하며, 특히 고령의 소유주가 남긴 오래된 부동산이 시장성이 없는 경우 해당 부동산의 처분이 어려워져 방치의 위험성이 높아지기도 한다.

이상에서 살펴본 바와 같이 유휴·방치부동산 발생을 촉발시키는 주요 요인들과 요인들 간의 상호 연관성을 나타내면 <그림 2-16>과 같다.

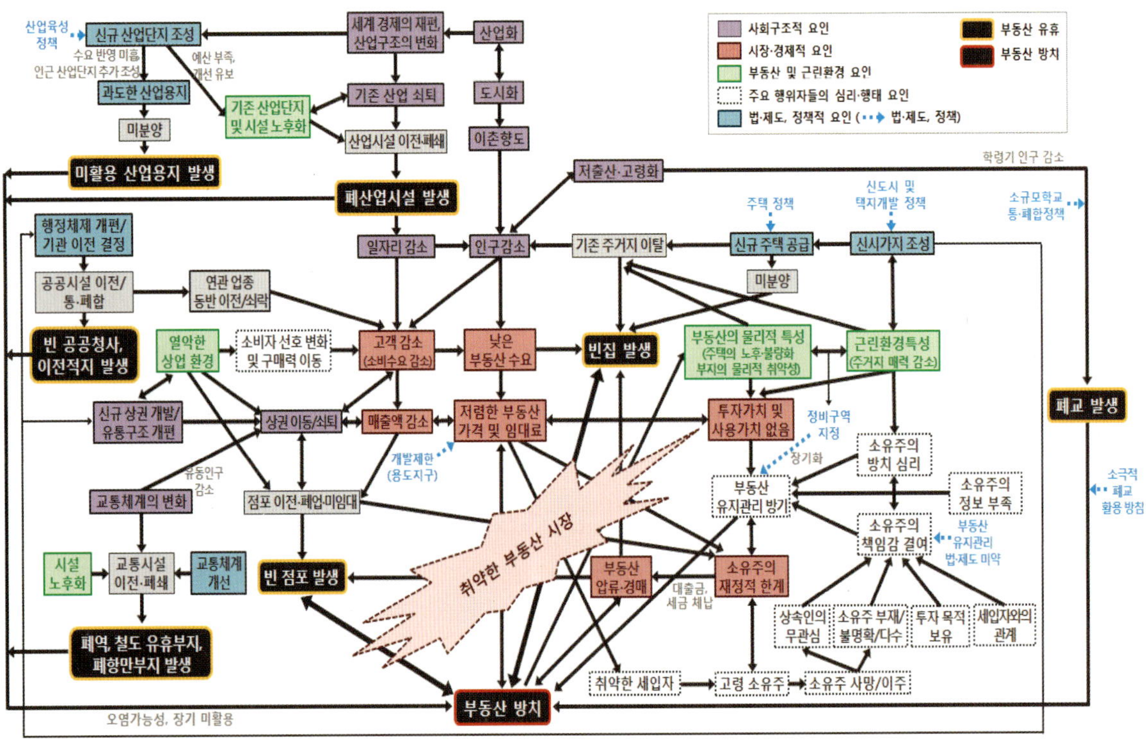

출처: 관련 선행연구들과 한수경(2016, p.120)을 바탕으로 작성

그림 2-16. 유휴·방치부동산 발생의 촉발요인들과 발생 과정

참고문헌

강윤경 (2014. 1. 22). 동해남부선 폐선부지 민자사업 본격화. 부산일보.

김경희 (2013. 10. 23). 기찻길 옆 마을의 고단한 삶, 심각한 수준. 부산일보.

김광중 (2010). "한국 도시쇠퇴의 원인과 특성". 한국도시지리학회지. 13(2). 43-58.

김동한·서태성·이미영·한우석·임지영·김현아 (2015). 국토 유휴공간 현황과 잠재력 분석 연구. 국토연구원.

김정일 (2016. 8. 31). 미분양 주택 4개월째 증가,수도권·지방 온도차 '심화'. 이뉴스투데이.

임유경·임현성 (2012). 근린 재생을 위한 도시 내 유휴공간 활용 정책방안 연구. 건축도시공간연구소.

이재희·박세익·이자영 (2012. 9. 10. a). [기찻길 옆 마을, 희망이 달린다] ② 부산의 '기차마을' 지도를 그려라. 부산일보.

__________ (2012. 9. 10. b). [기찻길 옆 마을, 희망이 달린다] ③ 비 새고 낡았어도 여기가 우리 보금자리. 부산일보

이지선·성현곤 (2010). 폐철도부지 활성화 방안 기초연구. 한국교통연구원.

한수경 (2016). 유휴·방치부동산의 유형별 발생 특성과 고착화에 관한 연구-전라북도 익산시를 사례로. 박사학위논문. 서울대학교.

한수경·이희연 (2016). "유휴·방치부동산의 공간분포 및 특성 분석: 익산시를 사례로". 한국도시지리학회지. 19(1). 1-16.

국토교통 통계누리. 미분양주택현황(2016.7월말 기준). http://stat.molit.go.kr/

Accordino, J. and Johnson, G. T. (2000). "Addressing the vacant and abandoned property problem". *Journal of Urban Affairs*, 22(3), 301-315.

Bowman, A. O`M. and Pagano, M. A. (2000). "Transforming America's cities: policies and conditions of vacant land". *Urban Affairs Review*, 35(4), 559-581.

__________ (2004). *Terra Incognita: Vacant Land and Urban Strategies*. Washington, DC: Georgetown University Press.

Greenberg, M., Lowrie, K., Solitare, L. and Duncan, L. (2000). "Brownfields, TOADS, and the struggle for neighborhood redevelopment: A case study of the state of New Jersey". *Urban Affairs Review*, 35(5), 717-733.

Guerrero, P. F. (1997). *Superfund: Proposals to Remove Barriers to Brownfield Redevelopment* (GAO/T-RCED-97-87). Washington, DC: U.S. General Accounting Office.

Hollstein, L. M. (2014). *Planning Decision for Vacant Lots in the Context of Shrinking Cities: A Survey and Comparison of Practices in the United States*. (Ph D. thesis). University of Texas at Austin, Austin, TX.

Kremer, P., Hamstead, Z., and Mcphearson, T. (2013). "A social-ecological assessment of vacant lots in New York City". *Landscape and Urban Planning*, 120: 218-233.

Mallach, A. (2010). *Bringing Buildings Back: From Abandoned Properties to Community Assets*. (2nd ed.). Montclair, NJ: National Housing Institute.

Nesmith, B. S. (2003). *Thinking About Vacancy: Conceptual Schemes for Representing Vacant Properties in City Planning*. (Ph D. Thesis). University of Pennsylvania, Philadelphia, PA.

Pennsylvania Statutes, Title 35. Health And Safety, Chapter 18A. Urban Redevelopment Law; PAST 35 P.S. § 1712.1. Blighted property removal. (2002; 2016).

Poracsky, J. and Houck, M. C. (1994). The metropolitan Portland urban natural resource program. In R. H. Platt, R. A. Rowntree, and P. C. Muick (Eds.), *The Ecological*

City: Preserving and Restoring Urban Biodiversity, (pp. 251-268). Amherst, MA: The University of Massachusetts Press.

Sternlieb, G., Burchell, R. W., Hughes, J. W. and James, F. J. (1974). "Housing abandonment in the urban core". *Journal of the American Institute of Planners*, 40(5), 321-332.

Wallwork, K. L. (1974). *Derelict Land: Orgins and Prospects of a Land-use Problem*. Newton Abbot; North Pomfret, Vt: David & Charles.

03 유휴 · 방치부동산의 새로운 도시재생 디자인

1. 기존의 도시, 무엇이 문제인가?
2. 패러다임의 전환: 채움에서 비움으로, 포괄적 상생
3. 유휴·방치부동산 밀집지구에 대한 도시재생 디자인 적용

1 기존의 도시, 무엇이 문제인가?

1) 도시외곽지역의 개발과 구도심의 쇠퇴

(1) 우리나라의 신도시 개발

신시가지(new built-up area) 및 신도시(new town)란 영국의 하워드가 제창한 전원도시 이후 20세기 중반에 이르기까지 도시 문제를 해소하기 위해 인위적으로 조성한 계획도시를 지칭한다. 이와 같은 신도시 개발은 세계 각국의 개발 여건과 목적에 따라 다양하게 진행되고 있다.

우리나라의 경우 신도시 건설에 대한 논의는 1960년대 이후 전국에서 일자리를 찾아 상경한 사람들의 유입으로 인해 서울이 포화상태에 이르게 되면서 시작되었고, 수도권의 신도시 건설은 수도권의 주택시장 안정과 주택문제 해결을 위한 정책이 수립되면서 본격적으로 추진되었다(국토교통부, 2016). 수도권의 신도시 건설은 크게 1기 신도시와 2기 신도시로 나누어 볼 수 있다(표 3-1 참조). 1980년대 후반에 개발된 1기 신도시는 서울시 내에서의 개발용지 부족으로 인해 택지개발이 불가능하게 되자, 개발제한구역 외곽에 신도시를 건설하여 과도한 주택 수요를 충족시키려는 목적에서 이루어졌다. 5개 신도시는 업무, 주거, 상업, 공용의 청사, 체육시설 및 공원, 녹지 등 생활편익시설이 완비된 도시로 종합적인 계획을 수립하여 건설되었다.

한편 2000년대 초반에 개발된 2기 신도시는 서울 강남, 강서, 강북지역의 주택수요 대체, 서울의 기능 분담, 첨단·행정기능 및 성장거점 역할 수행을 위하여 건설되었다. 성남 판교, 화성 동탄, 위례 신도시는 서울 강남지역의 주택수요 대체와 기능을 분담하고, 김포 한강, 파주 운정, 인천 검단신도시는 서울 강서와 강북지역의 주택수요 대체와 성장거점기능을 분담하며, 광교 신도시는 수도권 남부의 첨단·행정기능을, 양주(옥정, 회천) 및 고덕 국제화 계획지구는 각각 경기 북부 및 남부의 안정적 택지 공급과 거점기능을 분담할 목적으로 건설되었다. 이와 같이 12개의 2기 신도시는 서울 등 주변지역과의 교통체계 구축 및 쾌적한 주거환경과 자족기능을 갖추면서도 수도권의 과밀해소를 목적으로 진행되어 왔다.

수도권에 여러 신도시들이 건설됨에 따라 우리나라 건설 산업은 경제성장의 주동적인 역할을 담당해왔으며 수많은 건설 인력 및 관련 산업들이 생겨나게 되었다. 하지만 최근 인구감소와 저성장 시기로 접어들면서 급속한 경제성장과 개발 시기에 늘어난 많은 인력과 건설사가 상당히 큰 어려움을 겪고 있다. 더 나아가 우리나라 전반적으로 인구감소 추세가 지속되면서 구도심 곳곳에 빈집 등 유휴·방치부동산이 많

표 3-1. 우리나라의 제1기와 제2기 신도시

구분		사업면적(㎢)	주택건설(천호)	수용인구(천인)
제1기	분당	19.6	97.6	390
	일산	15.7	69.0	276
	평촌	5.1	42.0	168
	산본	4.2	42.0	168
	중동	5.5	41.4	166
제2기	판교	8.9	29.3	88
	동탄1	9.0	41.3	126
	동탄2	24.0	115	286
	한강	11.7	61.3	167
	운정	16.6	87.3	215
	광교	11.3	31.1	78
	양주	11.2	61.8	163
	위례	6.8	44.8	110
	고덕	13.4	56.7	141
	검단	11.2	74.7	184
	아산	8.8	33.1	86
	도안	6.1	24.5	69

출처: 국토교통부(2016).

이 발생하는 새로운 양상들이 나타나고 있다. 이에 따라 성장 시기에 도입되었던 기존의 도시개발 방식에 대한 근본적인 변화가 필요하게 되었다.

(2) 구도심의 쇠퇴

우리나라 대다수 도시들의 경우 도시 외곽으로의 개발과 그에 따른 인구유출로 인해 도심부(구시가지)가 쇠퇴하는 양상이 점차 심화되고 있다. 특히 도심의 기능이 쇠퇴함에 따라 급격한 상권 쇠락, 도심 공동화, 기반시설 노후화 등과 같은 문제들이 부각되면서 최근에는 기존 도시의 재생이 큰 화두가 되고 있다. 「도시재생 활성화 및 지원에 관한 특별법 시행령」 제17조에서는 쇠퇴지역을 3가지 기준 지표를 통해 평가하고 있는데, 인구의 현저한 감소, 총사업체의 감소, 노후주택의 증가로 인한 주거환경의 악화가 그 지표들이다. 또한 이러한 3가지 기준들 가운데 1개 기준을 만족하면 쇠퇴징후가 시작된 지역, 2개 이상의 기준을 만족하면 쇠퇴가 진행되는 지역으로 평가하고 있다. <그림 3-1>에서 볼 수 있는 바와 같이 서울, 부산, 대구, 인천, 대전의 구도심에 속한 거의 대부분이 쇠퇴지역에 속하는 것으로 나타나고 있다. 서울시의 경우 1990년부터 인구감소 추세를 보이기 시작하였고, 부산시의 경우 2000년, 대구시의 경우 2005년부터 인구감소 추세를 보이면서 도시 외곽으로의 인구유출

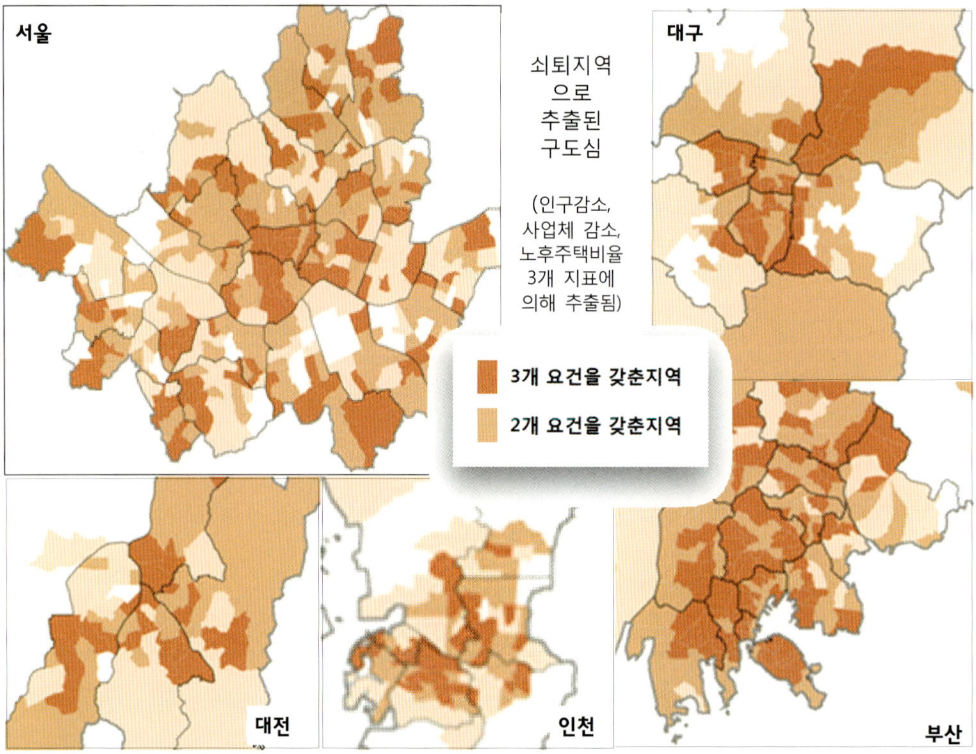

출처: 국토교통부(2011), 우리나라 도시 쇠퇴 현황

그림 3-1. 우리나라 5대 대도시(인구 순위)의 구도심 쇠퇴 현황

출뿐만 아니라 주변도시로의 인구 유출도 이루어지면서 구도심의 쇠퇴 현상이 가속화되고 있다.

특히 1990년대부터 인구 감소 추세를 보이고 있는 서울시의 경우 서울의 도심지역인 중구를 이러한 평가 기준으로 비추어볼 때 100%의 쇠퇴비율을 보이고 있으며, 또한 성동구(94.1%), 용산구(93.8%), 서대문구(92.8%)도 역시 매우 높은 쇠퇴율을 기록하고 있다(정수현 외, 2015). 이는 지금까지 우리나라에서 추진된 도시정책의 부작용 일면을 보여주는 것이라고 볼 수 있다. 즉, 기성 시가지와의 기능적 연계 없이, 도시 외곽에 대규모 주택 공급 위주의 개발과 신시가지로의 공공기관의 이전 등이 도심 쇠퇴를 촉진시키고 있다고 할 수 있다.

(3) 새로운 도시 건설관련 산업의 요구

한국의 건설시장은 1990년대 고속 성장을 하면서 GDP 대비 건설투자 비중이 20%를 넘었으나, 최근 건설 산업의 침체로 인하여 15% 수준을 보이고 있으며 2020

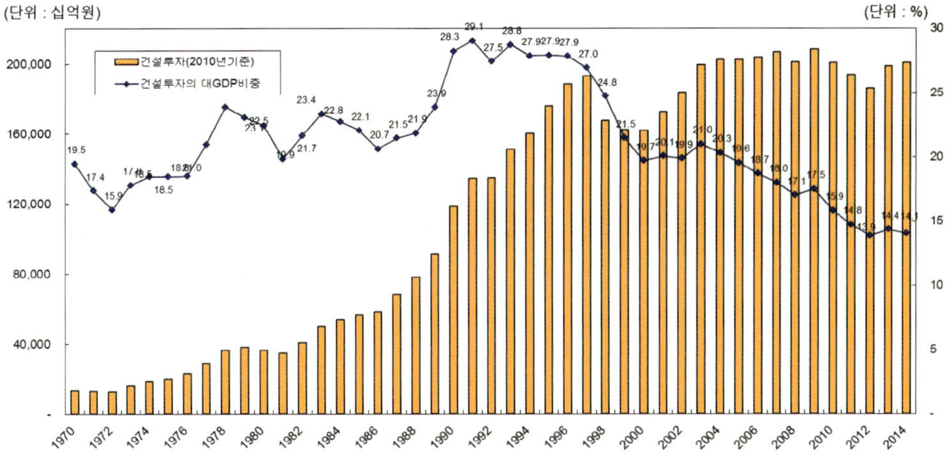

출처: 이홍일(2015).

그림 3-2. 우리나라의 건설투자 비중

년 이후에는 10% 내외로 감소할 것으로 예상된다(국토해양부, 2013). 이러한 상황을 고려할 때, 앞으로의 건설정책방향은 양적 중심의 공급정책에서 질적 개선의 관리정책으로 전환되어야 할 것이다. 이것은 건설산업에 있어서도 패러다임의 변화가 이루어져야 하는 것을 의미하며, 도시공간의 질적 가치를 높이는 방향으로 재편이 이루어져야 할 것이다.

2) 주거 유휴·방치부동산 활용 사업 및 문제점

최근 지자체를 중심으로 주거 유휴·방치부동산의 정비 및 활용을 통한 도시재생이 활발하게 이루어지고 있다(일반적으로 주거용 유휴·방치부동산은 '빈집'으로 불리워지고 있음). 빈집의 잠재적 가치 및 사회적·생태적 측면에서의 관심이 증가하면서 이를 활용하는 재생사업의 방식과 효율성에서 현실적인 문제들이 제기되고 있다(김대욱, 2016). 특히 한정된 공공재원으로 급증하는 빈집의 철거 및 정비를 지원하는 데 한계가 있으며, 빈집 소유주의 확인 및 동의를 얻어내는 과정에서 상당히 많은 시간과 인력이 요구되고 있다. 또한 정비 대상과 활용대상 빈집을 구분하는 기준이 명확하게 마련되어 있지 않고 정비가 이루어진 이후에도 지속적인 시설 유지 및 관리를 위해 필요한 장치도 미흡한 실정이다(한승욱, 2015). 여기서는 일부 지자체에서 추진하고 있는 빈집 활용을 소개하고 그 한계점을 도시계획적 측면에서 살펴보고자 한다.

(1) 부산시의 <햇살둥지 사업>과 <착한 텃밭 조성사업>

부산시의 햇살둥지 사업은 빈집 리모델링 반값 임대사업이라고 볼 수 있다. 즉 빈집을 리모델링해서 대학생, 저소득층 서민, 외국 근로자 등에게 반값에 임대를 하는 사업이다. 시에서는 빈집을 리모델링하는 비용의 반을 지원하기 때문에 건물주는 빈집에서 일정 수익을 얻을 수 있으며, 대학생이나 저소득층 서민 등은 저렴하게 입주해서 거주할 수 있다. 2012년 1호 '햇살둥지'가 탄생한 이후 3년이 지난 2016년말 햇살둥지가 233호로 매우 급속하게 증가하였으며, 233채 주택에 313가구 502명이 거주하고 있다. 입주자들은 저소득 서민 204세대 352명, 대학생 87가구 101명, 신혼부부 21가구 44명, 외국인 근로자 1가구 5명이다. 대학가 근처에 있는 햇살둥지의 경우 임대료는 한 가구당 보증금 200만원에 월 15만원으로 주변 시세의 반값 수준이다. 이 사업으로 빈집이 사라져 범죄와 화재예방 효과를 거두는 등 주변 환경이 개선되는 효과도 가져오고 있다. '햇살둥지 사업'은 빈집에서 임대소득이 생기고, 서민들의 주거비 부담을 줄이는 동시에 장기 방치된 빈집이 일으키는 각종 도시문제를 해결하기 위한 1석 3조의 사업이라고도 볼 수 있다.

부산시 남구 경성대학교 인근에 위치한 햇살둥지 주택 1호(왼쪽), 2호(오른쪽)

출처: 부산시 홈페이지 및 기사 검색

그림 3-3. 부산시 햇살둥지 사업으로 인해 변모된 빈집들의 모습

그러나 통계청이 발표한 2015년 부산시의 빈집을 보면 86,626호로 2010년보다 45,963호(113.0%) 증가하였으며, 이 가운데 단독주택의 빈집이 9,266채, 다세대주택이 27,828채로 2010년에 비해 74.4%, 217.2% 각각 증가하였다는 점을 고려해 볼 때 햇살둥지 사업의 효과는 아직까지 미미하다고 볼 수 있다.

한편 부산시는 2015년 6월부터 활용도가 낮은 빈집을 철거하고 철거 부지에 민간기업의 사회공헌 활동과 연계하여 '착한 텃밭 조성사업'을 실시하고 있다. 본 사업은 부산광역시 빈집 정비 지원 조례 제3조(책무)에 의거하여 추진되며, 민관 상호협력을 통한 새로운 도시정비 및 도시재생 모델이라고 볼 수 있다. 특히 범죄와 안전사고를 예방하고 생활환경을 개선하기 위해 도심 내 방치된 폐·공가 철거를 지원하고 있다. 지원 조건은 철거 후 3년 이상 공공용지(주차장·텃밭·쉼터 등) 제공에 동의해야 하며, 동당 800만원을 지원한다. 그러나 공공기관인 부산시가 예산을 편성하지 않고 기업의 기부금을 활용하여 사업을 시행하고 있다(부산시, 2016). 특히 '착한 텃밭' 만들기 사업은 부산시와 한국도로공사, 문화콘텐츠개발원과의 업무협약을 통해 이루어지고 있다. 첫 번째 사례로 한국도로공사의 지원을 받아 2015년 10월 남구 용당동에 빈집 두 채를 헐어내고 착한 텃밭을 조성하였다. 규모는 총 18고랑(약 200㎡)이며, 인근의 용당 경로당, 선산정 마을회관, 지역 주민들이 각각 6고랑씩 맡아 경작하고 있다. 텃밭에서 수확한 농작물은 주변 이웃들과 나눠 먹거나 어려운 이웃에게 기부된다. 이 사업이 이루어지기 전 이곳에는 버려진 빈집에 쓰레기와 악취, 벌

출처: 김진(2015.8).

그림 3-4. 부산시 남구 용당동 빈집 부지의 착한 텃밭 조성사업 전후의 모습

레들로 주민들의 불편이 많았지만 빈집을 헐어내고, 텃밭으로 조성되어 동네도 많이 밝아졌고, 텃밭을 같이 가꾸며, 이웃 간의 정도 돈독해지는 효과를 얻고 있다. 2016년에는 한국도로공사의 지원과 문화콘텐츠개발원의 자원봉사를 통해 20여 개소를 추가적으로 더 조성할 계획을 가지고 있다(김진, 2015). 이러한 부산시의 사례는 기존의 새로 짓는 방식에 비해 빈집들을 활용하거나 비우는 방식을 통해 도시공간의 가치가 올라갈 수 있음을 보여준다는 측면에서 의미가 있다고 할 수 있다.

(2) 대구시의 <폐·공가 정비사업>

대구시의 빈집은 2014년 기준 2,806호로, 대구시 전체 주택의 2.9%를 차지한다. 이 중 20% 이상이 원도심인 중구에서 발생하고 있으며, 도심 공동화 및 재개발 지연으로 인해 빈집 발생이 점차 빠르게 증가하고 있다. 빈집이 도시의 미관과 환경을 저해하고 청소년들의 탈선 공간으로 전락함에 따라, 대구시는 2013년부터 빈집을 철거하고 집터를 주차장이나 텃밭, 쌈지공원 등으로 조성하는 '폐·공가 정비사업'을 시행해 오고 있다(김지홍, 2015).

정비사업에 동의하는 소유주는 3년간 해당 부지를 공공용도로 제공하는 대신 건축물 철거비 300~400만원을 지원받으며 이 기간 동안 재산세 면제 혜택을 받게 된다. 이 사업을 추진한 결과 2015년까지 3년간 17억 원의 예산을 투입하여 총 120채 빈집을 철거하여 16,137㎡ 면적에 이르는 철거 부지에 주차장 66개소, 텃밭 34개소, 쌈지공원 6개소, 운동시설 3개소, 꽃밭 11개소를 조성하였다(표 3-2 참조). 또한, 2016년에는 8억 원을 투입하여 폐·공가 50여 곳, 면적 6,700㎡에 달하는 부지를 추가적으로 정비할 예정이다(박태우, 2016).

출처: 박태우(2016.3).

그림 3-5. 대구시 폐·공가 정비사업 사례

표 3-2. 대구시 폐·공가 정비사업 현황

구분	2013년	2014년	2015년
중구	9동	7동	15동
동구	4동	-	7동
서구	4동	3동	7동
남구	5동	7동	10동
북구	4동	2동	7동
수성구	5동	3동	7동
달서구	4동	3동	7동
합 계	**35동**	**25동**	**60동**

출처: 서광호·홍준헌(2014).

(3) 서울시의 <빈집 살리기 프로젝트>[1)]

2015년 도입된 서울시의 '빈집 살리기 프로젝트'는 도심에 6개월 이상 방치된 빈집을 리모델링하여 주거취약계층에게 현 시세의 80%의 저렴한 임대료로 6년간 주택을 공급해주는 사업이다. 이 사업은 정비사업의 지연 및 중단으로 인해 주택 관리에 소홀해지고, 방치되거나 빈집이 증가하고 있는 실태 문제 해결과 함께 저층 주거지를 종합적으로 관리할 필요성이 증가함에 따라 도입되었다. 사업대상이 되는 빈집은 버스나 지하철 등 대중교통 접근성이 양호한 위치에 입지한 방 3개 이상의 단독주택, 다가구주택, 다세대주택 혹은 연립주택이다. 그러나 주택의 안전진단결과 D급 또는 E급의 붕괴 위험이 있거나, 무허가건물로 이행강제금이 부과되고 있는 주택, 반지하층이나 옥탑방으로 주거환경이 매우 열악하여 환경개선이 어려운 주택 등은 제외된다. 서울시에서 빈집 리모델링 사업비의 50%를 지원하며, 건물 1개동 당 건축 전용면적에 따라 2천~4천만원 한도 내에서 지원하고 있다.

공공에서 주로 추진하고 있는 임대주택사업에 민간영역의 참여를 유도하기 위해 사회적 기업, 주택협동조합, 비영리 주택관련 법인 및 공익법인이 주사업자가 된다. 만일 민간기업이 시공 능력이 없어 사업자 신청을 하지 못할 경우를 대비하여, 전문건설업체와 컨소시엄으로 공동 사업체를 구성하여 사업을 신청할 수도 있다. 서울시는 빈집 살리기 프로젝트 사업을 위해 신청된 빈집의 정보를 사업신청자에게 제공하고 사업 제안서를 받는다. 그 후 사업 제안서 발표를 통해 사업수행능력을 평가하고, 사업자에게 사업을 추진할 수 있는 지위가 부여된다. 사업자 지위를 획득한 이후의 추가 사업물량은 자치구와 협의하여 진행한다. 2015년에 이러한 유형의 시범사업을 시행하였고, 2016년부터 2018년까지 이 사업을 통해 총 150동 750세대를 공급할 계획이다.

1) 서울시(2015a), 서울시(2015b), 서울시(2015c) 내용을 참고하여 정리함.

표 3-3. 서울시 빈집 살리기 프로젝트의 지원내용 및 임대조건 변경사항

구분	기존	개정 후(2015.09)
자금 지원	(면적에 상관없이) 건물 1개동 당 최대 2천만 원	건물 1개동 당 최대 4천만 원 (평당 80만 원 수준) 전용 84㎡ 이하: 최대 2천만 원 전용 84㎡~165㎡: 최대 3천만 원 전용 165㎡ 초과: 최대 4천만 원
임대기간	거주기간 6년 보장	지원금액 3천만 원 초과 시 거주기간 8년 보장

출처: 서울시(2015b)

표 3-4. 서울시 빈집 살리기 프로젝트 추진계획 및 현황

구분		1차	2차	3차	2017	2018	계
사업자 모집 시기		2015.02	2015.04	2016.01	-	-	-
공급 목표	동수	35동		40동	50동	60동	185동
	세대수	175세대		200세대	250세대	300세대	925세대
소요예산		7억 원		8억 원			15억 원
지원금액		동당 최대 2천만 원		최대 4천만 원			
실제 공급량		7개 동 준공 6개 동 공사 중					

출처: 서울시(2015a)

서울시 빈집 살리기 프로젝트는 집주인이 서울시에 빈집 리모델링 사업을 신청하고, 사회적 기업이 신청된 빈집의 자료를 제공받아 사업 제안서를 작성한 후 서울시에 제출하는 과정을 거치게 된다. 서울시는 사업수행능력을 평가하여 사업자를 선정하고, 자치구에서는 빈집의 현장 점검을 실시하여 그 결과를 서울시에 제출하게 된다. 현장 점검 결과에 따라 서울시와 집주인과 사업시행자는 협약을 체결하고 사업을 진행하게 된다(그림 3-6 참조). 사업자는 사업 추진이 결정되면 자치구에 이행보증증권을 제출한다. 이행보증증권을 제출한 사업시행자가 빈집 소유자와 임대차계약을 체결하고 자치구에 공사 착공계를 제출하면 해당 자치구는 서울시 예산 재배정을 요청하게 된다. 이후 서울시는 해당 자치구에 예산의 100%를 지급하고, 자치구는 사업시행자에게 70%의 선급금을 지급한다. 사업자는 70%의 선급금과 자기자금으로 공사를 시행한 후, 공정의 80%가 진행되었을 때 품질점검요청을 자치구에게 신청하게 된다. 점검 결과를 통과한 사업자는 자치구에 공사 준공계를 제출하고, 자치구는 사업자에게 사업에 소요된 비용 중 남은 30%를 지급한다. 이렇게 공사가 완료되면 사업자는 입주자 모집을 실시한다.

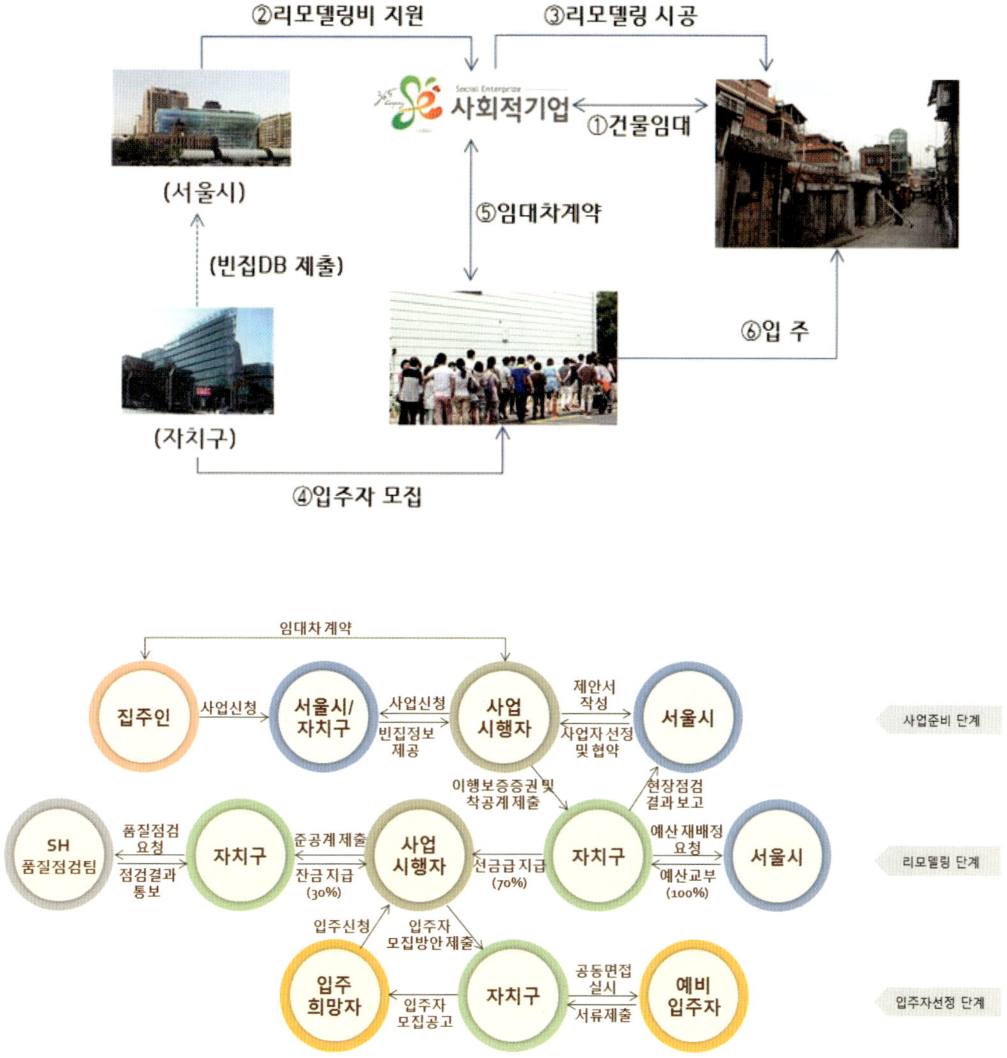

출처: 서울시 http://citybuild.seoul.go.kr

그림 3-6. 빈집 살리기 프로젝트의 사업과정과 시행 절차

입주자 모집은 사업자가 빈집 리모델링 및 운영계획을 서울시 및 자치구에게 제출하고 구청장이 입주자 모집 방안을 검토하여 승인한 다음, 입주자 모집 공고를 실시하는 방식으로 이루어진다. 임대료는 시세의 80% 이하로 설정하며, 인근 지역 원룸 3개소 이상의 1㎡당 평균임대료 산정 자료를 바탕으로 제시한다. 모집 대상은 소득과 거주지뿐만 아니라 셰어하우스라는 특징을 고려하여 추가조건을 부여하여 선정할 수 있다. 특히, 입주자 모집 시 공동주거생활에 적합한지 여부를 심층면접과 공동면접을 통해 선별 작업을 실시한다는 특징이 있다.

월세는 입주하는 실에 따라 20~36만 원 선이며 보증금은 대체로 500만 원 수준이다. 1인실에서 3인실까지 구성되어 있고 거실과 주방은 공유하는 형식이다. 지원 금액 제한으로 인해 다세대주택이나 다가구주택보다는 대부분 단독주택을 대상으로 리모델링이 이루어지고 있으며, 2016년 4월 현재 입주가 완료된 사례로서, 서울시 성내동에 위치한 단비하우스 등을 들 수 있다(표 3-5 참조).

표 3-5. 서울시 빈집 살리기 프로젝트 주요 사례

구분	녹번동	연희동	성내동	공릉동	독산동
사업시행자	민달팽이 주택협동조합	드로우주택협동조합		나눔주택협동조합	
호수	6호	5호	3호	3호	3호
월세	28-34만 원	26-36만 원	-	20-25만 원	20-25만 원
보증금	70-85만 원	500만 원	500만 원	500만 원	500만 원
주택유형	단독주택	단독주택	단독주택	단독주택	단독주택
방 타입	-	1-3인실	1-2인실	1-2인실	1-2인실
입주현황	입주자 모집중	입주자 모집중	만실	입주자 모집중	입주자 모집중

출처: 서울시(2015).

출처: 두꺼비하우징 홈페이지.

그림 3-7. 은평구 응암동 셰어하우스의 리모델링 전후 모습

(4) 기존의 빈집 활용사업의 문제점

- 모호한 정비기준

2016년 「건축법」이 개정됨에 따라 지자체장이 해당 도시에서 발생한 빈집의 소유자에게 철거 등의 필요한 조치를 명할 수 있는 법적 근거를 갖추게 되었다. 그러나 적용 대상이 “공익상 유해하거나 도시미관 또는 주거환경에 현저한 장해가 되는

경우"로 모호하게 규정되어 있어 빈집 활용을 활성화하고 지원하는 데에는 여전히 미흡한 부분이 있다(권혁삼, 2016). 특히, 빈집 특성에 따른 정비/철거 기준 및 빈집 재활용이 가능한 빈집을 구분할 수 있는 구체적인 기준이 마련되어 있지 못하다.

실제로 중앙정부 및 지자체에서 시행하고 있는 빈집 정비사업 내용 가운데 지원 대상 기준은 사업에 따라 상이하게 적용되고 있다. 예를 들어, 서울시 장수마을 재생 사업에서는 '구조안전'을 기준으로 철거 대상을 선정하였으며, 대구시 폐·공가 정비 사업의 경우 철거 후 2~3년 공공용지로 사용하는 데 동의하는 소유자의 건축물을 사업 대상에 포함하였다. 또한 상당수의 지자체 빈집 정비 조례를 보면 빈집의 방치 기간(6~12개월) 또는 일정 기간 이상을 해당 부지를 공공 용도로 제공할 것을 지원 신청 기준으로 제시하고 있다.

이와 같이 철거와 재활용 기준의 일관성이 없이 사업별로 다르게 적용되는 경우, 빈집 소유주의 자진 철거 유도나 지자체의 직권 철거 집행에 어려울 수 있다. 또한 무분별하게 빈집을 철거할 경우 활용 가능한 건축물이 건물 수명을 다하지 못한 채 철거되어 자원의 낭비로 이어질 수 있다. 따라서 정비대상인 빈집과 재활용 대상인 빈집을 구분하는 기준을 다각적 측면에서 구체적으로 마련해야 하며, 정비 대상인 빈집의 경우도 그 특성에 따라 적용할 수 있는 유형별 가이드라인이 필요하다.

• **개별적 활용 방식**

대부분 빈집 활용사업은 빈집 소유주의 자발적 신청 또는 공공기관의 소유주 설득을 통해 개별적으로 이루어진다. 이와 같은 개별적 정비방식은 지역 단위의 마스터플랜 없이 산발적으로 진행되기 때문에 전체적으로 볼 때 사업 효과가 저감될 수 밖에 없다. 또한 빈집을 철거 또는 재활용하여 지역주민을 위한 공공시설을 설치할 경우 주변 지역에 위치한 유사한 기능의 시설들과 중복되어 설치되기도 한다. 근린 재생사업이나 새뜰마을사업 등과 같이 빈집이 밀집해 있는 지역의 일정 구역을 대상으로 진행되는 사업의 경우 빈집 활용계획이 일부 포함되기도 한다. 그러나 해당 빈집의 수선 또는 철거 지원이 각 세대별로 계획되어 있으며 전체적인 빈집 분포도와 다양한 시설 연계를 고려한 통합적 정비 방안이 이루어지지 못하게 된다.

일반적으로 빈집은 주거환경이 열악한 지역에서 집중적으로 발생하기 때문에 과소필지가 상당히 많은 편이다. 여기서 지칭하는 과소필지란 60㎡ 미만(주거용 기준)의 필지를 말하여, 과소필지의 경우 빈집 철거 후에 신축이 불가능하며 소규모 빈집을 개별적으로 활용할 경우 도입 가능한 용도도 매우 제한적이다[2]. 실제로 현재 빈

2) 「도시 및 주거환경정비법」 기준

집을 재활용하여 일정 규모 이상이 요구되는 실버하우징이나 레지던스를 운영하는 사례는 매우 드물다. 따라서 다양한 프로그램을 운영하기 위해서는 인접한 빈집과 통합 또는 연계하는 종합적 접근방안이 필요하다.

- **한시적 문제 해소**

광주광역시의 경우 2008년부터 2012년 상반기까지 약 200여 동의 공·폐가가 철거되었으나, 집터의 60% 이상이 나대지로 방치되어 있고 극히 일부만이 텃밭이나 주차장으로 활용되고 있다(김대성, 2012). 이와 같이 빈집 철거 후 부지 활용도가 낮고 관리가 부실하여 공공의 목적으로 사용되는 경우가 많지 않으며, 따라서 시간이 경과함에 따라 철거 이전과 유사한 문제들이 반복하여 일어나고 있다.

이러한 실태가 나타나는 원인의 하나는 일시적인 빈집 처리 위주의 정비 방식 때문으로 풀이할 수 있다. 특히 빈집의 장기적인 활용 및 관리 계획이 수립되지 못한 채 발생한 빈집을 성급하게 철거할 경우, 철거한 이후에 적합한 활용 용도를 찾지 못하고 방치될 가능성이 상당히 높다. 단기적으로 볼 때 빈집 철거만으로 도시 미관이 향상되고 주거환경이 개선되는 효과를 가져올 수 있지만, 지역주민이 이용하지 않는 공터는 시간이 지나면서 근린 주거환경에도 부정적인 영향을 미치게 된다. 따라서 궁극적으로 쾌적한 도시환경 조성과 효과적인 도시재생을 위해서는 반복적인 쇠퇴를 피할 수 있도록 철거 이후 생산적인 공간으로의 활용 방안과 잠재적 빈집에 대한 대응책을 함께 모색하여야 한다.

출처: 필자 현지 촬영

그림 3-8. 빈집 철거 후 방치되어 있는 공터

2 패러다임의 전환: 채움에서 비움으로, 포괄적 상생

1) '채움'에서 '비움'으로

(1) 기존 '채움' 방식의 한계

인구감소-저성장 시기를 경험하고 있는 우리나라의 현 상황에 비추어볼 때 기존의 '채움' 방식인 고밀 개발은 분명히 한계를 보일 수밖에 없다. 고밀도 개발을 위해서는 개발을 위한 동력이 지속적으로 유지되어야만 하는데, 이를 위해서는 인구가 지속적으로 증가하거나 건설시장이 활성화되어야 한다. 하지만 우리나라의 인구감소와 건설 산업의 쇠퇴는 일시적인 것이 아니기 때문에 고밀도의 개발을 지속하는 것은 바람직하지 못하다. 고밀 개발의 대표적인 예로 대규모 철거·재개발 방식인 서울시 뉴타운 사업을 들 수 있다. 현재 수요 부족으로 인해 서울시 뉴타운 정비사업구역 전체 683곳 중 44.1%에 해당되는 301곳이 정비구역으로부터 해제되고 있어 고밀 개발의 한계를 여실히 보여주고 있다(이재유, 2016). 특히 대규모 철거·재개발 사업이 진행되면서 사업주체, 조합원, 주민 등 뉴타운 사업과 관련된 다양한 이해관계자들 간 대립과 민간자본에 의존하여 물리적 환경 철거에 의한 개발 방식 자체가 지역주민의 경제적·사회적·문화적 여건을 충분히 고려하지 못하기 때문이다.

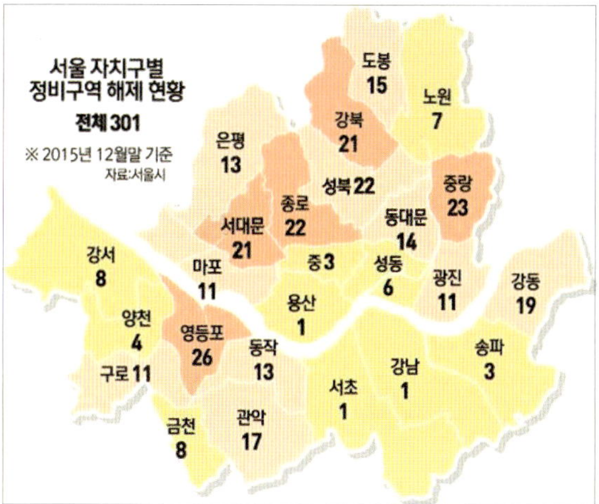

출처: 이재유(2016).

그림 3-9. 서울 뉴타운 정비사업구역 해제 현황

(2) '비움' 방식의 잠재력

우리나라의 상당히 많은 도시들의 경우 지속적인 인구감소와 도시 외곽으로의 개발로 인해 도심 인구가 유출되면서 도심은 점차 활력을 잃어가고 있다. 이와 같은 실태에 비추어볼 때 기존의 도심의 '채움' 방식보다는 '비움' 방식이 보다 적합하다고 볼 수 있다. '비움' 방식의 대표적인 사례에는 미국 뉴욕의 하이라인 파크를 들 수 있다. 하이라인 파크는 기존의 철거·재개발 방식 대신 폐철로선 유휴부지를 공원을 조성하는 비움 방식을 통해, 웨스트 첼시 지역의 경제를 촉진하고 일자리를 창출하는 등 지역에 새로운 활기를 가져다주었다(이혜주·서리인, 2014; 황지현 외, 2016).

이와 같이 반드시 채움의 방식인 고밀도 개발이 아닌 비움의 방식으로도 건설 산업의 활성화가 가능하기 때문에, 사회 변화를 고려한 개발 방식 및 도시 패러다임의 변화가 필요하다. 특히 그 변화는 외곽의 신도시 또는 신시가지 개발로 인해 쇠퇴한 중심시가지(구도심)를 고밀도로 개발하는 것이 아니라 비우는 것에서 출발할 수 있다. 오히려 적절하게 비움으로써 인근 주변의 쇠퇴 지역을 활성화시킬 수 있다.

출처: 황수지(2015).

그림 3-10. 뉴욕 하이라인의 과거와 현재 모습

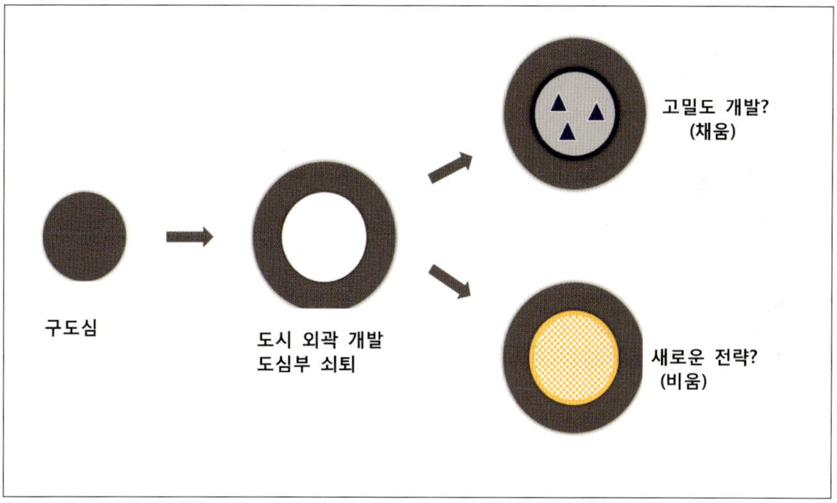

그림 3-11. 새로운 도시개발 모형

2) 포괄적 상생 접근

(1) 포괄적 접근 방법

포괄적 접근 방법은 개별적인 빈집 정비방식에 대한 대응 방안이라고 볼 수 있다. 포괄적 접근 방법은 단일 건물단위의 정비방식 대신 유휴·방치부동산 밀집지구를 대상으로 하여 유휴·방치부동산의 밀집도, 입지 특성, 규모, 주민들의 의견 등을 종합적으로 검토하여 정비 방식과 활용 방안을 도출하는 것이다. 특히 빈집이 과소필지에 입지해 있을 경우 철거 후에 신축이 어려울 뿐만 아니라 활용 용도가 매우 제한적이다. 따라서 빈집이 연속되어 있는 경우 합필하여 계획하거나 결합적인 건축방식을 도입하여 그 활용도를 증대시키는 것이 바람직하다.

출처: 필자 현지 촬영

그림 3-12. 빈집이 연속적으로 발생한 사례

또한 필지면적을 소규모, 중규모, 대규모 3가지 유형으로 분류하고 각 유형별로 적정한 용도로 활용하는 것이 바람직하다. 예를 들면 60㎡ 미만의 소규모 필지는 정비할 수 없을 경우 인접 필지와 함께 쌈지공원이나 텃밭, 공동화장실, 택배보관소 등으로 활용할 수 있다. 60-150㎡의 중규모 필지의 경우 철거 이후 체육공원이나 공동주차장으로 이용할 수 있고 재활용 시에는 공공임대주택이나 건강돌봄센터, 노인정 등으로 활용 가능하다. 필지 면적이 150㎡ 이상의 대규모일 경우 실버 코하우징이나 목욕탕 등과 같은 프로그램을 도입할 수 있다.

표 3-6. 필지 규모에 따른 적정 활용도

구분	기준면적	철거 시	재활용 시	계획방식
소규모	60㎡	• 쌈지공원 • 텃밭	• 공동화장실 • 공동샤워장 • 쉼터 • 택배보관소 • 마을창고	합필 또는 결합건축 방식을 도입하여 정비효과 제고
중규모	60㎡-150㎡	• 체육공원 • 텃밭 • 공동주차장	• 공공임대주택 • 건강돌봄센터 • 노인정 • 마을공동작업장 • 게스트하우스	
대규모	150㎡ 이상	• 공동주차장	• 실버 코하우징 • 목욕탕	

주: 필지 면적에 따른 유형 분류에서 필지 면적의 기준은 도시 및 주거환경정비법에 명시되어 있는 용도별 과소필지 기준을 적용하였음.

표 3-7. 주민설문 내용

질문	응답
1. 빈집으로 인해 마을 또는 개인에게 악영향이 있다고 생각하십니까?	① 매우 그렇다 ② 약간 그렇다 ③ 별로 그렇지 않다 ④ 전혀 그렇지 않다
1-1 악영향이 있다고 생각할 경우 가장 큰 문제는 무엇이라고 생각하십니까?	① 범죄발생 ② 생활불편(쓰레기, 오물악취) ③ 미관저해 ④ 붕괴위험 ⑤기타(적적함 등)
2. 희망하는 빈집 처리방식은 무엇입니까?	① 철거 ② 재활용
2-1 빈집철거를 원하시는 경우, 철거 후 희망 활용용도는 무엇입니까?	① 공원(휴게, 운동) ② 텃밭 ③ 주차장 ④ 현재 용도 그대로(신축주택) ⑤ 기타(우선 철거)
2-2 빈집재활용을 원하시는 경우, 개보수 후 희망 활용용도는 무엇입니까?	① 현재 용도 그대로(주택) ② 상업시설 ③ 복지시설 ④ 문화시설 ⑤ 기타

한편 필지 면적에 따른 활용도 이외에도 해당지역 주민이 필요로 하는 시설을 파악하기 위해 주민들을 대상으로 설문조사를 실시하였다. 설문조사 내용은 빈집에 대한 인식과 처리방식 및 희망하는 활용도이다. 대상지별로 각각 15명 주민들에게 설문조사를 실시하였다. 이러한 설문조사 결과를 바탕으로 하여 어떻게 주거용 유휴·방치부동산을 새롭게 재생할 것인지에 대한 방안과 전략을 수립하여야 한다.

(2) 지속가능한 상생 전략

현재 우리나라의 빈집 관련 정책은 이미 발생한 빈집만을 대상으로 우선 처리하는 방식이 대부분이다. 그러나 이러한 방식으로는 시간이 경과함에 따라 발생할 수 있는 잠재적 빈집들을 효과적으로 관리하기 어렵고, 또한 정비 이후에도 쇠퇴가 반복될 수 있기 때문에 지속가능한 단계별 전략이 필요하다.

먼저 방치된 유휴·방치부동산의 현황을 파악하고 지속적으로 모니터링을 해야한다. 유휴·방치부동산은 한번 발생한 경우에 주변에도 연속해서 발생할 경우들이 많고, 지자체의 도시관리과정에서 필요한 도시공간이 발생했을 때, 적기에 활용하기 위해서라고 할 수 있다. 이후에는 이들 가운데 정비가 가장 시급하거나 주변 도시공간에 파급효과가 매우 높을 것으로 기대되는 우선 정비대상을 선정하여 거점을 형성하고 경로당이나 정자 등 주변 커뮤니티 시설과 연계하여 프로그램을 특화한다. 그 다음 거점 사이와 주변에 위치한 빈집 또는 노후한 주택정비를 통해 거점을 분산시키고 거점 간 경쟁관계를 형성한다. 마지막으로 분산된 거점 간 네트워크를 구축하여 점진적 도시재생을 유도한다. 이러한 과정을 통해 노후 쇠퇴한 도시공간은 전면적인 철거나 재개발 없이도 도시공간의 질적 가치를 높이고, 주변의 커뮤니티를 유지할 수 있으며, 지속가능한 재생이 가능할 것이다.

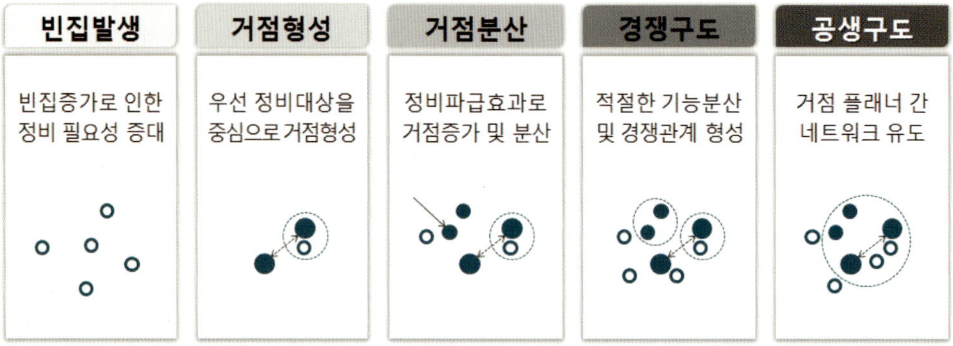

출처: 남지현(2012), p.162 내용을 바탕으로 재구성함.

그림 3-13. 빈집을 활용한 네트워크 형성구조 다이어그램

3 유휴·방치부동산 밀집지구에 대한 도시재생 디자인 적용

1) 부산광역시의 성장과 공·폐가 밀집지역의 발생

(1) 부산시의 성장과정

부산시는 유휴·방치부동산이 밀집하여 발생하고 있는 우리나라의 대표적인 사례지역이라고 볼 수 있다. 1995년 이후 지속적인 인구 감소로 인해 빈집이 상당히 많이 발생하고 있으며, 2010년 국토교통부가 발표한 전국 쇠퇴 동(洞)의 상위 40%가 부산시에 집중되어 있다. 특히 1990년대 이후 신발업체를 비롯한 산업체들의 역외이전과 저출산·고령화 및 신시가지 개발 등으로 구도심에서 노후·불량주택 및 공·폐가가 지속적으로 증가하고 있다. 이에 따라 부산시는 공·폐가 문제를 해결하기 위해 부산시 자체적으로 공·폐가 전수 조사를 실시하고 있으며 2013년 빈집 정비 조례를 제정하는 등 공·폐가를 체계적으로 관리하기 위한 적극적인 노력을 펼치고 있다.

부산시는 지정학적으로 볼 때 한반도를 해양으로 연결시키는 관문 역할을 하는 항구도시로 중요한 역할을 담당하면서 성장하였다. 6·25전쟁으로 인해 부산시는 전국 각지에서 몰려든 피난민의 집결지가 되면서 인구가 급증하여, 1963년 직할시로 승격되었다. 1960년대 들어와 부산시는 눈부신 경공업의 중심지로, 1970년대 중반 이후 남동임해공업단지의 중화학공업 핵심도시로 성장하였다. 이렇게 산업화가 진전

되면서 일자리를 찾아 유입되는 사람들로 인해 1963년 약 136만 명이었던 인구가 1978년 약 288만명으로 급격히 늘어났다. 이는 행정구역 개편으로 인한 도시 확장을 감안하더라도 단시간에 이루어진 엄청난 양적 팽창이었다. 그러나 급속도로 증가한 인구를 수용할 만큼 기반시설이 충분하지 못하게 되면서 각종 도시문제들이 유발되었고 무엇보다도 주거환경이 매우 열악하게 되었다. 더 나아가 1980년대 이후 부산의 경공업이 한계를 보이기 시작하면서 기업들이 유출되면서 1995년 약 389만 명의 인구를 정점으로 인구는 점차 감소하여 2015년에 약 349만 명으로 감소하였다.

한편 1995년 도시재개발법 개정이 이루어진 후, 부산시는 신시가지 조성과 대규모 아파트 건설을 통해 주택을 공급하면서, 주택 보급률이 2005년 말 101.4%까지 상승했으며 주택의 질적 향상도 이루어졌다. 그러나 여전히 6·25전쟁 시 피난민들이 밀집하여 거주하였던 구시가지에는 노후불량주택들이 상당히 많이 남아있다. 특히 구도심의 인구 감소로 인해 더 이상 주택수요가 유발되지 않게 되면서 노후불량주택지의 슬럼화 및 공·폐가가 지속적으로 증가하고 있다.

〈1910년경 영선고개 위〉

〈1960년대 동광동 일대〉

〈1960년대 보수동 산복도로〉

〈1960년대 보수동 산자락〉

〈1960년대 수정동 산복도로〉

〈1960년대 초량산복도로 공사현장〉

출처: 부산발전연구원(2010), p.9.

그림 3-14. 부산시 산복도로 인근 노후불량주거지 형성 모습

(2) 공·폐가 밀집지구 발생의 촉발 요인

우리나라 도시들에서 흔하게 나타나고 있는 공·폐가 밀집지구는 지속적인 인구 감소와 산업 쇠퇴로 인해 도시 전체적으로 경제 활력이 감소되고, 주거 기반이 취약

해지는 등 다양한 요인들이 복합적으로 작용하여 나타난 결과라고 볼 수 있다. 부산시에서 나타나고 있는 공·폐가 밀집지구도 이러한 요인들이 복합적으로 작용하였다고 볼 수 있다. 6.25전쟁 당시 피난민 집중에 따른 주거지 난개발, 1960~1970년대 고지대 재개발사업의 시행으로 강제 철거이주민을 위해 단 기간에 부실하게 조성된 이주지, 공공 영구임대아파트 건설, 대규모 아파트 중심의 신시가지로의 외연적 확장이 이루어졌다. 이러한 과정에서 구도심의 피난민촌 불량 주거지와 급경사지에 입지한 불량한 주거지들의 경우 대부분 사업성 결여로 주거환경정비사업이 진행되지 못한 채 불량한 노후주택의 개·보수가 제대로 이루어지지 못하여 슬럼화가 심화되고 있다.

특히 부산의 지형적 특성도 공·폐가 밀집지구를 형성시키는 요인으로 작용하였다. 부산은 구릉성 산지와 산지 사이의 작은 분지들로 이루어져 있고 해안평야의 발달이 미약하다. 평지가 적은 부산에 많은 인구가 급격하게 몰리면서 계획적 개발이 이루어지지 못하고 구릉지 고지대에 무허가 판자촌을 비롯한 불량주택지구가 형성되

표 3-8. 부산광역시 주요 도시재생 관련 사업

산복도로 르네상스	구릉지 특성지역 대상 공간·생활·문화재생을 통한 자력수복형 종합 재생
강동권 창조도시	대규모 개발사업 위주 산업유휴지와 지역자원 활용 통합재생
행복마을 만들기	주민이 요청하는 시설 지원 위주
폐시설 활용사업	폐시설 발생지역 위주

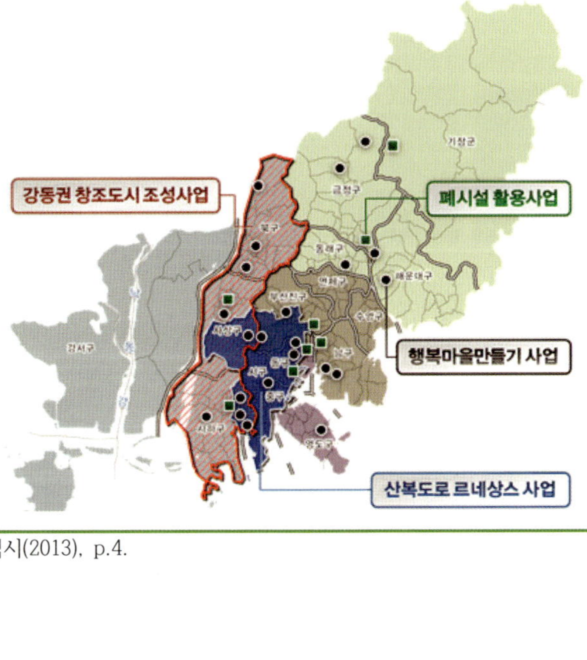

출처: 부산광역시(2013), p.4.

었다. 뿐만 아니라 경부선과 동해남부선 철로변을 따라 형성된 주택지도 노후화된 불량주택지구이다. 부산시의 경우 시가화 면적의 약 12.5%에 달하는 지역을 정비예정구역으로 지정하였으나, 주민의 사업 추진 의지부족과 사업성 결여 등으로 추진되지 못한 채 상당한 시간을 보내고 있다. 정비구역 이외에도 쇠퇴한 지구들이 상당히 많으나, 관리가 매우 미흡하다. 이에 따라 부산시는 사업 추진이 어려운 지구의 경우 주민 의사에 따라 단계적으로 사업지구 해제 방안 추진하였다. 그 결과 2011년 정비예정구역 지정이 크게 축소되었다(487개 구역 → 367개 구역). 현재 151개 주택재개발구역 중 재개발이 완료된 곳은 주택재개발구역 11개 구역과 도시환경정비사업구역 2개 구역밖에 없다. 특히 구릉지라는 물리적인 제약으로 인해 재개발 사업성이 떨어지고 정비사업이 제대로 이루어지지 못하면서 공·폐가 밀집지구들이 발생하고 있다. 실제로 부산의 무허가 건축물 중 22.7%가 산복도로를 끼고 있는 부산진구에 위치하고 있으며(2010년 말 기준), 부산의 지형적 특성이 부산의 공·폐가 밀집지구 발생에 상당한 영향을 주고 있다(부산광역시, 2013).

최근 부산시는 기존의 전면 철거방식을 지양하고 다양한 정비 수요에 대응하여 보전·정비·개량을 병행하는 방향으로 전환하고 있다. 또한 물리적이고 산발적으로 시행되었던 정비사업 방식의 문제점을 보완하고자 다양한 방식의 도시재생사업을 시행하고 있으나, 주관 부서가 다르고 사업 간 연계가 약하여 여전히 물리적 환경개선에 치중되고 있는 편이다. 현재 산복도로 르네상스 사업, 강동권 창조도시사업, 행복마을사업, 폐시설 활용사업 등 다양한 재생사업이 추진 중이나, 대부분 일부 특정지역에 집중되어 있는 실정이다.

2) 공·폐가 밀집지역의 분포 특성

(1) 공·폐가 밀집지역의 시·공간 패턴[3)]

공·폐가[4)]가 시간이 흐름에 따라 어떤 지역에서 어떤 양상으로 발생하는가를 분석함으로써 공·폐가 분포 특성과 공·폐가 발생 원인에 영향을 주는 요인들을 어느 정도 파악할 수 있다. 부산시의 공·폐가 밀집지역의 시·공간 패턴을 분석하기 위하여 핫스팟 분석[5)]을 통해 공·폐가 밀집지역을 추출하여 시계열 패턴을 비교하였다.

---

3) 손은정·맹희영·이희연(2015)의 내용의 일부를 요약함.

4) 공·폐가 분석을 위해 가용한 자료는 지방자치단체에서 자체적으로 조사하는 자료와 통계청의 인구주택총조사의 빈집 자료이다. 본 연구에서는 2005년과 2010년의 경우 인구주택총조사에서 단독주택이면서 1년 이상 비어있는 빈집을 추출하였으며, 2015년의 경우 부산시가 자체적으로 조사한 자료를 활용하였음.

5) 핫스팟 분석은 객체의 군집도를 보여주는 방법으로 Getis-ord G_i^* 통계값이 Z-Score값으로 산출됨. 해

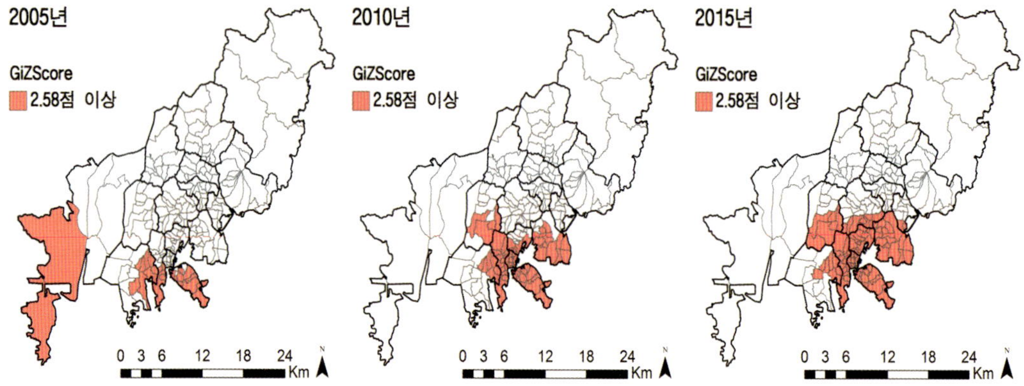

출처: 손은정 외(2015), p.78.

그림 3-15. 공·폐가 밀집지역의 시·공간 패턴

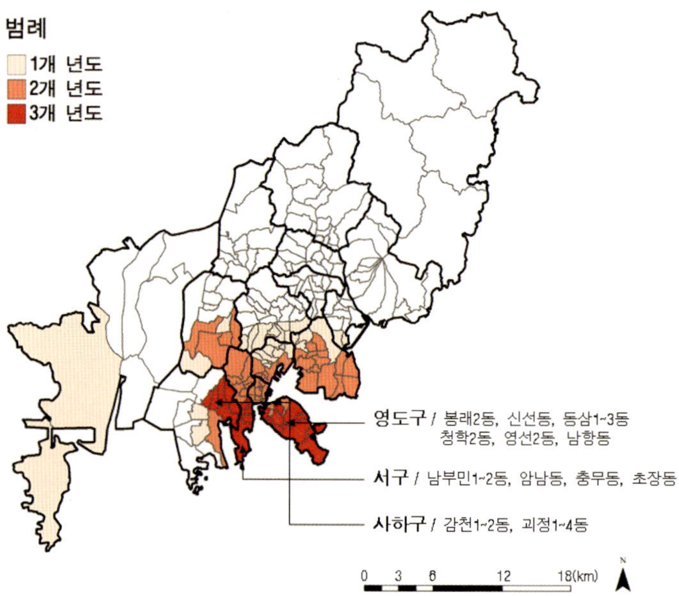

출처: 손은정 외(2015), p.79.

그림 3-16. 공·폐가 밀집지역의 고착화와 주변으로의 확대

당지역과 주변지역의 G_i^*값이 큰 양의 값(Z-Score≥1.96)을 보이면서 군집을 이루면 그 지역은 핫스팟으로 추출되며, 반대로 해당지역과 주변지역의 G_i^*값이 작은 음의 값(Z-Score≤-1.96)을 가지면서 군집하면 그 지역은 콜드스팟으로 추출됨. 본 연구에서는 $G_i^* \geq 2.58$로 상향시켜 밀집지역을 추출하였음. 그 결과 2005년에는 26개(약 13%), 2010년 62개(약 31%), 2015년 88개(약 44%)가 추출되었으며, 비교적 공폐가 밀집지역의 공간분포가 뚜렷하게 나타남.

그 결과 2005년, 2010년, 2015년으로 갈수록 공·폐가 밀집지역이 점차 증가하면서 확산되는 패턴을 보이고 있다. 2005년에는 구도심인 서구와 영도구를 중심으로 사하구와 강서구의 일부 동을 포함한 23개 동이, 2010년에는 서구, 영도구, 사하구 이외의 남구, 중구, 사상구, 동구 일부 동을 포함한 61개 동이, 2015년에는 구도심과 인접한 부산진구와 수영구 일부 동까지 추가되어 86개 동이 공·폐가 밀집지역으로 추출되었다. 이와 같이 부산시 공·폐가 밀집지역 수는 시간이 지나면서 구도심에서 주변지역으로 확산되는 패턴을 보이고 있다(그림 3-15, 3-16 참조).

또한 부산시에서 공·폐가 비율(상대적 척도)이 높은 지역과 공·폐가 수(절대적 척도)가 많은 지역을 보면, 동구의 범일5동, 사하구의 감천2동, 남구의 용호2동, 우암동, 서구의 남부민2동, 영도구의 청학2동, 영선2동 등이 공·폐가 수나 공·폐가 비율이 상대적으로 높게 나타나고 있다. 그러나 공폐가 비율의 분포 패턴을 보면 특정 지역에 집중되기보다는 부산시 전체에 걸쳐 광범위하게 나타나고 있음을 엿볼 수 있다(그림 3-17 참조).

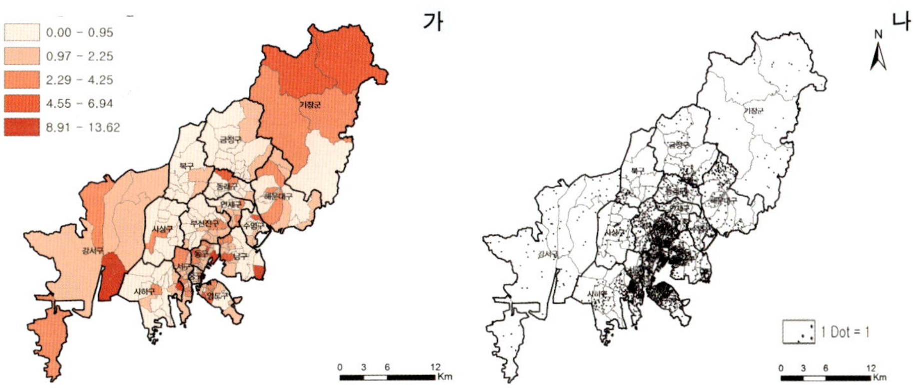

출처: 손은정 외(2015), p.78.

그림 3-17. 공·폐가 분포도(가: 2010년 공·폐가 비율; 나: 2015년 공·폐가 수)

3) 부산시 남구 우암동 공·폐가 밀집지구

(1) 우암동 82번 국가기초구역 현황

공·폐가 밀집지구에 새로운 도시재생 디자인 방안을 적용하기 위해 사례지역으로 먼저 부산광역시 남구 우암동을 선정한 후, 국가기초구역[6] 단위에서 세부적인 근린환경 특성을 분석하였다. 우암동은 일본으로 소를 수출하면서 소막(외양간)이 형성된 지역이며, 6·25전쟁 당시 피난민 7만 명을 수용하였으며, 전쟁 이후 구도심의 인구분산을 위한 집단 이주지로 자리 잡은 후 현재에 이르고 있다. 일제 강점기에 지어졌던 소막사를 개축한 가옥들이 아직까지 현존하고 있어 우암동의 주택환경은 매우 열악하다. 우암동을 사례지로 선정한 또 다른 이유는 지난 10여년 동안 우암동의 공·폐가수가 다른 동들에 비해 상당히 많고, 도심의 쪽방촌이라고 알려질 만큼 주택환경이 매우 열악해지고 있으며, 2016년에 우암마을이 새뜰마을 사업지역으로 선정되었기 때문이다. 새뜰마을 사업의 목적이 취약지역의 생활여건을 개조하는 데 초점을 두고 있기 때문에 우암마을의 경우 어떻게 생활여건을 개조해나갈 것인가는 중요한 과제라고 볼 수 있다.

구분	관련내용
대지면적	약 47,000m²
인구	1,690명(65세 이상: 834명)
건축물수	796채(노후불량: 319채)
건축물 연면적	31,001m² (노후불량: 14,791m²)
건축물 평균층수	1.3층
공폐가수	45채
과소필지 비율	83.9%
4m 미만 도로점유율	53.8%
주택접도율	73.7%

그림 3-18. 우암동 82번 국가기초구역 대상지 주변 현황

6) 국민생활의 기초단위지역으로 소방, 경찰, 학교, 선거, 우편, 통계기관이 구획하는 각종 구역의 기본단위가 되는 지역단위 경계로, 전국이 34,349개 구역으로 설정되어 있다. 국가기초구역 경계 기준은 행정구역 및 지번부여지역의 경계, 도로·철도·하천의 중심선, 도시계획의 경계, 임야의 경우 능선·계곡 또는 필지를 경계로 한다. 국가기초구역 설정기준에 따라 시군구별로 할당된 구역번호를 사용하며, 하나의 읍면동을 5~10개 정도로 작게 분할하여 번호를 부여하고 있다.

표 3-9. 우암동 국가기초구역별 근린주거환경 비교

국가기초 구역번호	노후불량 미승인 건물 비율	공폐가수	노후불량 건물비율	과소필지 비율	4m미만 도로 점유율	불량도로 접도 주택비율
40	17.3	0	-	43.2	0.0	0
41	80.0	0	55.2	39.5	0.0	17.1
42	85.5	10	84.9	28.0	0.0	27.7
44	39.1	0	17.4	58.1	0.0	0
68	90.5	19	71.4	77.7	31.4	65.2
69	83.0	13	68.0	49.2	45.1	55.6
70	73.6	4	69.2	30.1	8.8	44
71	96.4	45	57.2	83.9	53.8	73.7
82	**90.0**	**37**	**82.6**	**59.9**	**43.0**	**73.3**
140	86.2	16	78.7	51.9	37.1	65.8
141	84.7	11	77.1	25.4	11.8	52.7
142	61.5	0	61.5	30.8	5.1	30.8

국가공간정보포털에서 제공하는 데이터를 활용하여 우암동 내 13개 국가기초구역 가운데 근린주거환경이 상대적으로 가장 열악한 구역을 추출하였다. 우암동의 경우 소막사를 개축한 무허가 주택들이 양성화 사업을 통해 건축물 대장에 등재는 되었으나, 사용승인일이 없는 건축물이 상당히 많다. 따라서 이와 같은 미승인 건축물을 무시하는 경우 노후불량건축물 비율이 상당히 다르게 나타날 수 있다. 이에 따라 미승인 노후불량주택 비율을 포함한 6개 지표를 선정하여 각 구역별로 지표 값을 산출하여 비교한 결과 82번과 140번 구역이 노후불량주택이 많고(특히 사용승인일이 없는 노후불량주택비율이 높음), 공·폐가수도 많으며, 과소필지 비율, 4m 미만 도로율과 불량도로 접도 주택비율이 두드러지게 높게 나타나고 있다. 그러나 082번 구역의 경우 전체의 96%가 미승인 노후불량주택이며, 과소필지 비율, 4m 미만 도로율 등 근린주거환경은 140구역에 비해 더 열악하다고 볼 수 있다. 82번 구역의 경우 우산을 펴고 걸어 다니기조차 불가능할 정도로 좁은 골목길에 화재에 취약한 목조 저층 노후주택이 밀집해있다. 82번 구역과 2016년 새뜰마을사업 지구로 선정된 우암마을 경계(지역발전위원회 홈페이지에 나타난 우암마을)를 보면 어느 정도 일치하지만 사업지구 경계 설정이 다소 불명확하며, 82번 구역 가운데 일부 구역은 사업지구에서 배제되었다.

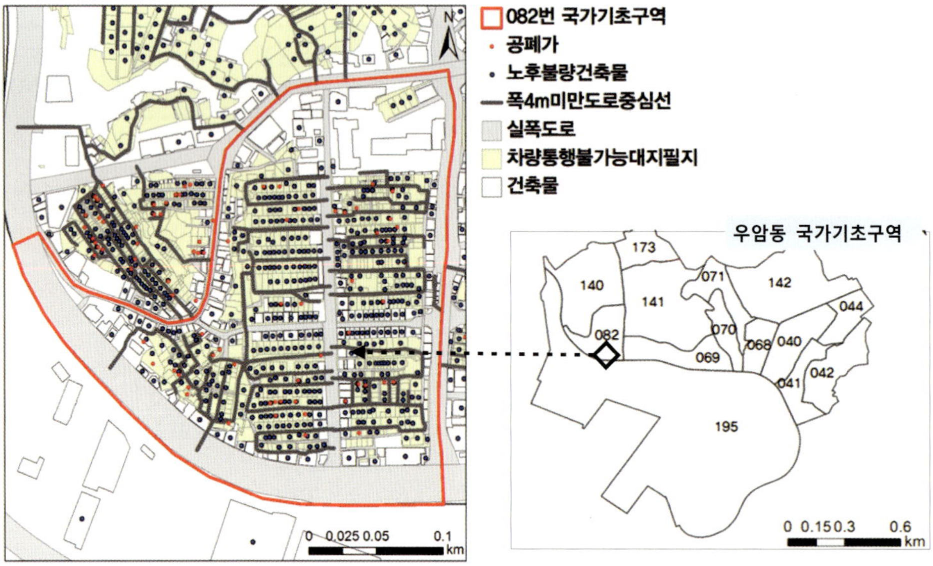

그림 3-19. 82번 구역의 근린 주거환경의 열악함을 보여주는 예시

우암동 82번 국가기초구역 공·폐가 밀집지구에는 약 1,700명의 인구가 거주하고 있으며 65세 이상 노인 비율이 50%로 고령화가 상당히 진전된 지역이다. 전체 건물 796채 중 노후·불량건축물이 319채, 공·폐가수는 45채이다. 또한 과소필지 비율이 84%에 달하며 자동차 진입이 어려운 4m 미만의 도로비율이 54%를 차지하는 매우 근린주거환경이 열악한 지구이다. 우암동 82번 대상지는 우암3재개발구역으로 지정되었으나 사업성 문제로 2014년에 해제되었으며, 남측 부지에 문화복합형 주거환경 관리사업과 북측 대상지 일부를 포함하여 인접지역에서 재개발사업이 추진 중이다. 남측으로는 왕복 5차선 도로(우암로)와 우암선(화물선)이 통과하고 있고 바다와 인접해 있으나, 동서고가로와 부두에 적재되어 있는 컨테이너 화물로 인해 물리적, 시각적으로 가시성이 차단되어 있다. 또한 대상지 동측에 도시숲이 조성되어 있지만 도보권 내 생활 인프라 시설 수준은 열악한 편이다.

공·폐가들은 도로폭 4m 미만 골목길뿐만 아니라 차량 통행이 가능한 도로변에도 방치되어 있다. 대상지 중심부에 재래시장이 위치하고 있으나 대부분 폐점되어 있는 상태이다. 대상지를 남·북으로 통과하는 비교적 폭넓은 가로에 슈퍼, 미용실 등 근린시설이 밀집해 있으며 건물 상태가 블록 내부의 건물들에 비해 매우 양호한 편이다.

출처: 필자 현지 촬영

그림 3-20. 우암동 82번 구역의 주거환경 실태

(2) 철거 및 재활용 평가

우암동 82번 국가기초구역의 주거 유휴·방치부동산을 평가한 결과 빈집 47채 중 24채는 철거하고 16채는 재활용이 가능한 것으로 나타났다. 판단을 유보한 경우는 5건이며, 우암-39, 20, 38 순으로 점수가 높게 나타나 이 주택이 우선 철거 대상으로 추출되었다. 기존의 빈집을 철거하여 조성된 것으로 보이는 2개소 공터는 특별한 용도로 활용되지 못하고 그대로 방치되어 있다.

그림 3-21. 우암동 대상지 내 유휴·방치부동산 위치도

(3) 정비 방향

유휴·방치부동산의 밀집도를 분석한 결과, 대상지에는 총 15개의 밀집구역이 있는 것으로 나타났다. 이 가운데 계획이 용이한 8개 구역을 2~4호 단위로 통합정비하고 나머지는 단독으로 정비하는 것이 효과적이라고 볼 수 있다. 활용 유형은 대부분 소규모 면적이기 때문에 정비방식에 따라 합산된 필지면적으로 구분하였으며, 우암-37~39 구역이 유일하게 대규모 필지 면적에 해당한다.

표 3-10. 우암동 대상지의 유휴·방치부동산 평가 결과표

구분	활용방식	면적(㎡)	밀집도	정비방식	활용유형	
우암-1	재활용	24.9	2호	-	소규모	건축물
우암-2	공터	30.0		-	소규모	공지
우암-3	유보	21.2	2호	연계	소규모	건축물
우암-4	재활용	26.0				
우암-5	철거	41.6	-	-	소규모	공지
우암-6	철거	38.8	2호	연계	중규모	건축물+공지
우암-7	철거	31.7				
우암-8	재활용	23.4	-	-	소규모	건축물
우암-9	재활용	20.0	-	-	소규모	건축물
우암-10	재활용	64.4	-	-	소규모	건축물
우암-11	철거	8.3	-	-	소규모	공지
우암-12	유보	14.8	-	-	소규모	건축물
우암-13	재활용	59.0	-	-	소규모	건축물
우암-14	재활용	82.8	-	-	중규모	건축물
우암-15	재활용	67.2	2호	-	중규모	건축물
우암-16	재활용	20.7		-	소규모	건축물
우암-17	철거	13.7	2호	연계	소규모	공지
우암-18	철거	23.9				
우암-19	유보	45.2	-	-	소규모	건축물
우암-20	철거	24.1	4호	연계	중규모	건축물+공지
우암-21	철거	22.5				
우암-22	철거	23.8				
우암-23	철거	25.9				
우암-24	철거	30.2	2호	-	소규모	공지
우암-25	공터	23.5		-	소규모	공지
우암-26	철거	42.8	-	-	소규모	공지
우암-27	철거	18.8	2호	연계	소규모	공지
우암-28	철거	11.5				
우암-29	재활용	15.3	3호	연계	소규모	건축물+공지
우암-30	유보	15.5				
우암-31	재활용	27.4				
우암-32	철거	17.8	-	-	소규모	공지
우암-33	철거	22.6	2호	-	소규모	공지
우암-34	철거	20.3		-	소규모	공지
우암-35	철거	30.0	2호	-	소규모	공지
우암-36	유보	29.5		-	소규모	건축물
우암-37	철거	39.7	3호	연계	대규모	건축물
우암-38	철거	40.9				
우암-39	철거	119.6				
우암-40	철거	50.7	3호	연계	중규모	건축물+공지
우암-41	철거	50.8				
우암-42	유보	25.5		-	소규모	건축물
우암-43	철거	26.6	-	-	소규모	공지
우암-44	재활용	27.0	2호	-	소규모	건축물
우암-45	재활용	16.5		-	소규모	건축물
우암-46	재활용	18.6	2호	-	소규모	건축물
우암-47	재활용	23.1		-	소규모	건축물
우암-48	재활용	41.8	-	-	소규모	건축물
우암-49	유보	21.8	-	-	소규모	건축물

대상지 주민을 대상으로 설문조사를 실시한 결과, 주민의 80%가 빈집에 대해 부정적으로 인식하고 있는 것으로 나타났다. 빈집을 부정적으로 인식하는 응답자 중 가장 높은 비율(33%)이 빈집으로 인해 발생하는 가장 큰 문제를 '적적함'이라고 응답하였으며, 나머지는 '미관저해', '범죄발생', '생활불편' 순으로 나타났다. 빈집 처리방식에 있어 철거 의견 53%, 재활용 의견이 47%로 양측이 비슷한 것으로 나타났다. 철거 후 희망하는 활용도는 공원을 가장 선호하였고(63%), 빈집 재활용을 선택한 응답자 7명은 모두 새로운 주민이 들어와 살 수 있도록 저렴하고 쾌적한 주거공간으로 활용할 것을 희망하였다.

출처: 필자 현지 촬영

그림 3-22. 우암동 대상지 주민들에 대한 설문조사 현장

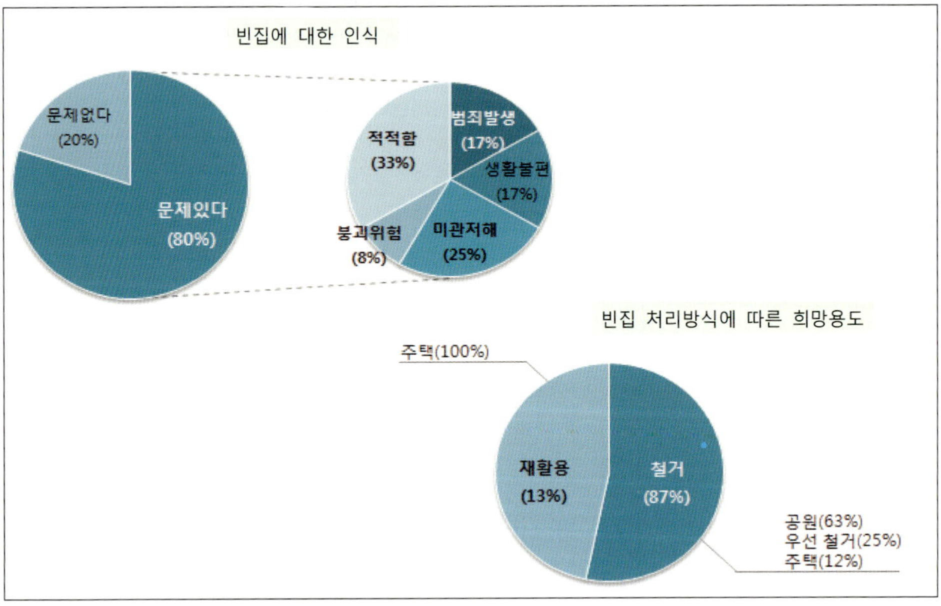

그림 3-23. 우암동 대상지 주민들의 빈집에 대한 인식 및 희망하는 용도

(4) 단계별 재생 전략

평가 점수와 빈집 밀집도, 정비 파급효과 및 접근성 등을 고려하여 현재 시장기능은 많이 쇠퇴했지만 대상지 중심에 위치해 있는 시장을 중심으로 우선 정비대상 3개소(우암-10, 20~23, 37~39)를 선정하였다. 또한 주민들이 가장 선호하는 주거기능을 셰어하우스, 실버하우징, 청년임대주택 등으로 세분화하여 도입하였으며 상업, 실버케어, 커뮤니티 시설과 결합하여 다양한 세대가 거주할 수 있도록 계획하였다. 그 다음 단계에서는 정비대상을 블록 내부에 밀집해있는 빈집들을 대상으로 확대하고 소규모 건축물에서 운영할 수 있는 공방을 도입하여 점진적 도시재생을 위한 거점 간 네트워크를 구축하는 것으로 계획을 수립하는 것이 효과적이었다.

우선 정비대상 선정

- 평가점수에 따라 철거 및 재활용 결정
- 노후도, 빈집 밀집도, 파급효과 등을 고려하여 우선 정비대상 선정

커뮤니티 거점 형성

- 시장길을 중심으로 커뮤니티 거점 마련
- 연계시설이나 지점의 특성에 따라 프로그램 특화

네트워크 구축

- 블록 내부에 밀집해 있는 빈집정비를 통해 거점분산
- 시장재생을 위한 거점간 네트워크 형성

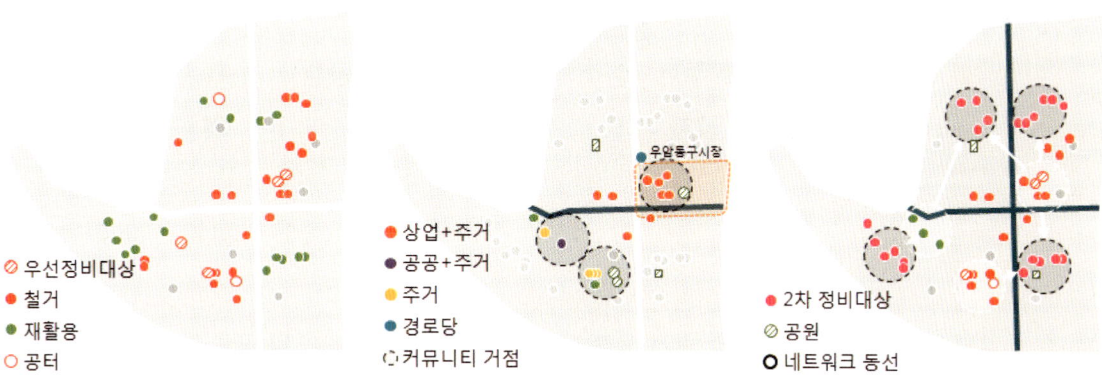

그림 3-24. 우암동 대상지의 단계별 계획

그림 3-25. 우암동 대상지의 주거 유휴·방치부동산 활용을 위한 도입 프로그램 예시(안)

출처: http://sharehouse-hidamari.com/, http://restart.org.nz/gallery, http://soomokwonroad.com/, http://www.yonhapnews.co.kr/bulletin/2015/05/14/0200000000AKR20150514141500051.HTML

그림 3-26. 대상지에 활용할 프로그램 예시(셰어하우스, 컨테이너 상점, 텃밭, 공방)

(5) 활용계획 디자인 예시

우선 정비대상으로 선정된 3개의 유휴·방치부동산을 대상으로 유형별 활용계획안을 수립하였다. 유형은 주거기능을 중심으로 실버하우징+실버케어센터, 청년주택+상업시설 등 2가지로 구분하였다.

① 실버하우징+실버케어센터

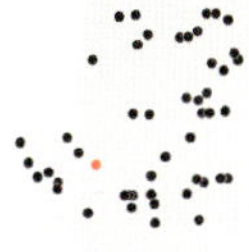

표 3-11. 우암동 대상지의 유휴·방치부동산 평가 결과표 (우암-10호)

구분	활용방식	면적(㎡)	정비방식	활용용도
우암-10	재활용	64.4	단독	공공+주거

그림 3-27. 대상지(우암-10호) 빈집 정비 전·후 비교

② 청년주택+상업시설

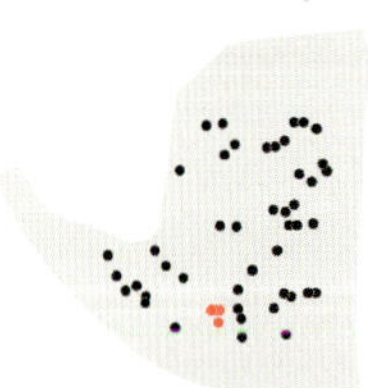

표 3-12 우암동 대상지의 유휴·방치부동산 평가 결과표(우암-20, 21, 22, 23호)

구분	활용방식	면적(㎡)	정비방식	활용용도
우암-20	철거	24.1	연계	상업+주거
우암-21	철거	22.5		
우암-22	철거	23.8		
우암-23	철거	25.9		

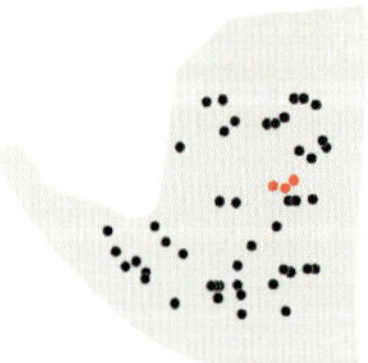

표 3-13. 우암동 대상지의 유휴·방치부동산 평가 결과표(우암-37, 38, 39호)

구분	활용방식	면적(㎡)	정비방식	활용용도
우암-37	철거	39.7	연계	상업+주거
우암-38	철거	40.9		
우암-39	철거	119.6		

그림 3-28. 대상지(우암-20, 21, 22, 23호) 빈집 정비 전·후 비교

4) 부산시 남구 문현2동 공·폐가 밀집지구

(1) 문현2동 111번 국가기초구역 현황

부산시 남구 문현2동은 매우 다양한 특성을 지니고 있다. 문현2동에는 새롭게 문현금융단지가 조성되었으며, 이 단지 내에는 고층건물들이 상당히 많으며, 부산은행 본점도 이 단지로 이전했다. 그러나 문현2동 남단의 주거지에는 공·폐가가 상당히 많

이 밀집해있고 노후불량주택들이 많다. 이와 같이 문현2동 내에서도 주거환경 특성이 매우 이질적이어서 문현2동 내 9개 국가기초구역을 대상으로 하여 공·폐가 밀집지구를 추출하고 그 특성을 살펴볼 필요가 있다.

국가공간정보포털에서 제공하는 데이터를 활용하여 문현2동의 9개 국가기초구역 가운데 근린주거환경이 상대적으로 가장 열악한 구역을 추출하였다. 문현2동의 경우도 건축물 대장에 등재는 되었으나, 사용 승인일이 없는 건축물이 상당히 많이 존재한다. 이에 따라 미승인 노후불량주택 비율을 포함한 6개 지표를 선정하여 각 구역별로 지표 값을 산출하여 비교한 결과 111번과 135번 구역이 노후불량주택이 많고, 공·폐가수도 많으며, 과소필지 비율, 4m 미만 도로율과 불량도로 접도 주택비율이 두드러지게 높게 나타나고 있다. 그러나 111번 구역의 경우 전체의 86%가 미승인 노후불량주택이며, 과소필지 비율, 4m 미만 도로율 등 근린주거환경이 135번 구역에 비해 더 열악하다고 볼 수 있다.

구분	관련 내용
대지면적	약 30,000m^2
인구	1,041명(65세 이상: 294명)
건축물수	402채(노후불량: 180채)
건축물 평균층수	1.7층
공폐가수	**11채**
과소필지 비율	93.2%
4m 미만 도로점유율	38.0%
주택접도율	29.9%

그림 3-29. 문현2동 111번 국가기초구역 대상지 주변 현황

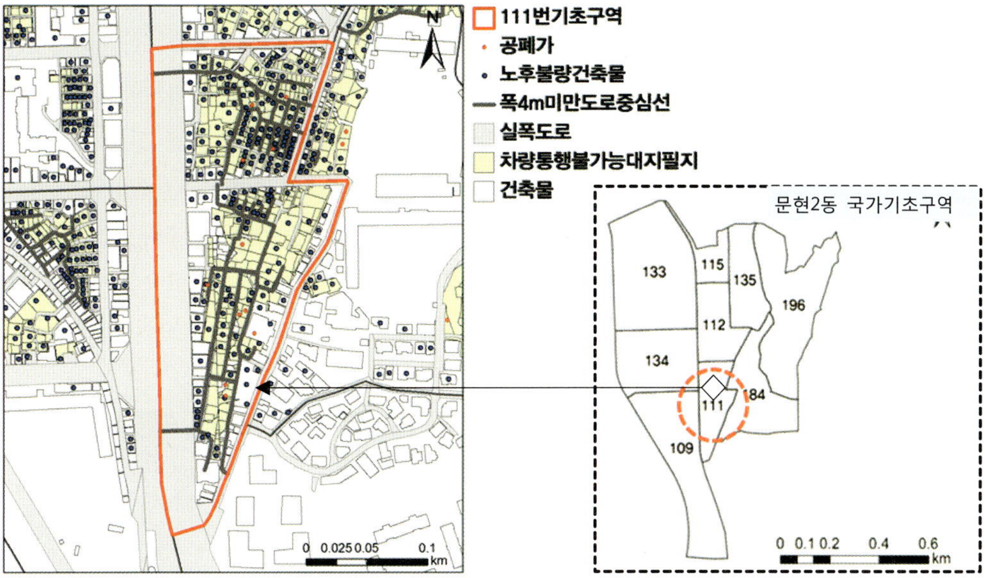

그림 3-30. 111번 구역의 근린 주거환경의 열악함을 보여주는 예시

표 3-14. 문현2동 국가기초구역별 근린주거환경 비교

국가기초 구역번호	노후불량 미승인 건물 비율	공폐가수	노후불량 건물비율	과소필지 비율	4m미만 도로 점유율	불량도로 접도 주택비율
109	83.9	1	55.1	84.5	8.1	32.2
111	85.7	11	73.8	93.2	38.0	70.1
112	75.0	3	48.8	81.6	0.0	41.2
115	78.3	2	43.4	82.2	2.2	50.3
133	0	0	0	50.0	0.0	0
134	94.0	3	79.8	93.0	19.4	62.5
135	78.6	13	62.4	71.3	29.1	64.1
184	85.3	11	77.2	54.0	31.1	55.8
196	86.0	3	85.3	35.6	0.0	34.6

부산 남구 문현2동 111번 국가기초구역의 공·폐가 밀집지구에는 약 1,000여 명의 인구가 살고 있다. 전체 건물 402채 가운데 노후·불량 건축물이 180채, 공·폐가 수는 11채로 노후·불량주택 비율이 매우 높다. 또한, 과소필지 비율도 93%에 달하며 차량통행이 불가능한 4m 미만의 도로 비율이 38%를 차지할 정도로 매우 열악한 주거환경에서 주민들이 거주하고 있다. 대상지 북쪽을 제외한 나머지 인접지역은 주택 및 도시정비사업이 진행 중이거나 완료된 상태이며 남동쪽으로는 주로 2000년대 중반에 건설된 소규모 아파트단지가 밀집해 있다. 또한 대상지 서측으로 왕복 8차선

도로(전포대로)와 고가도로가 통과하고 있고 지하철역(국제금융센터·부산은행역, 문현역)이 인접하여 대중교통 접근성이 양호한 편이다. 주민센터와 문화센터가 반경 500m 내에 있으나 공원과 같은 생활인프라 시설은 도보권 밖에 위치해 있다. 공·폐가는 주로 차량통행이 어려운 대상지 안쪽에 위치해 있으며 일부는 철거 후 공터로 방치되어 있다. 대상지의 동남쪽에 면한 전포대로 40번길 주변은 건물상태가 비교적 양호한 편이며 일부 건물은 고층의 오피스텔로 재건축 중이다. 전포대로에서 성동초등학교로 연결되는 전포대로 68번길에 근린생활시설이 밀집해 있고 북측 블록은 과소필지, 노후불량건축물이 밀집해 있는 주거환경이 매우 열악한 지구이다.

그림 3-31. 문현2동 111번 국가기초구역 대상지의 빈집 실태

(2) 철거 및 재활용 평가

문현2동 111번 국가기초구역의 수거 유휴·방치부동산을 대상으로 평가한 결과 빈집 12채 가운데 5채는 철거하고 6채는 재활용이 가능한 것으로 나타났다. 특히 문현-15, 14, 8 순으로 점수가 높게 나타나 우선 철거 대상이다(표 3-15 참조). 빈집을 철거하여 조성된 5개소의 공터는 그대로 방치되어 있거나 일부 주차장으로 활용되고 있다.

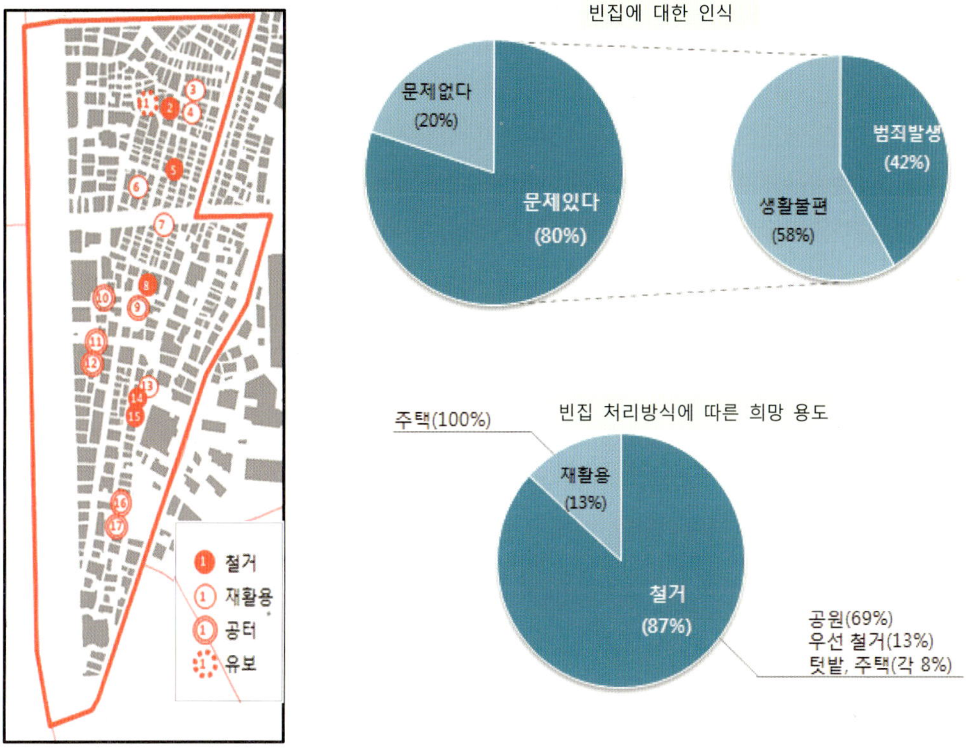

그림 3-32. 문현2동 대상지 유휴방치부동산 위치 및 주민들의 빈집 희망 용도

주민 설문조사 결과, 주민의 80%가 빈집에 대해 부정적으로 인식하고 있는 것으로 나타났다. 빈집을 부정적으로 인식하는 응답자의 58%가 빈집으로 인해 발생하는 가장 큰 문제를 쓰레기 무단투기, 오물악취 등의 '생활불편'이라고 응답하였으며 나머지는 '범죄발생'이라고 응답했다. 빈집 처리방식에 있어 대다수(87%)가 철거를 선호하였고 철거 후 희망하는 활용용도로는 공원, 텃밭, 주택 순으로 나타났다. 반면, 빈집 재활용을 선택한 응답자 2명은 모두 새로운 주민이 들어와 살 수 있도록 저렴하고 쾌적한 주거공간으로 활용할 것을 희망하였다.

표 3-15. 문현2동 대상지의 유휴·방치부동산 평가 결과표

구분	활용방식	면적(㎡)	밀집도	정비방식	활용유형	
문현-1	유보	20.4	4호	-	소규모	건축물
문현-2	철거	34.3		연계	중규모	건축물+공지
문현-3	재활용	27.8				
문현-4	재활용	49.4				
문현-5	철거	10.1	-	-	소규모	공지
문현-6	재활용	21.4	-	-	소규모	건축물
문현-7	재활용	30.1	-	-	소규모	건축물
문현-8	**철거**	**84.4**	2호	연계	중규모	건축물+공지
문현-9	공터	100.0				
문현-10	재활용	33.2	-	-	소규모	건축물
문현-11	공터	37.0	2호	연계	중규모	건축물
문현-12	공터	40.0				
문현-13	재활용	27.5	3호	연계	중규모	건축물+공지
문현-14	**철거**	**46.4**				
문현-15	**철거**	**80.0**				
문현-16	공터	30.0	2호	연계	소규모	공지
문현-17	공터	45.0				

(3) 정비 방향

유휴·방치부동산의 밀집도를 분석한 결과 문현-1~4, 8~9, 11~12, 13~15, 16~17 5개 지점에서 빈집 또는 공터가 인접해 있는 것으로 나타났다. 그러나 문현-1~4 구역은 가로를 마주하고 각 호가 분리 배치되어 있기 때문에 통합이 용이한 3호(문현-2~4)만 부분 통합하며, 나머지 4개 지점은 해당 필지를 모두 연계하여 정비한다. 활용유형은 정비방식에 따라 합산된 필지면적으로 구분하였다.

(4) 단계별 재생 전략

평가 점수와 빈집 밀집도, 정비 파급효과 및 접근성 등을 고려하여 우선 정비대상은 북측 블록에 1개소(문현-2~4), 남측 블록에 2개소(문현-8~9, 13~15)를 선정하였다. 규모와 주변시설, 주민의견 등을 종합하여 공원, 공공임대주택, 공동작업장을 도입하고, 또한 인접해 있는 경로당, 정자 등 기존의 커뮤니티 시설들과 연계하여 커뮤니티 거점을 형성한다. 1차로 정비된 공공임대주택을 활용하여 추가적으로 빈집 정비를 시행하는 경우 해당 건축물 소유주가 임시적으로 생활할 수 있는 공간을 마련해 준다. 마지막으로 우선 정비대상에서 제외된 나머지 유휴·방치부동산을 활용하

여 거점을 분산시키고 점진적 도시재생을 위한 거점 간 네트워크를 구축하였다.

우선 정비대상 선정

- 평가점수에 따라 철거 및 재활용 결정
- 노후도, 빈집 밀집도, 파급효과 등을 고려하여 우선 정비대상 선정

커뮤니티 거점 형성

- 경로당, 정자 등 기존의 커뮤니티 시설과 연계하여 공간 거점화
- 연계시설이나 지점의 특성에 따라 프로그램 특화

네트워크 구축

- 거점 사이에 위치한 빈집 정비를 통해 거점분산
- 점진적 도시재생을 위한 거점간 네트워크 구축

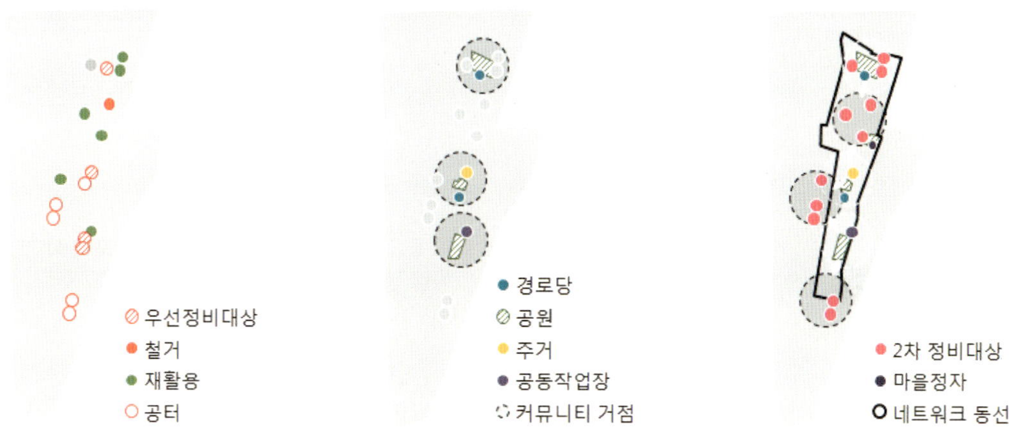

그림 3-33. 문현2동 대상지의 단계별 계획

출처: 필자 현지 촬영

그림 3-34. 유휴·방치부동산을 활용한 공원, 마을마당, 창고 조성 예시

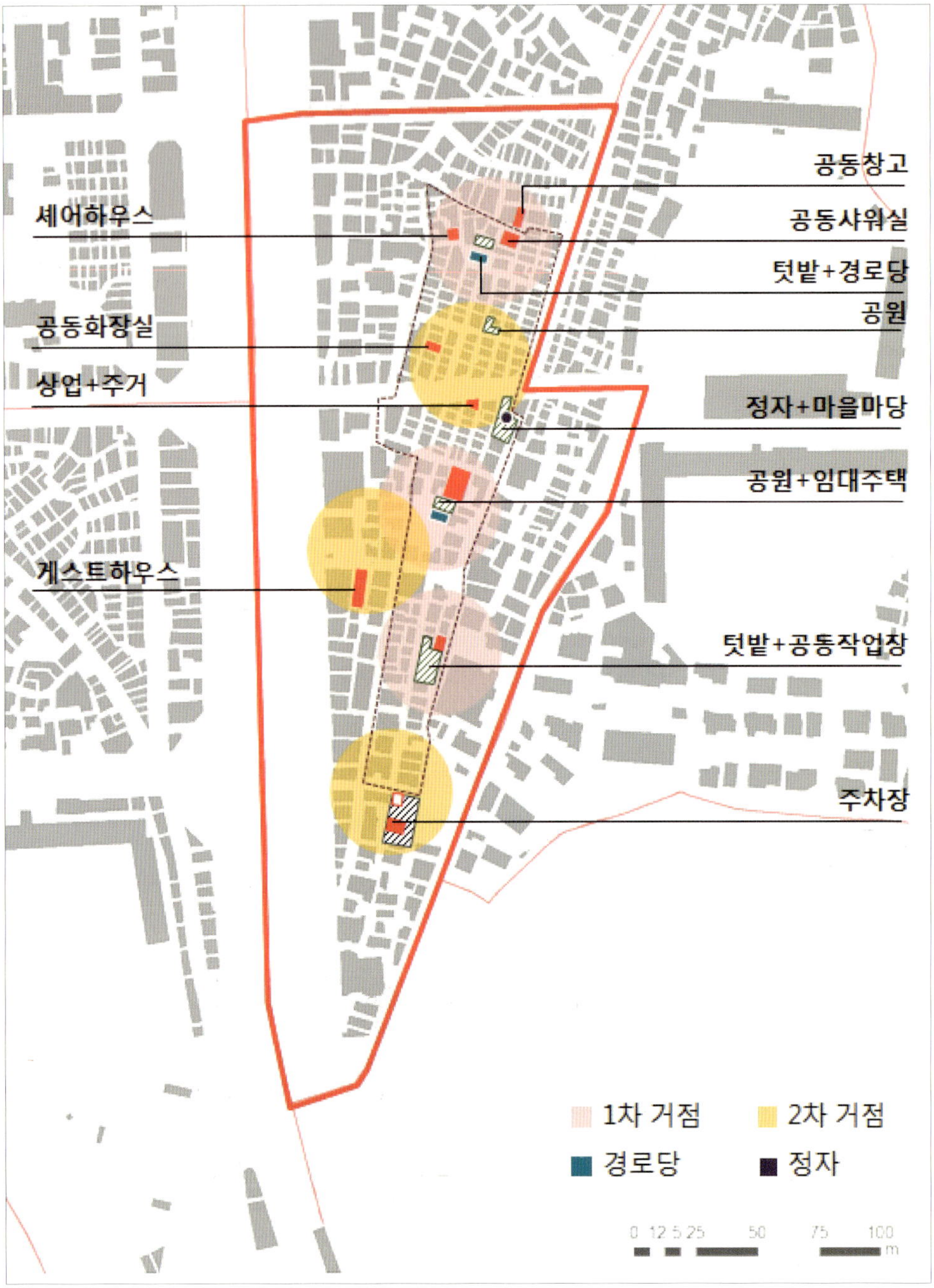

그림 3-35. 문현2동 대상지에 도입하는 프로그램 예시(안)

(5) 활용계획 디자인 예시

우선 정비대상으로 선정된 3개의 유휴·방치부동산 중 2개소를 대상으로 유형별 활용계획안을 수립하였다. 유형은 주민들이 가장 필요로 하는 공원을 중심으로 하여 건강공원+임대주택과 텃밭+공동작업장 2가지로 제시하였다.

① 건강공원+임대주택

표 3-16. 문현2동 대상지의 유휴·방치부동산 평가 결과표(문현-8, 9호)

구분	활용방식	면적(㎡)	정비방식	활용용도
문현-8	철거	84.4	연계	공원, 주택
문현-9	공터	100.0		

그림 3-36. 문현2동 대상지(문현-8, 9호) 빈집 정비 전·후 비교 예시

② 텃밭+공동작업장

표 3-17. 문현2동 대상지의 유휴·방치부동산 평가 결과표(문현-13, 14, 15호)

구분	활용방식	면적(㎡)	정비방식	활용용도
문현-13	재활용	27.5	연계	텃밭, 공동작업장
문현-14	철거	46.4		
문현-15	철거	80.0		

그림 3-37. 문현2동 대상지(문현-13, 14, 15호) 빈집 정비 전·후 비교

참고문헌

국토교통부 (2016). 신도시 개념 및 건설현황.

________ (2013). 제4차 건설산업진흥기본계획(안).

권혁삼 (2016. 5월). 빈집 정비활용 정책현황 및 제도개선 방향. 제30회 주거복지 포럼. 한국주거복지 포럼. 서울.

김대성 (2012. 7. 31). 광주 빈집 정비사업 헛손질. 광주일보.

김대욱 (2016. 7. 5). 대전 동구·중구 늘어나는 빈집 "재개발은 언제쯤?". 대전일보.

김지홍 (2015. 1. 18). 대구 폐공가 총 2천806동. 대구신문.

김진 (2015. 8. 10). 애물단지 빈집이 보물단지 텃밭으로. 부산일보.

남지현 (2012). 도시의 빈 공간을 활용한 지역 공동체 활동거점 만들기. 서울연구원.

박태우 (2016. 3. 13). 도심에 방치된 폐가, 주차장·텃밭으로 '변신'. 경향신문.

부산시 (2016. 1. 26). 부산시, 2016년도 빈집정보 활성화 사업 본격 추진-폐·공가 없는 안전하고 쾌적한 도시 재창조(보도자료).

서울시 (2015a). 빈집 리모델링 주택 공급 사업 설명회 자료.

______ (2015b). 빈집 살리기 프로젝트 시행지침.

______ (2015c). 서울특별시 빈집 리모델링 주택 공급 및 운영 사업시행자 공모 자료.

이재유 (2016. 3. 5). 늘어나는 뉴타운·재건축 해제, 대안 마련 나서. 서울경제.

이혜주·서리인 (2014). "뉴욕 하이라인(High Line) 공원에 나타난 지속가능한 도시재생에 관한 연구". 지속가능연구. 5(3). 1-21.

이홍일 (2015). 2030 건설시장의 미래전망과 대응전략. 20주년 기념 세미나 발표자료. 한국건설산업연구원. 서울.

정수현·이재길·이홍규 (2015. 9. 14). [서울, 경제]도시가 늙어간다. 서울경제.

한승욱 (2015). "늘어가는 빈집, 지역재생의 새로운 자원으로 활용". BDI 정책포커스. 294. 1-12.

황수지 (2015. 8. 3). [Opinion] 일상 속 공공디자인 (2)뉴욕에서 배우는 도시디자인 [문화 전반]. 아트인사이트.

황지현·권영상·양승호·이보람 (2016. 10. 31). 결합건축에 의한 건축물 단위 도시재생기법 적용방안. 도시설계. 17(5). 23-48.

http://bibimpark.tistory.com/436

http://sharehouse-hidamari.com/

http://restart.org.nz/gallery

http://www.yonhapnews.co.kr/bulletin/2015/05/14/0200000000AKR20150514141500051.HTML

http://soomokwonroad.com/

04 유휴 · 방치부동산의 녹지화를 통한 생태계서비스 증진

1. 도시녹지의 생태계서비스 개념 및 서비스 제공 사례
2. 미국의 유휴·방치부동산에 대한 녹지화 정책
3. 녹지화를 통한 유휴·방치부동산의 생태계서비스 증진 방안

1 도시녹지의 생태계서비스 개념 및 서비스 제공 사례

1) 도시녹지의 유형과 기능

도시녹지에 대한 정의는 법률 및 조성 목적에 따라 차이를 보인다. 「도시공원 및 녹지 등에 관한 법률」에서 도시녹지는 공원녹지를 대상으로 하며, 쾌적한 도시환경을 조성하고 시민의 휴식과 정서함양에 기여하는 도시공원, 녹지, 유원지, 도시자연공원구역, 나무, 잔디 등 식생이 자라는 공간 또는 시설 등을 포함한다. 반면, 「국토의 계획 및 이용에 관한 법률」에서 녹지지역은 자연환경, 농지 및 산림의 보호, 보건위생, 보완과 도시의 무질서한 확산을 방지하기 위하여 녹지의 보전이 필요한 지역으로 정의되고 있다.

한편, 도시 내 녹지 공간 배치를 통해 물 순환 및 대기질 향상, 거주민의 건강증진, 장소성 제고 등 다양한 기능과 편의를 제공하는 그린인프라도 중요한 도시녹지이다. 최근 그린인프라가 환경과 삶의 질에 미치는 다양한 효과들이 조명되면서, 도시개발 및 재생 지역에 그린인프라 기법을 적용하는 방안이 고려되고 있다(김동현 외, 2014). 그 밖에 도시 혹은 도시 근교에서의 농업활동을 목적으로 도시 내 자투리땅, 옥상 등의 공간에 작물을 재배하는 도시농업 역시 도시녹지의 대표적인 사례이며, 2015년 제정된 「도시농업의 육성 및 지원에 관한 법률」을 기반으로 하여 도시농업을 활성화하는 다양한 정책들이 지역별로 시행되고 있다.

이처럼 도시 내에 다양한 형태로 존재하는 도시녹지는 사회 이용적, 자연 생태적, 환경 조절적, 경제적 기능 등을 제공한다(표 4-1 참조). 먼저, 도시녹지는 사회 이용적 측면에서 도시민이 산책 및 휴식 등 레크리에이션 활동과 주민 간 만남의 장으로서 의사소통을 활성화하는 기능을 가진다. 도시민의 이용 및 만족도는 도시공간의 경관미와 쾌적성, 접근성 등의 요소에 많은 영향을 받는다(박경훈 외, 2007; 이경환·안건혁, 2008). 따라서 도시 공간 내에 사회적 이용을 목적으로 하는 녹지를 적절히 배치함으로써 도시민의 이용을 최대화하는 것이 필요하다(이우성, 2010). 또한, 도시 녹지는 자연 생태적 측면에서 포유류, 조류, 곤충 등 야생동식물에게 서식공간과 먹이를 제공해준다. 인공적으로 조성된 도심 속 녹지공간도 야생동식물의 서식공간이 될 수 있으나, 이용형태, 녹지 유형, 식생 종 등의 조건에 따라 달라진다. 미국 클리블랜드에서는 자투리땅에 그 지역의 자생 초본을 식재함으로써, 희귀종, 멸종위기에 있던 절지류, 꿀벌, 나비 등의 개체수 증가로 생물다양성이 증가했을 뿐만 아니라 도시 내 농업의 생산량이 증가하는 효과를 얻었다(Gardiner et al., 2013).

표 4-1. 도시녹지의 기능

구분		내용
사회 이용적 측면	정의	도시민에게 여가 및 휴식공간을 제공하여 시민들의 정신적, 육체적 건강을 유지하는 역할
	세부기능	보건효과, 여가공간 및 커뮤니티 장소 제공, 주거 및 쾌적성 증가, 정서적 안정감 제공 등
자연 생태적 측면	정의	동식물의 서식처 및 먹이를 제공 및 이동통로 역할
	세부기능	생태계보호 및 안정성 유지, 생물서식처 및 피난처 제공, 생물종 다양성 유지 등
환경 조절적 측면	정의	쾌적한 도시환경 조성을 위하여 도시기후, 수환경, 토양환경 등을 조절 및 보전하기 위한 역할
	세부기능	대기오염 정화, 미기후 조절, 수자원 보호 및 수질정화, 소음감소, 방재효과 등
경제적 측면	정의	직·간접적으로 도시민 또는 도시 환경에 경제적 이익을 제공
	세부기능	농작물 생산, 바이오 에너지 생산, 부동산가치 증가 등

출처: 고은주(2005); 변병설·이병준(2002); 안영희(2001); 오동하(2005); 오병태·최기호(1996); 이우성(2010); Manlun(2003)을 참고하여 정리함.

도시녹지의 환경 조절적 기능은 식생을 통해 도시의 대기오염 정화, 미기후 조절, 홍수방지 및 수질 정화, 소음감소 등을 제공하는 것을 말한다. 식생의 광합성 작용을 통해 대기 중의 이산화탄소, 대기오염 물질 등이 흡수, 흡착하는 현상이 나타나게 되고 이로 인해 대기오염물질, 먼지의 양이 감소하게 된다. 식생의 증발산 및 햇빛 차단을 통해 도시 내 기온상승을 억제하고 밤낮의 일교차를 줄여 도시 열섬 등의 현상을 예방할 수도 있다(US EPA, 2007). 또한, 불투수 면적이 대부분인 도시 내에서 식생이 식재된 지역은 물을 투과시켜 유역내의 홍수 조절, 수질 정화 등의 기능을 제공할 뿐만 아니라(Dillaha et al., 1989), 식생에 의해 소리가 흡수되는 소음감소 기능도 제공한다(Cook, 1978). 한편, 도시녹지는 경제적 측면에서 주거지역의 어메니티를 증가시켜 주택 가격 및 질을 향상시키는 역할을 하며, 이는 부동산 시장 활성화를 유도하는 등 경제적 이익을 가져올 수 있다(윤희연, 2013). 도시농업은 도시 내에 먹거리를 제공하고 일자리를 창출하는 등 직접적인 경제 효과를 제공할 뿐만 아니라 도시 빈민, 고령자, 장애인 등의 자립과 정서 안정, 여가활동 제공 측면에서도 간접적인 효과를 제공하기도 한다.

도시녹지의 기능을 토대로 생산녹지, 시설녹지, 공원녹지, 자연녹지로 분류할 수 있다. 생산녹지는 도시 내에서 농작물, 바이오 에너지 혹은 수목 등 주로 농업적 생산 또는 경제적 이익을 위하여 조성되어 있는 녹지를 말하며, 시설녹지는 환경조절을 목적으로 조성된 도시계획시설과 같은 녹지로서 완충녹지, 녹지 저류시설 등이 포함된다. 공원녹지는 쾌적한 도시환경과 시민의 휴식 및 정서함양을 목적으로 조성된 도시공원이나 이와 유사한 목적으로 조성된 녹지이며, 자연녹지는 산림, 자연 초지 등 도시 내 자연적으로 형성된 녹지로서 지역의 유전자 보존 등 자연 생태적인 측면에서 필요한 녹지이다.

2) 도시의 생태계서비스 수요 특성

유휴지의 녹지화는 인구가 감소하여 유휴지가 증가하고 있지만 이에 대한 관리가 제대로 이루어지지 않는 지역들에서 많이 이루어지고 있다. 유휴지의 녹지화는 각 도시의 특성에 맞추어 진행되고 있으며, 일부 도시의 경우 특정 지원단체가 설립되어 인적·물적 지원을 동반한 체계적이고 효율적인 사업을 진행하는 데 도움을 주고 있다. 해외에서의 유휴지 활용 전략은 우선적으로 해당 지역의 그린인프라 조성을 통해 지역의 회복력(resilience)을 높이고 녹지의 생태계서비스(ecosystem service) 가치를 증진시키는 방향으로 이루어지고 있다. 여기서 의미하는 생태계서비스란 인간이 자연으로부터 얻는 편익을 말하며, 빗물 관리 기능, 농산물 생산 기능, 커뮤니티 형성 기능 등이 녹지가 도시에 제공하는 생태계서비스라고 볼 수 있다.

생태계서비스는 크게 '공급서비스(Providing service), 조절서비스(Regulating service), 지원서비스(Supporting service), 문화서비스(Culture service)'의 4가지로 구분된다(MA, 2005). 먼저, '공급서비스'란 생태계로부터 발생하는 물질적 또는 에너지 산출을 의미하는 서비스로, 식량, 에너지, 원자재, 담수, 약용자원 등을 포함한다. '조절서비스'는 생태계가 공기 및 토양의 질, 그리고 홍수 및 질병 등을 조절하는 서비스를 의미하며, 이는 해당 도시의 기후와 대기 질을 규제하거나, 탄소 배출 감소, 극단적인 재해 방지 등이 포함된다. 한편, '지원서비스'는 다른 서비스들의 버팀대가 되는 것으로, 식물과 동물이 살아갈 공간을 제공하고 동·식물의 다양성을 유지하는 데 도움을 주는 서비스가 포함된다. 마지막으로, '문화서비스'는 생태계와의 접촉으로부터 사람들이 얻는 비물질적인 편익을 말하며, 미적, 정신적, 심리적(오락과 정신, 신체의 건강, 관광, 미적 감상과 영감, 영적 경험)인 편익을 포함하고 있다는 점에서 다른 서비스들과 매우 다르다(The Economics of Ecosystems and Biodiversity, 2011). 이와 같이 도시에 조성된 녹지가 커뮤니티에 주는 사회적 이용 측면, 자연생태적 측면, 환경조절적 측면, 경제적 측면의 기능들을 총괄한 것을 생태계서비스라고 볼 수 있다.

지역사회의 특성 따라 필요로 하는 생태계서비스가 다르게 나타날 수 있으며, 따라서 생태계서비스 수요는 지역사회가 가진 자연환경 및 물리적 특성을 표출하는 것이라고 볼 수 있다(Schröter et al., 2014). 또한 지역사회의 생태계서비스에 대한 욕구와 소비에 대한 종합(Villamagna et al., 2013)은 사회-생태적 시스템의 구성요소들 간의 복잡한 관계 속에서 표출되는데, 특히 인구, 사회, 경제, 문화, 정치, 기술, 과학, 제도, 심리적 변화 등 다양한 요인들에 의하여 결정된다. 인구의 규모 및 인구구조 변화는 선호도뿐만 아니라 소비 패턴이나 직접적인 사용 패턴에 영향을 줌으로써 지역사회에 대한 생태계서비스 수요를 변화시킨다. 경제 성장과 이에 따른 소득의 증가는 레크리에이션 혹은 경관의 미적 가치 등 삶의 질을 높여줄 수 있는 요인들의 중요도를 부각시키고 있다(Nelson et al., 2009). 더 나아가 생태계서비스에 대한 수요는 개인적인 욕구 수준, 생태계서비스에 대한 인지수준, 특정 생태계서비스 이용에 대한 지불 비용, 서비스를 사용할 수 있는 기회 등에 영향을 받게 된다(Schröter et al., 2014). 예를 들면 조절서비스의 경우, 대기오염과 같은 환경이나 생태계에 미치는 압력으로 인해 욕구(desire)가 나타나기 때문에 직접적인 영향을 받게 된다. 그러나 개인적인 선호에 의해 표출되는 욕구는 생태계서비스수요에 직접적인 영향을 주기도 하지만, 소비를 변화시키거나 생태계서비스의 패턴을 이용하여 간접적으로도 생태계서비스 수요에 영향을 줄 수 있다(그림 4-1, 4-2 참조). 이렇게 생태계서비스 수요가 형성되면 생태계서비스 공급과 수요 사이에 서비스 흐름을 유발하게 된다(Wolff, et al., 2015). 그러나 생태계서비스 수혜자가 생태계서비스를 공급받는 과정에서 접근성이 좋지 않다거나 생태계서비스 공급량이나 공급 시간이 제한되는 등 방해 요소가 존재할 수도 있다.

도시녹지는 홍수, 미기후, 오염, 기후변화 등 도시환경 조절기능과 생물서식지 제공, 생물다양성 유지 등 생태적인 기능을 제공하고 있다. 그 밖에 도시농업으로부터 얻어지는 식량자원과 같은 공급기능, 레크리에이션, 관광, 미적 영감을 포함하는 문화적인 기능을 포함하는 등 제공하는 생태계서비스의 범위가 매우 넓다. 하지만 현재 도시녹지의 양적 증가는 이루어졌으나 도시민의 수요 및 녹지의 기능에 대한 고려가 미흡하여 도시녹지 본연의 기능이 발휘되지 못하고 있는 실정이다. 도시는 인구가 밀집되어 있으며 고밀도 개발로 인해 매우 집약적인 토지이용이 이루어지고 있어서 생태계의 손실이 일반적으로 높은 편이다. 특히 과도한 지표면의 도로 포장으로 인해 생물종의 단편화, 빈번한 도시홍수의 발생, 도시열섬 현상 등이 나타나고 있다. 이는 곧 인간이 자연으로부터 얻는 편익인 생태계서비스가 줄어드는 결과를 낳게 되고 수요에 비하여 공급이 부족한 현상이 나타나게 된다. 따라서 도시 특성에 따라 요구하는 생태계서비스기능이 우선적으로 충족시킬 수 있는 도시녹지 조성이 무엇보다도 필요하다.

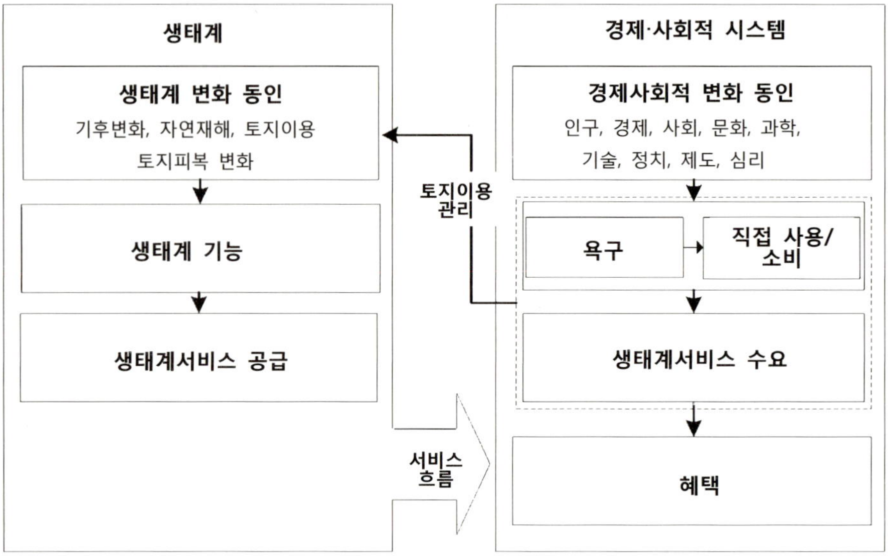

출처: Wolff et al.(2015), p.162.

그림 4-1. 생태계서비스 수요와 공급의 흐름

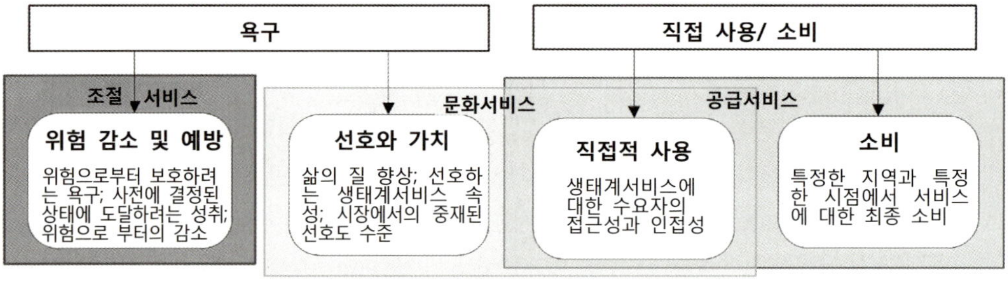

출처: Wolff et al.(2015), p.163.

그림 4-2. 생태계서비스 수요의 유형 분류

3) 유휴·방치부동산을 활용한 생태계서비스 제공 사례

(1) 공급 서비스 제공 사례

도시농업은 공급서비스를 제공하는 대표적인 그린인프라 유형의 하나로, 우리나라뿐만 아니라 해외 여러 국가에서도 중요한 정책으로 추진되고 있다. 커뮤니티 가든, 주말 농장 등을 통해 얻게 되는 농산물 수확이 직접적인 공급서비스라고 할 수 있다. 커뮤니티 가든 이외에도 농산물 판매를 목적으로 하는 마켓가든과 상업농장도 있다. 특히 상업농장의 경우 비교적 공지 면적이 넓은 지역에서 이루어지며, 이를 통해 지역 경제발전의 잠재력을 기대하고 있다.

도시농업은 우리나라에서도 매우 활발하게 이루어지고 있으며 주말농장, 학교농장, 도시텃밭 등 여러 가지 형태로 운영되고 있다. 현재 서울시에서 운영되고 있는 도시텃밭은 411여 개소에 이르고 있으며, 도시농업에 대한 관심도는 2010년 배추파동을 기점으로 급상승하는 추세이며 서울시에서도 도시농업의 확대를 위해 노력하고 있다. 2014년 시점에서 우리나라 도시농업 참여자수는 108만 명으로 2010년에 비해 약 7배 증가하였다(그림 4-3 참조). 참여자수를 기준으로 보면 서울시가 41.5%, 경기도가 27.7%로 두 지역이 전국의 약 70%를 차지하고 있다(이양주·오강임, 2015). 서울시의 일부 구청에서는 도시농업에 대한 홈페이지를 운영하고 있으며, 도시농업과 관련된 각종 정보를 제공하고 주민들의 의견을 수렴하고 있다. 또한, 도시농업을 점차 확대하여 2020년에는 '1인 1텃밭'이라는 목표를 세우고 있다.

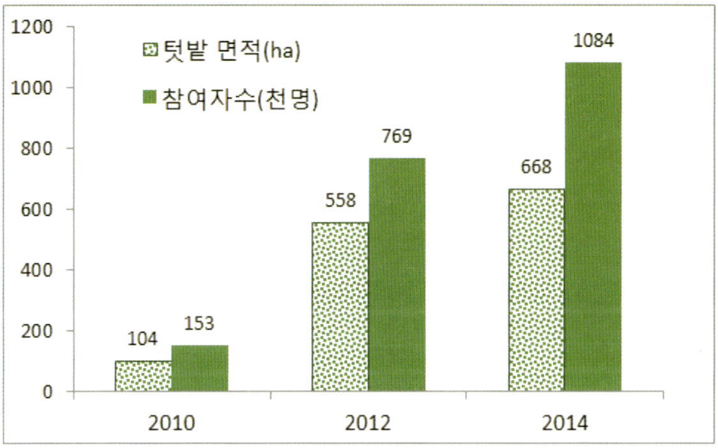

출처: 농림축산식품부(2014), 도시농업 현황(2014.12.1).

그림 4-3. 우리나라 도시농업의 성장 추세

도시농업을 통해 얻어진 농산물은 도시민에게 신선한 농산물을 제공하는 것뿐만 아니라 사회적인 측면에서도 지속가능한 도시로서의 기반을 마련하는 데 기여하고 있다. 경제적인 측면에서는 부동산 가치상승, 일자리 창출, 도시경관 관리비용 감소 등의 효과도 가져온다(최정석, 2014). 도시텃밭에서의 농사 활동은 농촌에서 이루어지는 농업 생산 목적과는 다르며 이웃과의 협력활동과 삶의 질 향상을 위한 여가활동으로 공동체에 기여하는 사회적 활동이라고 할 수 있다(이양주·오강임, 2015).

부산시의 경우도 미활용되고 있는 유휴지를 이용하는 대안으로 도시농업을 적극적으로 권장하고 있다. 도시농업 활동을 지원하기 위해 「부산광역시 도시농업의 육성 및 지원에 관한 조례」를 제정하여 시민들의 농업에 대한 이해를 높이고 있다. 조례를 통해 각종 유휴 토지, 자투리땅, 공공기관의 공간, 그 밖에 소유자의 동의를 구한 토지 및 공간을 확보하여 텃밭 조성을 지원하고 있다(그림 4-4 참조). 또한 도시농업 시민단체인 '부산 도시농업 시민 네트워크(Busan Urban Agriculture Citizen Network)'를 구성하여 '도시농업 전문가 양성기관'과 '도시농업 지원센터'를 운영하고 있다. 특히 서민 영구임대아파트 옥상에 텃밭을 조성하면서 우울증을 호소하던 일부 주민들이 도시농업 활동을 통해 심리적 안정을 되찾고 있으며, 도시농업의 만족도를 조사한 결과 응답자 대부분이 긍정적인 태도를 보이는 것으로 나타나고 있다(김태곤 외, 2012).

한편 시가화 비율이 약 50%인 수원시는 도시 내에 자투리 공간은 많지만, 일인당 녹지 비율이 현저하게 낮다. 이러한 점을 감안하여 수원시에서는 자투리 유휴·방치부동산을 활용한 녹지사업을 진행하고 있다. 「수원시 도시녹화 등에 관한 조례」에는 민간의 녹지화 사업을 활성화하여 쾌적한 도시환경을 조성하기 위해 제정되었고, 이를 통해 옥상녹화, 학교 숲 조성, 푸른 숲 지킴이 육성 등 도시 녹지화 정책을 활발하게 펼쳐나가고 있다. 수원시에서 진행하고 있는 녹지화 사업인 '마을 르네상스'는 주민 스스로 마을계획을 수립할 수 있는 역량을 기르도록 하는 '마을학교'를 거쳐 '도시대학'에 입문하는 주민들이 실제 낙후지역의 주거환경 개선 과정에 참여할 수 있도록 하고 있다. 또한 수원시의 한뼘공원은 도시연대[1]에서 주관하여 공원의 설립단계부터 주민들의 참여를 유도하며, 기존의 불법 쓰레기 투기 공간이나 자투리 공간을 공원화하여 잠시 쉬어갈 수 있는 쉼터를 제공하고 있다. 특히 '수원시 도시농업 맞춤형 텃밭'은 원예교육 지도자 양성과정을 운영하여 도시농업 전문가를 양성하고, 양성한 인력을 위한 일자리를 창출하며, 취약계층에게 원예를 통한 치료 프로그램을 제공하고 있다. 또한 이 프로그램은 유치원, 초등학교, 특수학교, 노인회, 정신보건센터, 다문화가정 등 다양한 계층을 상대로 구성방식을 달리하여 프로그램의 효율성과 만족도를 높이고 있는 것으로 인지되고 있다.

1) '(사)걷고싶은도시만들기시민연대'는 도시에서 다양한 사람들이 함께 오래 살아갈 수 있는 인간환경을 회복함으로써 삶의 질을 개선하고 도시문화와 역사를 보존, 창조해 나가는 것을 활동 목표로 삼고 있다.

출처: 부산광역시 홈페이지.

그림 4-4. 부산시의 공영 텃밭

해외 사례의 대표적인 예로 유휴지를 생산적 경관 조성을 위한 목적으로 활용하면서 농작물 생산을 통해 수익을 올리고 있는 클리블랜드를 들 수 있다. 특히 클리블랜드의 쿠야호가(Cuyahoga) 카운티의 경우 신선한 식품을 파는 상점이 거의 없어 식품 사막(food desert)라고 불리워질 정도로 주변에 패스트푸드들이 많은 지역이다. 이런 지역에 신선한 농산물을 공급하기 위해 커뮤니티가든, 마켓가든, 도시농장 등을 통해 해당 지역주민들에게 저렴한 가격에 신선한 야채와 과일을 공급하는 정책을 수행하고 있다(그림 4-5 참조).

또 다른 공급서비스 사례로 커뮤니티가든을 성공적으로 운영하고 있는 영스타운을 들 수 있다. 영스타운의 가장 중추적 역할을 해온 철강산업의 쇠퇴로 인해 인구가 급감하면서 발생한 많은 유휴지를 활용하기 위하여 영스타운 근린지구개발공사(YNDC: Youngstown Neighborhood Development Corporation)의 주도하에서 영스타운 14개 근린지구에서 커뮤니티가든이 활발하게 이루어지고 있다. 또한 이를 통해 재배된 신선한 농산물이 주기적으로 열리는 파머스마켓을 통해 판매되고 있다.

학교와 놀이터 옆에 위치한
켄터키 가든(Kentucky Gardens)

슬럼가에 산재해 있는 크고 작은 도시성장농장
(Urban Growth Farms)

출처: Cleveland.com, 2016

그림 4-5. 클리블랜드의 공지를 활용한 공급서비스 제공 사례

이들 가운데 가장 대표적인 사례로 아이언루트(Iron Root) 도시 농장을 들 수 있다. 이 농장은 영스타운 남쪽 캔필드 829번가에 위치하고 있으며, 약 1.7 에이커 면적의 농장이다. 여기에서는 인근 주민들이 신선한 농산물을 재배하고 직접 판매하여 수익을 창출하도록 돕고 있으며, 더 나아가 건강한 식습관 및 삶의 질 향상을 위한 교육도 병행하고 있다.

그러나 영스타운에는 아직도 23,000여 개 유휴지가 있으며 이러한 유휴지를 모두 활용하는 것은 사실상 불가능하다. 따라서 우선 대상이 되는 근린지역을 선정하여 커뮤니티가든을 조성하거나 자생종을 식재하는 방식으로 유휴지를 활용하고 있다. 가장 대표적인 지역이 이도라(Idora)이다. 약 65,000명의 주민이 살고 있는 이 지역의 경우 인구 3명당 유휴지 1개가 발생할 정도로 유휴지 문제가 심각하다. 영스타운 근린지구개발공사에서는 시범적 사례로 이 지역을 선정하여 주민들이 공지 활용화 정책에 적극 참여하도록 권장하였다. 그 결과 약 18개월에 걸쳐 공지에 대한 녹지화(Lot of Green Strategy) 계획을 수립하고 이도라 지역에서 발생한 120여 공지를 인접한 지구와 연계시켜 공원화하거나, 커뮤니티가든을 조성하고 약 1.5 에이커의 도시농장과 실습센터 등으로 사용하는 사업을 추진하게 되었다. 특히 이도라 지역의 경우 커뮤니티가든 조성을 위해 가장 많은 노력을 기울이고 있으며, 재배한 농산물을 판매하는 이도라의 파머스마켓은 영스타운에서는 매우 잘 알려진 농산물 직거래장이다(그림 4-6 참조).

영스타운 이도라(Idora) 지역
120여개 유휴지를 공원, 커뮤니티 가든 조성,
도시 농장, 교육 등으로 재이용하고 있음

아이언루트 도시농장(Iron Roots Urban Farm)
도시농장을 통해 주민들에게 재배, 판매를 통한
수익 창출 및 건강한 식생활 교육을 하고 있음

출처: www.farmanddairy.com(Lots of green reuses vacant land in Idora neighborhood)
www.yndc.org (Programs Iron Roots Urban Farm | Youngstown Neighborhood Development)

그림 4-6. 영스타운의 유휴지를 활용한 공급서비스 사례

일본의 경우 1990년부터 중·소규모의 도심의 유휴지를 관리하는 법안을 제정하여 국가 차원에서 유휴지 관리에 앞장서고 있다. 일본에서는 유휴지의 다양한 녹지 조성을 장려하고 있으며, 이 중 시민들에게 가장 긍정적으로 받아들여지고 있는 것이 도시농업이다. 일본의 '시민농원'은 1981년 시가화구역 내 농지에 대한 임대형 텃밭 녹지사업을 「도시공원법」에 명시함으로써 제도화되었다. 또한 「특정 농지의 대부에 관한 농지법 등 특례에 관한 법률」이 1989년 제정되어, 농업종사자 이외의 사람들이 지방자치단체 또는 농협을 통해 비영리 목적으로 소규모 농지를 안정적으로 이용할 수 있게 되었다.

도쿄 북쪽에 위치한 사이타마 현의 수도 사이타마 시에는 약 1,260ha 면적의 '미누마 농지(見沼田圃)'가 있다. 이 농지는 오늘날까지 보전되어 현재 일본 수도권 녹지 중 최대 규모를 자랑하고 있다. 1950년대 태풍 피해를 막은 것을 계기로 개발 위협에서 벗어났으며, 정부의 쌀 생산 조정 방침이 내려질 무렵 황폐화된 모습이었으나 시민들의 힘으로 다시 제 모습을 찾게 되었다. 또한, '미누마 농지 시민 네트워크'가 설립되어 연대활동을 진행하게 되었고, '일본 유네스코 미래유산'으로 지정되기도 하였다. 일본정부는 '미누마 농지'에 대한 토지매입을 실시하여 도시농업으로 재탄생시켰으며, 장애인들의 자립을 돕는 일터로서 기능을 하고 있다(희망제작소 홈페이지, 그림 4-7 참조).

출처: 희망제작소 홈페이지

그림 4-7. 시민체험 농장으로 변모한 미누마 농지(좌)와 미누마 복지농원(우)

(2) 조절서비스 제공 사례

도시 내 불투수면이 증가함에 따라 홍수, 열섬 등 여러 가지 환경 문제가 발생하고 있다. 비가 내렸을 때 녹지는 투수성이 좋아 물을 잘 흡수할 수 있다. 따라서 많은 도시들에서는 녹지의 우수한 투수성을 이용하여 홍수를 조절하는 그린인프라 조성 계획을 수립하고 있다. 그중에서 레인가든은 빗물을 저장하는 작은 정원으로 미적으로도 가치가 있으며, 빗물량을 조절하고 지하수 유입을 촉진하는 동시에 정수 효과까지 얻을 수 있다는 장점을 가진다. 많은 도시들의 경우 지표면이 아스팔트로 포장되고 불투수성 지표면이 크게 증가되면서 결과적으로 빗물의 자연적 흡수를 막게 되어 유출수를 증가시키고 수질을 악화시키고 있다. 이 문제를 해결하기 위해 유휴지를 녹지화하면 불투수성 표면을 줄일 수 있어 자연적인 수문학적 기능의 복원이 가능하다.

미국의 밀워키시의 메노모니밸리 산업센터와 커뮤니티 공원(Menomonee Valley Industrial Center and Community Park)은 미국의 대표적인 브라운필드 재개발 지역이다. 메노모니강 계곡을 따라 건설된 거대한 산업단지는 미시간 호수 주변에 위치하고 교통의 접근성이 양호한 입지적 이점 때문에 일찍이 밀워키의 공업 중심지로 자리 잡았다. 그러나 산업구조의 고도화와 함께 오염이 배출되면서 이 산업단지는 황폐화된 대표적인 브라운필드 지역으로 남겨지게 되었다. 이렇게 방치된 산업부지를 시 당국에서 구입하여 지속가능한 메노모니밸리 산업단지와 커뮤니티공원으로 조성하는 재개발 사업을 펼치게 되었다. 특히 재개발 사업에서 중점을 둔 것은 가능한 다양한 목적의 녹지 공간을 최대한 배치하는 것이었다. 당시 버려진 140에이커($0.57km^2$) 부지 면적 가운데 35에이커가 위락공간으로 조성되었는데, 여기에는 3개의 축구 경기장, 강둑을 따라 접근가능한 카누와 낚시터, 생태공원, 자전거 도로와 보행자 산책로를 조성하였다. 특히 매우 혁신적이라고 할 만큼 강 제방을 따라 약 20에이커에 달하는 면적에 폭우에 대비하여 빗물 관리용 토종식물을 식재하였다. 또한 빗물관리뿐만 아니라 산업단지에서 방출되는 산업 유출수를 모아서 여과하면서 수질을 정화하고 있다(그림 4-8 참조).

황폐된 밀워키의 넓은 부지의 공업단지

브라운필드 재개발을 통해 메노모니 강둑을 따라서 녹지 공간 조성 및 빗물 관리용 식재 계획을 수립

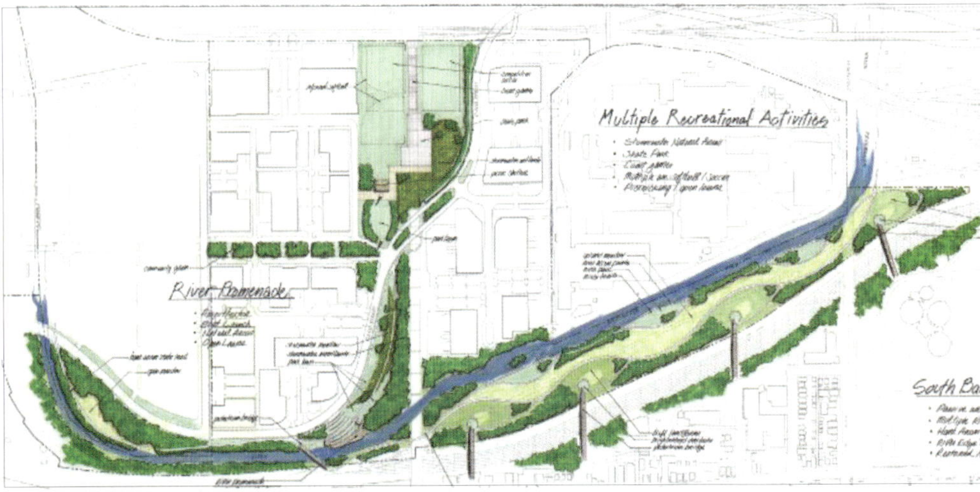

황폐화되었던 브라운필드 재활용을 통해 조성된 녹지 공간들(빗물 관리를 위해 토종식물을 강둑을 따라 길게 식재함으로서 생태계서비스 가운데 조절서비스 기능을 보여주는 대표적인 사례)

출처: Misky, D.(2014), Rouse and Bunster Ossa(2011).
http://mareklandscaping.com/project/menomonee-valley-industrial-center-community-park

그림 4-8. 브라운필드를 활용하여 빗물관리를 위한 토종식물을 식재한 사례

(3) 문화서비스 제공 사례

도시 내 녹지는 시민들에게 휴식 및 여가활동을 즐기게 하는 장소를 제공함으로써 도시민의 삶의 질을 높여주는 문화서비스를 제공한다. 신체 운동, 레크리에이션 그리고 사회적 만남 등이 도시 내 녹지에서 행해진다. 특히 잘 관리된 녹지는 사람들로 하여금 뛰어놀고 싶은 호기심을 불러일으키고 신체 운동을 조장한다. 따라서 유휴지를 녹지화하는 경우 궁극적으로 사람들의 건강을 증진시키는 문화서비스를 제공하게 되는 셈이다. 부산시 강서구 대저동에 있는 대저생태공원은 봄철에 유채꽃이 만개하는 시기에는 많은 사람들에게 아름다운 경관을 제공하여 휴식의 장소로 많은 사람들에게 문화서비스를 제공하고 있다. 특히 보기 싫었던 유휴·방치부동산을 활용하여 잘 관리된 근린 녹지 공간으로 조성하는 경우 주민의 건강과 삶의 질에 긍정적인 효과를 가져다준다. 유휴지를 근린주민을 위한 녹지 공간으로 조성하는 경우 주민들 간의 교류를 촉진하게 되고, 일상생활 속에서 휴식을 취할 수 있는 좋은 장소가 되며 문화서비스를 제공하게 된다.

버팔로시의 PUSH(People United Sustainable Housing)는 유휴지에서 커뮤니티 재활성화를 위한 기회를 찾으면서 주민들에게 문화서비스를 제공하고자 노력하고 있다. PUSH는 유휴지를 커뮤니티가든이나 레인가든으로 재활용하고 있으며, 더 나아가 위락 기능을 수행하는 장소로 재창조하고 있다. 특히, 메사추세츠 에비뉴 파크(Massachusetts Avenue Park)는 유휴지 개발 규모로는 녹색개발지구(green development zone) 사업 가운데 가장 큰 것으로, 이 계획을 수립하기 위해 1년 이상의 시간을 소요하면서 지역주민의 적극적인 참여를 유도하여 커뮤니티가 주도하는 계획을 구상하였으며, 캠페인을 통해 버팔로시 정부의 투자를 유도하였다. 이곳에는 현재 놀이터 등이 조성되었으며 앞으로도 지속적인 개발이 계획되어 있다.

새로운 놀이 공간이 메사추세스 가로 입구에서 시작되며, 핸드볼 경기장, 다목적 운동장, 새로운 농구 코트가 마련되어 있다. 또 다른 인근의 시 소유 공지도 공원을 조성하여 상당히 규모가 큰 녹지 지구를 조성하게 되었다. 이 공원은 버팔로시 중에서 상당히 조밀한 주거지역으로 공원의 도보권 내에 약 5,000 가구 이상(이 가운데 14세 이하의 청소년이 5,000명 가량 차지함)이 거주하고 있다. 또한 이 공원 내에는 근린 청소년들을 위한 버틀러-미첼 소년 & 소녀 클럽을 포함하여 15개의 봉사 및 자원기관들이 있어 이 지역 커뮤니티의 다양한 모임 장소로의 잠재력은 상당히 크다고 볼 수 있다. 그 밖에도 인구감소로 인해 유휴·방치부동산이 상당히 많이 발생한 버팔로시는 인구감소로 인해 슬럼으로 변해버린 지구들에 커뮤니티가든을 조성하여 근린의 안정화는 물론 근린 주민들에게 공급서비스와 함께 이웃들과의 만남을 가질 수 있는 문화서비스도 제공하고 있다(그림 4-9 참조).

출처: http://greendevelopmentzone.org/land/massachusetts-ave-park/

그림 4-9. PUSH 프로그램에 의해 유휴지를 공원화한 메사추세스길 공원

인구감소 시대에 고령화되는 인구구조로 인하여 사망자 수 및 묘지 수요의 증가는 피할 수 없는 문제이다. 일반적으로 사람들은 공동묘지에 대한 인식이 좋지 않기 때문에 공동묘지 조성은 인근 시민들에게 상당히 많은 갈등을 일으키게 된다. 일본에서는 이러한 저항을 완화시키기 위하여 도심 주변부의 유휴지를 수목장 형태의 공동묘지로 전환하였다. 이는 'Jyumoku-Sou(Memorial Green)' 또는 'Shou Kukaku Syykei Bochi(Small cell tomb)', 'Jyumoku Bochi(Trees tomb)'라고도 불린다. 요코하마의 메모리얼 그린(Memorial Greens) 공동묘지는 과거 드림랜드로 사용되었던 유휴지에 세워졌으며, 기존 녹지를 최대한 보존하면서 묘지시설을 조성한 사례이다(그림 4-10 참조). 일본 유휴지의 녹지화가 다른 나라와 차별성을 갖는 이유는 고령화 사회에 대비하면서 유휴지의 문제 또한 해결할 수 있는 방안을 실행하고 있는 데에 있다. 특히 유휴지를 수목장으로 조성하는 사례는 그 지역의 풍습에서 착안한 좋은 예라고 볼 수 있다. 또한, 인구 감소로 발생한 유휴지를 녹지로 활용하는 점은 도시의 지속가능성을 충분히 고려한 대책이라고 할 수 있다.

출처: http://www.miraien.jp.

그림 4-10. 일본의 수목장 문화

(4) 지원서비스 제공 사례

유휴지는 대기질과 수질 개선, 토양 복원, 생물다양성 향상, 야생동물 서식지 제공 등에 이용될 수 있다. 유휴지에서 자연적인 물 순환을 유도하여 물을 관리할 수 있고 대기의 온도를 낮추고 수질 여과를 위해 식재 활동을 할 수 있으며, 건강한 식생과 오염물질의 여과를 위해 토양을 복원할 수 있다. 건강한 생태계는 도시민들의 웰빙에 기여하며, 자연으로의 접근은 정신 건강에 도움을 주고 스트레스 감소, 생산성 향상, 커뮤니티 화합에 기여한다.

한편 건설 활동, 건설기계, 운송 수단 등에 의해 토양 압축(compaction) 현상이 나타날 수 있다. 토양 압축은 토양의 구조에 손상을 주고 물의 침투율을 감소시켜 유출수량을 증가시키며, 산소와 물을 위한 토양 입자 사이의 간격을 줄여 식생이 자라기 어렵게 만든다. 심경 작업(deep tillage)과 퇴비 도랑(compost trench)을 이용하여 유휴지의 토양 압밀 현상을 저감시킬 수 있으며, 이후에 식재한 곳이나 농업에 이용하거나 빗물의 침투율을 증가시키는 용도로 이용할 수 있다. 토양의 유형 분류 체계에 대한 이해는 토지이용 결정 체계와 유휴지 재사용 전략을 수립하는 데 도움을 줄 수 있다. 수화토(hydric soil)는 습지의 토양으로서, 도시 내 수화토는 매우 드물지만 유휴지에 수화토가 존재할 경우 인공적인 습지 건설에 이상적이다.

토양은 수분을 침투시킬 수 있는 능력에 따라 구분할 수 있으며, 잠재적인 수분 침투율이 높은 토양이 존재하는 유휴지는 생물 습지나 레인 가든과 같은 자연적인 빗물 관리 전략을 이행하기에 적합하다. 식재를 통해 토양 구조를 개선하고 유휴지의 침식과 퇴적 작용을 감소시킬 수 있다. 식생은 야생 서식처를 제공하고 도시의 생물다양성을 증가시킨다. 또한, 그늘과 증발산 작용을 통해 온도를 저감시키고 에너지 비용을 감소시킨다. 식생은 또한 빗물 관리를 위한 자연적인 수용력을 증가시키고 대기와 수질의 오염 물질을 여과한다.

도시 내 유휴지가 생물다양성 측면에서 볼 때 잠재적인 가치가 있다는 연구결과들이 많다. Jacob-Remacle(1984)에 따르면 벨기에의 유휴지에서는 57종의 벌목(aculeate Hymenoptera) 종이 발견되었고, Wright(1988)는 산업 유휴지에서 무려 130종의 꽃등에과 곤충(hover flies)이 발견되었음을 보여준다. Gibson(1998)은 영국 내 12~15%의 희귀종들은 도시의 유휴지를 서식지로 삼는다고 보고하고 있다. 이러한 사례들을 통해 도시 내 유휴지는 도시 내 곤충 다양성을 증가시킬 뿐만 아니라 꿀벌 등 곤충의 증가로 인해 도시 내 수분 공급을 늘림으로써 도시농업에 이로운 작용을 하고 있음을 알 수 있다. 또한, 남겨진 유휴지는 더 높은 단계로의 식생 천이가 일어날 수 있으며 식생 다양성을 증가시키는 역할을 한다는 연구들이 있다(Small et al., 2003, Strauss and Biedermann, 2006).

이상의 사례들을 통해 유휴·방치부동산에 조성된 녹지는 다양한 생태계서비스를 제공하고 있음을 알 수 있다. 도시농업은 단순한 농업활동을 벗어나 청소년 교육, 농산물 판매, 요리 수업, 장애인 일터 등 교육적 가치, 경제적 가치, 문화적 가치 등을 창출하고 있다. 홍수조절시설도 공원 형태로 조성하여 평소에는 공원으로 활용하였다가 비가 오면 빗물 관리 시설로서의 역할을 하는 등 다양한 생태계서비스를 제공하고 있다. 이러한 사례들을 통해 우리나라도 유휴·방치부동산에 녹지를 조성하여 다양한 생태적 서비스를 제공하기 위한 보다 적극적인 정책이 필요하다.

2 미국의 유휴·방치부동산에 대한 녹지화 정책

유휴·방치부동산 증가에 따른 문제점들을 해결하기 위하여, 미국을 비롯한 여러 나라들에서 다양한 녹지화 정책을 수행해 오고 있다. 본 절에서는 유휴·방치부동산을 녹지화하고 있는 미국의 대표적인 도시들로만 국한시켜 살펴보고자 한다.

1) 클리블랜드의 녹지화 정책

미국 오하이오주 북부에 위치한 클리블랜드에서는 경제가 침체되면서 인구 유출이 가속화되었다. 2014년 클리블랜드의 인구수는 약 39만 명으로, 1950년대에 비해 약 57.4% 감소하였다. 이러한 인구감소로 인해 매년 약 1,000개 이상의 구조물이 철거되었으며, 2013년 시점에 약 20,000개 이상의 유휴지가 도시 내에 존재하는 것으로 파악되었다. 클리블랜드 내 유휴지 총 면적은 약 14㎢에 달할 정도로 매우 넓지만(Gardiner et al., 2013), 관리가 제대로 이루어지지 않고 있다(그림 4-11, 그림 4-12 참조).

클리블랜드는 유휴지 발생을 부정적인 징조가 아니라 새로운 기회로 만들자는 인식하에서 '보다 더 지속가능한 클리블랜드를 위한 이미지 재창출: 유휴지 재활용을 위한 전략(Re-Imagining a More Sustainable Cleveland: Citywide Strategies for Reuse of Vacant Land) (2008)'을 추진하게 되었다. 이를 위해 시 당국의 관계자, 토양, 수질 전문가, 환경단체들과 함께 클리블랜드의 유휴지 문제를 해결하고 근린에 거주하는 주민들의 삶을 증진시키기 위한 방안을 모색하였다. Re-Imagining의 목표는 클리블랜드의 모든 토지를 수익성 있는 토지로 바꾸는 것으로, 버려진 비생산적 토지를 생산적 토지로 바꿈으로써 도시의 장기적인 발전을 도모하는 것이다. 수익성 있는 토지사용을 위해 도시농업, 그린 스페이스, 녹색 에너지, 생태계 복원 등을 모색하였다. 즉, 버려진 토지나 건물을 재사용하는 경우 경제적으로 수익을 창출하거나 지역사회에 혜택을 주거나 또는 생태계 보존에 도움을 주어야 하며, 특히 홍수 및 폭우 관리, 토양 복구, 대기 정화, 이산화탄소 저감, 열섬 완화, 생물 다양성, 야생동물 서식지 제공 등을 고려하는 것이다.

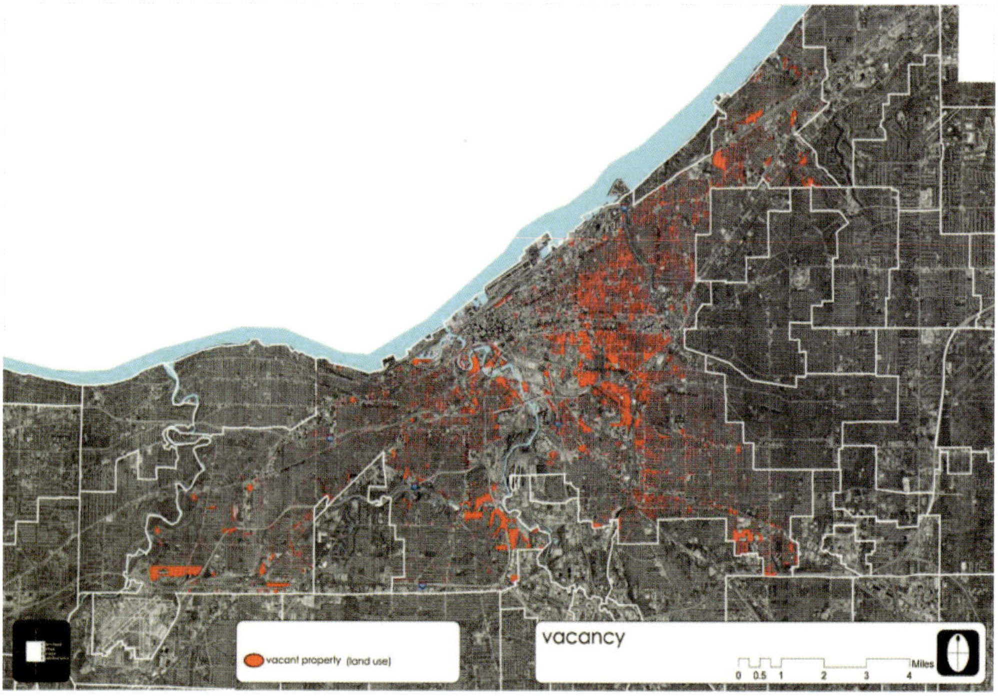

출처: Terry Schwarz, Director of Cleveland Urban Design Collaborative in Kent State University, Gardiner et al.(2013), p.1124에서 재인용.

그림 4-11. 2013년 클리블랜드의 유휴지 분포

출처: Plain Dealer, guest columnist, www.cleveland.com

그림 4-12. 클리블랜드의 철거된 건물 모습

이러한 전략 가운데 클리블랜드는 유휴·방치부동산을 농업을 위한 생산적인 용도로 활용하는 데 커다란 성과를 거두었다. 즉, 유휴지를 커뮤니티가든(community gardens), 마켓가든(market gardens) 및 도시농장(urban farms)으로 활용하여 도시 거주자들에게 유휴지에서 생산된 신선한 농산물을 제공하고, 더 나아가 경제적 이익도 창출하는 것이다. 특히 2010년 Re-Imagining 2.0 녹색 인프라 프로젝트를 수행하면서, 클리블랜드 공지를 좀 더 종합적이며 지속가능한 방법으로 활용하기 위해 도시농업을 적극적으로 추진하게 되었다(그림 4-13 참조). 그 결과 클리블랜드에는 225개의 커뮤니티가든, 24곳의 파머스마켓(farmer's market), 그리고 커뮤니티를 지원하는 농업 프로그램인 '도시 신선함(city fresh)'기구가 잘 조직되었다. 이 기구는 저소득층에게 보조하는 여성, 유아, 아동들의 건강을 지원해주는 프로그램(WIC: Women, Infants and Children)이나 또는 푸드 스탬프로 로컬에서 재배하는 신선한 과일 및 야채를 구입하도록 하는 데 적극적으로 앞장섰다. 특히 클리블랜드의 쿠야호가(Cuyahoga) 카운티의 경우 신선한 식품을 파는 상점이 거의 없어 식품 사막(food desert)이라고 불리워지고 있는 지역에 신선한 농산물을 공급하기 위해 커뮤니티가든, 마켓가든, 도시농장 등을 통해 해당 지역주민들에게 저렴한 가격에 신선한 야채와 과일을 공급하는 정책을 수행하고 있다.

2008년 클리블랜드에는 약 160개 커뮤니티가든이 조성되어, 약 3,600명의 주민이 가드닝에 참여하고 있다. 그러나 이 숫자만으로는 시 전체적으로 신선한 로컬푸드를 제공하기 부족하기 때문에 클리블랜드 시 당국은 클리블랜드의 현재 인구를 기반으로 모든 주민이 반경 1/2마일(약 800m) 또는 1/4마일(400m) 이내에 커뮤니티가든을 조성하는 계획을 수립하고 있다(그림 4-13 참조). 커뮤니티가든 조성을 위한 유휴지 선정 기준으로는 먼저 약 370m^2(4000 평방 피트) 정도의 면적의 부지이며, 부지 북쪽에 큰 건물이나 큰 나무들이 있고, 적어도 하루 8시간의 햇빛을 받을 수 있어야 한다. 또한 물을 공급받을 수 있는 소화전이 인근 도로가에 위치해 있으며, 지표면이 아스팔트로 덮여있지 않고, 토양의 납 함유량도 400-500 ppm 미만이어야 한다. 더 나아가 커뮤니티가든을 운영하는 데 최소한 해당 지역주민 8~10명의 로컬 파트너가 있어야 하며, 향후 개발 잠재력이 매우 적은 부지이여야 한다는 기준하에서 커뮤니티가든 계획을 수립하고 있다. 클리블랜드의 경우 커뮤니티가든 조성의 우선순위는 주거밀도(1 에이커당 20 가구 이상)와 쿠야호가 카운티에서 작성한 신선한 식품 공급이 거의 없는 사막이라고 식별된 지역이다(Cleveland City Planning Commission, 2008).

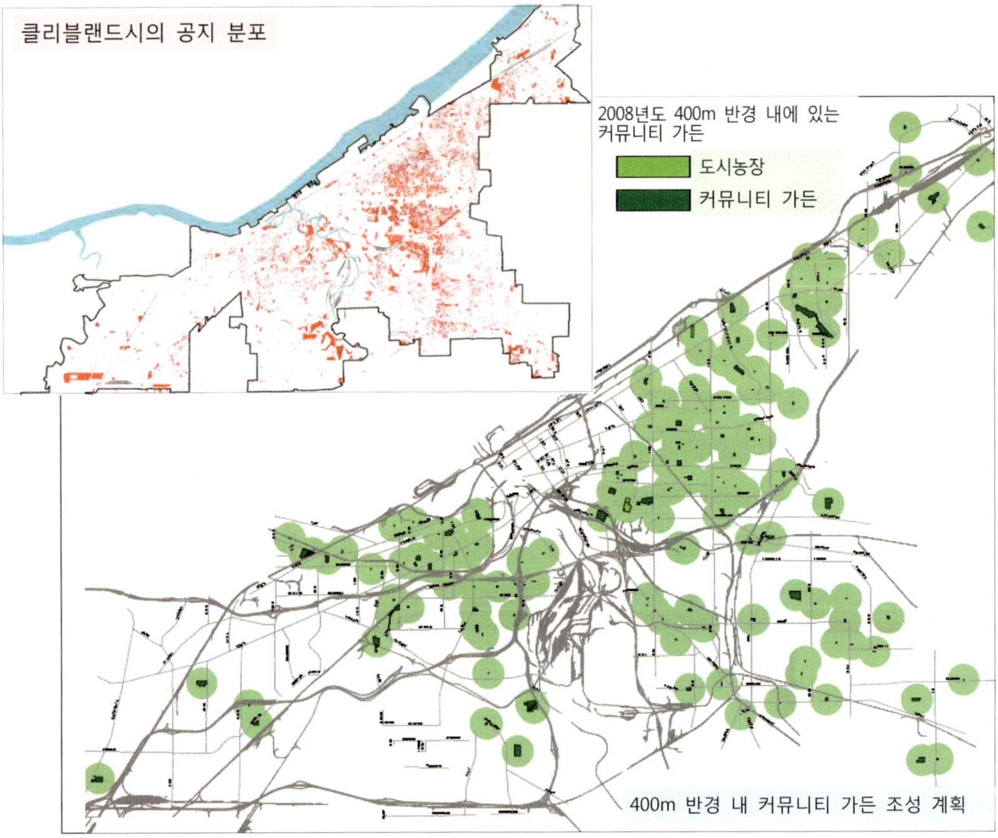

출처: Cleveland City Planning Commission(2008), RE-IMAGINING A MORE SUSTAINABLE CLEVELAND: Citywide Strategies for Reuse of Vacant Land, p.3, p.28.

그림 4-13. 클리블랜드시 전체의 커뮤니티 가든 조성 계획

Re-Imagining 프로젝트에서 펼친 여러 시범사업 가운데 가장 대표적인 것은 샤론 글래스피(Sharon Glaspie)가 주도한 가든 보이즈(Garden Boyz) 프로그램이다. '건강한 커뮤니티 조성(BHC: Building Health Communities)' 프로그램의 리더로 일하고 있는 그녀는 클리블랜드 토지은행에서 1/4 에이커의 토지를 임차하여 10대 청소년들이 직접 농산물을 생산하여 판매하는 일련의 과정을 지도하면서 큰 성공을 거두고 있다. 즉, 클리블랜드 도심의 이스트 76번가와 시다 가로에 위치하고 있는 황폐하고 오염된 유휴지 1/4 에이커를 임차하여 청소년들이 농사를 짓도록 한 것이다. 가든 보이즈는 벌써 5년이 넘게 지속되고 있는 프로젝트로, 매년 10대 청소년들이 수확한 무농약 농산물을 사람들에게 판매하는 이동시장이라고 볼 수 있다. 가든 보이즈는 세인트빈센트 자선의료 센터, 카운티 행정 건물, 클리블랜드 노인센터 근처에서 일시적으로 열리는 매우 활기찬 파머스마켓이라고 볼 수 있다. 청소년들은 휴대용 캐노피와 이동식 손수레에 신선한 농산물을 싣고 다니면서 판매한다. 생산되는

클리블랜드의 황폐화되고 오염된 공지들

공지를 활용한 가든 보이즈의 위치

클리블랜드의 이미지 재창출의 성공적인 대표적 사례: 가든 보이즈 관련 사진들

출처: www.gardenwalkcleveland.org/reimagining-project/garden-boyz
www.clevelandnporg/ReImagining Cleveland

그림 4-14. 클리블랜드의 가든 보이즈 관련 사진들

농산물들은 겨자, 양배추, 케일, 시금치, 브로콜리, 토마토, 부추, 완두콩, 마늘, 오이, 당근, 피망, 고추, 잎상추, 양배추, 양파, 감자, 스쿼시, 허브, 그리고 화초들이다. 또한 블루베리, 블랙베리, 체리도 판매한다. 청소년들은 소비자들에게 다채로운 레시피 카드를 나누어주고 영양에 관한 정보들을 제공하고 그들과 대화하면서 사회적 신뢰감도 쌓고 있다. 특히 여름철에는 직접 재배한 민트를 첨가한 아이스티를 제공하기도 한다. 이러한 일련의 활동을 통해 커뮤니티 공동체가 구축되며 신뢰와 우정을 쌓게 된다. 가든보이즈 프로젝트의 목표는 클리블랜드 지역 사회에 신선한 로컬 푸드를 제공하는 것뿐만 아니라 도시의 10대 청소년들에게 긍정적인 삶으로의 변화를 경험하게 하는 잠재적 기회를 제공하는 데 있다. 청소년들은 봄과 가을은 방과 후에, 그리고 여름은 씨를 뿌리고 가꾸고 수확한 농산물을 직접 농부시장에서 판매하는 일을 담당한다. 일부 자원봉사자들도 참여하며 가든 보이즈 프로그램을 통해 얻어진 판매 수익금은 청소년들의 학교 유니폼, 학용품 및 가족이나 개인이 필요한 물품과 레크리에이션을 위해 사용된다(그림 4-14 참조).

Re-Imagining 프로그램에서는 버려진 땅이 골칫덩어리가 아니라 새로운 자원이 될 수 있음을 보여주었다. 버려진 토지를 재활용하기 위한 다양한 전략들이 제시되었다. 생태학적으로 가치 있거나 민감한 토지는 보전하되, 생물학적 환경정화(미생물을 사용하여 오염 물질을 분해하고 환경을 살리는 기술이나 곰팡이로 유해 박테리아, 오염물질 등을 분해하는 자연 정화기술 등) 방안을 도입한다. 반면에 토지 잠재력이 약한 지역은 커뮤니티 가든, 대체에너지 생산을 위한 태양광 발전지구, 인공습지 조성, 도시농업 등 다양하게 활용한다. 일례로 대규모 도시온실이라고 볼 수 있는 클리블랜드 식물원은 이리호로 유입되는 기준 초과치의 빗물량을 줄이기 위한 목적으로 조성한 그린인프라이다. 이러한 정책들을 통해 지역주민에게 활력을 주고 주민을 위한 신선한 농작물을 재배하며, 도시의 우수 유출량을 줄이고 궁극적으로는 토양오염도 개선하는 효과를 가져왔다(LaCroix, 2011).

특히 클리블랜드[2)]는 도시농업을 장려하기 위한 조닝과 도시정원과 대체에너지 생산하기 위한 조닝 설정을 제도화한 대표적인 도시로 알려져 있다. 시 당국은 도시형 정원과 관련된 부대시설 건축을 위하여 주택조닝 설정 법규를 개정했다. 또한 도시정원지구(urban garden zone)를 설정하고 닭, 염소, 벌을 키우기 위한 도시형 농장 법규도 만들었다. 즉, 주거지역에서 농업이 가능하도록 주거조닝 설정 조항을 변경하여 주택지에서 가축을 기르는 행위를 포함한 농업이 허용되었다. 빈 땅뿐 아니라 사람이 살고 있는 토지까지도 농업적 이용이 가능하도록 하였다. 이에 따라 택지에 헛간, 외양간, 우리, 벌통, 콜드 프레임(씨앗을 발아시키거나 작은 식물을 추위로

2) 클리블랜드 사례는 LaCroix(2011), "Urban Green Uses: The New Renewal" 내용을 요약하였음.

부터 보호하기 위한 작은 온상 같은 틀), 창고, 빗물받이통, 퇴비장치, 농작물 가판대 등 15피트를 넘지 않는 시설물들이 설치될 수 있었다. 이러한 새 조닝설정은 주택에 대한 수요가 다시 생길 때까지 한시적으로 농업적 토지이용을 허가하는 것이다.

한편 클리블랜드의 도시정원조닝법(커뮤니티 가든과 상업적 농원을 모두 포함)은 '로컬 푸드 생산, 지역주민의 건강, 교육, 정원에 연관된 직업교육, 환경역량 강화, 그린스페이스 보존, 그리고 지역주민의 즐거움을 위한 최적의 사용(highest and best use for community)'임을 강조하고 있다. 도시정원지구는 공공적이며, 토지의 친환경적 목적을 위해 필요한 것으로, 도시정원조닝 설정은 택지나 상업지구가 들어설 때까지 일시적으로 토지를 사용하는 것으로 그치는 것이 아니라 보다 더 도시정원 자체가 의미 있게 사용될 수 있는 정책 마련을 위해 노력하고 있다.

이와 같이 상당히 혁신적이라고 볼 수 있는 도시정원이나 도시농업조닝 설정을 위한 법을 제정하는 데 있어서 법적 문제점들도 상당히 야기될 수 있다. 클리블랜드의 도시정원조닝은 전통적으로 더 생산성이 높다고 여겨지던 용도(주택지구, 상업지구)를 포기한 다운조닝(downzoning)의 대표적 사례이지만, 다운조닝는 '규제 수용' 때문에 제약을 받을 수 있다(다운조닝은 결과적으로 경제적 이익을 취할 수 있는 권리를 빼앗는 규제이므로 이는 기존의 조항에 위배될 수 있음). 사유지를 다운조닝하는 경우 토지 소유주는 원치 않는 토지용도 변경 지시로부터 보호받을 수 있다. 시 당국은 개인이나 토지은행이 갖고 있는 빈 땅을 다운조닝할 수 있으나, 개인 소유주는 이러한 제한적인 조닝 설정을 거부할 수도 있다.

만일 토지 소유자가 규제 수용에 반대하는 경우 대안 중의 하나는 토지은행이 가지고 있는 땅을 다운조닝한 후 그 땅을 개인에게 넘겨주는 것이다. 그러나 단순한 소유권의 이전은 새로운 지주의 규제 수용 거부를 막는 데 충분하지 않다. 규제된 땅의 새 주인이 토지 규제를 처음 알았고 그에 대해 받아들일 수 없다면 이의신청을 할 수 있다. 대법원은 소유권의 이전이 이의를 제기할 기회를 주지만, 대부분의 경우 공공을 위한 녹색조닝을 주장하는 시 당국이 승리한다. 도시농업에 관한 조닝 설정은 어떤 사용에 대해서도 배타적이지 않기 때문에, 도시정원을 위한 다운조닝이 경제적으로 이익을 가져다주는 것으로 알려져 있기 때문이다. 특히 미국 북동부 러스트벨트 지역의 여러 도시들은 실제적으로 상업적 도시농원이나 도시농업이 경제적으로도 수익을 가져다 준 것으로 파악되고 있다.

그러나 만약 토지 소유지가 소유하고 있는 땅의 일부가 주변지역과는 다른 조닝으로 설정되는 경우 스팟 조닝(spot zoning)이 발생할 수 있다. 특히 주거지역 중간에 입지한 도시정원조닝은 용도지역도에서 보면 얼룩처럼 보일 수 있다. 이러한 스팟 조닝이 발생하는 경우 법원은 종합적인 지역발전계획에 비추어 스팟 조닝 문제를 판단한다. 특히 조닝 설정법에 부합되는가를 판단하며, 시 당국은 조닝 설정이 충분히 합리적으로 이루어졌다는 것을 보여줄 수 있도록 구획 재설정을 세심하게 준비해야 한다. 또한 특정지구가 주변 다른 지구와 다르게 조닝이 설정되었다면 이는 형평성 문제가 생기므로, 조닝을 설정하는 경우 형평성 있게 구역을 정하여야 한다.

더 나아가 만일 토지 소유자가 자신의 토지 주변에서 일어나는 변화로 인하여 소유자 자신의 행복을 방해받거나 공해로 여겨진다고 판단하면 소송을 제기할 수 있다. 이런 경우 법원은 주변 토지의 변화를 금할 수 있고 그에 따른 보상을 해줄 수 있다고 판결한다. 이러한 논쟁은 클리블랜드의 조닝 설정 수정안을 만드는 과정에서 논의되었다. 특히 도시 내에서 닭, 벌 혹은 다른 가축을 기르는 문제에서 주로 야기되었고, 그에 따라 주택지구 내에서 동물을 키우는 경우 주변에서 살고 있는 사람들을 불편하게 만들지 않아야 하고 건강에 대한 위협을 주지 않도록 농장 동물들은 냄새와 소음 제한이 있는 일정한 환경에서 키우도록 제도화하고 있다.

2) 디트로이트의 녹지화 정책

미국 미시간주에서 가장 큰 도시인 디트로이트도 급격한 인구감소를 경험하면서 파산 위기에 처하고 있는 도시로 널리 인지된 도시이다. 자동차 생산의 중심지로 성장하였던 전성기 1950년대의 인구와 2010년 디트로이트의 인구를 비교해보면 지난 60년 동안 약 60% 이상의 인구가 감소하였으며, 특히 2000~2010년 동안 디트로이트 인구의 약 25%가 감소하였다. 이와 같은 급격한 인구 감소 문제를 직면하면서 남동부 미시간 의회(SEMCOG: Southeast Michigan Council of Governments)는 인구 감소로 인해 급증하는 유휴지에 그린인프라 정책을 도입하고 구체적인 전략들을 수립하였다. SEMCOG는 미시간 주에서 재정적 지원을 받으면서, 디트로이트의 7개 카운티의 토지이용, 교통, 수자원 계획을 수립하고 전략을 구상하고 있다. SEMCOG는 토지이용 모델을 이용하여 시뮬레이션을 수행한 결과 그린인프라를 조성하는 경우 빗물이 하수처리시설로 유입되는 양의 약 20%를 감소시킬 수 있다고 예측하였다. 이에 따라 디트로이트 수도국이 수립한 5대 계획 중 하나로 유휴지를 녹지로 조성하게 되었다. 그 밖에도 식재, 도로변 녹지화, 시 소유의 부동산에 녹지 조성, 수직 낙수 홈통 단절 등의 계획들을 수립하고 있다.

SEMCOG는 유휴지들을 대상으로 녹지화 잠재적 가능성을 파악한 다음, 유휴지의 녹지화가 빗물 관리에 미치는 영향을 평가할 수 있는 시나리오를 개발하고 시뮬레이션 결과에 따라 의사결정을 내릴 수 있는 시스템을 개발하여 적용하고 있다. 특히 해당 커뮤니티에게 미치는 긍정적 이익도 유휴지를 녹지화하는 부지 선정에 영향을 미치는 중요한 항목이다. SEMCOG에서 수립한 녹지화 전략은 크게 주요 도로 옆에 있는 유휴지의 녹지화, 유휴지의 개별적 녹지화, 그리고 대규모 녹지화를 위한 유휴지의 통합으로 분류될 수 있다. 주요 도로 옆에 있는 유휴지의 녹지화 전략은 빗물 관리를 위한 것으로, 주요 간선도로에 흐르는 유출수를 유휴지로 흐르게 하는 것이다. SEMCOG는 유휴지를 대상으로 빗물을 수용할 수 있는 잠재력이 높은 유휴지 분석 결과를 토대로 그린인프라 조성자금의 약 1/5인 1백만 달러를 주요 도로 주변에 위치한 140여개 폐가를 철거하는 데 사용하였다. SEMCOG는 1~3개의 유휴지로 이루어진 지역의 녹지화 잠재력을 평가하며, 보다 넓고 통합된 부지가 빗물 관리에 효과적이기 때문에 산재되어 발생하고 있는 유휴지를 통합하고자 시도하고 있다.

한편 디트로이트 수도국은 비영리기관인 '더 그리닝(The Greening of Detroit)'과 협력하고 있다. 더 그리닝은 수도국의 시행 파트너로 수직 낙수 홈통 단절, 레인 가든, 빗물 수조 등을 설치하며, 해당 지역 주민들의 교육을 담당한다.

더 그리닝은 1950~1980년에 걸쳐 나타난 네덜란드 느릅나무병과 도시개발 등에 의해 손상된 약 50만 그루의 나무 문제도 다루고 있으며, 2,000여 그루의 나무를 식재하여 관리하고 있다. 그동안 더 그리닝은 1,379개의 유휴지와 1,407개의 주택, 학교, 커뮤니티 가든의 식재와 관리를 담당해왔는데, 이러한 작업에 디트로이트 주민들

출처: www.greeningofdetroit.com

그림 4-15. 더 그리닝의 활동들

약 15,000명이 동원되었고 식재한 나무도 80,924 그루에 달하고 있다. 지난 20여년 동안 더 그리닝은 관리비용이 적게 들고 곤충과 나비들이 쉽게 서식처로 이용할 수 있도록 디트로이트의 자생종을 선별하고 있으며, 현재 50개의 유휴지를 대상으로 9종의 자생종을 식재하고 있다. 봄과 가을, 나무 식재 프로젝트에 자원 봉사자를 모집하고 있으며, 약 12,000여 명의 봉사자들이 식재와 잔디 관리에 참여하고 있다. 뿐만 아니라 더 그리닝은 유휴지의 안정화 및 그린인프라 조성을 통해 커뮤니티의 재활성화와 빗물 관리 등에 기여하고 있다.

더 그리닝은 수도국과 협력하여 유휴지의 녹지 조성과 함께 빗물 관리를 위한 프로젝트를 수행하고 있다. 오픈 스페이스의 확대 가능성, 홍수 피해가 나타나는 지역, 습지로서 기능할 수 있는 공원, 도시가 최소한의 관리만 하고 있는 공원 등을 파악하고 관리 노력이 적게 요구되고 빗물 관리가 가능한 수종을 식재하고 관리하면서 나무의 건강을 모니터링하고 있다. 또한 더 그리닝은 1989년 이후 약 400개 이상의 커뮤니티 가든을 조성하는 데 도움을 주었다. 이 프로젝트를 위해 더 그리닝은 공공소유의 유휴지를 커뮤니티 가든으로 조성하여 지역 주민들에게 매년 나무가 성장하는 계절에 정원 가꾸기 프로그램을 제공하고 있다. 그러나 식재 프로그램을 진행하면서 자원봉사자 중심의 관리 방식에 한계가 있고 이들만으로는 지속적인 관리가 어려워지자 전문적 관리팀인 그린 부대(Green Corps)라는 청년 고용 프로그램을 개발하였다. 즉, 기업이나 단체로부터 후원을 받아 연간 1백만 달러의 예산으로 미시간주의 청년들을 대상으로 한 고용 프로그램을 운영하고 있다. 8주간의 자격증 프로그램을 통해 1년에 150명의 청년들을 교육시켜, 나무 관리나 원예 등 관련 기술을 익힐 수 있도록 하고 있다. 또한, 4명의 전문 관리원들을 두어 3월부터 10월까지 20마일에 이르는 그린웨이와 5~10개의 커뮤니티 공원을 관리하도록 하였다.

한편 더 그리닝은 '정화와 녹지화(clean & green)' 프로젝트를 수행하고 있다. 커뮤니티의 모든 유휴지를 평가하여 개선 잠재력을 기준으로 우선순위를 설정하고 순차적으로 유휴지를 녹지화하여 근린환경을 안정화시키고 있다. 연방정부의 주택도시개발부의 임파워먼트 존(Empowerment Zone) 프로그램을 통해 재정적인 지원을 받으면서 이 프로젝트를 통해 1990년대에 2,000여개 이상의 유휴지를 녹지화하였고 자원 봉사자들로 하여금 쓰레기 줍기나 잔디 깎기 등 관리를 하도록 하고 있다(그림 4-15 참조).

<그림 4-16>은 커뮤니티 가드닝을 통해 유휴·방치부동산을 성공적으로 녹지화한 대표적인 사례인 라파예트 가든(Lafayette garden)의 모습이다. 라파예트 빌딩은 자동차 산업으로 성장하던 1923년 디트로이트 도심부 한복판에 건립되었다. 디트로이트의 대표적 문화센터로 건립된 이 빌딩은 미국의 건축가 하워드 크레인(Howard

Crane)이 설계하였는데, 르네상스풍의 독특한 건물로 자연 채광을 최대로 끌어들이기 위해 'V' 자형으로 건축되었다. 디트로이트의 마천루라고 불리어졌던 이 빌딩은 자동차 산업의 쇠퇴와 함께 디트로이트 경제가 침체되면서 위기를 맞게 되었고, 빌딩 전체가 약 10년 이상 비게 되면서 방치되자 2010년에 철거되었다. 이렇게 빌딩이 철거된 이후 당시 컴퓨웨어(Compuware) 회사 설립자인 피터 카르마노스(Peter Karmanos)가 이 부지를 구입하고 조경가인 케네스 웨이칼(Kenneth Weikal)의 도움을 받아 이 부지를 디트로이트 시민 모두가 이용 가능한 커뮤니티가든으로 조성하는 프로젝트를 수행하였다. 2011년 8월 커뮤니티 가든이 조성된 이후 많은 디트로이트 시민들은 사과, 복숭아, 배, 상추, 다채로운 꽃, 아로마 라벤더 등 매우 다양한 식재를 심고 가꾸게 되었다. 2012년 가든이 조성된 첫해에 이미 800kg 가량의 신선한 농산물이 재배되어 인근의 로컬푸드 뱅크에 보급되었고, 더 나아가 다른 지역사회 단체에도 기부할 수 있었다. 한 해에 약 1,000명 이상의 자원봉사자들이 약 2,500시간 이상의 자원봉사를 한 것으로 파악되고 있다.

도심의 콘크리트로 둘러싸인 삭막한 빌딩들 사이에 입지한 커뮤니티가든은 도심에서 근무하는 많은 근로자들에게 쉼터와 휴식처를 제공하고 있다. 특히 미학적으로 설계된 정원은 빽빽하게 들어선 건조한 도심 환경 속에서 벤치에 앉아 자연의 아름다움을 즐기는 공간이 되었다. 커뮤니티가든은 학생들에게 좋은 학습 장소로도 각광받고 있을 뿐만 아니라 유기농 농산물을 재배하는 좋은 로컬 푸드 공급처로 자리 잡고 있으며, 생산된 농산물은 인근에 있는 여러 로컬푸드 뱅크에 기부된다. 물론 주민들이 자신이 재배한 과일이나 야채를 원하면 집으로 가져갈 수도 있다. 이 커뮤니티가든은 인근에 본사가 위치해 있는 컴퓨웨어 회사 직원과 지역의 자원봉사자들이 주로 돌보고 있다. 라파예트의 커뮤니티가든은 도심의 유휴지를 녹지화하는 경우 얼마나 지역사회에 긍정적인 영향을 주는가를 보여주는 대표적인 성공 사례라고 할 수 있다.

출처: http://www.compuware.com/en_us/about/lafayette-greens-the-garden.html

그림 4-16. 디트로이트 도심의 라파예트 커뮤니티 가든

3) 필라델피아의 녹지화 정책

펜실베이니아주의 필라델피아시는 미국의 독립선언문을 발표한 매우 역사적인 도시로 자유의 종이 도심에 위치해 있다. 이렇게 역사적인 도시이지만 산업화시대가 지나가면서 인구 감소와 함께 상당히 많은 유휴지가 필라델피아 구시가지에서 다량으로 발생하였다. 이로 인해 많은 문제에 직면한 필라델피아시는 토지돌봄 프로그램(Philadelphia Land Care Program)을 통해 유휴·방치부동산 문제를 해결해나가면서 다양한 측면에서 매우 긍정적인 효과를 거두고 있는 도시로 널리 알려져 있다. 필라델피아시의 유휴·방치부동산 정책은 '정화와 녹지화(clean and greening)'이다. 즉, 유휴·방치부동산을 철거한 후에 해당 부지를 깨끗하게 정리하고 녹지화하는 것이다. 토지돌봄 프로그램은 공공-민간의 파트너쉽에 의해 이루어지는 것으로, 시 당국이 재정 지원을 하고 실제 모든 운영과 관리는 중간 지원조직인 필라델피아원예협회(PHS: Philadelphia Horticultural Society)가 담당하고 있다. 토지돌봄 프로그램의 목적은 이웃 주민들에게 공지 발생으로 인한 부정적인 영향을 최대한 줄이고 녹지화를 통해 생태계서비스를 공급하면서 커뮤니티의 경관을 개선하는 것이다. 따라서 토지돌봄이 이루어지는 지역들은 노후화된 불량주택 및 공지들이 커뮤니티의 활력을 크게 떨어뜨리고 있는 저소득층이 거주하는 커뮤니티들이다. 토지돌봄 프로그램을 통해 쓰레기 더미와 잡초만 자라나던 공지에 잔디와 나무를 심고 가꾸면서 조성된 녹지 경관을 근린 주민들에게 자산으로 돌려주고 이를 통해 주민들의 삶의 질을 향상시키는 데 주력하였다. 토지돌봄 프로그램은 유휴·방치부동산을 철거하여 녹지화하는 데 초점을 둔 것으로, 향후 이 부지에 대한 활용 계획을 수립하지 않는 중간적 경관(interim landscape)을 조성하는 것이다. 따라서 돌봄을 받은 토지들은 마을 주민들이 운동장이나 커뮤니티가든으로 일시적으로 사용하기도 하며. 영구적인 오픈 스페이스로 남겨지기도 한다. 지금까지 약 10%에 해당되는 돌봄 토지가 새로운 용도(주택 개발, 상업 용도, 커뮤니티가든, 공원 등)로 사용되었다.

그러나 필라델피아 구시가지에 발생하고 있는 약 40,000여 필지들을 한꺼번에 관리할 수 있는 재원이 없기 때문에 전략적 위치에 입지하고 있으며, 가시성이 높은 공지를 우선 토지돌봄의 대상으로 선정한다. 토지돌봄 대상 필지의 선정 과정은 상당히 협력적이며 종합적인 관점에서 이루어진다. 즉, 'Clean and Green'을 위한 필지는 필라델피아원예협회, 필라델피아시의 도시·주택 및 커뮤니티개발(OHCD), 상무부, 기획위원회 대표자들, 지역의회 관계자, 그리고 커뮤니티 조직 구성원들이 참여하여 우선 돌봄의 필지를 선정하게 된다. 돌봄 필지의 우선권은 공지가 발생한 입지의 현재 상황의 심각한 수준 및 돌봄을 통해 가져오게 되는 시각적 효과들을 고려하여 선정하게 된다. 토지돌봄 필지 선정에 대한 지침을 보면 공지가 발생한 주변의 통행량이 많은 대중교통 결절점, 상업 (점포) 밀집지역, 학교 및 레크리에이션 센터 근처, 신규 주택 또는 상업 개발이 인근 지역, 추가로 방치됨으로 인해 상당히 위협을 받을 가능성이 높은 전이지구 등으로, 주로 간선대로를 따라 나타나고 있는 공지들이 우선적으로 선정된다.

필라델피아 시에서 돌보는 토지의 거의 대부분은 시가 소유한 필지가 아니라 개인이 소유한 필지들이다. 시 당국은 해당 필지가 방치되거나 문제를 야기하고 있는 필지들을 감독하며, 만일 심각한 방치가 이루어졌다면 소유주에게 일정기간 동안 관리하도록 공지한다. 필라델피아원예협회 직원들은 시의회 및 커뮤니티 조직원들과 정기적으로 모임을 통해 자문을 하고 토지 황폐화 법령에 비추어 볼 때 위반되고 있는 필지들의 목록을 생성하고 위반 통지를 시 당국에 알리게 된다. 시 당국의 관리자가 직접 해당 필지를 방문하여 위반사항을 확인하면 곧 소유자에게 통보한다. 통보 후 10일 이내에 소유자가 응답하지 않는 경우, 필라델피아원예협회에게 이 문제를 해결하도록 하는 권한이 주어지게 된다. 특히 주어진 기한 내에도 소유주가 그대로 방치한다면 필라델피아원예협회는 토지돌봄 대상 필지로 지정하게 되고 공지를 해결할 권한을 가지게 된다. 일반적으로 개인 소유주가 방치한 공지에 대한 토지돌봄 처리과정은 매우 신속하게 이루어지는데 보통 2달 정도 소요된다. 매년 약 0.9km^2 공지가 돌봄 대상 필지로 전환된다. 그동안 토지돌봄 프로젝트를 통해 방치되었던 약 1.4km^2 면적에 해당되는 11,300 필지가 돌봄의 대상이 되고 있다.

토지돌봄 사업은 공원과 유사한 환경을 창출하는 것이다. 즉, 빈집들을 헐고 벽돌을 부수어 땅속에 매립한 후 그 위에 좋은 토양을 덮어 잔디와 나무를 심고 울타리를 치는 식으로 그 땅을 돌보는 것이다. 토지돌봄에 들어가는 비용은 매우 경제적이며 효율적으로 운영된다. 필라델피아원예협회 관계자는 돌봄 필지 현장을 방문하여 정확한 토지 면적 산정을 위해 경계를 측정하고 현장 사진을 찍는다. 그리고 어떤 특이한 조건(예: 부러진 나무) 등이 있는지 확인한다. 이러한 정보를 바탕으로, 필라델피아원예협회 직원은 각 사이트에 대한 2장의 도면작업을 한다. 한 장은 현재 여건, 다른 한 장은 관리 후의 모습(나무, 배치, 울타리와 울타리 구멍 등의 배치)의 위치를 그린다. 그다음 필라델피아원예협회는 입찰을 위해 울타리 설치 및 나무 심기에 대한 내용을 담은 각 사이트의 도면을 공지한다. 사업 계약을 위해 입찰하는 회사들은 이미 시 당국에 의해 허가를 받은 업체들이다. 입찰 회사들의 참여는 지리적 영역에 의해 제한된다(서부 필라델피아, 동북 필라델피아 등). 약 15~18명의 계약자들이 토지돌봄 사업을 위해 입찰경쟁에 참여하여 선정된다. 계약자의 60~80%는 소수민족이거나 커뮤니티 소속 사람들이다. 일반적으로 입찰과정은 상당히 경쟁적이기 때문에 비용을 상당히 낮게 유지할 수 있다. 토지돌봄 필지를 위해 투입되는 비용(초기 안정화 작업)은 1 $feet^2$(0.093m^2)에 1~1.3 달러로 매우 저렴한데, 이는 10년 동안 거의 변함없는 비용이다. 이 비용에는 나무, 풍부한 표토 및 잔디 씨앗(모두 필라델피아원예협회에서 대량 구매하며 계약자에게 배포), 사이트 정리 및 파편 제거, 나무 심기, 씨앗 파종, 그리고 울타리 비용이 포함된다. 필라델피아원예협회 직원은 계약자에 적절한 장비와 숙련된 작업 인원이 있는지 확인하고 계약자의 시설 현장방문을 실시한다. 일반적으로 작업량이 많거나 몰려있을 경우 입찰가격이 싸지며, 큰 필지가 작은 필지에 비해 저렴하다. 작업이 완료된 이후에 경비를 지불하여 일이 잘 이루어지도록 관리한다. 매년 선정되는 업체의 80%가 소수인종 기업이다. 매년 300~600개 공지가 토지돌봄 필지로 전환되지만, 재정 상황에 따라 달라질 수 있다.

한편 토지돌봄에 선정된 해당 필지를 지속적으로 유지하고 보수하는 비용(관리 작업)도 지난 10년 동안 1 $feet^2$(0.093m^2)에 0.12~0.14 달러로 매우 저렴하다. 돌봄을 받는 필지들은 1년에 두 차례씩 4~10월 동안 유지·관리가 이루어진다. 즉, 각 필지들을 돌아다니면서 풀을 뽑고 쓰레기를 줍고 돌보는 일들이 4월부터 10월에 걸쳐 한 달에 두 번씩 총 14차례 이루어진다. 필라델피아원예협회는 울타리, 나무와 잔디의 상태를 모니터링하며, 매년 약 6,200 필지에 대한 인벤토리를 관리하고 운영한다.

필라델피아원예협회는 공공과 민간의 협력을 통해 보다 활력 있는 커뮤니티를 조성하고, 그 지역에 거주하는 소수 인종들에게 일자리를 제공하고 있다. 필라델피아 시에 거주하는 시민들로 구성된 로컬 단위의 경관계약(landscape contractors) 회사들에게 일자리를 제공하고 있다. 대부분이 매우 영세한 소수인종들로 이루어진 회사이지만, 철저한 입찰과정을 통해 토지돌봄 사업을 수행하게 되고 이를 필라델피아원예협회에서 관장한다. 시 전체적으로 9,300 필지가 관리되면서 경관계약회사들이 창출한 녹색 일자리(Green jobs for city residents)는 약 100개이다. 지역노동시장에 일자리를 창출하고, 범죄의 온상이었던 공지를 주민들에게 안전하고 쾌적한 장소로 바꾸어주는 이러한 사업을 통해 이 지역을 떠나갔던 사람들이 되돌아오도록 하는 일도 부수적으로 이루어지고 있다. 최근 귀향하는 주민들에게 녹색 일자리 제공(green jobs for returning citizens)이 시행되고 있다. 2016년부터 시작된 이 사업은 귀향하는 30여명의 주민들을 기업센터(enterprise center)에서 훈련받게 하고 토지관리 일에 대한 숙련도를 높여서 토지관리회사로 배치한다. 매년 토지돌봄 대상 필지가 확대되면서 추가적으로 일자리도 증가하고 있다(그림 4-17 참조).

유휴·방치부동산 철거 작업

철거된 자재를 땅에 묻고 좋은 토양덮기 작업

울타리 설치 작업

잔디와 나무 심기 작업

유휴·방치부동산의 녹지화 완료

지속적인 돌봄(잡초 제거, 쓰레기 줍기 등)

출처: 필자 현지 촬영

그림 4-17. 필라델피아에서 시행되는 토지돌봄 작업과정

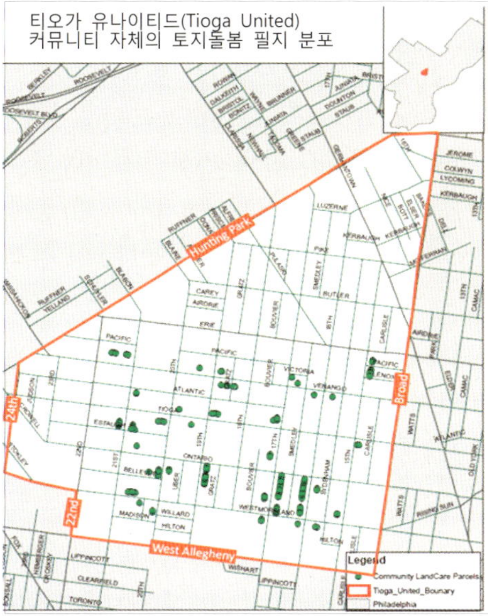

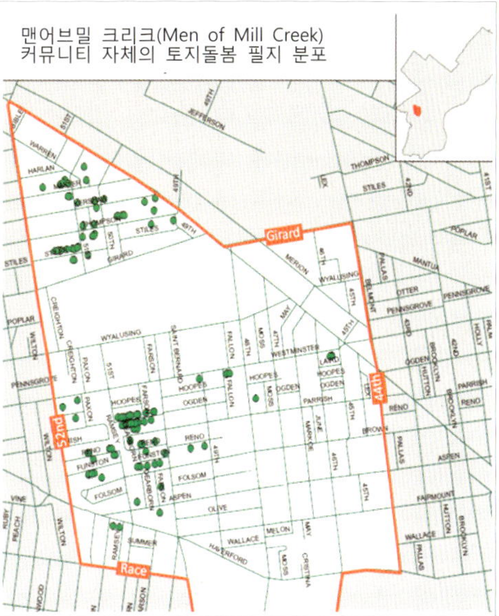

토지돌봄 필지 벽에 다양한 벽화를 통한 미화 작업

커뮤니티 공원으로 이용되고 있는 토지돌봄 필지

커뮤니티 가든으로 활용되고 있는 토지돌봄 필지

출처: 필자 현지 촬영

그림 4-18. 필라델피아의 토지돌봄 프로그램 관련 경관들

한편 커뮤니티 돌봄 프로그램(Community Landcare Program)도 시행되는데, 이는 해당 커뮤니티 스스로가 토지를 관리하는 일종의 토지지킴이라고 볼 수 있다. 커뮤니티 조직은 주택과 커뮤니티 개발국(OHCD: Office of Housing and Community Development)에 의해 지원한 조직들 가운데 선정된다. 현재 18개 커뮤니티 조직에 100여명이 넘는 주민들이 참여하면서 토지돌봄 프로그램에 아직 선정되지 못한 공지들을 잘 관리하고 돌보는 일을 담당한다. 매년 이들의 노력으로 약 3,000개 필지들이 관리되고 있다. 즉, 커뮤니티 자체의 토지돌봄 프로그램을 통해 아직 선정되지 않은 필지들 가운데 매년 18개 커뮤니티 조직과의 계약을 통해 약 3,000개 필지가 돌봄을 받는다. 약 80여개 커뮤니티 주민들이 이 프로그램에 고용되어 자신들이 거주하는 근린을 깨끗하고 안전하게 유지하는 역할을 하고 있다. 시 당국에서는 커뮤니티 토지돌봄 조직을 매 3년마다 선정하고, 이들에게 필지당 25 달러의 고정 비용을 지급한다. 이 조직들은 50~200개 필지를 월별로 청소하고 풀을 깎고 돌보게 된다. 작업의 성공적인 완료가 이루어지면 월별로 비용이 지불된다. 이와 같은 토지돌봄 프로그램을 통한 녹지 경관이 조성되면서 범죄 감소, 운동하는 사람 증가, 스트레스와 질병 감소, 부동산 가격 상승 등 인근 주변지역에 미치는 긍정적인 영향은 매우 큰 것으로 평가되고 있다(그림 4-18 참조).

4) 기타 미국 도시들의 녹지화 정책들

메릴랜드주 볼티모어(Baltimore)는 '성장하는 그린 이니셔티브(GGI: Growing Green Initiative)' 프로그램을 통해 시 당국이 주도적으로 유휴지를 재사용할 수 있도록 지속가능하고 혁신적이며, 비용 대비 효과적인 방안을 고안하고 있다. 유휴·방치부동산의 부정적 영향을 완화하기 위해 녹지화를 주도하며, 도시 내의 비영리단체나 유휴지를 전환시키려고 노력하는 커뮤니티 단체와 협력하기도 한다. 그린 패턴북(Green Pattern Book)에서는 토지자원 관리를 위한 녹지화 기술 및 지속가능한 경제적 발전을 위한 방향을 제시하고 있으며, 빗물 관리를 위한 프로젝트를 통해 상금을 수여하여 서로 경쟁을 유도한다. 또한 볼티모어에 위치한 대학교에서 유휴지 내 생물 다양성이나 빗물 관리 정책에 관한 연구를 수행하도록 하고 있다.

한편 뉴욕주 버팔로(Buffalo)시의 경우 오염물질로부터 지역의 수로를 보호하기 위해 공익난제로 버팔로 하수관리국을 신설하였다. 이 기관에서는 장기적인 관리 계획에 따른 그린인프라 구축(LTCP: Green Infrastructure implementation in accordance with the Long Term Control Plan), 녹도 사업 등을 통하여 녹지화를 하고 있다. 또한 그린인프라 마스터플랜을 시행하여, 불투수면 제거를 통해 빗물 감소 효과를 창출하고, 빗물 관리 및 녹색 통로 프로젝트를 진행하는 데 있어서 레인 가든(rain garden)이나 투수성 도로 포장 등을 이용하고 있다.

3 녹지화를 통한 유휴·방치부동산의 생태계서비스 증진 방안

1) 부산시의 생태계서비스 수요 분석

(1) 부산시 행정동별 생태계서비스 수요 분석

부산시는 6·25 전쟁으로 인해 많은 피난민들이 급격하게 유입되면서 인구가 급증하였으나, 1990년대 중반을 기점으로 부산시는 점차 인구 감소를 경험하고 있다. 1995년 약 388만 명이던 인구가 20년이 지난 2015년에는 약 340만 명으로 감소하였다. 이러한 인구 감소는 도심 공동화 현상, 인구의 지역 간 편중 현상, 인구구조의 변화로 인한 다양한 분야에서의 수요 감소 등의 문제 등을 야기했다. 특히 부산시의 구도심 또는 구시가지에서는 급격한 인구 감소가 이루어지면서 유휴·방치부동산이 급격하게 늘어나고 있다. <그림 4-19>에서 볼 수 있는 바와 같이 부산시 전체적으로 인구가 감소하고 있지만 65세 이상의 노년층 인구는 지속적으로 증가하는 추세를 보이고 있다. 특히 부산시의 경우 독거노인 비중이 높으며, 이들의 대부분이 빈곤층이기 때문에 매우 열악한 노후된 주택에서 거주하고 있다. 부산의 구도심이라고 볼 수 있는 동구와 남구, 서구 등에는 유휴·방치부동산이 상당히 많으며, 방치된 빈집이 흉물스럽게 자리 잡고 있다. 반면에 부산시의 도시면적의 증가는 각종 환경 문제를 동반하고 있으며 특히 대기오염, 열섬현상, 홍수 등이 도시 내에서 빈번하게 발생하고 있다.

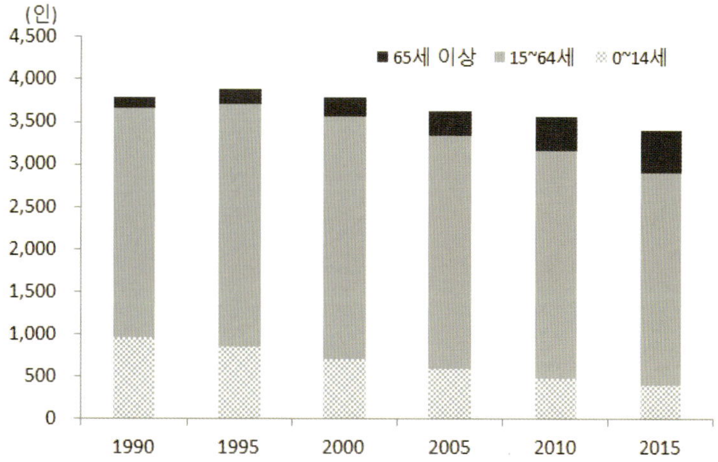

출처: 통계청, 인구총조사, 해당연도.

그림 4-19. 부산시의 연령별 인구구조의 변화

해외에서는 도시의 사회적·환경적 문제를 해결하고 유휴·방치부동산을 활용하는 방안으로 유휴지에 녹지를 조성하여 환경문제를 완화하고 지역사회 활성화를 도모하고 있다. 부산시에서도 유휴지에 도시농업 등 녹지 조성을 통해 지역에 활력을 불어넣는 노력들을 기울이고 있다. 부산시 전체적으로 볼 때 녹지 비율은 비교적 높은 편이지만, 대부분의 자연녹지가 도시 외곽에 위치하고 있어 근린 생활권 내에서 도시민들이 쉽게 이용할 수 있는 도시 녹지가 다른 도시들에 비해 부족한 실정이다(김지현, 2005).

생태계서비스에 대한 지역주민들의 수요는 경제사회적 요인 및 생태적 요소들 간의 상호 연계성에 따라 형성된다. 식량 수요에서부터 도시의 사회-경제적 현황, 주민들의 생활 습성, 인구 변화, 소비 행태, 주민들의 건강, 지리적 입지 등 다양한 요소들이 도시민의 생활에 영향을 주고 있으며, 이는 도시의 생태계서비스 수요를 결정하는 주요 요인으로 작용하게 된다. 우선 부산시의 생태계서비스 수요분석을 위해 <표 4-2>와 같이 비교적 정량적으로 측정가능한 생태계서비스의 지표들을 설정하고 부산시 행정동을 대상으로 분석을 하였다.

표 4-2. 생태계서비스 수요 평가 지표

구분	지표	산출식	단위
공급서비스	고령화비율	65세이상 인구수/총인구×100	%
	천명당 기초생활보장수급자수	국민기초생활보장수급자수/총인구수×100	%
조절서비스	도시 대기오염	대기오염 주의보 일수	일
	도시 온도	여름 평균 기온	℃
	홍수위험	홍수취약지역	-
문화서비스	일인당 녹지비율	(도시공원+자연녹지면적)/총인구수×100	%
	인구밀도	총인구수/행정구역면적	인/㎢

출처: Termansen et al.(2013); Lautenbach et al.(2012); Stürck et al.(2014); Vollmer and Grêt-Regamey(2013)을 참고하여 정리함.

공급서비스에 대한 수요는 광역적인 범위에서 보는 경우 물이나 전기 등과 같은 자원에 대한 수요가 다르게 나타날 수 있다. 그러나 해당 도시만을 대상으로 하여 보는 경우 소득계층에 따라 식량 또는 경제적인 지원에 대한 수요가 다르게 나타난다. 이러한 관점에서 볼 때 부산시에서 공급서비스가 필요한 지역은 고령화가 심각한 지역, 저소득층이 집중된 지역일 수 있다. '고령화비율'과 '천명당 기초생활보장수급자수'를 지표로 하여 부산시 행정동을 대상으로 분석한 결과, 공급서비스 수요가 높은 지역은 대부분 도시와 농촌의 점이지대이며 도심부에서는 부산진구, 중구 등에서 높게 나타났다.

조절서비스에 대한 수요는 일반적으로 생태적 기능이 손실되거나 환경적인 압력이 있는 상황에서 높게 발생한다. 부산시에서 일어나는 주요 환경 문제는 대기오염, 열섬 현상, 홍수 발생 등이다. 이러한 환경 문제가 빈번하게 발생하는 지역을 추출한 결과 강서구의 대저동 및 녹산동, 수영구의 광안동으로 나타났으며, 이러한 지역들에서 조절서비스에 대한 수요가 높을 것으로 예상할 수 있다.

문화서비스에 대한 수요는 도시민의 활동 및 레크리에이션 장소가 부족한 상황에서 주로 발생한다. 특히, 도심에서의 문화서비스 수요는 인구와 활동 장소의 면적 등에 의해 영향을 받는다(Vollmer and Grêt-Regamey, 2013). 따라서 행정구역별 인구밀도, 1인당 차지하는 도시공원 및 도시 내 자연녹지 면적으로 측정할 수 있다. 이러한 지표를 이용하여 부산시의 문화서비스에 대한 수요를 분석한 결과, 남구 문현2동, 부산진구 당감1동, 강서구 광안동, 서구 부용동 등에서 문화서비스 수요가 높은 것으로 나타났다.

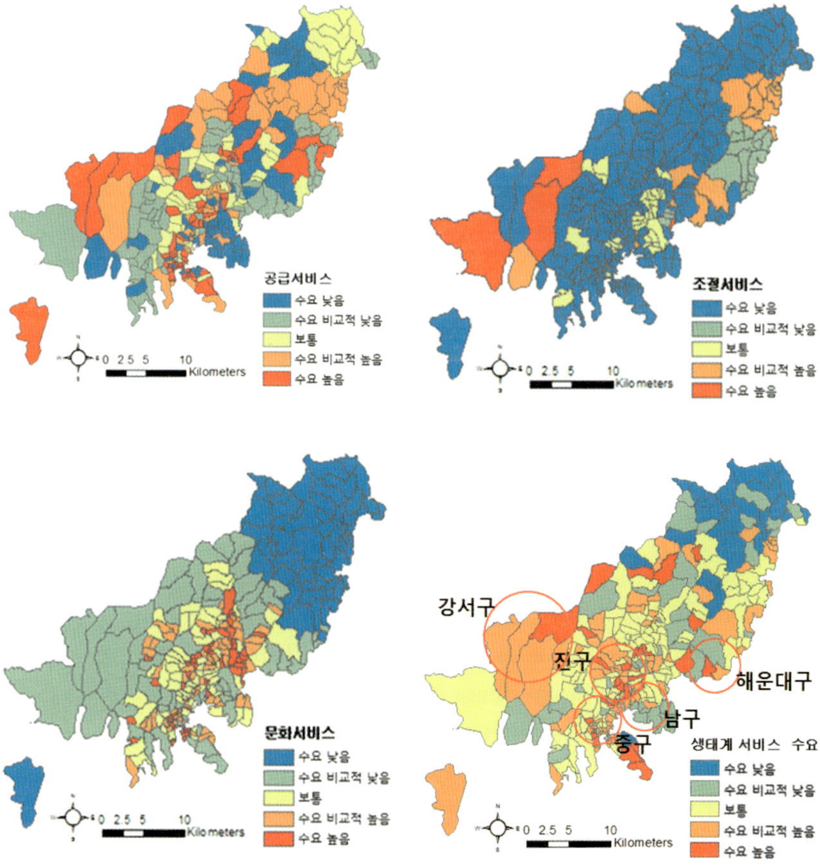

그림 4-20. 부산시 행정동별 생태계서비스 수요 평가

(2) 사례지역의 생태계서비스 수요 및 만족도 분석

생태계서비스에 대한 수요는 사회적·경제적·환경적 지표 외에 도시민이 도시환경에 대한 개인적인 수요와 의식에 의해 영향을 받는다(Schröter et al., 2014). 세 가지 생태계서비스 수요 지표를 중첩시킨 결과 강서구, 부산진구, 남구, 중구, 해운대구에서 상대적으로 생태계서비스 수요가 높은 것으로 나타났다(그림 4-20 참조). 또한 부산시 내에서 서로 다른 자연환경, 문화, 경제적 특성을 가진 지역주민들의 생태계서비스 수요에 대한 인식을 살펴보는 것이 필요하다. 이에 따라 지역주민들이 도시의 생태계서비스 수요에 대한 인식 조사를 위해 주거 유휴·방치부동산이 상당히 많은 남구 문현2동, 철도 유휴부지가 있는 해운대구, 그리고 도시와 농촌의 점이지역이라고 볼 수 있는 강서구 대저동 주민들에게 설문조사를 실시하였다. <표 4-3>에서 나타는 것처럼 설문 응답자의 남·여 비율은 유사하며, 세 지역 모두 20~40대의 응답률이 가장 높았다. 설문 내용은 대상지의 현재 환경 및 각 생태계서비스에 대한 만족도, 유휴·방치부동산의 생태계서비스에 대한 수요도, 생태계서비스 기능의 중요도에 대한 항목들이다.

표 4-3. 설문 응답자의 일반 특성

구분		남구 문현2동		해운대구 철도유휴지		강서구 대저동	
		백분율(%)	빈도(n)	백분율(%)	빈도(n)	백분율(%)	빈도(n)
전체		**100**	**59**	**100**	**52**	**100**	**52**
성별	남성	57.6	34	53.8	28	57.7	30
	여성	42.4	25	46.2	24	42.3	22
연령별	20대 미만	5.1	3	0	0	1.9	1
	20대	37.3	22	30.8	16	40.4	21
	30대	32.2	19	34.6	18	32.7	17
	40대	20.3	12	21.2	11	19.2	10
	50대 이상	5.1	3	13.5	7	5.7	3

세 사례지역 주민들을 대상으로 생태계서비스 유형별로 얼마나 만족하는가를 설문조사하였다. 여기서 만족도란 현재 해당 지역에서 공급받고 있는 생태계서비스에 대한 만족도 수준을 의미한다. 설문조사 결과를 보면 먼저 남구 문현2동의 전반적인 만족도는 3.41로 보통 수준을 보이고 있지만 각 유형별 생태계서비스에 대한 만족도는 보통 수준인 3.0보다 낮게 나타나고 있다. 특히 문화서비스에 대한 만족도가 가장 낮게 나타났다. 이는 문현2동의 경우 단독주택 밀집지구로 노후불량주택이 많은데 비해 녹지가 거의 없기 때문으로 풀이할 수 있다. 한편 해운대구 철도 유휴부지

인근 주민들의 전반적인 만족도는 3.31로 보통 수준으로 나타났으나, 문현2동과 마찬가지로 각 유형별 생태계서비스에 대한 만족도는 보통 수준(3.0)보다 다소 낮게 나타나고 있다. 반면에, 강서구 대저동 주민들의 전반적인 만족도는 4.27로 만족한 수준으로 나타났으며, 특히 문화서비스에 대한 만족도가 가장 높게 나타나고 있다. 이는 대저동의 경우 상대적으로 녹지가 풍부하기 때문으로 풀이할 수 있다(그림 4-21 참조).

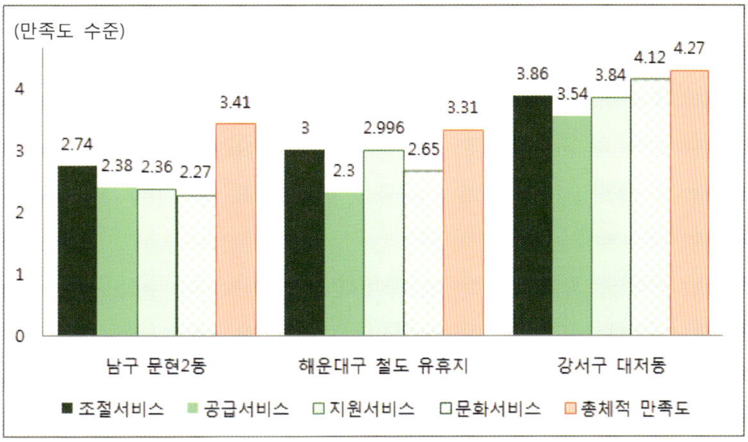

출처: 현지에서의 필지들에 의한 설문조사 결과 분석

그림 4-21. 생태계서비스 만족도에 대한 설문조사 결과

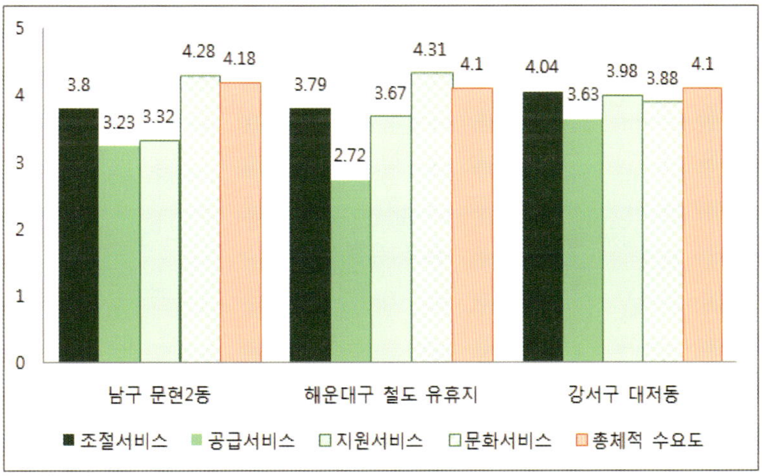

출처: 현지에서의 필지들에 의한 설문조사 결과 분석

그림 4-22. 생태계서비스 수요도에 대한 설문조사 결과

한편 세 사례지역 주민들에게 녹지가 제공하는 각 유형별 생태계서비스를 어느 정도 필요로 하는가를 파악하기 위해 수요도를 조사하였다. 그 결과 남구 문현2동 주민들이 녹지에 대한 수요도가 4.18점으로 가장 높게 나타났다. 특히 휴식 공간, 모임 장소 등이 필요하다는 의견이 많았으며, 설문조사 결과에서도 생태계서비스 중에서 문화서비스에 대한 수요가 가장 높게 나타났다. 또한 해운대구 철도 유휴부지 인근 주민들의 경우 녹지에 대한 수요도가 4.1점으로 비교적 높게 나타났다. 이 지역 주민들도 문화서비스에 대한 수요도가 가장 높은 것으로 나타난 반면에 공급서비스에 대한 수요도는 2.72로 상대적으로 낮게 나타나서 철도 유휴지 인근 주민들의 경우 녹지를 통한 공급서비스는 상대적으로 필요성이 낮음을 엿볼 수 있다(그림 4-22 참조). 반면에 강서구 대저동 주민들의 경우 녹지에 대한 수요도가 4.1점으로 비교적 높게 나타났으며, 조절서비스에 대한 수요도가 가장 높았다. 이상에서 살펴본 바와 같이 사례지역 주민들 모두 녹지 조성을 통한 생태계서비스 공급에 대한 필요성을 상당히 인식하고 있음을 시사해준다.

유휴·방치부동산 유형에 따른 생태계서비스 만족도와 수요도 차이가 통계적으로 유의한가를 검증하기 위하여 ANOVA 분석을 수행하였다. <표4-4>와 같이 조사 대상지역 세 지역 간 생태계서비스에 대한 만족도 측면에서는 통계적으로 유의한 차이가 있음을 알 수 있다. 특히 강서구 대저동 주민들이 가장 높은 생태계서비스에 대한 만족도를 보이고 있으며, 해운대구 철도 유휴지 주민과 문현2동 빈집 밀집지구 주민들의 만족도는 상대적으로 매우 낮게 나타나고 있다. 이는 유휴·방치부동산이 위치한 지역의 특성에 따라 생태계서비스에 대한 만족도가 달라짐을 말해준다. 그러나 생태계서비스에 대한 전체적인 수요도 측면에서는 세 지역 간에 큰 차이를 보이지 않고 있으며, 특히 조절서비스에 대한 수요도는 통계적으로 유의하지 않게 나타났다.

표 4-4. 생태계서비스에 대한 만족도와 수요도에 대한 분산분석 결과

구분	남구 문현2동		해운대구 철도 유휴부지		강서구 대저동		F값	유의수준
	평균	표준편차	평균	표준편차	평균	표준편차		
만족도	**3.41**	**.73**	**3.31**	**1.03**	**4.63**	**1.01**	**16.9**	**.000**
조절서비스	2.74	.78	3.0	.88	3.86	.89	25.2	.000
지원서비스	2.36	.87	2.96	1.20	3.84	1.02	28.3	.000
문화서비스	2.27	.89	2.65	1.20	2.3	.93	50.5	.000
공급서비스	2.34	.75	2.3	.93	3.54	.86	34.5	.000
수요도	**4.18**	**.69**	**4.1**	**.91**	**4.37**	**4.11**	**.128**	**.880**
조절서비스	3.80	.82	3.78	.86	4.04	.80	1.50	.229
지원서비스	3.32	.95	3.67	.95	3.98	0.74	7.48	.000
문화서비스	4.28	.79	4.31	.77	3.88	.87	4.37	.000
공급서비스	3.23	.91	2.72	.93	3.63	.73	13.3	.000

유형별 생태계서비스 공급에 대해 지역주민들이 얼마나 중요하다고 인식하는가를 분석하기 위해 설문조사를 실시하였다. 그 결과 남구 문현2동 주민들의 경우 문화서비스를 가장 중요하다고 인식하는 반면에 공급서비스와 지원서비스는 상대적으로 중요도를 낮게 평가하고 있다. 해운대구의 철도 유휴부지 인근 주민들의 경우도 마찬가지로 문화서비스를 가장 중요하다고 인식하고 있으며, 공급서비스의 중요도는 가장 낮게 평가하고 있다. 특히 이 지역주민들의 경우 문화서비스와 공급서비스 간 중요도에 대한 인식 차이는 상당히 크게 나타나고 있다. 한편 강서구 대저동 주민들의 경우 오히려 조절서비스를 가장 중요하다고 인식하지만, 다른 유형의 생태계서비스에 대한 중요도도 비교적 높게 인식하고 있다(그림 4-23 참고).

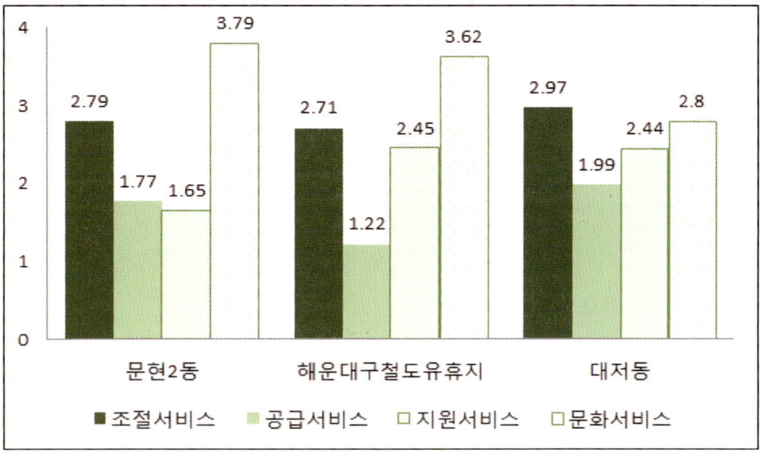

출처: 현지에서의 필지들에 의한 설문조사 결과 분석

그림 4-23. 생태계서비스 중요도에 대한 설문조사 결과

생태계서비스에 대한 객관적 지표와 설문조사를 통해 파악한 주민들의 주관적 지표를 종합해보면 생태계서비스에 대한 공급과 수요와 생태계서비스에 대한 만족도가 지역별로 다르게 나타나고 있다. 이는 도시의 회복력(resilience)을 높이고 삶의 질을 개선하기 위해서는 각 지역별 수요를 반영한 맞춤형 생태계서비스를 공급하여 환경적 가치를 상승시킬 수 있는 녹지 활용 방안이 필요함을 시사해준다.

2) 사례지의 녹지화를 통한 생태계서비스 증진 방안

해당 도시 내에서도 자연환경적 특징이나 경제적 여건에 따라 근린의 주거환경과 주택환경 및 근린 생활환경이 다르게 형성되며, 이에 따라 특정한 지역에 거주하는 주민들이 필요로 하는 생태계서비스 유형도 달라진다. 우리나라의 경우 도시에 조성된 녹지는 도시민의 이용, 경관의 아름다움 등 사용적인 측면이나 시각적인 측면이 우선시되고 있으며, 도시의 환경문제나 생물 다양성 등과 같은 환경적·생태적 측면에서의 녹지의 기능은 상대적으로 낮은 편이다(환경부, 2012). 유휴·방치부동산을 재활용하여 녹지를 조성하는 경우 조성되는 녹지에 생태적서비스 기능을 부각시켜서 지역주민들이 필요로 하는 생태계서비스 수요를 충족시키고 더 나아가 환경적 가치를 제고시키는 방향으로 녹지화 전략을 수립하는 것이 바람직하다.

도시 내에서 발생한 유휴·방치부동산을 활용하여 생태계서비스를 증진시킬 수 있는 전략은 <그림 4-24>와 같이 수립될 수 있다. 첫째, 도시 내 조절서비스를 강화하여야 한다. 도시 내 폭염과 같은 이상 기후에 대비한 생태적 적응 기능 강화 및 도심 내 대기환경 개선을 위한 녹지체계를 구축하고, 빗물 침투 유도를 통한 홍수 위험성 저감 등 도시 내에서 발생하는 환경문제를 완화시켜주는 조절서비스를 강화시키는 것이 매우 필요하다.

둘째, 도시민들의 수요가 높은 문화서비스를 증진시켜야 한다. 도시는 많은 사람들의 만남이 이루어지는 공간으로, 사람들이 서로 상호작용을 하면서 머무르는 공간이기 때문에 이들이 향유할 수 있는 문화적인 분위기를 풍부하게 마련해주어 사람들 간의 교류가 더욱 발발하게 일어날 수 있도록 조장해주어야 한다. 이를 위해 생태계의 '교육적인 측면'에서의 문화서비스를 제공한다면 도시민들이 자연을 탐구하고 배울 수 있는 기회를 갖는 것이 가능할 수 있을 것이다. 그 밖에도 자연이 인간에게 줄 수 있는 문화서비스의 종류는 매우 다양할 것이다.

셋째, 녹지 조성을 통해 도시민들에게 공급서비스를 더욱 많이 제공하도록 한다. 공급서비스 공급을 확대하여 도시농업과 유채꽃 등을 이용한 바이오에너지 생산을 통해 경제적인 측면에서 수익성을 창출할 수 있다. 특히 도시농업은 도시민들에게 농산물을 제공하는 것뿐만 아니라 사람들 간의 교류도 유발시킬 수 있다는 이점과 더 나아가 직접 생산한 신선한 야채와 과일 섭취를 통해 건강을 증진시킬 수도 있어 다방면에서 각광받고 있다.

넷째, 녹지 조성을 통해 지원서비스를 증진시키는 것도 필요하다. 도시 내 녹지가 조성되면 자연스럽게 생물의 서식 공간 및 비오톱 조성이 활발하게 이루어짐으로써 생물 다양성을 증진시키는 데 도움을 줄 수 있다. 지원서비스 증진은 곧 생물의

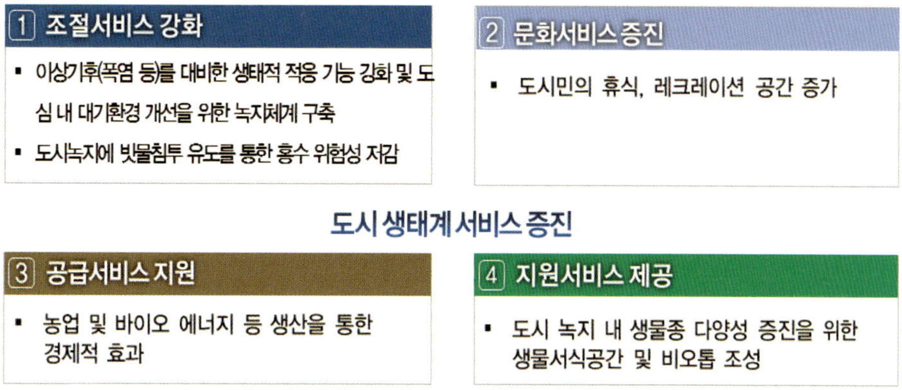

그림 4-24. 도시 생태계서비스 증진 방안

먹이사슬을 유지시키고 원활하게 하는 역할을 함으로써, 보다 안정된 지속가능한 생태계를 구축하는 데 기여할 수 있을 것이다.

부산의 사례지역인 남구 문현2동, 해운대구의 철도 유휴부지, 강서구 대저동 주민들을 대상으로 실시했던 설문조사 결과를 바탕으로 유휴·방치부동산의 녹지화 방안을 도출하기 위해 세 지역의 유형별 생태계서비스에 대한 만족도와 수요도를 산포도로 나타내었다. 그 결과 <그림 4-25>에서 볼 수 있는 바와 같이 대저동의 경우 생태계서비스에 대한 만족도와 수요도가 모두 1사분면에 위치하고 있어 주민들의 생태계서비스에 대한 만족도도 상당히 높지만 여전히 생태계서비스에 대한 수요도도 높음을

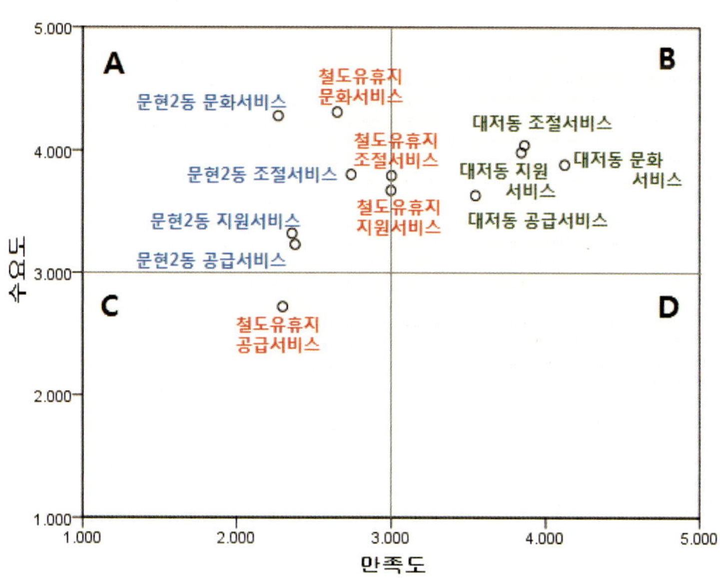

그림 4-25. 생태계서비스의 만족도 및 수요도 분석

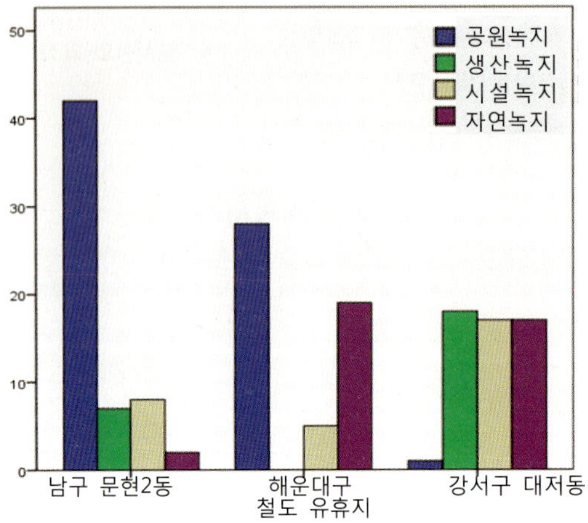

출처: 현지에서의 필지들에 의한 설문조사 결과 분석

그림 4-26. 유휴·방치부동산을 재활용하는 경우 선호되는 녹지 유형

을 알 수 있다. 반면에 문현2동의 경우 만족도는 매우 낮으나 수요도는 상당히 높은 2사분면에 주로 위치하고 있다. 따라서 이 지역의 경우 유휴·방치부동산을 재활용하여 녹지를 조성하여 생태계서비스에 대한 수요를 충족시켜 주민들의 생태계서비스에 대한 만족도를 높혀 주는 것이 바람직하다. 한편 철도 유휴부지의 경우 만족도는 보통이지만 수요도는 비교적 높은 편이다. 그러나 공급서비스에 대한 수요도는 상당히 낮은 편이다.

또한 유휴·방치부동산을 활용하여 생태계서비스 공급을 확충시키는 녹지화 전략을 시행하는 경우 주민들이 선호하는 녹지 유형을 설문조사한 결과 세 지역이 다소 다르게 나타났다. 문현2동의 경우 공원녹지에 대한 선호가 가장 높게 나타난 반면에 녹지가 비교적 많은 대저동의 경우 공원녹지에 대한 선호도는 매우 낮으며, 오히려 생산녹지에 대한 선호도가 높게 나타났다. 해운대 철도 유휴지 인근 주민들의 경우 공원녹지, 자연녹지 순으로 선호도가 높게 나타나고 있다(그림 4-26 참고).

즉, 사례지역 주민들의 생태계서비스에 대한 설문조사 결과들을 바탕으로 하여 유휴·방치부동산을 재활용하는 맞춤형 생태계서비스 공급 방안의 모색이 필요하다. 먼저 문현2동의 경우 네 가지 유형별 생태계서비스에 대한 수요도는 높은 데 비해 만족도가 매우 낮으며, 공원녹지에 대한 선호도가 가장 두드러지게 나타났다. 특히 앞에서도 살펴본 바와 같이 문화서비스에 대한 수요도는 높지만 만족도가 매우 낮았다. 따라서 문현2동의 경우 공원녹지 조성을 통해 생태계서비스를 신속하게 공급하는 것이 매우 필요하다. 그러나 문현2동의 경우 필지가 매우 협소한 과소필지 비율이 상당히 높고 유휴·필지들이 연결되어 있지 않고 분산되어 있기 때문에 규모가 작으면서 쉽게 이용 가능한 공원 녹지를 조성하는 것이 보다 효과적일 수 있다. 일례로 뉴욕 브롱크스(Bronx)의 시버리 공원(Seabury Park)은 면적이 약 0.12ha인 소공원이다. 15년간 방치되었던 유휴지에 주민들의 요구에 의해 공원이 조성되었다. 이 소공원은 평소에는 지역주민들의 모임 장소로 활용되며, 여름철에는 워크숍 장소로도 이용되고 있다(그림 4-27 참조). 문현2동도 이와 같은 소규모 공원을 조성하여 주민들이 모여서 휴식을 취하는 장소를 제공할 필요가 있다. <그림 4-28>은 문현2동에 소공원 혹은 도시 텃밭을 시뮬레이션을 통해 조성한 경관을 나타낸 것이다.

출처: www.nycgovparks.org

그림 4-27. 뉴욕 브롱크스의 시버리 공원

그림 4-28. 문현2동의 유휴·방치부동산을 활용한 소공원 및 도시텃밭 조성 예시

해운대구의 철도 유휴부지인근 주민들의 경우 문화서비스에 대한 수요도에 비해 만족도가 상당히 낮게 나타나, 유휴·방치부동산을 활용하여 문화서비스 공급을 확충시킴으로 전반적인 생태계서비스에 대한 만족도를 높이는 전략이 필요하다. 철도 유휴부지를 녹지화한 사례로 가장 잘 알려진 미국 뉴욕의 하이라인(High Line)은 도시의 흉물로 버려졌던 철도 유휴부지를 자생식물이 자라도록 생태공원을 조성함으로써 생태계서비스 증진을 유도하면서도 뉴욕 도심부의 독특한 경관을 재창조하여 지역경제까지 도움을 주는 결과를 가져왔다(그림 4-29 참조). 매일 수천 명의 사람들이 하이라인의 보행로를 따라 오가며 매우 건조한 뉴욕 도심의 휴식처가 되고 있다. 따라서 해운대구의 철도 유휴부지에도 <그림 4-30>에서 예시한 바와 같이 선형의 공원을 조성하여 자전거길 및 산책로, 도심 정원 등 시민들이 이용할 수 있는 녹지를 조성하여 문화서비스를 증진하는 것이 바람직하다.

출처: 연구진 현지 촬영

그림 4-29. 미국 뉴욕의 하이라인

그림 4-30. 해운대구 철도 유휴부지에 산책로 조성 예시

한편 강서구 대저동에서는 4가지 유형의 생태계서비스에 대한 수요도 높았지만 비교적 주민들의 만족도도 높게 나타났다. 따라서 이 지역의 경우 현재 상태를 잘 유지하거나 강화시키는 전략이 필요하다. 강서구 대저동은 도시와 농촌의 점이지대라고 볼 수 있을 만큼 농지와 나지가 비교적 많다. 또한, 낙동강 하류에 위치하고 있으며 홍수 취약 지역이다. 따라서 유휴·방치부동산을 활용하여 시설녹지를 설치함으로써, 홍수 조절 기능을 강화하는 동시에 교육적 가치, 도시민의 이용적 가치, 생물다양성 증진에도 일조하는 녹지 조성이 필요하다. 대저동에 적용할 수 있는 사례는 클리블랜드의 '홍수 조절용 시설 녹지 설치' 사례이다. 길모어가(Gilmore Avenue)에서 빌레어길(Bellaire Road) 구역에 홍수 관리를 위해 홍수 범람원에 자생종을 식재하는 시설녹지 조성을 통하여 하천의 유량 및 하천 범람을 조절하는 역할을 하고 있다(그림 4-31 참조). 이러한 시설녹지는 홍수 조절 기능 외에도 어류 및 야생동물에게 서식지를 제공하는 지원서비스도 공급 가능하며, 더 나아가 하천의 곡류를 증가시킴으로 습지를 조성하게 되는 부가적인 역할도 하고 있다.

출처: Big Creek Watershed Stormwater Management Improvement
(http://www.clevelandwpc.com/wp-content/uploads/2011/04/Big-Creek-Brochure-D.pdf).

그림 4-31. 클리블랜드의 홍수 관리를 위한 시설 녹지 사례

참고문헌

고은주 (2005). 생태적 기능을 고려한 도시녹지 종합평가 방법: 울산광역시를 사례로. 서울대학교 석사학위논문.

김동현·서혜정·이병국 (2014). "비도시화 토지의 지속가능한 토지이용을 위한 그린인프라 적용기법: 에코델타시티 사례를 중심으로". 대한환경공학회지. 36(6). 402-411.

김수남·박영호·최창환 (2005). "부산시 인구고령화의 공간적 분포와 특성". 도시행정학보. 18(3). 23-48.

김지현 (2005). 부산지역 도시녹지 개선방안. 부산광역시의회 정책연구실.

박경훈·박종완·정성관·유주한 (2007). "걷기활동 증진을 위한 보행환경 평가지표의 개발". 한국환경과학회지. 16(11). 1231-1238.

변병설·이병준 (2002). 쾌적한 도시환경을 위한 녹지확보방안. 한국환경정책평가연구원.

부산광역시 (2016). 2030년 부산도시 기본계획 보고서.

안영희 (2001). 녹지환경학. 서울: 태림문화사.

오동하 (2005). 부산시 녹지총량관리제 도입에 관한 연구. 부산발전연구원.

오병태·최기호 (1996). 도시녹지 계획과 설계. 서울: 대우출판사.

윤희연 (2013). "고급화 공원의 경제성: 뉴욕 하이라인의 헤도닉 분석". 대한국토·도시계획학회. 48(7). 135-152.

이경환·안건혁 (2008). "지역 주민의 보행 활동에 영향을 미치는 근린 환경 특성에 관한 실증 분석: 서울시 12개 행정동을 대상으로". 대한건축학회논문집. 24(6). 293-302.

이우성 (2010). 지속가능한 도시 공간 조성을 위한 녹지 환경 평가 및 계획방향 설정. 경북대학교 석사학위논문.

환경부 (2012). 도시녹지의 생태적 기능강화방안 마련 연구.

Cleveland City Planning Commission (2008). *Re-Imagining A More Sustainable Cleveland: Citywide Strategies for Reuse of Vacant Land.* Cleveland. OH: Cleveland City Planning Commission.

Cook, D. I. (1978). *Trees, Solid Barriers, and Combinations: Alternatives for Noise Control.*

Dillaha, T. A., Reneau, R. B., Mostaghimi, S., and Lee, D. (1989). "Vegetative filter strips for agricultural nonpoint source pollution control". *Transactions of the ASAE,* 32(2), 513-519.

Gardiner, M. M., Burkman, C. E., and Prajzner, S. P. (2013). "The value of urban vacant land to support arthropod biodiversity and ecosystem services". *Environmental Entomology,* 42(6), 1123-1136.

Gibson, C. W. D. (1998). *Brownfield: Red Data: the Values Artificial Habitats Have for Uncommon Invertebrates.* Peterborough: English Nature.

Jacob-Remacle, A. (1984). "Ecological study of the Hymenoptera Aculeates population surviving in the most urbanized part of the city of Liege". *Bulletin et Annales de la Societe Royale Belge d'Entomologie* (Belgium).

LaCroix C. J. (2011). "Urban green uses: the new renewal", Faculty Publications. Paper 60.

Lautenbach, S., Seppelt, R., Liebscher, J. and Dormann, C. F. (2012). "Spatial and temporal trends of global pollination benefit". *PLoS One,* 7(4), e35954.

MA(Millenium Ecosystem Assessment), (2005). *Ecosystems and Human Well-being: Multiscale*

Assessment, Millennium Ecosystem Assessment, Series, 4, Washington, DC(Island Press), Google Books.

Manlun, Y. (2003). Suitability Analysis of Urban Green Space System Based on GIS. Master's thesis, ITC, Enschede, Netherlands.

Misky, D. (2014). Milwaukee-Centric Brownfield Case Studies. Sustainable Urban Environments Innovation for the Future, University of Wisconsin-Madison.

Nelson, E., Mendoza, G., Regetz, J., Polasky, S., Tallis, H., Cameron, D. and Lonsdorf, E. (2009). "Modeling multiple ecosystem services, biodiversity conservation, commodity production, and tradeoffs at landscape scales". *Frontiers in Ecology and the Environment*, 7(1), 4-11.

New York City Soil and Water Conservation District (2012). *Annual Highlights.*

Rouse, D. and Bunster Ossa, Ignacio, F. (2013). G*reen Infrastructure: A Landscape Approach*", New York: American Planning Association.

Schröter, M., Barton, D. N., Remme, R. P. and Hein, L. (2014). "Accounting for capacity and flow of ecosystem services: A conceptual model and a case study for Telemark, Norway". *Ecological Indicators*, 36, 539-551.

Small, E. C., Sadler, J. P. and Telfer, M. G. (2002). "Carabid beetle assemblages on urban derelict sites in Birmingham, UK". *Journal of Insect Conservation*, 6(4), 233-246.

Strauss, B. and Biedermann, R. (2006). "Urban brownfields as temporary habitats: driving forces for the diversity of phytophagous insects". *Ecography*, 29(6), 928-940.

Stürck, J., Poortinga, A. and Verburg, P. H. (2014). "Mapping ecosystem services: The supply and demand of flood regulation services in Europe". *Ecological Indicators*, 38, 198-211.

Termansen, M., McClean, C. J. and Jensen, F. S. (2013). "Modelling and mapping spatial heterogeneity in forest recreation services". *Ecological Economics*, 92, 48-57.

US EPA (2007), *EPA's 2007 Report on the Environment: Science Report.*

Villamagna, A. M., Angermeier, P. L. and Bennett, E. M. (2013). "Capacity, pressure, demand, and flow: A conceptual framework for analyzing ecosystem service provision and delivery". *Ecological Complexity*, 15, 114-121.

Vollmer, D. and Grêt-Regamey, A. (2013). "Rivers as municipal infrastructure: Demand for environmental services in informal settlements along an Indonesian river". *Global Environmental Change*, 23(6), 1542-1555.

Wolff, S., Schulp, C. J. E. and Verburg, P. H. (2015). "Mapping ecosystem services demand: A review of current research and future perspectives". *Ecological Indicators*, 55, 159-171.

Wright, A. (1988). "Hoverflies in a city environment: experiences in Coventry". *Dipterists Digest*, 1, 37-40.

희망제작소. http://www.makehope.org

Inhabitat. http://inhabitat.com

The Greening of Detroit. http://www.greeningofdetroit.com

千の風 みらい園. http://www.miraien.jp

05 유휴 · 방치부동산을 활용한 재생에너지 생산 및 기후변화 대응

1. 신재생에너지 생산과 관련된 국가별 정책
2. 유휴·방치부동산을 활용한 신재생에너지 생산 사례
3. 사례지의 재생에너지 생산량과 온실가스 감축효과 시뮬레이션

1 신재생에너지 생산과 관련된 국가별 정책

1) 국내의 신재생에너지 정책

우리나라는 제1, 2차 석유파동을 거친 후, 에너지원을 다양화하고 에너지 소비구조를 개선하기 위하여, 1987년 태양열과 폐기물 에너지의 상용화 및 보급, 신재생에너지 기술개발 등을 목적으로 하는 「대체에너지개발 촉진법」을 제정하였다. 이 법은 1997년 「대체에너지 개발 및 이용 보급촉진법」으로 개정되어, 신재생에너지 이용 권고제, 시범보급사업, 신재생에너지 이용에 대한 보조 융자 및 세제 지원, 국·공유재산 이용 등 신재생에너지 정책을 시행할 수 있는 기반이 마련되었다. 그리고 이 법은 2005년 다시 「신에너지 및 재생에너지 개발·이용·보급 촉진법」으로 개정되어 현재까지 운영 중에 있으며(표 5-1 참조), 같은 해 '신재생에너지 기술개발 보급 기본계획'이 수립되어 신재생에너지의 기술 개발 및 보급이 체계화되기 시작하였다. 2000년에 들어와 정부는 신재생에너지 보급을 활성화하기 위한 기반 마련에 주력하고, 시장 잠재력이 큰 태양광, 풍력, 연료전지 분야를 3대 중점 개발 분야로 선정하여 국산 시스템을 개발하기 시작하였다. 또한, 2002년에는 '대체에너지의 이용 의무화 조항'을 신설하여 공공기관 건물 신축 시 대체에너지를 의무적으로 사용하도록 하였다.

한편 '제2차 신재생에너지 기술 개발 및 이용 보급 기본계획(2003-2012년)'에서는 2006년까지 1차 에너지의 3%, 2011년까지 5%를 신재생에너지로 공급하는 것을 목표로 하고, 2011년까지 11개 신재생에너지원의 연차별 기술개발 및 보급을 위한 세부 추진계획을 마련하였다(김유정, 2005). 제2차 기본계획에서도 활용 가능성이 큰 태양광, 풍력, 연료전지 분야를 중점 지원 대상으로 선정하였고, 신재생에너지 보급을 위해 공공기관 설치 의무화 제도, 주택보급사업(10만호 태양광주택 보급 사업), 인증제도 등이 제시되었다. 더 나아가 제3차 기본계획에서는 국가 에너지 최상위 계획에서 설정한 신재생에너지 보급 목표를 이행하기 위한 구체적인 전략이 발표되었으며, 보급 위주였던 기존의 정책과는 달리 산업화 촉진 전략과 시장 기능 강화 방안도 제시되었다. 특히, 제3차 기본계획에서는 '신재생에너지공급의무화제도(RPS)'의 시행시기와 의무비율이 제시되었다. 그 이후 신재생에너지산업 발전 전략(2010년), 모두가 체감하고 함께 가는 신재생에너지(2011년), 태양광산업 재도약 프로젝트(2012년), 신재생에너지 활성화 방안(2013년) 등을 통해 신재생에너지 보급 목표 달성을 위한 정책 방향과 보급 여건을 개선하는 작업이 이루어졌다.

표 5-1. 신에너지 및 재생에너지 개발·이용·보급 촉진법 주요 내용

구분	내용
신재생에너지 기술개발 및 이용·보급 기본계획 (제5조)	• 산업통상자원부 장관은 다음을 포함한 기본계획을 5년마다 수립하여야함. - 목표 및 기간 - 신재생에너지원별 기술개발 및 이용·보급의 목표 - 총 전력생산량 중 신재생에너지 발전량 비율 목표 - 온실가스 배출 감소 목표 - 기본계획 추진방법 - 신재생에너지 기술수준의 평가와 보급전망 및 기대효과 - 신재생에너지 기술개발 및 이용·보급에 관한 지원방안 - 전문인력 양성계획 - 기본계획 목표달성을 위하여 산업통상자원부장관이 필요하다고 인정하는 사항
공공기관 설치의무화 (제12조)	• 산업통상자원부장관은 국가 및 지방자치단체, 공기업, 정부출연기관 등이 신·증축 또는 개축하는 건축물에 대해 예상 에너지사용량의 일정 비율 이상을 신재생에너지를 이용하여 공급하도록 의무 설치하게 할 수 있음.
신재생에너지 이용 건축물에 대한 인증 (제12조의 2~4)	• 일정 규모 이상의 건축물 소유자는 건물 에너지사용량의 일정 비율 이상을 신재생에너지를 이용하여 공급한다는 신재생에너지 이용 건축물 인증을 받을 수 있음.
신재생에너지 공급의무화 (제12조의 5~10)	• 산업통상자원부장관은 발전사업자, 발전사업의 허가를 받은 자, 공공기관에게 발전량의 일정량 이상을 의무적으로 신재생에너지를 이용하여 공급하게 할 수 있음.
신재생에너지 설비 인증 (제13조~제15조)	• 신재생에너지 설비의 제조나 수입하여 판매하려는 자는 산업통상자원부장관이 지정하는 인증기관에서 신재생에너지설비에 대해 인증을 받을 수 있음.
신재생에너지 발전차액지원 (제17조)	• 산업통상자원부장관은 신재생에너지 발전에 의해 공급되는 전기의 기준가격을 고시하여 신재생에너지를 이용한 전기 공급자에게 기준가격과 전력거래가격의 차액을 지원함.
신재생에너지 기술의 국제표준화 지원 및 설비 및 그 부품의 공용화 (제20조·제21조)	• 산업통상자원부장관은 국내의 신재생에너지 관련 기술이 국제표준에 부합하도록 하기 위해 설비인증기관에 표준화기반 구축, 국제활동 등에 필요한 지원을 할 수 있음.
신재생에너지 설비 설치 전문기업 (제22조)	• 신재생에너지 설비의 설치를 전문으로 하려는 자는 신고기준 및 절차에 따라 산업통상자원부장관에게 신고할 수 있음.
신재생에너지 연료혼합 의무화 (제23조의2~제23조의6)	• 산업통상자원부장관은 석유제정업자 또는 석유수출·입업자에게 일정 비율 이상의 신재생에너지 연료를 수송연료에 혼합하게 할 수 있음.
신재생에너지 보급사업 (제27조)	• 산업통상자원부장관은 다음과 같은 신재생에너지 보급 사업을 추진할 수 있음. - 신기술 적용사업 및 시범사업 - 환경 친화적 신재생에너지 집적화단지 및 시범단지 조성사업 - 지방자치단체와 연계한 보급사업 - 실용화된 신재생에너지설비의 보급을 지원하는 사업

출처: 산업통상자원부(2014)의 내용을 재편집함.

신재생에너지공급의무화제도(RPS)

신재생에너지공급의무화제도(RPS: Renewable Portfolio Standard)는 발전사업자에게 총 발전량의 일정량 이상을 신재생에너지로 공급하도록 의무화하는 제도로 스웨덴, 캐나다, 호주, 미국 등에서 도입하여 운영하고 있다. 우리나라에서는 신재생에너지 보급 확대 및 관련 산업 육성을 위하여,「신에너지 및 재생에너지 개발·이용·보급촉진법」 제12조의5~10에 따라 2012년부터 신재생에너지공급의무화제도를 시행하여 운영하고 있다. 신재생에너지 공급의무화제도의 대상은 발전설비규모가 50만 kW 이상인 발전사업자이다. 신재생에너지 공급의무자는 산업통상자원부에 의해 선정되며 신재생에너지 의무 공급량이 부과된다. 공급의무자는 부과된 의무 공급량을 채우기 위해 신재생에너지원을 통해 발전을 하거나 신재생에너지공급인증서(REC)를 구매할 수 있다.

RPS제도의 공급의무자는 한국수력원자력, 남동발전, 중부발전, 서부발전, 남부발전, 동서발전, 지역난방공사, 수자원공사, SK E&S, GS EPS, GS 파워, 포스코에너지, 씨지앤율촌전력, 평택에너지서비스, 대륜발전, 에스파워, 포천파워, 동두천드림파워의 18개 기관이다. 즉, 설비규모(신재생에너지설비 제외) 500MW 이상의 발전사업자 및 수자원공사, 지역난방공사 등이 이에 해당된다. 연도별 의무공급량 비율은 2012년 2%에서 2015년에는 3.5%, 2020년에는 8%, 2022년 이후에는 10%로 꾸준히 증가하는 것으로 되어 있다.

신재생에너지공급인증서는 신재생에너지 설비를 이용하여 전기를 생산하고 공급하였음을 증명하는 인증서로 발급대상 설비에서 생산된 MWh 기준의 신재생에너지 전력량에 대해 가중치를 곱하여 발급된다. 신재생에너지 공급의무화제도의 운영 절차와 참여 절차는 다음과 같다(에너지관리공단 신재생에너지센터, 2014).

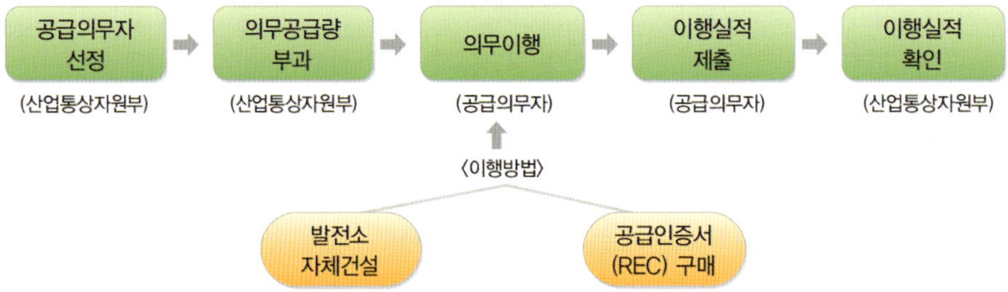

출처: 에너지관리공단 신·재생에너지센터(2014), p.17.

< RPS제도 운영 절차 >

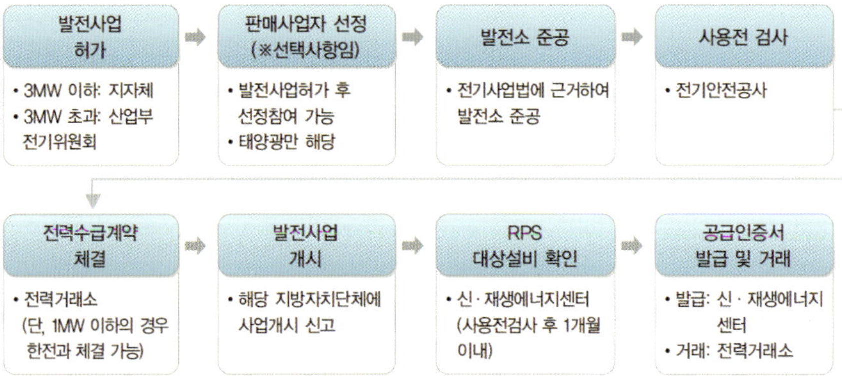

출처: 에너지관리공단 신·재생에너지센터(2014), p.17.

< RPS제도 참여 절차 >

2014년 '제4차 신재생에너지 기본계획'에서는 수요자 맞춤형 보급·확산 정책과 시장친화적 제도 운영, 신재생에너지 해외시장 진출 확대, 새로운 신재생에너지 시장 창출, 신재생에너지 R&D 역량 강화, 제도적 지원 확충의 6대 중점 추진과제가 제시되었다(표 5-2 참조). 또한, 1차에너지 기준 신재생에너지 비율을 2020년 5%, 2025년 7.7%, 2030년 9.7%, 2035년 11% 수준까지 달성하고, 2014~2035년 동안 신재생에너지 생산의 연평균 증가율 목표를 6.2%로 설정하는 등 신재생에너지 보급을 지속적으로 확대하는 계획을 수립하였다. 이를 위해 신재생에너지 중 폐기물 비중을 감소시키고 풍력과 태양광으로 대체하기 위한 계획도 수립되었다. 즉, 폐기물 비중을 2012년 68.4%에서 2035년에 29.2%로 낮추는 반면, 풍력은 2.2%에서 18.2%로, 태양광은 2.7%에서 14.1%으로 상향 조정하였다(에너지관리공단, 2015).

한편, 우리나라에서 가장 활발하게 신재생에너지 정책을 실행하고 있는 서울시는 2011년 후쿠시마 원전사고와 대규모 정전사태 이후, 신재생에너지 생산을 통해 최소한의 도시기반시설을 가동할 수 있도록 에너지 자립률을 높이기 위한 정책을 수립하였다. 즉, 원자력발전소 1기의 전력 생산량에 해당하는 200만 TOE[1)](8,760GWh)의 에너지를 친환경에너지로 대체하여 원자력과 화력발전에 대한 수요와 의존도를 줄이며, 에너지 부문에서의 온실가스 배출량을 줄이고 후손들에게 바람직한 환경을 물려주기 위해 '원전하나줄이기 종합대책'을 시행하였다. 서울시는 '원전하나줄이기 종합대책'을 통해 신재생에너지 생산을 2014년까지 17만TOE까지 늘리는 계획을 수립했으며, 실제로 2014년까지 204만TOE의 신재생에너지 생산 및 절감을 달성했다.

서울시는 '원전하나줄이기'의 2단계 대책으로 '에너지 살림도시 서울' 계획을 수립하였고, 2020년까지 전력 자립률 20% 달성과 에너지 생산 및 절약 400만TOE, 온실가스 감축 1천만 톤을 목표로 설정하였으며 88개 사업에 대한 추진계획을 수립하였다(서울특별시, 2015b). '에너지 살림도시 서울'의 중점 과제인 '에너지 분산형 생산도시'를 위한 주요 수단은 시민햇빛발전으로, 특히 그 중심은 '서울형 발전차액지원제도(FIT)'이다. 2012년 국가정책으로 FIT제도가 폐지되고 신재생에너지공급의무화제도(RPS)가 도입된 이후 신재생에너지공급인정서(REC)[2)]의 가격 변동에 따라 신재생에너지 사업의 사업성이 불확실하게 되자 2013년부터 서울시는 자체적으로

1) TOE(ton of equivalent)는 국제에너지기구(IEA)에서 정한 발열량 단위로, 각각 다른 종류의 에너지원들을 원유1ton의 순발열량인 10^7kcal를 기준으로 표준화한 단위임. TOE를 산출할 때 에너지 열량환산기준의 총발열량(Gross Calorific Value: 연료의 연소과정에서 발생하는 수증기의 잠열을 포함한 발열량)을 이용하지만, 이산화탄소 배출량을 산출하는 경우 에너지 열량환산기준'의 순발열량(Net Calorific Value: 총발열량에서 수증기의 응축잠열을 뺀 것)을 이용하여 환산함.

2) 2012년 신재생에너지 공급의무화(RPS) 제도가 시행된 이후 3년 만에 전력거래소를 통하여 신재생에너지 공급인증서(REC: Renewable Energy Certificate) 거래를 하는 회원사(신재생사업자)가 10,000개를 돌파하였음. REC는 신재생에너지를 이용해 에너지를 공급한 사실을 증명하는 인증서로, 발전사가 신재생에너지 설비를 이용해 전력을 생산했다는 것을 입증하는 증명서임. 의무발전사들은 자체 발전으로

표 5-2. 2014년 제4차 신재생에너지 기본 6대 중점 추진과제

6대 중점 추진과제	세부 내용
수요자 맞춤형 보급·확산정책 추진	• **(주민 성과공유)** 민원 발생 우려가 높은 신재생발전소 건설에 주민이 참여하는 성과공유형 시범사업 추진 • **(친환경에너지 타운)** 소각장, 매립지 등 기피시설에 친환경기술을 적용, 에너지를 공급하고 주민 혜택을 제공 • **(대여사업)** 정부 보조금 없이 민간사업자가 설비 설치에서 A/S까지 책임지고 소비자는 대여료를 지불하는 대여사업 확대 • **(소비자보호)** 신재생에너지 보급사업에 대한 사후관리를 강화하고, 소비자에게 활용도가 높은 정보 제공 • **(전략지역 지원)** 신재생 도입 효과가 높은 지역에 중점 지원
시장친화적 제도운영	• **(의무공급량)** 연도별 의무공급비율 재조정 및 시장 통합 • **(이행연기량)** 연기량 우선 이행주기 변경, 최대 연기 가능량 특례기한 연장으로 의무 • **(가중치)** 신재생 투자확대를 위해 REC 가중치의 합리성 제고 • **(소규모 지원)** 소규모 사업자를 위한 판로 확보 지원 • **(보급사업)** 융 · 복합형 및 투자경제성 중심으로 개편 • **(융자사업)** 시장여건을 고려한 탄력적인 융자지원 대상 선정 • **(공공기관)** 신재생에너지 설비 설치의무화 의무비율 상향 등
신재생에너지 해외시장 진출 확대	• **(금융지원 확대)** 해외 진출 중소기업에 대한 융자사업 신설, 보증보험 지원을 통한 자금조달 활성화 지원 • **(정보제공)** 해외 신재생에너지 바이어, 입찰정보, 국가별 프로젝트 진출 현황 등을 DB로 구축, 관련 업계에 실시간 제공 • **(전문인력 지원)** 신재생에너지 수출 지원 자문단을 구성하고 신재생에너지 기업의 해외진출에 필요한 전 단계를 현장밀착 지원 • **(국제협력)** 정부차원의 양자협력외교 및 국제기구와의 협력을 통해 국내 신재생에너지산업의 해외진출 기회 모색 • **(지역별맞춤형전략)** 국가별 신재생에너지 정책, 부존자원, 시장 성숙도 등에 대한 체계적 분석을 통해 맞춤형 전략 수립(`14.10월) • **(북한지역)** 개성공단 시범사업 추진경과 및 단계적 보급·확대 검토
새로운 신재생에너지 시장 창출	• **(신규 에너지원)** 부존 신재생에너지 자원이 제약된 여건을 감안, 활용 가능한 신규에너지원을 적극 발굴 • **(수송)** 신재생에너지 연료 혼합 제도(Renewable Fuel Standard) 추진 • **(열)** 신재생에너지 열 공급 제도(Renewable Heat Obligation) 추진 • **(시장 확대)** 중장기적으로 신재생에너지 통합의무화제도 도입 검토
신재생에너지 R&D 역량 강화	• **(단기 추진과제)** 조기보급에 활용할 수 있는 발전단가 인하, 사업화, 실증, 정책 연계형 등 실용적 기술개발에 집중 투자 • **(중장기 추진과제)** 글로벌 기술경쟁력 확보를 위한 미래선도 기술 및 융·복합형 기술개발 추진 • **(인력양성)** 전문인력 양성과 고용창출을 연계
제도적 지원기반 확충	• **(표준)** 우리 기업의 해외진출 지원을 위해 글로벌 표준 선점 • **(인증)** 신재생에너지 설비 인증을 KS로 통합 • **(테스트베드)** 중소·중견기업 지원을 위한 실증기반 구축 • **(규제 개선)** 설비 보급관련 규제 합리화 및 하위지침 정비 • **(홍보)** 신재생에너지 확대에 따른 환경편익, 에너지 자급률 등에 대한 편익을 체감할 수 있는 홍보 전략 추진

출처: 산업통상자원부(2014).

발전차액지원제도를 도입하였다. 2015년에는 지원 대상 및 지원 금액을 더욱 확대하여 100kW 이하의 모든 소형 발전사업자에게 1kWh당 100원씩 5년간 지원하고 있다. 이에 따라 건물 옥상에 설치가 가능한 100kW 이하의 소형 태양광발전기를 설치하는 사례가 증가하고 있다. 최근 발전사업의 주요 수익원으로 자리 잡은 신재생에너지 공급인증서와 계통한계가격[3](SMP: System Marginal Price)의 하락으로 수익성이 악화되어 허가 건수가 다소 줄어들고 있으나, 전반적으로 태양광발전사업은 꾸준히 증가하고 있다(이서윤, 2015).

• 신재생에너지, 열병합발전 통한 소규모 분산형 전원 확대

시민참여	분산형 전원	신재생 발전	지역특화에너지
미니태양광 4만개	자가열병합 61㎿	태양광 · 연료전지 300㎿	냉각열 · 소각열 113만 Gcal

• 에너지를 효율적으로 이용하는 에너지 저소비형 도시

건물효율화	LED 보급	친환경 교통	도시계획
에너지진단, 효율공개('15) 노후건물 20% BRP('18)	공공 100% ('18) 민간 25%→65% ('18)	유발부담금 상향 전기차 1만4천대	에너지 지도 제작 환경성 검토 강화

출처: 서울특별시(2014a), p.22, p.26.

그림 5-1. 에너지 분산형 생산도시, 에너지 저소비형 도시를 지향하는 서울

RPS 공급량을 채우지 못할 경우 시장에서 거래되는 REC(공급인증서)를 구입하여 의무량을 채워야 함. 입찰을 통해 선정되는 중·소규모 신재생에너지 발전사업자나 의무공급량을 초과한 다른 발전사로부터 REC를 구입함. REC는 공급인증서 발급대상 설비에서 공급된 MWh 기준의 신재생에너지 전력량에 대해 가중치를 곱하여 부여되는 단위로, REC는 1MWh 기준의 전력량에 대해 가중치(태양광은 0.7~1.5, 해상풍력은 2.0 등)를 곱해 1REC 단위로 발행됨 즉, 가중치가 1.5를 적용받는 태양광 100MWh 전력은 총 150 REC 인증서를 받는 것임. 2015년 1년 동안 신재생사업자는 공급인증기관인 전력거래소가 운영하는 현물시장 및 계약시장을 통하여 공급의무자(매수자)에게 410만 REC를 판매하여 3,465억원의 수익을 창출하였음. 이는 정부의 온실가스 감축을 위한 신재생에너지 보급 확대 정책으로 신재생사업자 창업이 활성화된 결과라고 볼 수 있음.

3) 각 발전소의 전력은 한국전력거래소를 통해서 가격이 책정이 된다. 전력가격은 용량가격(CP: Capacity Payment)과 계통한계가격(SMP: System Marginal Price)으로 구성됨. 용량가격은 전력설비에 이미 투입된 고정비이며, 계통한계가격은 변동비로, 전력시장에서 결정되는 전력가격은 일반상품의 가격이 결정되는 원리와 같음. 우리나라 전력시장의 가격은 1시간 단위로 전력 거래 당일 하루 전에 결정되며, 하루 전에 예측된 전력 수요곡선과 공급입찰에 참여하는 발전기들로 형성되는 공급곡선의 교차 점에서 시장가격이 매 시간 단위로 결정됨. 시장가격 결정을 위한 '발전계획 프로그램은 공급입찰에 참여한 발전기의 비용 최소화 원칙에 따라 발전기 가동여부와 발전출력을 결정하게 되는데, 이 중 가장 높은 발전비용의 발전기를 한계가격 결정 발전기로 간주하고 이 한계가격을 해당 시간대의 시장가격으로 결정하게 됨. 즉, 시간대별로 발전하는 발전기의 유효 변동비 가운데 가장 높은 것의 가격으로 결정되며, 따라서 시간대별로 일반발전기(원자력, 석탄 외의 발전기)에서 생산된 전력량에 대해 적용하는 전력시장가격(원/kWh)인 계통한계가격에 따라 발전소의 수익여부가 결정됨.

발전차액제도(FIT: Feed-in Tarriff)

산업부장관은 2002년 「대체에너지 개발 및 이용·보급촉진법」 제11조의 6에 의거하여 대체에너지발전에 의하여 공급되는 전기의 발전원별로 기준가격을 고시하여야한다고 규정하였다. 또한 "대체에너지발전에 의하여 공급한 전기의 전력거래가격이 기준가격보다 낮은 경우에는 당해 전기를 공급한 대체에너지발전사업자에 대하여 기준가격과 전력거래가격과의 차액을 전력산업기반기금에서 우선 지원한다."라고 규정함으로써 신재생에너지를 통해 생산한 전력에 대하여 발전차액을 지원할 것을 법적으로 명시하였다(산업자원부, 2006).

발전차액지원제도(FIT)는 신재생에너지의 보급 촉진을 위한 제도로 신재생에너지 산업을 단기간에 육성시키기 위해 유럽에서 효과를 검증 받은 대체에너지 발전전력의 가격보전제도를 우리나라의 「전기사업법」 및 「대체에너지 개발 및 이용·보급촉진법」에 지원 근거하여 도입하게 되었다. 발전차액지원제도는 정부에서 정해진 가격으로 전력을 매입하여 수익을 보장하기 때문에 투자의 안전성을 높여 중소규모의 발전사업 투자를 활성화할 수 있는 장점이 있다. 발전차액제도를 통해 '시민발전소'와 '마을 에너지 사업', '시민출자형 태양광 협동조합' 식의 시민들의 자발적 에너지 전환 운동이 형성되었다(녹색연합, 2009).

그러나 발전차액지원제도의 신재생에너지 발전전력의 기준가격 산정과 관련된 기준의 적정성과 장기적인 차액 보전을 위한 자금의 확보, 정부 보조금에 의존하게 되는 등 여러 단점들이 대두됨에 따라 발전차액지원제도는 2011년까지 적용된 후 폐지되었다.

< 신재생에너지 발전 전력의 기준 가격 >

전원		적용설비 용량기준	구분		기존 (원/kWh)	기준가격(원/kWh) 고정요금	기준가격(원/kWh) 변동요금
태양광		3kW이상	30kW이상		716.40	677.38	-
			30kW미만			711.25	-
풍력		10kW이상	-		107.66	107.29	-
수력		5MW이하	일반	1MW이상	73.69	86.04	SMP+15
				1MW미만		94.64	SMP+20
			기타	1MW이상		66.18	SMP+ 5
				1MW미만		72.80	SMP+10
폐기물 소각 (RDF 포함)		20MW이하	-		SMP+CP	-	SMP+ 5
바이오 에너지	LFG	50MW이하	20MW 이상		65.20	68.07	SMP+ 5
			20MW 미만		61.80	74.99	SMP+10
	바이오 가스	50MW이하	150kW 이상		-	72.73	SMP+10
			150kW 미만			85.71	SMP+15
	바이오 매스	50MW이하	목질계 바이오			68.99	SMP+5
해양 에너지	조력	50MW이상	최대조차 8.5m이상	방조제 유	62.81	62.81	-
				방조제 무		76.63	-
			최대조차 8.5m미만	방조제 유		75.59	-
				방조제 무		90.50	-
연료전지		200kW이상	바이오가스 이용		-	234.53	-
			기타연료 이용			282.54	-

출처: 에너지관리공단(2006).

2) 해외 주요국의 신재생에너지 정책

(1) EU의 신재생에너지 정책

EU는 2009년에 「신재생에너지법」을 통해 2020년까지 EU 전체의 신재생에너지 사용 비율을 20%로 높이겠다는 목표를 설정하였다(European Commission, 2009). 그리고 이렇게 설정한 목표를 달성하기 위하여 EU 회원국 국가별로 목표치를 설정하고, 목표 달성을 위한 실행 법을 규정하고 있다. 따라서, EU의 각 회원국들이 설정한 목표를 달성할 경우 EU 전체적으로 보면 신재생에너지 사용 비율은 20%를 초과 달성할 것으로 전망된다(심기은 외, 2010).

한편 EU 신재생에너지 법안의 실행 계획에 따르면 2020년 EU 전체 전력 소비량의 34%를 신재생에너지 발전을 통해 보급하는 것을 목표로 하고 있다. 2020년 EU 회원국의 전력소비 부분에서 신재생에너지가 차지하는 비중의 예상치는 풍력발전 14%, 수력발전 10.5%, 바이오매스발전 6.7%, 태양광발전(Solar PV) 2.4%, 집광형 태양발전(CSP: Concentrated Solar Power) 0.5%, 지열 0.3%, 해양에너지 0.2% 등이다.

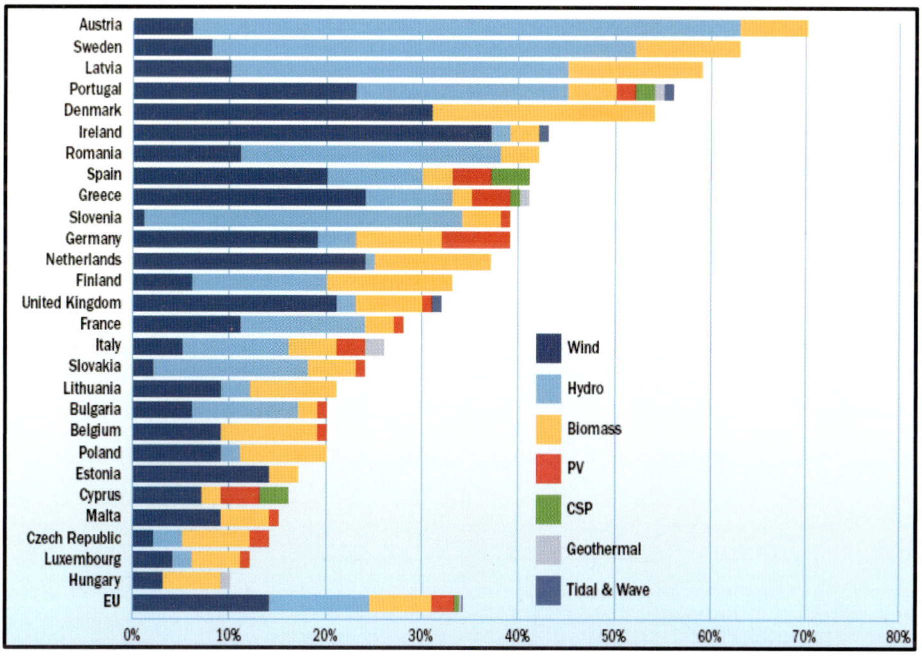

출처: EWEA(2011), p.20.

그림 5-2. EU 회원국의 전력소비 중 신재생에너지가 차지하는 비중 예상치

1985년 EU 회원국 가운데 독일은 가장 먼저 '연방정부 재생에너지 지원정책'을 수립하였다. 특히 1988~1998년까지 재생가능에너지 시장형성 프로그램과 재생가능에너지 매입법 정책을 추진하여 재생에너지 관련기업의 성장 발판과 재생에너지 발전을 위한 기반을 마련하였다. 또한 독일은 2000년 원자력 합의를 통하여 원전수명을 32년으로 제한하고 단계적으로 원전 폐지를 결정하였다. 이를 위해 독일 정부는 2008년 「재생에너지법」 제정 시 발전차액지원제도(FIT)를 도입하고 재생에너지의 전량 구매를 보장하여 탈 원전 및 재생에너지 확대정책을 발전시켰다(김선교, 2015). 더 나아가 신재생에너지 지침을 새롭게 개정하여 2020년까지 최종에너지 소비량의 18%를 신재생에너지로 대체하도록 하였으며, 수송부문의 경우 최종에너지 소비량의 약 10%를 바이오연료로 대체하도록 목표치를 상향 조정하였다. 이러한 국가적 목표 이외에도 EU의 신재생에너지 이용 발전전력 지침에 따라 2010년까지 신재생에너지 발전 전력의 비중을 총 전력생산의 12.5%까지 확대하고, 특히 바이오연료 부문의 경우, 2010년까지 수송부문에서 휘발유와 디젤 소비의 5.75%를 바이오연료로 대체하는 것을 목표로 설정하였다(심기은 외, 2010).

2010년에 수립한 독일의 '국가에너지실행계획'에 따르면, 독일은 2020년까지 최종 에너지 소비량의 18%, 냉·난방수요의 15.5%, 전력 수요의 37%, 수송용 에너지의 13%를 재생에너지로 대체할 계획이다. 이와 같은 재생에너지 보급계획 목표를 달성하기 위해 독일은 「2012 재생에너지원법 개정」에서 시장 인센티브 프로그램을 적극적으로 시행하고 있다(산업통상자원부·신재생에너지센터, 2014). 특히, 총 전력공급량에서 차지하는 재생에너지 비율을 2020년 35%, 2030년 50%, 2040년 65%, 2050년 80%로 증가시킴으로써 총 전력공급량의 대부분을 재생에너지로 충당하는 계획을 수립하였다.

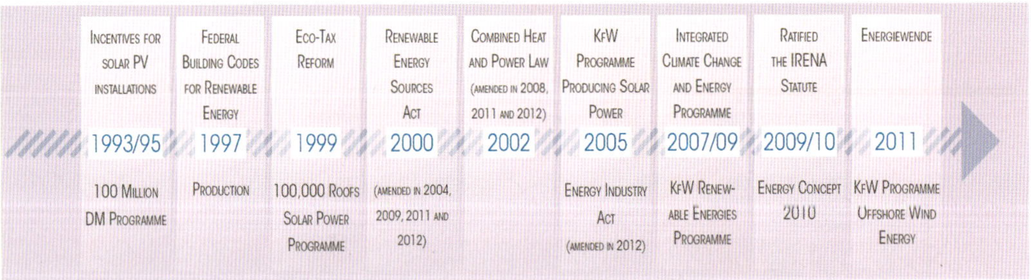

출처: IRENA(2013), Renewable Energy Country Profile : Germany.

그림 5-3. 독일의 재생에너지 보급정책 발전 동향

최근에는 2050년까지 총 전력공급량의 100%를 재생에너지로 충당하겠다는 새로운 목표를 세웠다. 이와 같이 재생에너지 비중을 증가시키기 위해 시장, 시스템, 전력망의 통합을 강조하였고, 발전차액지원제도에서 지원 기준가격을 상향하여 육상풍력은 8.93c€/kWh, 해상풍력 15c€/kWh, 수력 3.4~12.7c€/kWh, 바이오가스 6~14.3c€/kWh, 지열 23~25c€/kWh 수준으로 정하였다. 그러나 독일의 경우 재생에너지 보급의 핵심은 태양광발전으로, 발전차액지원금 기준 단가를 향후 20년간 9.01~13.01c€/kWh 수준으로 조정하였다(산업통상자원부·신재생에너지센터, 2014).

EU 회원국 가운데 영국은 1990년 '비화석 연료 사용의무화제도'를 마련한 이후 재생에너지 보급에 많은 노력을 기울여왔다. 2008년에는 유럽의회에서 제안된 '신재생에너지 사용촉진을 위한 규정'에 따라 2020년까지 에너지 최종소비량 중 15%를 신재생에너지원으로 대체하고자 하였다. 수송부문의 경우, 에너지 최종소비에서 바이오연료의 비중을 최소한 10%로 대체하는 것을 목표로 하였고, 수송연료 재생에너지 의무할당제도를 통해 연료 공급업자에게 판매연료의 일정 비율을 바이오연료로 대체하는 것을 의무화하였다(심기은 외, 2010). 신재생에너지 전력 보급의 활성화를 위해 신재생에너지 의무공급제도를 2002년 4월에 도입하여, 전력 공급업자에게 발전량의 일정 비율을 신재생에너지로 대체할 것을 의무화하였다. 만일 의무량을 채우지 못할 경우 2014년 기준으로 1MWh 당 £44.33을 영국 가스·전력시장국에 지불해야만 한다. 한편, 2008년에 제정된 「기후변화법(Climate Change Act)」에서 영국은 2020년까지 국내 온실가스 감축을 1990년 대비 35%, 2050까지는 80% 달성하는 것으로 목표로 하고 있다. 특히, 2020년까지 온실가스 감축 목표 15%를 달성하기 위해 해상 및 육상풍력, 바이오매스, 조력, 히트펌프 등 총 8개 부문의 재생에너지 기술 개발 및 보급 확대를 장려하고 있다. 또한 신재생에너지로 생산한 전력은 '기후변화세' 대상에서 제외하고 있다(산업통상자원부·신재생에너지센터, 2014).

(2) 미국의 신재생에너지 정책

미국은 1974년 「태양열 냉난방 실행법(Solar Heating and Cooling Demonstration Act)」를 제정한 이후 지난 40년 동안 재생에너지 보급 정책을 지속적으로 추진하고 있다. 2001년 미국 경제의 지속가능한 성장과 국가안보적 측면에서 에너지 기술과 신재생에너지 개발을 위한 '국가 에너지 정책'을 수립하면서 대체에너지 기술개발과 청정석탄 화력발전, 풍력발전 등에 대한 지원을 강화하였으며 국가 에너지정책개발단을 만들어 안정적인 에너지 공급을 위한 국가 에너지 정책을 주도적으로 수립하도록 하였다.

또한 2005년에는 1992년 제정된 「에너지정책법」에 에너지 효율 및 신재생에너지 사용 확대와 관련된 내용을 대폭 보완하여 개정하였다. 이를 통해 신재생에너지 전기 생산 세액공제 제도(PTC: Renewable Electricity Production Tax Credit), 신재생에너지 생산 인센티브 제도(REPI: Renewable Energy Production Incentive)와 같은 신재생에너지 생산 지원제도를 마련하였다. 또한 재생연료 의무할당제도를 도입하여, 바이오연료를 2006년에 40억 갤런, 2009년 61억 갤런, 2012년에는 75억 갤런을 생산하도록 하였다. 더 나아가 2025년까지 석유 수입량의 75%에 해당하는 에너지를 새로운 에너지원으로 대체하기 위한 '선진 에너지 정책'을 수립하였으며, 태양열, 태양광, 풍력 발전, 에탄올 추출 기술개발을 위하여 각 부문별 예산을 증액하였다.

한편, 2007년에는 「에너지 독립·안보법」을 입법하여, 에탄올의 사용량을 2022년까지 360억 갤런으로 증가시키는 것을 목표로 재생연료할당기준(RFS: Renewable Fuel Standard)을 의무화하였으며, 자동차 평균 연비제도를 개정하고 조명의 효율 개선, 상업용 빌딩의 에너지 제로 빌딩 구축 등의 내용을 추가하였다. 이에 따르면 2015년 신규 차량의 절반 이상은 에탄올 또는 바이오디젤 사용을 의무화하도록 되어있으며, 이를 향후 대체연료 할당기준(AFS: Alternative Fuel Standard)으로 확대·개편하여 적용할 것을 명시하고 있다. 특히, 2009년 경기침체로 실업률이 9%에 이르자 미국에서는 신재생에너지 정책을 일자리 창출을 위한 주요 정책으로 인식하였다. 즉, 2009년 경제회복과 재투자 정책의 일환으로 경기부양법(American Recovery and Reinvestment Act)을 통해 에너지 관련 산업에 578억달러를 집중 투자하는 계획을 수립하였다(외교통상부, 2012). 이러한 계획에 따라 2019년까지 에너지 효율 향상과 재생에너지 연구 분야에 총 272억 달러가 투자될 예정이며, 재생에너지 연구·개발 및 보급과 관련하여 총 5개 정책 프로그램에 약 89억 달러를 투자할 예정이다. 또한 에너지 독립 실현 의지를 반영하여 미국 자국 내 원유·가스 개발 확대를 추진하고 2035년까지 미국 가스 생산량의 45%를 셰일가스로 충당하는 것을 목표로 하고 있다(산업통상자원부·신재생에너지센터, 2014). 2011년 미국 에너지부는 '전략 계획'을 통해 신재생에너지의 경쟁력 확보를 위해 6대 전략분야를 설정하고 기술개발 및 보급계획을 수립하였다. 이 계획에서는 청정전력 생산, 전력망 현대화, 빌딩·산업 에너지효율 향상, 대체연료 생산, 수송용 배터리, 수송수단 효율 향상을 통하여 2020년까지 온실가스 배출량을 2008년 대비 28% 감축하는 것을 목표로 설정하였다(김정욱·조영희, 2012).

표 5-3. 미국의 경제회복과 재투자정책에서 재생에너지 분야 프로그램과 예산

정책 프로그램	투입 예산
재생에너지 전력 송·배전 기술개발	60 억 달러
바이오연료 연구, 개발 및 보급	8 억 달러
지열 기술개발	5 억 달러
풍력, 수력 및 기타 재생에너지 프로젝트	1.9억 달러
태양에너지 발전 기술 개발 및 보급	1.2억 달러
연료전지 기술 보급 지원	0.4억 달러
합계	76.5억 달러

출처: 산업통상자원부·신재생에너지센터(2014), p.33.

미국은 일부 주 정부 차원에서도 재생에너지 보급목표를 구체적으로 설정하고 있다. 하와이주는 2030년까지 전력의 40%를 신재생에너지로 보급한다는 목표를 설정하였고, 캘리포니아주는 2020년까지 33%, 콜로라도주는 2020년까지 30%, 그리고 뉴욕주는 2015년까지 29%의 전력을 재생에너지로 생산하려는 목표를 설정하였다(산업통상자원부·신재생에너지센터, 2014).

(3) 중국의 신재생에너지 정책

중국은 1996년 「바이오매스 프로그램」을 발표한 이후 다양한 정책수단을 이용하여 신재생에너지 보급을 위해 적극적으로 노력하고 있다. 2006~2010년 기간의 11차 5개년 계획을 통해 2008년까지 MW급 풍력발전 설비를 상용화하고, 2MW급 풍력발전설비의 연구개발 및 해상풍력단지 건설을 목표로 정하였다. 또한, 2010년 풍력 및 수력발전에 필요한 부품의 수입관세를 폐지하고, 풍력 및 수력발전 부품 사업자들의 중국시장 진출을 활성화하여 풍력과 수력의 보급을 장려하였다. 2010년에 중국의 사막지역에 3개의 MW급 태양광발전설비 설치를 시작으로 2020년까지 20MW의 발전설비를 설치하며, 2020년까지 수송분야의 수소연료전지 상용화를 목표로 하고 있다. 이를 달성하기 위해 2010년에는 30~50kW급 고체산화물형(SOFC) 연료전지, 200~250MW급 용융탄산염형(MCFC) 연료전지, 200~300W급 직접메탄올형(DMFC) 연료전지, 200kW급 버스용 고분자전해질형(PEMFC) 연료전지 개발 등 기술개발에 박차를 가하고 있다(산업자원부 외, 2006). 2013~2014년에 중국은 상당히 많은 재생에너지 정책을 발표하였는데, 그 가운데 태양광발전 관련 정책이 가장 많았으며 특히, 세제 혜택, 기술 및 시스템의 표준개발, 관세 조정 등의 내용들이 포함되어 있다(산업통상자원부·신재생에너지센터, 2014).

한편, 중국의 12차 5개년 계획에서는 2011~2015년까지 1차에너지 소비 중 비화

석에너지 비중을 11.4%로 높이고, 1위안의 GDP를 생산하는 데 필요한 에너지소비량을 2010년 대비 16% 감축하는 반면, 이산화탄소 배출량은 2010년 대비 17% 감축할 것을 목표로 설정하였다. 또한 13차 5개년 계획에서는 '에너지 발전전략 행동계획(2014~2020년)'을 통해 2020년까지 1차 에너지 소비에서 비화석에너지 비중을 15% 늘리는 것을 목표로 하고, 비화석에너지의 용량을 늘리기 위해 수력발전을 3억 5000만kW, 풍력발전 2억kW, 태양광발전 1억kW 등으로 확대할 계획을 명시하였다(강준영·박진주, 2015).

표 5-4. 중국의 13차 5개년 계획의 에너지부문별 주요 목표

구분	주요 내용
비화석 에너지	- 2020년까지 1차에너지 소비에서 비화석에너지 비중 15%로 증대 - 2020년까지 1차에너지 소비에서 천연가스 비중 10% 이상으로 제고 - 2020년까지 1차에너지 소비에서 석탄 비중 62% 이내로 억제
수력발전	- 2020년까지 전통적인 수력발전 총 설비용량 약 3.5kW로 증대 - 진사강, 야룽강, 다두하, 란찬강 등을 중심으로 대형 수력발전단지 건설 - 지역 환경에 따라 중소형 수력발전소, 양수발전소 건설 - 집중형과 분산형 병행, 외부 송출 및 현지 소비 방식 결합
풍력발전	- 2020년까지 풍력발전 총 설비용량 2억kW 달성 - 네이멍구 서부와 동부, 허베이 북부, 지린, 헤이룽장, 산둥 등에 9개의 대형 풍력발전단지 및 전력송출 프로젝트 추진 - 남부와 중동부 지역에 분산형 풍력발전 확대
태양에너지 발전	- 2020년까지 태양광발전 총 설비용량 약 1억kW 달성 - 태양광 발전단지 건설 추진 - 분산형 태양광발전 시범구역 선정하여 태양광발전 시범프로젝트 시행 - 태양광발전 계통연계 서비스 강화 - 공공건물 및 공공 산업단지 등에서 지붕형 분산형 태양광발전 추진
원자력발전	- 2020년까지 원자력발전 총 설비용량 5,800만kW로 확대 - 현재 건설 중인 원전 설비용량 3,000만kW 이상 달성
전력망	- 전원과 전력망에 대한 종합계획수립 - 피크부하관리 등 에너지 공급 능력 확보 - 유휴 풍력·수력·태양광발전소 문제 해결

출처: 강준영·박진주(2015), p.17.

(4) 일본의 신재생에너지 정책

일본은 1973년 제1차 석유파동으로 인해 에너지 구조의 취약성을 인식하게 되면서 1974년 대체에너지 개발, 석유의존도 축소, 석유의 안정적 확보 및 에너지 절약을 중심으로 하는 '선샤인 계획'을 수립하였다. 또한 1980년대에는 신에너지개발기구(NEDO: New Energy Development Organization)를 설립하고 「석유 대체에너지 개발 및 도입에 관한 법률」 제정 등의 노력을 통해 석유 의존도를 60%에서 55%로 감소시켰다.

한편 일본은 2007년 저탄소 사회 구축을 목표로 하는 'Cool Earth 50'을 시작으로 'Cool Earth 추진 구상', '후쿠다 비전', '저탄소사회 구축 행동계획'을 수립하였다. 또한, 온실가스 감축량을 2020년까지 1990년 대비 25%로 상향 조정하였고, '저탄소 사회' 비전을 실현하기 위해 중장기적으로 탄소를 배출하지 않는 혁신적인 기술 개발에 향후 5년간 300억 달러를 투자하기로 하였다. 단기적으로 태양광발전, 차세대자동차, 고효율 가전기기 및 건축물 등 기존 기술의 보급을 확대하고, 보조금 지급, 인센티브 제공, 인프라 구축 및 관련 산업 육성을 위한 정책을 추진하였다.

일본의 경우 태양광 발전의 잠재성이 크고 연관 산업이 많아 신성장 동력으로 각광받고 있다. 2009년 일본 정부는 1차에너지 공급에서 차지하는 신재생에너지의 비중을 2005년 5.9%에서 2020년 9%, 2030년에 11.6%로 확대하려는 장기에너지수급전망을 발표하였다. 특히, 태양광발전의 경우 2030년까지 가정용 전력의 50%를 대체할 수 있도록 태양광 발전비용이 전력비용과 동등한 수준으로 되는 'grid-parity'를 목표로 태양광발전을 집중 육성하도록 할 것을 명시하였다(김광수 외, 2010).

일본의 재생에너지 중심 보급정책은 발전차액지원제도(FIT)이다. 이 제도는 2011년 8월 「재생에너지특별법」이 공표된 이후 2012년 7월에 도입되었다. 그 결과, FIT 시설 인증은 설비용량 기준으로 2013년 1월 말까지 약 740만kW 수준에 달하게 되었고, 5월 말에는 약 2,237만kW로 크게 증가하였다. 이 가운데 태양광발전이 93.5%를차지하였고 약 62%가 메가솔라(1,000kW 이상)였다(大久保規子, 2014). 일본 정부는 태양광발전 편중 현상을 전기요금 상승의 촉발 요인으로 판단하고 발전차액지원제도를 2013년과 2014년에 연이어 개정하였다. 개정 내용을 보면 태양광, 육상풍력, 수력에 대한 발전차액지원 기준 단가를 낮추는 것이었으며, 그에 따라 태양광의 지원 기준 단가는 상당히 하향되었다(산업통상자원부·신재생에너지센터, 2014).

2 유휴·방치부동산을 활용한 신재생에너지 생산 사례

1) 신재생에너지 생산 연구 사례

(1) 유휴·방치부동산을 활용한 신재생에너지 생산과 관련된 연구

최근 유휴·방치부동산을 신재생에너지 생산에 활용하려는 다양한 방안들에 대한 연구가 이루어지고 있다. 아이지비컨설팅(2012)에서는 '신·재생에너지 대규모 수요 창출 연구 방안'을 통해 유휴·방치부동산을 활용한 태양광 발전시설 설치 가능성에 대한 국내·외 사례를 분석하였다. 한국환경공단(2013)에서는 '환경기초시설 탄소중립 프로그램 민간투자방안 조사 분석' 연구를 통하여 대구광역시, 광주광역시 등 9개 지자체의 환경기초시설의 유휴 부지를 활용하기 위하여 유휴·방치부동산 면적을 산정하고 태양광 발전설비 설치 가능성에 대하여 평가하였다. 특히, 경기도 관할 환경기초시설들이 있는 유휴·방치부동산에 태양광을 설치할 경우, 연간 196,652MWh의 전력 생산이 가능할 것으로 분석되었다. 또한, 미래농정연구원(2005)은 우리나라의 유휴농지를 최대한 활용하여 유채를 재배할 경우 47.8천ha 면적이 가능하지만, 쌀과 유채를 이모작하는 경우 그 면적은 550천ha에 달할 것으로 분석하였다. 이를 기준으로 추정한 유채 생산량은 191천톤(유휴농지를 최대로 활용하는 경우)에서 2,200천톤(쌀과 유채를 이모작하는 경우)에 달하며, 유채를 원료로 하는 바이오디젤 생산량은 76천㎘(유휴농지 최대 활용)에서 880천㎘(쌀과 유채 이모작) 에 달할 것으로 전망되었다. 한편, KLK(2008)은 우리나라 신소재원료 개발회사로 바이오에탄올과 바이오디젤을 동시에 생산하는 데 성공하였다. KLK는 호박 과육에서 만들어지는 바이오에탄올을 사용함으로써, 호박 한 종을 가지고 바이오에탄올과 바이오디젤을 복합적으로 생산할 수 있는 기술을 개발하였다. 호박은 개체당 최대 200kg 이상까지 성장할 수 있기 때문에 국내에서 호박을 대량으로 재배할 경우 바이오연료를 획기적으로 생산할 수 있을 것으로 전망하였다.

해외에서 이루어진 연구들을 보면, 칸과 레티(Khan & Rathi, 2014)는 인도를 대상으로 지리정보시스템을 이용해 최적 태양광 발전 부지를 산정하는 연구를 수행하였다. 이들은 최적 태양광발전 부지를 선정하는 기준으로 태양복사량, 유휴·방치부동산, 고속도로와의 접근성, 기존 송전선과의 거리, 지형조건을 선정하였다. 그 결과, 유휴·방치부동산 5에이커 당 1MW씩 약 10MW의 태양광 발전설비를 설치할 수 있을 것으로 분석하였다.

(2) 기타 신재생에너지 생산과 관련된 연구

국내의 신재생에너지 생산과 관련된 연구들은 주로 바이오매스를 활용한 에너지 생산에 초점을 두고 있다. 고병구 외(2009)는 바이오에너지 작물인 밀, 유채, 보리, 옥수수, 고구마의 바이오매스 생산량과 열량을 분석하여 잠재적 에너지 가치를 평가하였다. 이들의 연구 결과에 따르면, 고구마의 경우 바이오매스 생산량이 가장 많은 것으로 나타났으며, 열량은 바이오디젤의 주원료로 사용되는 유채 씨(에너지 이용 부위)가 6,673~6,725cal/g으로 가장 높았고, 바이오에탄올의 주원료가 되는 밀, 옥수수 등은 3,879~4,317cal/g으로 나타났다. 이들은 국내의 농경지 특성을 고려하여 가장 효율적인 바이오에너지 작물을 선별하여 재배하는 것이 필요함을 부각시켰다. 또한, 문윤호 외(2010)는 유럽, 미국, 캐나다 등에서 1930년대부터 3배체 억새를 활용하여 연료용 펠릿을 생산하고 이를 열병합발전에 사용해왔다는 점을 언급하면서, 우리나라에서 억새의 바이오에너지 작물화를 위해서는 바이오매스의 전처리, 당화 및 발효 등 셀룰로오즈계 에탄올 생산 공정에 관한 연구가 강화되어야 함을 강조하였다.

한편, 커피 찌꺼기로부터의 오일 추출 및 바이오디젤 생산에 관한 연구도 이루어졌다. 김덕근 외(2010)는 커피 찌꺼기로부터 원료 질량 대비 17%의 오일을 추출할 수 있으며, 오일의 전이 에스테르화 반응을 통해 약 80%의 바이오디젤(FAME) 함량을 얻을 수 있어, 향후 커피 찌꺼기 추출 오일이 바이오디젤 원료유로 활용될 수 있음을 보여주었다. 한편, 이태성 외(2012)는 바이오디젤의 원료유 중 식물성 유지와 동물성 유지를 이용하여 바이오디젤의 수율을 연구한 결과, 동물성 유지에 비하여 식물성 유지가 불순물의 함량이 낮아 더 높은 수율을 얻는 것으로 나타났다. 식물성 유지 중 팜유의 수율이 96.4±0.9%로 가장 높았으며 유채의 경우 90.8±1.4%로 가장 낮았다. 이 연구는 바이오디젤 생산 비용의 약 80%를 차지하는 원료에 대한 바이오디젤 수율 정보를 제공하여 바이오디젤 공정 상용화의 기반을 마련하였다. 또한 김태호·윤성이(2012)는 3,000평의 파프리카 농가를 대상으로 지열시스템과 태양광발전시설을 추가로 설치하여 운영할 경우 농가에 투입되는 에너지비용을 제로화할 수 있음을 밝혔다. 이 연구에 따르면, 지열시스템을 도입한 농가에서 소비하는 전력량은 1,115,774kWh로 약 6.6배 증가하지만, 태양광시설의 추가 설치로 지열시스템의 전기사용료를 거의 전액 회수 가능한 것으로 분석되었다.

한편, 강성민 외(2014)는 RETScreen을 이용하여 서울시 광진구 가로등에 계통연계형 태양광시스템을 설치하였을 경우의 경제성을 평가하였다. 이 연구에 따르면, 태양광 가로등 1주당 총 전력생산량은 114kWh로 나타났다. 유지·관리 비용, 계통한

계가격(SMP) 변동을 고려하여 민감도 분석을 실시한 결과, 자본회수기간은 6.2~7.2년으로 나타났고, 태양광시스템 적용 마지막 연도인 20년 후에는 태양광 가로등 1주당 401,935원의 수익을 창출할 수 있는 것으로 분석되었다. 이재형 외(2015)는 수상태양광발전 시스템의 기술 개발 및 시장 동향에 대하여 연구하였다. 이들은 수상 태양광은 유휴수면을 이용하므로 자연훼손이 없으며 물의 증발량을 억제할 수 있고 광차단으로 인해 녹조억제 등의 효과가 있어 자연친화적일 뿐만 아니라, 육상 태양광발전 대비 가격 경쟁력이 낮으므로 신재생에너지 공인인증서 기준에서 높은 가중치를 부여하는 우대 정책이 필요하다는 점을 강조하였다.

해외에서도 신재생에너지 생산과 관련된 연구들이 활발하게 이루어졌다. 야다브와 찬델(Yadav & Chandel, 2015)은 인도 북부의 히마찰 프라데시주(Himachal Pradesh)를 사례로 하여 태양광 에너지 잠재량을 평가한 결과, 전일사량이 3.59~5.38kWh/㎡/일로 나타나 태양광에너지 잠재성이 높은 것으로 평가하였다. 또한, 빌리카나-오르츠 외(Villicaña-Ortiz, et. al., 2015)도 멕시코의 걸프만 연안을 사례로 태양광 에너지의 잠재성을 평가하였다. 그 결과, 직접복사량은 3.9kWh/㎡/일, 산란복사량은 2.8kWh/㎡/일로 나타났다. 이들은 걸프만의 지역별 전일사량은 북부, 중부, 남부를 대상으로 각각 산정하였는데, 걸프만 연안지대는 태양광발전과 태양열발전 모두 다 적용 가능함을 보여주었다. 한편, 첸 외(Chen et al., 2016)는 중국의 비식량 바이오연료의 생산 잠재성을 평가하였다. 이들에 따르면, 2015년~2030년까지 중국의 바이오연료 생산량은 에탄올 11.96~34.28백만 톤, 바이오디젤 11.96~34.28백만 톤이 될 것으로 예측하였다. 그러나 이러한 잠재 생산량을 얻기 위해서는 농업과 산림 부산물을 효과적으로 수거하는 것이 중요함을 강조하였다.

2) 국내·외 신재생에너지 생산 사례

(1) 유휴·방치부동산을 활용한 신재생에너지 생산 사례

서울시는 햇빛도시 건설 정책을 통해 유휴·방치부동산에 태양광발전소(햇빛발전소)를 설치하고 있다. 2013년에 암사아리수정수센터, 강서농산물시장 등 유휴·방치되어 있는 11개 공공시설에 민간자본 368.7억 원을 투입하여 태양광 발전시설(13.5MW)을 설치하였다. 또한, 공공시설인 강북, 구의, 영등포의 아리수정수센터, 공영차고지 및 주차장 등은 물론, 국·공유 시설을 포함한 민간 부분의 유휴·방치부동산을 활용하여 햇빛발전소사업을 계획·시행하고자 많은 노력을 기울이고 있다.

암사아리수정수센터

구의역

강서농수산산물 도매시장

출처: 서울특별시(2014b).

그림 5-4. 서울시의 유휴·방치부동산 활용한 태양광 설치 사례

최근 들어 학교 옥상부지가 대부분 남향이고 옥상구조가 간단하며, 일조시간이 길고 공사가 용이하여 태양광 발전 사업의 최적지로 떠오르고 있다. 서울시의 초·중·고 및 특수학교 수는 2013년 말 현재 1,340개소에 달하며, 이 가운데 절반 정도의 학교 옥상에 태양광 발전시설을 계획한다면 67MW의 용량을 설치할 수 있다. 2013년 말 기준으로 태양광발전을 설치하거나 설치 허가를 받은 학교는 총 155개교(5,186kW)이다(서울특별시, 2014).

경기도는 발전회사와 함께, 2010년 3개 시·군의 배수지 등 공공 유휴·방치부동산을 활용한 태양광발전사업을 계획하였다. 2011년 1월부터 12월까지 안산 8곳, 수원 3곳, 양평 2곳 등 8만 8,200㎡의 공공 유휴·방치부동산에 270억 원을 투입해 5MW급 발전시설을 건립하였다(권준범, 2010). 또한, 2011년 농어촌공사, 발전회사, 민간기업 등과 함께 '경기 서해안 신재생에너지 공동 개발사업'으로 한국농어촌공사의 시화·화홍 방조제 및 방수제, 저수지 등을 활용하여, 서해안에 풍력 200MW, 태양광 20MW의 대규모 풍력 및 태양광 발전사업 공동개발을 수행하고 있다. 이 사업에 약 6,000억 원(풍력 5,000억, 태양광 1,000억)의 비용이 투입되며, 개발이 완료되면 일반가정 8만 4,400세대가 사용할 수 있는 연간 약 37만 6,000MWh의 친환경에너지가 생산되고, 연 16만 7,000톤의 CO_2 감축효과를 가져올 수 있을 것으로 예상된다. 이 사업을 통해 발전회사는 2012년부터 시행되는 RPS(신재생에너지공급의무화제도)에 대응하고, 농어촌공사는 부지임대료 수입을, 참여 기업은 산업육성에 따른 기술개발과 수익을 얻을 수 있다. 또, 4,900여명의 신규 일자리가 생기는 등 참여기관 모두에게 이익을 창출할 수 있는 사례이다(박규찬, 2011).

진천시에 위치한 초평초등학교 오상분교는 2006년에 폐교된 이후 활용되지 못하였지만, 2013년 태양광발전시설을 설치하여 생산된 전기를 한국전력에 판매하고 있다. 오상분교의 임대인은 교정에 태양광에너지연구소를 설치하여 운영하는 한편, 운동장에 지역 주민들이 이용할 수 있는 게이트볼장을 운영하고 있다. 태양광 인버터를 이용해 전기를 생산하는 이곳은 1층을 주차장으로 활용하고, 학교 곳곳에 태양광 발전시설을 설치해 전기를 생산하고 있다. 이곳에서 생산되는 전기는 하루에 1,120KWh로 1일 전기 판매 수익금이 67만원 정도에 달하며, 연간 수익금은 2억 5천여만원이다. 그러나 초기 투자비용 20억원이 소요되므로 장기적인 계약이 필요하다. 오상분교는 충청북도 내 폐교 이후 임대학교 가운데 가장 많은 수익을 올리고 있으며, 환경보전의 중요성과 폐교의 활용가능성을 보여주는 좋은 사례이다(김병학, 2012).

출처: 김병학(2012).

그림 5-5. 진천 초평 초등학교 오상분교에 설치된 태양광 발전소

부산시 신호태양광발전소는 KC코트렐, 한국동서발전, KB자산운영 등이 560억을 공동 투자하여 건설되었다. 이 부지는 르노삼성 부산공장의 완성차 대기장(160,000㎡), 제2주차장(80,000㎡), 공장지붕(50,000㎡), 고객주차장(10,000㎡) 등 약 30만㎡ 부지에 20MW의 규모로 설치되었다. 이는 건축물 유휴부지 태양광발전소로는 세계 최대 규모로 연간 2만 5000MWh의 전기가 생산되며, 한국전력을 통해 명지신도시(약 8,300세대가 거주함)에 안정적으로 이 전기를 공급할 예정이다. 이곳에서 생산된 전력은 연간 1만 600여 톤에 달하는 이산화탄소 발생을 저감하는 효과가 있으며, 이는 소나무 380만 그루를 심는 효과와 같다(육동윤, 2013).

출처: http://www.thescoop.co.kr/news/articleView.html?idxno=1135
http://www.vip.mk.co.kr/news/view/21/20/1015211.html

그림 5-6. 부산 신호 태양광 발전소

기후변화 대응 시범도시로 선정된 과천시는 경기장 시설에 신재생에너지를 도입하는 아이디어를 착안하여, 시범사업으로 관문체육공원 내 주경기장 스탠드에 캐노피 형태의 태양광 발전시설을 설치하였다. 과천시의 관문체육공원의 발전용량은 160kW이며, 연간 221,920kWh의 전력을 생산하여 이산화탄소 98.7톤의 발생을 감소시키는 효과를 가져온다.

출처: www.gccs.or.kr/dev_home/facilities/energy02.php

그림 5-7. 과천 관문체육공원 태양광발전소

한편 (주)농협흙사랑은 인삼 재배와 태양광발전을 동시에 추진할 수 있도록 인삼 재배지에 태양광 발전시설을 설치하였다. (주)농협흙사랑은 태양광발전시설 설치를 통해 인삼재배로 인한 수익뿐만 아니라 태양 발전으로 인한 소득까지 얻고 있다. 해가림 태양광발전시설은 태풍이나 폭설에 대한 영향이 적어 반영구적으로 태양광발전이 가능하며, 안정적인 인삼생산에도 도움이 되고 있다(이경한, 2015). 400평 기준으로 초기투자비가 2억 원 정도 들지만 20년간 전기 소득만 4억 7천만 원을 올릴 수 있으며, 배지가 토양에서 50cm 올라와 있어 유기농 인삼으로 특화할 수 있는 장점까지 살리고 있다.

출처: 이경한(2015).

그림 5-8. (주)농협흙사랑 해가림 태양광 발전시설

수도권매립지에서는 유휴·방치부동산에 유채 재배단지를 조성하여 매립지의 경관을 아름답게 개선할 뿐만 아니라, 바이오디젤 원료용 유채 씨를 연간 1,000톤 정도(유채유 420㎘, 2,100드럼)를 생산·공급함으로써 매년 약 10억 원의 수익을 창출하고 있다. 수도권 매립지에 조성된 유채 재배단지 1단계사업은 2007년부터 2009년까지 진행되며, 환경연구단지 우측의 유휴·방치부동산 50ha(15만평) 규모이다. 유채의 염분 적응여부, 월동 가능성 및 종자별 수확 가능량에 대한 시험경작을 통해 성과를 확인하고, 그 결과에 따라 2단계로 2010~2012년 경서동매립장 80ha, 3단계로 2013~2016년에 제3, 4매립장 부지 260ha 등 총 약 390ha(118만평) 면적의 유채 재배단지를 확보할 예정이다. 유채 재배는 음식물류 폐기물, 유기성 슬러지 등을 활용한 퇴비를 사용하여, 유기성 폐기물 처리 문제 해결에도 일조할 것으로 예상하고 있다(환경부, 2007).

해외의 여러 나라들에서도 유휴·방치부동산을 활용하여 신재생에너지 발전시설을 설치하고 있다. 100MW 이상의 대규모 태양광발전시설은 주로 사막, 유휴·방치부동산, 나대지 등을 활용하여 설치되고 있다. 특히, 인도는 태양광발전용량을 1,000MW에서 2020년까지 20,000MW로 확장할 계획이며, 이를 위하여 관련 업체에 대한 설치비 보조금 및 토지 임대료 지원 등 각종 장려정책을 추진 중이다. 인도 북부 구자라트 지역에 위치하고 있는 세계에서 가장 큰 차란카(Charanka) 태양광 발전소는 2009년 '자와할랄 네루 국가 태양 미션'에 의해 계획되었다. 2012년에 완공된 구자라트 태양광 발전단지의 부지 넓이는 20km^{2}로 끝이 보이지 않는 태양광 패널로 덮여 있다. 총 발전용량은 604.89MW로서 태양광발전을 통하여 매년 800만 톤의 이산화탄소 배출을 감소시켜 줄 수 있다. 2014년에 바나스깐타(Banaskantha)에 두 번째 태양광 발전소 단지의 설치용량도 500MW로서 이 두 곳의 태양광발전 용량은 인도 전체의 태양광발전 용량(1,000MW)의 약 66%를 차지하고 있다(이상미, 2012).

출처: GUJARAT POWER CORPOTATION LTD 홈페이지(http://gpcl.gujarat.gov.in/)

그림 5-9. 구자라트 태양광발전소

한편, 미국 애리조나주 남서부에 위치한 유마(Yuma)에는 100MW 규모의 태양광 발전단지가 있다. 아구아칼리엔테 태양광발전소는 290MW의 규모로 퍼스트솔라(First Solar) 회사에서 설계와 시공을 하였고, NRG에너지회사와 미드아메리칸솔라 회사가 유지·관리를 담당하고 있다. 발전소 건설 기간 동안 하루에 평균 400~450명의 인력이 동원되었으며, 태양광발전소를 통해 약 10만 가구에서 쓸 수 있는 전력을 공급함으로써 연간 22만 톤의 CO_2 발생량을 감축하고 있다.

출처: First Solar(2012), Agua Caliente Solar Project.

그림 5-10. 아구아칼리엔테 태양광발전소

표 5-5. 해외 유휴·방치부동산의 태양광 발전단지 설치 사례

발전규모	설치 장소	프로젝트 명	설치연도
214 MW	India, Charanka	Charanka Park, Patan district PV power plant	2012
100 MW	USA, Yuma County, AZ	Agua Caliente Solar Project Ⅰ	2012
100 MW	Ukranie, Perovo	Perovo Ⅰ-Ⅴ PV power plant	2011
97 MWp	Canada, Sarnia	Sarnia PV power plant [2]	2009-2010
91 MWp	Germany, Briest	Solarpark Briest	2011
84.2 MWp	Italy Montalto di Castro	Montalto di Castro PV power plant	2010

출처: 아이지비컨설팅(2012), p.50-51 내용을 참조하여 정리.

캐나다, 독일, 이탈리아 등에서도 유휴·방치부동산을 활용하여 세계적으로 규모가 큰 태양광 발전소를 설치·운영 중에 있다(아이지비컨설팅, 2012). 이 밖에도 유휴·방치부동산을 활용하여 바이오매스 에너지를 공급하려는 계획들이 진행되고 있다. 미국 서부 피닉스(Phoenix)의 경우 '마리포사 바이오매스 프로젝트(Mariposa Biomass Project)'를 통해 바이오매스 에너지 생산 계획을 수립하고 있다. 이 프로젝트의 목표는 우선적으로 산불의 위험을 감소시키고, 숲의 건강과 수질을 개선하고

산림부산물로 생산한 바이오매스에너지로부터 마리포사 지역의 경제적, 환경적 측면에 기여하고자 하는 것이다. 이 프로젝트는 2016년 미국 산림청으로부터 산림혁신상금(244,080 달러)을 받게 되어서 입지 선정 및 보다 구체적인 프로젝트 계획을 수립할 예정이다. 이 프로젝트에 따르면 2MW의 바이오매스 발전시설을 설치하여 마을에 전력 및 열에너지를 보급하려는 계획도 가지고 갖고 있다.

출처: http://www.mariposabiomassproject.org/Biomasswhitepaper.html

그림 5-11. 마리포사 바이오 메스 프로젝트

영국에서도 브라운필드를 활용하여 바이오매스 에너지를 생산하려는 계획이 실행되고 있다. 영국 런던에서 약 430km 떨어져 있는 포트클래라 항구 인근의 티스사이드(Teesside)에 바이오매스 열병합발전소 건설이 추진 될 예정이다. 이 발전소는 미국과 유럽에서 수입되는 나무 펠릿(wood pallet) 약 325,000톤을 소비할 수 있는 세계 최대 규모로(299MW 규모) 건설되며, 이곳에서 생산되는 전력은 인근의 약 75,000

명 주민들이 사용할 수 있는 40MW 규모에 달할 것으로 예상되고 있다. 특히, 영국 엠지티 파워사가 발주한 바이오매스 열병합발전소 공사를 삼성물산이 스페인 건설사 테크니카스 레우니다스(TR)와 컨소시엄을 구성하여 수주에 성공하였다. 총 사업비 6억 5000만 파운드(약 9330억원) 가운데 삼성물산 지분은 27% 정도이다. 이 바이오매스 열병합발전소는 2020년 준공되어 전기를 공급할 예정이다.

출처: http://www.infrastructure-intelligence.com/article/aug-2016/new-%C2%A3650m-biomass-plant-teesside-start-construction; http://www.constructionindex.co.uk/news/view/legan-starts-teesside-biomass

그림 5-12. 포트클라렌스 인근에 건설될 티스사이드 바이오매스 발전소

(2) 기타 신재생에너지 생산 사례

LG는 2008년 충남 태안군 원북면 방갈리의 300,000㎡ 부지에 1,100억 원을 투자해 14MW급 태양광발전소를 건설하였다. LG의 태안태양광발전소는 연간 19GWh의 전력을 생산하며, 이는 태안에 거주하는 2만 가구가 사용하는 전력의 약 40%에 해당하는 양으로서 태양광 발전을 통해 연간 12,000톤의 CO_2 배출을 감축하는 효과

출처: 황치규(2008).

그림 5-13. 태안 LG 태양광발전소

를 가져올 수 있다(황치규, 2008).

또한 2008년에 완공된 전라남도 신안 지도읍 태천리에 위치하고 있는 동양태양에너지발전소는 24MW급 규모로서, 연간 35,000MWh의 전기를 생산하고 있다. 이는 신안군 지역 전체가 사용할 수 있는 전력량으로서, 금액으로 환산하면 약 200억 원에 해당된다. 신안군의 경우 2005년 기준 일사량이 전국 평균보다 약 10% 높은 3,300Kcal/㎡으로 상대적으로 일사량이 풍부하다. 또한, 태양 추적식 발전을 사용하여 태양의 움직임에 따라 집열판이 움직이므로 발전효율을 15% 향상시킬 수 있다(박주예, 2011).

출처: 박주예(2011), www.solarfollowers.tistory.com/112

그림 5-14. 신안 동양 태양에너지 발전소

2013년 대호산업과 건일토건, 동원종합건설이 시공한 음지도 해양공원 내 '해양 솔라파크'는 건축 연면적 7,576㎡로, 단일 시설로는 국내 최대 규모(600kW), 최대 높이(136m)의 태양광 발전시설을 갖추고 있다. 태양광 타워에는 2,000여개의 태양광 모듈이 부착되어있고, 높이 120m 지점에는 태양을 상징하는 원형 전망대가 있다(창원시시설관리공단 홈페이지).

출처: https://www.google.co.kr/해양공원 태양광 타워 이미지

그림 5-15. 진해 해양공원 태양광 타워

고흥군은 신재생에너지로 군내 3만 4,700가구 전체 주민들이 필요한 전력을 모두 신재생에너지로 충당할 수 있는 발전소를 조성하고자 하였다. 이를 위해 2015년 11월 동서발전과 SK증권과 공동으로 두원면 학곡리의 약 150,000㎡ 부지에 298GW급 바이오매스 발전소를 조성하는 협약을 맺었다. 바이오매스발전소는 2017년 하반기 착공하여 2019년 준공 예정이며, 약 2,000억 원의 사업비가 소요될 예정이다. 고흥군은 88GW급 풍력발전소를 건설하기 위해 민간업체와 협약을 맺고 현재 인허가 절차를 진행하고 있다. 이미 거금도에 35GW급 거금태양광발전소를 운영 중에 있으며, 이와 동일한 용량의 솔라단지를 고흥만 농업지원시설에서 가동 중이다. 이 두 곳의 전력은 고흥군 전체 주민의 전력사용량인 427GW의 16%에 해당하며, 앞서 언급한 바이오매스발전소와 풍력발전소가 운영되면 고흥군은 국내 최초로 완전한 에너지 자립을 달성하게 된다(나영석, 2015).

출처: 나영석(2015).

그림 5-16. 고흥 거금에너지테마파크 태양광발전소

해외 사례로 태양광발전설비를 잘 갖추고 있는 도시로 가장 잘 알려진 도시는 독일 프라이부르크이다. 인구 22만 명이 살고 있는 중소도시지만, 지난 20여 년 전부터 친환경도시를 앞서 나가면서 프라이부르크는 독일의 환경수도, 기후수도, 지속가능한 도시로 선정되었고, 그린시티, 솔라시티 등 환경과 관련한 다양한 상을 받은 환경 선진도시가 되었다. 프라이부르크에는 태양광 모듈이 설치된 건물이 약 2,000동가량 있는데, 이는 태양광 모듈 설치가 가능한 건물의 약 25%에 해당한다. 프라이부르크는 2050년까지 전력 소비량 100%를 태양광과 풍력, 수력, 바이오에너지 등의 재생에너지로만 충당할 계획을 갖고 있다(이종석, 2015).

프라이부르크 시내의 보봉(Vauban)지구에 150여 채의 태양광 연립주택으로 건설된 '리젤펠트(Rieselfeld)'는 독일에서 가장 에너지 효율성이 우수한 패시브하우스 주택단지로 인정받고 있다. 2005년에 완공된 보봉지구 입구에 있는 '태양의 배'로 불리우는 건물은 태양광과 태양열로만 필요한 에너지를 충당하고 있으며, 길이가 125m에 이른다(프라이부르크시 환경보호국). 또한 프라이부르크 보봉지구에 있는 3층짜리 원통형 건물인 헬리오트롭(Heliotrop)은 태양궤도를 따라 회전하면서 옥상에 설치된 태양광발전설비의 전환 효율을 높이고 있으며, 전력 소비량의 5~6배의 전력을 생산하여 잉여전력은 에너지회사에 판매하고 있다(김영우, 2004).

출처: 필자 현지 촬영

그림 5-17. 독일 프라이부르크 보봉마을의 '태양의 배'와 '헬리오트롭'

출처: http://www.greencity.freiburg.de

그림 5-18. 독일 프라이부르크의 태양광 관련 모듈과 발전 설비 경관들

또한, 독일 남서부에는 에너지 자급마을, 바이오에너지 마을로 알려진 마우엔하임(Mauenheim)이 있다. 바덴뷔르템베르크주에 있는 마우엔하임은 약 100가구에 430명 정도의 주민이 살고 있는 작은 농촌마을이다. 마우엔하임 마을은 2006년 11월부터 바이오매스를 이용하여 전기를 생산하고 우드칩과 태양열을 통하여 난방에너지를 공급한다. 이 마을에는 1500㎥ 공간의 대형저장시설 2곳이 있는데 여기에 쇠똥, 말똥, 옥수수 등을 집어넣고 이를 발효시키는 과정에서 나오는 바이오가스를 이용하여 발전기를 돌려 전기를 만든다. 이 시설을 이용하여 400만KWh의 전기를 생산하고 있으며, 이는 마을의 100 가구 전체가 사용하는 1년 전력량의 약 9배에 달한다. 또한,

전기를 만들 때 발생하는 열(350만 Kwh)을 이용하여 마을 주민들이 6개월 동안 쓸 수 있는 연간 35만 리터의 온수를 생산하고 마을 전체에 깔아놓은 난방 파이프(총 길이 4km)를 통해 각 가정에 공급된다. 이 마을은 신재생에너지를 사용하여 연간 2,600ton의 온실가스 감축 효과를 가져오고 있다(이종석, 2015).

출처: http://blog.daum.net/depark4/8592395

그림 5-19. 독일 마우엔하임 마을의 바이오에너지 시설

3 사례지의 재생에너지 생산량과 온실가스 감축효과 시뮬레이션

1) 유휴·방치부동산을 활용한 태양광발전시설에 따른 온실가스 감축효과

(1) 사례지 현황

본 연구에서는 사례지로 부산시 강서구를 선정하였는데, 이는 강서구에 재생에너지 생산 가능성을 시뮬레이션하기에 좋은 다양한 유휴·방치부동산이 있기 때문이다(표 5-6 참조). 태양광발전시설 설치에 적합한 유휴·방치부동산은 미활용 공공부지, 미활용 폐교, 저이용 체육시설이며, 강서구에서 태양광발전시설 설치에 적합한 총 면적은 199,865㎡로 산정되었다.

부산시 강서구의 미활용 공공부지로는 시설원예시험장 이전부지가 있다. 현장조사 당시 국립농산물품질관리원이 건물을 사용하고 있었지만, 건물 앞쪽의 원예시험장 작물재배 부지는 사용하지 않고 있었으며, 폐비닐하우스, 유리온실 등이 방치되어 있었다. 시설원예시험장 이전부지는 대부분 평지이며, 면적은 약 165,000㎡으로 신재생에너지원 중 태양광발전시설 설치 부지로 활용 가능할 것으로 판단하였다.

표 5-6. 부산시 강서구의 유휴·방치부동산 현황

구분	사례 대상지	면적	비고 (재생에너지 적용 유형)
미활용 공공부지	시설원예시험장 이전부지	약 165,000㎡	태양광발전
미활용 폐교	천가초 대항분교장	대지 면적 7,745㎡	태양광발전
저이용 체육시설	강서체육공원	부지 면적 208,985㎡ 건물 옥상 및 주차장 면적 27,120㎡	태양광발전

출처: 필자 현지 촬영

그림 5-20. 시설원예시험장 이전부지

부산시 강서구의 미활용 폐교의 사례는 천가초등학교 대항분교이며, 폐교된 이후 부산광역시 교육청에서 관리하고 있고, 부산시 공유재산으로 등록되어 있다. 그러나 지역 주민들이 무단으로 사용하고 있고, 운동장과 화단 등 제대로 관리가 되고 있지 않아 근린 경관에 부정적인 영향을 미치고 있음을 현장 답사를 통해 파악할 수 있었다. 대항분교장의 대지 면적은 7,745㎡로 태양광발전시설 설치가 용이할 것으로 판단된다.

출처: 필자 현지 촬영

그림 5-21. 천가초등학교 대항분교장 전경

한편 강서구 강서체육공원은 상당히 큰 규모의 체육시설로서, 다양한 행사 장소로도 이용되며 부산 아이파크 축구팀의 캠프가 위치하고 있다. 그러나 평상시에는 별로 이용되지 않는 대표적인 저이용 체육시설이라고 볼 수 있다. 본 연구에서는 태양광발전시설 설치가 가능할 것으로 볼 수 있는 강서체육공원의 하키 주경기장 관중석 지붕과 실내체육관 옥상, 양궁경기장 사수석, 주차장을 중심으로 검토하였다. 강서체육공원의 건물 옥상면적과 주차장의 면적은 27,120㎡에 달하고 있다.

출처: 필자 현지 촬영

그림 5-22. 강서체육공원 전경

한편 부산광역시 강서구에 있는 초·중·고교 건물 옥상에도 태양광 패널을 설치할 수 있다. 강서구 내에는 31개 학교가 있으며, 각 학교 옥상에 태양광발전시설을 설치하게 된다면, 학교에서 쓰이는 전력을 자급할 수 있고 친환경 체험교육 등의 교육시설로 활용이 가능할 것이다.

출처: 필자 현지 촬영

그림 5-23. 대상초등학교 전경

(2) 태양광발전시설에 따른 에너지 생산과 온실가스 감축

유휴·방치부동산을 활용하여 태양광발전시설을 통한 재생에너지 생산 가능성과 경제성 및 온실가스 감축 효과를 시뮬레이션하기 위해 RETScreen 모델을 이용하였다. RETScreen은 신재생에너지 설비의 설치 가능성 및 비용 등 신재생에너지와 관련된 각종 정보를 제공하기 위해 캐나다 자원국(NRCan: Natural Resources Canada)의 VANMET Energy Diversification Research Laboratory(CEDRL)에서 개발하여 보급하고 있는 프로그램이다(산업자원부, 2006). 이 프로그램을 통해 특정 신재생에너지 프로젝트를 설정하고 관련된 기상자료, 설비 특성, 투자비용 등의 요인을 투입하여 에너지 생산량을 추정하고, 이에 따른 수입 등을 계산하여 에너지 생산 가능성과 경제성을 평가할 수 있다. RETScreen은 하나의 프로젝트에 대한 경제성 분석만을 할 수 있기 때문에 다양한 신재생에너지원 도입에 따른 통합적인 분석이 어렵다는 한계점을 가지고 있다. 하지만 자료의 입력 및 분석 방법이 비교적 간편하여 신재생에너지 프로젝트의 예비타당성 분석에 유용하게 사용할 수 있는 장점이 있다(이주수 외, 2013).

그림 5-24. RETScreen의 초기 화면

RETScreen 모델링에는 제품 데이터베이스(모델 제공), 프로젝트 데이터베이스, 수문학 네이터베이스와 NASA에서 제공하는 기후위성 데이터 등이 사용된다. 그 이외에도 전 세계의 에너지자원 지도가 전부 통합되어 제공되고 있으며, 다양한 형태의 신재생에너지 프로젝트에 대한 견본(template)과 사례연구(case studies) 자료들이 내장되어 있다. 이러한 자료들은 실제로 건설된 신재생에너지 프로젝트의 기술 및 재무 관련 데이터를 기초로 작성된 것이며, Power, Heating, Cooling, Combined heating & power 등의 프로젝트 유형과 프로젝트가 수행된 위치

(Project location), 기후 데이터, 그리고 프로젝트 이름으로 구분되어 있어 다양한 형태의 프로젝트를 분석해 볼 수 있다(최봉석, 2014). RETScreen은 에너지 모델링 → 비용 분석 → 온실가스 분석 → 재정 분석 → 민감도 분석의 5단계를 거치면서 최종 결과를 얻게 된다(그림 5-26 참조).

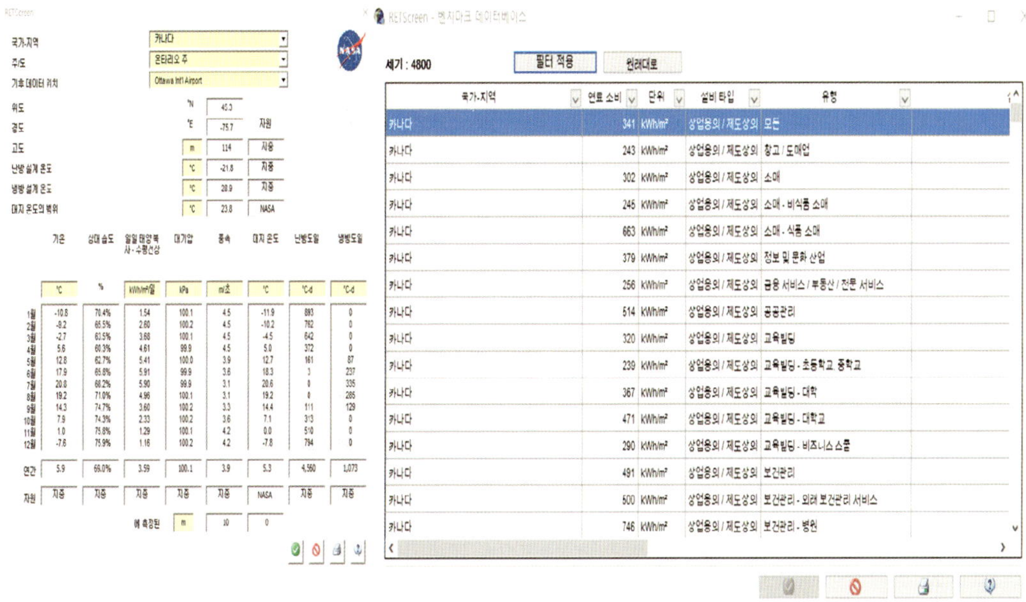

그림 5-25. RETScreen의 위성자료 및 DB

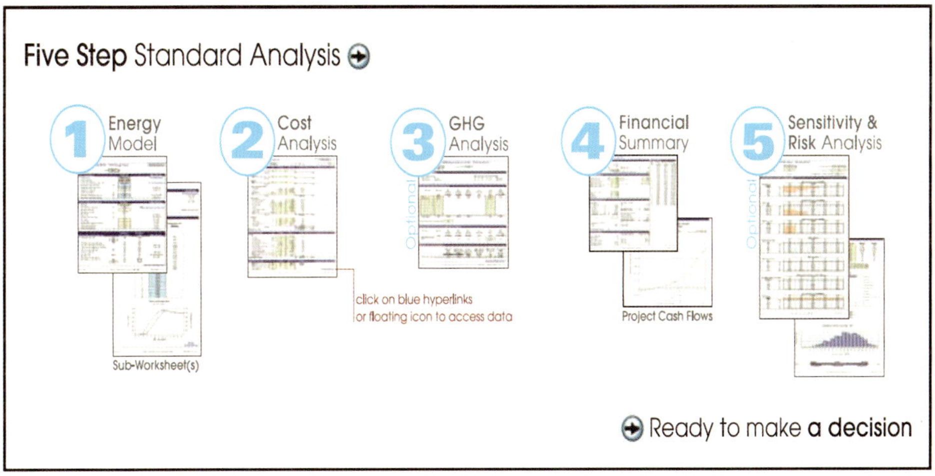

출처: RETScreen International(2005).

그림 5-26. RETScreen model의 분석 절차

사례지역의 태양광발전 설치에 따른 전력 생산과 온실가스 감축효과를 분석하기 위하여 먼저, 유휴·방치부동산 면적을 조사하고 태양광발전시설 설치 용량을 산정하였다. 그리고 태양광 발전량에 따른 온실가스 감축량은 기존 전력을 태양광발전을 통해 생산된 전력으로 대체하여 사용하는 것으로 가정하였다. RETScreen을 이용하여 재생에너지 생산시설 설치에 따른 경제성을 분석하기 위해서는 투자비, 기술수명, 사회적 할인율, 유지관리비, 역송전 단가, 신재생에너지공급인증서 가격 등의 자료가 필요하다. 본 연구에서는 유휴·방치부동산의 태양광발전시설 설치에 따른 경제성을 분석하기 위해서 위에 설명된 자료를 RETScreen의 재정모델에 입력하고 태양광발전시설의 기술수명까지의 누적 현금흐름과 순현재가치를 산정하여 경제성을 분석하였다. 현행 신재생에너지공급의무화제도(RPS)하에서 태양광발전시설의 수익은 역송전단가(전력판매), 신재생에너지공급인증서(REC)를 통해 발생한다. 하지만, 현재 지원 금액만으로는 태양광발전시설 설치 시 경제성이 낮을 것으로 판단하여 추가로 태양광발전 지원정책 따른 경제성을 분석하였다. 추가로 적용한 지원 정책은 서울형 발전차액지원제도와 일본의 발전차액지원제도이다.

유휴·방치부동산 면적 조사 및 태양광 발전시설 설치 가능 용량 산정

⬇

태양광발전량 산정 및 온실가스 감축량 추정

⬇

태양광발전시설 설치에 따른 경제성 분석

⬇

태양광발전시설로서의 유휴·방치부동산의 활용 가능성 검토

그림 5-27. 유휴·방치부동산을 활용하는 경우 태양광 발전시설 가능성 검토

기후 데이터는 태양광 발전시스템에 영향을 미치게 되는 중요한 요소이다. 2014년 기상연보 중 부산의 기후 데이터를 이용하였으며, RETScreen에 기온, 상대습도, 대기압, 풍속, 지면 온도 등의 자료를 투입하였다. 태양광 발전량에 직접적인 영향을 미치는 기후 요소 중 하나인 태양복사량은 에너지기술연구원 산하 신·재생에너지데이터센터에 구축되어있는 2012년 부산광역시의 수평면 전일사량 자료를 사용하였다. 부산광역시의 2012년 기준 수평면 전일사량은 3.88kWh/㎡/일로 조사되었다.

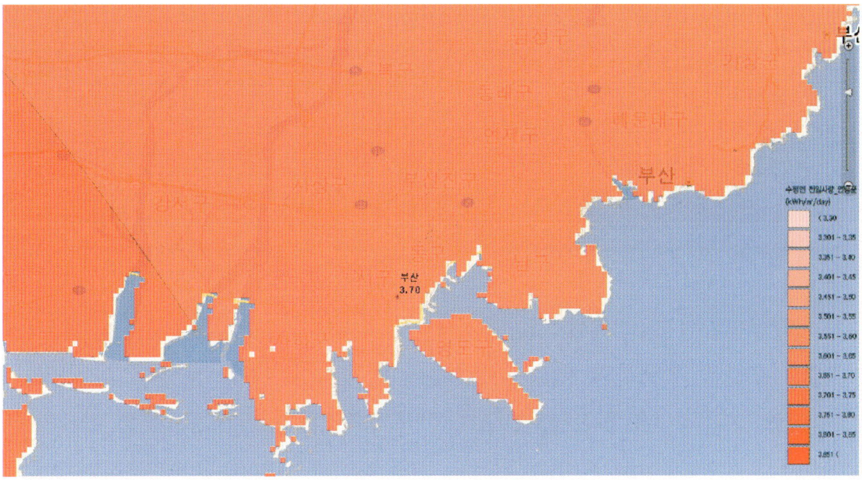

출처: 신·재생에너지데이터센터

그림 5-28. 부산시 수평면 전일사량 현황

이와 같은 기후 데이터를 입력한 후 RETScreen의 에너지 모델에 강서구의 유휴·방치부동산에 설치 가능한 태양광발전시설 용량을 입력하였다. 각 대상지 유형별 면적당 태양광설비 설치 가능 용량을 산정하기 위해 '태양광발전 보급 잠재량 조사를 통한 확대기반 조성에 관한 보고서'의 단위면적당 태양광발전시설 설치 가능 용량을 이용하였다. 유휴·방치부동산 가운데 공공시설 이전부지와 미활용 폐교의 경우 단위면적당 태양광발전 0.05kW/㎡의 설치용량을 적용하였다. 체육시설의 경우, 단위면적당 설치 가능 용량은 0.0286kW/㎡로 잡았다. 또한, 강서구 내 초·중·고등학교 옥상에는 100kW 규모의 태양광발전시설을 설치하는 것으로 가정하였다.

유휴·방치부동산의 유형별 면적에 따라 산정된 태양광발전시설 설치 가능용량을 보면 미활용 공공부지인 시설원예시험장 이전부지에는 8,250kW의 태양광발전시설 설치가 가능하며, 미활용 폐교인 천가초등학교 대항분교장에는 387kW, 저이용 체육시설인 강서체육공원에는 776kW, 부산시 강서구내 31개 초·중·고등학교 옥상에는 3,100kW의 태양광발전시설의 설치가 가능한 것으로 분석되었다. 종합하면, 부산광역시 강서구의 유휴·방치부동산을 활용하는 경우 설치 가능한 태양광발전시설 총용량은 12,513kW로 산정되었다.

표 5-7. 유휴·방치부동산 대상지의 태양광발전설비 설치 가능 용량

유휴·방치부동산	면적	설치 가능 용량
시설원예시험장 이전부지	약 165,000㎡	8,250kW
천가초대항분교장	대지면적 7,745㎡	387kW
강서체육공원	건물 옥상 및 주차장 면적 27,120㎡	776kW
강서구내 학교	31개소에 학교당 100kW 설치	3,100kW
합계		**12,513kW**

태양광발전시설 설치 가능용량을 에너지 모델에 입력한 뒤 설치할 태양광발전시설의 조건을 선택하면 에너지모델에서 태양광발전량을 산정할 수 있다. 태양광발전시설의 조건은 <표 5-8>과 같으며 한국형태양광시스템의 자료를 이용하였다.

표 5-8. 태양광 발전설비의 설치 조건

태양광 모듈 Type	Mono-si
태양광 모듈 발전 용량	250 W
태양광 모듈 발전효율	15.6 %
경사각	30°
인버터 효율	90 %
인버터 용량	100 kva

출처: 한국형태양광시스템

RETScreen을 이용하여 산정된 강서구의 유휴·방치부동산을 활용하여 생산가능한 태양광 발전량은 12,945MWh로 나타났다. 태양광발전에 따른 온실가스 감축량을 산정하기 위하여 2011년 전력거래소에서 제시한 전력배출계수 0.460tCO_2를 이용하였다. 그 결과, 부산시 강서구의 유휴·방치부동산을 활용하여 태양광발전을 할 경우 감축되는 온실가스는 5,955tCO_2로 산정되었다. 산림청의 주요 산림수종의 표준 탄소흡수량에 따르면 30년생 소나무 1그루당 연간 6.6kgCO_2를 흡수한다. 따라서, 강서구의 유휴·방치부동산을 활용하여 태양광발전을 할 경우 발생하는 온실가스 감축량은 30년생 소나무 90만 그루를 심는 것과 같은 효과를 가져올 것으로 예상된다.

태양광 발전량	×	전력배출계수	=	온실가스 감축량
12,945 MWh		0.460 tCO_2/MWh		5,955 tCO_2

(3) 유휴·방치부동산을 활용한 태양광발전시설 설치의 경제성 분석

RETScreen모델을 이용하여 강서구 유휴·방치부동산에 태양광발전시설을 설치하는 경우의 경제성을 분석하였다. 이를 위해 현행 신재생에너지공급의무화제도하의 경제성 분석 조건을 비용분석모델과 재정분석모델에 입력하였다. 비용분석 모델에는 태양광발전시설 설치에 따른 초기투자비와 연간 유지관리비를 입력한다. 태양광발전시설 초기투자비의 경우, 에너지기술평가원에서 2013년 발표한 에너지기술비전 로드맵에서 제시된 1,981,000원/kW를 적용하였다. 그 결과, 강서구 유휴·방치부동산을 활용하여 12,513kW 규모의 태양광발전시설을 설치할 때 소요되는 총 초기 투자비용은 약 248억원으로 산정되었다. 이에 따른 유지관리비를 전체 설비 투자비의 1%로 가정하면 그 비용은 약 2억 5천만원이 된다. 재정분석 모델에는 기술수명, 사회적 할인율, 계통한계가격(전력역송전단가: SMP), 신재생에너지공급인증서(REC) 단가를 입력하였다. 태양광발전 패널의 기술수명은 20년이며, 역송전단가는 전력거래소의 2015년 평균자료인 100.59원/kWh로 설정하였다. 사회적 할인율은 경제성 분석에서 다른 시기에 발생하는 비용과 편익을 현재 가치로 환산하기 위해 적용되는 할인율을 말하며, 한국개발연구원에서 제시하고 있는 사회적 할인율 6.5%를 적용하였다. 신재생에너지공급인증서(REC) 가격은 한국태양광산업협회의 2016년 1분기 자료를 적용하여, 98.11원/kWh로 설정하였다.

표 5-9. 태양광 발전설비의 경제성 분석 조건

현행 신·재생에너지공급의무화제도(RPS)에서의 태양광 발전설비 경제성 분석 조건	
투자비	1,981,000원/kW
기술수명	20년
사회적 할인율	6.5%
유지관리비	전체설비의 1%
역송전단가(SMP)	100.59원/kWh
신·재생에너지공급인증서(REC)	98.11원/kWh

유휴·방치부동산에 설치되는 태양광발전시설에 대해 현행 신재생에너지공급의무화제도(RPS)에 서울형 발전차액지원제도(FIT)를 추가한 경우와 일본의 발전차액지원제도를 적용하는 경우의 재정분석을 실행하였다. 2016년 서울시에서 공고한 서울형 발전차액지원제도에서는 5년간 전력 kWh당 100원의 발전차액을 지원해주며, 태양광 사업과 관련하여 융자도 지원하고 있는데, 태양광발전 사업비 80%를 8년 기한으로 융자해주며 이자율은 1.45%이다. 본 연구에서는 서울시에서 지원해주고 있는 융자제도를 서울형 발전차액지원제도와 함께 적용하였다. 또한 일본에서 시행되고 있

는 발전차액지액제도에 따르면 2015년 7월 시점에서 kWh당 27엔을 지원해주며, 이 금액은 2016년 5월 16일 환율을 적용하면 292.59원에 해당하는 금액이다. 현행 신재생에너지공급의무화제도와 서울형 발전차액지원제도, 일본의 발전차액지원제도를 적용할 경우 유휴·방치부동산을 활용한 태양광발전시설 설치에 따른 누적 현금흐름도를 보면 <그림 5-29>와 같다.

표 5-10. 서울과 일본의 발전차액제도를 적용하는 경우 경제성 분석조건

서울형 FIT 제도		일본 FIT 제도	
투자비, 기술수명, 사회적 할인율, 유지관리비, 역송전 단가는 RPS 제도와 동일			
신·재생에너지 공급인증서(REC)	98.11원/kWh	FIT 가격	292.59원/kWh
융자지원	80 %		
대출기간	8년		
대출이자율	1.45%		
FIT 가격	100원/kWh		

유휴·방치부동산을 활용하여 태양광발전시설 설치에 대한 경제성을 분석한 결과, 현행 신재생에너지공급의무화제도를 적용하는 경우 사업의 순 현재가치는 -45만원으로 나타나 사업 타당성이 약간 부족한 것으로 나타났다. 신재생에너지공급의무화제도에 추가적으로 서울형 발전차액제도를 적용할 경우, 순 현재가치가 약 399만원으로 분석되어 사업 수익성이 있는 것으로 나타났다. 일본의 발전차액제도를 적용하는 경우, 순 현재가치는 272억 8528만원으로 분석되어 유휴·방치부동산을 활용하는 태양광발전시설의 경제적 효과가 상당히 높을 것으로 나타났다.

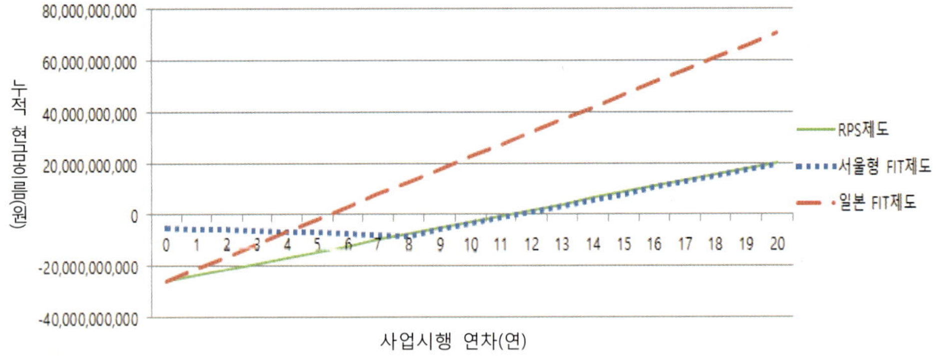

그림 5-29. 태양광발전 지원제도 적용에 따른 누적 현금흐름 그래프

2) 바이오연료 작물 재배에 따른 재생에너지 생산과 온실가스 감축 효과

(1) 바이오연료 작물과 재생에너지

바이오매스 에너지는 전통적인 방식과 현대적인 방식으로 이용 형태를 구분할 수 있다. 전통적인 방식은 자연으로부터 획득한 다양한 형태의 바이오매스를 추가 가공 없이 이용하는 것으로, 농작물의 찌꺼기, 목재, 축산분뇨 등의 사용이 여기에 해당된다. 이렇게 사용되는 바이오매스는 에너지 효율성이 낮으며, 대부분의 개발도상국에서 요리, 난방 등을 위한 연료로 활용되고 있다. 전통적인 바이오매스는 생물학적인 관점에서는 재생가능한 에너지원에 속하지만, 과도한 이용에 따른 산림 파괴 및 가축분뇨의 이용으로 인한 질병 발생 등과 같은 문제점을 일으키기도 한다. 또한, 전통적인 바이오매스는 이용 과정에서 다량의 오염물질이 배출되기 때문에 환경문제를 심화시키기도 한다. 이러한 전통적 바이오매스의 문제를 해결하기 위해서 아프리카와 중국, 인도 등에서는 바이오매스의 이용 방식을 개선하는 사업을 진행하고 있다.

전통적인 바이오매스와 대조되는 바이오에탄올과 바이오디젤 등이 현대적인 바이오매스에 속한다. 현대적인 바이오매스는 전력 생산, 난방에너지, 수송에너지 등으로 이용된다. 현대적인 바이오매스는 전통적인 바이오매스와 동일한 원료를 사용하여 일차적으로 추출한 후 이를 가공해서 사용하는 것이다. 특히, 현대적인 바이오매스는 전통적인 바이오매스 사용으로 인한 문제점을 해결하고 지속가능성을 높이는 방법과 관련된 연구가 활발하게 진행되고 있다(Goldemberg and Coelho, 2004).

바이오디젤은 바이오매스의 한 종류인 식물성 기름으로부터 만들어진다. 식물성 기름은 차량연료로서 충분한 열량을 가지고 있지만 고분자 물질이므로 디젤엔진에 바로 적용할 수 없다. 이러한 식물성 기름은 화학반응을 통해 경유와 비슷한 점도 수준으로 분해가 가능하다. 즉, 식물성 기름에 촉매를 넣고 알코올과 반응시키면 알킬에스테르와 글리세린으로 전환되며, 생산된 알킬에스테르를 바이오디젤이라고 한다. 현재 비식용 원료를 활용하여 바이오디젤을 생산하려는 연구가 활발히 진행되고 있다. 이러한 원료로는 폐식용유와 독성이 있는 유지 식물의 기름 등이 있다. 폐식용유는 현재 상용 공정에서 원료로 사용하는 깨끗한 식물성 기름과는 달리 불순물이 많이 포함되어 있어 여러 단계의 전처리과정을 거쳐야만 한다(이진원·박창훈, 2011).

옥수수와 사탕수수는 발효를 통해 바이오알코올을 생산할 수 있으며, 바이오알코올은 휘발유의 대체연료로 사용된다. 유채와 대두, 팜 등은 촉매전환을 통해 바이오디젤을 생산할 수 있다. 목질 부산물의 고형연료화를 통해 목질 펠릿이 생산되고 목질 펠릿은 난방과 발전연료로 사용된다. 또한 목질 부산물의 열분해를 통해 바이오오일과 합성가스를 생산할 수 있으며, 생산된 바이오연료는 난방과 발전 연료로 사용되고 촉매 전환을 통해 차량 연료로도 사용된다. 유기성 폐기물은 혐기발효를 통해 메탄을 생성할 수 있으며, 메탄은 난방과 발전연료로 사용되고 정제하면 천연가스자동차의 연료로 사용할 수 있다. 유기성 폐기물은 고형연료화를 통해 폐기물고형연료(RDF: Refuse Drived Fuel)를 생산할 수 있으며 대체연료로 사용된다. 해양 바이오매스는 곡물과 같이 촉매 전환과 발효를 거쳐 바이오디젤과 바이오알코올로 전환되며 각각 경유와 휘발유를 대체할 수 있다. 경유를 대체할 수 있는 바이오디젤은 약 10%의 산소를 포함하여 완전연소를 돕기 때문에 경유에 비해 대기오염 물질이 40~60% 이상 적게 배출된다. 또한 바이오디젤 사용에 따른 전주기 분석(life cycle analysis)에 의하면 바이오디젤 1kg을 사용하는 경우 경유에 비해 3.2kg의 이산화탄소 배출 감축 효과가 있는 것으로 알려져 있다(이진원·박창훈, 2011).

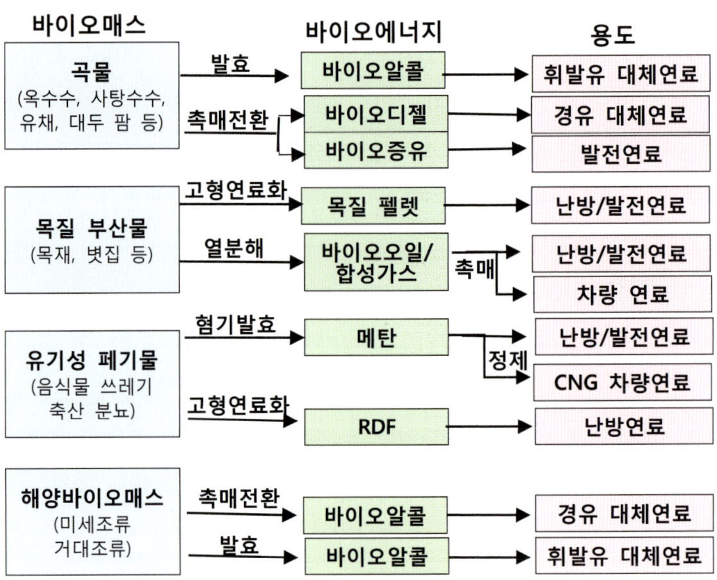

출처: 산업통상자원부(2014), 신·재생에너지백서.

그림 5-30. 바이오매스의 활용

(2) 사례지 현황

낙동강 대저지구에 위치하고 있는 대저생태공원의 총 면적은 759,000㎡로서 다량의 유채를 재배할 수 있어서 바이오매스 연료작물 재배지로 적합하다고 판단된다. 바이오매스 연료작물로 유채를 선정하고, 생산된 유채 씨를 유채자원순환모델에 적용

출처: 부산 국토지방관리청 story, http://www.yda.kr/438

그림 5-31. 대저생태공원 종합안내도와 대저생태공원 경관

하여 저이용되고 있는 생태공원에 바이오매스 연료작물의 재배에 따른 온실가스 감축 효과를 시뮬레이션하였다.

(3) 바이오연료 작물 재배에 따른 재생에너지 생산과 경제성 분석

대저생태공원을 대상으로 하여 바이오연료를 생산할 수 있는 작물로 유채를 설정하고, 해당 작물의 바이오연료 수율을 고려하여 재생에너지 생산량을 계산하였다. 그리고 그에 따른 온실가스 감축량은 자동차 연료를 바이오연료로 대체하였을 경우를 기준으로 산정하였다. 또한, 바이오연료는 탄소중립성(carbon neutral)으로 인해 온실가스 배출량 산정 시 제외하고 있으므로 온실가스 감축량은 대체되는 기존 연료의 온실가스 배출량이 감축되는 것으로 추정하였다.

유휴·방치부동산에서의 바이오연료 작물 재배에 따른 경제성은 농촌진흥청에서 개발한 유채자원순환모델을 이용하여 분석하였다. 유채자원순환모델은 유채를 중요한 고리 또는 시발점으로 하는 에너지 생산, 경관, 폐기물의 재활용 등을 고려한 순환모델이며, 유럽 등에서 발달된 에너지 자립 마을, 일본의 자원순환 시스템, 우리나라 저탄소 녹색마을 등과 상통하는 개념이다(이영화 외, 2013). 유채자원순환모델을 통하여 유채 재배에 따른 4가지 수익을 얻을 수 있으며, 이는 경관직불금과 유채식용유 판매, 유채박 판매, 유채 폐식용유를 전환하여 얻어지는 바이오디젤 판매를 통해 발생한다(농촌진흥청 농업과학도서관, 2014).

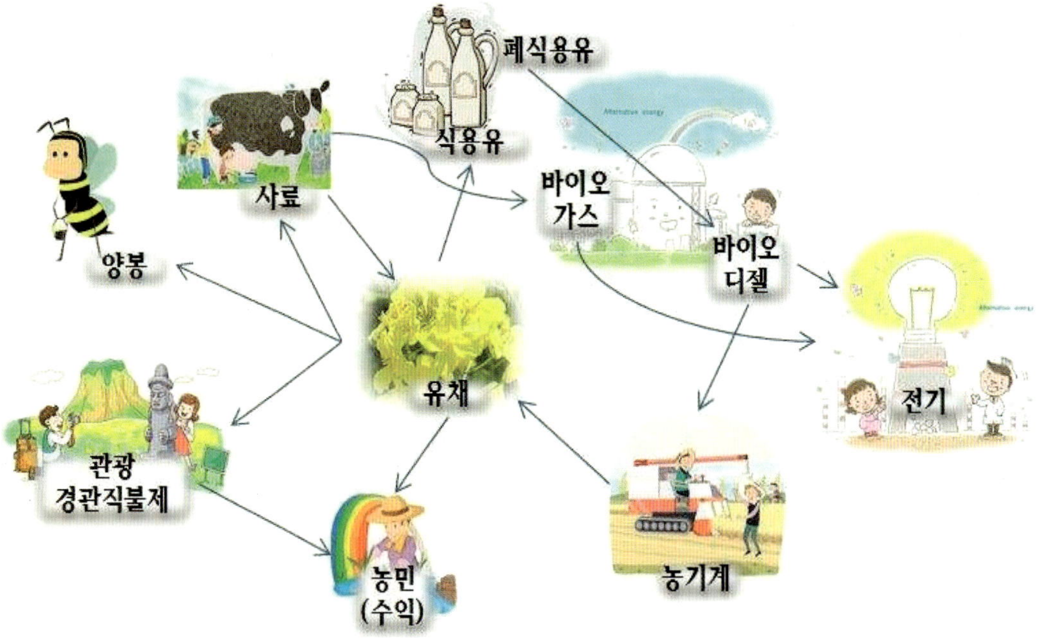

출처: 이영화 외(2013), p.11.

그림 5-32. 유채의 자원순환모델

강서구 대저생태공원에서 재배되는 유채(품종: 한라유채)로부터 얻어지는 바이오디젤 생산량을 산출하기 위해 농업기술원(2008년)에서 제시한 기준(0.041L/㎡)을 적용하였다. 그 결과, 대저생태공원의 전체 부지면적(759,000㎡)에서 유채를 재배할 경우, 31,119L의 바이오디젤이 생산되는 것으로 분석되었다. 또한 기존에 사용하던 경유를 생산된 바이오디젤로 대체하는 경우 온실가스 감축량은 82tCO_2로 산정되었으며, 이는 30년생 소나무 1만 2천 그루를 심는 것과 같은 효과와 같다.

바이오디젤로 대체되는 경유 소비량	×	경유 온실가스배출계수	=	온실가스 감축량
31,119 L		0.03539TJ/kL*20.2tC/TJ*44/12 =0.002621 tCO_2/L		82 tCO_2

(4) 바이오연료 작물 재배의 경제적 효과

강서구 대저생태공원에서 생산된 유채로부터 바이오에너지를 생산하는 경우의 경제적 효과를 산정하기 위하여 유채자원순환모델을 활용하였다. 유채 재배 시 발생하는 경관 직불금은 170만원/ha, 재배된 유채의 유채 씨를 착유하여 얻어지는 유채기름(카놀라유)은 3000원/kg이며, 이를 판매하는 경우 발생하는 소득은 240만원/ha이다. 또한 유채 씨를 착유하고 남은 유채박은 가축사료로 이용되는데 판매가격은 400원/kg이다. 이러한 기준을 적용한 결과, 대저생태공원 1ha에서 재배된 유채에서 발생하는 유채박의 판매 소득은 68만원/ha으로 산정되었다. 판매된 유채기름(카놀라유)의 20%를 회수하고 이를 이용하여 바이오디젤을 생산하는 경우(바이오디젤 kg당 1,500원 적용) 1ha의 유채 재배지에서 바이오디젤 생산을 통해 얻어지는 수익은 21만 6천원/ha로 산정되었다.

표 5-11. 유채자원순환모델의 경제적 효과

소득항목	소득 금액
경관직불금	170만원/ha
유채기름(카놀라유) 판매	유채기름 800 kg/ha * 3000원/kg = 240만원/ha
유채박 판매	1700 kg/ha * 400원/kg = 68만 원/ha
바이오디젤(BD) 판매	800 kg/ha * 0.2(수거율) * 0.9(BD 전환율) * 1500원/kg = 21만 6천원/ha

출처: 농촌진흥청(2014).

그림 5-33. 유채자원순환모델의 경제적 효과

유채자원순환모델의 경제적 효과를 강서구 대저생태공원에서 유채를 재배하는 경우에 적용하여 바이오에너지 생산에 따른 경제적 효과를 산정한 결과 경제적 효과는 경관 직불금 1억 2,903만 원, 유채기름 판매 수익 1억 8,216만 원, 유채박 판매 수익 5,161만 원, 바이오디젤 판매 수익 1,639만 원 등으로 총 수익은 매년 3억 7,920만원으로 분석되었다(표 5-12 참조). 바이오에너지 생산에 따른 경제적 효과는 유채기름 판매에서 가장 크게 나타났다.

표 5-12. 유채자원순환모델을 적용한 대저생태공원의 유채 재배에 따른 경제적 효과

항목	산정과정	금 액
경관직불금	170만 원/ha * 75.9ha	1억 2,903만 원
유채기름 판매	240만 원/ha * 75.9ha	1억 8,216만 원
유채박 판매	68만 원/ha * 75.9ha	5,161만 원
바이오디젤 판매	21.6만 원/ha * 75.9ha	1,639만 원
총 액		**3억 7,920만 원**

참고문헌

강성민·최봉석·김승진·문효동·이정우·박년배·전의찬 (2014). "RETScreen을 이용한 가로등의 계통연계형 태양광시스템 적용 효과 분석: 서울시 광진구를 중심으로". 한국기후변화학회지. 5(1). 1-12.

강준영·박진주 (2015). "중국 에너지부문 12.5계획 평가 및 13.5계획 전망". 세계 에너지시장 인사이트. 제15-7호. 3-22.

고병구·강기경·이덕배·김건엽·홍석영·김민경·소규호·서명철·서종호 (2009). "바이오에너지 작물의 에너지 자원으로서 잠재적 가치 평가". 한국토양비료학회지. 42(6). 486-491.

권준범 (2010. 12. 27). 경기도, 유휴지 활용한 태양광발전 추진. 에너지신문.

김광수·김경미·노우영·우상민·조동준 (2010). 일본 신재생에너지 산업 현황 및 전망. KOTRA.

김덕근·김성민·최병윤·박순철 (2010). "커피찌꺼기로부터 오일 추출 및 바이오디젤 생산 연구". 한국신재생에너지학회 2010년도 춘계학술대회 초록집. 250.

김병학 (2012. 8. 12). 폐교가 이렇게 변했다 - 진천 초평초 오상분교. 충북일보.

김선교 (2015). "獨, 에너지전환 정책에 따른 전력산업의 위기". KEMRI 전력경제 REVIEW. 9. 1-7.

김영우 (2004. 5. 23). 에너지를 만드는 집 '헬리오트롭'. 한겨레신문.

김유정 (2005). "신·재생에너지 정책 동향 및 지속가능성 분석". 과학기술정책. 154. 41-59.

김정욱·조영희 (2012). "미국의 신재생에너지 산업 및 정책 동향". KIAT 산업기술정책 브리프. 2012-3. 1-61.

김태호·윤성이 (2012). "시설원예농가의 재생에너지 적용가능성 평가-지열 태양광의 경제성 분석을 중심으로". 한국유기농업학회지. 20(3). 267-282.

나영석 (2015. 12. 7). 고흥군 국내 첫 신재생에너지 자립군 발판 마련. 경향신문.

농업기술원 (2008). 경기지역 적합 바이오연료작물 생산모델 개발연구.

농촌진흥청 농업과학도서관 (2014. 4. 4). 유채의 경쟁력, 자원순환에서 찾았다.

문윤호·구본철·최용환·안승현·박선태·차영록·안기홍·김중곤·서세정 (2010). "유망 바이오에너지작물 억새 개발". 한국잡초학회지. 30(4). 330-339.

미래농정연구원 (2005). 산업용 원료로 사용가능한 농작물의 경제성 분석 및 정책적 지원방안 연구.

박규찬 (2011. 2. 21). 서해안 대규모 풍력·태양광 조성. 투데이에너지.

박주예 (2011. 4. 15). 신안 동양태양에너지 발전소. Solar Followers.

산업통상자원부 (2014). 제4차 신재생에너지 기본계획.

산업통상자원부·신재생에너지센터 (2014). 2014 신·재생에너지 백서.

산업자원부 (2006). 신·재생에너지시스템 경제성분석 프로그램 개발 및 적용 방안 연구.

서울특별시 (2014a). 에너지살림도시 서울 종합계획. 서울시 기후환경본부.

_________ (2014b). 2014 환경백서 서울의 환경.

심기은·최병렬·도현재·이철용·송광의 (2010). 유럽의 신재생에너지 정책 연구. 지식경제부·에너지경제연구원.

아이지비컨설팅 (2012). 신재생에너지 대규모 수요창출 방안 연구

에너지관리공단 (2015). 2015 대한민국 에너지 편람.

외교통상부 (2012). 주요국 재생에너지 현황 및 정책.

육동윤 (2013. 6. 12). 르노삼성, '부산 신호 태양광 발전소' 완공. 매일경제.

이경한 (2015. 2. 2). 인삼재배와 태양광발전을 동시에. 원예산업신문.

이상미 (2012. 11. 22). 인도, 신재생에너지산업의 메카로 부상. KOTRA 해외 비즈니스 포탈.

이서윤 (2015. 11. 18). 서울시, 건강하고 안전한 서울 물려주기. 솔라투데이.

이영화·김광수·송연상·장영석·박광근 (2013). 유채 120% 활용법: 아름다움에서 자원순환까지. RDA Interrobang 제99호. 수원: 농촌진흥청.

이재형·원창섭·최영관 (2015). "수상 태양광발전시스템 기술개발 및 시장 동향". 한국태양광발전학회지. 1(2). 35-56.

이종석 (2015. 3. 7). [글로벌기획]소똥, 말똥, 햇빛… 脫원전 선언 독일이 믿는 구석. 동아일보.

이주수·최봉석·이화수·전의찬 (2013). "RETScreen를 활용한 풍력발전사업의 투자 적절성 평가 사례 연구". 한국기후변화학회지. 4(2). 105-114.

이진원·박창훈 (2011). "바이오에너지의 종류와 생산방법". *NEWS & INFORMATION FOR CHEMICAL ENGINEERS*. 29(4). 493-499.

이태성·이영화·김광수·김욱·김관수·장영석·박광근 (2012). "동·식물성 유지를 이용한 바이오디젤 생산에 관한 연구". 신재생에너지. 8(4). 30-37.

최봉석 (2014). Development of Renewable Energy Model for Sustainable Electric Power Supply System in Developing Countries - SCCS(Sejong Climate Change Screen) model Development and Application. 세종대학교 박사학위논문.

한국지역난방공사 (2013). 태양광발전설비 설치 현황집.

한국환경공단 (2013). 환경기초시설 탄소 중립 프로그램 민간투자방안 조사 분석.

환경부 (2007). 수도권매립지에서 바이오디젤 원료 생산(보도자료).

황치규 (2008. 7. 6). LG, 태안에 국내 최대 규모 태양광발전소 완공. ZDNet Korea.

Chen, W., Wu, F. and Zhang, J. (2016). "Potential production of non-food biofuels in China". *Renewable Energy*, 85, 939-944.

European Commission (2009). Renewable Energy : Moving towards a Low Carbon Economy

European Wind Energy Association(EWEA) (2011). EU Energy Policy to 2050.

First Solar (2012). Agua Caliente Solar Project.

Goldemberg, J. and Coelho, S. T. (2004). "Renewable energy - traditional biomass vs. modern biomass". *Energy Policy*, 32(6), 711-714.

International Energy Agency(IEA) (2014). IEA/IRENA Joint Polices and Measures Database.

Khan, G. and Rathi, S. (2014). "Optimal site selection for solar PV power plant in an Indian State using geographical information system (GIS)". *International Journal of Emerging Engineering Research and Technology*, 2(7), 260-266.

REN21 (2015). Renewables Global Status Report 2015.

RETScreen International (2005). *Clean Energy Project Analysis*.

Villicaña-Ortiz, E., Gutiérrez-Trashorras, A. J., Paredes-Sánchez, J. P. & Xiberta-Bernat, J. (2015). "Solar energy potential in the coastal zone of the Gulf of Mexico". *Renewable Energy*, 81, 534-542.

Yadav, A. K. and Chandel, S. S. (2015). "Solar energy potential assessment of western Himalayan Indian state of Himachal Pradesh using J48 algorithm of WEKA in ANN based prediction model". *Renewable Energy*, 75, 675-693.

大久保規子 (2014). 再生可能エネルギー法改革と市民参加一日本における展開 (한도율, 옮김), 환경법과 정책. 12, 21-36.

창원시시설관리공단. http://www.cwsisul.or.kr

신재생에너지 데이터센터. http://kredc.kier.re.kr/kier

에코파워. http://ecopower.kr/board/free/read.html?board_no=7&no=17

한국에너지공단 신·재생에너지센터. http://www.knrec.or.kr/knrec/11/KNREC110100.asp

GUJARAT POWER CORPOTATION LTD. http://gpcl.gujarat.gov.in

KLK. http://www.oklk.co.kr

Mariposa Biomass Project. http://www.mariposabiomassproject.org

06 해외 유휴 · 방치부동산 관련 법령 및 정책

1. 미국의 유휴·방치부동산 관련 법령 및 정책
2. 일본의 유휴·방치부동산 관련 법령 및 정책
3. 영국의 유휴·방치부동산 관련 법령 및 정책
4. EU의 순환적 토지이용관리 정책

1 미국의 유휴·방치부동산 관련 법령 및 정책

미국에서는 유휴·방치부동산 문제가 심각하게 부각되면서 유휴 토지 및 유휴 건축물의 재산 가치를 강조하여 '빈 자산(vacant property)'이라는 용어를 사용하고 있으며, 여기서 빈 자산이란 비어 있는 주거용 건축물뿐만 아니라 유휴 상태의 토지를 포함한다. 지난 수십 년 동안 지속적으로 개발이 이루어지면서 미국의 빈 자산은 1970년대 비해 2000년대에는 약 4배 정도 증가되었으며, 2008년 기준 주거 부문의 빈 자산은 약 470만 개에 달하는 것으로 조사되었다. 이렇게 빈 자산으로 인해 야기되는 경제적·사회적·환경적 문제들이 심각해지자 국가적 차원에서 다양한 정책적 방안들을 마련하기 시작하였다.

특히 2000년대 중반 이후부터 우체국 시스템을 기반으로 90일 이상 우편거래가 중단된 주소지를 추적하여 빈 자산 현황을 파악하기 시작하였고, '미국 시장협의회(United States Conference of Mayors)'에서 '비어있거나 방치된(Vacant and Abandoned)'에 관한 의제를 다루면서 2006년에는 빈 자산 문제를 전담하는 팀((Vacant and Abandoned Task Force)이 설치되었다. 최근에는 빈 자산을 커뮤니티와 연계시키면서 '미국의 빈 자산 캠페인(NVPC: National Vacant Properties Campaign)'과 '커뮤니티 개발 센터(CCP: Center for Community Progress)'를 설립하여 빈 자산을 커뮤니티 발전을 위해 활용하려는 노력과 함께 빈집 문제를 해결하기 위한 다양한 지원 조직들도 활성화되고 있다(임유경·임현성, 2012).

미국에서 유휴·방치부동산에 대해 공공이 개입하는 목적은 유휴·방치부동산의 재활용과 근린에 미치는 부정적 영향을 최소화하기 위한 것으로, 공공이 유휴·방치부동산에 개입하는 방법은 크게 두 가지이다. 첫 번째 방법은 부동산 소유주 스스로가 유휴·방치부동산을 관리·개선하도록 동기를 자극하는 것이다. 이를 위해 다양한 인센티브 전략(부동산세 및 취득세 차등 부과, 유해환경 개선 시 선 취득권 인정, 보조금 대출 등 직접적인 재정 지원, 세금 감면, 채무 면제 등)을 비롯하여 소유자의 책임의식 고취, 소유한 부동산의 상태에 대한 법적 책임을 지도록 인지시키는 것이다. 더 나아가 구체적인 정보와 기술적 지식이 없어 유휴·방치부동산에 대한 유지·관리에 어려움을 겪는 소유주 및 세입자를 대상으로 유휴·방치부동산 유지·관리방법과 재원 마련 방법, 신뢰할만한 건축가와 시공업체를 찾는 방법, 정부 지원 정보를 제공하고 있다. 미국의 경우 대부분 이러한 지원은 주로 지역 내 입지한 비영리커뮤니티 개발회사(CDC: Community Development Corporation)를 통해 이루어진다.

<사례>

시카고의 CDC 중 'Bickerdike Redevelopment Corporation'은 시카고시의 'Technical Assistance Community Program'을 위탁받아 West Town, Humboldt Park, Logan Square, Avondale, Hermosa 지역 내 부동산 임대주와 임차인을 대상으로 무료 기술 지원 프로그램을 실시하고 있다. 이 프로그램을 통해 지역주민에게 다음과 같은 정보를 제공하고 있다.

- 시카고시의 임대주/임차인 관련 조례
- 임차인이 이용 가능한 재원에 대한 정보
- 주택소유자의 세금감면 정보
- 쇠퇴 및 법규위반을 방지하기 위한 부동산 유지보수 방법
- 지역주민이 이용할 수 있는 기타 주택 자원에 대한 정보

출처: Bickerdike Redevelopment Corporation, http://www.bickerdike.org

두 번째 방법은 법에 의해 위임받은 공공 혹은 제3섹터가 유휴·방치부동산에 대한 단기 소유권을 취득하여 소유주 대신 유휴·방치부동산을 유지·개선하는 것이다. 소유주의 자발적인 참여만으로 유휴·방치부동산 문제를 완전히 해결할 수 없으므로, 법적 근거를 바탕으로 압류, 법정관리, 생활방해 완화를 위한 규제 방법이 동원되고 있다. 특히 방치기간 최소화, 근린에 미치는 부정적 영향 최소화, 빈집의 재활용을 위한 환경을 조성하는 데 역점을 두고 있다. 미국의 경우 유휴·방치부동산이 방치된 채로 존치되어 있는 시간을 최소화하기 위해서 압류, 매입, 양도, 수용을 통한 유휴·방치부동산의 재산권을 처리하는 데 초점을 두기 때문에 부동산의 물리적, 법적 관리권한의 취득은 유휴·방치부동산 대응 전략에서 매우 중요하며, 그중에서도 세금체납에 따른 압류(tax foreclosure)는 지방정부가 부동산을 취득하는 가장 일반적인 방법이다. 일반적으로 지방정부의 경우 시 조례(code of ordinances)를 통해 비거나 방치된 자산(vacant/abandoned property) 혹은 황폐화된 자산(blighted property)에 대한 등록 및 관리에 관한 규정을 마련하고, 이를 위반하는 경우 벌금을 지불하도록 하고 있다.

특히 미국의 경우 방치된 자산(abandoned property)을 새로운 기회로 활용하는 역할을 추진하는 근본적인 책임은 시장(Mayor)에 달려있다는 인식이 널리 퍼져 있으며, 사전 방지와 방치된 부동산 재활용에 역점을 두고 있다. 미국 시장 협의회의 의제였던 방치된 자산에 대한 5가지 핵심적 전략적 툴킷(strategy toolkit)을 보면 사전 방지, 정보시스템 구축 및 활용, 방치된 자산에 대한 통제력 획득, 시정부의 방치된 자산에 대한 전략적 재활용을 위한 구상, 해당 방치부동산의 전략적 재활용 시행이다(United States Conference of Mayors, 2006, Mayors' Resource Guide on Vacant and Abandoned Properties).

유휴·방치부동산 문제를 새로운 시각에서 전략적으로 접근한 대표적인 저서는 앨런 말라흐(Alan Mallach)의 「방치부동산을 커뮤니티 자산으로 되돌려주기(Bringing Buildings Back from Abandoned Properties to Community Assets)」이다. 2006년에 초판을, 2010년에 재판을 발행한 이 저서의 특징은 유휴·방치부동산을 생애주기(life cycle) 관점에서 유휴·방치부동산 발생 사전 방지단계 → 발생에 대한 대응단계 → 재활용 단계로 구분하고, 각 단계에서 제기되는 전략적 이슈들과 가이드라인 및 다양한 미국 내 사례들을 소개하고 있다. 본 장에서는 말라흐가 구분한 3단계 분석 틀을 토대로 핵심적 내용을 요약하고 특히 유휴방치부동산 문제에 직면하여 문제 해결을 위해 다양한 정책을 펼치고 있는 미국의 대표적인 도시인 디트로이트를 중점적으로 살펴보고 기타 도시들에서 시행하고 있는 정책들을 간략하게 소개하고자 한다.

1) 유휴·방치부동산 발생 사전 방지

미국의 경우 유휴·방치부동산 발생을 근원적으로 줄이기 위해 사전 방지단계에 가장 역점을 두고 있으며, 해당 지역 내 유휴·방치부동산의 촉발 원인을 이해하고 유휴·방치부동산 발생을 사전에 방지하기 위한 세 가지 정책을 펼치고 있다.

(1) 유휴·방치부동산 정보시스템 구축

유휴·방치부동산 문제에 효율적으로 대처하기 위해 가장 먼저 선행되어야 하는 것은 '유휴·방치부동산 정보 시스템' 구축을 통해 유휴·방치부동산의 현황을 정확하게 파악하는 것이다. 유휴·방치부동산 정보 시스템을 구축함으로 문제 부동산의 실태 파악과 그 상태 추적이 용이해질 뿐만 아니라, 앞으로 문제가 될 가능성이 높은 부동산을 탐지하는 '조기 경보 시스템(early warning system)'으로 활용될 수 있다. 여기서 의미하는 조기 경보 시스템이란 특정 부동산에서 법규 위반이 계속되거나, 범죄니 이로 인한 민원이 지속적으로 발생하거나, 세금을 체납하는 부동산이 증가하는 것 등 잠재적인 문제 부동산의 위험 요인을 감지하는 것을 말한다. 이러한 조기 경보 시스템을 통해 압류 위기에 처한 부동산에 대한 선제적인 대응이 가능해질수 있다. 유휴·방치부동산 정보 시스템의 내용은 개별 부동산에 대한 정보와 해당 부동산이 속한 근린환경 정보로 구성되며, 유휴·방치부동산 정보 시스템을 구성하는 개별 부동산 정보 지표와 근린 정보 지표는 <표 6-1>과 <표 6-2>와 같다.

여기에 사용되는 지표들을 보면 센서스 자료에서부터 토지·건축물 정보, 납세·체납 정보, 법규 위반, 우편물 정지·반송, 건축허가, 양도, 부동산 시장 동향, 범죄, 화재에 이르기까지 다양한 기관이 구축한 자료들로 구성된다. 따라서 이러한 다양한 자료들을 취합하여 가공하고, 정기적인 업데이트 등 관리업무를 총괄할 전담조직이 필수적이다.

표 6-1. 개별 부동산에 대한 지표

부문	지표	자료 출처
부동산 기본 정보	• 용도 • 구조 형태 • 층수 • 면적 • 용도	시 보관기록 또는 현장조사
재산세 현황	• 세금체납 (기간, 금액) • 재산차압권 (번호, 금액)	시의 세금징수부서
기타 시 유치권	• 전기·가스·상·하수도 등 유치권 • 생활방해 유치권	시의 세금징수 회계담당자 또는 재무부서
생활방해 행위	• 생활방해 행위 유형 • 법정관리상태	시 건축관리부서
법규위반	• 항의 • 법원 소환 • 미교정 위반사항에 대한 법원조치	시 건축관리부서
유휴·방치 상태	• 전기·가스·상·하수도 등 정지 횟수 • 우편물 정지 및 우편물 반송 • 방치의 시각적 흔적	전기·가스·상·하수도 공급업체, 우체국, 현장조사 또는 주민신고
범죄	• 주소지 범죄기록 • 블록단위 범죄기록	시 경찰서
개량	• 건축허가 횟수와 유형 • 건축허가 비용	시 허가기관
양도	• 소유권 변화 • 양도 가격 • 있을 경우 모기지 대출의 유형	자치구 서기 또는 MLS (Multiple Listing Service; 다중중계 계약서비스)

출처: Mallach(2010), p.20.

표 6-2. 근린환경에 대한 지표

부문	지표	자료 출처
세금체납 공매처분	• 전체 개인소유 부동산 대비 공매처분 부동산 비율 • 전년 대비 증감	시의 세금징수부서
세금체납 및 재산차압권	• 세금 체납 부동산 수	시의 세금징수부서
부동산의 특성 및 상태	• 부동산의 유형과 용도 • 전체 부동산 대비 공공소유 부동산 비율 • 브라운필드의 위치와 수 • 자가소유 부동산 비율 • 방치 부동산의 유형(과거 용도, 빈 건물/방치된 토지)	시 도시계획부서 센서스 자료 현장조사
법규위반 및 생활방해	• 항의 횟수 • 법원소환 횟수 • 생활방해 행위의 유형과 횟수 • 전기·가스·상·하수도 등 공공시설 정지 횟수	시 건축관리부서, 전기·가스·상하수도 공급업체
주택 매매	• 매매 수량 • 전년 대비 매매가 변동 • 시장 변동 일수 • 구매자 특성	자치구 서기관 또는 MLS(다중중계계약서비스), 표본조사
주택담보대출 거래	• 주택 담보대출 횟수 • 전년 대비 변화	주택모기지정보공개법 데이터
부동산 개량 행위	• 건축허가 횟수와 비용 • 주택 개량을 위한 대출 횟수와 대출액	시 건축허가기관, 주택모기지정보공개법데이터
임대료 수준	• 임대용 주거의 방의 개수 및 임대료 수준 • 방의 개수와 임대료 수준에 의한 임대 주거의 배분 • 전년 대비 변화	부동산 소유자 등록대장 기재 내용 센서스 데이터
범죄 통계	• 1인당 강력범죄 발생 횟수 • 전년 대비 범죄율 변화	경찰서
화재 통계	• 구조물의 화재발생 횟수 • 전년 대비 변화	소방서
인구 통계	• 인구의 사회 경제적 특징 • 학교 입학 추세 • 빈곤 가구 한시 지원, 사회복지 수요추세	센서스 데이터, 교육구청 데이터 사회복지기관

출처: Mallach(2010), p.19.

<유휴방치부동산에 대한 등록 규정 및 위반 시 벌금 부과>

• 미국 대다수 시 조례에는 빈집(vacant/abandoned/blight property) 등록 및 관리에 대한 규정을 마련하고 있으며, 이를 위반하는 경우 벌금을 지불하도록 조례에 명시하고 있다.

• 디트로이트 시 조례(Codified through Ordinance No. 41-14, enacted November 25, 2014)

·조례 9-1-50: 건축물이 비거나 시 당국으로부터 건축물이 비었다고 통보받은 후 30일 이내에 건물 소유주는 건축 및 안전부에 부동산을 등록하고 vacant property 등록증명서를 발급받아야 함

·조례 9-1-113: 건축물이 비어 있어도 최소한의 건축물에 대한 관리 규정을 준수하여야 함

·조례 9-1-20: 만일 이를 위반하는 경우 다음과 같은 벌금을 부과함

	내용	첫 번째 위반	두 번째 반복 위반	세 번째 이후 반복 위반
IV	조례 9-1-50에 따른 빈 자산에 대한 등록증명서를 발급받지 못하여 위반된 경우	$250.00	$375.00	$500.00
XI	조례 9-1-113에 따른 빈 자산에 대한 최소한의 관리 규정을 위반한 경우			
	단독 또는 다가구 주택	500.00	750.00	1,000.00
	5층 미만의 건축물	750.00	1,250.00	1,500.00
	5층 이상의 건축물	1,000.00	2,000.00	3,000.00

• 샌프란시스코시, 뉴져지시, 사우스밴드시(City of South Band)와 같이 빈 건축물에 대한 등록을 의무화하면서 등록비를 징수하는 경우도 있으며, 일반적으로 초기 등록비는 $250이지만, 해가 거듭될수록 등록비가 상향되어 $500을 내는 도시도 있음.

(2) 유휴·방치 가능성 부동산의 소유주에 대한 경제적 지원 프로그램

미국의 경우 유휴·방치부동산 발생을 방지하고 소유주의 관리 의무를 강화하기 위해 유휴·방치될 가능성이 높은 부동산을 소유하고 있는 사람들을 대상으로 경제적 지원 프로그램을 실시하고 있다. 경제적 지원 프로그램은 크게 부동산 소유 및 운영 비용을 줄이고 현금 흐름을 개선하는 프로그램(대출과 세금 감면)과 기술적 지원을 통해 소유주의 운영 효율성을 향상시키는 프로그램으로 나누어져 있다. 먼저, 부동산 소유 및 운영비용을 줄이고 현금 흐름을 개선하는 프로그램으로 대출을 통해 부동산 소유주가 이자가 더 낮은 대출로 차환하거나 기존 채무를 통합하는 방법으로 채무 부담을 낮추어 자신의 부동산을 보다 더 잘 관리하도록 하는 것을 목표로 한다. 또한, 부동산 운영비용의 상당 부분을 차지하는 세금을 감면해 줌으로써, 소유자가 자신이 가지고 있는 부동산에 대한 경제적 활력을 가질 수 있도록 지원한다. 한편 부동산 소유주가 자신이 소유한 부동산을 효율적으로 운영하는 기술과 노하우가 부족한 사람들을 대상으로 하는 훈련 및 기술적 지원은 주로 건물의 유지관리 기술, 예

산 편성 및 자금 조달 방법, 안정적인 임대사업을 위한 임차인 선택 및 관리 기술 등 필요에 따른 맞춤형 프로그램을 제공한다.

(3) 유휴·방치부동산 법적 예방 프로그램

커뮤니티 내 유휴·방치부동산을 적절히 관리하지 못하고 장기간 방치할 경우 신체적·정신적 건강 악화, 부동산의 가치 하락, 커뮤니티 활기 저하, 오물·폐기물 투척으로 인한 주거지 환경오염 증가, 범죄 발생 증가, 붕괴 및 화재 발생 증가, 도시미관 저해 문제를 일으키는 것으로 알려져 있다. 이처럼 공공에게 부정적 영향을 주는 유휴·방치부동산 발생을 미연에 방지하기 위해 필요한 경우 공공이 적극적으로 개입하여 법적 조치를 가할 수 있는 법·제도적 장치가 필요하다.

건물의 물리적 상태 개선과 관리 기준의 강화 및 커뮤니티에 부정적 영향을 미치는 생활방해(nuisance) 문제를 해결하기 위한 가장 일반적인 방안은 법률 집행(code enforcement)이다. 즉, 유휴·방치부동산 발생 예방을 위한 가장 강력한 전략은 법에 따른 정부의 공공개입이다. 지자체는 부동산 소유주들에게 소유한 건물과 토지를 양호한 상태로 관리하도록 1차적으로 통지하며, 만일 소유주가 이를 따르지 않을 경우, 직접적으로 개입할 법적 근거와 권한을 가지게 된다. 특히 소방안전법, 보건법, 주택법에 비추어 위반사실이 적발될 경우 지자체는 소유주에게 경고장과 규정에 맞는 수정을 통지한다. 그럼에도 불구하고 지속적으로 소유주가 위반사항에 대해 시정하지 않을 경우 법적 처벌이 가능하다. 그러나 이러한 법률 집행이 실효성을 가지기 위해서는 위반사항을 지속적으로 감시할 수 있는 공무원 인력 배치와 충원이 필수적이다. 특히 임의적이거나 차별되지 않은 일관성 있는 처벌기준, 유휴 또는 방치 위험성이 높아 개선이 시급한 지역을 선정하기 위한 우선순위 설정 사전 계획이 필요하다. 일반적으로 자가 단독주택보다 법규 위반건수가 더 많은 다가구주택이 우선 순위 대상이 될 수 있으며, 소유주가 사망하거나 다른 지역으로의 이주로 인해 건물이 방치되는 경우 우선순위가 높아질 수 있다.

커뮤니티 주민들의 건강과 안전을 위협하는 범죄와 생활방해 행위는 물리적으로 열악한 근린환경에서 발생할 가능성이 높다. 미국의 경우 소유주가 근린에 생활방해를 야기할 정도로 부동산의 열악한 물리적 상태를 개선하지 않을 경우 지자체가 해당 부동산을 수리할 수 있도록 하고 있다. 그러나 대부분의 경우 정부가 직접 해당 건물을 보수하는 방법보다는 건물을 철거하거나 폐쇄하는 방법을 더 선호하고 있다.

유휴·방치부동산의 발생을 미연에 방지하기 위한 또 다른 법적인 개입은 법정관리(receivership)이다. 법정관리는 주택에 거주하는 세입자의 양호한 주거지에 대한 권리를 보호하고 건물 상태의 악화를 방지하기 위한 것으로 1960년대 이후 미국의 애리조나, 캘리포니아, 코네티컷, 델라웨어, 일리노이, 인디애나, 메릴랜드, 메사추세츠, 미시건, 미네소타, 미주리, 뉴저지, 뉴욕, 오하이오, 오리건, 텍사스, 위스콘신 등에서 법제화되기 시작했다. 법정관리는 부동산의 상태가 세입자의 건강과 안전, 웰빙을 위해할 정도로 악화되었을 경우 법원에 청원을 신청하여 법원이 청원을 받아들이면, 부동산 소유주를 대신할 법정 관리인을 지명하여 부동산을 양호한 상태로 재건하는 절차를 밟도록 한다. 일부 주에서는 법정 관리인이 부동산을 개선에 필요한 자금을 빌릴 수 있으며 빌린 자금만큼 부동산에 대한 유치권을 설정할 수 있도록 하고 있다. 그러나 법정관리는 시행상의 많은 장애물로 인해 널리 도입되지는 않고 있다.

<유휴·방치부동산 정보시스템 구축 및 활용 사례>
디트로이트의 Motor City Mapping Survey(MCM)

•디트로이트시는 도시 내 황폐화된 자산을 근린에게 되돌려주기 위한 목적으로 2013년 Detroit Blight Removal Task Force(DBR TF)를 조직하였다. 이 팀은 공립학교협회장, 시민단체 이사, 프로젝트에 자금을 지원할 수 있는 금융사장으로 구성되었다. DBR TF팀이 가장 먼저 수행한 것은 주민 참여를 통해 디트로이트 도시의 약 38만 필지에 대한 전수조사였다. 즉, 황폐화된 자산(blight property) 실태 파악을 위해 Motor City Mapping Survey(MCM)를 시행하였는데, 조사 방식은 10주 이상에 걸쳐, 150명 이상의 주민 조사원 및 자원봉사 운전자들이 할당된 조사 구역(약 0.65km^2)을 조사하였다. 개개의 부동산 외관 사진촬영 및 부동산 실태와 관련된 설문지(소유주, 필지 공지, 화재 피해도, 쓰레기 투척, 건물용도 등)를 작성하였다. 설문조사는 'Blexting(blight+texting의 줄임말)'이라는 모바일앱을 통해 실시간으로 제공되고 있다. MotorCityMapping.org 웹사이트를 통해 누구나 필지 기반의 실태 자료를 다운로드할 수 있으며, 대화형 지도(interactive map)를 활용하여 사용자가 원하는 메뉴에 따라 자유롭게 탐색할 수 있다. 뿐만 아니라 디트로이트와 같은 대도시에서는 계속해서 변화하는 실태 정보를 추적하기 어렵다는 점을 감안하여 Blexting 모바일앱을 통해 현장에서 실시간으로 부동산 실태 정보(사진)를 제출하며, 부동산 실태에 대한 실시간 업데이트 정보를 제공하고 있다.

- DBR TF팀에서는 미시간 주 법에 따른 황폐화(blight)의 정의 이외에도 디트로이트시의 상황에 부합되는 황폐화 요소를 더 추가하여 판단하였다. 즉, 물리적, 경제적, 근린주민의 건강 및 안전에 대한 공공이해, 커뮤니티에 거주하는 주민의 복지 및 자산 가치의 보존성 외에도 디트로이트의 BSEED(Detroit's Buildings, Safety Engineering, and Environmental Department) 부서에서 작성한 철거목록을 추가하였다. 철거목록에는 비바람 또는 무단 출입에 노출되어 있거나 구조적으로 양호하지 못하거나 대수선이 필요하거나 화재로 손상되었거나 쓰레기 투척 장소가 된 부동산들을 "blight"로 분류하였다. 더 나아가 가까운 미래에 황폐화될 수 있는 부동산을 추출할 수 있는 지표까지 포함하였으며, 근린 커뮤니티의 특성(예 18세 미만 인구수), 주택시장 활성화 등 추가적인 지표들을 통해 커뮤니티에 미치는 영향력을 최대화(Maximizing Community Impact,하는 데 역점을 두었다.

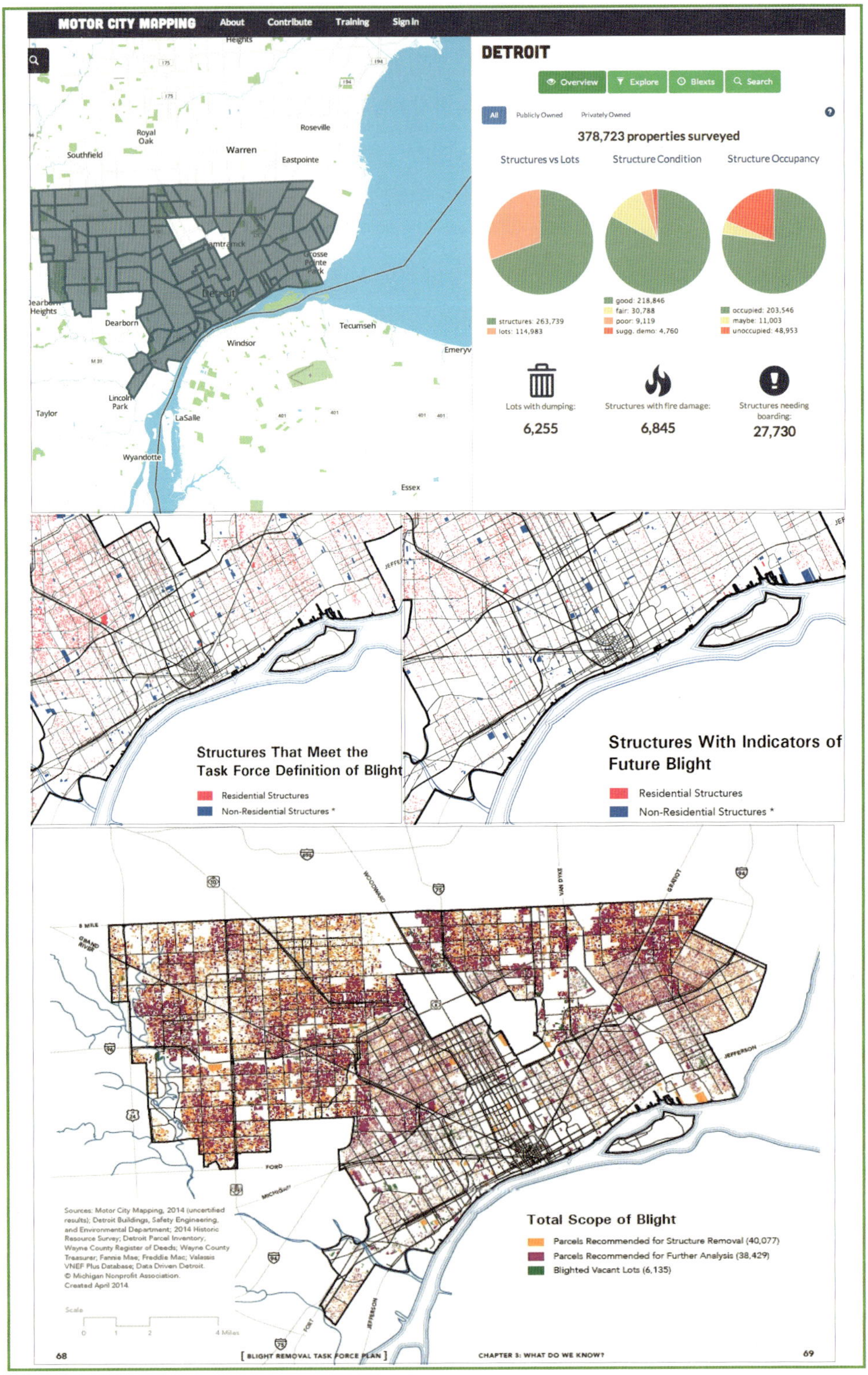

출처: http://www.motorcitymapping.org
그림 6-1 유휴·방치부동산 실태 파악을 위해 구축한 디트로이트의 Motor City Mapping

출처: http://www.motorcitymapping.org

그림 6-2 Motor City Mapping을 통해 빈집에 대한 다양한 정보를 보여주는 예시

2) 유휴·방치부동산 발생에 대한 대응

이미 발생한 유휴·방치부동산에 대응하는 정책과 전략 수립에는 세 가지 기본 원칙이 있다. 첫째, 부동산이 방치된 채로 있는 시간을 최소한 단축하며, 둘째, 유휴·방치부동산이 커뮤니티에 미치는 부정적 영향을 최소화하며, 셋째, 유휴·방치부동산의 생산적 재사용을 위한 조건들을 만들어내는 것이다.

(1) 유휴·방치부동산 취득 및 토지은행 신설

부동산 시장의 침체로 인해 공사가 중단된 채 방치된 건축물이나 장기간 방치된 도시 내 빈집은 화재나 붕괴 위험을 높여 안전사고 발생의 원인이 되고 각종 범죄 장소로 사용되어 사회 문제를 야기하기도 하며 쓰레기 투척 등 커뮤니티에 부정적인 영향을 미친다. 미국의 경우 이러한 유휴·방치부동산이 방치된 채로 존치되어 있는 시간을 최소화하기 위해서 압류, 매입, 양도, 수용을 통한 유휴·방치부동산의 재산권을 처리하는 데 초점을 맞추고 있다. 부동산의 물리적, 법적 관리권한의 취득은 이미 발생한 유휴·방치부동산 대응 전략에서 매우 중요한 부분이며, 그중에서도 세금체납에 따른 압류(tax foreclosure)는 지방정부가 부동산을 취득하는 가장 일반적인 방법이다. 그러나 세금체납으로 인해 해당 부동산을 압류할 때까지 오랜 시간이 소요된다는 문제점을 안고 있다. 최근 미국의 일부 지방정부에서는 그동안 4~7년이 소요되던 압류 절차를 1~2년으로 단축하고, 토지은행(land bank)[1)]과 같은 전문조직을 신설하여 그동안 여러 기관에 분산되었던 업무를 총괄하고 있다.

1) 토지은행은 주택시장을 안정화하기 위해 주택을 재건하고, 낡고 위험한 건물을 철거하여 부지의 안정화를 돕고 주변 부동산의 자산 가치를 상승시키는 데 목적이 있음. 토지은행 제도를 통해 비영리단체 또는 민간개발업자에게 토지를 합법적으로 양도할 수 있고, 이를 통해 더 많은 민간투자를 유치하여 황폐화되어가는 지구에서의 토지사용 활성화가 가능함. 또한 토지은행 제도를 통해 소유권 이전이 불가능한 경우 토지의 임시 사용권을 유지할 수 있으며, 토지가 생산적으로 사용되어 세금을 부과할 수도 있음. 토지은행 제도가 시행되는 도시들은 인구 감소를 심각하게 겪고 있는 오하이오주의 클리블랜드, 미시간주의 플린트, 켄터키주의 루이빌, 미주리주의 세인트루이스, 뉴욕주의 버팔로, 매릴랜드의 볼티모어, 조지아주의 애틀랜타 등임. 토지은행을 운영하는 데 있어서 가장 큰 관건은 재원조달이며, 토지은행은 채권, 재단 보조금, 지방 기금, 또는 연방정부나 주 정부의 주택·지역사회·경제발전 프로그램을 위한 기금 등을 통해 운영됨.

<사례>
플린트시의 GCLB(제네시 카운티 토지은행)

미시건주 플린트(Flint)시는 디트로이트와 함께 미국 자동차 산업의 중심도시였으나 자동차 산업이 쇠퇴하면서 인구가 절반으로 감소하였다. 그 결과 도시 내 유휴·방치부동산이 급증하였으나 이런 부동산을 압류하기까지 4~7년이라는 긴 시간이 소요되어 시 재정적으로 많은 부담을 안게 되었다. 이에 따라 1999년 미시건주는 압류자산의 세금환수를 위한 간소화된 시스템을 도입하였고 그 결과 압류절차가 1-2년으로 줄어들었다.

2004년 플린트시는 유휴·방치부동산의 취득, 개발, 재매매를 촉진하기 위해 제네시 카운티 토지은행(GCLB: Genesee County Land Bank)을 신설하였다. 토지은행은 유휴·방치부동산을 공공부문이나 민간부문이 재활용할 수 있도록 법률, 행정, 재정과 관련한 각종 업무를 지원하는 동시에 유휴·방치부동산의 철거, 청소, 녹지화 등 유지·관리·재사용 업무를 담당한다. 토지은행이 설립된 이후 10년 동안 14,803개(주택 10,207개, 주거용 공지 3,935개, 상업시설 373개, 상업용 공지 299개)의 압류 부동산을 취득하였다. 이 가운데 2,202채의 주택을 매각하고 1,759건의 토지 계약을 성사시켰으며, 저소득층의 저렴한 주택(affordable housing)을 공급하기 위해 102채 주택을 수리하였다. 제네시 카운티 토지은행은 획득한 토지자산도 우선순위를 정하고 있다. 근린 재활성화, 주택 보급, 경제개발을 위한 토지통합, 미래 사용을 위한 장기 토지비축 순으로 우선순위를 정하며, 경매를 통해 높은 입찰가를 제시하는 입찰자에게 토지를 매각하는 것이 아니라 지역사회의 요구와 토지의 최대유효이용(highest and best use) 원칙에 따르고 있다. 제네시 카운티 토지은행이 보유한 자산을 매각하는 경우 비영리기관, 정부(공립학교 포함), 파트너십·유한회사·조인트 벤처, 주거 목적의 개인 등으로 우선순위가 정해진다. 더 나아가 커뮤니티의 안정화가 필요한 지구를 최우선 순위로 자금을 투입하고 있다. 또한 토지판매 프로그램을 통해 현 거주지의 인접한 옆 부지가 공터인 경우 이웃 주민은 토지은행을 통해 인접 부지를 저렴한 가격에 매입할 수도 있고, 토지은행 소유의 로프트 아파트 임대 사업도 수행한다. 홈페이지를 통해 토지은행이 개조한 주택을 매매하기 위해 관련된 정보를 업데이트하여 제공하고 있다.

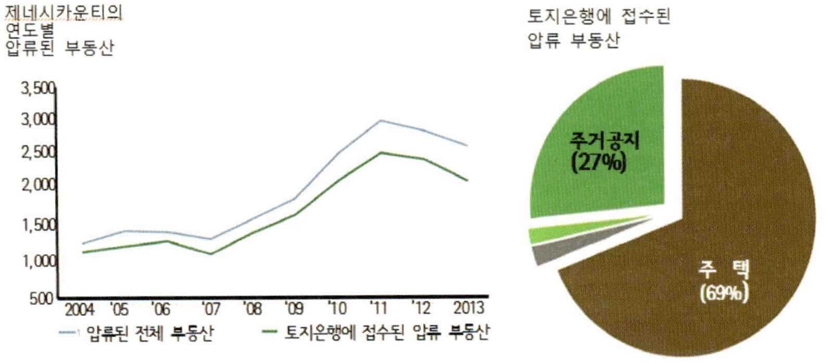

출처: Genesee County Land Bank Authority(2014).

< 제네시 카운티 토지은행의 압류부동산 취득 추세 >

저렴한 주택 공급을 위한 주택 수리작업(전·후 비교)

근린 환경 정화를 위한 청소 및 철거 작업

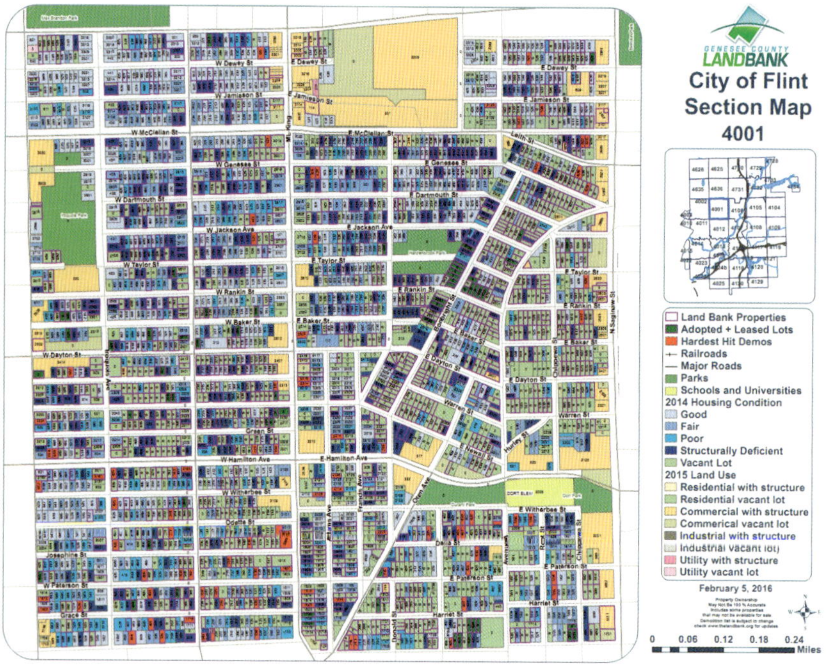

제네시 카운티 토지은행의 유휴·방치부동산 관리 도면

출처: Genesee County Land Bank Authority(2014).

그림 6-3. 제네시 카운티의 유휴·방치부동산 관리 현황

미시건주 플린트 시를 비롯한 주정부·지방정부·지자체는 토지은행이라는 단일 전담조직의 창설을 통해 부동산의 매입과 양도 외에도 유휴·방치부동산과 그 인접지역을 청소하고 녹지화, 정원 가꾸기, 울타리 설치, 안정화 작업, 수리, 건물 외관 향상, 빈 건물 철거, 보행자도로 유지 등의 관리 업무도 담당하고 있다.

(2) 유휴·방치부동산 관리를 위한 전문조직과의 협력

그동안 유휴·방치부동산에 대한 정보 부족뿐만 아니라 유휴·방치부동산의 관리·활용 업무를 담당하는 부서가 지자체 내 여러 부서에 분산되어 있어 권한과 책임의 소재가 불분명하고 정책간의 중복과 충돌이 발생하는 등 업무의 비효율성 문제가 대두되었다. 이러한 문제점을 해결하고자 미국의 대부분 지자체에서는 자체 진단평가를 통해 업무의 비효율적인 부분을 파악하고, 관련 기관들의 코디네이터 역할을 전담할 총괄 부서를 신설하며, 내부조직 재편성과 비정부조직과의 긴밀한 협력 등의 노력을 기울이고 있다. 이러한 노력을 통하여 유휴·방치부동산 관리시스템이 등장하여 주체별 역할과 권한을 분명히 설정하고 유휴·방치부동산의 관리·활용 업무를 맡은 다양한 주체들 간에 원활한 협력과 분업을 도모하고 있다.

표 6-3. 유휴·방치부동산 관리·활용을 담당하는 지자체 부서

역할 담당	책임 부서 또는 기관
세금체납 공매처분(tax sales)의 보유 및 재산차압권(tax liens) 매각	세금징수부, 재무책임자, 시·카운티 사무관
세금체납압류를 통한 유휴부동산 취득 (재산차압권 압류)	시 변호사, 재무책임자, 시·카운티 사무관
세급체납압류 외 다른 수단을 통한 유휴부동산 취득	시 변호사, 커뮤니티 개발부서, 재개발 기관, 공원관리부서
빈터 정리 및 유지보수	공공사업부서, 커뮤니티 개발부서, 공원관리부서
빈 건물 보딩·유지보수	공공사업부서, 커뮤니티 개발부서, 건축관리부서
빈 건물 철거	건축관리부서, 공공사업부서, 커뮤니티 개발부서, 재개발 기관
빈 건물에서의 범죄행위 예방	경찰서
유휴부동산의 재사용·재개발을 위한 계획 수립	계획부서, 커뮤니티 개발부서, 재개발 기관
유휴부동산의 재생 또는 건설 사업을 위한 우선순위 설정 및 재정 분배	커뮤니티 개발부서, 시·카운티 사무관

출처: Mallach(2010), p.119.

미국의 경우, 유휴·방치부동산을 담당하는 지자체의 부서들이 다양한 민간 전문 조직이나 빈집 뱅크와 같은 제3섹터와 연계하여 유휴·방치부동산을 전문적으로 관리·활용하고 있다. 이러한 지자체의 직·간접적인 지원에 힘입어 미국에서는 비영리 커뮤니티 개발회사(CDC: Community Development Corporation)[2)]를 비롯한 비영리 민간단체의 활동이 활발하게 이루어지고 있다. 이러한 비영리 민간단체들은 지역기반 주민밀착형 조직으로 유휴·방치부동산 관리·활용에 많은 성과와 노하우를 축적하고 있으며, 유휴·방치부동산 관리 시스템 내에서 상당한 역할과 책임을 담당하고 있음을 알 수 있다(표 6-4 참조). 특히 공공성을 가진 민간 디벨로퍼이자 비영리 커뮤니티 조직인 CDC는 커뮤니티 수준에서의 개발 사업을 담당하는 사회적 기업이라고도 볼 수 있다. 주로 지역의 리더들에 의해 운영되는 비영리단체이기 때문에 해당 커뮤니티 수요를 반영하며, 특히 저소득층 주거지를 기반으로 직업 훈련과 알선, 방과 후 학교 프로그램 운영, 노약자 보조 활동, 세입자 권리 보호 활동과 지역 주민 연대 지원, 주택 소유 방법 홍보 등 저소득층 생활 전반에 필요한 서비스를 제공하고 있다(김경민, 2013). CDC의 핵심 사업은 저소득층을 위한 주택공급과 주거환경 개선, 그리고 커뮤니티 재생이다. 2010년을 기준으로 미국 전역에 약 4,600개의 CDC가 있는데, 이는 1988년 1,500개에 비하면 괄목할 만한 성장을 보여주고 있다. 미국 전역에 걸쳐 저소득계층, 노인, 노숙자 등을 대상으로 연평균 96,000호의 주택을 공급하고, 매년 75,000여개의 일자리를 창출하고 있다.

---

2) 비영리 커뮤니티 개발회사(CDC: Community Development Corporation)는 민간이 주도하는 비영리 개발 단체로, 흔히 사회적 기업이라고도 볼 수 있음. 주로 저소득층을 위한 서비스 제공과 커뮤니티 기반 활동을 하지만 가장 큰 역할은 저소득층을 위한 저렴한 주택 공급을 담당하고 있음. 미국에서 CDC가 등장하게 된 배경은 1960년대 당시 저소득층 주거환경개선과 도심 쇠퇴 현상을 해결하기 위해 대규모 철거를 통한 임대아파트 단지를 건설하면서 심각한 부작용과 함께 슬럼화되는 문제를 겪게 되었기 때문임. 이러한 문제점을 해결하고자 커뮤니티의 수요를 반영하여 개발하는 사회적 기업으로 CDC가 탄생하게 되었으며, 주로 저소득층 밀집지역에 설립된 CDC는 1970년대 약 100여개였던 것이 1990년대 약 3600개로 증가하였고, 주택 공급량은 650,000호로 증가하였음. 물론 중앙정부와 주정부 차원에서의 다양한 금융지원정책이 이들 사업의 견인차가 되었고, 2005년 미국 전역에 약 4600여개의 CDC가 있으며, 그동안 누적 주택 공급량은 1,252,000호로 증가하였음. 그러나 2008년 금융위기로 인해 CDC 운영이 어려워졌고, 주택을 소유하거나 임대하기 위하여 대출을 받았던 저소득층이 다시 거리로 내몰리는 상황과 함께 더 저렴한 주택을 찾아 저소득층이 이동하게 되었으며, CDC들이 재정적으로 큰 타격을 입었고 많은 리더들이 은퇴하면서 CDC 운영도 변화를 가져오고 있음. 미국에서 CDC가 괄목할만한 성과를 가져오게 된 것은 CDC 조직 형태와 활동영역이라고 볼 수 있는데, CDC 구성원이 1/3 이상은 해당 커뮤니티 주민으로, 이들은 의사결정에 직접적으로 참여함. 대부분의 CDC들은 지역 커뮤니티를 이해하는 전문성을 가진 구성원으로 조직되며. 이들은 해당 커뮤니티 주민의 요구와 정부의 정책방향을 고려하여 개발사업을 구상하고 수행함. 특히, CDC는 저소득층을 위한 주택 공급에 관심을 쏟지만, 궁극적으로는 중산층을 포함한 다양한 사람들과 어울려 함께 살 수 있는 커뮤니티 개발에 주안점을 두고 있으며, 더 나아가 단순히 물리적인 주택 공급에만 국한되지 않고 해당 커뮤니티에 필요한 각종 비물리적인 서비스기능도 수행함. 가장 대표적인 사례로 필라델리피아시에 있는 다수의 CDC의 경우 주거의 보존과 수리, 소규모 사업과 상점의 재활성화, 녹지와 경관 증진, 커뮤니티 쇼핑 지구 관리, 기반시설 리모델링, 실용 기술 교육, 직원 교육, 주택 구매 및 소유 상담, 교육 프로그램 제공, 좋은 음식과 식재료 제공, 새로운 계획 수립 등과 같은 서비스를 제공하고 있음(김경민 외, 2015).

표 6-4. 유휴·방치부동산 관리 시스템 내 민간조직과 비영리 커뮤니티 개발회사의 역할

시스템 요소	잠재적 파트너	역할	민간조직을 참여시키는 방법
전반적인 정책 및 방향 제시	• 주민협의회 및 유사 대표기관	• 정책결정 및 우선순위 결정에 대한 의견 제공	• 관리시스템의 구조와 설계에 대한 자문 • 위원회(토지은행 등) 및 자문위원회 대표
부동산 취득	• 주민협의회 • CDCs	• 부동산 취득의 우선순위에 대한 의견 제공	• 취득 가능한 잠재 부동산 목록 검토
공지 정리 및 유지보수	• 주민협의회 • CDCs • 청소년·지역사회 봉사단체	• 공지 정리 및 유지보수	• 계약관계 • 임시 커뮤니티 가든 및 소공원 조성을 위한 재료, 기술 지원
빈 건물의 보딩·유지보수·안정화	• CDCs	• 빈 건물의 보딩·유지관리·안정화	• 계약관계 • 부동산 재사용되기 전까지 유지보수 합의
빈 건물에서의 범죄행위 예방	• 주민협의회 • 지역방범기관	• 범죄행위 모니터링 • 문제 부동산 모니터링 • 경찰서에 범죄행위 보고	• 비공식 합의 • 교육
재사용·재개발을 위한 계획 수립	• 주민협의회 • 근린계획기관 • CDCs	• 근린계획 개발 • 문제 지역 및 재사용 기회 파악 • 도시 재사용·재개발 계획에 대한 의견 제공	• 재사용·재개발 목표에 대한 자문 • 근린 계획 개발을 위한 기술적 지원 • 도시계획 및 의사결정 프레임워크 내로 근린계획들을 통합시키는 작업에 참여 • 자문위원회 참여
재사용을 위한 우선순위 설정	• 주민협의회 • 근린계획기관 • CDCs	• 시의 재사용을 위한 우선순위 설정에 대한 의견 제공 • 기관의 미션과 사업 계획에 따라 구체적인 우선순위 제안	• 재사용·재개발 목표에 대한 자문 • 도시 의사결정 프레임워크 내로 근린계획에 의해 설정된 우선순위를 통합 • 자문위원회 참여
시 소유 부동산의 처분	• 주민협의회 • CDCs	• 잠재적 구매자의 적합성에 대한 의견 제공 • 기관의 미션과 사업 계획에 따라 구체적인 부동산 처분 제안	• 부동산 처분에 대한 구체적인 제안에 대한 자문

출처: Mallach(2010), p.124.

특히 비영리 커뮤니티 개발회사의 경우 직접 개발자가 되어 유휴·방치부동산 또는 저이용되고 있는 토지와 건물을 개발하거나 수리하여 저소득층을 위한 저렴한 주택(affordable housing) 공급 및 더 나아가 필요한 커뮤니티 시설을 제공한다. CDC는 상당히 많은 부분의 재원을 정부의 공적 보조금에 의존하고 있는 사회적 기업이기 때문에 다른 민간 개발회사와는 달리 정부의 가이드라인에 부합하게 개발의 방향을 정하여 추진해나갈 수 있는 장점을 갖고 있다. 지금까지 CDC가 공급해온 주택공급량은 미국 전체 주택공급량에 비하면 아주 미미한 수준이지만 저소득층을 위한 저

렴한 주택 공급을 담당하고 있는 역할은 꾸준히 커지고 있다. 특히 CDC의 경우 이윤을 추구하는 민간 투자자들이 꺼려하여 개발이 잘 이루어지지 않아 근린주거환경이 매우 불량한 지역에 괜찮은 주거 단지를 개발해서 커뮤니티에 정주 활력성을 불어넣거나, 과도한 개발로 인해 주거비용이 높아진 지역에 저소득층 주거지를 개발하여 지역의 균형적 발전에도 기여하고 있다. 또한, 정부 기관에 커뮤니티 주민들의 의견을 전달하여 정책 결정에 영향을 주기도 하고, 커뮤니티 주민들에게 정부 정책에 대한 정보를 전달하는 등 정부와 주민을 연결하는 역할도 한다(김경민, 2013).

한편 유휴·방치부동산이 발생한 경우 근린주거환경에 미치는 부정적 영향을 최소화하기 위해 방치된 해당 부동산에 잡초를 제거하고 청소하며, 쓰레기 불법 투기 감시 작업 등을 펼친다. 방치된 부동산을 돌보는 작업에는 해당 지역 CDC와 주민협회가 주로 참여하고 있다. 특히 순수 자원봉사자들뿐만 아니라 수감자, 사회봉사명령 대상자, 청소년 고용 프로그램 참가 학생과 같은 다양한 인력을 활용한다. 방치된 부동산 내부로의 불법 침입을 막기 위해 건물 입구와 창문을 폐쇄하거나 울타리를 설치하고 화초를 심거나 벽화 등을 통해 발생한 유휴·방치부동산을 돌보고 있다.

시카고 웨스트사이드 지역에 입지한 비영리커뮤니티 개발회사가 펼쳐온 대표적인 사업의 하나는 '베델의 새로운 인생(Bethel New Life)'[3)]이라는 사업이다. 1960년대 후반에 일어난 시민 폭동으로 인해 황폐화된 시카고의 웨스트사이드에 있는 작은 동네 교회인 루터 교회가 주축이 되어 만들어진 이 단체는 절망과 가난 속에 빠져있는 지역사회에 긍정적 영향을 주기 위해 '베델에 새로운 인생'을 만드는 사업을 펼치고 있다. 초기에는 부동산 개발과 저렴한 주택에 초점을 맞추었다. 1,200채의 저렴한 주택을 공급하고 지역 청소년을 위해 필요한 프로그램을 개발하는 등 지역사회 개발 및 변환을 위해 노력하였다. 특히 교육과 일자리 창출에 초점을 두고 개인과 가족이 빈곤에서 벗어날 수 있는 기회를 창출해오고 있다. CDC가 펼쳐온 '베델의 새로운 인생 사업'은 '사람, 물리적 자산, 그리고 지역사회의 믿음'을 바탕으로 지역사회를 활성화시켜온 대표적인 사업으로 인정받고 있다. 최근에는 '웨스트사이드 미래(Westside Forward)' 비전을 설정하고 향후 10~15년 동안 19억 달러를 투자하여 이 지역 주민들에게 일자리 신규 창출과 안정된 소득을 보장하는 직업 창출을 위한 각종 직업훈련과 교육을 실시하고 있다. CDC 주도하에서 펼쳐지고 있는 이 사업은 엄청난 경제적 파급효과를 가져올 것으로 예상되고 있다(그림 6-4 참조).

3) '베델의 새로운 인생'사업에 해당되는 지역은 시카고의 오스틴, 서쪽 및 동쪽 가필드 공원, 훔볼트 공원과 노스론 데일 지역사회를 포함함. 개인과 가족이 빈곤에서 벗어나 자신에게 투자하는 기회를 제공해줌으로서 전체 지역사회의 번영에 도움을 주는 데 필요한 시스템 및 정책 변화를 가져오는 데 초점을 맞추고 있음. 베델 루터 교회 회원들은 빈곤과 절망에 맞서서 싸우면서 1979년 드디어 세 플랫 아파트를 구입하고 재활을 위한 투자를 할 수 있었으며,이 과정에서 그들은 베델에 새 생명을 낳았고, 이후로 수년에 걸쳐 '베델의 새로운 인생 사업'은 지역사회개발 운동을 주도하고 있음.

향후 10년 동안 이 사업을 시행하는 경우 소요되는 비용은 약 34억 달러로 예상된다. 만일 아무 사업도 펼치지 않을 경우 10년 동안 웨스트사이드 커뮤니티에 소요되는 비용은 291억 달러가 될 것으로 예상된다. 왜냐하면 가장 가난한 사람들이 밀집되어 있기 때문에 정부로부터 상당한 지원이 집중적으로 이루어져야하기 때문이다. 따라서 이 사업을 위해 소요되는 34억 달러 비용은 아무 것도 안하는 경우에 들어가는 비용의 12%에 지나지 않는다. 뿐만 아니라 신규 투자 없이도 비용 절감과 고용에 따른 임금 소득에서 내는 세금으로 114억 달러를 창출할 수 있기 때문에 결국 80억 달러의 순수익을 가져올 수 있다. 이와 같은 미래의 비전과 전망을 가지고 CDC의 주도 에서 웨스트사이드 미래 사업을 과감하게 펼쳐 나가고 있다.

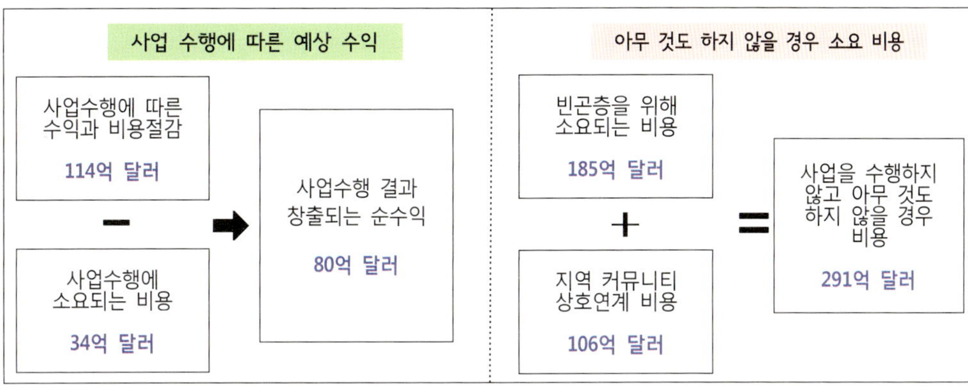

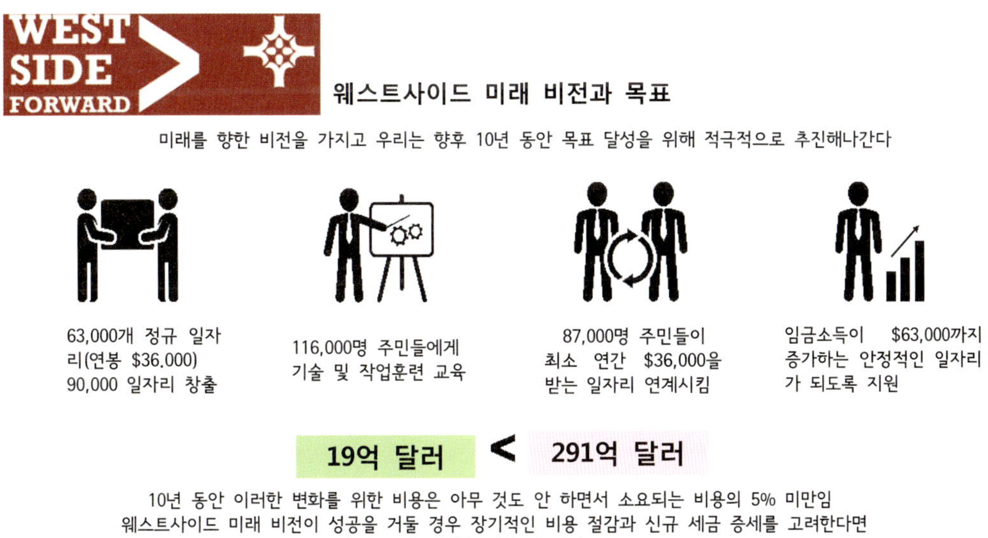

출처: Bethel New Life(2015), p.2; http://www.westsideforward.org/the-plan/

그림 6-4. 시카고 웨스트사이드 지역의 'Bethel New Life'의 10년 목표

<유휴·방치부동산 관리를 위한 필라델피아의 LISC 커뮤니티 조직>

•필라델피아 LISC(Local Initiatives Support Corporation)에 의한 빈 자산 프로그램

-필라델피아의 교외화에 따른 인구 유출과 슬럼화로 지역 내부에 빈 자산이 급증하자 커뮤니티 중심의 도시재생 프로젝트가 추진되기 시작하였다. 필라델피아의 경우 비거나 버려진 자산은 약 15,000 ~ 25,000개에 이르며 꾸준히 증가하고 있는 상황이다. LISC(Local Initiatives Support Corporation)는 필라델피아의 빈 자산 문제를 주도적으로 이끌어 나가고 있는 조직으로 1979년 포드 재단의 지원하에 설립된 미국에서 가장 큰 커뮤니티 지원 조직으로, 비영리 조직인 CDC와 함께 커뮤니티 증진을 위한 다양한 활동을 전개하고 있다. 이 조직이 설립된 이후 2억 7450만 달러를 투자하고 8억 8220만 달러의 추가 자본을 유입하여 6,665개 이상의 주거 개발과 150만 제곱피트 면적의 상업 및 기타 공간 개발에 참여하고 있다. 필라델피아 내부의 빈 자산 문제가 매우 심각했지만 빈 자산의 현황을 파악하고 관리하기 위한 행정절차가 복잡하고 비효율적이어서 문제를 해결하지 못하였으나, LISC가 빈 자산 문제에 주도적으로 참여하고 빈 자산 활용을 위한 다양한 방안을 제안한 이후 빈 자산과 관련된 행정절차가 간소화되고 지역 조례 및 시 헌장, 주 법률, 정책 및 기관별 업무가 개선되어 빈 자산 관리 및 활용이 매우 용이하게 되었다.

•필라델피아 재개발국(PRA: Philadelphia Redevelopment Authority)은 유휴·방치부동산과 관련된 행정을 총괄하는 기관으로 필라델피아 랜드웍스(Philadelphia Landworks)라는 웹기반의 데이터베이스 시스템을 개발하였다. 2012년 필라델피아시 당국은 LISC의 제안을 받아들여 빈 자산의 등록, 취득, 매각에 대한 새로운 정책을 도입하였고, 이 정책의 핵심이 빈 자산에 대한 행정절차를 통합한 Piladelphia Landworks System을 개발하여 빈 자산을 통합 관리하게 된 것이다. 필라델피아 랜드웍스는 부동산 소유주, 개발자, 부동산 구매자 모두가 이용할 수 있는 웹사이트로, 필라델피아시 당국과 공공기관이 소유한 총 6,731개(2016년 7월 현재)의 유휴·방치부동산에 대한 정보를 제공한다. 이 웹사이트를 통해 빈 자산의 등록·취득·매각에 이르는 전 과정이 이루어진다. 이 시스템이 구축됨으로서 여러 행정기관에 분산·관리되었던 빈 자산이 통합되었으며, 그 결과 수년 걸리던 빈 자산 관련 업무가 3~12개월 내에 처리될 수 있게 되었다.

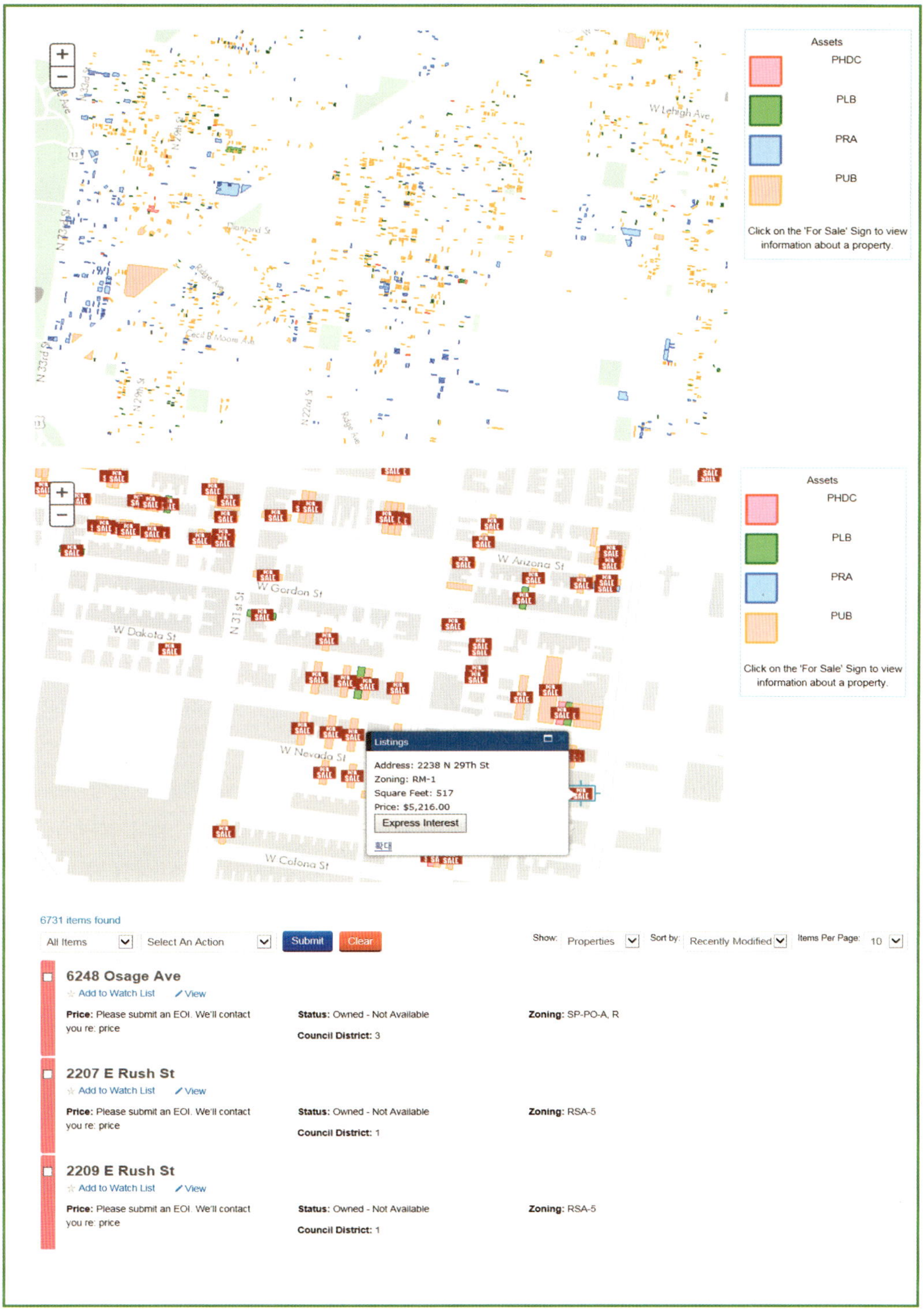

출처: Philly Landworks, http://secure.phila.gov/PAPLPublicWeb/Landing.aspx

그림 6-5. 필라델피아의 랜드웍스(Landworks)

(3) 유휴·방치부동산의 철거/존치

유휴·방치부동산을 관리하는 데 있어서 가장 중요한 관건은 발생한 유휴·방치부동산, 특히 방치된 건물을 철거할 것인지 아니면 존치시켜 재사용하도록 할 것인지를 결정하는 것이다. 미국의 대표적인 축소도시들(예: 클리블랜드, 디트로이트, 세인트루이스, 필라델피아, 버팔로 등)의 경우 경기 침체와 함께 인구감소로 인해 빈 건물이 급증하게 되자 막대한 비용을 들여가면서 건물 철거작업이 이루어지고 있다. 인구가 감소하는 축소도시들의 경우 유휴·방치된 주택을 리모델링하고 개·보수하더라도 주택 신규 수요가 거의 없기 때문에 재사용할 가치가 없는 주택은 철거하고, 그 부지를 녹지화하는 전략을 펼치고 있다. 그러나 빈 건물이 다소 노후되었다고 해서 무조건 철거하는 것은 바람직하지 않다는 주장도 상당히 많다. 오래되었기 때문에 더 가치가 있으며, 오히려 현대식 주택과는 달리 행으로 서있는 로우하우스(row house), 건물 구조가 탄탄하고, 고풍스러운 주택들은 오래되었지만 미래에 잠재적인 주택 수요를 창출할 가능성이 있으므로 보존하는 것이 바람직하다는 것이다.

유휴·방치 건물을 철거할 것인가 또는 존치시켜서 정비, 수리하여 재사용하도록 할 것인가에 대한 기준 및 판단 근거를 설정하는 것은 매우 중요하며, 특히 철거/존치의 경우 각각 장·단점을 갖고 있으며, 이해 관계자에 따라 선호가 다르기 때문에 일괄적으로 평가 기준을 적용하는 것도 쉽지 않다. 시카고의 Bickerdike 비영리 커뮤니티 개발회사에서 산출한 건물 1채당 평균 철거 비용을 보면 약 $11,600 달러에 달하고 있다. 그러나 이 비용에는 현장조사, 위험물질 처리, 전기·가스·상하수도 설비 중단, 철거 허가, 구조물 지하시설 철거, 철거된 부지 메우기, 땅고르기, 흙덮기, 잔디 및 화초 심기 비용이 포함되어 있다. 이와 같이 철거 시에 어떤 항목들이 비용으로 산정되는가에 따라 철거/존치의 경제성 평가가 달라질 수 있다.

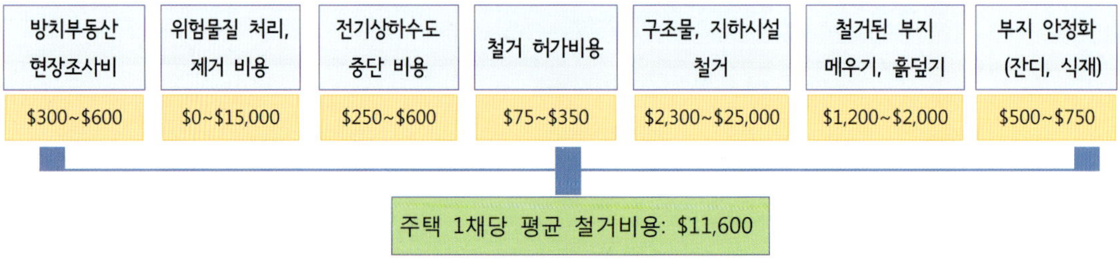

출처: Bickerdike Redevelopment Corporation, http://www.bickerdike.org

그림 6-6. 건물 1채당 소요되는 평균 철거비용

유휴 또는 방치된 건물을 철거할 것인지 아니면 존치시킬 것인가를 결정하기 위해 일반적으로 고려되고 있는 요인들은 크게 건물의 상태, 근린경관 패브릭(neighborhood fabric), 재건축·재개발 가능성, 생활방해 수준이다. 먼저 건축물의 질적인 측면에서 고려되는 요인은 과연 해당 건축물이 건축학적이나 역사적으로 볼 때 보존할만한 가치를 가지고 있는가이다. 만일 보존할 가치가 없다고 평가될 경우 해당 건축물은 철거하게 된다. 그다음으로 고려되고 있는 요인은 주변 토지이용 및 경관과의 조화로움을 나타내는 근린경관 패브릭적 측면이다. 해당 건축물이 입지해있는 근린경관 상태가 어떠한가, 또는 해당 건축물 존치가 근린경관 패브릭 조성에 도움을 주게 되는가를 판정하게 된다. 세 번째 고려되는 요인으로는 만일 해당 건축물이 철거되고 나면 잠정적으로 재개발 또는 재생의 기회를 가질 가능성이 있는가이다. 마지막으로 고려되는 요인은 해당 건축물의 존치가 인근에 미치는 부정적인 영향력이 얼마나 심각한가, 더 나아가 부정적 영향이 잠정적으로 재사용함으로써 얻는 이득보다 훨씬 더 심각한가를 평가한다(표 6-5 참조). 그러나 이 표에 나타난 요인들이 절대적인 것만은 아니다. 가장 올바른 철거/존치 의사결정을 내리는 것은 매우 어렵다. 일부 극단적인 사례를 제외하고는 철거/존치 결정은 불확실성과 다소의 임의성을 갖고 있다. 따라서 유휴 또는 방치된 건축물을 철거할 것인지 또는 존치시킬 것인가를 결정하는 과정에서 가장 핵심적으로 고려되어야 하는 것은 가장 직접적인 영향을 받게 되는 이웃주민들이다. 유휴·방치부동산이 발생하는 경우 직접적으로 그 영향력을 고스란히 받게 되는 이웃주민들이 의사결정에 적극적으로 참여하여 커뮤니티의 정주 활력성을 유지하는 데 도움이 되는 방향으로 결정되어야 한다.

표 6-5. 유휴·방치건물의 철거·보존을 평가하는 기준

평가기준	철거	보존
건물의 상태(질)	건물 규모가 작고 물리적 노후화로 매우 불량한 상태	건물이 건축학적 또는 역사적 관점에서 가치가 높으며, 건물 상태가 양호한 상태
근린경관 패브릭	양립되기 어려운 용도로 토지가 이용되거나, 철거로 인해 근린경관의 패브릭이 손상된 지역에 있는 건물	근린경관 패브릭이 여전히 잘 유지되고 건물의 존치가 근린경관의 패브릭에 긍정적 영향을 주는 지역에 있는 건물
재건축·재개발 잠재 가능성	건물의 철거가 해당지역의 재건축이나 재활성화 전략을 촉진함	건물의 철거가 재개발이나 재생의 기회를 가져오기보다 철거 후 쓸모없는 공지로 남을 가능성이 큼
방치된 부동산의 생활방해 수준	건물을 재활용할 잠재성이 낮으며, 미래에 건물 재사용을 통한 이익이 현 상태의 건물 존치로 인해 주변지역에 미치는 부정적 영향과 위해 보다 훨씬 더 적음	건물의 안전과 안정화를 위한 노력이 기대되며, 즉각적이지는 않지만 가까운 미래에 건물 재사용을 통한 잠재적 이익이 현 상태 건물 존치로 인한 부정적 영향에 비해 더 큼

출처: Mallach(2010), p.177.

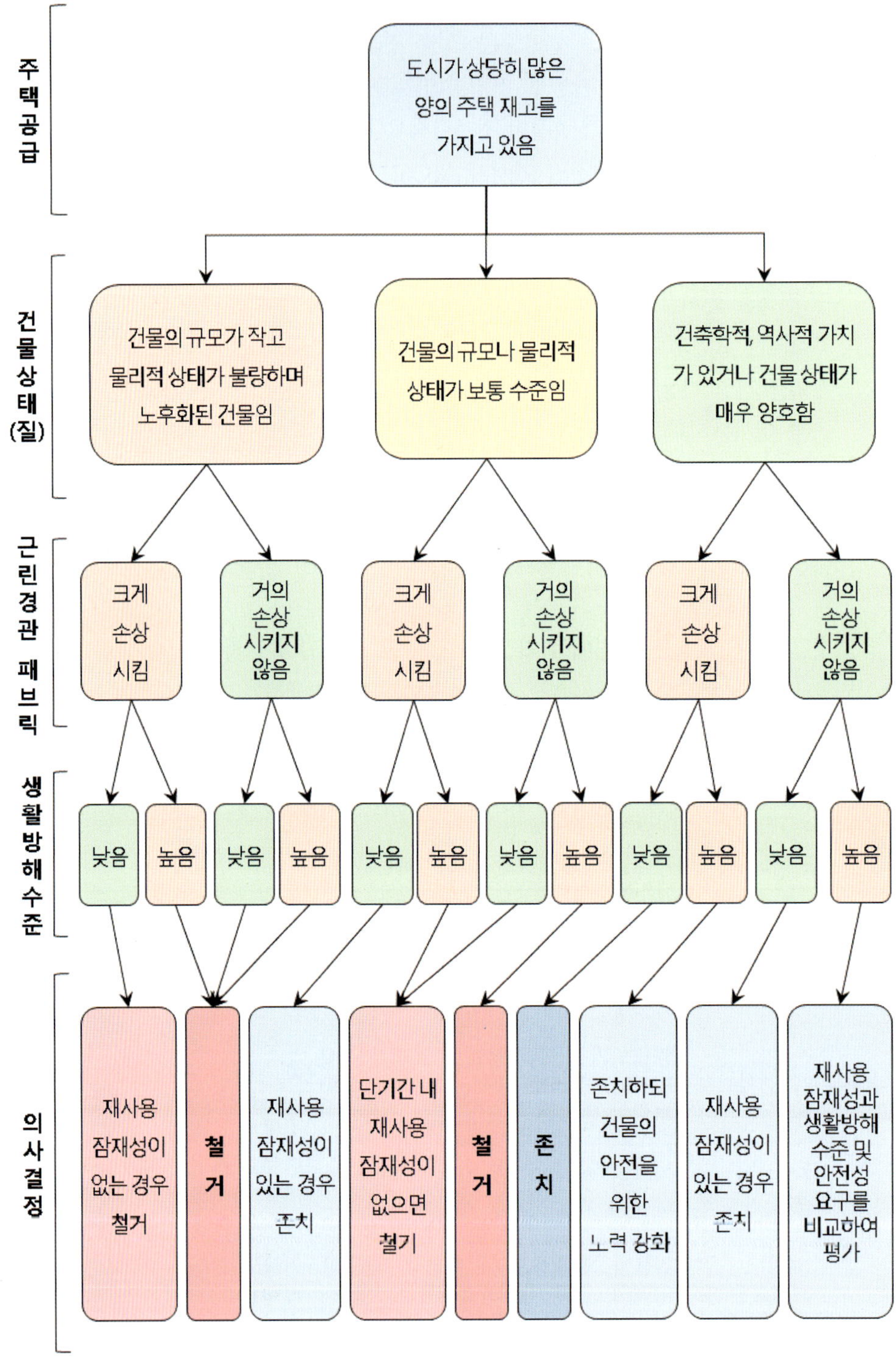

출처: Mallach(2010), p.178.

그림 6-7. 유휴·방치건물에 대한 철거·존치 의사결정 흐름도
(주택공급이 충분할 경우)

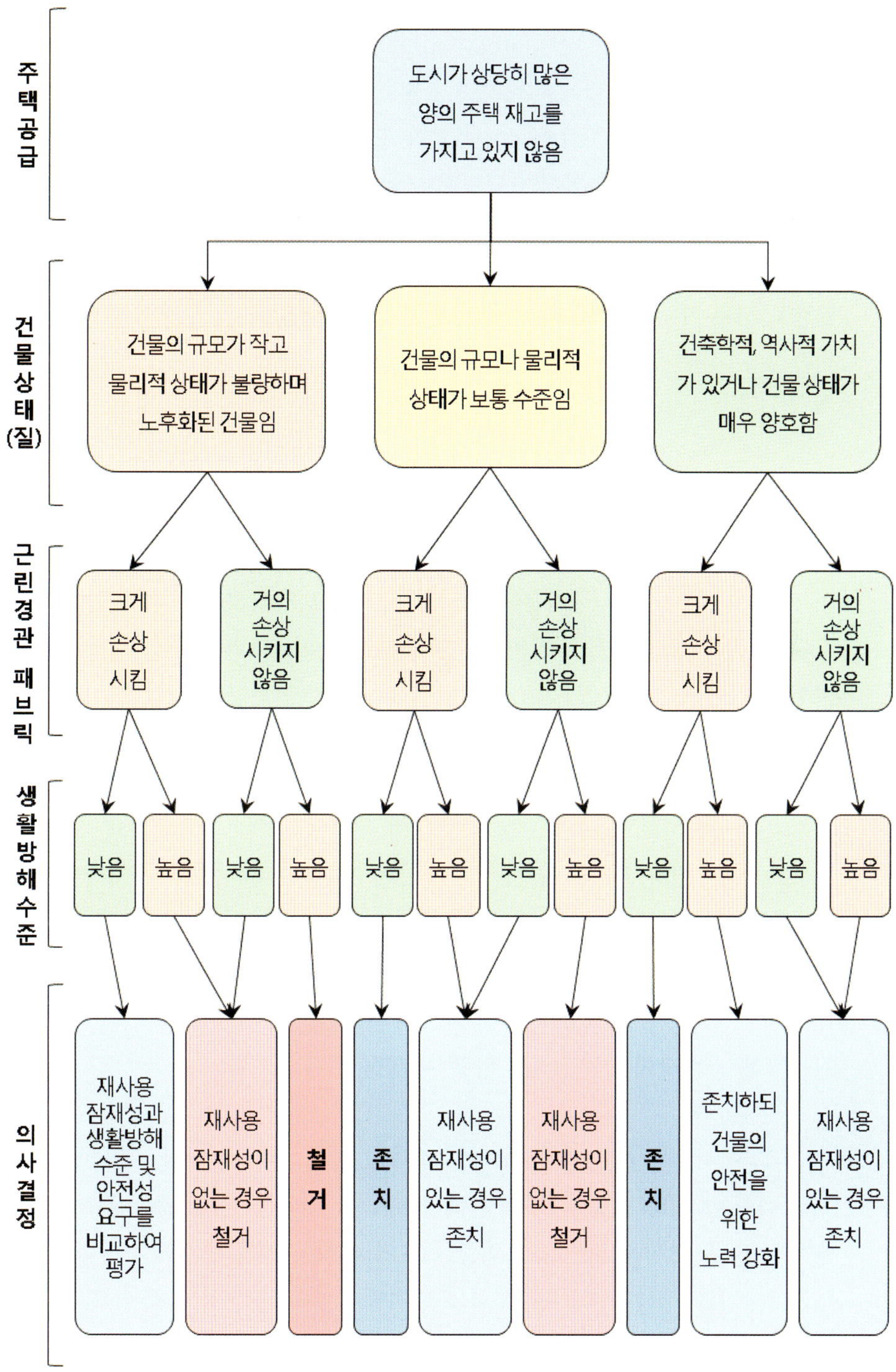

출처: Mallach(2010), p.179.

그림 6-8. 유휴·방치건물에 대한 철거·존치 의사결정 흐름도
(주택공급이 불충분할 경우)

<그림 6-7>은 유휴·방치건물의 철거·보존에 대한 의사결정을 지원하기 위해 앞에서 언급한 네 가지 평가요인에 덧붙여서 도시의 주택 재고량을 고려하여 만든 철거·존치 의사결정을 위한 과정과 단계를 나타낸 흐름도이다. 이 그림을 통해 알 수 있는 바와 같이 주택 재고량이 충분한 상황에서, 건축물의 규모가 작고 노후되었으며, 근린환경의 패브릭 구성도 손상이 크고 생활방해나 위해성도 클 경우 거의 대부분 철거하게 된다.

그러나 주택 재고량이 충분하지 않을 경우, 건축물의 규모가 작고 노후되었으며, 근린환경의 패브릭 구성도 손상이 크고 생활방해나 위해성이 큰 경우라 하더라도 그 수준을 잠재적 사용 가능성과 비교하여 철거 여부를 판정하게 된다. 따라서 주택 재고량이 충분하지 않을 경우 주택 재고량에 비추어 철거보다는 존치시켜서 재사용하는 방안을 강구하게 된다(그림 6-8 참조).

3) 유휴·방치부동산 재사용

유휴·방치부동산의 재사용은 가장 바람직하고 궁극적 목표라고 볼 수 있다. 해당 도시 내에서 발생한 유휴·방치부동산의 재고(inventory)는 곧 그 도시의 미래에 중요한 자산이 될 수도 있으며, 이를 어떻게 재사용하는지에 따라 도시의 미래가 달라질 수도 있다. 따라서 유휴·방치부동산의 취득, 양도, 철거에 이르는 모든 의사결정 과정 속에서 유휴·방치부동산의 재사용을 항상 염두에 두어야 한다. 또한 유휴·방치부동산의 재사용을 위해서 부동산 시장에 기반한 정책 개발과 시행, 보다 많은 투자를 유치하기 위한 시장 지향적인 인센티브 적용, 그리고 근린 단위에서의 소규모 주택시장의 활력성 평가를 통한 차별화된 유휴·방치부동산 재사용 계획을 수립하는 것이 필요하다.

(1) 핵심 소비자에 초점을 둔 타겟 마케팅 전략

유휴·방치부동산을 재사용하려는 전략을 수립하기 위해서는 무엇보다도 해당 지역의 부동산 시장 상황에 대한 이해가 바탕이 되어야 한다. 즉, 경영학에서 주로 사용되는 타겟 마케팅 전략을 도입할 필요가 있다. 해당 지역 내 고객들 가운데 유휴·방치부동산을 재사용할 만한 핵심 소비자를 먼저 선별하고, 이들 소비자에게 초점을 둔 마케팅과 홍보 전략을 펼쳐 나가는 것이 매우 효율적이라고 볼 수 있다. 따라서 해당 지역 내 유휴·방치부동산을 재사용하고자 하는 의도를 가진 핵심 소비자를 선별하는 것이 우선적이며, 이를 위해서는 소구역 단위에서의 경제·사회·인구학적인 특성 및 가구 단위에서 연령과 가족 구성 등 잠재적 주택 수요를 파악할 필요가 있다.

일례로 도심부의 각종 편의시설 및 가로 경관을 즐기며 생활하는 것을 선호하는 젊은 전문직 1-2인 가구, 신혼부부, 게이, 아티스트, 자녀들이 출가한 이후 소형주택에 거주하기를 원하는 노부부나 이주 노동자 그룹 등 주택 수요에 대한 선호도는 매우 다양할 수 있다. 이들 가운데 특히 젊은 전문직 1·2인 가구 또는 자신들만의 커뮤니티를 구성하기 원하는 게이 그룹을 핵심 타겟층으로 하여, 오래되었지만 고풍이 있고 비교적 접근성이 양호한 유휴·방치건물을 재사용하려는 의도를 유도해내는 것도 바람직하다.

<사례>

펜실베니아 피츠버그에 입지한 3개 CDCs는 비영리 부동산 중개회사 CSL(Cool Space Locator)을 공동으로 설립했다. CSL은 도심부에 위치해있지만 저렴한 소형 사무실(500~5,000ft^2)을 찾고 있는 신생 벤처기업(디자인 지향적인 하이테크 업종)들에게 지역사회가 소유한 미이용·저이용되고 있는 사무실을 중개하여 좋은 성과를 거두고 있다. 이와 같은 사례는 지역 내 연고지를 둔 CDC가 해당 지역 내에서 핵심 소비자 그룹을 식별하고, 그들이 원하는 공간에 대한 수요를 파악하여 유휴·방치부동산을 맞춤형으로 공급한 우수사례로 평가받고 있다.

(출처: Mallach, 2010, p.216)

(2) 유휴·방치부동산 재사용을 위한 인센티브 전략

미국의 거의 모든 도시들에서 유휴·방치부동산 재사용을 촉진시키기 위해 부동산세 감면, 지방소득세 감면, 계약금/부동산 매매수수료에 대한 대출금 유예, 국가 보조금, 양여금, 자산가치보호보험 등 다양한 형태의 인센티브를 제공하고 있다. 이러한 인센티브를 제공하는 전략의 목적은 유휴·방치부동산을 1~4인 가구가 거주하는 주거용 건물로 재사용하도록 유도하려는 데 있다. 그러나 일부 개발업자나 비영리커뮤니티 개발회사(CDC)의 경우 도시 전역에 산재되어 흩어져 있는 소규모 주택의 재사용을 위한 사업 자체가 수익성이 떨어지고 재사용을 위한 비용 추정이 어렵다는 점에서 이러한 유형의 사업을 기피하는 경향이 있다. 그 결과 수년 동안 비거나 방치된 건물들은 결국 철거되어 근린주택시장에 뚫어진 구멍처럼 부동산 시장 틈새(market gap)로 남게 된다. 이러한 시장 틈새가 존재하는 경우 유휴·방치부동산의 재사용을 촉진시키기 위해서 해당지역에 입지한 CDC에게 국고 보조금을 지급하거나 또는 유휴·방치부동산 소유주에게 경제적 인센티브, 기술적 지원, 법적 지원 등을 통해 유휴·방치부동산을 재사용하도록 유도하는 다양한 방법들을 동원하고 있다.

(3) 근린의 하위주택시장 특성에 맞춘 차별화된 재사용 전략

유휴·방치부동산의 재사용을 촉진시키기 위해서는 시 당국 관계자와 해당 커뮤니티의 의사결정자들은 현재 부동산 시장 상황뿐만 아니라 미래의 부동산 시장 잠재가능성까지도 타진해 보아야 한다. 이를 위해 구득 가능한 다양한 지표들을 선정하고 데이터 분석을 통해 근린 단위에서의 주택시장의 활동성(market activity)을 평가하는 것이 매우 필요하다. 일례로 미시건주 플린트시의 경우 근린 단위에서의 주택시장 특성을 분석하기 위하여 인구 추이, 주택소유주 연령, 단독주택 자가 소유비율, 빈집 비율, 주택가격, 주택가격 동향, 주택 공실률, 주택 매매율, 주택소유주 대체율, 압류 부동산 비율 등 다양한 지표들을 구축하고 분석하여 근린의 하위주택시장 활력성을 파악하고 이를 토대로 미래 잠재사용 가능성을 분석하고 있다.

표 6-6. 미시건주 플린트시의 근린 주택시장의 취약성 평가 지표

변수	지표
인구 추이	1990-2000년 동안 인구감소율이 10% 이상
주택 소유주 연령	주택 소유주의 25% 이상이 65세 이상
단독주택, 자가점유 주택 동향	1990-2000년 동안 단독주택, 자가점유 주택하락율이 10% 이상
빈집 비율	전체 주택재고량에서 빈 집이 차지하는 비율이 10% 이상
주택 가격	자가점유 주택가격의 평균이 $40,000 이하 (도시 전체 평균값의 80% 이하)
주택가격 동향	1990-2000년 동안 소비자물가지수 증가보다 주택가격 평균값의 증가가 더 낮음 (순손실 현행원가)
주택 공실률	빈 집 매물이 2.5% 이상
주택매매흡수율	주택 매매 흡수율이 1년 이상
주택소유주 대체율	대체율이 0.67 이하 (주택소유주 3명이 소멸→2명이 생성)
세금 압류	도시 전체 주택 중 세금 압류 부동산 비율

출처: Mallach(2010), p.234.

이렇게 각 근린단위에서의 하위 주택시장의 활력성을 평가한 다음, 그 특성을 바탕으로 유형화하고 해당 근린의 유형별 특성에 따라 가장 효과적인 맞춤형 재사용 전략을 도출하는 것이 매우 효과적일 수 있다. 이는 지역에 따라 주택의 수요와 시장 특성이 다르기 때문이며, 이러한 하위 주택시장 특성에 대한 세심한 주의와 전략이 세워지지 않는다면 실효성 있는 유휴·방치부동산 재사용 성과를 기대하기 어렵다.

볼티모어의 경우 근린 단위에서의 하위 주택시장의 유형을 보존지역, 안정화 지역, 재투자지역, 재개발지역으로 나누고 있으며, 미니애폴리스는 보호지역, 재생지역, 방향전환지역으로 구분하고 있다. 또한 필라델피아는 안정적 또는 경쟁력 있는 근린지역, 중간적 특성을 지닌 근린지역, 투자가 꺼려지는 지역으로 분류하여 각 유형에 맞는 재사용 전략을 수립하고 있다(표 6-7 참조).

표 6-7. 필라델피아의 주택시장 활동성 유형 구분

주택 시장 활동성 유형 구분	전략	타도시 유형
안정적 또는 경쟁력 있는 근린지역	• 지속적인 주택수요가 있으며, 주택의 대체/재사용을 위한 비용보다 주택가격이 더 높은 지역 • 유휴·방치부동산이 거의 없고 민간조직에 의해 유휴·방치부동산의 재생과 대체가 빠르게 일어남 • 지자체는 양질의 공공서비스와 시설을 제공하는 전략이 필요함	• 볼티모어: 보존, 안정화 지역 • 미니애폴리스: 보호지역
중간적 특성을 지닌 근린지역	• 주택시장이 어느 정도 활력을 갖고 있지만, 쇠퇴의 위협이 가시화되는 지역으로, 주로 역사가 오래된 도시의 중심부에서 흔하게 나타남 • 유휴·방치부동산 발생이 나타나기 시작하는 지역으로서, 유휴·방치부동산의 확산을 막고 개발을 유도하기 위한 신중한 전략이 필요함 • 주택투자는 대규모 개발보다 작은 단위에서 충진(infill) 및 재사용 방식이 보다 바람직함	• 볼티모어: 재투자지역 • 미니애폴리스: 재생지역
투자기피지역	• 주택시장의 활력이 없어 유휴·방치부동산이 매우 넓게 퍼져있는 지역 • 대규모의 재개발·재건축 요구, 장기간에 걸친 지속가능한 누적적인 재생 노력이 필요함	• 볼티모어: 재개발지역 • 미니애폴리스: 방향 전환 지역

출처: Mallach(2010), p.238-239 내용을 표로 편집함.

2 일본의 유휴·방치부동산 관련 법령 및 정책

일본 총무성이 실시한 주택·토지 통계조사에 따르면, 일본의 빈집은 약 820만 가구에 달하는 것으로 나타났다. 이는 전체 주택 물량의 약 14%에 해당하며 1988년에 비해 두 배 이상 증가한 수치이다(Japan Statistics Yearbook, 2016). 뿐만 아니라 20년 후에는 전체 주택의 약 1/4 정도가 빈집이 될 것으로 예측되고 있어, 일본 정부와 지자체들은 적극적으로 빈집 대응책을 마련하고 있다(Soble, 2015). 이렇게 빈집 문제가 사회적으로 주목을 받게 되면서 일본의 중앙정부와 지방정부들은 빈집 정비를 위한 법령 및 다양한 정책을 수립하여 시행하고 있다. 특히 인구 감소로 인한 도시 쇠퇴 및 건축물 노후화로 일찍부터 빈집 발생으로 많은 어려움을 겪고 있는 지방 중소도시들이 중앙정부보다 먼저 정책을 수립하게 되었으며, 2010년 사이타마현 도코로자와시를 시작으로 빈집 관련 조례들을 제정하였으며, 2015년에 약 430개 지자체에서 조례를 제정하여 시행하고 있다.

빈집 문제가 전국적으로 확산되면서 중앙정부는 2011년 3월 「주생활기본계획」에 처음으로 '빈집재생 및 철거'항목을 포함하였고, 국토교통성은 「중고주택, 리폼 토탈 플랜」을 수립하여 민간 업체와 연계하여 빈집 활용을 활성화하고자 노력하고 있다(남지현, 2014; 정수은, 2016). 특히 2015년 2월에 「빈집 등 대책 추진에 관한 특별조치법(이하 빈집대책특별조치법)」이 제정됨으로서 빈집으로 인해 안전·위생·경관 등 근린의 주민생활 환경에 악영향을 미친다고 판단되면, 지자체가 개선 권고, 철거 명령, 대리 집행 등의 행정조치를 취할 수 있는 법적 근거가 마련되었다.

1) 빈집대책특별조치법 및 빈집 관련 조례

(1) 빈집대책 특별조치법

2014년 11월 27일 특별조치법이 공포되었고 2015년 2월 26일부터 부터 시행된 빈집대책특별주치법은 관리되지 않는 빈집으로 인해 방재, 안전, 위생, 경관 등이 생활환경이 악화되는 문제를 해소하는 데 목적을 두고 있다. 빈집을 '일반 빈집'과 '특정 빈집'으로 구분하고 있으며, 빈집의 구분에 따라 해당되는 조치를 취하도록 제시되고 있다. 빈집대책특별조치법의 주요 내용을 보면 빈집 등 특정 빈집에 대한 정의, 빈집 대책 계획 수립 및 협의회 구성, 빈집 조사 및 데이터베이스 정비, 빈집 증 적정 관리 및 활용, 특정 빈집의 조치, 재정 및 세재상 조치이다. 특정 빈집은 주민의

<빈집대책특별조치법 개요>

1. 배경

적절한 관리가 이루어지고 있지 않은 빈집 발생이 방재, 위생, 경관 등 근린 주민들의 생활환경에 심각한 영향을 주고 있어, 근린 주민들의 생명·신체·재산의 보호, 생활환경의 보전을 위해 빈집 활용 지원이 필요함(1조)

2. 정의

- '빈집'은 건축물 또는 이에 부속하는 공작물로서, 거주나 기타 사용이 이루어지고 있지 않은 것 또는 그 부지를 말함. 다만, 국가 또는 지방 공공기관이 소유하거나 관리하는 것을 제외함(2조 1항).
- '특정 빈집'(2조 2항)
  ① 붕괴 등 크게 보안상 위험 우려가 있는 상태
  ② 현저하게 위생상 위험을 주고 있는 상태
  ③ 적절한 관리를 하지 않아서 경관을 크게 해치고 있는 상태
  ④ 주변 근린생활환경의 보전을 도모하기 위해 방치하는 것이 부적절한 상태

일반 빈집	특정 빈집
- 시정촌에 의한 빈집 대책 계획의 책정 - 빈집의 소재나 소유자 조사 - 재산세 정보의 내부 이용 - 데이터베이스의 정비 - 적절한 관리의 촉진, 활용	- 조치의 실시를 위한 출입 조사 - 지도 → 권고 → 명령 → 대집행

3. 시책의 개요

3.1 빈집에 대한 국가의 기본 지침 및 시정촌에 빈집 대책 계획 수립 등

- 국토교통성 장관과 총무대신은 빈집 등에 관한 시책의 기본 지침을 책정(5조)
- 시정촌은 국가의 기본 지침에 입각한 빈집 등 대책의 계획 수립(6조), 협의회 설치(7조)
- 도도부현은 시정촌에 대해 정보 제공, 기술자문, 시정촌 상호간 연락 조정 등 필요한 원조(8조)

3.2 빈집에 대한 정보 수집

- 시정촌장은 법률에서 규정하는 한도에서 빈집 등에 대해 조사(9조)
- 빈집 등의 소유자 등을 파악하기 위해 재산세 정보의 내부 이용 등 가능(10조)
- 시정촌은 빈집 등에 관한 데이터베이스의 정비 등을 실시하도록 노력(11조)

3.3 빈집 및 그 부지의 활용

- 빈집 등 및 그 부지에 관한 정보의 제공 및 활용을 위한 대책 실시(13조)

3.4 특정 빈집에 대한 조치(2015년 5월 26일 시행)

- 특정 빈집에 대해 처분, 수선, 입목 대나무 벌채 등의 조치 통보 또는 지도, 권고, 명령이 가능하며, 행정 대집행의 방법으로 강제 집행 가능(14조)

3.5 재정상의 조치 및 세제상의 조치 등

- 빈집 대책을 원활히 시행하기 위해 빈집 시책에 소요되는 비용을 보조하고, 지방교부세 제도를 확충 실시(15조 1항)

<빈집대책특별조치법 부속 가이드라인>

※ '특정 빈집'의 물리적 실태 평가를 위한 4가지 기준

[별지 1] 그대로 방치하면 붕괴 등 안전상의 위험이 크게 우려되는 상태

1. 건축물이 보안상 현저하게 위험함
 (1) 건축물 붕괴 등의 위험이 있음
  가. 건축물의 현저한 경사 (기초부동침하, 기둥 기울어짐 등)
  나. 건축물의 주요 구조 부분 손상 (기초 파손 및 변형, 토대 부패 및 손상 등)
 (2) 지붕, 외벽 등이 탈락, 붕괴할 우려가 있음.
  - 지붕이 변형되었거나 지붕재가 파손됨
  - 벽체를 관통하는 구멍이 있고 간판, 설비 등이 넘어져있음
  - 옥외계단, 발코니의 부식 손상 또는 유실 등
2. 옹벽이 노후화되어 위험함
  - 옹벽 표면에 물이 스며 나오고 있음

[별지 2] 그대로 방치할 경우 위생보건상의 위해 우려가 있는 상태

1. 건축물 또는 시설 등의 손상 등으로 인해 다음의 상태에 나타남
  - 분사, 석면 등이 노출될 가능성이 높음
  - 정화조 등의 방치, 파손 등에 의한 오물 유출 및 악취발생이 지역 주민의 일상생활에 지장을 미치고 있음
  - 배수 등의 유출로 인한 악취 발생이 지역주민의 일상생활에 영향을 미치고 있음
2. 쓰레기 방치 및 불법 투기로 인해 다음의 상태가 나타남
  - 쓰레기 방치, 불법 투기에 의한 악취와 쥐, 파리, 모기 등이 지역주민의 일상생활에 영향을 미치고 있음

[별지 3] 적절한 관리가 이루어지지 않아 경관을 현저하게 해치고 있는 상태

1. 적절한 관리가 이루어지지 않아 기존의 경관규칙에 현저하게 부합하지 않는 상태임
  - 경관법에 따라 경관계획을 수립하고 있는 경우 해당 경관계획이 정하는 건축물 또는 공작물의 형태 의장 등의 제한에 현저히 적합하지 않음
  - 지역에서 정한 경과보전에 관한 규칙에 현저하게 적합하지 않음
2. 기타 다음과 같은 상태이며 주변경관과 상당히 부조화 상태에 있음
  - 지붕, 외벽 등이 오물이나 낙서로 외관상 크게 손상되어 있거나 오염된 채로 방치되어 있음
  - 다수의 유리창이 깨진 채 방치되어 있음
  - 입목 등이 건축물의 전면을 덮는 정도로 무성함

[별지 4] 주변 생활환경의 보전을 위해 방치하는 것이 부적절한 상태

1. 입목 때문에 다음의 상태에 있음
  - 입목 가지 등이 인근 도로 등에 넘어와 보행자 등의 통행을 방해함
2. 빈집에 살고있는 동물 등으로 인해 다음의 상태가 나타남
  - 동물의 분뇨, 기타 오물을 방치하여 악취 발생, 근린의 주민 일상생활에 지장을 미치고 있음
  - 흰개미가 대량으로 발생하여 인근 가옥에 날아가 지역 주민의 생활환경에 악영향을 미칠 수 있음
3. 건축물 등의 부적절한 관리로 인해 다음의 상태가 나타남
  - 대문이 잠겨 있지 않고 창문 유리가 깨져있는 등 불특정인이 손쉽게 침입할 수 있는 상태로 방치되어 있음

안전이나 건강 등에 심각한 위해가 되거나 경관을 크게 해치는 경우이며, 이에 대한 개선 권고 조치 이후에도 개선되지 않을 경우 지자체의 강제 집행이 가능하다. 특정 빈집으로 지정할 때 물리적 실태, 주변과의 관계, 영향력 및 위험도 수준 등을 종합적으로 고려하고 있다. 특히 물리적 실태를 평가하기 위한 네 영역(안전·건강, 위생, 경관, 주변 생활환경)의 가이드라인을 통해 구체적인 기준을 제시하고 있다(国土交通省, 2014).

빈집 등에 관한 시책을 종합적이고 계획적으로 실시하기 위한 빈집대책특별조치법의 기본 지침의 주요 내용을 보면 정부 수준별 역할 분담(국가, 도도부현, 시정촌), 빈집 시책 심사에 관한 지침, 빈집 대책 계획에 관한 세부 사항 등이다. 또한 특정 빈집 조치에 관한 적절한 실시를 도모하기 위해 필요한 지침(가이드라인)도 명시되어 있다. 이는 사유재산에 대한 공권의 개입이므로 조치에 대한 투명성과 적절성을 확보하기 위해 지침을 마련하고 참고하도록 한 것이다. 특정 빈집에 대한 지침 내용을 보면 특정 빈집의 판단 기준, 특정 빈집 조치 준비 출입조사, 데이터베이스 구축, 특정 빈집 조치사항(지도→권고→명령→대집행) 등이다.

한편 자자체의 빈집 조사 지침을 보면 빈집 조사 대상 명시, 빈집 조사의 단계 및 세부 내용 정리, 빈집 조사 대상별·목적별 조사 패턴과 포인트 제시 등의 상세한 가이드라인이 제시되어 있다. 그 밖에도 빈집 조치를 위해 재산권 관련 빈집 소유자에 대한 정보 이용 및 빈집 대처 시행에 있어서 활용될 수 있는 관련 법 규제 및 지원 시책들도 포함되어 있다.

(2) 빈집 관련 조례

일본은 2010년 10월 도코로자와시에서 처음으로 「빈집 등 적정관리에 관한 조례」가 제정된 이후 2015년 약 430여 개의 지자체에서 빈집 조례를 수립하여 운영 중에 있다. 일반적으로 조례에서는 빈집으로 인한 주변환경 저하를 방지하기 위해 빈집의 적정한 유지관리를 의무화하고 빈집 소유자에게 필요한 조치를 권고할 수 있도록 규정하고 있으며, 그 외에도 지자체별로 조례에 철거비용 지원이나 빈집 활용 등의 내용을 포함하고 있다. 조례를 제정한 지자체들 가운데 약 60%는 지자체의 권고 및 명령에 불응하거나 소유자가 적절한 조치를 취하지 않을 경우, 철거 및 해체를 시행하고 난 후, 그 비용을 소유자에게 청구할 수 있는 행정대집행 조항을 규정하였다(임준홍·최용준, 2016).

조례에서 제시하고 있는 빈집 관리에 대한 내용이 지자체별로 다소 상이하기는 하지만 빈집 관리 지원 방식은 크게 철거 지원형, 개보수 지원형, 유효 활용 지원형

<일본의 빈집 조례의 특징>

일본의 빈집 조례는 철거 지원형, 개보수 지원형, 활용 지원형으로 유형화할 수 있다

•'**철거 지원형**': 매우 노후한 빈집을 대상으로 하며, 안전상 문제가 있거나 활용가치가 현저하게 떨어질 경우 지원 및 보조를 통해 건축주가 스스로 건축물을 철거할 수 있도록 유도; 특히, 주변에 역사적 자원들이 있는 경우 개발제한지구로 지정되어 개보수가 불가능한 경우가 많거나, 저소득층 밀집지구의 경우 주변 이웃들에게도 붕괴위험이 있지만 개보수가 불가능한 경우 지자체에서 빈집 철거에 대한 지원함. 자연재해를 입었거나 노후화로 인해 붕괴위험도가 높을 경우, 철거 후 신축 계획이 있는 경우 등이 우선 지원 대상. 지원비는 일반적으로 전체 비용의 약 50% 이상(또는 50만엔)임.

• '**개보수 지원형**': 목조주택 밀집지역 내에 비어 있는 민간임대주택을 육아 세대나 고령자가 공동거주용으로 활용하고자 할 때 개보수 비용의 일부를 보조해줌. 지원 내용은 손잡이 설치, 공동부엌 설치 등으로, 지역별로 보조금의 범위와 대상이 다름. 빈집뱅크에 등록한 사람들에게 지원함

•'**활용 지원형**': 빈집은 많지만 지자체에서 직접적인 관리가 불가능한 도심 근교에 적용되는 유형. 최소한의 권고와 자발적인 관리로 유지될 수 있도록 유도하며, 대학, 부동산업협회 등과 제휴하여 정비사업을 지원함. 주로 보존가치가 있는 역사지구나 활용가치가 높은 건물들이 밀집해 있는 지역의 빈집들이 이 유형에 속함.

으로 구분할 수 있다(남지현, 2014). '철거 지원형'은 매우 노후한 빈집을 대상으로 하며, 안전상 문제가 있거나 활용가치가 현저하게 떨어질 경우 지원 및 보조를 통해 건축주가 스스로 건축물을 철거할 수 있도록 유도하는 유형이다. 특히, 주변에 역사적 자원들이 있는 경우 개발제한지구로 지정되어 개보수가 불가능한 경우가 많거나, 저소득층 밀집지구의 경우 주변 이웃들에게도 붕괴위험이 있지만 개보수가 불가능한 경우 지자체에서 빈집 철거에 대한 지원 및 보조를 하고 있다. 자연재해를 입었거나 노후화로 인해 붕괴위험도가 높을 경우, 철거 후 신축 계획이 있는 경우 등이 우선 지원 대상이며 지원비는 지자체별로 다르지만 일반적으로 전체 비용의 약 50% 이상(또는 50만엔)이다. '개보수 지원형'은 목조주택 밀집지역 내에 비어 있는 민간임대주택을 육아세대나 고령자가 공동거주용으로 활용하고자 할 때 개보수 비용의 일부를 보조해주는 유형이다. 구체적인 지원 내용은 손잡이 설치, 공동부엌 설치 등이다. 지역별로 보조금의 범위와 대상이 다르지만, 대체로 빈집뱅크에 등록한 사람들에게 지원한다. 한편 '활용 지원형'은 주로 빈집은 많지만 지자체에서 직접적인 관리가 불가능한 도심 근교에 적용되는 유형이다. 최소한의 권고와 자발적인 관리로 유지될 수 있도록 유도하며, 대학, 부동산업협회 등과 제휴하여 정비사업을 지원한다. 주로 보존가치가 있는 역사지구나 활용가치가 높은 건물들이 밀집해 있는 지역의 빈집들이 이 유형에 속한다.

2) 빈집 활용을 위한 지원 제도 및 빈집 뱅크

(1) 빈집 활용을 위한 국가적 차원의 지원 제도

일본 중앙정부는 빈집 활용을 유도하기 위해 국가적 차원에서의 다양한 지원 제도들을 마련하고 있으며, 지자체 또는 민간이 주도하여 빈집을 활용하는 사업의 경우 전체 사업 금액의 일정 비율을 지원하고 있다. 총무성에서는 '과소지역 취락재편정비사업'과 '과소지역유휴시설재정비사업' 시 과소지역 내의 취락 이전을 위해 빈집 정비가 필요하거나 과소지역의 지역교류와 지역진흥을 도모하기 위해 유휴시설을 정비하는 경우 비용을 일부 지원하는 제도를 마련하고 있으며, 농림수산성에서는 '농산어촌 활성화 프로젝트' 시 폐가와 폐교 정비 비용을 지원함으로써 농산어촌의 빈집 활용을 유도하고 있다(김홍기, 2013).

한편 국토교통성에서는 지자체별로 수행되는 빈집 실태조사를 지원하고 있으며, 「빈집대책특별조치법」에 따라 빈집 대책 계획을 세운 지자체가 민간 사업자 등과 연계하여 진행하는 사업을 반액 지원하고, 또한 '빈집 재생 등 추진사업' 시행 시 노후화된 주택 및 주변 환경을 개선하거나 지역 커뮤니티 활성화를 도모하고자 빈집을 철거 또는 취득, 이전, 증축, 개축하여 활용하는 경우에 비용의 일정 비율을 지원하고 있다[4].

4) 국토교통성, 빈집대책특별조치법 15조에 근거한 국가지원사업인 '빈집 대책 종합 지원사업'과 '빈집 재생 등 추진사업' 설명 자료 참고(http://www.mlit.go.jp/jutakukentiku/house/)

표 6-8. 일본의 빈집 관련 국가 지원제도

<table>
<tr><th>주체</th><th>사업명</th><th>대상지역</th><th colspan="2">보조대상</th><th>사업 주체</th><th>부담 비율</th></tr>
<tr><td rowspan="2">총무성</td><td>과소지역 취락재편 정비사업</td><td>과소지역</td><td colspan="2">·정주촉진 단지 정비
·취락 등 이전
·계절거주 단지 정비
·정주촉진 빈집 활용(세 가구 이상, 수리비용)</td><td>지자체</td><td>국가 1/2
지자체 1/2</td></tr>
<tr><td>과소지역 유휴시설 재정비사업</td><td>과소지역</td><td colspan="2">·지역 간 교류 및 지역진흥을 도모하기 위한 시설을 마련하는 데 필요한 시설 수리</td><td>지자체</td><td>국가 1/3
지자체 1/3
민간 1/3</td></tr>
<tr><td rowspan="4">국토 교통성</td><td>빈집실태 파악조사지원</td><td>전국</td><td colspan="2">·지자체 구역 내의 빈집 실태파악</td><td>지자체</td><td>국가 1/2
지자체 1/2</td></tr>
<tr><td>빈집 대책 종합 지원 사업</td><td>빈집대책 계획대상 지역</td><td colspan="2">·지역진흥 및 저소득층 지원을 위한 빈집 활용
·환경 개선을 위한 빈집 철거</td><td>지자체
민간</td><td>국가 1/2
(2016 예산: 20억 엔)</td></tr>
<tr><td rowspan="2">빈집 재생 추진사업</td><td rowspan="2">빈집대책 계획대상 지역,
주택계획 지역,
도시재생 정비지역</td><td>제거</td><td>·불량주택 및 빈집 철거
·실태조사 및 소유자 특정에 필요한 경비</td><td>지자체</td><td>국가 2/5
지자체 3/5
민간</td></tr>
<tr><td>활용</td><td>·주거환경개선, 지역진흥을 위한 용도로 사용하고자 주택을 취득,이전,증축, 개축하는 경우
·실태조사 및 소유자 특정에 필요한 경비</td><td>지자체</td><td>국가 1/2
지자체 1/2
민간</td></tr>
<tr><td>농림 수산성</td><td>농산어촌 유휴시설 재정비사업</td><td>농산어촌</td><td colspan="2">·폐가, 폐교의 수리 및 부대시설 정비</td><td>지자체
민간</td><td>-</td></tr>
</table>

출처: 김홍기(2013), 일본 국토교통성 '빈집 대책 종합 지원 사업'과 '빈집 재생 등 추진 사업' 설명자료 보충

(2) 빈집관리시스템 및 빈집 뱅크

총무성 통계국에서는 5년마다 전국 단위로 실시하는 「주택·토지 통계 조사」[5] 를 통해 빈집에 대한 자료를 구축하고 있다. 통계조사의 기준에 따르면 빈집은 거래용 주택(임대용 주택, 매매용 주택)과 비거래용(별장 등의 보조 주택, 기타 주택)으로 분류되며, 빈집 관련 조사항목에는 주택 유형, 소유 상태, 건축 시기, 건축 면적 등이 포함된다.

한편 국토교통성의 빈집 실태조사[6]는 빈집의 사용 및 관리 실태를 파악하여 전국 빈집에 대한 기초 자료를 구축하기 위한 것으로, 1980년부터 약 5년 주기로 조사방법을 재검토하며 시행하고 있으며, 2014년에 8번째 조사를 실시하였다. 이 실태조사는 총무성의 주택토지통계조사에서 집계된 빈집 중 일부(2014년 기준 조사 대상 11,163명, 유효 수 3,316명)를 무작위 추출하여 소유자 및 관리자 등을 대상으로 조

5) 총무성 통계국, 「2013 주택·토지 통계조사」개요 참조 (http://www.stat.go.jp/data/jyutaku/2013/tokubetu_2.htm)
6) 국토교통성, 「2014 빈집실태조사」 관련 보도내용 참조 (http://www.mlit.go.jp/report/press/house02_hh_000088.html)

사를 실시한다. 조사 내용으로는 조사 대상 주택의 소유 상태, 주택의 구조 및 물리적 특성, 소유자의 특성, 이용 상황, 빈집이 된 경위, 관리 상황, 향후 5년 동안의 이용 의향 및 이유 등이 포함된다.

한편 빈집뱅크는 빈집을 지역자원으로 활용하여 과소지역의 인구를 증가시키고 지역 활성화에 기여할 수 있도록 도입한 제도이다. 빈집과 이주에 관한 정보를 지자체나 관공서 홈페이지에 공개하여 임대 혹은 매매를 희망하는 소유자와 입주자를 연결시켜준다(김홍기, 2013). 빈집 정보 수집 및 등록은 빈집 소유자뿐만이 아니라 지역 부동산업자와 기업, 단체, 협력원 등을 통해서도 이루어지며 인터넷 사이트(전국 빈집 넷, http://akiya.org/tokyo)와 우편을 통해 빈집의 가격, 규모, 현재 상태 등 상세한 정보를 제공한다. 2008년부터 빈집뱅크를 운영하기 시작한 나가노현 사쿠시는 2014년까지 270개의 빈집이 팔리거나 임대된 것으로 파악된다(황형규, 2014). 특히 등록된 빈집 정보를 지자체 홈페이지를 통해 공개함으로써 수요자에게 정보를 제공하고, 빈집 활용을 희망하는 사람에게는 빈집을 직접 안내하고 소유주와의 만남을 주선하거나 계약 및 입주 절차에 대한 상담을 진행하고 있다. 빈집의 소유자가 직접 빈집을 등록하는 것이 보통이지만 활용 가능한 빈집을 발굴하는 것이 쉽지 않기 때문에 지자체가 지역주민이나 지역 내 사업자와의 협력으로 빈집 실태를 파악하고 소유자와 접촉하여 빈집 정보를 수집하는 경우도 있다(김윤이, 2011).

지자체별로 빈집에 대한 정보를 개별적으로 구축하여 제공하고 있으며, 일부 지자체들은 지역의 부동산 업자나 협력원 등과 제휴하여 정보를 수집하고 제공함으로써 적극적으로 빈집의 소유자와 수요자 사이의 중개 역할을 수행한다(임준홍·최용준, 2016). 다수의 빈집 관리 사업은 지자체와 NPO에 의해 주도되는 마을 만들기 사업의 형식으로 이루어지는데 이때 지자체의 정책 사업인 빈집뱅크를 중심으로 사업에 참여하는 각 주체들의 상호 협력이 이루어진다.

표 6-9. 일본의 빈집뱅크를 통한 관련 주체별 역할

관련 주체	주요 역할
지자체	빈집을 지역환경정비의 대상으로 파악하며, 지방세 확보를 위한 정주, 이주 지원책으로 활용하기 위한 제도적 장치 마련
NPO	환경정비 및 지역 활성화와 빈집을 활용한 마을 만들기를 위한 커뮤니티 구성원으로 적극적인 주민 참여
전입자	빈집 이용 예정자로서 지역 커뮤니티에 대한 참여
관련 직능업체	지자체에서 실시하는 빈집뱅크의 한계점을 보완(중개를 위한 법률적 문제, 빈집 재고의 유지관리 등)

출처: 임유경·임현성(2012), p.188.

출처: 빈집뱅크 제도 안내 및 지자체별 빈집뱅크 웹사이트(http://akiya.org)

그림 6-9. 일본의 전국 빈집 넷 홈페이지

3) 빈집 재생 및 철거 사례

국토교통성에서는 노후불량한 주택으로 인하여 저하된 거주 환경을 개선하고 지역의 활성화를 도모하기 위하여 빈집 또는 그 부지를 활용하는 '빈집 재생 등 추진 사업'을 시행하고 있으며, 공모를 통해 사업을 선정하여 진행하고 있다. 빈집 재생 등 추진사업은 빈집이나 불량 주택을 철거하여 주거 환경을 개선하는 '제거형'과 빈집을 숙박체험시설, 교류시설, 체험학습시설, 창작활동시설, 문화시설 등의 용도로 활용함으로써 지역 활성화를 도모하는 '활용형'으로 구분된다. 사업 대상 지역은 「빈집대책특별조치법」에 의거한 빈집 등 대책 계획에서 지정한 지역, 빈집 등의 집적이 주거 환경을 저해하거나 지역 활성화를 저해하여 빈집의 계획적인 처분을 추진해야 하는 지역으로서 지역주택계획 또는 도시재생정비계획으로 지정된 지역이며, 활용형 사업의 경우에는 산탄지역과 과소지역까지 포함한다. 지자체 또는 민간이 사업 주체가 되고 국가가 일부 지원하는 방식으로 사업이 시행되며, 1가구 또는 한 동의 건물에 대해서도 사업이 추진될 수 있다(김홍기, 2013).

'철거형'사업은 불량주택과 빈집을 철거하는 비용, '활용형'사업은 활용을 위한 주택을 취득(용지비 제외), 이전, 증축, 개축하는 비용의 일부를 지원받을 수 있으며, 빈집의 실태조사 비용과 철거 또는 재생 대상 주택의 소유자가 불분명한 경우에는 소유자 특정에 필요한 교통비, 인증서 발급비, 통신비, 위탁비 등도 지원 대상이다.

표 6-10. 빈집 재생의 추진 사업 유형

구분	철거형		활용형	
대상지역	빈집대책계획 대상지역, 주택계획지역 및 도시재생정비지역		빈집대책계획 대상지역, 주택계획지역 및 도시재생정비지역, 산탄지역, 과소지역	
사업내용	주거환경 개선을 위한 불량주택 및 빈집 철거		주거환경 개선 및 지역 진흥을 위한 빈집 재활용	
보조대상	·불량주택 및 빈집 철거 ·빈집 실태조사 및 소유자를 찾는 데 필요한 경비		·환경 개선 또는 지역 진흥을 위한 용도로 사용하고자 주택을 취득, 이전, 증축,.개축하는 경우 ·빈집 실태조사 및 소유자 특정에 필요한 경비	
사업주체	지자체		민간	
부담비율	국가 2/5 지자체 3/5	국가 2/5 지자체 2/5 민간1/5	국가 1/2 지자체 1/2	국가 1/3 지자체 1/3 민간 1/3

출처: 국토교통성, '빈집 재생 등 추진사업 설명 자료' 내용 재정리

(1) 오노미치시, '빈집 재생 프로젝트'7)

히로시마현에 위치한 인구 14만의 중소도시 오노미치시는 에도시대부터 1930년대까지 일본의 대표적인 항구도시라는 위상을 가지고 있었으나 점차 항구의 기능이 쇠퇴하면서 인구 감소로 빈집이 급속하게 증가하게 되었다. 도시가 성장하고 인구가 증가하면서 산의 경사지에 다수의 주택들이 들어서게 되었지만 인구가 감소하면서 빈집이 증가하게 되었고, 경관이 우수한 경사지에 위치한 방치된 빈집들을 중요한 지역자산으로 인식한 오노미치 시민단체는 2008년에 오노미치 빈집 재생 프로젝트 NPO법인을 설립하고 오노미치시에 협력하여 도시재생사업을 추진하였다(오용준, 2014). 빈집뱅크 제도가 제대로 운영되지 못하자 2009년에는 오노미치시가 빈집의 등록 절차를 심사하면 NPO가 등록된 빈집의 정보를 제공하고 수요자를 대상으로 상담 및 지원을 담당하는 방향으로 빈집뱅크 제도를 보완하여 재생 프로젝트의 기본 틀을 마련하게 된 것이다(임유경·임현성, 2012).

오노미치시 빈집 재생 프로젝트는 오노미치시, 전문가와 비전문가로 구성된 NPO, 지역주민, 빈집의 소유자와 수요자 등 여러 주체들이 서로 협력하여 진행되는데, 빈집의 소유자와 수요자는 빈집뱅크 등록을 통해 프로젝트에 참여하고 시는

7) 임유경·임현성(2012), 오노미치 빈집재생 프로젝트(http://www.onomichisaisei.com/) 참고

NPO의 활동을 지원하며, NPO는 소유자와 수요자를 연결시키고 지역주민들과 교류하며 주민의식을 계발하고 빈집 재생 활동을 직접 시행하는 등 각각의 역할을 분담하고 있다. NPO는 지역 고유의 경관과 커뮤니티 특성을 살려 재생 프로젝트를 진행하기 위해 5가지 기본 지침을 마련하여 빈집 재생의 방향을 제시하였다.

표 6-11. 오노미치 5가지 빈집 재생 프로젝트 핸드북

구 분	관련 내용
빈집 x 건축	개성이 넘치는 오노미치 건축물이나 사라져가는 장인 정신 전달
빈집 x 환경	오래된 집에서 사는 것은 산업폐기물과 산림 보존으로 이어지므로 불필요한 가구의 재사용, 재활용, 폐기물 및 중고품 재사용 병행
빈집 x 커뮤니티	빈집 주인 찾기, 새로운 이주자 생활상담, 빈집, 빈 공간을 활용한 세대 간의 교류, 이벤트 기획
빈집 x 관광	빈집을 취미활동을 위한 상점이나 공방, 산책 및 골목탐험 체험 장소로 활용
빈집 x 예술	빈집을 미술과 문학을 배우는 젊은이들의 기숙사, 아뜰리에, 갤러리 등으로 활용

출처: 임유경·임현성(2012), p.194.

출처: 尾道空き家再生プロジェクト(오노미치 빈집 재생 프로젝트) 홈페이지

그림 6-10. 오노미치 가우디하우스와 아차키 공원의 모습

이 지역의 첫 번째 대상으로 '오노미치 가우디하우스'로 불리우는 '구이즈미 저택'은 오노미치시 빈집 재생의 랜드마크로 빈집재생에 관한 교육 및 이벤트 등을 개최하고 빈집 재생 활동의 거점으로 운영되고 있다. 또한, '키타무라 옷가게(北村洋品)'를 개조하여 지역주민이라면 누구나 어린아이를 데리고 방문할 수 있는 '엄마와 아이가 함께하는 우물가 옷가게'로 활용하고 있다. 또한 관리가 어려운 경사지에 위치한 빈집을 철거하여 공원을 조성하고 계절에 따른 다양한 프로그램을 운영한다.

(2) 세타가야의 <지역공생의 집 프로젝트>[8)]

세타가야구는 도심에 위치해 있으나 인구감소와 고령화가 심화됨에 따라 지속적으로 빈집이 증가하고 있다. 이에 따라 2006년 세타가야구 제2차 주택정비후기방침의 주택정책 실현을 위한 프로젝트의 일환으로 '지역공생의 집 프로젝트'가 도입되었다. 이 사업은 세타가야구 내에 분산되어 있는 소규모 빈집을 정비하여 지역 커뮤니티 공간으로 조성하는 사업이다. 세타가야 마치즈꾸리 재단이 이 사업을 운영하고 있으며, 지원사업의 공모와 관리에서 이 재단이 매우 중요한 역할을 담당한다.

지역공생의 집을 개설하고 사업 지원을 받기 위해서는 우선 건물 소유자가 자발적으로 세타가야 트러스트 마치즈꾸리센터에 사업을 신청해야 한다. 이후 센터에서는 현지를 방문하여 지원 가능성을 확인하고 마치즈꾸리 전문가와 소유자가 함께 구체적인 운영사항을 논의하면서 사업을 진행해나간다. 이러한 과정을 거쳐 2016년 3월 현재 운영 중인 세타가야 지역공생의 집은 총 19개소이다.

지역공생의 집은 거주형태(셰어하우스, 그룹 홈, 일시적 공생), 이용대상(노인, 어린이, 지역 NPO), 운영주체(소유자 지인, 개설지원자, 개설지원자 지인) 등에 따라 분류된다. 프로그램은 대부분 주민들의 지역 일상생활을 위한 용도로 구성되어 있으며 외부인들보다는 지역 주민이나 주변 이웃사람들을 대상으로 프로그램을 제공하여 매우 적은 부분이지만 이 지자체의 수익에도 기여하고 있다.

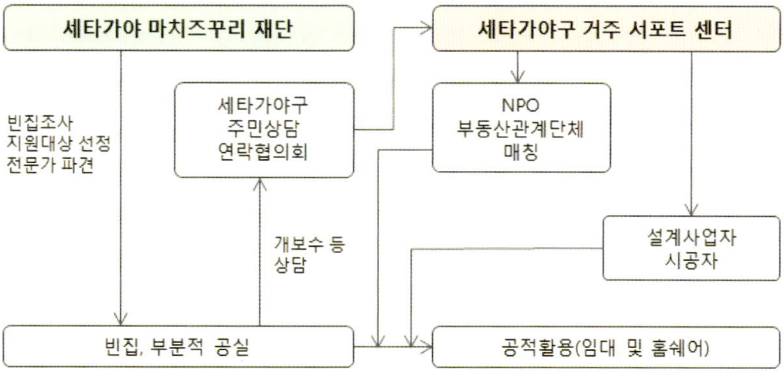

출처: 남지현(2014b), p.6.

그림 6-11. 세타가야 <지역공생의 집 프로젝트> 지원 조직관계도

8) 남지현(2014b)과 一般財団法人世田谷トラストまちづくり 홈페이지(http://www.setagayatm.or.jp/)의 내용을 참고하여 정리함.

거점	지역공생의 집	용도
1	오카상의 집	마을 카페
2	신노키	고령자 커뮤니티 거점
3	COS 치토후나	NPO 거점
4	루츠의 집	아이들의 모임 장소
5	사론원코인	마을 카페
6	리브로뉴스	고서점, 철학 카페
7	COS 시모키타자와	NPO의 거점
8	아카네코보우	갤러리 및 공방
9	미카모	독서·문화교류 거점
10	야소우의 모임	지역커뮤니티 교류거점
11	아바라집	간병, 간호시설 거점
12	아리린칸	교류를 위한 마을 갤러리
13	신키로우	바둑커뮤니케이션 살롱
14	이이오카상데아소보	아이들과 엄마를 위한 놀이장소
15	키마마	간호 관련 종사자들을 위한 카페
16	쉐어오쿠사와	문화교류의 거점
17	엔가와봇코의 집	간호 관련 종사자들의 휴식 장소
18	누쿠누쿠하우스	지역주민을 위한 카페 및 식당
19	카이린쇼	예술문화 쉼터

출처: 地域共生のいえ かわら版(2016)

그림 6-12. 세타가야 지역공생의 거점

(3) 에치젠 마을, '안심되고 정이 넘치는 마을 만들기 사업': 빈집 철거 사례[9)]

후쿠이현에 위치한 에치젠 마을은 인구 감소와 저출산·고령화가 빠르게 진행되고 있는 곳이다. 산이 해안선까지 내려와 있어 이용할 수 있는 평지가 적고, 좁은 주택지구에 노후화된 빈집들이 상당히 밀집해 있다. 이로 인해 가옥 붕괴의 위험과 화재 발생, 방재, 방범, 위생 측면에서 이 지역 주민들은 매우 불안전한 주거환경에 노출되어 있다. 그러나 노후 주택의 수선 및 철거를 위한 비용이 상당히 많이 소요되기 때문에 빈집들은 대부분 방치되고 있어, 빈집 정비가 에치젠 마을의 주요 과제로 떠오르게 되었다.

출처: 空き家スタディーズ(2015).

그림 6-13. 에치젠 마을의 주택밀집지구(좌)와 노후화된 빈집 사례(우)

에치젠 마을은 열악한 주거 환경을 개선하기 위해 방재나 방범의 위험성이 있는 빈집을 철거하고, 철거한 부지를 소공원으로 정비하는 '안전하고 정이 넘치는 마을 만들기 사업'을 2007년부터 실시하였다. 철거 대상은 주택 밀집지구에 위치하고 있고 2면 이상이 옆집과 인접하고 있으며 도시 방재 및 방범상 위험하다고 판단되는 빈집(B, C 등급)이다. 해당 부지를 10년 이상 소공원으로 마을에 무상으로 임대하는 조건으로 철거할 경우 최대 200만 엔이 지원되며, 지원 항목은 배수공사, 화단 및 벤치 등의 설치공사, 울타리, 표지판, 기타 안전시설 설치 등으로 2010년까지 총 9개의 소공원이 조성되었다(空き家スタディーズ, 2015). 빈집을 철거하고 소공원을 조성하는 과정은 자치구와 에치젠 마을, 빈집 소유자의 협력을 통해 이루어진다. 즉, 에치젠 마을이 현지조사 및 각종 계약 체결 등을 주도하며 자치구와 빈집 소유자는 각 단계에 따라 진행 상태 및 관련 계약을 맺게 된다.

9) 空き家スタディーズ (http://www.akiya.house/regulations/434/)의 내용을 참고하여 정리

표 6-12. 안전하고 정이 넘치는 마을 만들기 사업 개요

대상 지역	에치젠 지역
대상 빈집	주택 밀집지구에 위치한 주택 2면 이상이 옆집에 인접하고 있는 빈집 현지 조사에 따라 방재·방범 측면에서 위험하다고 판단되는 빈집 (B, C등급)
지원 조건	철거 후 대지를 소공원으로 조성하여 마을에 10년 이상 무상으로 임대 (소유자 동의 필요)
지원 금액	최대 200만 엔
기타	토지와 건물의 소유자가 명확해야 함 토지, 건물 일체의 권리, 권한에 대한 협의가 완료되어야 함

출처: 空き家スタディーズ (2015)

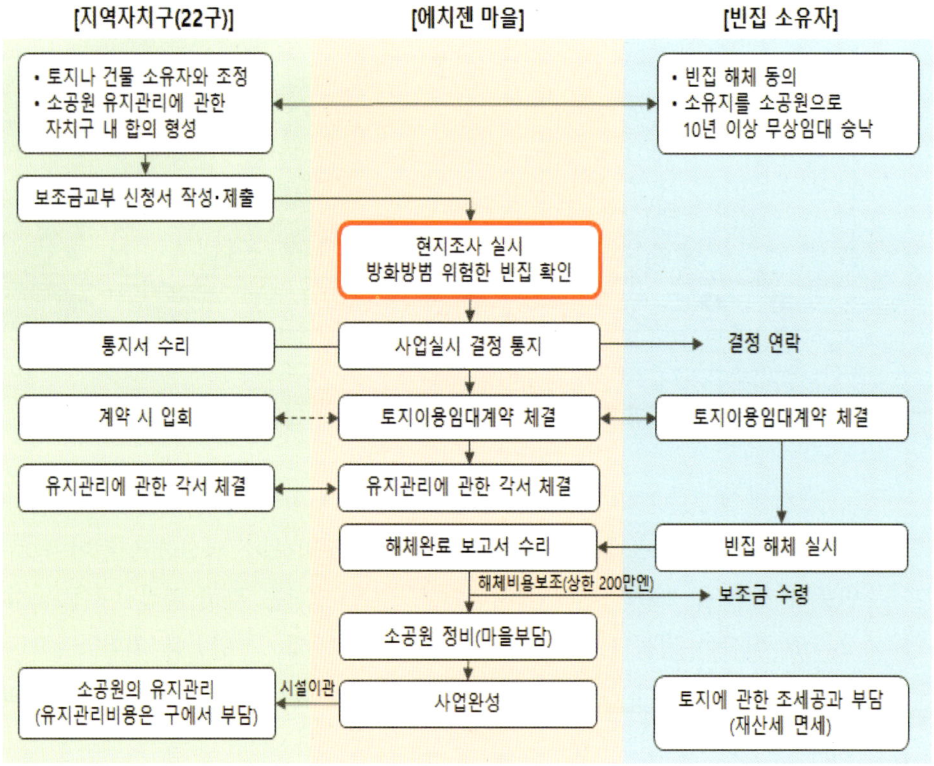

출처: 空き家スタディーズ(2015).

그림 6-14. 빈집 철거사업 프로세스

출처: 空き家スタディーズ (http://www.akiya.house/regulations/434/)

그림 6-15. 안전하고 정이 넘치는 마을만들기 사업에 따른 노후주택 전후의 모습

<일본 후쿠오카현의 빈집 대책 가이드>

1. 개요

- 후쿠오카현의 빈집은 약 32만 호(12.7%), 그중 기타 주택이 12만 호 (2013, 토지주택조사)
- 도도부현 차원에서 시정촌의 빈집 대책을 지원하기 위해 모든 지자체, 관련 민간단체를 구성원으로 하는 '후쿠오카현 빈집 대책 연락 협의회'를 설립(구성원은 현의 13개과, 60개 시정촌, 8개 단체)
- 빈집에 관한 과제 및 정보 공유, 빈집 등의 적정한 관리 및 활용 촉진에 관한 구조 및 방안 검토
- 후쿠오카현의 빈집 매뉴얼인 '빈집 문제의 대책을 향해서'를 개정 (빈집 데이터, 빈집 발생 배경, 실태조사 및 기타 빈집 대책법의 개요, 주민 의식 계발, 빈집 재생 등 추진 사업 및 거리 환경 정비 사업 등 국가 지원 제도, 빈집 활용 및 철거의 구체적인 사례를 포함하고 있음)

2. 후쿠오카현의 빈집 유형

- '관리 상태의 정도', '소유주의 의향'에 따라 빈집을 분류

1) 관리 상태가 좋은 빈집

① 활용 빈집: 즉시 활용이 가능한 집으로 임대용 및 매각용으로 주택 시장에 나온 것

② 불명 빈집: 소유자의 활용 의향을 알 수 없는 것으로 주택을 상속받았으나 가구 내 이유로 임대하지 않거나 소유주가 사망하여 빈집이 된 경우

2) 관리 부전에 의한 상태 악화

③ 사정 빈집: 활용하려는 뜻은 있지만 소유자가 먼 곳에 거주하거나 고령이기에 관리를 못하는 경우

④ 방치 빈집: 소유자가 불명이거나 멀리 떨어져 있어 문제를 인식하지 못하고 방치된 경우

3. 빈집 대책

- 방치 빈집이 되는 것을 방지하기 위해 활용가능한 빈집에 대해서는 적극적으로 활용하고, 그렇지 않은 경우에는 적정 관리 및 철거를 촉진
- 빈집 문제 예방을 위해 소유자의 활용 및 관리의 의식을 갖도록 함
- 어떤 지역에 어떤 빈집이 존재하는지 파악하는 것이 빈집 대책의 첫 걸음
- 지역 특성을 파악하여 지역에 따라 발생될 것으로 예상되는 문제와 대응책을 마련해야 함
- 빈집 문제별 대책 사례 '관리 부전 대책 사례', '활용 사례', '철거 사례'의 3가지로 나누어 소개함
- 빈집 유형(활용/불명/사정/방치)에 따라 적용되는 방식이 다름

3 영국의 유휴·방치부동산 관련 법령 및 정책

영국이 빈집에 관심을 갖게 된 것은 2000년대에 들어서면서부터이다. 가구 수가 급격하게 증가하게 되면서 상대적으로 주택 수요도 증가하여 2016년까지 약 200만 가구를 위한 주택이 필요할 것으로 예상되었다(DLCG, 2007). 이렇게 주택 수요가 증가하면서 주택 공급 부족으로 인해 1990년대 중반부터 주택 가격이 급격히 증가하게 되었으며, 그에 따라 주택 구매자의 평균 연령도 증가하고 있는 것으로 나타났다. 반면에 잉글랜드 전체적으로 볼 때 약 730,000여개의 빈집(이 가운데 30만채가 장기 빈집임)이 있는 것으로 파악되었다. 영국의 경우 빈집이 근린환경에 미치는 부정적 영향에 대한 관심을 갖고 민간이 중앙정부보다 먼저 빈집 관련 법령 제정을 주도하였다. 특히 1992년에 설립된 민간단체인 Empty Homes(Empty Home Agency의 전신)는 잉글랜드 내 빈집 현황 데이터를 공개하면서 빈집 문제 해소와 빈집 활용 정책을 제시하였다. 영국의 빈집 비율은 일본과 비교하면 상대적으로 낮지만, 빈집의 장기간 방치로 인해 주택 자원의 낭비 및 근린환경을 저해하는 등 각종 문제들이 발생함에 따라 빈집 정비가 주요 정책 과제로 대두되었다. 2000년대 들어와 중앙정부에서 빈집 정비 및 활용을 위한 지침을 구축하고 이를 바탕으로 지방정부에 대한 다각적인 지원을 하였다. 특히 중앙정부는 2004년 빈집관리명령제(EDMO: Empty Dwelling Management Orders)를 통해 빈집 관리를 위한 지방정부의 권한을 크게 강화시켰다. 지방정부에서도 다양한 조례 제정을 통하여 빈집이 근린환경에 미치는 부정적 영향을 줄이기 위해 노력하였다. 그 결과 2008년 3.48%(733.382 채)이던 빈집 비율이 2015년에는 2.55%(574,846 채)로 줄어들어 최저치를 보이고 있다(Dwelling Stock Estimates, 2015)[10]. 또한 2011년 중앙정부의 Housing Strategy에 따라 1억 파운드 기금을 조성하고 이 가운데 70%에 달하는 7천만 파운드를 6개월 이상 비어있는 집을 저렴한 주택(afforable housing)으로 개보수하는 데 지원하였다. 이러한 일련의 정책으로 인해 영국의 경우 전체 주택 수가 증가함에도 불구하고 빈집 비율이 감소되고 있어 빈집 관리 정책이 실효성을 거두고 있음을 말해준다.

한편 영국은 빈집의 구조적 안전, 치안, 경관훼손 관리 등의 문제에 지방 정부가 적절하게 조치를 취하도록, 「건축법 1984(Building Act 1984)」, 「주택법 2004(Housing Act 2004)」, 「지방자치법 1982(Local Government Act 1982)」, 「도시농촌계획법(Town and Country Planning Act 1990)」, 「반사회적행동법

10) 영국 중앙정부 DCLG의 관련 자료
(https://www.gov.uk/government/news/empty-homes-reach-all-time-low)를 참조

(Anti-social Behaviou Act 2003)」, 「환경보호법(Environmental Protecton Act 1990)」 등의 법령을 통해 빈집의 관리와 관련된 법적 근거를 마련하여, 지방정부가 이에 따라 적절한 조치를 취하고 있다. 또한 지방 정부의 빈집 정비를 위한 전략 수립이 의무는 아니지만 중앙 정부의 보조금을 지원받으려면 빈집 정비를 위해 수립한 지자체 전략을 요구하기 때문에, 대다수 지방 정부들은 빈집 정비 전략을 수립하고 있다(HCA, 2011). 중앙정부 차원에서 제공하는 지원금 제도에는 국가 저비용주택 프로그램(NAHP: National Affordable Housing Programme), 빈집 커뮤니티 보조금 프로그램(EHCGP: Empty Homes Community Grants Programme) 등이 있으며, 지방 정부의 지원제도는 지역별로 여건에 맞추어 다양하게 운영되고 있다. 여기서는 영국의 중앙정부와 지방정부의 가장 대표적인 빈집 관련 법령 및 정책에 대하여 살펴보고자 한다.

1) 중앙정부 차원의 법령 및 정책

(1) 빈집관리명령제(EDMOs: Empty Dwelling Management Orders)

EDMOs는 강제적 조치를 통해 민간이 소유한 빈집을 정비한다는 것이 매우 어렵기 때문에 자발적인 정비와 강제 매수 사이의 관리 방안을 찾기 위해 마련된 것으로 볼 수 있으며, 지방정부 입장에서 매수가 적절하지 않을 경우 소유자를 압박하기 위해 선택하는 대안적인 조치라고 볼 수 있다(이재우, 2013). 외부인들이 불법적으로 빈집을 드나들며 범죄나 탈선행위의 장소로 이용할 경우 또는 위해요소 제거를 위해 지방정부는 건물 소유주에게 관련 사항을 통보하고 개선을 요구할 수 있다(Housing Act 2004, Chapter 2 Section 28-31). 그러나 소유주가 지방정부의 명령에 불응하는 경우 지방 정부가 강제조치를 취하는 것은 현실적으로 매우 어렵다. 이는 공공기관이 빈집을 처리하기 위해 강제조치를 취하는 과정에서 소유권 변동이 수반되기 때문이다. 이 문제를 보완하기 위해 중앙정부 차원에서 2004년 빈집관리명령제(EDMOs)를 「주택법 2004」에 도입하였다. 빈집관리명령제는 건물 소유주의 소유권 이전 없이도 지방정부가 해당 건축물을 소유할 수 있는 권리를 주거용 부동산 조사위원회(RPT: Residential Property Tribunal)의 승인을 거쳐 부여하는 것으로, 이에 따라 지방정부는 해당 건물을 임의로 출입하여 조사하거나 관리할 수 있다. 빈집관리명령제는 빈집관리 임시명령(interim EDMOs)과 빈집관리 최종명령(final EDMOs)으로 구분된다. 2004년 노동당 집권하에서 이 법령이 제정되었고 2010년 보수당으로 정권이 교체된 이후 2012년에 이 법령을 일부 수정(빈집 기간이 6개월에서

2년인 경우에만 interim EDMO가 가능하도록 2012년에 변경됨)하였다. 임시명령은 지방정부가 소유자의 동의하에 빈집의 점유 상태를 유지할 수 있는 조치이며, 임시명령이 승인되면 최대 12개월까지 효력이 유지되지만 지방정부가 해당 빈집을 처분할 권리를 갖는 것은 아니다. 소유자가 동의하지 않을 경우 임시명령은 폐기될 수 있으며 지방정부는 후속조치로 최종명령을 실행할 수 있다. 최종명령은 RPT의 승인이 필요 없고 최대 7년간 효력이 유지될 수 있다. 이 기간 동안 지방 정부는 소유자의 동의 없이 건물의 거주 권리를 부여할 수 있으며 화재 및 사고 등에 대한 관리 책임을 갖는다.

(2) 신축 및 장기 빈집 관련 보조금(New Home Bonus)

중앙정부가 지방정부에 주는 인센티브 차원의 보조금 가운데 New Home Bonus (2011)는 원활한 주택 공급을 위해 지방정부에게 지원하는 보조금이다. 특히 주택 신축뿐만 아니라 장기 빈집을 활용하는 경우에도 지급하며, 유효주택당 지방세 평균 수준의 보조금이 6년간 지급된다. 2011~2016년 동안 약 34억 파운드의 보조금이 지급되었으며, 해당 보조금으로 70만 호 신축 주택과 10만 호 이상의 장기 빈집을 다시 활용할 수 있게 되었다[11]. 주택 신축과 장기 빈집 활용으로 인해 증가된 세액을 기준으로 6년간 제공하며, 빈집의 용도를 지정하지 않고 보조금을 지원해주므로 지방정부의 유연한 활용이 가능하며 보조금 활용은 지방의회가 결정한다(이재우, 2013).

(3) 빈집 커뮤니티 보조금 프로그램(EHCGP: Empty Homes Community Grants Programme)

중앙정부가 지방정부에 주는 인센티브 차원의 보조금의 하나인 Empty Home Programme[12]은 저렴한 주택을 공급하기 위한 목적으로 2011~2015 Affordable Home Programm에서 1억 파운드 규모의 보조금을 빈집 관련 프로그램에 배정하였다. HCA(Homes and Communities Agency)가 주관하는 프로그램과 중앙정부 부처 DCLG(Department for Communities and Local Government)의 협력기관인 'Tribal'이 주관하는 CGP(Community Grants Programme)으로 나뉘어져 있다.

HCA가 주관하는 프로그램의 경우 장기 빈집을 저렴한 주택으로 개보수하여 활

11) 영국 중앙정부 DCLG의 관련 자료(https://www.gov.uk/government/publications) 참고

12) http://self-help-housing.org/empty-homes-grants-programme/the-community-grants-programme-introduction/ 내용 정리

용하는 경우로, 두 번의 라운드를 거치면서 입찰(공모)방식을 통해 7천만 파운드의 보조금이 지원되었다. 지원 자격은 주로 사회주택공급자(Registered Provider)이며 공모를 통해 지원한다. 최소 6개월 이상 비어있거나 공공의 지원이 없는 경우 장기 공실이 예상되는 빈집 및 공실 부동산을 대상으로 한다. 빈집을 매입하거나 개·보수한 후 반드시 저렴한 주택(affordable housing)의 용도로 임차한다.

한편 빈집 커뮤니티 보조금 프로그램(EHCGP: Empty Homes Community Grants Programme)이 작동되기 전까지는 주택커뮤니티공사(HCA: Homes & Communities Agency)를 통해 빈집 보조금이 운영되었기 때문에 주택커뮤니티공사에 등록되어 있는 대규모 주택기관에만 수혜를 받았다. 그러나 본 프로그램을 통해 국가대리수탁기관으로 지역사회의 소규모 자원단체가 이 역할을 수행하게 되면서 직접적으로 공공기금을 지원받을 수 있게 되었다. 이 프로그램은 커뮤니티 및 지방자치부서(Department of Communities & Local Government)에 의해 정부 대리기관으로 선정된 '트라이블 에듀케이션 앤 러닝(Tribal Education & Learning)'에 의해 운영되며, CGP 프로그램에 따라 잉글랜드의 95개 지역사회단체가 3천만 파운드를 지원받았다. 지원 대상이 되는 빈집은 건축 후 10년 이상 경과되었고, 18개월 이상 장기로 비어있는 주택이며, 다른 프로그램과의 중복 지원은 불가능하다. 매입 활용 또는 15년 이상 임대로 활용하는 경우 주택커뮤니티공사의 '디자인 및 품질 기준 2007'에 따라 개·보수해야 하며, 15년 미만 임대 활용 시에는 적어도 '괜찮은 수준의 주택 기준(Decent Home standard)'에 부합하는 개·보수가 이루어져야 한다. 임대기간은 최소 5년으로 명시되어 있으나 평균 10년 이상을 기대하며 보조금 지원이 이루어진다. 한편, 임대차 보조금액은 임대기간과 지역에 따라 다르게 적용되며(약 6,000~22,000 파운드), 지원 자금은 자본금으로 활용하게 된다.

(4) 빈집 밀집지구 프로그램(Cluster of Empty Home Programme)

Cluster of Empty Home Programme은 빈집 및 노후불량주택이 밀집되어 있으나, 양호한 부동산 시장전망이 예상되는 지역에 지원하는 보조금이다. 특히 빈집을 양호한 주택의 기준에 맞춰 개선하기 위해 집중 지원이 필요한 빈집 밀집지구에 주택 개보수, 개조, 공공 공간 개선을 위해 지원하는 프로그램이다(이재우, 2013). 빈집 밀집지구 내 주택의 10% 이상이 빈집이며, 밀집지구 내 빈집이 25호 이상이고, 다시 활용되는 빈집이 100호 이상이어야 한다는 조건이 있다. 2012~2014년 동안 총 5000만 파운드 규모로 계획되었지만 실제 약 6,000만 파운드가 배정되었다.

2) 지방정부 차원의 법령 및 정책

(1) 건축법 1984(Building Act 1984)

「건축법 1984」는 영국의 시공 및 건축, 설계 관련 사항을 규정하고 있는 법규이다. 본 법규의 섹션(Section) 77, 78에 따르면, 지방정부는 관할지역 내 건물 전체 혹은 일부에서 구조적 안전 문제가 발생할 경우 건물의 위험요소 및 부분적인 제거 혹은 철거를 요청할 수 있다. 주어진 기간 내에 건물 소유주가 적절한 조치를 취하지 않거나 긴급한 조치가 필요할 경우, 지방정부가 먼저 처리한 후에 소유주에게 비용을 청구하는 것이 가능하다. 또한, 빈집의 훼손으로 인해 근린 지역의 쾌적성이 저해된다고 판단되는 경우, 동법 섹션 79(Building Act 1984 section 79)에 근거하여 지방정부는 빈집이 파괴되거나 허물어져 쾌적성을 훼손하는 경우 소유자에게 건물의 개·보수 요청 및 철거 등의 요구를 통지할 수 있다.

(2) 지방자치법 1982(Local Government Act 1982)

「지방자치법 1982」는 빈집의 무단출입이나 공중보건 위해 등과 관련하여 지방정부가 취할 수 있는 조치가 명시되어 있는 법규로서, 섹션(Section) 29에 구체적인 적용 대상과 상황 등이 기술되어 있다. 본 조항에 따르면, 건물에 거주하는 사람이 없거나 무단 침입의 위험 또는 공중보건 위해가 발생할 가능성이 있는 경우, 지방정부는 이와 관련하여 필요한 조치를 취할 수 있다. 또한 빈집 소유자가 적절한 조치를 취하지 않을 시, 지방 정부가 직접 처리하거나 철거를 할 수 있으며, 이때 발생한 비용은 소유자에게 청구할 수 있다.

<지방자치법 1982, Local Government(Miscellaneous Provisions) Act 1982>

29 건축물의 예방조치(Protection of buildings)

(1) 본 조항은 건축물이 점유 상태에 있지 않거나 일시적으로 비어있는 경우에 적용된다.

(2) 건축물이 효과적인 보안 상태를 유지하지 못하고 있거나 공중보건에 위해를 끼칠 가능성이 경우, 지방 정부는 빈집 무단침입 방지 또는 공중보건 위해 방지를 위한 조치를 취할 수 있다.

(중략)

(8) 무단침입 방지나 공중위생 확보를 위해 신속하게 대응해야 할 경우 또는 빈집 소유주의 정보를 확보하기 어려운 경우, 지방 정부는 통보하지 않아도 된다.

(중략)

(11) 지방 정부가 (2)항에 의거하여 직접 조치를 취할 경우, 발생한 비용은 해당 건축물 소유자에게 청구할 수 있다.

<건축법 1984, Building Act 1984>

77 위험한 건축물(Dangerous building)

(1) 건축물 및 구조물의 전체 또는 일부가 위험하다고 판단될 경우, 법원에 해당 건축물 또는 구조물의 위험요소 제거 및 철거 등의 명령을 신청할 수 있다.

(2) 해당 책임자가 정해진 기한 내에 상기 내용에 불응할 경우, 지방 정부는 적절한 조치를 취한 후, 해당 책임자에게 발생한 비용을 청구할 수 있다.

78 위험한 건축물-긴급한 조치들(Dangerous building-emergency measures)

(1) 다음과 같은 경우, 지방 정부는 문제해결을 위해 필요한 조치를 취할 수 있다.

(a) 건축물 또는 구조물의 전체 또는 일부가 위험하다고 판단될 경우

(b) 위험요소 제거를 위해 신속한 조치가 필요할 경우

(2) 지방 정부는 본 조항에 의거하여 필요한 절차를 집행하기 전에 소유주와 거주자에게 행위 목적 또는 구조물의 상황 등을 알린다.

(3) 지방 정부는 해당 건축물 소유주에게 본 조항에 의거하여 발생한 비용을 청구할 수 있다.

79 심하게 훼손되고 허물어져가는 건축물과 방치된 부지들(Ruinous and dilapidated buildings and neglected sites)

(1) 지방 정부가 건축물 및 구조물의 훼손으로 인해 주변지역 쾌적성을 심각하게 저해하다고 판단할 경우, 해당 건축물의 소유주에게 다음과 같은 요구를 통지할 수 있다.

(a) 건축물의 개·보수 실행

(b) 해당 건축물 또는 구조물의 철거와 철거로 인해 발생하거나 노출된 쓰레기 처리

(2) 다음과 같은 경우, 지방 정부가 해당 토지의 소유주에게 쾌적성 유지에 필요한 쓰레기 및 오물 처리 요구를 통지할 수 있다.

(a) 건축물 또는 구조물의 철거 및 붕괴로 인해 발생하거나 노출된 쓰레기가 해당 부지나 인근 지역에 놓여 있는 경우

(b) 해당 부지가 주변 지역의 쾌적성을 심각하게 저해할 경우

<빈집과 관련된 지방정부 차원의 법령들>

- Housing Act 2004 : 주택 건강성 및 안전성 평가체계의 평가를 통해 법률에 의해 정의된 위험이 하나 이상 나타나는 경우 지방정부가 소유자에게 위험을 개선할 수 있도록 함
- Local Government Act 1982 : 빈 건물의 보안을 효과적으로 확보하지 못하는 경우 지방정부는 소유자에게 조치를 요구하거나 직접 조치를 취할 수 있도록 규정
- Town and Country Planning Act 1990 : 관할 지역 내 토지가 인근지역의 쾌적성에 부정적 영향을 줄 경우, 지방정부가 토지소유자 혹은 점유자에게 개선조치를 요구하며 이를 일 년간 수행하지 않을 경우 벌금부과
- Anti-social Behaviour Act 2003, Clean Neighborhoods and Environment Act 2005 : 사유 부동산에 낙서, 무단 광고지 부착행위를 하는 자에게 벌금 부과
- Environmental Protection Act 1990 section 59 : 법률이 규정하는 관리 대상 폐기물이 건물 내부 혹은 건물 부지 위에 있는 경우 지방정부는 소유자에게 폐기물 적체를 완화 또는 제거하기 위한 조치를 할 수 있음
- Environmental Protecton Act 1990 section 80 : 빈집으로 인해 인근 주민의 생활방해를 야기할 경우, 생활방해 행위의 경감과 발생 재발의 금지나 제한과 이를 위한 작업이나 조치의 실행을 부과할 수 있으며 실행을 부과 받은 자는 정당한 사유 없이 실행하지 않을 경우 벌금이 부과됨

표 6-13. 빈집 개선을 위한 관계 법령 (England Parliament, 2016)

<table>
<tr><th>문제</th><th>법령</th><th>권한</th></tr>
<tr><td rowspan="2">위험하거나 낡은 구조물</td><td>Building Act 1984 s77, s78</td><td>소유주가 건물을 안전하게 관리할 것을 요구(s77)하거나 지방정부가 건물을 안전하게 하도록 긴급조치를 취할 수 있음(s78)</td></tr>
<tr><td>Housing Act 2004 Part 1</td><td>지방정부가 부동산의 위험으로 인해 발생할 수 있는 건강과 안전에 대한 잠재적 위험을 평가하고 적절한 집행조치를 취할 수 있음</td></tr>
<tr><td rowspan="2">안전하지 않은 부동산(기물파손, 방화와 같은 행위 가능성)</td><td>Building Act 1987 s78</td><td>안전하지 않은 부동산을 차단하는 권한</td></tr>
<tr><td>Local Government Act 1982, s29</td><td>소유주가 부동산의 안전을 향상시키게 하거나 응급상황 시 지방정부가 할 수 있게 하는 권한</td></tr>
<tr><td rowspan="3">막혔거나 결함이 있는 개인 하수도</td><td>Local Government Act 1976, s35</td><td>소유주가 막힌 하수구를 처리하도록 요구하는 권한</td></tr>
<tr><td>Building Act 1984, s59</td><td>소유주가 막혔거나 결함이 있는 배수관 처리를 요구</td></tr>
<tr><td>Public Health Act 1961, s17</td><td>소유주가 결함이 있는 배수장치 또는 개인 하수도를 처리하도록 요구</td></tr>
<tr><td rowspan="5">해충(사람들의 건강에 영향을 미치는 해충 위험)</td><td>Public Health Act 1936, s34</td><td rowspan="5">해충이 부지에 발생하지 않도록 폐기물을 처리하도록 요구하는 권한</td></tr>
<tr><td>Prevention Damage by Pests Act, s4</td></tr>
<tr><td>Public Health Act 1936, s86</td></tr>
<tr><td>Environmental Protection Act 1990, s80</td></tr>
<tr><td>Building Act, s76</td></tr>
</table>

(3) 빈집세 부과 (Council Tax Premium)[13)]

Council Tax는 주거 단위별로 거주자의 주택 가치를 기준으로 산정하여 거주자에게 부과되는 세금이다. 영국의 경우 빈 주택의 수와 면적, 분포 등에 관한 현황을 파악하기 위해 Council Tax 제도를 이용하여 왔다. Council Tax가 빈집에 한해서 세제를 감면해주는 해택이 있어 세제를 감면받은 빈집을 찾아낼 수 있으나 거주가 불가능한 폐가 혹은 철거예정 건물, 상업 건물 등과 같이 Council Tax의 대상이 아닌 주택은 세금 집계에서 누락된다.

그러나 빈집에 대하여 세금을 감면해주던 제도는 2003년에 Local Government Finance Act 2003이 제정되면서 바뀌게 되었다. 즉, 빈집에 대한 세제 혜택을 폐지하고 지방정부별로 할인율을 0~100%로 부과하도록 변경되었다. 2013년부터는 2년 이상 주택이 비어있는 경우에 세금을 50%까지 추가로 부과할 수 있는 재량적 빈집

13) 영국 중앙정부 DCLG의 관련 자료(https://www.gov.uk/government/publications)를 참고

세인 empty tax premium을 도입하면서 Council Tax가 빈집 감소 수단으로 활용되고 있다(이재우, 2013).

(4) 지방정부의 빈집 강제 매매 수용 권한

영국의 경우 지방정부가 빈집을 강제로 수용하거나 또는 강제로 매매하는 권한을 법적으로 부여받고 있다. 즉, 지방정부의 빈집 강제 수용명령(CPOs: Compulsory Purchase Order)과 빈집 강제 매매명령(ESP: Enforced Sale Procedure)이 집행되고 있다. CPOs는 Private Act of Parliament(특정 기관의 강제 취득 권한 등을 규정한 개별법)과 Public General Act of Parliament(보편적으로 특정 목적의 강제 취득 권한 사용을 승인하는 일반법)에 근거해 강제 취득 권한을 사용하고자 하는 기관이 취할 수 있는 강제 수용 명령을 의미한다. CPOs는 해당지역의 사회, 환경, 경제적 복지를 향상시킬 목적에서 비롯된 것으로, 보기 흉한 빈집을 다루거나 근린환경을 손상시키는 것에 대한 조치를 하는 권한을 부여받은 것이다. CPOs는 the Housing Act 1985 Section 17과 Town and Country Planning Act 1990 Section 226도 포함하고 있다. 즉, CPOs는 공익적 목적에서 주택 및 토지의 취득이 필요한 경우 법률적 권한 및 법적 근거가 있을 때 수행 가능하며 공공이 강제 수용 권한 행사 시 이에 상응하는 보상이 이루어진다. 이는 소유자와 협의에 의한 빈집 관리 및 정비를 시도하였지만, 해결 방안을 찾지 못하였을 때 최후의 수단으로 CPOs가 활용될 수 있다. CPOs는 특정 상황에서 특정 기관이 소유주의 동의 없이 재산을 구입할 수 있도록 하는 법적 권한으로 도로 건설 계획을 진행하는 데 필요한 토지를 구입하는 데 종종 사용되지만 의회가 비어있는 집을 강제로 구입해 다시 사용하거나, 부수거나, 교체하는 데 사용할 수 있다.

한편 ESP는 빈집으로 인해 인근에 거주하는 주민들이 피해를 입거나 근린 내 반사회적 행위가 야기됨에 따라 지방정부가 빈집 소유자에게 조치를 요구하지만 소유자가 합당한 사유 없이 응하지 않을 경우 사용하는 강제 매각 방법이며, 공공이 직접 매수하여 활용할 필요가 없는 경우에 적용될 수 있다(이재우, 2013). 지방정부가 빈집의 안전 및 위생, 미관 훼손 방지를 위해 필요한 조치를 취하고 기존 소유자가 부동산을 처분할 수 없도록 제한한 뒤, 부동산을 경매에 붙여 매각하는 과정을 거치게 된다. ESP는 빈집을 강제로 판매하는 것이며, 부채를 회수하도록 설계된 법적 권한을 사용하는 것으로, 방치된 재산을 처리하기 위해 만들어졌다. ESP의 통지 절차는 The Law of Property Act 1925 section 103을 따르고 있다.

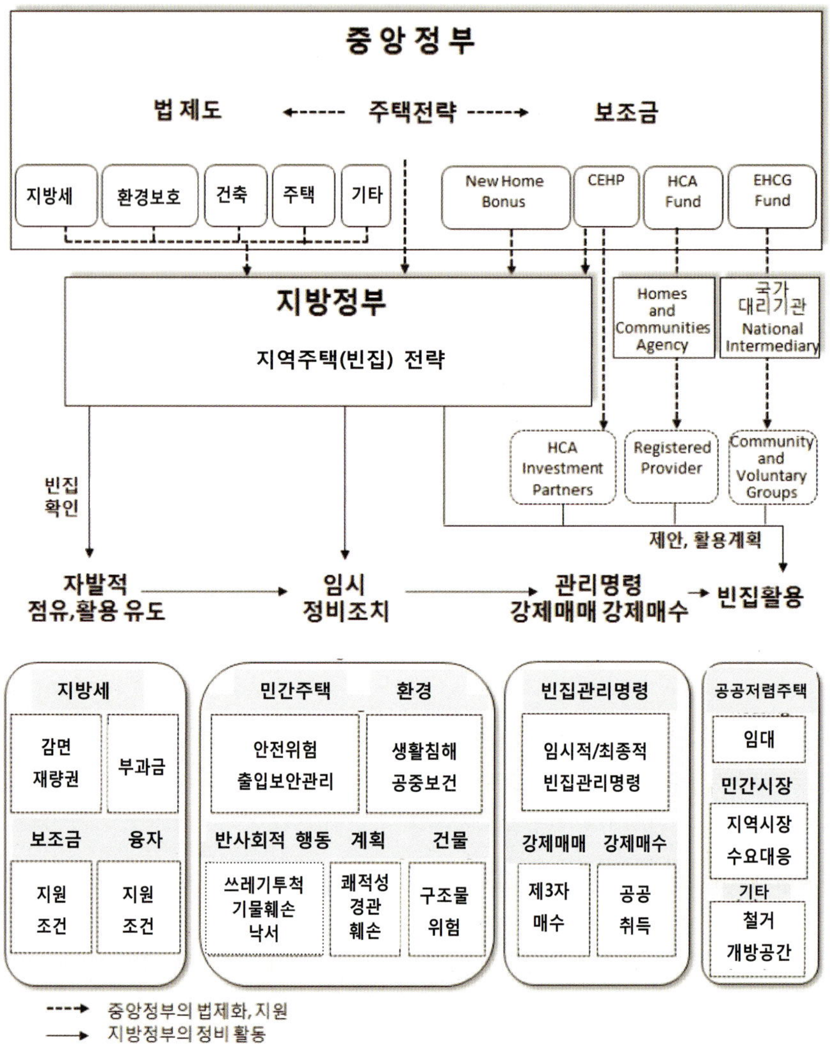

출처: 이재우(2013), p.111.

그림 6-16. 영국의 빈집 정비활용 체계

3) 빈집의 관리 및 활용 전략(Empty Home Strategy)[14)]

영국의 National Planning Policy Framework에서는 지방정부가 빈 주택과 건물을 주거용으로 사용하도록 권장하고 있으며, 이에 따라 지방정부는 빈집 활용 전략(Empty Homes Strategy)을 실행하고 있다. 대표적인 사례로 리버풀의 Empty

14) 영국 중앙정부 정책 관련 자료
(https://www.gov.uk/guidance/national-planning-policy-framework) 참고

Home Strategy를 보면 1,000개의 빈집을 사용하는 것을 목표로 하여 빈집 밀도가 높은 지구를 식별하고, 사용가능한 빈집을 효율적으로 사용하기 위한 방안을 마련하는 전략을 제시하고 있다. 더 나아가 빈집을 감소시키기 위해 시의회의 개입, 빈집 집행 권한의 설명, 빈집 감소를 위한 새로운 시도 등 해당 지방정부의 빈집에 관련된 정책, 제도, 계획, 사례 등을 다각적인 노력을 기울이고 있다[15].

(1) 빈집 단체 (Empty Homes)[16]

영국의 빈집 관련 정책과 관련하여 가장 큰 역할을 한 캠페인 자선 단체로 Empty Homes가 있다. 이 단체는 장기간의 빈집에 대해 낭비라는 인식을 재고하게 하고, 장기 빈집을 주택 수요자들이 사용할 수 있게 하기 위한 아이디어를 제공·연구·개발하며, 빈집을 재사용하려는 사람들에게 조언을 제공하며, 국가와 지방 차원의 정책 변화를 위한 캠페인을 지속적으로 진행하는데 목적을 두고 있다. 이러한 노력의 결과 New Home Bonus를 빈집을 재활용하는 데 지원하도록 확대하였고, 빈집에 대한 세제 감면해택을 축소하고, Council Tax Premium을 부과하도록 촉구했으며, 빈주택 정부 보조금 프로그램을 시행하도록 했다. 이 단체는 여전히 빈집이 자원 낭비라는 의식을 재고시키고, 빈집 밀집지구에서 커뮤니티 중심의 재활용에 대한전략 및 빈 상업 공간에서의 저렴한 주택 창출에 초점을 두고 있다.

영국의 Empty Homes Toolkit[17]은 개인, 민간 조직, 지방정부 등이 어떻게 빈집 문제에 대응할 수 있는지를 쉽게 알려주는 일종의 도구(메뉴얼)로, 부동산 소유자, 이웃, 협의회 공무원, 지역 의원등 다양한 사람들에게 유용하도록 고안되었으며 빈집을 사용하기 위해 필요한 측면에 대한 조언 및 정보를 제공한다.

Empty Homes Mapping Toolkit[18]으로 SIGnet(Spatial Intelligence and Geographic network)은 HCA가 제작 및 유지·관리하는 웹 기반의 빈집 정보 시스템이다. HCA와 파트너가 물리적, 경제적, 사회적 특성에 이르는 다양한 공간 정보를 공유할 수 있게 하고 있으며, 의사결정 지원용 분석 도구들도 포함되어 있다.

---

15) 리버풀 정부 자료 (https://liverpool.gov.uk/council/strategies-plans-and-policies/housing/housing-strategy/empty-homes-strategy/) 참고

16) http://www.emptyhomes.com/index.html

17) https://udc.homesandcommunities.co.uk/empty-homes-toolkit?page_id=&page=1

18) https://signet.hca-online.org.uk/Live/custom/login/SIGnet.aspx#

그림 6-17. 영국의 빈집 관련 정보 시스템 SIGnet 화면

(2) 빈집 활용 사례: 캐노피 프로젝트(Canopy Project)[19)]

캐노피는 자조주택(self-help housing) 기회를 제공하는 프로젝트로 자원 봉사자와 노숙자가 빈집을 개보수하고 장식하여 새로운 집으로 만들어내는 프로젝트이다. 수년간 비거나 버려진 집을 자원봉사자와 세입자와 함께 개조하여 새로운 주택으로 변모시키며, 주택이 필요한 사람에게 저렴한 주택을 공급하는 것이다. 또한 지역사회와 지역학교의 자원 봉사자들과 다양한 연령층과 다양한 능력을 가진 사람들이 모여서 서로 다른 배경의 사람들이 상호작용하고 서로의 기술과 경험을 배우는 기회를 제공한다. 더 나아가 캐노피 프로젝트는 공동체의 서로 다른 영역을 하나로 연결하고 계층 간의 무지와 편견을 극복할 수 있도록 하고 있다. 캐노피 프로젝트는 일반적으로 소규모로 한 달에 한 채 정도의 새 집을 만들며, 노숙자나 집 없는 사람 혹은 가족에게 주택을 제공한다. 캐노피의 세입자들은 다른 자원 봉사자들과 함께 집 꾸미기에 참여하며, 캐노피를 통해 지역사무소에서 이용할 수 있는 모든 시설을 이용할 수 있다. 이와 같이 캐노피는 저렴한 임대료로 임대하고 있으나, 보증금이나 임대료를 미리 청구하지 않고 임대료와 관련된 혜택을 신청하도록 도와주기도 한다.

19) http://canopyhousingproject.org/

<사례>

영국의 <캐노피 하우징 프로젝트, Canopy Housing Project>*는 이용되지 않거나 비어 있는 주택을 개보수하여 필요한 사람들에게 거주공간을 제공하는 커뮤니티 기반의 주거 자립 프로그램이다. 1998년 리즈(Leeds)시에서 처음으로 시작되었으며, 빈집 커뮤니티 보조금 프로그램(Empty Homes Community Grants Programme), 빅로터리(The Big Lottery), 미래 일자리 기금(Future Jobs Fund) 등에서의 지원과 임대 수익, 개인 기부금 등을 통해 운영되고 있다. 이 프로젝트의 주요 목표의 하나는 주택 개조 시에 임대를 희망하는 사람들로 하여금 직접 개조과정에 참여하게 함으로써 자신이 거주하게 될 집에 대한 만족도와 자신감을 부여하는 것이다. 또한, 이 프로젝트가 시행됨으로써 해당 커뮤니티가 도심 재생에 기여하고 사회적 약자를 지원하여 공동체의 결속력을 향상시키며, 소규모 개량, 빈집의 조속한 활용, 장기간 임대계약 유지, 반사회적 행동과 관리 문제에 대해 신속하게 대응하고 있다(박성남, 2016). 캐노피는 조명, 도장, 미장 등 주택 개조에 필요한 기술을 교육시키며, 빈집 해결을 위해 커넥트 하우징 어소시에이션(Connect Housing Association), LATCH(Leeds Action To Create Homes), 프레시 호리즌(Fresh Horizons) 등 관련 단체들과 협력 네트워크인 '인게이지(Engage)'를 구축하였다. 인게이지는 빈집 임대, 관리, 유지 등의 서비스를 일원화하였으며, 지역 주민들에게 교육과 고용의 기회를 제공한다(임유경·임현성, 2012). 2013년 현재 90여명의 스탭 및 자원봉사자들이 비스톤(Beeston), 벌리(Burley), 헤어힐즈(Harehills) 등 3개 지역을 관장하고 있으며, 관리하고 있는 주택 수는 총 41호이다. 2012/2013년 개보수된 주택은 총 13호이며, 2012년 현재 입주자는 108명(성인 55명, 어린이 53명)으로 가장 장기간 임대기간은 14년이다. 캐노피 하우징 프로젝트에 대한 비용편익 분석결과에 따르면 1파운드의 투자 대비 4.28파운드의 사회적 가치를 창출한 것으로 나타나고 있어 이 사업의 사회적 기여도가 상당히 큼을 시사해준다.

* : Canopy Housing 홈페이지(http://www.canopyhousing.org/) 내용을 참고하여 정리함.

(3) 빈집 닥터(Empty Home Doctor)[20]

리즈(Leeds)시의 사회적 기업 Social Business Brokers CIC가 제공하는 서비스가 빈집 닥터이다. 즉, 빈집을 다시 사용할 수 있도록 필요한 조언과 지원을 받을 수 있도록 도와주며, 상속, 유언이나 가정 분쟁과 관련된 문제와 재정 지원을 받을 수 있도록 하며, 소유자의 집에 적합한 세입자를 찾는 것도 도와준다. 더 나아가 주택 판매나 임대에 대한 정보 수집을 위해 지역 부동산 전문가들과 협력하고 있다. 1:1

20) http://www.emptyhomesdoctor.org.uk/success.php

지원 서비스이지만, 비용은 무료이며 빈집 소유자에게 서비스의 초점이 맞춰져 있다. Empty Home Doctor 서비스를 운영하기 위한 자금은 리드 시 의회로부터 지원받고 있다. 빈집 닥터 서비스는 집이 비어있는 이유를 파악해서 빈집에 사용할 수 있는 다양한 옵션을 다룬 상세 보고서를 제공하고, 빈집에 대한 계획을 수행하고 빈집을 다시 사용할 수 있도록 도와주는 서비스를 통해 2013년 이후 약 200채의 빈집을 다시 사용할 수 있도록 하였다.

그림 6-18. Empty Home Doctor 홈페이지

<빈집 닥터 서비스 성공 사례>

• P씨는 어머니가 돌아가신 뒤 18개월 동안 상속받은 집이 비어있었고, 어머니의 상실로 인해 집을 정리하는 것이 어려워 Empty Home Doctor에 연락하였다. Empty Home Doctor는 P씨에게 가능한 모든 옵션 정보를 제공했고 P씨는 집을 파는 결정을 내렸다. Empty Home Doctor는 지역자선단체가 이 집을 정리할 수 있도록 하였으며, 정원사가 정원을 정리한 뒤 P씨의 주택은 2개월 만에 판매되었다.

• 12년 전 리즈 남쪽에 주택을 소유하고 있던 S씨는 프랑스로 이주하여 6개월만을 일하고 돌아올 예정이었지만, 그렇게 되지 않았고 그의 집은 12년간 파손 상태로, 2년 동안 세금 프리미엄으로 150%의 세금을 부과받았다. Skype를 통해 Empty Home Doctor에 연락한 S씨는 이메일을 통해 정보를 받았고 자산 매각을 결정하여 부동산 중개인과 경매인에게 감정 평가를 받았다. Empty Home Doctor는 모든 서류 작업을 도와주었고 4개월 만에 경매 하우스에서 가이드 가격을 훨씬 웃도는 가격으로 판매되었다.

(4) 리버풀의 빈집 전략(Liverpool 2013-2016)[21]

빈집 재활용 전략은 '주택의 선택을 넓힐 수 있다'는 측면에서 중요한 전략이라고 볼 수 있다. 리버풀 시장은 2012년에 리버풀시의 약 1,000개 빈집을 다시 활용한다는 공약을 발표하였다. 이를 위해 필요한 자금은 중앙정부가 지원하는 각종 보

21) England Parliament Briefing Paper, 2016 및 각 지방당국 Strategy Paper

조금으로 충당하였다. New Home Bonus를 빈집 활용에 사용하며, Empty Home Programme의 보조금 및 빈집 밀집지구 보조금을 통해 자금을 지원하는 한편 빈집 활용 시 세금을 면제하도록 조례도 바꾸었다.

리버풀시의 2014-2016 빈집 전략은 빈집 밀집지구를 추출하고, 빈집의 물리적 상태를 파악한 후 리버풀 시의 비전과 목표에 비추어 빈집을 사전에 방지하는 전략과 함께 빈집을 줄이기 위한 새로운 전략을 수립하였다. 당시 리버풀은 약 7,000개의 개인 소유의 장기 빈집이 발생하였다.

리버풀시의 'Housing Renewal'은 HMRI 프로그램(2000년대 초노동당 정부의 주택시장 재생 프로그램)의 930만 파운드를 출구 기금으로 새로운 사업을 추진하기 위한 기금으로 활용하고자 하였다. 'Housing Renewal'측면에서 지속불가능한 빈집은 철거하고 신규 주택 확보를 위해 철거된 토지에 신규 주택을 허가하였다. 한편 지속가능한 빈집의 경우 소유주에게 강제 조치를 통해 빈집을 다시 활용할 수 있게 하고 민간이 부동산을 개선하도록 하였다.

'Healthy Homes Vacant Dwelling Programme'은 리버풀 시장 공약의 일환으로 2012년 보고서에서 따르면 2개 빈집 밀집지구의 1,100개 빈집에 대한 조치를 우선하는 것이었다. 이 프로그램은 의회로 보고되는 빈집에 관한 불만 사항을 처리하고, 사전 대응팀에서는 우선대상 지구에서 작업하도록 하였다. 이 프로그램의 목표는 빈집의 소유자를 식별하거나 소유자에 대응하고, 빈집을 다시 활용할 수 있는 조언 및 지원을 제공하고 불가피한 경우 법적 집행 조치를 취하는 것이다. 이 프로그램 수행을 위해 전담 팀원들이 빈집 전수를 실사하고 수집된 정확한 정보를 토대로 하여 주택 전략 팀에서는 빈집을 다시 활용할 수 있는 전략을 수립하였다.

한편 이러한 과정에서 'Enforcement Powers' 현행법에 따라 가능한 모든 집행 권한을 사용하였으며, 미지불 부채를 회수하기 위해 부동산을 강제 판매할 수 있도록 하고 소유자가 협력하지 않은 경우 EDMO와 CPO를 사용하는 전략도 도입하였다. 'Enforcement Powers' 측면에서 2013년 시의회에서는 2번째 주택에 대한 세금할인 혜택이 없게 하였고(100% 부과), 가구가 완벽히 구비되어 있는 빈집의 경우 20%의 세금 할인을, 구조적 문제 등이 있는 부적절한 빈집은 더 이상 면세되지 않으며, 20% 세금 할인을 제공한 후 12개월 뒤부터는 100% 세금 부과, 2년 이상 비어있는 빈집은 50%의 Council Tax Premium을 부과하도록 조치하였다.

한편 등록된 공급자와 긴밀히 협력하는 파트너십(RP's: Partnership working with Registered Providers)은 2014년부터 리버풀 전역에서 활발하게 이루어졌다. RP's에게 빈집 라운드 1[22]에 제출된 입찰금을 지원하는 데 110만 파운드를 할당했

22) Empty Home Programme 입찰을 의미

으며, 그 결과 105개의 빈집을 구입 혹은 임대해서 재활용하도록 하였다. Liverpool, Wirral, Sefton and Knowsley 의회와 'Restore' 컨소시엄에 등록된 업체들이 참가하는 빈집 클러스터 하위지구 입찰을 통해 잉글랜드에서 가장 큰 1670만 파운드가 지원되었으며 그 가운데 1530만 파운드가 'Restore' 파트너십에 의한 빈집 라운드 2[23] 기금이 리버풀에 낙찰되었다.

또한 'Driving up Standards in the Private Rented Sector' 빈집이 발생하는 주된 이유 중 하나는 리버풀 부동산에 대한 낮은 수요이기 때문에 민간 임대부분(PRS)에 관련된 정책을 개발하였다. 활기차며 잘 관리된 PRS는 주택 개선 및 빈집 수를 줄이기 위해 주택 전략에서 제시된 몇가지 전략적 우선 과제를 충족시키는데 중요한 역할을 하였다. PRS의 활력을 높이기 위해 'Ten Point Pledge'와 같은 이니셔티브를 통합했으며, 'Ten Point Pledge'는 집주인과 긍정적으로 접촉함으로서 PRS를 향상시키겠다는 의회 공약에 대한 강력한 서명서이다. 'Ten Point Pledge'는 의회가 민간 주택 소유주에게 기대하는 바가 무엇이며, 의회가 어떤 입장을 취할 것인지를 보여주는데 그 내용은 다음과 같다.

<Ten point pledge>

1. 의회는 도시에서 개인 임대 주택을 위한 리버풀 표준을 적용할 것
2. 자발적인 Citywide Landlord Registration Scheme을 수립할 것
3. 임대인 인증 제도의 재시작
4. 훌륭한 임대인들에게 인센티브 제공
5. 집주인 등급 평가 서비스 개발
6. 기밀 보장 전화를 통해 좋지 않은 서비스를 제공하는 집주인을 신고할 수 있음
7. 의회 웹 사이트에서 전용 웹 페이지를 생성
8. 집주인 자문 패널이 구성
9. 'hit squad'가 질이 떨어지는 집주인을 찾고 조사할 것
10. 타당성 조사를 실시하고 Citywide Selective Licensing Scheme에 대해 상담

더 나아가 'Homes for a Pound'는 정책을 도입하여 주택을 최초로 구매하는 사람은 의회에서 1파운드에 주택을 구입하고 그 주택의 수리를 할 수 있는 기회를 제공하는 것이다. 여기서 1파운드 주택을 구입하기 위해서는 리버풀에서 살거나 일해야 하며 적어도 5년간 해당 주택에 거주해야 하고 최초 1년간 빈집이었던 주택을 개보수하여 표준 기준에 올려놓아야 자신 소유의 주택이 되는 것이다.[24] 약 100만

23) Empty Home Programme 입찰을 의미
24) http://metro.co.uk/2015/10/10/this-is-why-liverpool-city-council-is-selling-homes-for-1-5432284/

파운드의 기금이 처음으로 주택을 구매하는 사람을 위한 지방정부 모기지 채권(Local Authority Mortgage Scheme)을 지원하는 데 사용되었으며, 100명의 사람이 이를 통해 빈집을 구입하여 보수하여 거주하고 있다.

Kensington: Town and Country Planning Act 1990에 따라 부동산이 판매, 새로운 주인이 수리후 거주

Old Swan: Town and Country Planning Act 1990 Section 215에 의해 예비 조치를 취했으며, 소유주는 환경보건국과 접촉하여 빈집을 개보수한 후 재활용

그림 6-19. Enforcement Powers에 의해 재사용된 주택들

(5) 디비시의 빈집 진략 (Derby City 2015-2020)

더비시의 경우 주택 수요가 주택 공급을 훨씬 능가하는데도 불구하고 약 3,500개의 빈집이 있으며, 이들 가운데 거래상의 빈집(transactional vacancies)이지만, 이미 1,600채가 6개월 이상 비어있으며 450채는 지난 2년 이상 비어있는 것으로 나타났다. 이에 따라 주택 수요를 충족시키기 위해서 기존의 주택을 최대한 활용해야

하며, 특히 장기 빈집을 이용하는 것에 대한 인식이 부각되었다. 특히 New Home Bonus(NHB) 제도에 빈집이 포함되면서 빈집을 증가시키면 시 당국은 벌금을 부과받고 빈집을 감소시키면 보조금을 받을 수 있게 되었다. 더비시는 2011년 이후 NHB에서 480만 파운드를 받았는데 이는 잉글랜드 상위 10%에 달하며 영국에서 전례 없는 성공 사례로 손꼽히고 있다. 이와 같은 성과는 더비시가 2000년대 들어와 적극적인 빈집 활용 전략을 펼쳤기 때문이다.

더비시는 2003년에 처음으로 Empty Home Strategy를 발표했으며, 그 뒤로 지속적으로 개정되었다. 빈집 소유자의 자발적인 빈집 관리가 우선되지만, 그렇지 못할 경우 집행 조치를 해야 하는데 더비시는 지방정부의 빈집 강제 수용권한(CPO)을 적절하게 활용하였다. 'The City of Derby Local Plan Review Policy H14'에는 주거용으로 건물의 재사용을 지원하는 내용이 포함되어 있다. 핵심 전략에는 '빈집과 도심부의 상업용 부동산의 상층을 포함하여 주거용으로 활용되지 못하거나 빈 곳이 많은 부동산의 재사용을 지속적으로 활용하는 것이다. 더비 의회의 주택 전략 2009-2014에 따르면 매년 533개의 새로운 저렴한 주택 공급이 필요하며 2013년 Derby HMA Strategy Housing Market 평가에 따르면 2012년과 2028년 사이에 10,117개의 저렴한 주택이 필요하고 연간 주택 수요량이 약 630채로 증가할 것으로 예상되었다. 따라서 더비시는 모든 주택 자원(빈집을 포함)을 최대한 활용해야 하는 상황에 처하게 되었다.

더비시가 2010년~2014년 동안 600채의 빈집을 재사용하였으며, 빈집 수가 2010년 238개에서 2014년 46개로 감소하였고 그 결과 NHB 480만 파운드를 받았으며, Empty Homes Assistance 제도를 통해 65만 파운드를 대출, 빈집과 관련된 15만 파운드 이상의 부채를 갚았다. 또한, HCA 'Empty Home Programme Round 1'에서 여러 등록 업체들의 입찰을 촉진·지원했으며 이를 통해 70채 이상의 저렴한 주택을 공급할 수 있었다.

더비시의 2015-2020 빈집 전략의 목표는 빈집 문제에 대한 인식 재고, 정확하며 최신의 정보 수집, 빈집을 재사용하기 위한 구체적 조치, NHB 및 부채 회수 등 소득기회의 극대화이다. 빈집과 관련된 쓰레기 및 병해를 보여주는 TV 프로그램인 'Raising Awareness of the Empty Homes Issue'는 큰 인기를 얻고 있으며, 더비시는 Central News 및 BBC Radio 더비의 지역신문을 통해 빈집과 관련된 기사들을 제공하고 있다.

<Ten point pledge>

- Positive Action Approach
  - 빈집 소유주에게 도움과 조언을 제공하는 것을 목표로 수리, 판매, 법률 및 기타 임대, 세입자, 안전 및 에너지 효율성에 대해 지원함
  - Empty Homes Assistance Loans이 리노베이션이나 재사용을 위해 제공될 수 있음
  - 소유주가 토지대장, 선거인 명부 작성, 이웃을 통한 추적이 어려울 경우 추적 에이전트가 무료로 서비스를 제공해주고 있음
  - 빈집 소유주가 빈집을 재사용할 수 있도록 템플릿 편지가 만들어져 있으며, 편지를 통한 의사소통은 세 번에 걸쳐 이루어지며, 세 번째 편지는 재산을 반환할 수 있다는 집행 조치가 취해질 가능성을 적극적으로 제시함
  - 템플릿 편지는 신속하게 인쇄 및 전달이 가능하므로 많은 양의 빈집 소유자를 처리할 수 있고, 성공적으로 작동함
  - Empty Homes Officer는 이러한 것들을 이용해서 빈집 소유자와의 관계를 구축하여 자발적인 재사용을 추진함

- The Personal Approach
  - 템플릿 편지가 성공적이지 않을 경우 시도하는 방법으로, 빈집뿐만 아니라 소유주의 개별 재산 상황과 문제 해결을 위한 의회 옵션을 설명하는 전화 및 맞춤 편지를 보냄
  - 의회가 이용할 수 있는 심각한 집행 죄에 대해서도 더 많은 정보를 제공함
  - 맞춤식 정보 제공은 빈집 소유자에게 자발적으로 낭비된 재산을 재사용하는 것이 집행과정보다 바람직하다는 것을 입증하는 데 매우 성공적
  - 이 작업은 시간이 오래 걸리지만 성공할 경우 강력한 집행조치의 필요성을 줄이며 이 방법으로 원하는 결과를 얻지 못할 경우 강제조치를 취할 법적 근거와 정당성을 제공받음

- The Partnership Approach
  - 외부 기관과 파트너십을 체결하면 대규모 프로젝트에 필요한 자금을 확보하는 것이 필요함
  - 더비 의회는 2001년~2005년 정부 보조금으로 280만 파운드, 빈집 150채를 저렴한 주택으로 재사용하게 된 PFI(Housing Private Finance initiative), 주택수요 챌린지기금(Housing Needs Challenge Fund)에 대한 150만 파운드는 빈집을 조달하고 리노베이션하는데 사용
  - 현재 PFI는 최소 50개의 빈집을 재사용하는 것이 목표이며, 더비는 파트너와 긴밀히 협력하여 이러한 빈집을 파악하고 필요한 경우 빈집 소유주를 알려주고 있음

빈집에 대한 정확한 정보 수집을 위해 'Empty Property Database'는 2003년 이후 확인되거나 보고된 빈 주택 데이터베이스를 가지고 있으며, 2년 넘게 비어있는 모든 부동산이 자동적으로 데이터베이스에 추가되어 실행되지만 소유주가 질병에 의해 비어있거나, 소유자가 긴급한 위험이나 우려의 상황에 처해있을 경우 비어있는 시간이 무의미 해지므로 이러한 상황을 파악하기 위해 아직 조사되지 않은 빈집이라면, 조사 대상에 추가되고 그에 따라 우선순위가 정해진다. 또한 정확한 정보 수집을 위해 Council Tax 데이터베이스를 활용하며, NHB 도입 이후 빈집에 대해 전반적인 파악과 정확성을 보장하기 위해 6개월 이상 빈집에 대한 검증 방문을 계속 수행한다. 현지 실사가 이루어진 시점에서 사진을 촬영하여 가능한 정확한 데이터를 제공하도록 설계되었으며 일반적으로 NHB 보조금을 요구하게 되는 10월 초에 찍는다. 또한 데이터 정확성 보장을 위해 일년 내내 빈집 확인 방문 및 정보 수집을 포함하여 세무 직원들과 더 긴밀하게 협력하고 있다.

출처: Derby City Council (2014), Private Sector Empty Homes Strategy 2015-2020

그림 6-20. 더비의 빈집 개선 사례

4 EU의 순환적 토지이용관리 정책

1) 순환적 토지이용관리의 개념과 목적

산업화와 교외화 현상을 경험하였던 유럽의 많은 도시들의 경우 산업구조의 변화와 인구 감소로 인해 도시 공간구조의 엄청난 변화를 겪고 있다. 구도심이나 기성시가지에서는 도심 기능이 저하되거나 상실되는 반면에 신시가지나 새로운 교통수단의 등장으로 접근성이 매우 양호해진 역세권을 중심으로 신규 주택, 상업 및 업무시설과 다양한 엔터테인먼트 시설들이 입지하면서 도시 기능이 성장하는 양면성을 띠고 있다. 특히 기성시가지나 구도심의 쇠퇴로 인해 도시 공간조직의 연속성이 파괴되고 있는 데 비해 도시 외곽으로의 신규 개발로 도시는 점차 확장되어 가고 있다. 이로 인해 도시 전반적인 기능면에서 볼 때 효율성을 떨어뜨리고 도시의 지속가능성에 부정적 영향을 주면서 장기적으로는 기후변화와 같은 미래의 불확실성에 대한 대응력을 감소시키게 될 것이라는 우려의 목소리가 높아지고 있다.

이러한 문제의식에서부터 출발하여 유럽연합위원회(European Commission)는 순환적 토지이용관리(circular flow land use management) 정책을 수립하게 되었다. 순환적 토지이용관리 정책의 목표는 토지자원의 낭비를 막고 생태·사회·경제적 관점에서 토지의 양적인 측면과 질적인 측면에서 토지이용의 효율성과 생산성을 높여서 지속가능한 토지 이용이 가능하도록 관리하는 것이다. 이 원리는 헐버트 지라르데(Herbert Girardet, 1992)가 제시하였던 순환형 도시 신진대사(circular urban metabolism) 개념을 적용하였다고 볼 수 있다. 지라르데는 지속가능한 도시를 조성하기 위해서는 무엇보다도 도시의 신진대사가 순환형으로 이루어져야 함을 강조하였다. 여기서 도시의 신진대사란 사람의 신진대사와 마찬가지로 도시 내부에서도 끊임없는 물질과 에너지가 투입되고 사용하고 나면 배출된다는 것이다. 지속가능한 도시를 만들어가기 위해서는 이러한 도시의 신진대사가 기존의 '생산-소비'의 선형적 구조에서 '생산-소비-재사용'의 순환적 구조로 전환되어야 한다는 것이다. 선형적 신진대사와 순환적 신진대사 간의 가장 큰 차이는 도시 내부의 시스템 사이에서 발생하는 순환체계이다. 즉, 도시 내부로 투입되는 물질과 에너지 등의 모든 자원이 사용된 후 오염물질과 폐기물로 버려지는 선형적 신진대사와는 달리 도시 내부의 각 시스템에서의 유기적인 순환체계 구축을 통해 도시 내부로 투입되는 총량을 줄이는 동시에 배출되는 폐기물도 줄여나가는 것이다. 바꾸어 말하면 도시 외부로부터 투입되는 물질과 외부로 배출하는 부정적 영향을 최소화한다는 것이다. 이와 같이 순환형 도시 신진대사 체계는 폐기물 또는 배출물, 자원과 에너지 등의 요소들로 구성되며, 투입되는 에너지의 최소화, 재생가능한 에너지 투입장려, 폐기물 및 자원 재활용을 핵심으로 하여 오염물질 배출을 최소화하려는 것이다(이성희·김정곤, 2013).

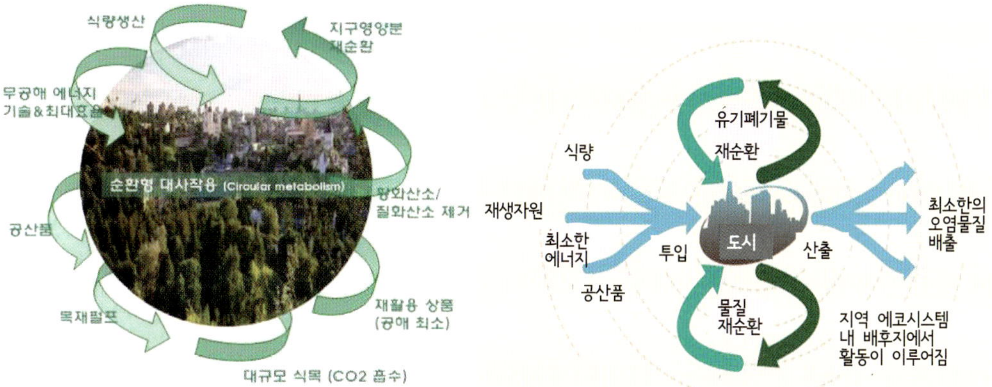

출처: Girardet, H.(1992)의 순환적 신진대사 개념을 최정은 외(2011, p.6)와 이성희 외(2013, p.283)가 재구성함.

그림 6-21. 순환형 도시 신진대사의 개념도

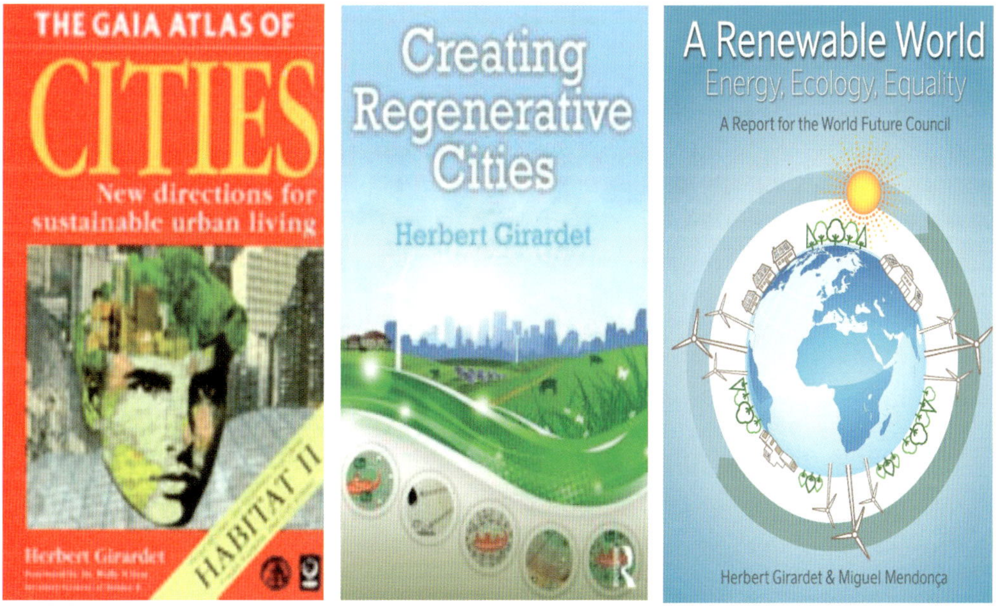

출처: Girardet, Herbert(1992), The Gaia Atlas of Cities
(1999), Creating Regenerative Cities
(2009), A Renewable World: Energy, Ecology, Equality

그림 6-22. 지속가능한 순환형 도시 신진대사 개념을 나타낸 지라르데의 저서들

순환적 토지이용관리 정책은 '지속가능한 토지이용 원리'에 기반을 둔 토지이용 관리 방법이라고 할 수 있다. 지속가능성 개념을 토대로 구축된 순환적 토지이용 관리의 원리는 'avoid(방지)-recycle(재사용)-compensate(보상)'으로 압축될 수 있다. 즉, 농지나 녹지 등 미개발지가 새롭게 개발되는 것을 최대한 방지하고(avoid), 현재 저이용 또는 미이용되고 있는 기개발지를 새로운 용도로 사용하거나 재생 과정을 통하여 재활용하고(recycle), 미개발지에 대한 신규 개발이 불가피한 경우 기개발지를 재생 또는 미개발 상태로 되돌리는 조치를 통해 신규 개발에 대한 보상을 하는 것을 말한다(Preuß and Verbüheln, 2013).

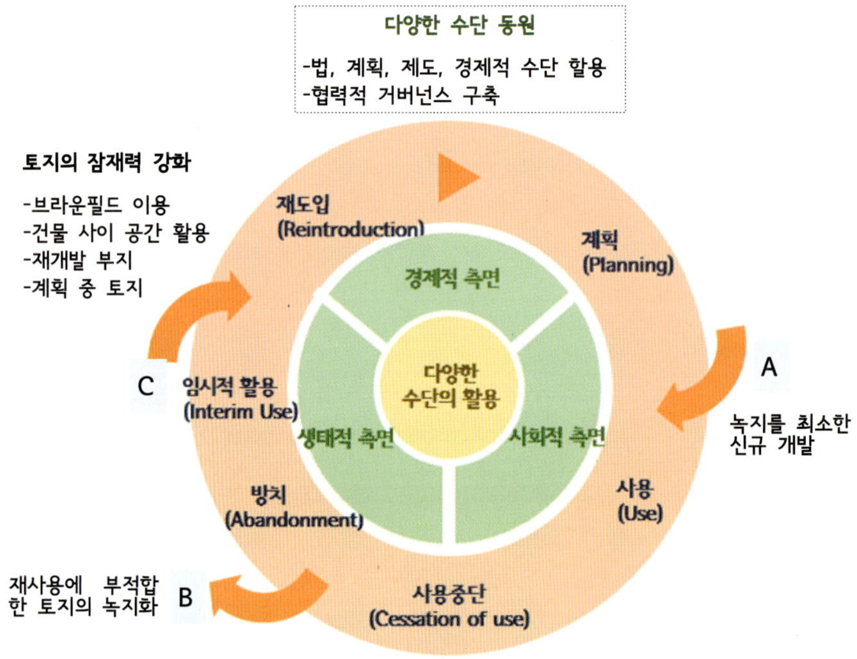

출처: Preuß and Verbüheln(2013), p.22 재인용.

그림 6-23. 순환적 토지이용관리 모델

순환적 토지이용 관리 모델은 도시의 토지이용을 순차적으로 사용 단계가 존재하는 대상으로 이해하는 데서 출발하며, 다양한 요인들과 이해관계자 및 정책적 수단들이 작동하는 구조적 시스템으로 전제하고 있다. 따라서 순환적 토지이용 관리 모델에서 토지는 하나의 자원으로서 순환적 과정을 거치게 되며, 전체 과정에서 사용되는 토지 면적이 동일하다. 이는 보상 원칙에 입각한 것으로, 만일 일부 토지가 새로이 개발되어 개발된 토지 면적이 늘어나게 된다면 반드시 기개발지의 일부 토지는 철거하여 다시 미개발지 상태로 되돌려져야 함을 의미한다. 미개발지 상태로 되돌아가는 토지는 현재 저이용되거나 이용이 중단된 토지 중에서 재사용하기에 부적합한 토지들이다. 그러나 만일 현재 이용되지 않고 있는 토지라 하더라도 차후에 다른 목적으로 이용되기에 적합하다면 임시적으로 활용하다가 적절한 시기에 필요한 목적으로 토지를 사용하거나 충진 개발을 통하여 토지의 잠재력을 높이는 과정을 거치게 된다. 이와 더불어서 현재 사용되고 있는 토지에 대한 지속적인 충진 개발도 병행한다. 이와 같이 주어진 토지의 이용은 일정한 순차적 단계를 거치게 된다는 전제하에서 이미 개발된 토지에 지속적인 충진 개발을 통해 토지가 방치되거나 사용이 중지되는 기간을 단축시키고 토지를 재생할 수 있는 방법을 모색함으로써, 토지의 질적 잠재력 향상과 함께 양적 증가를 줄이는 것이다. 순환적 토지이용 관리 정책을 효율적으로 수행하기 위해서는 도시의 특성에 따라 적절한 맞춤형 토지의 순환적 사용 단계 특성을 반영한 토지이용관리 시스템을 구축하는 것이 우선적으로 필요하다.

출처: Preuß and Verbüheln(2013), p.80.

그림 6-24. 순환적 토지이용관리의 전형적 예시

2) 순환적 토지이용관리의 대상과 절차

(1) 순환적 토지이용관리의 대상

순환적 토지이용관리 정책의 목적이 토지의 신규 개발 최소화와 토지의 효율적 이용이므로, 특별관리 대상이 되는 토지는 저이용되고 있는 토지, 브라운필드, 유휴 건물, 방치될 것으로 예상되는 토지 등이 이에 속한다. 그러나 유휴나 방치 상태에 있는 토지 및 향후 개발될 가능성이 높은 미개발지들이 전혀 관리가 필요치 않다는 것은 아니다. 순환적 토지이용 관리는 해당 지역의 토지이용을 종합적이며 포괄적인 측면으로 접근하며, 특히 해당 토지의 개발 잠재력과 현재 실태에 따라서 크게 브라운필드, 유휴·저이용 토지, 건물 부지의 사이 공간 등으로 구분한다.

순환적 토지이용 관리 대상 가운데 가장 대표적인 관리 대상 토지는 브라운필드이다. 여기서 지칭하는 브라운필드에는 특별히 공업이나 군사 용도로 쓰였던 오염된 토지뿐만 아니라, 상권 쇠퇴로 인해 빈 점포들이 들어서있는 상업용 부동산, 철도·공항·항만과 같은 기반시설 및 교통 시설들, 그리고 노후·불량주택, 폐교와 같은 사회문화시설, 농장과 같은 농업시설 등 거의 모든 유형의 유휴·방치부동산을 포괄한다. 그러나 순환적 토지이용 관리 정책의 시범 사업들의 대부분은 주로 브라운필드를 대상으로 한 경우가 많다. 이는 브라운필드가 가지고 있는 오염 문제가 토지를 재사용하는 데 있어서 경제적으로 불리하며, 관리 대상 토지가운데 다루기 가장 까다로운 유형이기 때문이다.

실제로 유휴 상태이거나 방치된 상태의 토지를 재사용하는 데 있어서 경제적 측면에서의 실행 가능성은 가장 중요한 요소이며, 따라서 순환적 토지이용 관리 정책에 브라운필드를 다른 용도로 재사용하였을 경우 투자 대비 효율성(경제성)이 어떠한지를 고려하게 된다. 만일 민간이 자체적으로 재사용을 위해 개발할 가능성이 큰 경우, 공공의 지원을 전제로 공공과 민간의 파트너십에 의하여 개발될 수 있는 경우, 그리고 낮은 수익성으로 인해 공공에 의해서만 개발이 가능한 경우로 구분하여 관리 전략을 수립하게 된다(Otparlik et al, 2010; Preuß and Ferber, 2008).

(2) 순환적 토지이용관리의 절차

순환적 토지이용 관리 정책을 계획하고 실제로 실현해 나가기 위해서는 많은 이해관계자들의 협력이 필요하며, 동시에 다차원적인 접근이 필수적이다. 또한 각 지역마다 처한 상황과 배경이 모두 다르기 때문에, 순환적 토지이용관리 정책을 현실화하기 위해서는 정보 관리, 계획, 재정, 마케팅, 이해관계자들 간의 협력, 관리 및 조직, 의식 제고 및 교육, 소통 및 참여, 인센티브 부여 등 다양한 도구들을 적절히 조합하여 사용하는 것이 바람직하다. 여기서는 순환적 토지이용관리 정책을 실행해나가기 위한 절차 및 그 과정에 대해 간략하게 살펴보고자 한다.

① 정보 관리

가장 먼저 토지에 관한 데이터들을 수집하고 정리하여 관리하는 정보관리가 이루어져야 한다. 토지의 오염 여부나 건설에 관한 기록 등 다양한 기관들이 가지고 있는 토지에 관한 정보들을 수집하여 통합하고 관리하는 것은 순환적 토지이용관리를 위한 계획과 의사결정의 기초가 된다. 이러한 정보관리 시스템은 계획가에게 특별한 관리가 필요한 토지의 양, 위치, 특성 등에 대한 정보를 제공할 수 있고, 이러한 정보들이 향후 토지 재사용의 요구들을 어떤 방식으로 반영할 것인가를 결정하는데도 근간이 될 수 있다. 순환적 토지이용관리의 시범사례들을 보면 거의 모두가 GIS와 연계한 토지이용관리 프로그램을 구축하여 사용하고 있다.

② 계획

순환적 토지이용관리에서도 일반적으로 도시계획이 가지는 위상과 마찬가지로 계획은 가장 중요하고 강력한 도구라고 볼 수 있다. 계획 단계에서 대상지역의 특성을 반영하여 목표를 세우고 이를 달성하기 위한 세부적인 시행계획을 구축하며, 필요에 따라 법률적 제제를 포함하는 토지이용 계획을 수립하게 된다. 일반 토지이용계획의 수립 과정과 비슷하지만, 순환적 토지이용관리의 경우 계획의 표준에서부터 토지 소비의 양적 제한에 관한 내용, 토지 소비의 질적 기준에 관한 내용(예: 새로운 주거 또는 상업용 개발의 최저 개발밀도 제한) 등이 추가로 더 도입된다. 또한, 계획의 수립 단계에서 특별히 강조되고 있는 점은 '지속가능한 토지이용' 목적을 달성하기 위해서 다수의 이해관계자들의 참여를 이끌어내는 것이다. 순환적 토지이용관리를 도입하는 국가들의 경우 계획 단계에서 필요한 관련 법률들을 개정함으로써 다양한 기준과 바람직한 방향으로의 관리 유도 수단들이 실제로 반영될 수 있도록 하고 있다. 일례로 독일의 경우, 2013년 연방건축 법규(German Federal Building Code) 개정을 통해 새로운 토지를 개발하는 경우 토지이용 계획의 승인을 받도록 하고 토지대장의 확인을 통해 기성시가지(또는 기개발지)의 충진 개발(infill development)의 가능성을 검토하도록 한다. 뿐만 아니라 유휴·방치부동산 및 저이용되고 있는 부동산들을 우선적으로 충진 개발하도록 규정하는 등 우선적으로 기개발지의 충진 개발을 강화함으로써 신규 토지 개발로 인한 토지 사용을 감축하는 방향으로 개정하였다 (Preuß and Verbüheln, 2013).

③ 재정 및 마케팅

순환적 토지이용관리에서 토지 소비량 감축을 위해 보다 더 중점적으로 다루어지는 이슈는 충진 개발이나 브라운필드 재개발이 신규 토지 개발보다 더 재정적 부담이 클 경우가 많다는 것이다. 따라서 순환적 토지이용 관리 정책을 실행하기 위해서 공공 기금과 연계한 재정적 확보가 매우 중요하다. 왜냐하면 공공 기금의 투입을 통해 더 많은 민간 투자자들을 유치하여 투자의 안정성을 확보할 수 있으며, 더 나아가 순환적 토지이용관리를 통한 성공적인 개발 사례들을 누적시킴으로써 충진 개발이나 브라운필드 재개발과 같은 사업의 활성화를 도모할 수 있기 때문이다. 그러나 실제로 지방정부 차원에서 이러한 기금들을 운용하고 있는 경우는 매우 드물고 기금 확보 자체가 어려운 경우가 많기 때문에, 국가적 차원이나 광역정부 차원에서의 재정적 지원이 매우 중요하다.

순환적 토지이용관리도 마케팅 측면이 중요하다. 즉, 토지가 가지는 특성, 면적, 규제, 소유주, 주변의 개발수요 등과 같은 정보들을 얼마나 적절하게 제공할 수 있는가에 따라 사업의 실행 가능성이 달라질 수 있다. 인터넷을 통해 해당 웹사이트에서 잠재적으로 토지 재사용을 통한 개발이 필요한 토지들에 대한 정보들을 토지 개발에 관심 있는 다양한 이해관계자들에게 적실하게 제공한다면 이러한 정보를 제공받는 사람들에게 투자 기회를 주기 때문에 마케팅 효과를 높일 수 있다. 또한 이러한 지속적인 정보의 노출이 토지이용에 관한 의식 제고 측면과도 연결될 수 있다.

④ 이해관계자들 간의 협력, 관리 및 조직, 소통, 참여

순환적 토지이용관리 정책과 연관된 이해관계자들은 정책 결정자, 공공 행정가, 부동산 소유주, 투자자 등 매우 다양하다. 사실상 토지이용관리 수단의 모든 측면들이 이해관계자들 간 협의를 전제로 하기 때문에, 이해관계자들 간 협력은 모든 실행 과정에서 구체적으로 어떤 절차들을 따라가야 하는가는 매우 중요하다. 이해관계자 간 협력에서 특히 중요한 것은 협력의 단위이다. 협력의 단위는 특정 부지에 관련된 이해관계자들로 한정될 수도 있고, 국지적 단위 또는 지역적 단위일 수도 있으나, 각 계층별로 인접한 지역-지역 사이의 협력 및 하위 단위-상위 단위 사이의 협력일 수도 있다. 따라서 다양한 단위들 간 협력이 반드시 원활하게 이루어져야만 계획의 실행력을 높일 수 있다. 이는 관리 및 조직의 측면이나 의사소통 및 참여 측면에서도 동일하게 적용된다. 이해관계자들 사이의 원활한 협력은 협력 단위의 문제 또는 관

계자의 다양성과 관계없이, 구성원들이 지속가능한 토지이용이라는 동일한 목적에 충분히 동의한다는 전제를 바탕으로 하여야만 이해관계자들 간의 조정이 이루어지게 된다. 또한, 이러한 이해관계의 조정을 얼마나 효율적으로 긴밀하게 할 수 있도록 하는가에 대한 방법론적이고 절차적인 문제나 의사소통 및 참여의 측면에서 도 이러한 전제를 바탕으로 이루어지는 것이다.

⑤ 의식제고 및 교육

다양한 이해관계자들이 지속가능한 토지이용이라는 동일한 목적에 충분히 동의하고 있다는 전제를 구축 또는 지속해 나가기 위한 수단이 바로 의식제고 및 교육 이라고 볼 수 있다. 토지이용관리의 최종적 목적을 어디에 둘 것인가는 매우 정치적인 문제이며, 순환적 토지이용관리의 목적이 되는 지속가능한 토지이용은 과거의 경제적 성장이나 번영 패러다임과 상충되는 것과 같이 보일 수도 있다. 따라서 적절한 교육을 통해 구성원들의 의식을 제고시키며, 지속가능한 토지이용의 장점을 인지시키고 협력적 합의를 형성해가는 것이 필수적이다. 이는 먼저 지역에 존재하는 현안 제기나 장기적인 비전 설정을 위한 이슈 탐색으로부터 시작하여, 도시적 맥락에서 장기적으로 어떤 방향이 더 큰 이익이 되는지를 사회·경제적으로 분석하고 설득하는 과정을 통해 이루어질 수 있다.

⑥ 인센티브 부여

순환적 토지이용관리를 위한 인센티브 부여는 일반적으로 관리 정책의 실행성을 확보하기 위한 것으로 이를 위해서는 법률적 권한이 필요한 경우가 많다. 따라서 국가적 차원에서 인센티브를 부여하는 것이 하위 단위에서의 정책적 방향의 통일성 확보와 지방자치단체 의사결정의 영향력 제고를 위해서 바람직하다. 가장 대표적인 인센티브는 재산세 감면을 통해 기개발지의 토지소유주들이 개발을 밀도 있게 시행하도록 유도하고, 신규 개발에는 추가적으로 세금을 부과하여 미개발지에 대한 개발 압력을 줄이는 것이다.

대표적인 사례로 슬로바키아의 경우 2013년부터 일정 면적 이하의 기개발지 개발에 대해서는 세금을 면제하고 신규 토지 개발에 대해서는 추가적인 세금을 부과하였다. 또한, 기존에 농지였던 토지를 개발할 경우 토지의 질에 따라 등급을 부여해 개발에 대한 세금을 부과하는 규제도 시행하고 있다. 추가적으로 세금 인센티브뿐만 아니라, 환경 분야에서 CO_2 감축을 위해 배출권을 거래할 수 있도록 추진하거나, 토지 이용의 의무 또는 권리를 서로 거래할 수 있는 시장을 구축하여 토지이용에 관한 양적·질적 목표를 달성하도록 하는 방안도 바람직하다.

참고문헌

김경민 (2013. 3. 1). 진정한 '뉴타운'을 찾아서: 커뮤니티 개발의 선진화와 혁신 방안 진단. Impact Business Review.

김경민·홍보영 (2015). 도시계획 개발에서의 사회적 기업의 역할-미국 CDC(Community Development Corporation)를 중심으로. e-환경논총. 55. 35-42.

김소영 (2016. 6. 28). 아파트 소유주 재산세 감면혜택 확대. 미주 한국일보.

오용준 (2014). "[해외리포트]일본 오노미치의 빈집재생 프로젝트". 열린충남. 65호. 64-67.

유광흠·임유경 (2013). 공사중단 장기방치건축물 정비를 위한 체계 및 제도 기반 연구. 건축도시공간연구소.

이성희·김정곤(2013). "도시 메타볼리즘 중심의 기후변화대응 도시 계획 방향에 관한 연구". 한국기후변화학회지. 4(3). 279-290.

임유경·임현성 (2012). 근린 재생을 위한 도시 내 유휴공간 활용 정책방안 연구. 건축도시공간연구소.

임준홍·최용준 (2015). "일본의 빈집정비 사례와 시사점". 열린충남. 73. 26-35.

최정은·김정곤·오덕송(2011). "도시 신진대사 관점에서 본 저탄소 녹색도시 계획특성 및 사례분석". 한국생태환경건축학회논문집. 11(5). 3-12.

Bethel New Life (2015). *Annual Report 2015*. Retrieved April 20, 2016.

Bickerdike Redevelopment Corporation. http://www.bickerdike.org

Genesee County Land Bank Authority (2014). *Celebrating the First Ten Years 2004-2014*. Retrieved May 15, 2016.

Girardet, H. (1992). *The Gaia Atlas of Cities: New Directions for Sustainable Urban Living*. London: Gaia Books.

Girardet, H. (2010). *Regenerative Cities*, Hamburg: Hafencity University.

Girardet, H. and Mendonca, M. (2009). *A Renewable World*(Energy, Ecology, Equality), First Edition, Green Books, London.

Mallach, A. (2010). *Bringing Buildings Back: From Abandoned Properties to Community Assets*. (2nd ed.). Montclair, NJ: National Housing Institute.

Matson, J. and Nelson, K. (2004). "The Minneapolis neighborhood information system: A community, university, and city collaboration". *CURA Reporter*, 34(2), 9-16.

Otparlik, R., Siemer, B. and Ferber, U. (2010). *Terms of Reference and Land Typologies for Circular Flow Land Use Management*. Dresden, Freiberg.

Plöger, J. (2012), Learning from abroad: lessons from European shrinking cities, in Mallach, A.(ed.), *Rebuilding America's Legacy Cities: New Directions for the Industrial Heartland, New York City*, NY: The American Assembly.

Preuß, T. and Verbüheln, M. (2013). *Towards Circular Flow Land Use Management*. Berlin: The CircUse Compendium.

Preuß, T. and Ferber, U. (2008). *Circular Land Use Management in Cities and Urban Regions - A Policy Mix Utilizing Existing and Newly Conceived Instruments to Implement an Innovative Strategic and Policy Approach*. Berlin: German Institute of Urban Affairs (Difu), Difu-Paper.

07 국내 유휴 · 방치부동산 활용과 관련된 법령 및 정책

1. 주거 유휴·방치부동산 활용과 관련된 법령 및 정책
2. 상업·복합 유휴·방치부동산 활용과 관련된 법령 및 정책
3. 산업 유휴·방치부동산 활용과 관련된 법령 및 정책
4. 공공 유휴·방치부동산 활용과 관련된 법령 및 정책

1 주거 유휴·방치부동산 활용과 관련된 법령 및 정책

우리나라의 빈집은 2015년 106.9만호(총 주택의 6.5%)로, 2000년 51.3만호에 비해 약 2배, 2010년 81.9만호보다 25만호 증가(통계청, 2015년 인구주택총조사)하였다. 주택유형별로 보면 빈집 중 아파트가 57.2만호로서(53.5%) 가장 많으며, 단독·다세대·연립주택은 48.1만호(45%)에 달하고 있다. 2015년 시점에서 20년 이상 된 노후주택(빈집 포함)은 총 주택수의 43.8%인 7,164천호에 달하고 있으며, 이는 향후 빈집 증가가 가속화될 것임을 시사해준다. 빈집 발생은 더 이상 이촌향도, 고령화 등에 따라 농촌에서만 발생하는 것이 아니며, 최근 도시에서의 빈집 증가가 더욱 심화되고 있다. 인구가 밀집된 도시에서의 빈집 발생은 도시미관 저해, 화재나 붕괴, 범죄 발생 등 각종 문제들을 발생시키고 있어 이에 대한 적절한 대응책이 시급하다.

1) 빈집과 관련된 중앙정부 차원의 법령 및 정책

우리나라의 경우 빈집의 관리·활용을 지원하는 법적 근거는 농촌의 경우 빈집 정비, 귀농·귀촌을 위한 빈집 활용 등을 규정하고 있는 「농어촌정비법」 등을 통해 1990년대부터 꾸준히 빈집의 조사·관리가 이루어져 왔다. 한편 도시의 빈집의 관리·활용을 위한 법·제도적 근거는 최근에 들어와 마련되었다. 특히 2016년 「건축법」 개정, 「빈집 등 소규모 주택정비 특례법」 신설 등을 통해 도시지역 빈집의 조사·관리·활용에 관한 법적 근거가 마련되었고, 「도시 및 주거환경정비법」, 「도시재생 활성화 및 지원에 관한 특별법」 등 여러 법령에서 안전상의 문제가 있거나 노후한 주택(빈집 포함)의 철거 및 지원에 관한 규정이 있다. 그러나 대부분 특정 사업구역 내에 있는 건축물에 한하여 해당 건축물 철거 시에 지원하는 재정 위주의 내용이기 때문에 실제로 적용할 수 있는 빈집 관련 법은 매우 한정적이라고 볼 수 있다.

그러나 저출산·고령화 추세와 저성장이 지속되고 전국 주택보급률이 100%를 초과함에 따라 다수의 대규모 정비사업이 지연 또는 중단되고 구도심의 쇠퇴 등으로 최근 도시에서의 빈집이 급증하게 되었다. 이에 따라 빈집 발생으로 인한 안전사고나 범죄 발생 및 도시미관이나 근린주거환경에 부정적 영향이 심각하게 나타나고 있으나, 빈집을 체계적으로 정비하기 위한 제도가 부재한 실정이다. 특히 「도시 및 주거환경정비법」은 대규모 정비사업 위주로 구성되어 있고, 「가로주택정비사업」은 소규모 정비사업과 관련되어 있으나 사업 활성화를 위한 지원 규정은 매우 미흡하였다. 특히 저소득층의 60% 이상이 단독이나 다세대주택에 거주하고 있다는 점에서 소규모 주택 정비에 대한 공공의 다각적 지원이 시급히 요구되었다.

이러한 배경하에서 「빈집 및 소규모주택 정비에 관한 특례법」을 새로이 제정하여, 빈집의 체계적 정비를 위한 제도적 근거를 마련하고, 현행 「도시 및 주거환경정비법」에서 규정하고 있는 '가로주택정비사업' 등을 이 법으로 이관하여 사업절차를 간소화하며, 사업 활성화를 위하여 건축규제완화, 임대주택건설 등의 특례규정과 정비지원기구 지정, 임대관리업무 지원, 기술지원 및 정보제공 등의 지원규정을 신설하게 되었다. 본 절에서는 「건축법」과 「빈집 등 소규모 주택정비에 관한 특례법」을 중심으로 우리나라 중앙정부의 빈집 관련 법령을 고찰하였다.

표 7-1. 중앙정부의 빈집 관련 법령

명칭	해당 항목
건축법	제81조(기존의 건축물에 대한 안전점검 및 시정명령 등) 제81조의2(빈집 정비) 제81조의3(빈집 정비 절차 등)
도시 및 주거환경정비법	제48조의2(건축물의 철거 등) 제63조(보조 및 융자)
도시재생 활성화 및 지원에 관한 특별법	제27조(보조 또는 융자) 제28조(도시재생특별회계의 설치 및 운영)
농어촌 정비법	제64조(빈집 정비) 제65조(빈집 정비 절차 등) 제66조(자진 철거자에 대한 지원) 제67조(농어촌주택개량자금의 조성 등)
빈집 등 소규모 주택정비에 관한 특례법	제4조(빈집정비계획의 수립) 제5조(빈집등 실태조사) 제6조(빈집등에의 출입) 제7조(빈집등에의 출입에 따른 손실보상) 제8조(빈집등에 관한 자료 또는 정보의 이용 및 요청) 제9조(빈집정비사업의 시행방법) 제10조(빈집정비사업의 시행자) 제11조 (빈집의 철거) 제12조 (사업시행계획 인가) 제13조(사업시행계획서의 작성) 제14조 (준공인가 및 공사완료 고시) 제15조(빈집정보시스템의 구축)

출처: 법제처, 자치법규정보시스템.

빈집에 관한 정의

• 빈집 및 소규모주택 정비에 관한 특례법

1. "빈집"이란 특별자치시장·특별자치도지사·시장·군수 또는 자치구의 구청장이 거주 또는 사용 여부를 확인한 날부터 1년 이상 아무도 거주 또는 사용하지 아니하는 주택을 말한다. 다만, 미분양주택 등 대통령령으로 정하는 주택은 제외한다.

• 농어촌 정비법

12. "빈집"이란 시장(특별자치도의 경우에는 특별자치도지사를 말한다. 이하 같다)·군수·구청장(광역시 자치구의 구청장을 말한다. 이하 같다)이 거주 또는 사용 여부를 확인한 날부터 1년 이상 아무도 거주하지 아니하거나 사용하지 아니하는 농어촌 주택이나 건축물을 말한다.

(1) 건축법 (2016.01.19. 개정)

2016년 1월 「건축법」 제81조의 2(빈집 정비), 제81조의 3(빈집 정비 절차 등) 항목이 신설(시행일 2016.07.20.)됨에 따라 빈집 정비 및 활용을 위한 기반이 마련되었다. 기존의 제81조(기존의 건축물에 대한 안전점검 및 시정명령)에는 철거 명령을 내릴 수 있는 기준이나 철거 후 보상에 관한 사항만 규정되어 있었다.

개정된 「건축법」에 따르면 시장이나 군수가 거주 또는 사용 여부 등을 확인한 날로부터 1년 이상 아무도 거주하지 않았거나 사용하지 않는 주택 및 건축물의 경우 철거대상 빈집에 해당한다. 또한 건축위원회 심의를 거쳐 빈집 소유자에게 철거 등 필요한 조치를 명할 수 있으며, 빈집 소유자가 특별한 사유 없이 철거 명령에 따르지 않을 경우 직권으로 해당 빈집을 철거할 수 있다.

건축법 내 빈집 관련 사항

제81조의2(빈집 정비)

특별자치시장·특별자치도지사 또는 시장·군수·구청장은 거주 또는 사용 여부를 확인한 날부터 1년 이상 아무도 거주하지 아니하거나 사용하지 아니하는 주택이나 건축물(「농어촌정비법」 제2조제10호에 따른 빈집은 제외하며, 이하 "빈집"이라 한다)이 다음 각 호의 어느 하나에 해당하면 건축위원회의 심의를 거쳐 그 빈집의 소유자에게 철거 등 필요한 조치를 명할 수 있다. 이 경우 빈집의 소유자는 특별한 사유가 없으면 60일 이내에 조치를 이행하여야 한다.

1.공익상 유해하거나 도시미관 또는 주거환경에 현저한 장해가 된다고 인정하는 경우
2.주거환경이나 도시환경 개선을 위하여 「도시 및 주거환경정비법」 제2조에 따른 정비기반시설과 공동이용시설의 확충에 필요한 경우

제81조의3(빈집 정비 절차 등)

①특별자치시장·특별자치도지사 또는 시장·군수·구청장이 제81조의2에 따라 빈집의 철거를 명한 경우 그 빈집의 소유자가 특별한 사유 없이 이에 따르지 아니하면 대통령령으로 정하는 바에 따라 직권으로 그 빈집을 철거할 수 있다.
②제1항에 따라 철거할 빈집 소유자의 소재를 알 수 없는 경우에는 그 빈집에 대한 철거명령과 이를 이행하지 아니하면 직권으로 철거한다는 내용을 일간신문에 1회 이상 공고하고, 공고한 날부터 60일이 지난 날까지 빈집의 소유자가 빈집을 철거하지 아니하면 직권으로 철거할 수 있다.
③제1항과 제2항의 경우 특별자치시장·특별자치도지사 또는 시장·군수·구청장은 대통령령으로 정하는 바에 따라 정당한 보상비를 빈집의 소유자에게 지급하여야 한다. 이 경우 빈집의 소유자가 보상비의 수령을 거부하거나 빈집 소유자의 소재불명(所在不明)으로 보상비를 지급할 수 없을 때에는 이를 공탁하여야 한다.
④특별자치시장·특별자치도지사 또는 시장·군수·구청장이 제1항 또는 제2항에 따라 빈집을 철거하였을 때에는 지체 없이 건축물대장을 정리하여야 하며, 건축물대장을 정리한 경우에는 지체 없이 관할 등기소에 해당 빈집이 이 법에 따라 철거되었다는 취지의 통지를 하고 말소등기를 촉탁하여야 한다.

도시 및 주거환경정비법

3."**노후·불량건축물**"이란 다음 각 목의 어느 하나에 해당하는 건축물을 말한다.

가. 건축물이 훼손되거나 일부가 멸실되어 **붕괴 그 밖의 안전사고의 우려**가 있는 건축물

나. 내진성능이 확보되지 아니한 건축물 중 **중대한 기능적 결함** 또는 부실 설계·시공으로 인한 **구조적 결함 등이 있는 건축물**로서 대통령령으로 정하는 건축물

다. 다음의 요건에 해당하는 건축물로서 대통령령으로 정하는 바에 따라 특별시·광역시·특별자치시·도·특별자치도 또는 「지방자치법」 제175조에 따른 서울특별시·광역시 및 특별자치시를 제외한 인구 50만 이상 대도시(이하 "대도시"라 한다)의 조례(이하 "시·도조례"라 한다)로 정하는 건축물

(1) 주변 토지의 이용상황 등에 비추어 **주거환경이 불량한 곳에 소재**할 것

(2) **건축물을 철거하고 새로운 건축물을 건설하는 경우 그에 소요되는 비용에 비하여 효용의 현저한 증가**가 예상될 것

라. **도시미관을 저해**하거나 **노후화로 인하여 구조적 결함** 등이 있는 건축물로서 대통령령으로 정하는 바에 따라 시·도조례로 정하는 건축물

농어촌 정비법

제64조(빈집 정비)

시장·군수·구청장은 농어촌지역과 준농어촌지역에 있는 빈집이 공익상 현저히 유해하거나 주변환경을 저해할 우려가 있을 때에는 「건축법」 제4조에 따른 건축위원회의 심의를 거쳐 그 빈집의 소유자에게 철거, 개축, 수리 등 필요한 조치를 명할 수 있다. 이 경우 빈집의 소유자는 특별한 사유가 없으면 60일 이내에 조치를 이행하여야 한다.

제65조(빈집 정비 절차 등)

① 시장·군수·구청장이 제64조에 따라 빈집의 철거를 명한 경우 그 빈집의 소유자가 특별한 사유 없이 이에 따르지 아니하면 대통령령으로 정하는 바에 따라 직권으로 그 빈집을 철거할 수 있다.

② 제1항에 따라 철거할 빈집의 소유자의 소재를 알 수 없는 경우에는 그 빈집에 대한 철거명령과 이를 이행하지 아니하면 직권으로 철거한다는 내용을 일간신문에 1회 이상 공고하고, 공고한 날부터 60일이 지난 날까지 빈집의 소유자가 빈집을 철거하지 아니하면 직권으로 철거할 수 있다.

③ 제1항과 제2항의 경우 시장·군수·구청장은 대통령령으로 정하는 바에 따라 정당한 보상비를 빈집의 소유자에게 지급하여야 한다. 이 경우 빈집의 소유자가 보상비의 수령을 거부하거나 빈집의 소유자의 소재불명(所在不明)으로 보상비를 지급할 수 없을 때에는 이를 공탁하여야 한다.

④ 시장·군수·구청장이 제1항 또는 제2항에 따라 빈집을 철거하였을 때에는 지체 없이 건축물대장을 정리하여야 하며, 건축물대장을 정리한 경우에는 지체 없이 관할 등기소에 해당 빈집이 이 법에 따라 철거되었다는 취지의 통지를 하고 말소등기를 촉탁하여야 한다.

제66조(자진 철거자에 대한 지원)

제64조에 따라 시장·군수·구청장의 철거명령을 자진하여 이행한 빈집의 소유자가 영농(營農)을 목적으로 주택 개량을 희망할 때에는 제67조에 따른 농어촌주택개량자금을 우선적으로 지원할 수 있다.

(2) 빈집 등 소규모 주택정비에 관한 특례법

지속적으로 증가하고 있는 빈집을 관리하고 다양하게 활용할 수 있는 제도적 기반을 마련하기 위한 「빈집 등 소규모 주택정비에 관한 특례법」이 2017년 1월 22일에 국회 본회의에서 통과되었다. 이를 통해 빈집 실태조사나 정비계획수립 등 체계적인 빈집관리 제도 구축의 법적 근거가 마련되어 빈집 정비사업을 활성화하고 빈집 증가에 따른 사회적 비용을 줄일 수 있는 법적 기반이 구축되었다. 지자체장(시장이나 군수 등)은 빈집이나 빈집이라고 추정되는 주택에 대해 실태조사를 할 수 있으며, 빈집의 소재 및 소유자 현황 등을 파악하기 위해 재산세 과세정보, 수도·전기요금 등의 개인정보 이용도 가능해졌다. 뿐만 아니라 시장·군수 등은 1년 이상 방치되고 안전사고 우려가 높은 빈집에 대해 철거 등의 조치가 허용되며, 소유자의 철거명령 불이행 혹은 소재 불명인 경우 직권 철거도 가능해진 것이다. 또한 시장·군수 등은 실태조사 결과를 토대로 빈집정보시스템을 구축하고, 빈집의 소유자가 동의하는 경우 빈집 정보를 인터넷 등을 통해 공개할 수도 있다. 이에 따라 지자체별 빈집 정비 기본계획 수립, 빈집활용 정보체계 구축, 개량 권고 및 직권 철거, 빈집 정비사업을 지원할 수 있다. 또한 지자체가 빈집 상태를 조사할 수 있도록 기초조사 및 출입 조사권을 부여받게 되며, 빈집 소유자 확인을 위해 필요한 수도, 전기, 가스 검침량 등의 개인정보 이용도 가능하다. 이와 함께 빈집 정비사업, 집주인 리모델링 임대사업 등에 대한 절차를 간소화하여 사업에 소요되는 기간을 6~12개월로 단축하고, 임대주택, 텃밭, 주차장 등을 공공시설로 활용하기 위한 다양한 사업을 발굴하고 지원하게 된다.

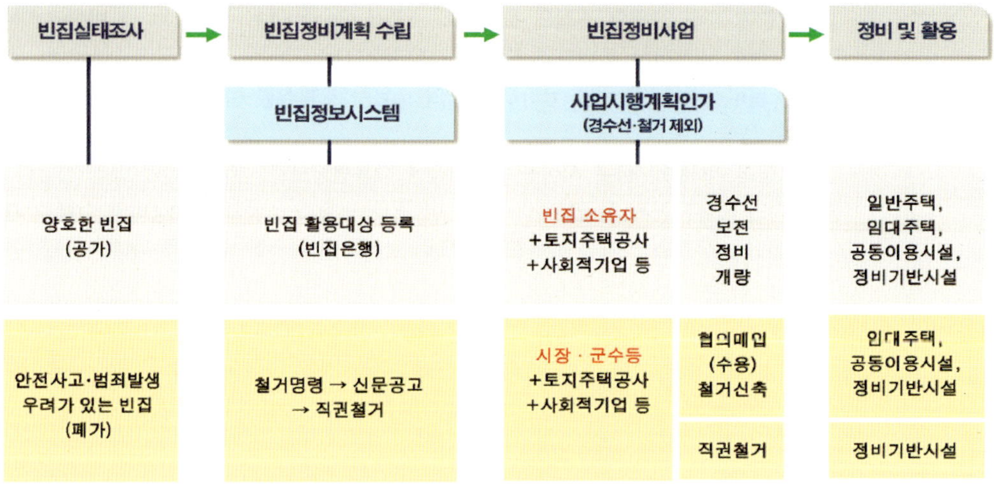

출처: 「빈집 등 소규모 주택정비 특례법」제정을 위한 공청회 자료집, p.33

그림 7-1. 빈집 정비사업 추진 체계

<빈집 등 소규모 주택정비에 관한 특례법 개요[1]>

1. 배경

2010년 전국 빈집은 총 79만호로 지속적으로 증가하는 추세이며, 도시지역의 경우 구도심 쇠퇴와 정비사업 지연 등이, 농촌지역의 경우 고령화 및 인구감소가 빈집 증가의 주요 원인으로 작용하고 있음. 빈집 증가에 따른 안전사고 위험, 범죄 장소 제공, 경관 및 주거환경 악화 등 다양한 사회문제가 유발되고 있으나 빈집 실태조사나 정비계획 수립 등 체계적인 빈집관리 제도가 부재하여 빈집정비사업 추진에 한계가 있음.

2. 목적

주거환경 개선이 필요하거나 정비구역이 해제된 구역 등에서 안전사고나 범죄발생의 우려가 높은 빈집을 효율적으로 정비하고 주민 스스로의 소규모 주택정비를 활성화하기 위하여 필요한 사항을 규정함으로써 주거생활의 질을 높이는 데 이바지함/ 빈집 등 소규모 주택정비를 위한 특례법을 제정함으로써 빈집 정비를 활성화하고 빈집 증가에 따른 사회적 비용을 최소화하려는 것임.

3. 주요 내용

•빈집이나 장기간 아무도 거주 또는 사용하지 아니하여 빈집이라고 추정되는 주택에 대해 실태조사를 실시할 수 있음.
•지방자치단체장은 빈집실태조사를 위하여 재산세 과세정보, 수도 요금 및 전기 요금 등의 개인정보를 수집·이용할 수 있음
•빈집실태조사 결과를 토대로 지방자치단체장이 지방도시계획위원회 심의를 거쳐 빈집 정비계획을 수립·시행할 수 있음
•붕괴·화재 등 안전사고나 범죄발생의 우려가 높은 경우 등에는 지방자치단체장이 철거 등 필요한 조치를 명할 수 있고, 소유자가 특별한 사유 없이 이에 따르지 아니하면 직권으로 철거할 수 있음
•빈집실태조사 결과를 토대로 지방자치단체장이 빈집정보시스템을 구축할 수 있음
•지방자치단체장은 소규모 정비사업과 관련된 건축심의, 도시·군관리계획 등에 관한 사항을 통합심의 하여야 함
•국가 또는 지방자치단체는 빈집정비사업, 소규모정비사업 관련 기반시설 설치 등에 비용의 전부 또는 일부를 보조하거나 출자·융자할 수 있음
•지방자치단체는 빈집정비사업을 원활히 시행하기 위하여 취득세, 재산세 등을 감면할 수 있음
•빈집이 법령의 제정·개정 등으로 대지나 건축물이 법령에 맞지 않게 된 경우에는 지방건축위원회의 심의를 거쳐 개축 또는 용도변경을 할 수 있음
•소규모정비사업의 경우 조경, 건폐율, 대지 안의 공지기준, 높이 제한 등의 건축기준을 완화받을 수 있고, 빈집 및 소규모 정비사업으로 건설되는 건축물에 대하여 부설주차장 설치비용 납부로 주차장 설치를 갈음할 수 있음
•빈집 및 소규모 정비사업에 따른 공공·준공공 임대주택 건설시 용적률은 관계 법령에서 정하는 상한까지 완화할 수 있음

3. 정의

•"빈집"이란 특별자치시장·특별자치도지사·시장·군수 등이 거주 또는 사용 여부를 확인한 날부터 6개월 이상의 범위에서 대통령령으로 정하는 기간 동안 아무도 거주 또는 사용하지 아니하는 주택(미분양주택 등 대통령령으로 정하는 주택은 제외한다)을 말함.
• "빈집정비사업"이란 빈집을 개량 또는 철거하거나 효율적으로 관리 또는 활용하기 위한 사업

---

1) 2016년 8월에 발의되었고 2016년 12월 22일 국회 국토교통위원회에서 처리되었으며, 2017년 1월 22일 국회 본회의에서 통과되었음.

<빈집 정비사업 관련 특례법 개요>

• **빈집실태조사**

① 시장·군수 등은 빈집이나 장기간 아무도 거주 또는 사용하지 아니하여 빈집이라고 추정되는 주택에 대해 다음 각 호의 사항에 관한 실태조사(이하 "빈집실태조사"라 한다)를 실시할 수 있다.

1. 빈집 여부의 확인
2. 빈집의 관리 현황 및 방치기간
3. 빈집 소유권 등의 권리관계 현황
4. 빈집 및 그 대지에 설치된 시설 또는 인공구조물 등의 현황
5. 그 밖에 빈집 발생 사유 등 대통령령으로 정하는 사항

② 시장·군수 등은 대통령령으로 정하는 전문기관을 지정하여 실태조사를 대행하게 할 수 있다.

③ 시장·군수등 또는 제2항에 따른 전문기관의 장은 실태조사를 위하여 빈집의 소유자 및 이해관계자에게 필요한 자료의 제출을 요청할 수 있다.

④ 실태조사의 방법·절차 등에 필요한 사항은 대통령령으로 정한다.

•**빈집의 소유자 등에 관한 정보이용**

① 시장·군수 등은 빈집실태조사를 대행하는 전문기관의 장을 포함한다. 빈집의 소재 및 소유자 현황 등을 파악하기 위한 목적의 범위에서 「개인정보 보호법」에 따라 재산세 과세정보, 수도 요금 및 전기 요금 등의 개인정보를 수집.이용할 수 있다.

② 시장·군수 등은 필요한 경우 관계 행정기관의 장 또는 공공기관의 장에게 자료의 제출을 요청할 수 있다. 이 경우 요청을 받은 관계 기관의 장은 특별한 사유가 없으면 이에 따라야 한다.

③ 시장·군수 등은 제1항의 목적을 달성하기 위하여 불가피한 경우 주민등록번호, 여권번호 또는 외국인등록번호가 포함된 자료를 이용.처리할 수 있다.

•**빈집정비계획의 수립**

① 시장·군수 등은 빈집실태조사의 결과를 토대로 빈집을 효율적으로 정비 및 활용하기 위한 계획(이하 "빈집정비계획"이라 한다)을 수립.시행할 수 있다.

② 시장·군수 등이 빈집정비계획을 수립하는 경우, 지역 주민의 의견수렴 및 도시계획위원회(이하 "지방도시계획위원회"라 한다)의 심의를 거쳐야 한다.

③ 빈집정비계획은 다음 각 호의 사항을 포함한다.

1. 빈집의 정비 및 활용의 기본방향
2. 빈집의 현황 및 실태
3. 빈집의 정비 및 활용에 관한 추진계획
4. 빈집의 정비 및 활용을 위한 재원조달계획
5. 그 밖에 빈집의 정비 및 활용을 위하여 필요한 사항으로서 대통령령으로 정하는 사항

•**빈집정비사업의 시행방법**

① 빈집정비사업은 다음 각 호의 어느 하나에 해당하는 방법으로 한다.

1. 빈집의 내부 공간을 칸막이로 구획하거나 벽지·천장재·바닥재의 설치 등 경수선하는 방법
2. 빈집을 철거하지 아니하고 개축·증축·대수선하거나 용도변경하는 방법
3. 빈집을 철거하는 방법
4. 빈집을 철거한 후 주택 등 건축물을 건축하거나 정비기반시설, 공동이용시설을 설치하는 방법

② 빈집정비사업은 빈집의 소유자 또는 시장·군수 등이 직접 시행하거나 다음 각 호에 해당하는 자와 공동으로 시행할 수 있다.

<빈집 정비사업 관련 특례법 개요>

• **빈집의 철거**

① 시장·군수 등은 빈집이 다음 각 호의 어느 하나에 해당하면 빈집정비계획에서 정하는 바에 따라 그 빈집 소유자에게 철거 등 필요한 조치를 명할 수 있다. 다만, 빈집정비계획이 수립되어 있지 아니한 경우에는 건축법 제4조에 따른 지방건축위원회(이하 "지방건축위원회"라 한다)의 심의를 거쳐 그 빈집 소유자에게 철거 등 필요한 조치를 명할 수 있다. 이 경우 빈집 소유자는 특별한 사유가 없으면 60일 이내에 조치를 이행하여야 한다.

1. 붕괴·화재 등 안전사고나 범죄발생의 우려가 높은 경우
2. 공익상 유해하거나 도시미관 또는 주거환경에 현저한 장해가 되는 경우

② 시장·군수 등은 제1항에 따라 빈집의 철거를 명한 경우 그 빈집 소유자가 특별한 사유 없이 따르지 아니하면 대통령령으로 정하는 바에 따라 직권으로 그 빈집을 철거할 수 있다.

③ 시장·군수 등은 제2항에 따라 철거할 빈집의 소유자의 소재를 알 수 없는 경우 그 빈집에 대한 철거명령과 이를 이행하지 아니하면 직권으로 철거한다는 내용을 일간신문 및 홈페이지에 1회 이상 공고하고, 일간신문에 공고한 날부터 60일이 지난 날까지 빈집 소유자가 빈집을 철거하지 아니하면 직권으로 철거할 수 있다.

④ 시장·군수 등은 제2항 또는 제3항에 따라 빈집을 철거하는 경우에는 대통령령으로 정하는 정당한 보상비를 빈집 소유자에게 지급하여야 한다. 이 경우 시장·군수 등은 보상비에서 철거에 소요된 비용을 빼고 지급할 수 있다.

⑤ 시장·군수 등은 다음 각 호의 어느 하나에 해당하는 경우에는 보상비를 공탁하여야 한다.

1. 빈집 소유자가 보상비 수령을 거부하는 경우
2. 빈집 소유자의 소재불명(所在不明)으로 보상비를 지급할 수 없는 경우
3. 압류나 가압류에 의하여 보상비 지급이 금지된 경우

⑥ 시장·군수 등은 제2항 또는 제3항에 따라 빈집을 철거한 경우 지체 없이 건축물대장을 정리하고, 관할 등기소에 해당 빈집이 이 법에 따라 철거되었다는 취지의 통지를 하고 말소등기를 촉탁한다.

• **빈집정보시스템의 구축**

① 시장·군수 등은 빈집실태조사의 결과를 토대로 빈집을 효율적으로 정비 및 활용하기 위한 정보시스템(이하 "빈집정보시스템"이라 한다)을 구축할 수 있다.

② 빈집정보시스템은 「건축법」 제32조에 따른 전자정보처리 시스템으로 처리된 자료와 연계할 수 있다.

③ 시장·군수 등은 빈집정보시스템의 구축을 위하여 필요한 경우 관계 행정기관의 장 또는 공공기관의 장에게 정보를 요청할 수 있다. 이 경우 요청을 받은 관계 기관의 장은 특별한 사유가 없으면 이에 응하여야 한다.

④ 시장·군수 등은 빈집정보시스템의 구축 및 운영을 위하여 필요한 경우 대통령령으로 정하는 전문기관을 지정하여 대행하게 할 수 있다.

⑤ 시장·군수 등은 안전사고나 범죄발생 등을 예방하기 위하여 필요한 경우 빈집정보시스템에 의해 구축된 빈집정보를 관계 행정기관의 장 또는 공공기관의 장에게 제공할 수 있다.

⑥ 시장·군수 등은 빈집을 활용하기 위한 목적의 범위에서 빈집의 소유자가 동의한 경우에 한하여 빈집정보시스템에 의해 구축된 빈집정보를 인터넷과 그 밖의 방법을 병행하여 공개할 수 있다.

이와 같이 빈집 및 소규모 주택정비 특례법에 따라 지자체장은 빈집 실태조사를 위해 재산세 과세정보, 수도요금 및 전기요금 등의 개인정보를 이용할 수 있으며 빈집 실태조사를 토대로 하여 빈집 정비계획을 수립·시행할 수 있는 제도적 장치가 마련되었다. 특히 붕괴나 화재 등 안전사고나 범죄 발생 우려가 높은 경우 지자체장이 철거 등 필요 조치를 취할 수 있으며, 개인 소유자가 특별한 사유 없이 따르지 않을 경우 지자체장 직권으로 철거도 가능하게 되었다. 따라서 도시 및 주거환경정비법이나 도시재생 활성화 및 지원에 관한 특별법에 비해 빈집을 정비하는 것이 매우 용이하게 되었다고 볼 수 있다.

그러나 빈집 문제를 해결하기 위해 2015년 2월에 빈집대책특별조치법을 수립한 일본과 우리나라의 빈집 특례법을 비교해보면 다소 미흡한 점들이 있다. 일본의 경우 빈집의 상태에 따라 '일반 빈집'과 '특정 빈집'으로 구분하여 별도의 조치를 취할 수 있도록 기준을 명시하고 있다. 특정 빈집으로 지정할 때 물리적 실태, 주변과의 관계, 영향력 및 위험도 수준 등을 종합적으로 고려하고 있다. 특히 물리적 실태를 평가하기 위한 네 영역(안전·건강, 위생, 경관, 주변 생활환경)의 가이드라인을 통해 구체적인 기준을 제시하고 있다(国土交通省, 2014). 아직 우리나라의 경우 빈집의 물리적 실태를 평가하는 기준 및 빈집을 철거할 것인가 또는 존치하여 정비할 것인가에 대한 기준이 없기 때문에 실제로 특례법을 시행하는 과정에서 이해 관계자 및 지자체 간에서도 다르게 시행 또는 적용될 여지가 남아 있다. 따라서 보다 세부적인 가이드라인 수립이 매우 절실하다.

2) 빈집과 관련된 지방자치단체의 조례

2011년 서울시 노원구에서 빈집 관련 조례가 최초로 수립된 이후 빈집이 많이 발생하는 지자체들에서 많은 관심을 갖게 되면서 2017년 1월말 전국 52개 지자체에서 빈집 관련 조례가 수립·운영 중에 있다. 특히 빈집 관련 조례를 수립한 지자체의 96%가 2015년 이후에 조례를 제정하였으며, 광역시·도 단위보다는 시·군·구 단위 지자체에서 조례 제정이 더 활발하게 이루어지고 있다. 이들 조례는 상위 법이나 세부 목적에 따라 크게 빈집 정비지원 및 관리 조례, 정비사업구역의 빈집 관리 조례, 농어촌 빈집 정비지원 조례의 3가지 유형으로 구분할 수 있다.

서울시 노원구의 경우 빈집이 밀집되어 있는 정비사업구역 내의 빈집으로 인한 안전사고 및 방화 등의 문제를 방지하기 위해 2011년 전국 최초로 '정비사업구역 빈집관리 조례'를 도입하였고 대전은 원도심 활성화를 위한 골목재생 프로젝트를 시행하는 과정에서 필요한 폐·공가 조사 및 관리를 위해 '노후건축물 및 폐공가 관리조례'를 제정하였다(최정, 2015). 빈집 특화적인 차원에서 부산광역시는 2013년 '부산광역시 빈집 정비지원 조례'를 제정하였다. 이 조례에서 범죄, 붕괴, 화재 발생 등 안전사고의 우려가 있는 빈집의 정비 지원에 필요한 사항을 규정하였으며, 2016년에는 이를 개정하여 빈집의 활용 방안 등을 추가하였다.

표 7-2. 빈집 관련 지방자치단체법규 제정

순번	법령명	시행일자	순번	법령명	시행일자
1	서울노원구정비사업구역빈집관리조례	2011.10.13	27	이천시빈집정비조례	2016.11.1
2	서울관악구빈집정비지원조례	2014.3.7	28	서울 동대문구빈집정비조례	2016.11.3
3	보성군빈집정비를위한지원조례	2015.10.1	29	청양군빈집정비지원조례	2016.12.13
4	순천시빈집정비지원조례	2015.10.1	30	진도군빈집정비지원조례	2016.12.29
5	대구수성구정비사업구역빈집정비조례	2015.10.12	31	전라북도빈집관리및활용에관한조례	2016.12.30
6	목포시정비사업구역빈집관리조례	2015.10.12	32	보은군빈집정비지원조례	2016.2.19
7	경상남도빈집정비지원조례	2015.10.29	33	인천 계양구빈집정비지원조례	2016.2.19
8	서울특별시빈집활용및관리에관한조례	2015.10.8	34	광주광역시빈집정비지원조례	2016.3.1
9	김제시빈집정비지원조례	2015.11.19	35	광주 동구정비사업구역빈집정비조례	2016.3.23
10	삼척시빈집정비지원조례	2015.11.20	36	익산시도시지역빈집정비지원조례	2016.3.30
11	전주시빈집정비지원조례	2015.11.6	37	고흥군빈집정비지원조례	2016.4.20
12	구례군빈집정비에관한조례	2015.11.9	38	부산 해운대구빈집관리조례	2016.5.13
13	강릉시빈집정비지원조례	2015.12.30	39	장흥군빈집정비지원조례	2016.5.17
14	증평군농촌빈집정비지원조례	2015.12.31	40	여주시빈집정비지원조례	2016.5.31
15	안양시빈집관리에관한조례	2015.4.24	41	제천시빈집정비지원조례	2016.6.10
16	광주광역시남구빈집정비지원조례	2015.4.30	42	평택시빈집정비지원조례	2016.6.3
17	울진군농어촌빈집정비지원조례	2015.6.15	43	옥천군빈집정비지원조례	2016.7.12
18	충주시빈집정비지원조례	2015.6.5	44	파주시빈집정비지원조례	2016.7.18
19	광양시빈집정비를위한지원조례	2015.6.8	45	수원시빈집정비지원조례	2016.7.8
20	부산남구정비사업구역빈집관리조례	2015.6.8	46	여수시빈집정비지원조례	2016.8.10
21	나주시빈집정비를위한지원조례	2015.8.11	47	부산 중구빈집정비지원및관리조례	2016.8.12
22	남원시도시지역빈집정비지원조례	2015.9.25	48	부산광역시빈집정비지원조례	2016.8.14
23	단양군빈집정비지원조례	2016.1.15	49	안성시빈집정비지원조례	2016.9.23
24	음성군빈집정비지원조례	2016.1.5	50	논산시빈집정비지원조례	2016.9.30
25	화순군빈집정비지원조례	2016.1.8	51	대구 서구빈집정비에관한조례	2016.9.30
26	대구광역시빈집정비지원조례	2016.10.31	52	인천 남구빈집관리조례	2017.1.2

출처: 법제처

<표 7-2>에서 볼 수 있는 바와 같이 52개 지자체에서 빈집에 관한 조례들이 제정되었지만 그 명칭은 상당히 다양하다. '빈집정비지원 조례', '빈집 활용 및 관리에 관한 조례', '빈집정비 조례', '빈집관리 조례', '농어촌 빈집정비지원 조례', '정비사업구역 빈집관리 조례' 등이 있다. 그중에서 '빈집정비지원 조례'라는 명칭이 가장 많이 사용되어지고 있다. 그러나 빈집 정비사업이 대부분 빈집의 철거에 국한되어 추진되고 있으며, 빈집의 개·보수를 통한 재활용 사례는 적다. 또한 대상은 빈집으로 동일하지만 상위법이 「도시 및 주거환경정비법」이나 「농어촌정비법」 등 다르게 적용되기도 하고 상위법이 부재한 경우도 있다. 대다수 조례에는 빈집 정의, 지원 대상, 빈집 관리방안 등이 포함되어 있다. 대부분 '1년 이상'을 빈집 기준으로 정의하고 있으며 재정 지원을 통해 빈집 철거 후 최소 3년은 공원이나 주차장 등 공공용지로 활용하는 것을 의무화하고 있다. 부산시의 경우 시 예산으로 빈집 1채당 800만원의 철거비를 지원하면서 매년 200채씩의 빈집을 철거하고 있다. 빈집이 철거된 부지는 3년간 공공용지로 제공해 주차장이나 텃밭, 주민 쉼터 등으로 이용하고 있다.

우리나라 지방의회의 조례 제정에 있어서의 전형적인 입법 행태는 다른 지방자치단체의 조례를 그대로 모방하는 '모방 조례'가 대부분이다. 빈집대책 조례에 있어서도 명칭은 조금씩 차이가 있으나, 그 내용에서는 큰 차이가 없이 거의 대동소이하다(허전, 2016). 조례의 목적과 빈집 및 빈집 정비에 관한 정의, 지자체의 책무, 지원대상, 빈집의 확보 및 활용, 빈집 소유자의 의무, 빈집 정보시스템의 구축 및 운영에 관한 사항들이 일반적으로 포함되어 있다. 그러나 우리나라 지자체의 조례들에 비해 일본의 약 400여 개 지자체의 빈집 조례들을 보면 훨씬 더 구체적이며 작동적이다. 빈집을 철거/개보수/활용으로 유형화하고 각 유형별로 지원 범위와 대상을 차별화하고 있으며, 조례를 제정한 지자체들 가운데 약 60%는 지자체의 권고 및 명령에 불응하거나 소유자가 적절한 조치를 취하지 않을 경우, 철거 및 해체를 시행하고 난 후, 그 비용을 소유자에게 청구할 수 있는 행정대집행 조항을 규정하고 있다.

3) 빈집 활용과 관련된 정책 및 사업

인구가 감소하고 있는 구도심의 노후 불량주거지나 농산어촌에서 빈집이 급격하게 증가하면서 도시경관 및 생활환경의 악화, 화재 및 붕괴 위험 증가, 범죄 유발 및 빈집 관리를 위한 행정 비용 증가 등의 문제들이 야기되고 있다. 그러나 점차 빈집으로 인한 문제점만 볼 것이 아니라 이를 새로운 지역재생자원으로서의 가치로 인식하게 되면서, 정부와 지방자치단체에서는 빈집의 정비 및 활용을 위한 다양한 사업을 시행 중에 있다. 먼저 중앙정부의 경우 다양한 부처에서 각 부처별 정책에 따른 시범 사업이 추진되고 있다. 중앙부처의 빈집 관련 사업들은 노후·불량주거지의 물리적 생활여건 개선, 서민들의 주거안정을 위한 소형·임대주택 공급, 낙후·쇠퇴지역 활성화를 통한 지역재생 등 다양한 목적을 갖고 있으며, 주로 시범사업 지역에 대한 재정 지원에 초점을 두고 시행되고 있다.

표 7-3. 중앙정부 부처에서 추진하고 있는 빈집 관련 사업들

구분	관련내용	대상	사업목적
국토교통부	도시활력증진지역 개발사업	도시활력증진지역 개발사업 선정지역	도시생활환경개선, 지역역량강화
	다가구 매입임대 사업	노후주택	저소득층 주거안정 지원
	도시 취약지역 생활여건 개조사업(새뜰마을사업)	도시 내 주거환경취약지역	집수리 지원, 생활인프라 개선, 일자리·복지 등 휴먼케어
농림수산부	농어촌 빈집정보제공사업	농어촌 빈집	이용자 편의 증진을 위한 농어촌 빈집관리체계 구축
	농촌주택개량사업	농촌 노후불량주택	증축, 리모델링 등 주택개보수 비용 지원
	농어촌 집 고쳐주기 사업	농어촌 소외계층의 노후주택	노후주택 수리, 신축
기획재정부	행복마을만들기사업	행복마을만들기사업 선정지역	기초생활기반 확충, 지역역량강화사업을 통합한 종합재생
주택도시보증공사	주택도시기금에 의한 주거환경개선사업	도시영세민 밀집지역의 노후불량주택	주택 개량 등 융자 지원
환경부	슬레이트지붕개량사업	저소득층 노후주택	지붕 개량, 도배, 장판 및 골조 보강, 철거비 지원
보건복지부	현물급여사업	저소득층 노후주택	저소득층 집수리
	농어촌장애인 주택개조사업	장애인 가구 중 기초생활보장수급자 및 차상위 계층	주택 내 편의시설, 안전장치 설치 등 주택개조

한편 지방자치단체에서 추진하고 있는 대표적인 빈집 관련 사업들은 주로 방치된 빈집이 커뮤니티에 미치는 부정적인 영향을 차단하기 위해 철거하거나 또는 철거 후 부족한 커뮤니티 시설(텃밭, 주차장, 소공원, 운동시설 등)을 공급하는 물리적 정비 위주로 시행되어 왔다. 그러나 최근 빈집을 주민참여형 도시재생사업 및 마을 만들기 사업과 연계하여 지역재생의 새로운 자원으로 활용하는 사업들이 늘어나고 있다. 예를 들면 '서울시 빈집살리기 프로젝트'나 '부산시 햇살둥지사업'은 빈집을 리모델링하여 주거취약계층에게 임대하고 있다. 또 '인천시 공가활용사업', '부산시 산복도로 르네상스사업'은 빈집을 리모델링하여 지역 특성에 적합한 공공이용시설, 사회적 기업 및 공익목적 시설로 활용하도록 지원하고 있다.

표 7-4. 지방자치단체에서 추진하고 있는 빈집 관련 사업들

구분	사업
서울특별시	• 빈집 살리기 프로젝트(6개월 이상 비어있는 아파트와 단독주택 등을 리모델링하여 저소득층에 임대주택으로 제공) • 정비사업구역 내 빈집관리방안(체계적인 정비사업구역 내 빈집 관리를 위한 가이드라인 제공)
부산광역시	• 햇살둥지사업(빈집 리모델링 후 반값 임대) • 폐가없는부산만들기사업(공용주차장, 쌈지공원, 텃밭, 주민쉼터, 운동시설, 전망데크 설치) • 산복도로 르네상스(빈집 리모델링하여 카페, 커뮤니티 공간으로 활용하고, 철거하여 도시 텃밭으로 활용) • 행복마을만들기사업(철거 후 공동텃밭 조성) • 사라미사업(장기 방치된 폐·공가를 개선하여 기초생활수급자에게 공급) • 착한 텃밭 프로젝트(빈집을 철거하여 주민들이 이용할 수 있는 텃밭 조성) • 셉테드 환경개선사업 • 빈집정보시스템 구축 사업
인천광역시	• 공가활용사업(빈집을 리모델링하여 공공이용시설, 사회적기업 입주시설 및 공공의 목적으로 사용) • 주거환경개선사업(괭이부리마을과 같은 노후불량주거지를 현지개량방식을 통해 주거환경을 개선하고 일부 주택은 철거 후 공동시설 조성)
대구광역시	• 단독주택 밀집지역 폐공가 정비(철거 후 주민편의시설 설치)
광주광역시	• 공가정비사업(철거 후 주민커뮤니티공간으로 조성) • 문화전당 주변 공폐가 문화공간 조성 • 예술인 공간 창작 공간마을 만들기
대전광역시	• 도심 정비구역내 폐공가 관리 대책(철거하여 공공 용지 공급)

한편 농어촌 정비법을 근간으로 하여 각 지자체에서 벌이고 있는 빈집 사업들도 있다. 하지만 대다수가 주거환경개선을 위한 빈집 철거 및 개축, 수리 등 정비사업 위주이다. 일례로 전북의 경우 빈집 개축과 관련되어 1채당 1천만원을 지원하며, 저소득층이나 노인, 귀농인 등에게 현 시세 가격의 50%의 낮은 임대료로 5년간 임대해주고 있다.

표 7-5. 농어촌 정비법에 따라 지방자치단체에서 추진하고 있는 빈집 관련 사업들

구분	사례
경기도	• 이천시 농촌 빈집 정비사업 • 여주시 농촌주택개량 및 빈집 정비사업 • 양주시 농촌 빈집 정비사업 • 안성시 농촌주택개량 및 빈집 정비사업
인천광역시	• 강화군, 옹진군 농촌 빈집 정비사업
충청북도	• 음성군, 보은군, 옥천군 농촌 빈집 정비사업
충청남도	• 금산군, 부여군 농촌 빈집 정비사업 • 당진군 농어촌 주택개량사업 및 빈집 정비사업 • 청량군 농촌주택개량사업
강원도	• 홍천군 농촌 빈집 정비사업 • 고성군, 인제군 농촌 주택개량사업 및 빈집 정비사업
경상북도	• 영주시, 의령군 농촌 빈집 정비사업
경상남도	• 진주시, 함양군 농촌 주택개량사업 및 빈집 정비사업
전라북도	• 무주군 농어촌 주택개량사업 및 빈집 정비사업 • 고창군 농어촌 빈집 정비사업 • 익산시 농촌 빈집 정비사업
전라남도	• 함평군 농촌 빈집 정비사업
제주도	• 서귀포시 농어촌 주택개량사업 및 빈집 정비사업

4) 빈집 활용과 관련된 법령 및 정책과 사업의 문제점

빈집으로 인해 많은 문제들이 발생하고 문제의 심각성이 부각되자 중앙정부 부처와 지자체는 빈집 정비와 활용을 지원하는 법령 제정과 정책들을 수립하고 실제로 사업을 시행해나가고 있다. 그럼에도 불구하고 빈집의 효율적인 관리와 활용이 원만하게 잘 이루어지지 못하고 있는 실정이다. 그러나 2017년 1월에 입법화된 빈집 및 소규모주택 정비에 관한 특례법으로 인해 지방자치단체장은 빈집실태조사를 위하여 재산세 과세정보, 수도 요금 및 전기 요금 등의 개인정보를 수집·이용할 수 있으며, 붕괴·화재 등 안전사고나 범죄발생의 우려가 높은 경우 등에는 지방자치단체장이 철거 등 필요한 조치를 명할 수 있고, 소유자가 특별한 사유 없이 이에 따르지 아니하면 직권으로 철거할 수 있고, 빈집 정비사업을 원활히 시행하기 위하여 빈집 철거비용을 국비로 보조하고 취득세·재산세 등의 조세감면이나 소규모정비사업 시 건축기준 완화나 임대주택 건립 때 용적률을 완화하는 등 빈집 정비의 법률적 근거를 마련하였다. 따라서 지금까지의 국가와 지방자치단체가 부담하였던 빈집 대책의 문제점을 법률적으로 해소하고 바람직한 방향을 제시하였다고 볼 수 있다. 향후 이 법령에 따라 지방자치단체에서 실질적으로 빈집 정비를 적실하게 수행해나가기를 기대해볼 수 있다. 각 지지체들은 지역특성에 맞는 조례의 개정을 통해 점점 더 증가하게 될

빈집 문제를 잘 해결해나가야 할 것이다. 빈집 정비 및 활용의 문제점들과 이에 대한 개선 방향을 제시하면 다음과 같다.

첫째, 지자체의 빈집 관련조례들이 너무 일반적이고 형식적인 내용만을 규정하고 있어 실제로 빈집 문제를 해결하는 데 구체적으로 작동하기 어렵다. 또한 대다수 빈집 조례들의 초점은 철거 위주의 빈집 정비에 관한 내용들이 많다. 그러나 우리나라 주택 자원의 한계와 녹색건축 등 최근의 추세를 감안할 때 철거 위주의 정비보다는 개·보수를 통한 재활용 위주의 조례 제정과 정책이 필요하다. 영국의 경우와 같이 임대나 재정착 목적의 개량일 경우 지원금을 지급하는 등 개·보수를 통한 빈집의 재활용을 보다 적극적으로 추진할 수 있도록 해야 한다.

둘째, 빈집을 관리·활용하는 데 있어 가장 큰 어려움은 빈집의 현황을 정확하게 제대로 파악하지 못하고 있다는 점이다. 미국의 경우 빈집에 대한 상세한 속성정보뿐 아니라 유휴·방치부동산이 위치한 근린의 정보까지 데이터베이스로 구축하고 있다. 또한 이러한 정보를 지리정보시스템과 연동하여 웹사이트에서 정기적으로 최신화하여 제공하고 있어 누구나 실시간으로 빈집 현황을 파악할 수 있도록 공유하고 있다. 우리나라도 현장 방문조사에 입각한 체계적인 빈집에 대한 인벤토리 구축이 우선적으로 이루어져야만 지역 특성에 부합되는 맞춤형 빈집 활용 방안이 가능할 것이다. 현재 일부 지자체에서 빈집에 대한 현황 조사가 산발적으로 이루어지고 있으나 담당자가 개별적으로 장부를 관리하는 수준에 그치고 있으며, 이에 대한 지속적인 갱신이나 정보 공개가 이루어지지 않고 있다. 부산시의 경우 상수도 정수, 급수중지 등의 정보를 활용해 빈집의 위치와 소유자 공실기간과 같은 1차적 정보를 포함하는 빈집 정보 시스템(70% 신뢰 수준)을 자체적으로 구축하고 있으며, 추후 한전의 전기공급 정보나 관련 기관과의 정보 공유를 통해 다층위적으로 빈집 관련 정보를 생성할 수 있는 연계 시스템 구축을 위해 노력하고 있다(한승욱, 2015). 빈집 정보 시스템 구축을 위해서는 빈집 관련 조사항목과 조사방법의 표준화 및 체계화를 위한 통일된 조사항목과 매뉴얼 개발이 필요하다. 빈집 및 소규모주택 정비에 관한 특례법에 근거하여 빈집정보시스템이 신속하게 구축되어야만 할 것이다.

셋째, 철거할 빈집과 리모델링 또는 존치할 빈집을 구분할 수 있는 객관적 기준 설정이 필요하다. 철거가 필요한 빈집의 경우 그 특성에 따른 구체적인 정비 방법과 비용에 관한 실질적인 가이드라인이 마련되어야 한다. 특히 주택의 노후도, 입지, 편의시설의 부재 등 단편적인 현재 이용가치만을 판단의 기준으로 삼을 것이 아니라, 미래의 수요까지도 고려될 수 있도록 보다 합리적인 철거·보존·활용에 대한 판정 기준과 주택특성에 따른 철거·리모델링·보존 가이드라인을 공공에서 마련하여야 할 것이다. 특히 적절히 관리되지 못하고 장기간 방치된 빈집으로 인해 인근 지역이 슬럼화되거나 여러 가지 사회문제를 야기시키고 있는 경우 신속하게 처리할 수 있는 보다 강력한 법적 수단을 통한 제도적 기반이 마련되어야만 할 것이다.

넷째, 빈집의 효율적인 관리와 활용을 위해서는 주민, 민간 디벨로퍼, 지방자치단체간의 지속적인 교류와 협력이 필수적이다. 우리나라의 경우 아직 지역주민들과의 유대감을 바탕으로 주택에 대한 전문지식을 갖고 있는 민간 전문조직이 많지 않은 편이다. 빈집에 대한 효율적인 재생을 위해서는 유연한 사고를 바탕으로 다양하게 재활용 시도를 할 수 있는 지역에 뿌리를 둔 지역밀착형 민간 전문조직이 필요하다. 미국의 경우 공공성을 지닌 비영리 조직인 커뮤니티 개발회사(CDC: Community Development Corporation)가 빈집을 비롯한 유휴·방치부동산에 대한 현장조사에서부터 철거·유지·관리·재활용에 이르는 모든 단계에서 전방위적으로 활동하고 있다. 독일도 빈집 소유자와 사용자를 중계하고 빈집의 재생을 담당하는 민간조직인 하우스할텐(HausHalten)이 활발하게 활동하고 있다. 더 나아가 빈집의 효율적인 활용을 위해서는 보조금 또는 지원금이 적실하게 운영되어야 한다. 영국의 경우 주택커뮤니티공사(HCA: Homes & Communities Agency)를 통해 빈집에 대한 보조금을 지원해오던 제도를 보완하여 2012년에 빈집 커뮤니티 보조금 프로그램을 운영하고 있다. 이 프로그램을 통해 지역사회의 소규모 단체가 직접적으로 공공기금을 지원받을 수 있게 되었다. 특히 이 프로그램은 정부 대리기관으로 선정된 '트라이블 에듀케이션 앤 러닝(Tribal Education & Learning)'에 의해 운영되며, 지난 3년 동안 111개 기관에 약 6천만 파운드가 지원되었다. 지원 대상이 되는 빈집은 6개월 이상 비어있어야 하며, 매입 활용 또는 15년 이상 임대로 활용하는 경우 주택커뮤니티공사의 '디자인 및 품질 기준 2007'에 따라 개·보수해야 하며, 15년 미만 임대 활용 시에는 적어도 '괜찮은 수준의 주택 기준(Decent Home standard)'에 부합하는 개·보수가 이루어져야 한다. 최근 들어 우리나라도 서울시 은평구 두꺼비 하우징이나 전주시 해피하우스 센터 등 민간 전문조직의 활동이 좋은 결실을 맺고 있는 사례도 있다. 따라서 민간 영역의 공공성을 지닌 조직이 구축될 수 있는 제도적 기반과 이들 조직과의 원활한 연계 및 협력하는 공공 부문의 활동도 시급히 요구된다.

2 상업·복합 유휴·방치부동산 활용과 관련된 법령 및 정책

1) 빈 점포 활용 관련 법

빈 점포 활용의 근간이 되는 법은 「전통시장[2] 및 상점가 육성을 위한 특별법」으로, 이는 전통시장의 시설 현대화, 경영 현대화, 시장 정비지원을 위해 제정되었다. 동법 제17조에서는 빈 점포 활용을 촉진하기 위해 정부와 지방자치단체가 시장에 있는 빈 점포를 비영리법인, 단체 또는 개인이 상인 교육장소, 지역특산품 홍보·판매장소, 청년 상인을 위한 창업보육장소 등으로 활용할 수 있도록 지원할 수 있음을 명시하고 있다.

전통시장 및 상점가 육성을 위한 특별법

제17조(빈 점포의 활용 촉진)

① 정부와 지방자치단체는 시장 등에 있는 빈 점포를 비영리법인, 단체 또는 개인 등 다음 각 호의 장소로 활용할 수 있도록 지원할 수 있다.

1. 상인과 지역주민의 교육, 행사 또는 민원상담 등을 위한 장소
2. 고객안내시설, 편의시설 또는 공동작업을 위한 장소

2의 2. 고객 및 상인을 위한 수유·탁아 시설의 설치 장소

2의 3. 장애인·노인·임산부 및 저소득층 등 고객을 위한 문화교육 프로그램 운영 장소

3. 지역특산품의 홍보 또는 전시판매를 위한 장소
4. 청년상인을 육성하기 위한 창업보육장소
5. 제25조에 따른 상거래현대화의 시범점포 육성을 위한 장소
6. 농어민직영매장의 설치 장소

② 정부와 지방자치단체는 비영리법인, 단체 또는 개인 등이 제1항 각 호의 용도로 빈 점포를 활용할 때에는 시설의 수리 및 임차 등에 필요한 비용을 예산 범위에서 지원하거나 보조할 수 있다.

③ 정부와 지방자치단체는 제1항제2호의3에 따른 문화·교육 프로그램을 이용하는 장애인·노인·임산부 및 저소득층 등 고객에 대하여 그 비용의 전부 또는 일부를 예산의 범위에서 지원할 수 있다.

출처: 법제처

---

2) 전통시장은 인정시장과 미인정시장으로 구분된다. '전통시장 및 상점가 육성을 위한 특별법'으로 보호받기 위한 전통시장의 기준은 점포수 50개 이상으로 도매업·소매업·용역업을 합친 점포가 이 기준을 넘어야 지자체로부터 '인정'을 받을 수 있고, 이 법에 따른 각종 지원과 상권 보호 범위 내에 들어오게 된다(임장규, 2016).

2) 빈 점포 활용과 관련된 정책 및 사업

전통시장은 1996년 유통산업의 개방과 대형마트, 기업형 슈퍼마켓, 상품 공급점의 확산 등 거대 유통기업의 지역상권 침해, 편의점 등 다양한 유통업체의 출현, 온라인 쇼핑몰 등 무점포 경영의 급속한 증가, 소득수준 향상에 따른 소비자 취향의 고급화와 구매행태의 변화 등 외부 환경의 변화에 따라 전통시장을 찾는 소비자가 감소하면서 영업이 위축되기 시작하였다. 또한, 전통시장 시설의 낙후, 전통시장 서비스의 미흡함과 낮은 상품 신뢰도, 고객 서비스와 영업 기법의 낙후, 고객편의시설의 부족, 쇼핑환경의 불편 등 내부 요인들이 복합적으로 작용하면서 전통시장의 경쟁력이 급속하게 낮아지면서 빈 점포들이 속출하게 되었다(남윤형, 2010; 조광익, 2014).

1996년부터 본격화된 전통시장 활성화 정책은 시장의 재개발과 재건축으로부터 시작하여 환경개선 및 시설 현대화 사업이 추진되었지만, 주로 하드웨어적인 물리적인 시설 개선에 초점을 둔 정책이었다. 이러한 정책이 큰 실효성을 거두지 못하게 되자 2004년부터 시장의 경영혁신에 초점을 둔 시장의 소프트웨어를 개선하기 위한 노력이 시도되고 있으나 아직 하드웨어적인 물리적 측면의 투자에 비해 상대적으로 경시되고 있으며, 그 효과에 대한 논의도 매우 부족하다(권혁성·박윤규, 2011; 조광익, 2014).

전통시장 내 점포 중 빈 점포가 9%에 달하는 상황에서 침체에 빠진 전통시장을 활성화하기 위한 정부의 정책은 주로 중소기업청을 통해 이루어졌다. 현재 중소기업청이 추진하는 전통시장 지원사업은 크게 노후화된 시설 개선과 기반시설 설치 등을 지원하는 '시설 현대화 사업', 상거래 현대화, 상인혁신교육, 특성화시장 육성 등 경영혁신을 지원하는 '전통시장 시장경영혁신사업', 전통시장뿐 아니라 인접한 점포밀집 상점가를 지원 대상에 편입시켜 지역 상권 전체의 활성화를 도모하기 위한 '지역상권 활성화 사업', 전통시장의 만성적 주차난 해소를 위한 '주차환경개선사업'으로 구분될 수 있다(표 7-6 참조).

이 외에도 2008년 이명박 정부에서부터 '문화·관광'이 전통시장 활성화의 중요한 키워드가 되면서 문화·관광과 연계하여 전통시장을 활성화하려는 정책이 중소기업청과 문화체육관광부에서 각각 시행되었다. 즉, 문화체육관광부의 '문전성시 프로젝트'와 중소기업청의 '문화관광형시장 육성사업'이다. '문전성시 프로젝트: 문화를 통한 전통시장 활성화 시범사업'이라는 이름에서 알 수 있듯이, 전통시장을 활성화하기 위한 수단으로 하드웨어 시설 개선보다는 문화, 예술, 관광 등과 같은 소프트웨어와 휴먼웨어를 중요시하는 사업이라고 볼 수 있다.

표 7-6. 정부의 전통시장 지원 사업

기관	사업명	사업목적	사업내용	시행년도
중소기업청	**재개발·재건축**	건축물의 노후화가 심각하여 결함이 있거나 경쟁력을 상실한 시장을 재개발·재건축을 통한 활성화 도모	• 재개발·재건축 시장으로 승인되면 건물의 용적률, 건폐율, 건축물 고도제한에서 특례 제공, 취득등록재산세 및 종합토지세 감면, 공사비 융자	1996~
	시설현대화 사업	전통시장 및 상점가의 고객·매출증대 및 상권 활성화를 위해 노후화된 시설 개선, 기반시설 설치 등을 지원	• 시설물 개보수(전기·가스·소방시설 등의 교체·개량) 등 노후시설 개선 • 테마거리 조성 및 홍보시설(거리정비, 홍보·상징조형물 등) 설치 • 지하도 상점가는 화장실, 입구 비가림시설, 화재감시용 CCTV, 지상에 설치하는 아취·조형물에 한하여 지원	2002~
	시장경영 혁신사업	전통시장 및 상점가의 상거래현대화, 상인혁신교육, 특성화시장 육성 등 경영혁신 지원을 통하여 고객 및 매출증가로 상권 활성화를 도모	• 마케팅지원 • 상인교육 • 시장관리 • 특성화시장육성(글로벌명품시장, 문화관광형시장, 골목형시장) • 전통시장 IC기반 구축 • 청년창업 등(청년상인 창업지원, 청년몰 조성, 전통시장 대학협력) • 전통시장 진흥센터, 상권 활성화 등	2004~
	주차환경 개선사업		• 공영주차장 건립지원, • 공공시설 주차장 공유 • 사설주차장 이용 지원	
	지역상권 활성화 사업	전통시장뿐 아니라 인접한 점포밀집 상점가를 지원 대상에 편입시켜 지역 상권 전체 활성화	• 시장 및 인접상권 연계개발 추진 • 상점가 활성화 지원 • 상권 활성화 지원기능 강화	2011~
문화체육관광부	**문화를 통한 전통시장 활성화 시범사업 (문전성시 사업)**	전통시장을 지역문화공간이자 일상의 관광지로 조성하여 전통시장 활성화, 지역민의 문화향유 제고	• 상인참여형 문화콘텐츠 개발 및 프로그램 운영(상인극단, 상인합창단 등) • 시장별 전통과 특성을 활용한 문화마케팅(스토리텔링, 시장브랜드 개발 등) • 문화적 환경 조성(김광석 길 등 공공미술, 꽁치극장 조성 등)	2008 ~2012

출처: 문화체육관광부(2014), 중소기업청(2014)

한편 중소기업청의 '문화관광형시장 조성사업'은 전통시장 활성화를 위해 관광을 활용한 사업이다. 2008년부터 시행된 문화체육관광부의 '문전성시 프로젝트'는 2012년에 종료되었고, 중소기업청의 '문화관광형시장 육성사업'은 규모나 예산이 오히려 확대될 것으로 예상된다(조광익, 2014).

표 7-7. 2016년도 전통시장 및 상점가 활성화 지원 사업

사업명		지원내용	지원한도	지원조건
시장경영 혁신지원 사업	청년몰 조성	전통시장 유휴공간을 활용, 청년몰 조성·육성을 위한 기반조성 및 공동마케팅 등을 지원 (청년 창업공간의 집적화가 가능한 곳)	청년몰당 15억원 이내	국비 50% 지방비 40% 자부담 10%
	청년상인 창업지원	전통시장내 창업을 희망하는 청년층에 창업에 따른 임차료, 인테리어 비용, 컨설팅, 홍보·마케팅 등을 지원	점포당 25백만원 이내	국비 60~100%
	장보기.배송서비스	전통시장 장보기 및 배송, 콜센터 인력운영을 위한 인건비 지원	시장당 3년간 85백만원 이내	국비 50%~90%
	상인대학	특성화시장 신청 예정 시장 대상으로 특색개발, 상인조직강화 등을 중점 교육해 추진역량 제고	20회 교육(40시간)	국비 90% 상인회 10%
	ICT 전통시장	전통시장 내 ICT카페 설치, 스마트 전단지·쿠폰발급 시스템 및 모바일 POS기 보급, ICT기기 활용교육 등	시장당 20백만원 이내	국비 100%
	전통시장-대학협력	전통시장과 대학을 연계하여 청년층의 눈높이에 부응하는 상품, 콘텐츠, 서비스 개발 지원	사업추진단별 130백만원 이내	국비 100%
	우수시장 상품전시회	지역 전통시장 우수상품 및 특산품 홍보·판촉을 위한 전시회 개최 (시장 10곳, 상인 50명 이상 참가)	지회당 48백만원 이내	국비 70% 상인회·지자체 30%
	글로벌 명품시장	한류체험 및 명품거리 조성, 관광프로그램 운영, 통역·환전 등 서비스 품질 제고, 한류음식 개발 등 - 글로벌명품시장으로 신청한 곳 중 현재는 글로벌 역량 등이 미흡하나 중·장기적으로 성장가능성이 높은 시장을 별도 선정 지원(지역 선도시장)	시장당 3년간 5,000백만원 이내 *선도시장 3년간 2,500백만원	국비 50% 지방비 50%
	문화 관광형시장	지역축제·관광자원과의 연계 전통시장내 다양한 먹거리·볼거리·즐길거리·살거리 등의 콘텐츠 개발	시장당 3년간 1,800백만원 이내	국비 50% 지방비 50%
	골목형시장	시장별 특화상품 개발, 커뮤니티 조성 등 시장별 특화요소를 발굴하여 '1시장 1특성화'	시장당 600백만원 이내	국비 50% 지방비 50%
시설현대화사업		아케이드, 고객지원센터, 진입도로 등 고객편의 및 공동이용시설, 전기·가스·소방시설 및 CCTV 등 안전시설	사장당 80억원 이내 (700점포 이상 시장은 110억원)	국비 60% 지방비 30% 자부담 10%
주차환경개선사업		공공시설 주차장 활용(주차요원 급여, 주차관제시설 설치 등), 사설주차장 이용 보조	-	국비 60% 지방비 40%

출처: 중소기업청(2015b).

최근 들어 전통시장 내 빈 점포에 청년 상인이나 지역 예술인을 유치함으로써 시장의 활력을 증진시키려는 정책이 시행되고 있다. 가장 대표적인 곳은 광주 '대인시장'이다. 여기서는 지역의 젊은 예술가들이 시장 상인들과 함께 그림, 공예, 조각을 판매하거나 체험, 전시 행사를 개최하는 활동을 통해 많은 관광객들이 시장을 방문하고 있으며, 시장이 지역의 문화공간으로 자리매김하고 있다. 2011년 문전성시 대상지로 선정된 뒤 시장 2층 빈 점포에 노천카페, 칵테일바, 각종 액세서리 가게, 보드게임방까지 일반 전통시장에서는 볼 수 없는 다양하고 참신한 청년 상인들의 작은 가게들이 자리하게 되었다. 2011년 2개 점포로 시작하였지만 2016년 현재 입점해 있는 가게 수는 총 33개에 이른다. 입소문을 타고 젊은 방문객들의 발길이 이어지면서 남부시장의 매출도 과거에 비해 15~20% 이상 상승한 것으로 나타나고 있다(남동진, 2015).

이러한 청년·예술이 되살린 전통시장의 성공 사례를 전국으로 확산하자는 취지에서 시도된 중소기업청의 '청년몰 조성사업'은 전통시장 내 빈 점포를 활용한 청년상인 집합 쇼핑몰인 '청년몰' 조성에 청년몰 1개당 15억 원을 지원하고 있다. '청년몰 조성사업'은 지역별 상권의 특성이 반영된 감성 컨셉을 설정하여 기반 조성 및 점포 리모델링을 추진하고, 전략적인 업종 배치와 청년 상인을 모집하여 점포 입점을 하게 된다. 상인회와 연계한 공동 마케팅과 인터넷 홍보와 청년상인 아카데미를 통해 업종별 교육과 현장교육도 실시한다. 2016년 시점에서 전국 16개 전통시장을 사업대상으로 선정하여 250억 원을 투입하고 있다. 2016년 7월~2017년 12월(18개월간)까지 상권의 특성을 반영한 점포 개선사업을 진행하고 청년 상인을 모집하여 입점시킬 계획이다. 청년몰 조성사업을 통해 기존 전통시장 구조개선 중심의 지원에서 탈피해 열정과 아이디어를 갖춘 청년 상인을 통해 스스로 변화하고 자생력을 강화하는 방향으로 정책 패러다임이 전환되고 있다. 특히 청년몰 사업을 통해 젊은 고객들을 유인하고 전통시장에 새바람을 불어넣으며, 쇼핑과 문화, 놀이가 융합된 지역 상권의 랜드마크로 육성하는 것이다. 특히 청년몰은 인바운드 마케팅(in-bound marketing)[3]으로 마치 전투 지역의 행군에서 부대의 전방을 경계·수색하는 부대와 같이 전통시장의 활기를 불어넣는 데 선두주자 역할을 해주리라 기대되고 있다(김민진, 2016).

3) 기존의 판매 전단지나 TV, 전통적인 광고에 의존한 아웃 바운드(out bound) 마케팅에 비해 인바운드(in-bound) 마케팅은 예산을 절감하면서도 잠재 고객 스스로가 찾아오게끔 하는 새로운 마케팅 전략이라고 볼 수 있음. 인바운드 마케팅은 일반적으로 블로그, 포드 캐스트, 비디오, 소셜 미디어 등을 활용하여 잠재 고객의 관심을 불러 모으고 시장을 스스로 찾아오도록 재미 있는 콘텐츠를 웹사이트를 통해 알리기도 함.

표 7-8. 2016 전통시장 청년몰 조성사업 선정시장 리스트

연번	시도	시군구	시장명	육성점포 수
1	서울	서대문구	이대앞스타트업상점가	25
2	인천	강화군	강화중앙시장	20
3	광주	동구	남광주해뜨는시장	20
4	광주	서구	양동수산시장	20
5	경기	수원시	영동시장	20
6	경기	평택시	통북시장	20
7	강원	원주시	원주중앙시장	20
8	충북	제천시	제천중앙시장	25
9	충북	충주시	관아골상가	20
10	충남	부여군	부여도심상권활성화구역	20
11	충남	천안시	천안명동패션상점가	20
12	전북	전주시	서부시장상점가	25
13	전북	군산시	군산공설시장	20
14	경북	경주시	북부상가시장	20
15	경북	구미시	선산종합시장	25
16	경남	진주시	진주중앙지하도상가	21
계				**341**

출처: 중소기업청(2016).

또한, 중소기업청의 시장경영혁신사업의 일환으로 추진되는 '전통시장 특성화사업'에서도 빈 점포를 청년 상인에게 제공하는 정책을 실시하고 있다. 2015년의 경우 만 40세 미만의 청년을 대상으로 100개의 빈 점포에 51억 원을 투입하여 임차료 지원과 교육·컨설팅 지원 및 입점 후 경영자문을 시행하였다.

3) 빈 점포 활용과 관련된 정책 및 사업의 문제점

최근 빈 점포를 시장 활성화의 귀중한 자산으로 간주하고 이를 다양하게 재활용함으로써 시장의 활력을 증진시키고 집객력을 높이기 위한 다양한 정책들이 활발히 추진되고 있다. 그러나 이와 같은 빈 점포의 재활용 정책이 시행된 지 얼마 되지 않았기 때문에 정책의 성과를 평가하기 다소 이르다고 볼 수 있다. 그럼에도 불구하고 빈 점포 활용을 위한 문제점과 정책적 제언을 하면 다음과 같다.

첫째, 그동안 중소기업청에서 실시한 시장 지원정책과 사업들은 전통시장 중에서도 등록시장과 인정시장에 입지해 있는 상점에만 국한되어 이루어졌다. 실질적으로 시장의 기능을 하면서도 법령상 근거가 없어 각종 지원 대상에서 제외된 사실상 정

부시책의 사각지대에 있는 무등록 또는 미인정시장, 그리고 전통시장은 아니지만 구도심의 쇠퇴한 영세 골목상권 내 위치한 빈 점포에 대해서도 최소한의 기반시설 설치와 안전시설의 정비 및 시장 활성화를 위한 전략이 수립되어야 한다.

둘째, 빈 점포를 청년 상인이나 지역 예술가들에게 제공하는 중소기업청의 '문화관광형시장 지원사업'은 광역자치단체장의 추천 방식으로 이루어지며, 문화체육관광부의 '문전성시 프로젝트'는 공모 방식을 통해 이루어지고 있다. 이러한 추천과 공모 방식에 따르면 모두 상대적으로 여건이 우수하고 선정될 가능성이 높은 시장, 예산 지원의 효과나 성과가 높을 것으로 기대되는 시장이 추천되고 선정되는 경향이 강하다. 전통시장 지원에 따른 성과 중심의 선정 및 지원도 중요하지만, 전체 시장의 균형발전도 고려될 필요가 있다. 객관적인 측면에서 지원이 필요한 시장, 여건이 나쁘더라도 균형적인 발전 측면에서 지원이 필요한 시장, 추진 주체의 의지나 역량이 뛰어난 시장 등을 종합적으로 평가하여 선정이 이루어질 필요가 있다. 특히 '문화관광형시장 지원사업'은 모두 '시설 현대화사업'이 이루어진 시장을 대상으로만 한다. 이는 정부 지원을 받은 시장이 거듭 지원을 받게 되어, 이른바 빈익빈, 부익부 현상을 유발할 가능성도 크다. 상대적으로 여건이 우수한 시장에 정부 예산이 집중되게 되는 반면에 시장의 제반 여건이 열악하여 정부 지원이 매우 필요한 낙후된 시장은 정부 지원에서 배제되는 악순환이 발생할 수도 있다(조광익, 2014).

셋째, 정부의 전통시장 지원사업은 대체로 단기간에 가시적인 성과를 얻을 수 있는 물리적 시설사업 중심으로 이루어져 왔다. 전통시장 시설 현대화 사업의 일환으로 한동안 유행한 전통시장 아케이드 설치의 경우 아케이드가 오히려 햇빛을 너무 막아서 시장 내부 활력을 떨어뜨리고 어느 시장이나 비슷비슷한 외양을 갖춘 획일적인 모습을 갖게 만들었다는 평가를 받기도 했다(이덕훈 외 2011; 조광익, 2014). 마찬가지로 빈 점포 재사용에 대한 지원도 기반시설 위주의 하드웨어적 시설 개선에 치우치고 있다. 따라서 시장의 특성, 지역의 특성, 상인의 특성 및 이용자의 특성에 대한 조사를 바탕으로 기존과는 다른 새로운 차별적 지원 전략 수립이 필요하다. 전통시장이 차별적인 경쟁력을 가질 수 있도록 소프트웨어 측면에 대한 지원을 강화하고 상인들이 자발적으로 전통시장 발전을 위해 협력하고 노력하고 있는 전통시장을 중심으로 집중적으로 지원할 필요가 있다.

3 산업 유휴·방치부동산 활용과 관련된 법령 및 정책

1) 노후산업단지 재생과 관련된 법

통상적으로 산업단지는 완공된 지 20년이 경과하면 노후산업단지로 분류된다. 이러한 기준을 적용하는 경우 2013년 말 기준 전국 총 1,033개 산업단지 중 103개(국가산단 28개, 일반산단 75개)가 노후산업단지에 속한다. 특히 국가산업단지의 경우 전체 41개 중 약 70%가 노후산업단지에 속한다(한국산업단지공단, 2014). 이에 따라 2000년대 들어와 산업단지의 노후화 문제를 해결하기 위해 정부는 산업단지 관련 법령의 개정을 통해 노후산업단지의 재생과 구조고도화 및 노후산단 경쟁력 강화를 위한 법령을 제정하고 시범사업을 추진하고 있다. 좀 더 구체적으로 살펴보면 산업입지법 제39조의 2에 의하면 산업구조의 변화, 산업시설의 노후화 및 도시지역의 확산 등으로 산업단지 또는 공업지역의 재생이 필요한 경우에는 해당 산업단지 또는 공업지역을 재생사업 지구로 지정할 수 있도록 규정하고 있다. 또한 산업집적법 제45조의 2에 의하면 ① 산업여건의 변화, 주변 지역의 도시화 등으로 산업단지의 업종 고부가가치화 및 산업재배치가 필요한 경우, ② 입주기업체의 경영활동을 지원하기 위해 산업기반시설·산업집적기반시설·공공시설 등 유지, 보수, 개량 및 확충이 필요한 경우, ③ 산업단지의 경쟁력 강화를 위하여 관리권자가 필요하다고 인정하는 경우 산업단지 구조고도화사업을 시행할 수 있다고 규정되어 있다. 가장 최근에 제정된 노후거점산단법 제2조 제1호에서 "노후거점산단은 착공 후 20년 이상된 국가 및 일반산업단지 중 균형 있는 지역발전과 건전한 국민경제 발전의 주요 거점역할을 하는 산업단지"로 정의하고 있다. 특히 착공 후 20년 이상된 국가 및 일반산업단지 내 입주업종의 고부가가치화, 기업지원서비스의 강화, 산업단지 기반시설과 지원시설 및 편의시설의 유지, 보수, 개량 및 확충 등을 통해 산업입지의 기능을 향상시킬 필요가 있는 산단이라고 정의되어 있다.

노후 산업단지 리모델링이란 노후 산업단지의 경쟁력 강화를 위해 물리기반 시설, 환경 및 복지시설, 산업구조 및 혁신역량을 개선하여 산업단지로서의 기능을 회복시키고 지역경제 활성화와 지역주민의 삶의 질 개선에 기여하는 사업을 말한다. 노후 산업단지의 리모델링사업을 추진하기 위한 제도적 기반으로는 산업입지법에 의한 산업단지 재생사업과 산업집적법에 의한 구조고도화사업, 노후거점산단법의 경쟁력강화사업을 들 수 있다. 즉, 우리나라의 경우 「산업입지 및 개발에 관한 법률」, 「산업집적활성화 및 공장설립에 관한 법률」, 그리고 「노후거점산업단지의 활력증진 및 경쟁력강화를 위한 특별법」을 기반으로 노후산업단지의 재생 및 경쟁력 강화 사업을 펼쳐나갈 수 있는 기반이 되고 있다. 실제로 국토교통부에서는 「산업입지 및 개발에 관한 법률」 제39조의 2항에 따라 준공된 지 20년 이상 지난 산업단지 또는 공업지역에 '재생사업지구'[4]를 지정하였다. 현재까지 2009년에 4곳, 2014년에 4곳, 2015년에 10곳을 선정하여 재생사업을 추진 중이다. 최근 개정안(2015.8.11)에서는 재생사업지구 내 일부 구역(지구의 30% 이내)을 '활성화구역'으로 지정하여 건폐율·용적률을 완화하고, 개발이익 재투자 면제 등 각종 인센티브를 부여하여 재생사업을 2~3년 이상 빠르게 추진하도록 지원하고 있다. 산업단지 재생사업의 초점은 노후 산업단지의 기반시설 개선, 산업시설의 현대화, 지원기능의 강화, 지식기반산업을 비롯한 첨단산업으로의 전환 등 기반시설 위주의 재생사업으로, 지정권자의 승인을 받아 관리기관이 추진하는 사업이다.

한편 산업통상자원부도 「산업집적활성화 및 공장설립에 관한 법률」 제45조의 2에 따라 2009년 12월에 남동, 반월시화, 구미, 익산의 4개 국가산업단지를 구조고도화 시범단지로 선정하여 2010~2013년까지 4년간 사업을 추진하였다. 이후 구조 고도화사업은 근로생활의 질이 보장된 산업단지로 재창조시키고자 하는 'QWL16 밸리 조성사업'으로 동시에 추진 중이다. 산업단지 구조고도화사업의 초점은 산업단지 입주업종의 고부가가치화, 기업지원 서비스의 강화, 산업집적기반시설 및 산업기반시설의 유지·보수·개량·확충을 통하여 기업체 등의 유치를 촉진하고, 입주기업체의 경쟁력을 제고하기 위하여 관리기관이 사업계획을 수립하여 관리권자의 승인을 받아 추진하는 사업이다.

이와 같이 산업단지재생(국토교통부 소관)의 경우 기반시설 정비·확충에 초점을 두고 있으며, 구조고도화(산업통상자원부 소관)의 경우 입주업종의 첨단·고부가가치화에 초점을 두고 있다. 이렇게 부처별로 이원화된 정책으로 인해 발생하는 비효율성을 해결하고, 노후산단의 특성에 맞춘 리모델링을 추진하기 위하여 「노후거점산업단지의 활력증진 및 경쟁력강화를 위한 특별법(2015.1.6. 제정)」을 제정하여, 범정부적인 노후산단의 경쟁력을 강화하고자 하고 있다. 이에 따라 기존 구조고도화사업과 재생사업을 '노후산단 경쟁력 강화사업'으로 통합하여 양 부처 협업을 토대로 체계적인 노후산단 리모델링 사업을 추진할 수 있는 토대가 마련된 것이다. 「노후거점산단법」은 노후 거점산업단지의 활력증진과 경쟁력강화에 대한 공공의 역할 및 지원을 강화하여 균형 있는 지역발전과 국민경제 발전에 이바지하고자 제정되었다.

---

4) 1차 재생사업지구(2009년): 대구(3공단·서대구), 전주, 대전, 부산
2차 재생사업지구(2014년): 안산, 구미, 춘천, 진주
3차 재생사업지구(2015년): 양산, 인천(남동), 성남, 광주(하남), 청주, 익산, 대구(성서), 대구(염색), 순천, 서울(온수)

<산업입지 및 개발에 관한 법률 가운데 노후산단 재생관련 법령 개요>

2009.12.19.; 2011.8.4. 전문개정; 2016.5.23. 일부 개정

제39조의2(재생사업지구의 지정)

•시·도지사 또는 시장·군수·구청장은 산업구조의 변화, 산업시설의 노후화 및 도시지역의 확산 등으로 산업단지 또는 공업지역의 재생이 필요한 경우에는 해당 산업단지(시장·군수·구청장의 경우에는 국가산업단지는 제외한다) 또는 공업지역을 재생사업지구로 지정할 수 있다.

•시·도지사 또는 시장·군수·구청장은 효과적인 재생사업을 위하여 필요할 때에는 산업단지 또는 공업지역의 주변 지역을 포함하여 재생사업지구를 지정할 수 있다.

• 재생계획에는 다음 각 호의 사항이 포함되어야 한다.

1. 재생사업지구의 명칭·위치·면적
2. 재생사업의 기본방향과 목적
3. 재생사업의 시행자
4. 재생사업 시행방법(존치지역에 관한 사항을 포함한다)
5. 재생사업지구 기초조사와 현황조사
6. 산업재배치 또는 업종첨단화 계획 및 이에 대한 수요조사
7. 토지이용계획, 교통·물류·환경 등 기반시설 계획 등
8. 재생사업지구의 입주기업, 토지소유자, 관련 이해당사자의 의견
9. 기반시설의 비용분담계획
10. 기반시설의 민간투자사업에 관한 계획(필요한 경우만 해당한다)
11. 단계적 사업추진에 관한 사항
12. 수용·사용할 토지·건축물 또는 그 밖의 물건이나 권리가 있는 경우에는 그 세부 목록
13. 재원 조달계획

제39조의3(재생사업지구 지정의 고시)
제39조의4(공장소유자 등의 의견 청취)
제39조의5(재생사업지구 지정 요청)
제39조의6(재생사업의 시행방식)
제39조의7(재생시행계획의 승인)
제39조의8(토지소유자 등의 동의)
제39조의9(순환개발방식의 개발사업)
제39조의10(재생사업에의 준용)
제39조의11(재생사업지구 지정에 따른 산업단지 지정 의제 등)
제39조의12(재생사업 활성화구역의 지정)
제39조의13(활성화구역에 대한 특례)
제39조의14(입주기업 지원대책)
제39조의15(개발이익의 재투자)
제39조의16(토지거래 계약에 관한 허가구역의 지정)
제39조의17(재생사업 지원을 위한 특례)
제39조의18(재생사업의 총괄 관리)
제39조의19(산업단지재생특별회계의 설치 및 운영)
제39조의20(산업단지재생추진협의회 설립)
:

2015.5.23. 일부 개정 내용

• 산업단지 내 산·학·연 클러스터 형성을 촉진하기 위하여 산업시설용지에의 교육연구시설 입주를 산업단지 종류와 관계없이 허용하고, 산업단지의 개별 관리에 따르는 비효율을 제거하기 위하여 연접한 산업단지를 통합하여 지정할 수 있도록 하며, 산업단지 기반시설 지원사업 중 일정한 사업에 대해서는 타당성 평가를 의무화하는 등 현행 제도의 운영상 나타난 일부 미비점을 개선·보완함

<산업집적 활성화 및 공장설립에 관한 법 가운데 산업단지 구조고도화 사업관련 법령 개요>

제5장의 2 산업단지구조고도화사업의 추진 <신설 2010.4.12.><개정 2011.8.4.>

제45조의2(산업단지구조고도화사업계획의 수립)

① 관리권자는 「산업입지 및 개발에 관한 법률」 제37조에 따른 준공인가를 받은 산업단지가 다음 각 호의 어느 하나에 해당하는 경우에는 제45조의3에 따른 사업시행자로 하여금 산업단지구조고도화사업(「산업입지 및 개발에 관한 법률」 제2조 제9호에도 불구하고 대통령령으로 정하는 건축사업)을 포함한다.

1. 산업 여건의 변화, 주변 지역의 도시화 등으로 산업단지의 업종 고부가가치화 및 산업재배치가 필요한 경우
2. 입주기업체의 경영활동을 지원하기 위하여 산업기반시설·산업집적기반시설·공공시설 등의 유지·보수·개량 및 확충이 필요한 경우
3. 그 밖에 입주기업체의 지원 및 산업단지의 경쟁력을 강화하기 위하여 관리권자가 필요하다고 인정하는 경우

② 사업시행자가 구조고도화사업을 실시하려는 경우에는 다음 각 호의 사항을 포함한 산업단지구조고도화계획(이하 "구조고도화계획"이라 한다)을 수립하여 관리권자의 승인을 받아야 한다.

1. 구조고도화사업 대상 산업단지의 현황 및 경쟁력 분석
2. 구조고도화사업 대상 산업단지의 발전전략과제
3. 구조고도화사업의 시행기간 및 시행자
4. 구조고도화사업 예정지구의 위치 및 면적
5. 구조고도화사업 예정지구의 현황 및 경쟁력 분석
6. 구조고도화사업의 시행방법
7. 토지이용계획의 변경에 관한 사항
8. 산업집적기반시설·산업기반시설·공공시설 등의 정비 및 확충 방안
9. 성장유망산업의 배치 및 입주업종의 첨단화·고부가가치화 방안
10. 기업·연구소·대학 등의 유치, 산학융합 활성화계획과의 연계방안
11. 재원조달방안
12. 제45조의6에 따른 개발이익의 재투자 계획

③ 구조고도화사업 예정지구의 위치 및 면적은 다음 각 호의 기준을 모두 충족하여야 한다.

1. 「산업입지 및 개발에 관한 법률」 제39조의2제5항에 따라 수립·고시된 산업단지 재생계획상의 지역과 중복되지 아니할 것
2. 이미 추진되었거나 추진 중인 구조고도화사업지구를 포함하여 전체 산업단지 면적의 100분의 10을 초과하지 아니할 것

④ 사업시행자는 구조고도화계획을 수립하기 전에 구조고도화사업 대상 산업단지의 관리권자와 협의하여야 하며, 해당 관리권자는 해당 산업단지지정권자와 협의하여야 한다. 이 경우 사업시행자는 그 협의 결과를 구조고도화계획에 반영하여야 한다.

제45조의3(산업단지구조고도화사업의 시행자)
제45조의4(다른 법률에 따른 인가·허가 등의 의제)
제45조의5(비용부담 등)
제45조의6(개발이익의 재투자)
제45조의7(준공인가)
제45조의8(공공시설의 귀속)

<노후거점산업단지의 활력증진 및 경쟁력강화를 위한 특별법 개요>

제 1장: 총칙

•**사업대상·정의:** 국가산업단지 또는 일반산업단지로 착공 후 20년 이상이 경과한 산업단지 중 균형있는 지역발전과 건전한 국민경제 발전의 주요 거점역할을 하는 산업단지를 '노후거점산업단지', '경쟁력강화'를 "산업단지 내 입주업종의 고부가가치화, 기업지원서비스의 강화, 산업단지 기반시설과 지원시설 및 편의시설의 유지·보수·개량 및 확충 등을 통하여 산업입지의 기능을 향상시키고 산업단지의 경쟁력을 높이는 것"을 정의하고 산업단지 기반시설 설치사업, 산업집적, 인력양성 및 연구기반 구축, 정주여건 등 근로자 생활환경 개선, 문화환경 개선을 경쟁력강화사업으로 열거

제2장: 경쟁력 강화 추진체계

•경쟁력강화추진위원회: 노후거점산업단지 경쟁력강화에 관한 정책을 추진하기 위해 국무총리 소속으로 노후거점산업단지 경쟁력강화추진위원회를 설치 (제5조)

•지방경쟁력강화추진협의회: 노후거점산업단지 경쟁력강화 관련 지자체의 주요 시책 등의 심의 및 자문을 위해 지자체에 경쟁력강화추진협의회를 둘 수 있음 (제6조)

•경쟁력강화지원기구 등: 경쟁력강화 사업 추진을 위한 지원기관을 지정할 수 있으며, 산단 입주기업 체·토지소유자 등으로 구성된 경쟁력강화관계자협의회를 설립할 수 있도록 함 (제7조, 제8조)

제3장: 경쟁력 강화 전략계획 등

•**경쟁력강화전략계획 수립:** 전략계획수립권자(산업통상자원부장관과 국토교통부장관)는 10년 단위의 노후거점산업단지 경쟁력강화 전략계획을 5년마다 수립하고, 수립을 위해 실태조사 가능

제4장: 경쟁력 강화 사업지구 지정 및 시업시행 등

•**경쟁력강화사업지구 공모 등**: 전략계획수립권자는 노후거점산업단지를 관할하는 지방자치단체를 대상으로 경쟁력강화사업지구를 공모하고 평가결과를 토대로 경쟁력강화사업지구를 지정(제11, 12조)

•**경쟁력강화사업의 시행**: 경쟁력강화사업지구의 사업시행자(국가 또는 지자체, 대통령령으로 정하는 공공기관 또는 그 밖에 대통령령으로 정하는 자)는 '노후거점산업단지 경쟁력강화 사업계획'을 수립하여 전략계획수립권자의 승인을 받아야 하며, 사업계획의 승인 또는 변경승인을 받은 경우에는 28가지의 인·허가를 받은 것으로 의제 (제13조~제15조)

•**비용부담 등**: 경쟁력강화 비용은 사업시행자가 부담하고, 사업시행자등은 개발이익의 일부를 경쟁력강화사업에 재투자하여야 함 (제16조, 제17조)

•**별도 회계의 설치**: 사업시행자는 경쟁력강화사업에 대한 원활한 사업비의 조달 및 집행을 위하여 별도의 회계를 설치·운영하여야 함. 경쟁력강화사업 계정은 개발이익, 출연금, 차입금 등의 재원으로 운용 (제18조)

제5장: 경쟁력 강화 활성화를 위한 지원 및 규제 특례

•**자금지원**: 국가 또는 지자체는 경쟁력강화사업의 원활한 수행을 위하여 행정적·재정적·금융적 지원을 할 수 있고, 경쟁력강화사업에 필요한 비용의 전부 또는 일부를 보조·융자할 수 있도록 함

•**조세·부담금 감면**: 경쟁력강화사업의 원활한 추진을 위하여 필요한 경우에는 각 개별법에서 정하는 바에 따라 조세 및 부담금 등을 감면할 수 있도록 함 (제23조)

•**민간투자사업**: 전략계획수립권자는 사회기반시설에 대한 민간투자법에 따라 민간투자사업으로 산업단지 기반시설 설치 가능 (제24조)

•**다른 법률 등에 대한 특례**: 경쟁력강화사업 입주기업, 입주시설에 대해서는 산집법 등과 달리 정할 수 있도록 하며, 시·도의 조례에도 불구하고 「국토의 계획 및 이용에 관한 법률」제77조 및 제78조에 따른 용도지역별 최대한도 범위 내에서 건폐율 및 용적률을 완화 (제25조)

2) 노후산업단지 재생과 관련된 정책 및 사업

노후산업단지 재생과 관련된 사업은 산업통상자원부와 국토교통부가 주축이 되어 추진해오고 있다. 산업통상자원부는 '산업단지 구조고도화 사업'으로 국토교통부는 '산업단지 재생사업'으로 각각 노후산업단지의 재생사업을 진행해왔으나, 정책적 목적과 사업 내용이 유사한 사업을 두 개의 부처가 다른 법률에 따라 추진하면서 예산 낭비 등 사업 효율성 저하, 정부의 지원 부족 등으로 뚜렷한 성과를 거두지 못하고 있다. 정부는 이러한 문제를 해결하기 위해 부처별 역량을 결집하여 공동으로 노후산단 재생을 추진하고자 2013년 9월 25일 '산업단지 경쟁력 강화 방안'을 발표하였다. 이를 통해 산업통상자원부, 국토교통부 등 관계부처가 합동 추진단을 구성하여 노후산단을 진단하고 2017년까지 최대 25개 단지를 선정하여 리모델링 사업을 실시하는 것으로 명시하였다. 2013년 말에 관계부처 합동 추진단이 '노후산단 리모델링 종합계획'을 발표한 후 본격적으로 노후산단 리모델링을 추진하고 있다(이정찬 외, 2015). 여기서는 국토부에서 주관하는 산업단지재생사업, 산업부에서 주관하는 구조고도화사업, 공동으로 주관하는 노후거점산업단지 경쟁력 강화사업으로 구분하여 살펴보고자 한다.

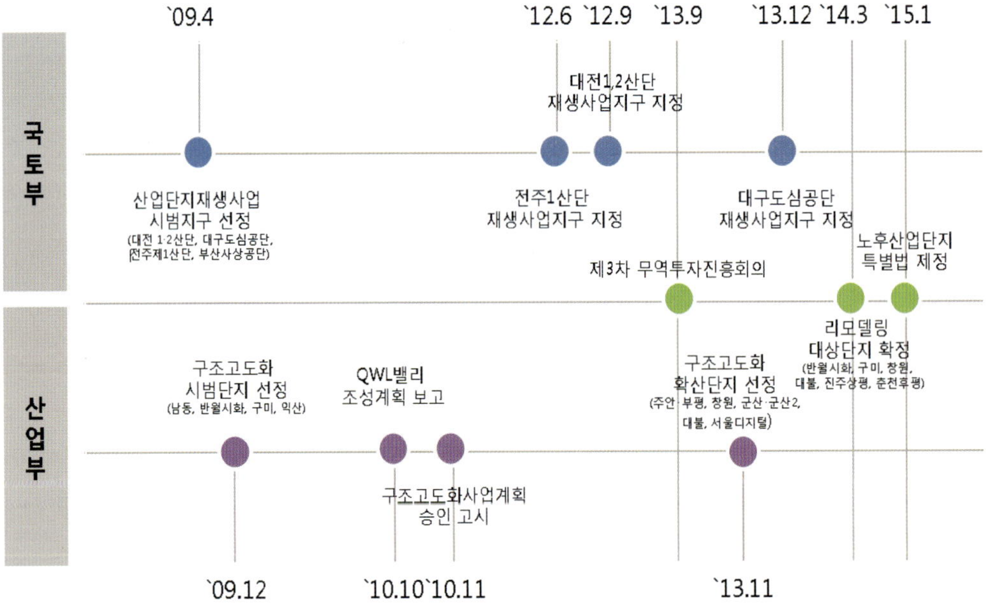

출처: 서연미·김용환(2015).

그림 7-2. 산업단지 재생 관련 사업들의 추진 과정

(1) 산업단지 재생사업

노후산업단지는 주로 생산을 위한 시설 위주로 조성되었기 때문에 지원·편의시설이 매우 부족하다. 진입도로, 주차장, 물류창고, 상하수도 등의 기반시설도 빈약하며 생산, 산업, 환경, 주거, 복지 등 다양한 측면에서 경쟁력을 점차 잃어가고 있으며, 전통적인 제조업종 중심으로 형성되어 있어 산업구조 변화에 적응하지 못하고 있다. 이러한 문제점을 해결하기 위해 산업구조 변화에 맞게 첨단산업으로 재편하고 그와 더불어 기반시설과 기타 지원·편의시설을 개선하여 경쟁력을 높이고자 노후산단에 대한 재생사업이 시행되었다. '산업단지 재생사업'이란 노후화된 산업단지, 공업지역 및 그 주변지역에 재생사업지구를 지정하고 산업단지 기능을 확충시키고 기반시설과 지원시설 및 편의시설을 확충·개량하기 위하여 시행하는 사업이라고 볼 수 있다. 국토교통부는 2009년 9월 전국의 20년이 경과한 산업단지 중 평가를 거쳐 시범사업지구 4개 산업단지를 선정하였다. 시범단지로 선정된 산업단지는 대전 1·2산단, 대구도심공단, 전주 제1산단, 부산사상공단이다. 산업단지 재생을 위한 수립 비용 가운데 간선도로, 공원, 녹지, 주차장 등 기반시설 확충 및 개선비용에 대해서 50%의 범위에서 국비 지원을 한다.

(2) 산업단지 구조 고도화 사업

산업단지 구조고도화 사업이란 산업단지 입주업종의 고부가가치화, 기업지원서비스의 강화, 산업집적기반시설 및 산업기반시설의 유지·보수·개량 및 확충을 통하여 기업체 유치를 촉진하고, 입주기업체의 경쟁력을 높이기 위해서 수행하는 사업이다. 2009년 12월 노후국가산업단지인 반월·시화, 남동, 구미, 익산의 4개 단지를 시범사업 대상지로 선정하여 산단 구조고도화 1단계 시범사업으로 2010~2014년까지 4년간 업종고도화시설, 산업집적시설, 산업기반시설, 공공시설, 문화시설 등을 확충·개선하는 등 총 32개 사업을 추진하였다. 2010년 10월에는 산업단지 근로생활의 질을 향상시키면서 구조고도화사업 개념을 확대한 'QWL밸리 조성계획'을 발표하여 산업단지를 청년들이 일하고 싶은 '3터(일터, 배움터, 즐김터)'가 어우러진 공간으로 재창조하기 위해 구조고도화 시범사업을 본격 추진하였다. 즉, QWL 밸리사업은 기존 하드웨어 중심의 구도고조화 사업에 청년층의 취업 촉진을 위해 문화, 주거, 예술 등의 소프트웨어 사업을 추가하는 것이다. 2013년 11월 구조고도화사업 확산단지(주안·부평, 창원, 군산·군산2, 대불, 서울디지털)를 선정하였고 특히 민간재원 중심의 구조고도화사업 추진의 한계를 극복하기 위해 혁신산단을 선정, 부처간 산단 지원정책을 집중 지원하는 '혁신사업'으로 확대되었다. 이에 따라 구조고도화 확산단지들은 2015년부터 혁신산단으로 지정하여 혁신사업을 추진하며, 사업명칭을 혁신사업으로 통합하였다.

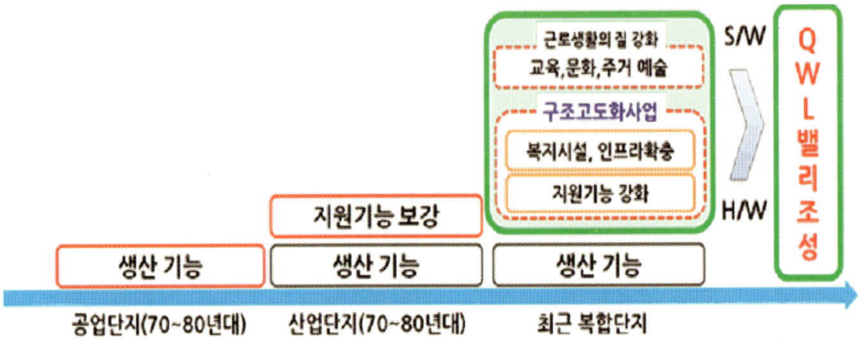

출처: 한국산업단지공단 홈페이지.

그림 7-3. 산업단지 구조고도화 사업의 추진 배경과 특징

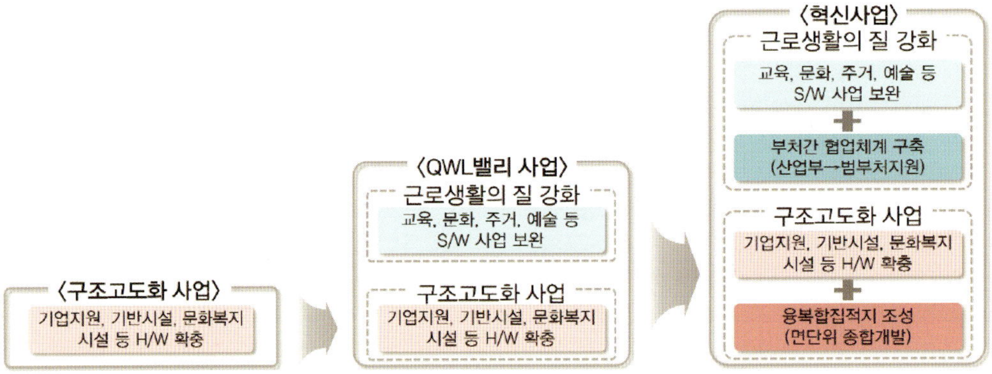

출처: 한국산업단지공단 홈페이지.

그림 7-4. 산업단지 구조고도화 사업의 단계별 추진 전략의 변화

이와 같은 노후산단 구조고도화 사업의 특징 및 주요 전략을 보면 다음과 같다. 첫째, 노후공장과 유휴용지를 재개발해서 첨단지식센터·연구개발·비지니스 시설을 유치하여 지식산업집적지구로 탈바꿈하는 것이다. 이를 통해 대도시 주변의 노후산단에 고부가가치 산업을 유치하고 지원기능을 고도하하려는 계획이다. 둘째, 이러한 사업을 추진하기 위해 '구조고도화 사업펀드'를 조성하여 재원을 마련하는 것이다. 2012년까지 4년 동안 관리기관 출자와 채권발행 등으로 약 1조원의 재원을 확충하려는 것이다. 셋째, 구조 고도화 사업의 활성화를 위해 사업자에게 인센티브를 제공하는 것이다. 이를 위해 「지방세법」 개정(2009.12)을 통하여 시행자에게 지방세, 부동산 취득세 및 등록세 등을 감면한다.

(3) 노후산단 리모델링 종합 계획(노후산단 경쟁력 강화사업)

2013년 9월에 발표된 '산업단지 경쟁력 강화방안'의 후속조치로 '노후산단 리모델링 종합계획'이 발표되었다. 그동안 산업통상자원부의 구조 고도화 사업과 국토교통부의 재생사업을 부처 개별로 추진하던 것에서 벗어나 6개 관계기관(산업부, 국토부, 산업연구원, 국토연구원, 한국산업단지공단, LH공사)으로 구성된 합동 추진단을 구성하여 2017년까지 최대 25개 산업단지를 리모델링하는 것이다. 산업통상자원부는 노후산업단지에 대해 휴폐업 부지 등 유휴부지를 활용하여 산학융합지구, 비즈니스센터, 지식산업센터, 보육·문화·복지시설 등을 복합개발하는 '융복합 집적지'를 조성하는 혁신산업단지 지원 사업을 추진한다. 한편 국토교통부는 도로·주차장·녹지 등 기반시설을 확충하고, 물류단지, 비즈니스센터 등 기업 지원시설을 확충하는 재생사업을 추진하되, 산업단지 환경개선을 위해 주거·복지·보육·문화·교통여건의 향상을 위해 각 중앙부처들의 사업도 연계될 수 있도록 협력체계를 구축하는 것이다.

이와 같이 노후산업단지 중 국가 및 지역경제에 기여도가 높은 산업단지를 '노후거점 산업단지'로 선정하고, 기반시설 지원 및 혁신생태계 조성, 입주기업, 근로자 환경개선 등의 경쟁력 강화에 목적을 두고 있다. 기능적으로는 「산업입지법」상의 토지이용체계 개편을 통한 업종첨단화, 산업단지 기반시설, 지원시설 및 편의시설의 유지, 보수, 개량 및 확충기능과 「산업집적법」상의 입주업종의 고부가가치화, 기업지원 서비스의 강화기능을 향상시키고 산업단지의 경쟁력을 높이는 것을 말한다. 따라서 '노후거점산업단지 경쟁력강화사업'이란 산업단지 입주업종의 고부가가치화, 산단 기반시설, 지원시설 및 편의시설 확충 등을 통하여 산업단지의 경쟁력을 높이기 위한 사업이라고 볼 수 있다.

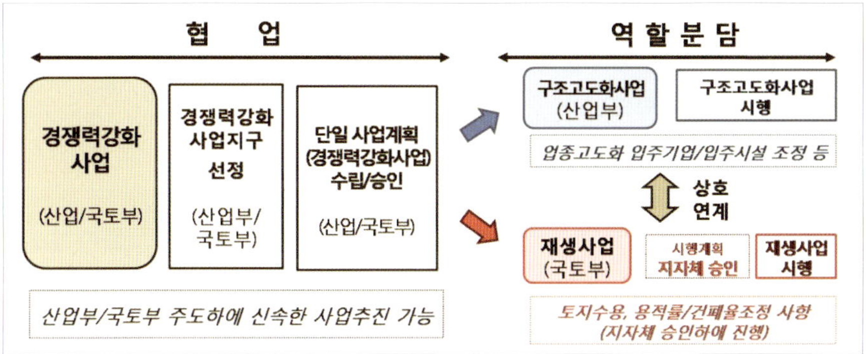

자료: 산업부·국토부(2015)

그림 7-5. 노후거점산업단지 경쟁력 강화사업의 추진주체와 역할

표 7-9. 노후산업단지 재생 관련 사업들의 비교

구분	산업단지 재생사업	산업단지 구조 고도화 사업	노후거점산업단지 경쟁력강화·리모델링 사업
목적	기반시설 정비를 통한 도시경쟁력 제고 및 질적 발전	성장유망산업 유치, 입주업종 첨단고부가가치를 통해 기업경쟁력 제고	산업단지 재생사업과 산업단지 구조고도화사업을 노후거점산업단지경쟁력강화사업으로 통합하여 부처간 연계 시너지효과 극대화 추진
주관부처	국토교통부	산업통상자원부	관계부처 합동
근거법령	산업입지 및 개발에 관한 법률 (제39조3)	산업집적활성화 및 공장설립에 관한 법률 (제45조2)	노후거점산업단지의 활력증진 및 경쟁력강화를 위한 특별법
사업정의	산업입지기능을 발전시키고 기반시설과 지원시설 및 편의시설을 확충·개량	입주업종의 고부가가치화, 기업지원서비스 강화, 공공시설 개선을 통한 기업체 유치 촉진 및 경쟁력 강화	입주업종의 고부가가치화, 기업지원서비스의 강화, 공공시설의 개선을 통한 산업단지 기능 및 경쟁력 강화
시행방법	산업단지 전면/부분 재개발 또는 산업단지 면적의 50% 이내 주변지역 개발(공장이전 수반) 단지 전면의 포괄적 용도변경·토지수용 수반	단지 면적의 10% 이내 소규모 필지단위 지구지정 시설설치를 위한 제한적 용도변경·협의 매수 기존공장 융복합화, 유휴부지 활용	관할 지자체 대상 공모를 통한 지구지정 사업목적(재생/구조고도화)에 따른 개별법령을 적용하되 각종 규제완화 및 특례 포함 사업면적을 단지의 30%이내로 완화, 입주업종규제 완화
재원조달	정부, 지자체, 공공·민간 사업 시행자 (기반시설 대규모 국고지원)	정부, 지자체, 공공, 민간투자 등 (R&D 인프라, 공공시설 국고지원)	정부, 지자체, 공공, 민간투자 등(국고지원 확대: 휴폐업용지 매입, 지식산업센터 및 임대주택 설립)
주요내용	기반시설 정비 및 확충, 대규모 토지이용계획 변경	입주업종 첨단·고부가가치화 (R&D 인프라, 문화·복지· 교통·편의시설 확충)	기반시설 확충, 산업집적 및 연구기반 구축, 근로자 생활환경 개선, 문화환경 개선
대상단지	시범지구 지정(2009): (대전1·2, 대구도심, 전주1, 부산사상)	시범단지(2009): (반월시화, 남동, 구미, 익산) 확산단지(2013): (주안·부평, 창원, 군산1·2, 대불, 서울디지털)	재생사업과 구조고도화 사업에 따른 단지와 연계하여 공동/혁신/재생단지 지정 2015년 기준 25개 단지 지정

출처: 한국산업단지공단(2013), 법제처.

구미국가산업단지 내 유휴부지 활용 사례(노후산단 구조고도화 시범사업)[5)]

지난 40여년간 지역과 국가경제 성장의 핵심거점으로 자리매김 해왔던 구미국가산업단지는 조성된 지 오래되어 각종 기반시설이 노후화되었고, 문화복지시설의 부족과 업종고도화 지연으로 구미단지의 매력도는 점차 하락하고 있다. 뿐만 아니라, 창의·융합산업 육성을 위한 기반과 정주여건이 열악하여 고급 기술인력을 비롯한 청년층의 산업단지 취업기피 현상이 계속되고 있다. 특히, 최근에는 기존공장의 폐업과 재투자 위축, 수도권 및 해외로의 사업장 이전이 확산되면서 단지 내에 대규모 휴폐업 부지가 증가하고 있으며, 입주기업 대부분이 대기업의 하청업체로 종속되어 있어 독자적인 생존 경쟁력도 취약한 실정이다.

구미 1단지의 경우, 휴폐업 상태이거나 제조업이 아닌 단순 창고용도로 방치되어 있는 사실상의 유휴부지는 58만㎡로 추산되고 있다. 이는 구미 1단지 면적의 6%, 서울디지털단지 면적의 30% 해당되는 규모로 산업용지가 부족한 구미단지 입장에서는 이들 유휴부지의 재활용이 매우 절실한 상황이다. 하지만 구조고도화사업의 경우 재생사업과는 달리 사업부지에 대한 토지 수용조치가 불가능해 토지소유주의 자발적인 사업 참여에 전적으로 의지할 수밖에 없는 한계가 있어 휴·폐업부지의 재활용에 난항을 겪고 있다.

<구미단지 내 유휴부지 현황(2013년말 기준)>

업체명	규모(㎡)		비고
	산업용지	건축면적	
(주)메르디안솔라앤 디스플레이	233,226	215,291	휴폐업
(주)한영	54,688	-	나대지
(주)방림	237,488	90,622	휴폐업
(주)동특	19,708	-	임대업(나대지)
오리온전기(주)	33,000	6,600	나대지
합 계	578,110	312,513	-

출처: 김진영(2014), p.39.

구미단지 구조고도화사업은 2009년 12월 구조고도화 시범단지로 지정되면서 시작되었다. 한국산업단지공단과 지자체가 함께 참여한 사업으로 한국산업단지공단이 산학연융합단지 조성, 체육시설 개선사업, 주거환경 개선사업 등을 추진하는 한편, 구미시는 공단 특화거리조성 및 자전거 거점도시 사업을 주도적으로 추진했다.

산학연융합단지(전자의료기기, 집적화단지) 조성사업의 경우, 구미 1단지 내 워크아웃 대상기업으로 선정되어 법정관리 중이던 (주)대우일렉트로닉스 부지(11만평)를 한국산업단지공단이 매입하여 소필지화함으로써 각종 인프라를 새롭게 구축해 59개 중소기업들에게 공장 부지를 제공한 사례이다. 동 사업은 산업단지 구조고도화사업을 통한 산업용지 공급 및 업종 첨단화의 첫 사례로서 대표적인 성공사례로 꼽히고 있다. 기존 공장용지 가격대비 20% 이상 저렴한 산업용지를 공급해 기업의 초기 투자비용을 크게 경감시켰을 뿐만 아니라, 1단지 내에 전무했던 녹지공간을 새롭게 마련했고, 기업 간 담장 대신 수목울타리를 조성함으로써 쾌적한 입지환경을 조성했다. 이러한 일련의 사업을 통해 의료기기, 전자, 그린에너지, IT융복합소재 등 첨단기업 59개사를 유치(62필지, 269,033㎡)해 1,200억원 이상의 설비투자 유치와 2천여명 이상의 신규 고용을 창출하는 성과를 보였다.

5) 김진영(2014)의 내용을 재구성·보완하였음

<구미국가산업단지 구조고도화 시범사업 추진 현황>

구분	사업명		면적(㎡)	사업내용	사업비(억원)	비고
산단공	융합단지	①집적화단지조성	284,061	• 업종고도화(금형,IT융복합,그린에너지,3D외) * 도로, 공원, 주차장 등 기반시설 확충	506	준공
		②전자의료기기 생산단지	81,533	• 전자의료기기 생산단지 및 상용화지원센터 조성 * 구미시 국비 지원사업과 연계추진	146	준공
	③체육시설개선		23,942	• 노후 운동장 리모델링, 주차시설 설치 등	3	준공
	④주거환경개선		89,653	• 주거시설 3,300세대	2,506	진행중
	4개사업		**479,189**		**3,161**	
지자체	⑤공단특화거리조성		1,140	친환경 녹색거리 조성	5	완료
	⑥자전거거점도시		왕복16㎞	산업단지 근로자 자전거도로 개설	100	완료
	2개사업				**105**	-

출처: 김진영(2014), p.41.

체육시설 개선사업의 경우 1단지 내 활용도가 낮은 기존 운동장을 새롭게 개보수함으로써 단지 내 근로자들로 하여금 쾌적한 체육·여가활동을 즐길 수 있는 공간을 제공하고자 추진된 사업이다. 동 사업을 통해 축구장, 샤워실, 스탠드 등의 시설물을 개보수('12.7월 완료) 하였고, 단지 내 심각한 주차난을 해소하기 위해 운동장 부지의 일부를 주차장으로 활용할 수 있도록 재정비하였다. 주거환경 개선사업은 노후화된 공동 기숙사를 새롭게 재건축해 단지 내 정주여건을 획기적으로 개선하고자 추진된 사업이다. 하지만 토지소유주가 19개사에 달하고, 공유부지가 다수 존재함에 따라 토지 소유주간 이해관계가 상충되어 동 사업은 현재까지도 사업추진이 지연되고 있다. 한편, 공단특화거리 조성사업은 구미시가 중앙정부의 재정지원을 받아 추진된 사업으로, 낙후된 1단지 내 중심상가의 경관을 재정비하고 친환경 녹색거리를 조성한다는 취지에서 추진되었다. 자전거 거점도시 육성사업 또한 구미시가 중앙정부의 재정지원을 받아 추진한 사업으로 왕복 16㎞에 달하는 단지 내 근로자 자전거 전용도로를 새롭게 마련함으로써 산업단지 내 교통난 및 주차난 해소와 친환경 산업단지 이미지 제고에 기여한 것으로 평가되고 있다.

<구미 국가산단의 주요 재생 사업>

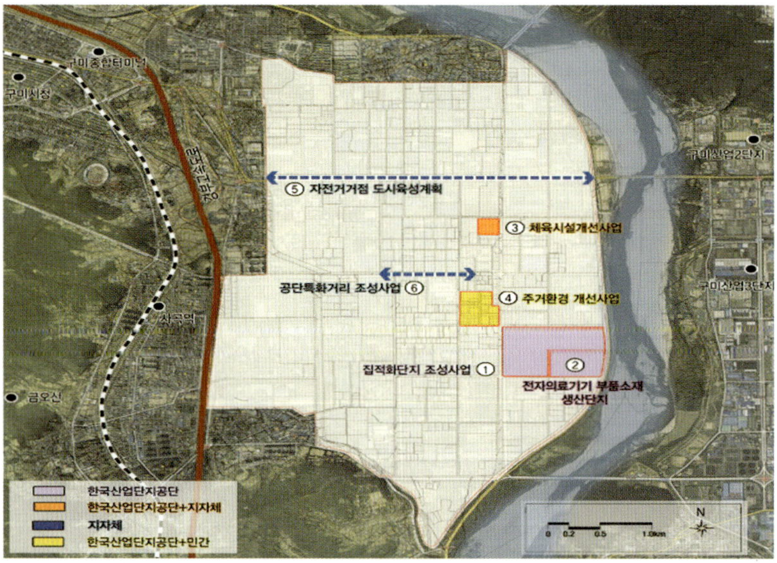

출처: 한국산업단지공단 홈페이지

3) 노후산업단지 재생과 관련된 정책 및 사업 전망

산업단지는 산업화 시대에 제조업 생산과 수출의 전진기지 역할을 하면서 국민경제 발전에 크게 기여하였다. 국내 경제성장의 핵심적인 역할을 수행해오던 산업단지는 급격한 노후화 문제에 직면하고 있다. 최근 10년 사이에 착공된 지 20년 이상이 지난 국가·일반산업단지는 47개에서 103개로 119% 급격히 증가하였고, 노후산업단지에서 경제생활을 영위하는 업체와 종사자는 30% 이상 급증하였다. 또한 업체당 생산액과 수출액은 약 10% 정도 감소하였으며, 노후산업단지 내 업체들의 이탈로 유휴·방치부동산 발생 문제까지 나타나고 있다. 더욱이 국가경제에서 중요한 역할을 담당하고 있는 국가산업단지의 노후화가 심각하게 진행되면서 국가 및 지역경제 쇠퇴를 위협하고 있다(장철순 외, 2015). 노후산업단지의 경우 후기 산업화 시대로 접어들면서 혁신역량의 부족과 기반시설의 노후화 그리고 열악한 근로환경으로 인하여 경쟁력은 훨씬 더 약해지고 있다. 특히 노후산업단지는 주차장, 식당, 편의점, 기숙사, 어린이집 등 각종 편의 및 복지시설이 매우 부족하여 근로자들이 큰 불편을 겪고 있다. 또한 노후산업단지는 산업구조의 고도화에 따르지 못한 채 생산성이 낮고 저부가가치업종 위주로 구성되어 있으며, 영세업체 비율과 임차기업 비율도 높은 것으로 조사되었다. 뿐만 아니라 산업기술 인력들의 취업 기피 현상도 나타나고 있다(최준석, 2015).

이러한 문제점을 해결하고, 노후산업단지의 경쟁력 강화를 위해 국토교통부와 산업자원통상부를 중심으로 '산업단지 구조고도화 사업', '산업단지 재생사업', '노후산단 리모델링 사업'을 추진해왔으나, 여전히 물리적 시설사업 위주의 틀에서 벗어나지 못하고 있다. 또한 복잡한 이해관계로 인해 사업을 추진하는 데 상당한 갈등 요인이 있으며, 상대적으로 입지가 양호하여 토지가격도 비싸다. 더 나아가 아직 각종 제도 미비, 사업성 미흡, 인센티브 부족 등으로 노후산업단지 재생사업은 가시적 성과를 올리지 못하고 있다.

그러나 용도와 기능을 상실하고 방치되어 있던 노후산업단지 내 유휴부지와 빈 건물을 자원으로 인식하고 재활용하고자 하는 노력들이 시도되고 있다는 점은 매우 고무적이다. 특히 구미국가산업단지의 구조 고도화 사업에서는 오랫동안 방치된 유휴부지를 매입하여 소필지화한 후, 의료기기, 전자, 그린에너지, IT융복합소재 등 첨단기업 59개사에 공장부지를 제공하였다. 이를 통해 업종 첨단화와 1,200억 원 이상의 설비 투자유치 및 2천여 명의 신규 고용을 창출하는 성과를 보였다.

이 외에도 2015년 법 개정을 통해 산업단지 내 유휴부지에 전기와 열을 동시에 생산하는 친환경 신재생에너지시설인 연료전지 발전소 건립을 가능하도록 하였다.

부산시는 2017년 12월 준공을 목표로 서부산권 국제산업물류도시 내 산업단지에 연료전지발전시설 설치를 추진하고 있다. 친환경 연료전지 발전시설은 국내 산업단지 내 최대 규모로 건설되는 신재생에너지 생산시설로 국가 전력난 해소에 기여할 것으로 예상된다. 뿐만 아니라, 산업단지 내 저렴한 열 공급 및 청정지역 도시 이미지를 조성하고 지자체가 민간기업과 협력해 지역사회발전에 크게 이바지할 것으로 기대되어 신재생에너지공급시설 구축의 모범 사례가 될 것으로 예상된다(김형준, 2016).

향후 가장 기대해볼 만한 사업은 노후거점산업단지 경쟁력 강화사업이다. 이 사업은 노후산단의 '재생사업'과 '구조고도화사업'을 통합·연계하고, 부처별로 서로 역할을 조율하여 사업 추진의 효율성을 높이고자 하는 것이다. 또한 업종 및 용적률·건폐율 등의 특례사항을 명시하였으며, 민간투자 확대를 통해 노후산단의 재생이 더욱 활발히 이루어질 수 있도록 하고 있다. 노후거점산단의 경쟁력 강화사업이 본격적으로 시행되고 효율적으로 추진되는 경우 산업수요에 맞추어 산업구조가 개편되고, 기반시설이 확충되어 입주업체들의 근무여건이 획기적으로 개선되며, 고급인력의 유입을 통해 산업단지의 경쟁력 강화와 지역경제 발전에 기여할 것으로 기대된다(산업연구원·국토연구원, 2015).

하지만 노후거점산단 경쟁력 강화사업의 대부분은 노후산단의 핵심적인 두 정책인 재생사업과 구조고도화 사업의 테두리에서 크게 벗어나지 못하고 있기 때문에 사업의 효율성과 추진력을 제외하면 기존 정책의 문제점이 그대로 발생할 가능성이 있다. 첫째, 지역별·산업단지별 산업 및 업체구조가 상이함에도 불구하고 이를 반영하지 못한 획일적인 계획이다. 경쟁력강화사업의 범위는 기반시설 설치, 산업집적·인력양성 및 연구기반 구축, 근로자 환경개선, 문화환경 개선 등으로 구성되나 사업의 실질적인 시행은 산업입지법과 산업집적법의 규정을 준용하고 있다. 즉, 어떻게 문제를 해결할 것인지에 대한 방안보다는 추진체계의 통합에 더 역점을 두는 데 머물러 있다. 둘째, 사업 시행에 따른 지가 상승으로 인해 영세한 업체와 생산성이 상대적으로 낮은 업종들이 강제 퇴출될 가능성도 배제할 수 없다. 사업을 통해 기반시설이 확충되고, 문화환경 및 근무환경이 개선되면 자연스럽게 지가가 상승하게 될 것이다. 이럴 경우 입주업종은 생산성이 높은 업체들로 개편될 가능성이 높으며, 더욱이 부족한 재원 마련을 위해 사업 시행을 민간에 개방하는 경우 수익성을 추구하게 되어 경쟁력이 낮은 업체들은 산업단지를 떠날 가능성도 있다. 셋째, 노후산업단지의 제조업 기능 악화와 국가산단의 공공성의 상실문제가 발생할 수 있다. 용적률·건폐율, 입주업종을 포함한 수많은 특례들이 적용되면 비제조업체들의 유입이 확대될 뿐만 아니라 주거기능까지 도입되기 때문에 산업단지의 전형적인 기능보다는 복합주거단지로의 기능이 더 강화될 수 있다.

4 공공 유휴·방치부동산 활용과 관련된 법령 및 정책

1) 폐교 활용 관련 법

폐교는 「폐교재산의 활용촉진을 위한 특별법」, 「공유재산 및 물품관리법」, 각 시·도교육청의 「공유재산 관리조례」와 이를 기반으로 '폐교재산 활용지침'에 따라 활용되고 있다. 「폐교재산의 활용촉진을 위한 특별법」은 1999년에 최초로 제정되었으며, 2016년 현재 16차에 걸쳐 개정되었다. 이 특별법은 학생 수 감소 및 소규모 학교 통폐합으로 인해 폐교가 지속적으로 증가하고 있는 상황에서 폐교 재산의 효율적 활용을 제도적으로 뒷받침하기 위해 제정되었다. 특별법은 폐교를 교육용 시설, 사회복지시설, 소득증대 시설 등의 건전한 용도로 활용하도록 촉진하고 평생교육 및 복지 기회를 확충하고 소득증진을 통하여 지역사회 발전에 기여함을 목적으로 하고 있다.

표 7-10. 폐교 활용과 관련된 법·제도

구분	관련내용
폐교재산의 활용촉진을 위한 특별법	• 폐교를 대상으로 공공개입에 의한 정비와 활용 절차와 방법을 규정 • 폐교재산의 활용범위, 활용계획 수립, 대부 등에 관한 특례, 보조금 지급 등을 규정
공유재산물품 관리법	• 공유재산 및 물품을 보호하고 그 취득·유지·보존 및 운용과 처분의 적정을 도모함 • 공유재산의 범위, 공유재산 및 물품관리·처분의 기본원칙, 공유재산 관리계획, 관리와 사무의 위임, 처분 등의 제한, 관리 및 처분 등을 규정
해당 시·도교육청의 공유재산 관리 조례	• 각 시도의 교육비특별회계 소관 공유자산을 보호하고 그 취득, 유지, 보존 및 운용과 처분의 적격을 도모하기 위하여 필요한 사항을 규정 • 공유재산의 관리와 사무의 위임, 공유재산 실태조사, 관리계획, 사용, 수익 허가, 관리위탁, 폐교재산의 활용계획 수립, 활용 등을 규정

출처: 법제처.

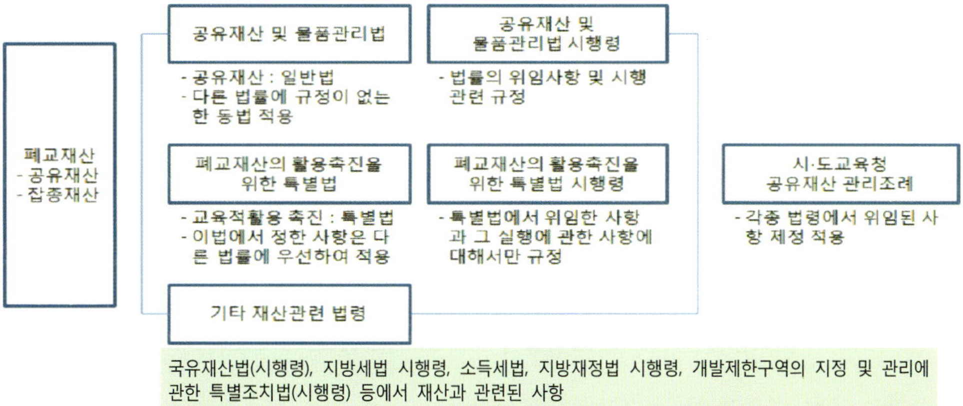

출처: 전라남도 교육청(2008).

그림 7-6. 폐교 활용 관련 법령체계

특별법에서는 폐교재산의 활용범위를 규정하고, 폐교재산의 활용과 관련된 기본 계획을 수립하도록 하고 있다. 폐교 활용 기본 계획은 광역시·도 및 특별자치도 교육감이 폐교재산의 효율적 활용을 위하여 지방자치단체의 의견을 들어 수립하도록 하고 있다. 특히 폐교재산의 실태 조사, 폐교재산의 유지·보수를 위한 관리 체계, 폐교재산의 대부 및 매각 등 활용계획 및 폐교재산의 활용 촉진에 관한 사항(폐교재산의 우수사례 발굴 및 홍보에 관한 사항, 폐교재산 관리의 효율화를 위한 전산프로그램 활용에 관한 사항) 등의 내용이 포함되어 있다.

폐교는 교육용 시설, 사회복지시설, 문화시설, 공공체육시설, 소득증대 시설과 지역주민이 반대하지 않는 건전한 목적으로 활용할 수 있다. 이에 시·도교육감은 건전한 목적으로 폐교를 활용하고자 하는 경우 대부기간을 10년 이내로 하여 대부할 수 있으며, 대부 사용자는 기부 또는 임대기간 종료 후 자진 철거를 조건으로 대부받은 폐교 안에 있는 국유재산에 영구시설물을 축조할 수 있다. 또한 국가 또는 지방자치단체가 폐교재산을 건전한 목적으로 사용하고자 할 경우 사용료를 감액하여 대부할 수 있다. 그러나 폐교재산이 5년 이상 활용되지 아니한 상태로 3회 이상 대부 또는 매각 공고를 하였으나 사용자가 없는 경우 해당 폐교재산을 국가 또는 지방자치단체, 해당 폐교가 있는 지역의 영농조합법인, 농업회사법인에 무상으로 대부할 수 있도록 하고 있다(정철, 2012).

2016년 7월 입법 예고된 「폐교재산의 활용촉진을 위한 특별법 일부개정 법률안」에서는 폐교재산의 활용을 활성화하고자 폐교재산의 활용도, 수의계약 대상 및 무상임대 범위를 확대하고 있다. 개정안의 주요 내용을 보면 폐교를 귀농귀촌의 초기 거점 및 농산어촌의 관광 거점으로 활용할 수 있도록 교육용 시설에 귀농귀촌 시설 및 캠핑장 등을 추가하고, 수의계약 대상에 지역주민으로 구성된 법인을 포함하며, 교육청과 지자체 간 사전 협의를 통해 귀농귀촌 시설 등 공익적 목적으로 활용하는 경우 지자체에 폐교재산의 무상임대를 허용하도록 하고 있다(교육부, 2016b).

표 7-11. 폐교 활용 용도

- 교육용 시설 : 체험학습장, 박물관, 미술관, 평생교육시설, 귀농귀촌 시설 및 캠핑장 등
- 사회복지시설 : 노인요양시설, 장애인복지시설, 마을정보화센터 등
- 문화시설 : 문화·예술작업장, 주민 문화체험장, 공예품 전시장 등
- 공공체육시설 : 주민체육시설, 야구연습장, 수상레포츠교육 등
- 소득증대시설 : 지역특산물 가공장, 농촌체험시설, 경작지 등
- 기타 시설 : 캠핑장, 도서관, 태양광연구소, 고시원, 창고, 주차장 등

출처: 교육부(2016b).

폐교의 활용 형태는 크게 자체 활용, 대부, 매각, 보존, 철거로 구분된다. 폐교의 소유권이 시·도교육청에 있기 때문에 시·도별로 서로 다른 폐교 활용기준을 갖고 있으나 모두 「폐교재산의 활용촉진을 위한 특별법」과 「공유재산 및 물품관리법」에 기반하고 있다.

표 7-12. 폐교의 활용 형태

유형	활용내용
자체 활용	• 폐교재산을 직접적인 교육목적으로 활용하는 방안을 최우선적으로 강구 • 계획 수립시 반드시 장기적이고 구체적인 계획이 되도록 하며, 활용 용도와 규모, 이용가능 인원, 활용시기, 사업에 따른 기대효과 등을 면밀히 검토
대부	• 폐교재산의 대부는 폐교재산의 매각 추진이 상당히 곤란한 사유에 의하여 이루어지지 않을 때 임시적으로 시행 • 폐교를 사용하고자 하는 임대자에게 계약기간을 설정하고 임대료를 징수 • 대부료 결정은 토지의 개별공시지가와 건물 감정가를 기초로 대부요율 산정하며(대부료=(토지평가액+건물평가액)×대부요율), 경쟁입찰을 원칙으로 함 • 대부기기간은 최고 10년까지 가능하나, 대부는 향후 매각 추진의 전 단계이므로 가급적 3년 이내로 하며, 추후 갱신 가능 • 대부시 영구시설물 축조는 원칙적으로 불허함. 다만, 특별법 제6조의 규정에 의한 효율적 활용을 위하여 필요한 경우는 기부 또는 자진철거를 조건으로 영구시설물을 축조할 수 있으나 그 필요성과 향후 이로 인한 문제발생(민원) 여부 등을 심사숙고하여 결정
매각	• 현재 및 향후 활용가능성이 없다고 판단되는 폐교재산은 행·재정적으로 부담만 되므로 적극 매각하여 교육시설사업에 재투자 • 교육용 또는 지역주민을 위한 복지시설로 사용하고자 하는 자에게 매각 가능 • 그러나 매각의 경우 주민들에게 다시 환원되는 방식이 아니기 때문에, 지역 실정에 주민의견 수렴을 통해 민원 발생 소지 예방 필요 • 매각 시 가격산정은 매각대상 물건(토지, 건물, 공작물 등) 감정평가(2개 업체) 실시, 감정평가 금액 산술평균 이상으로 매각(예정)가격 산정(감정평가나 분할측량에 든 비용을 매각 가격에 포함 가능) 등으로 이루어짐
미활용 보존	• 아래 사항과 같이 향후 사용의 기회가 있을 만한 폐교를 선정하여 보존관리 - 인구유입 및 도시재개발계획 등 향후 교육행정 수요 발생 및 지가상승이 예상되는 지역의 폐교재산 - 시·군청 소재지 및 인근에 위치하여 재산적 가치 및 활용도가 높다고 판단되는 폐교재산 - 관광명소, 전망, 선호도 등 향후 활용가치 및 문화적 가치가 높아 보존이 필요하다고 판단되는 폐교재산 - 지역 향토문화 공간(역사적 인물, 사료, 유물전시) 등으로 활용가치가 있다고 판단되는 폐교재산 • 월 1회 이상 정기적 관리·점검 실시, 보존 및 미활용 중인 모든 폐교재산에 대해서 관리계획의 수립을 원칙으로 하나, 해당 교육청의 예산과 관리인원의 부족으로 인하여 지역의 흉물로 남아 있는 경우가 대부분임
철거	• 폐교가 노후화되어 사용이 어려운 건물의 경우는 기존의 운동장 시설을 포함하여 본 건물을 철거 • 건물 준공 후 구조별 내용연수 경과한 건물을 대상으로 하되, 관광명소, 개발예정지, 인구유입 예상지역 등 활용 선호도가 높은 지역은 가급적 철거 지양

출처: 전라남도교육청(2008; 2012).

표 7-13. 폐교재산 및 활용 현황

전체 폐교 재산	매각 폐교 재산	보유 폐교 재산 (A+B)	활용 폐교재산(A)									미활용 폐교 재산 (B)
			대부							자체 활용	계	
			교육	사회 복지	문화	공공 체육	소득 증대	기타	소계			
3,678	**2,328**	**1,350**	243	41	76	11	234	109	714	219	**933**	**417**

출처: 교육부(2016a).

1982년부터 2016년 5월까지 전국에서 폐교된 학교는 3,678개교이다. 그중 매각 폐교는 2,328개교이며 교육청이 보유하고 있는 폐교는 1,350개교이다. 보유 중인 폐교 중 활용하고 있는 폐교는 933교(69.1%)이며, 대부가 714교(52.9%), 교육청 자체 활용이 219교(16.2%)이다. 대부된 폐교의 용도별 사용을 보면 교육시설 243개교, 사회복지시설 41개교, 문화시설 76개교, 공공체육시설 11개교, 소득증대시설 234개교, 기타 109개교로 교육시설로 활용하는 경우가 가장 많다. 교육청에서 자체 활용하고 있는 폐교는 신설 학교의 용지, 학생 수련원, 청소년 야영장, 학생 체육시설, 대안교육시설, 교직원 사택 등으로 활용하고 있다. 매각된 폐교는 지역주민의 의견을 수렴하여 지자체 및 민간에 매각되며, 매각한 폐교는 주로 교육용 시설, 사회복지시설, 소득증대시설 등으로 활용되고 있다.

2016년 5월 시점에서 시도별 폐교 수를 보면 전남 802개교, 경북 683개교, 경남 556개교, 강원 446개교, 전북 321개교, 충남 256개교, 충북 235개교 순으로 나타나고 있다. 시도별 매각 학교 수는 전남이 610개교로 가장 많았고, 보유 학교는 경남 250개교, 경북 243개교, 강원 234개교 순으로 많다. 대부의 경우는 강원도가 173개교로 가장 많았으며, 대체로 소득증대시설로 활용하고 있었고, 자체활용은 경북이 54개교로 가장 많다. 한편 미활용 폐교재산은 총 417교이며, 전남 130교, 경남 86교, 경북 51교, 강원 43교, 충남 29교, 충북 28교, 그 외 9개 지역 50교 등으로 도지역이 392교(94.0%)로 대부분을 차지하고 있다. 반면 서울과 광주에는 미활용 폐교재산이 없는 것으로 나타나고 있다. 미활용 폐교의 향후 활용 계획은 매각 160교(38.4%), 대부 138교(33.1%), 자체활용 23교(5.5%), 보존관리 96교(23.0%) 순으로 매각을 통한 활용이 가장 많을 것으로 예상된다.

폐교의 교육시설 재활용 사례 : 친환경영농지원센터 "에코 팜"[6]

■ 개요

시도교육청	경상북도교육청	교육지원청	포항교육지원청
주소	포항시 북구 죽장면 합덕리 276	폐교일자	2008.3.1
활용현황	대부	대부자	㈜포스코
부지규모	17,017㎡	건물규모	10동 / 1,433㎡
폐교명	죽장초등학교 죽북분교	활용용도	유기농영농체험센터
활용 목적	㈜포스코 임직원의 자기계발, 여가선용, 전원에서의 인생2막을 꿈꾸는 퇴직자들의 농촌사회 정착을 위한 평생학습 구현을 목적으로 설립된 영농교육기관		

■ 운영현황

2008년 3월에 폐교된 죽북분교를 ㈜포스코가 임차, 리모델링하여 지난 2011년 4월 1일 개관하였으며 16,891㎡의 대지 위에 사무실, 강의장, 숙소, 휴게실, 식당, 샤워장, 분재실, 표고버섯 재배사, 탁구장, 풋살구장, 족구장, 배구장, 비닐하우스, 실습용 농장 등을 갖추고 있다. 교육프로그램을 다양화하여 연중 수강이 가능하도록 영농교육 과정을 운영하고 있으며, 교육일정이 없는 주말에는 재직자들의 워크샵, 조직 활성화 활동을 지원하기 위해 강의장, 식당, 운동시설 등 편의시설 사용을 개방하고 있다.

2015년 교육과정에는 구들시공, 전원생활, 가정원예, 산채약초, 소목공예, 한옥 목수, 블로그 운영, 과수원 조성 9개 과정이 있고, 무료로 셔틀버스를 운영하여 교육생들의 이동 편의를 지원하고 있다.

■ 추진경과 및 성과

에코팜은 지난 2013년 9월 농림축산식품부로부터 우수 귀농교육기관으로 인증 받은 바 있다. 국내·외의 많은 기업들이 퇴직을 앞둔 직원들을 위해 은퇴설계를 위한 다양한 프로그램을 마련하는 것이 요즘 트렌드가 되고 있는 만큼 에코팜은 국내의 많은 기업들에게 모범사례로 주목을 받고 있다.

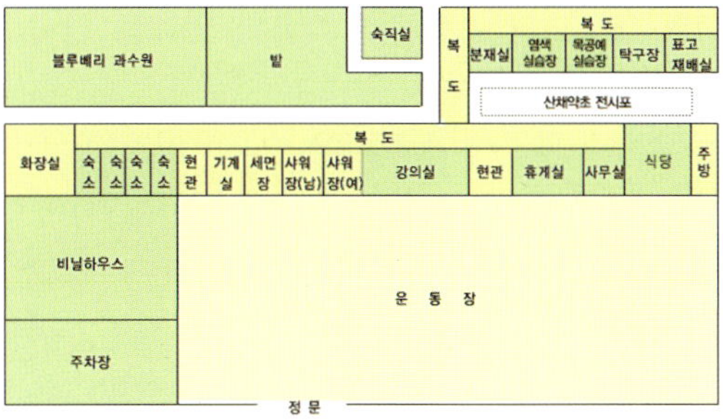

< 배치도 >

< 구들시공과정 교육 >

6) 교육부(2016a), 에코팜(http://www.poscoecofarm.co.kr)

폐교의 교육시설 재활용 사례 : 평창 "감자꽃 스튜디오"[7]

■ 개요

교육청	강원도교육청	교육지원청	평창교육지원청
주소	강원도 평창군 평창읍 고길천로 105	폐교일자	1999.09.01
활용현황	매각	매각자	평창군
부지규모	3,856㎡	건물규모	766.91㎡
폐교명	평창초등학교 노산분교	활용용도	복합문화공간
운영	운영주체-문화기획자, 운영자금-문화예술지원금 직원 수-2명(기획담당, 운영담당)		

■ 추진경과 및 성과

감자꽃 스튜디오는 강원도 평창의 산촌폐교(옛 노산분교) 건물을 재생한 소규모 복합문화공간으로, 예술가의 창작공간이자 주민의 문화교육공간 그리고 방문객의 체험공간으로 사용되고 있다. 노산분교는 1999년 폐교 이후, 2002년 현 운영자가 교육청으로부터 임대하여 사용하다가 2004년도 평창군, 강원도, 문화부의 지원과 건축가 이종호의 설계로 리노베이션이 이루어졌다. 이후 감자꽃 스튜디오는 예술과 자연 그리고 마을이라는 핵심가치와 함께 문화를 통한 지역발전이라는 비전을 가지고 예술창작과 문화예술교육, 농촌관광 등을 위한 거점공간으로 활용되고 있다.

국악, 밴드, 연극, 무용, 아카펠라, 사진, 영상, 디자인, 미술, 놀이 등 다양한 장르의 작가와 예술강사들이 관련 단체와 기관과의 협업과 공공 정책지원 사업을 활용하여 산간지역의 청소년과 마을주민은 물론 장애인, 노인, 군인, 다문화가정 등을 위한 각종 문화예술교육프로그램을 운영해 왔다. 특히 옛 학교에서 열리던 절기별 행사를 그 명칭과 취지를 살려 봄소풍(마을축제), 분교캠프(방학캠프), 가을운동회(레포츠), 성탄극장(주민송년)을 개최하고 있으며, 마을의 이미지를 활용한 디자인 작업과 전통예술 아카이빙, 지역예술가의 공연과 전시, 음반과 출판 등도 수행하고 있다. 또한 문화, 교육, 복지, 농촌 등 다양한 분야의 전문가와 대학 및 사회단체들의 방문을 유치하고 적극적인 네트워킹과 각종 매체를 통한 소통으로 마을홍보와 도농교류의 거점이 되고 있다. 특히 전문적인 문화 프로그램의 제공은 감자꽃 스튜디오가 수행하고, 숙박과 식사 및 체험과 특산물 마케팅은 지역주민의 사업을 활용함으로 문화공간과 마을자원의 효율적인 역할분담 및 협력체계를 통해 농촌관광과 지역경제에 기여하고 있다. 옛 학교 건물의 원형은 존치하면서 전면에 아트리움을 증축하고 교실 내부를 개조하였다. 1층에는 취사와 식사 및 휴게시설인 이종욱키친, 옛 분교의 흔적과 물품을 모아둔 노산분교박물관, 문화와 자연, 농촌을 주제로 한 도서관, 사무실겸 권역센터인 교무실이 자리 잡고 있다. 2층에는 옛 강당을 개조한 극장 겸 스튜디오와 레지던스인 교장실, 소사실, 숙직실 등이 있다. 최근에는 건물 전면에 마을홍보와 도농교류 및 농촌관광을 위한 마을갤러리가 추가로 조성되어 마을관련 작품과 안내물 전시 및 특산물의 홍보와 각종 마을행사의 공간으로 쓰이고 있다.

< 감자꽃 문화마을 전경 >

< 성탄극장(주민송년) >

7) 교육부(2016a), 감자꽃스튜디오(http://potatoflower.modoo.at)

2) 폐교 활용과 관련된 정책의 문제점

폐교 활용과 관련된 법령과 지방자치단체의 지침은 다음과 같은 몇 가지 문제점을 안고 있다. 첫째, 폐교재산의 임대는 자체 활용이나 매각이 이루어지기 전까지 관리와 재산수입 증대를 위해 임시로 시행하는 경우가 대부분이다. 법령에서는 최대 10년까지 임대기간을 보장하고 있으나, 실제로는 1~2년 단위로 계약갱신이 이루어지고 있고, 교육청의 필요에 따라 재계약과 해지가 이루어지고 있다. 이러한 단기계약과 임대기간의 불확실성은 폐교 임차인으로 하여금 폐교에 대한 장기적인 계획과 안정적인 운영에 큰 걸림돌로 작용하고 있다. 폐교 활용을 활성화하기 위해서는 임차인이 애착을 갖고 장기적, 안정적으로 투자(개·보수 및 시설물 설치)할 수 있도록 현실적인 제도적 장치 마련이 필요하다. 따라서 법으로 보장되어 있는 10년이라는 임대기간 동안만이라도 안정적으로 폐교를 활용할 수 있도록 임대계약을 체결하여 임차인이 중·장기적인 관점에서 폐교 활용계획을 수립하여 운용할 수 있도록 해야 한다. 또한 폐교의 임대가 폐교의 단순한 유지·관리수단이 아니라 폐교의 다양한 활용을 보다 적극적으로 유도하기 위한 수단으로 생각하는 인식의 전환이 필요하다.

둘째, 폐교 활용계획의 수립과 폐교 활용도의 결정에 지역주민과 전문가 의견수렴이 미흡하여 주민과의 갈등이 야기되는 경우가 종종 발생하고 있다. 지역의 폐교는 단순한 폐시설물이 아니라 지역주민이 강한 애착을 갖고 있는 추억의 장소이자 지역 커뮤니티의 상징적인 시설이다. 따라서 교육청과 해당 지자체의 상호 협조를 통해 폐교의 용도 결정에 주민이 적극적으로 참여할 수 있는 기회를 제공해야 하며, 주민들이 필요로 하는 시설에 대한 요구를 적극적으로 반영해야 한다. 또한 폐교가 지역 커뮤니티의 중심시설로 활용되기 위해 가급적 외부인에게 임대·매각하여 주민들의 생활과 단절된 장소로 활용되는 것을 지양하고, 폐교 활용의 혜택을 지역 주민들이 직접 누릴 수 있도록 해야 한다. 지역의 독거노인을 위한 공동생활주택(co-housing), 지역주민과 자녀들을 위한 맞춤형 문화·복지시설, 사회적 기업·마을기업·협동조합의 공동작업장 및 인큐베이팅 시설, 신재생에너지 발전 및 교육·체험시설, 귀농귀촌 희망자를 위한 지원센터, 아토피·천식 등 환경성 질환 치유학교 등 다양한 활용방안을 모색하고 주민과의 마찰을 줄이고 지역사회에 공헌할 수 있는 방안을 마련하는 것이 우선시되어야 한다. 특히, 농산어촌의 경우 지역주민들이 직접 기부하여 조성된 학교들이 많다. 이렇게 지역주민의 기부채납으로 만들어진 학교의 경우 폐교된 이후 해당 지역주민들을 위해 사용될 수 있도록 관련 규정을 개정할 필요가 있다.

셋째, 특별법에서는 폐교재산의 효율적 활용을 촉진하기 위하여 시·도교육감이 폐교재산 활용계획을 수립하도록 하고 이때 관련 지자체와의 협의를 거치도록 규정하고 있다. 그러나 이러한 폐교재산 활용계획이 폐교의 매각이나 임대활용 등 재산관리 측면에 치중되어 지역발전 정책과의 연계가 미흡하다. 따라서 지역발전 계획과 연계된 폐교의 마스터플랜 작성이 필요하다. 개별적으로 폐교재산의 활용방안을 모색하는 것도 중요하지만 지역발전 정책의 틀 안에서 폐교의 합리적인 활용방안이 마련되고, 그에 따라 매각이나 임대를 추진하는 것이 필요하다.

3) 철도 유휴부지 활용과 관련된 법

철도자산 활용의 근거법은 「국유재산법」과 「철도산업발전기본법」으로, 철도자산 중 시설자산(선로, 터널, 교량 등 기반시설)은 국유재산으로 관리되어 처분·개발 등 공법상의 제한을 받으나 운영자산(역사, 차량, 차량정비시설 등)은 한국철도공사(코레일) 소유자산으로 처분·개발 등이 자유로워 다양한 수익사업을 추진할 수 있다.

표 7-14. 철도자산의 분류

구분	분류기준	관리주체
시설자산	• SOC로서 공공성이 있는 기반시설 및 이와 관련된 토지·권리 ※ 선로, 터널, 교량, 전차선, 전기설비 등 • 기반시설의 건설 및 관리업무와 직접 관련된 건물 등 부대자산 • 철도교통관제시설 및 기반시설의 유지·관리 관련 자산	한국철도시설공단
운영자산	• 영업활동이 주된 목적인 운영시설 ※ 역사(역광장 포함), 차량, 차량정비시설 등 • 운영시설과 직접 관련된 토지 및 업무용 건물 또는 권리	한국철도공사
기타자산	• 시설자산 또는 운영자산으로 분류되지 아니한 자산 ※ 일반재산 등	

출처: 오창환(2012)의 내용을 재정리함.

국유재산은 국가목적을 수행하기 위해 필요로 하여 소유하고 있는 일체의 재산을 의미하나 일반적으로는 「국유재산법」 제5조의 적용대상이 되는 협의의 국유재산을 말한다. 국유재산은 행정재산과 일반재산으로 구분되며 행정재산의 종류는 공용재산, 공공용재산, 기업용 재산 및 보존용 재산으로 구분된다. 이 중 '공용재산'은 국가가 직접 사무용·사업용 또는 공무원의 주거용으로 사용하거나 5년 이내에 사용하기로 결정한 재산, '공공용재산'은 국가가 직접 공공용으로 사용하거나 5년 이내에 사용하기로 결정한 재산, '기업용 재산'은 정부기업이 직접 사무용·사업용 또는 그 기업에 종사하는 직원의 주거용으로 사용하거나 5년 이내에 사용하기로 결정한 재산을 의미한다. 또한, '보존용 재산'은 법령이나 그 밖의 필요에 따라 국가가 보존하는 재산, '일반재산'은 행정재산 외의 모든 국유재산을 말한다(오창환, 2012).

표 7-15. 국유재산의 구분과 종류

구분	종류	임대방법	영구시설물축조	시효취득	처분	분쟁
행정재산	• 공용재산(청사, 관사 학교 등) • 공공용재산(철도, 도로, 하천 등) • 기업용재산(우편, 우체국예금, 양곡관리, 조달사업 등) • 보존용재산(문화재, 사적지 등)	사용허가	불가 (기부채납 등 제외)	불가	불가	행정소송
일반재산	• 행정재산 외의 모든 국유재산	대부	가능	가능	가능	민사소송

출처: 오창환(2012)의 내용을 재정리함.

국유재산인 철도 유휴부지는 행정재산 중 공공용 재산으로 매각, 교환, 양여, 신탁, 출자 등 처분행위가 금지되며, 이에 사권을 설정할 수 없고 시효취득의 대상이 되지 않는다. 다만 행정목적에 장애가 되지 아니하는 범위 내에서 사용허가를 할 수 있을 뿐이다(표 7-15 참조). 철도는 국토교통부가 중앙관서의 장인 행정재산으로 철도가 여객이나 화물운송에 공여되었다가 복선화, 직선화 등으로 이설될 경우 기존철도는 사실상 폐선이 되지만 국유재산의 용도폐지나 폐선고시가 되기 전까지 행정재산으로서의 성질을 가지며, 현재 철도폐선을 관리하고 있는 한국철도시설공단은 철도폐선의 대부분을 행정재산으로 관리하고 있는 실정이다. 따라서 지방자치단체 등과 철도 폐선부지에 대한 활용방안 협의 시 재산의 성격에 따라 행정재산은 사용허가, 일반재산은 대부하고 있으며, 지방자치단체가 매각을 요청할 경우 국유재산을 용도폐지 후 일반재산으로 전환하여 처분하고 있다. 즉, 철도 유휴부지를 지방자치단체가 도로·공원 등 공공용으로 사용하고자 하는 경우라도 해당부지의 무상양여나 무상사용허가는 어려우며, 다만 수의계약에 의한 매각이나 유상 사용허가만이 가능하다(오창환, 2012).

2004년 철도산업의 경쟁력을 강화하고 발전기반을 조성하기 위하여 철도시설 부문과 철도운영 부문을 분리하는 구조개혁을 추진하였다. 이에 따라 선로 등 시설자산은 한국철도시설공단이, 역사·광장 등 운영자산은 한국철도공사(코레일)가 관리하게 되어 철도폐선의 소유 주체도 이원화되었다. 이와 같이 철도자산은 그 종류와 소유주체에 따라 적용 법률이 다르고 국가, 지방자치단체, 민간사업자 등 사업주체에 따라서도 적용 법률이 달라지게 됨으로, 철도 유휴부지의 활용 방안을 수립하는 경우 사업주체가 자산의 성격 및 소유주체를 확인하고 활용계획을 추진해야 한다.

4) 철도 유휴부지의 활용 사례

최근 철도의 전철화와 철도 노선의 직선화 및 복선화는 기존의 단선철도와 철도 역사의 폐지를 촉발시키고 있다. 특히 산업구조의 재편으로 물자 수송의 수요가 감소하고 새로운 기술발달로 인해 운송수단이 변화하면서 철도 유휴부지가 전국적으로 증가하고 있다(이지선·성현곤, 2010). 특히 철도 유휴부지의 경우 대부분이 장기간 제대로 관리되지 않고 방치되어 도시미관이나 자원 이용의 효율성 저하 등 부정적인 영향을 주고 있다. 2018년 동해남부선과 중앙선이 폐지되는 경우 다량의 철도 유휴부지가 발생할 것으로 예상되고 있어 철도 유휴부지에 대한 활용방안을 수립하는 것이 시급하다.

2016년 한국철도시설공단의 철도재산 임대건수는 총 7,095건으로 주로 레일바이크, 태양광발전시설 설치, 적치장, 주차장, 경작지 등의 용도로 사용되고 있다. 그중 한국철도시설공단이 성공적 운영 사례(2014년 10월 기준)로 소개하고 있는 사업을 보면 철도 유휴부지 대부분이 레일바이크 코스, 자전거 도로 및 태양광발전시설 설치에 편중되어 있음을 알 수 있다(표 7-16 참조). 특히 레일바이크의 경우 초기 시설비용이 저렴하고 기존 철로를 철거할 비용이 들지 않으며 유지·보수비용도 크게 들지 않는다. 정선선 폐선 7.2㎞에 조성된 레일바이크가 2005년 하반기 운행을 시작한 뒤로 10년 동안 296만 명의 방문과 289억 원의 매출, 1,500억 원의 파급효과를 가져온 사례를 벤치마킹하듯 전국적으로 레일바이크 설치 붐이 일어나고 있다. 기존 철도 노선을 개량하여 레일바이크를 운행하거나 계획하고 있는 지자체들을 보면 정선군, 춘천시, 원주시, 태백시, 양평군, 가평군, 아산시, 보령시, 문경시, 김해시, 진주시, 청도군, 곡성군, 여수시 등이 있다(박장식, 2016).

또한, 한국철도시설공단 강원본부는 2012년부터 현재까지 7만 4,454㎡ 면적의 중앙선 폐선부지와 철도 유휴부지에 태양광발전시설을 지속적으로 설치해 3.1Mwh (1,050여 가구가 1년간 사용할 수 있는 양)의 전기 에너지를 생산하고 있다. 태양광발전 사업 추진으로 폐선 이후 발생한 유휴부지를 효율적으로 관리할 수 있을 뿐 아니라, 온실효과 감축(연간 탄소 483톤 저감, 연간 이산화탄소 1,683톤 저감)효과와 함께 연간 약6,600여 만 원의 임대수입을 얻고 있다(한국철도시설공단, 2015).

표 7-16. 철도 유휴부지 활용 사례

선명	위 치	조성 시기	연장 (면적)	사용기관	활용내용
경춘선	춘천시계~김유정역	`12.08	19.2㎞ (398,109㎡)	강촌레일파크	레일바이크
	김유정역~춘천역	`12.01	8.6㎞ (10,161㎡)	춘천시	풍물시장
	가평상천리~청평역	`12.09	8.44㎞ (130,637㎡)	가평군	북한강자전거길
	마석역~구암리	`12.09	7.1㎞ (41,600㎡)	남양주시	북한강자전거길
	진관리 ~ 마석역	`13.11	17.4㎞ (63,551㎡)	남양주시	경춘선자전거길
	갈매역~별내역	`13.01	0.72㎞ (3,781㎡)	구리시	경춘선자전거길
	성북역 ~ 화랑대역	`13.01	6.3㎞ (64,934㎡)	서울특별시	경춘선자전거길
중앙선	원덕역~용문역	`10.05	4.22㎞ (76,745㎡)	양평레일바이크(주)	레일바이크
	양동역~동화역	`13.03	12.7㎞ (368,586㎡)	에코레져산업(주)	레일바이크
	지평역~양동역	`13.06	13.3㎞ (342,915㎡)	(주)다쓰테크	태양광
	고명역~도담역	`12.09	1.5㎞ (22,154㎡)	㈜강원철도솔라	태양광
			0.35㎞ (17,527㎡)	충북태양광발전(주)	태양광
	영주댐 폐선	`12.05	0.58㎞ (12,200㎡)	한국녹색철도 태양광발전(주)	태양광
	팔당~양평	`11.01	25.3㎞ (194,491㎡)	남양주시, 양평군	자전거도로
전라선	마래터널~만성건널목	`12.09	2㎞ (45,155㎡)	여수해양관광개발	레일바이크
	아중역~아중2터널	`14.09	1.5㎞	전주시	레일바이크
문경선	진남~불정	`12.01	2.8㎞ (25,334㎡)	문경시	레일바이크
	문경역	`09.04	1.3㎞ (59,701㎡)		
임항선	마산역~마산항	`14.01	4.1㎞ (36,114㎡)	창원시	그린웨이조성사업
정선선	구절리역~아우라지역	`05.07	7.2㎞ (175,525㎡)	정선군	레일바이크

출처: 한국철도시설공단(2014).

이 외에도 서울시내 경의선 지하화에 따른 철도 지상부 6.3㎞ 구간을 공원화하여 2015년 개장한 '경의선 숲길'은 선형의 녹지축을 재생하여 생태 및 걷고 싶은 길 네트워크의 거점역할을톡톡히 해내고 있다. 아울러 이러한 공원화를 강화하여 보다 적극적으로 유원지화하는 사례들도 늘고 있다. 가령, 전라도 곡성군의 전라선 폐선부지 13.2㎞에 섬진강을 따라 레일바이크, 증기기관차 체험, 장미공원, 펜션, 영화세트장 등이 결합된 종합 철도테마파크인 '섬진강 기차마을'은 3년간 101만 명의 방문객을 유치해 380억 원의 경제적 파급효과를 가져왔다.

정선 레일바이크

강원도 태양광발전소

경의선숲길 공원(염리동)

경의선숲길 공원(연남동)

출처: 위-한국철도시설공단(2014; 2015); 아래-서울특별시 푸른도시국(2015)

그림 7-7. 철도 유휴부지 활용 사례

한편, 한국철도시설공단은 LH공사, 한국철도공사와 공동으로 행복주택 건설사업을 추진하는 MOU를 체결하였다. 행복주택이란 대학생(취업준비생 포함)·신혼부부(대학생, 취업준비생신혼부부, 예비신혼부부 포함), 사회초년생(재취업준비생 포함)들의 주거안정을 위하여 직장과 학교가 가까운 곳이나 대중교통 이용이 편리한 곳에 짓는 임대료가 저렴한 공공임대주택을 말한다. 2013년 5월 서울 서대문구 남가좌동(가좌역), 노원구 공릉동(경춘선 폐선 용지), 구로구 오류동(오류동역), 경기 안산시 단원구 고잔동(고잔역)의 철도부지 4곳과 서울의 양천구 목동, 송파구 가락동, 잠실동의 총 7곳에 행복주택 시범지구를 선정하였다. 한국철도시설공단은 수도권의 오류동지구, 가좌지구, 공릉동지구, 고잔지구 시범사업을 위해 국유 철도부지를 제공하고, 신속하게 행복주택 건설이 될 수 있도록 협력하고 있다.

표 7-17. 철도부지 활용 행복주택건설 사업

구분	가좌지구	오류동지구
위치	서울시 마포구 성산동 120-1번지 일원	서울시 구로구 오류동 33-177 일원
지구면적	25,900㎡ (국유지 23,823㎡, 시/구 2,077㎡)	84,139㎡ (국유지 26,576㎡, 시/구 139㎡, 철도공사 57,424㎡)
사업시행자	한국토지주택공사	한국토지주택공사
규모	362호 (1개동/20층)	890호 (4개동/18층)
인공지반 구조물	1,604㎡ * 연장 약 47.40m, 폭 약 30.2 ~ 37.5m	7,390㎡ * 연장 약 100m, 폭 약 73.9m
추정사업비	약533억원 (인공지반 약 63억원) * LH전액 조달	약1,310억원 (인공지반 약 242억원) * LH전액 조달
시공사	진흥기업(주)	롯데건설(주)
시행기간	`13.8.28~'17.12.31	'13.8.28~'18.6.30

출처: 한국철도시설공단 홈페이지.

출처: 한국철도시설공단 홈페이지.

그림 7-8. 철도부지 활용 행복주택 시범사업 조감도 (좌: 오류지구, 우: 가좌지구)

5) 철도 유휴부지 활용 관련 제도의 문제점

철도 유휴부지의 재활용을 활성화하기 위해서는 다음과 같은 관련 법·제도적 정비와 행정적 지원 확대가 필요하다. 첫째, 「국유재산법」에 따르면 운송수단으로서 철도 본래의 목적과 기능을 다했다고 판단되어도 용도 폐지된 부지에 대해서는 철도시설공단이 일정기간을 관리한 후 기획재정부로 이관되도록 규정하고 있다. 이로 인해 시설공단은 철도 유휴부지 개발사업에 대한 권한 행사가 불가능하다. 따라서 용도폐지가 이루어진 이후 지체 없이 개발사업을 추진할 수 있도록 제도적 보완이 필요하다(이지선·성현곤, 2010).

둘째, 철도재산의 소유주체가 한국철도공사(운영자산)와 한국철도시설공단(시설자산)으로 이원화되어 있어 행정의 비효율성이 증대되고 있다. 따라서 한국철도공사와 한국철도시설공단의 철도 유휴부지와 관련된 사업의 범위를 보다 명확하게 명시함으로써 개발사업 시행의 구체적인 법적 근거를 마련하여야만 한다.

셋째, 지금까지 철도 유휴부지 활용은 레일바이크 등을 활용한 관광자원 개발에 편중된 경향을 보이고 있으나, 향후 지역의 특성과 요구에 부합할 수 있는 다양한 활용방안 마련이 필요하다. 지자체가 철도 유휴부지에 레일바이크 설치를 가장 우선시하는 좋은 해법으로 인식하기 때문에 철도 유휴부지에 대한 활용방안이 레일바이크로 고착화될 가능성이 크다(박장식, 2016). 폐선에 트램과 같은 신교통수단을 설치하여 교통과 관광 두 기능을 병행하도록 하거나, 활용도가 낮은 폐선부지의 경우 태양광 발전설비를 설치하고, 폐터널은 버섯 재배지나 식품 저장고로 활용하는 등 다양한 용도로의 활용 방안 모색이 필요하다.

넷째, 제대로 관리되지 못하고 장기간 방치되어 주변지역에 부정적 영향을 미치는 철도 유휴부지의 활용을 촉진하기 위해서는 「철도 유휴부지의 활용 촉진을 위한 특별법(가칭)」을 제정하여 장기방치의 문제점을 해결하는 방안도 고려해 볼 필요가 있다.

참고문헌

강동진 (2010). “산업유산 재활용을 통한 지역재생 방법론 연구-산업유형별 비교를 중심으로”. 도시설계학회지. 11(1). 157-178.

강호제 (2009). “노후산업단지 재정비 방안”. 국토. 328. 50-60.

교육부 (2016a). 폐교활용 우수사례 자료집.

______ (2016b). 적정규모 학교 육성 강화 및 폐교 활용 활성화(보도자료).

국토연구원·산업연구원(2015), 노후거점산업단지 경쟁력강화 전략계획 수립연구.

국토부·산업부(2014), 노후산단 리모델링 조합계획.

국토교통부 (2015. 8. 10). 노후 산업단지 재생사업, 소규모로 빠르게 추진된다(보도자료).

권혁성·박윤규 (2011). “전통시장 활성화 정책에 대한 반성적 고찰과 발전 방향”. 산업경영논총. 18. 1-15.

김민진 (2016.5.31). 중기청. 전통시장 16곳 ‘청년몰’ 조성지역으로 선정. 아시아경제.

김진영 (2014). “구미국가산업단지 구조고도화 시범사업 추진 실적과 혁신사업 추진 방향”. 산업입지. 55. 35-44.

남동진 (2015. 2. 4). <전통시장 성공사례 탐방기> 청년·예술이 되살린 전통시장. 고양신문.

남윤형 (2010). 전통시장 지원정책 방향 재정립에 관한 연구. 중소기업연구원.

남윤형·류태창·홍경구 (2010). 전통시장 및 상점가 활성화 방안의 모색. 도시정보. 345. 3-18.

마상진 (2010). 농촌 폐교활용 실태와 정책과제. 한국농촌경제연구원.

문화체육관광부 (2014). 문화를 통한 전통시장 활성화 사업 설명자료(내부자료).

박수혁 (2015. 6. 30). 정선레일바이크 10년간 296만 명 발길 ‘경제효자’. 한겨레.

박장식 (2016. 7. 22). 폐선만 생겼다 하면 ‘레일바이크’, 참신한 거 없나요. 오마이뉴스.

산업단지공단(2014). 산업입지 논단: 노후산업단지 경쟁력 제고방안.

서연미·김용환(2015). 산업단지 중심 경제기반형 도시재생추진의 제도적 여건과 이슈, 구미시·한국도시행정학회 공동학술대회.

서울특별시 푸른도시국 (2015. 6. 25). ‘연남동·염리동·새창고개’ 경의선 폐철길 2㎞ 숲길 변신(보도자료).

소상공인시장진흥공단 (2014). 전통시장·상점가 및 점포경영 실태조사.

오창환 (2012). “철도폐선의 효율적 활용을 위한 개선방안 연구: 지방자치단체의 활용상 문제점을 중심으로”. 한양사이버대학교 석사학위논문.

이덕훈 (2013). “정부의 전통시장 정책이 시장활성화에 미치는 영향에 관한 연구”. 대한경영학회 춘계학술발표대회 발표논문집. 619-645.

이덕훈·이영석·박종진 (2011). 전통(재래)시장 현대화사업이 시장활성화에 미치는 영향에 관한 연구. 재래시장연구. 11-32.

이정찬·송위진·채윤식 (2015). 노후 산업단지의 재생전략. 과학기술정책연구원.

이지선·성현곤 (2010). 폐철도부지 활성화 방안 기초연구. 한국교통연구원.

임장규 (2016. 4. 28). ‘세이브존’ 인근 시장, 법적 점포수 못 미쳤다. 충북일보.

장철순·서태성·류승한·강호제 (2011). 공공과 민간의 참여를 통한 산업단지 재생사업의 효율적 추진 방안 연구. 국토연구원.

장철순, 정철주, 나주몽, 신우진, 정우곤, 정재원(2015). 노후산업단지재생의 현황과 과제. 도시정보, 4-20.

전라남도교육청 (2008). 2008년도 폐교재산활용지침.
_____________ (2012). 2012년도 폐교재산 활용계획.
정철 (2012). 전남지역 폐교의 효율적 활용 방안. 전남발전연구원.
조광익 (2014). "전통시장 활성화 정책 비교-관광을 통한 전통시장활성화인가, 전통시장의 관광 상품화인가?". 관광연구논총. 26(4). 157-187.
중소기업청 (2016). 전통시장 내 쇼핑·문화·놀이가 융합된 청년몰 조성(보도자료).
최정석 (2011). 노후 산업단지의 재생을 위한 정책개선 방안연구, 도시행정학보, 24(3), 243-264.
최정석 (2014). "도시농업 공간 확보를 위한 도시계획관련 제도 개선 방안". 환경정책. 22(3). 131-166.
최준석 (2015). "노후산업단지 실태분석과 시사점: 산업혁신부문 진단을 중심으로". 월간 KIET산업 경제. 203. 60-72.
한국산업단지공단 (2014). 전국산업단지현황통계(14.4분기).
한국철도시설공단 (2013. 5. 22). 철도부지 행복주택사업 추진 업무협약(MOU) 체결(보도자료).
_______________ (2014. 10. 1). 무한변신 철도폐선의 다양한 활용현황(발표자료).
_______________ (2015. 4. 14). 중앙선 폐선부지, 태양광 청정에너지존(zone)으로 변신 중!(보도자료).
한승욱 (2015). "늘어가는 빈집, 지역재생의 새로운 자원으로 활용". BDI 정책포커스(부산발전연구원). 294. 1-12.

소상공인시장진흥공단. http://www.semas.or.kr
소상공인포털. http://www.sbiz.or.kr
한국산업단지공단. http://www.kicox.or.kr
한국철도공사. http://info.korail.com

08 유휴 · 방치부동산 재활용을 위한 새로운 도시재생 방안 모색

1. 인구감소·기후변화 시대의 유휴·방치부동산에 대한 재인식
2. '유휴 · 방치부동산 살릴 길 찾기'를 위한 제도적 기반과 새로운 전략

1 인구감소·기후변화 시대의 유휴·방치부동산에 대한 재인식

1) 유휴·방치부동산에 대한 공공성 및 공유경제 개념 도입

(1) 유휴·방치부동산이 근린에 미치는 영향

유휴·방치부동산이 근린에 상당히 부정적인 영향을 미치는 것은 이미 널리 알려져 있다. 외관상으로 흉물스러운 경관을 보여줄 뿐만 아니라, 근린 부동산의 가치를 하락시키고 범죄 장소로 이용되기도 한다. 방치된 부동산들은 종종 쥐나 다른 해충들이 들끓기도 하고 건축물 잔해 및 쓰레기의 불법적인 투기장이 되기도 한다. 쓰레기 투척으로 인해 공중위생에 문제를 야기하여 이웃 주민들의 건강에 부정적인 영향을 주기도 하며, 일상생활에서의 불쾌감을 초래하기도 한다. 특히 유휴·방치부동산이 발생한 지구의 경우 화재 위험에 노출되는 사례들이 매우 빈번하며 방화도 자주 일어나는 것으로 알려져 있다(Shai, 2006). 유휴·방치부동산의 대부분이 관리가 이루어지지 않아 전기 배선의 결함이 크고 겨울철 노숙자들의 야외용 그릴 사용이나 추위를 피하기 위해 불을 지피는 사람들에 의해 화재가 발생할 수도 있으며, 빨리 점화되는 쓰레기들이 불법적으로 투기되는 경우가 많기 때문에 화재 발생에 대한 위험이 항시 존재한다. 더 나아가 유휴건물들이 방화범들의 일차적 타겟이 되는 경우도 종종 목격되고 있다(NVPC, 2005). 더 나아가 유휴·방치부동산이 일단 발생하게 되면 근린으로 점차 확산되기도 하고 고착화되면서 유휴·방치부동산으로 인해 야기된 문제들을 더욱 악화시키는 경향을 보인다.

미국의 범죄학자인 윌슨(James Q. Wilson)과 켈링(George L. Kelling)이 1982년 3월에 발표한 깨진 유리창 이론(Broken Windows Theory)은 깨진 유리창 하나를 방치해 두면 그 지점을 중심으로 범죄가 확산되기 시작한다는 것으로, 관리되지 않는 빈집을 오랫동안 방치하면 큰 문제로 이어질 가능성이 높음을 시사해준다. 유휴·방치부동산들은 도둑, 마약 거래, 매춘 행위 등과 같은 범죄를 유도하는 온상의 역할을 하게 될 가능성이 높은 것으로 알려져 있다. 텍사스 주 오스틴의 저소득 근린지구를 조사한 결과에 따르면, 방치된 건물의 41%가 손쉽게 출입 가능했으며 이렇게 개방된 건물들의 83%에서 매매춘, 마약거래 등이 이루어지고 있는 것으로 나타났다. 또한, 개방된 유휴·방치건물이 존치하는 근린의 경우 그렇지 않은 근린에 비해 마약 관련 신고는 3.2배, 재산 관련 범죄 신고는 1.8배, 폭행 및 강력범죄 신고는 2배 더 많은 것으로 분석되었다(Spellman, 1993).

한편 유휴·방치부동산이 많이 발생하는 지방 정부에서는 상당한 재정적 부담을 안게 된다. 유휴·방치부동산의 존재는 이웃한 부동산의 자산 가치를 감소시키며, 더 나아가 부동산 거래가 꽁꽁 얼어붙고 거의 이루어지지 않게 만들 수도 있다. 이러한 유휴·방치부동산으로 인한 근린의 부동산 가치 하락은 해당 지자체의 재정적 어려움으로 이어질 수 있다. 즉, 지방 정부들은 줄어든 세수로 인해 기반시설의 공급 및 유지 관리에 어려움을 겪게 되며 그 결과 지역의 매력도가 떨어질 가능성도 높다.

신문 기사를 통해 본 유휴·방치부동산 문제들[1]

(서울) 동대문구 이문1동 재개발구역에는 무려 55채가 비어 있었다. 역시 재개발 바람에 사고 팔리면서 주민이 떠나고 사람이 살지 않게 된 집들이다. 승용차로도 올라가기 힘들 만큼 비탈진 골목 구석구석에 '특별순찰구역'이란 표찰이 붙은 집들이 보였다.

빈집에서 일어나는 사건 사고가 워낙 잦다보니 집주인들은 '침략자'와 전쟁을 벌인다. 출입문을 잠가놓고 철제 판재로 장벽을 치는 건 약과다. 집안에 일부러 건축폐기물을 쌓아놓거나 아예 철거하다시피 건물을 무너뜨려 놓기도 한다. 동네는 빠른 속도로 음침해졌다. 남아 있는 사람들은 예민해질 대로 예민해진 상태다. 빈집 주변 주민들은 하나같이 큰 개를 기른다.

지난해 11월 충북 청주에 사는 A씨는 동네 재개발구역의 폐가에서 B씨(59)의 시신을 발견했다. 사람들이 지나다니는 담벼락에서 불과 3m 떨어진 지점이었다. 이 동네를 자주 서성이던 B씨는 빈집에 머물다 지병을 비관해 스스로 목숨을 끊은 것으로 보였다.

...... 지난해 5월에는 경남 통영시의 한 폐가에 불이 났다. 7년 전부터 비어 있던 집이다. 사람들이 "빈집이라 다행"이라고 숙덕이던 사이 화재 현장에서 심하게 그을린 40대 남성의 시신이 나왔다. 누군가 소리 소문도 없이 빈집에 들어가 살다 화를 입은 것이다.

2011년 1월 경기도 화성시 주택가 빈집에선 여중생이 잠을 자다 불에 타 숨졌다. 3개월 전에 가출해 이곳저곳을 떠돌다 이 빈집에 '정착'한 경우였다. 소녀는 버려진 매트리스와 이불을 주워다 추위를 달랬다. 전기가 들어오지 않아 촛불을 쓰던 게 화재로 이어졌다.

서울지방경찰청은 지난해 11월 시내 36개 재개발구역의 빈집 7535가구와 그 일대를 일제 수색했다. 노숙인 4명이 퇴거 조치됐고, 수배자 2명이 붙잡혔다. 담배를 피우기 위해, 가출해 갈 곳이 없어 빈집에 머물던 청소년 65명은 집으로 돌려보냈다. 경찰은 빈집마다 일일이 버려진 가재도구를 치우고 출입문을 봉쇄했다.

1) 양민철(2015).

주민 인터뷰를 통해 본 유휴·방치부동산 문제들[2)]

"소방도로도 안 되어있고. 불나면 위험할 수 있는 그런 집들이 많아요. 밤에는 무서워서 저녁에 돌아다녀야 할 때 저희 아저씨랑 같이 돌아다녀야 돼요. 좀 골목이 왜지고 무섭고 가로등이 있어도 좀 저기 하더라고." (익산시 남중동 주민 인터뷰, 2016년 5월)

"아무래도 빈집이 요새는 학생들이 들어가서 담배 피우고 그런 것 때문에 걱정이지. 잠겨 있어도 그거 들어가려면 애들이 못 들어가겠어. 그리고 어른들이 뭐라 그러면 봉변을 당할까봐, 요새 애들은 그러잖아. 그러니깐 봤어도 함부로 못 해." (익산시 주현동 주민 인터뷰, 2016년 5월)

"전에는 빈집이 있을 때 학생들이. 불난 집도 있었어요. 빈집에 와서 놀고 담배도 피우고." (익산시 남중동 상인 인터뷰, 2016년 5월)

<빈집의 개방되어 있는 출입구와 무단침입의 흔적>

출처: 한수경(2016), p.189.

"마당에 쌓인 쓰레기가 골목으로 흘러넘치고 있는 빈집 옆에 사시는 분이 동사무소에서 어떻게 안 해주냐 이렇게 말씀하셨는데, 저는 그 집주인에 대한 정보를 알아야 통화라도 해보고 할 텐데, 동사무소에서 알려주시지 않으세요. 그래서 저는 손을 놓고 있어요." (익산시 동산동 주민 인터뷰, 2016년 5월)

"쓰레기 던지는 집도 있는데. 못하게 동사무소에서 벌금 낸다고 써 붙이고. 그렇게 써 붙이면 일단은 조금 덜 버려. 한 번 버리면 당연히 거기다가 자꾸 갖다 놔. 암튼 누구라도 눈에 띄기만 하면 벌금 십만 원입니다, 내가 그래. ...... 진짜로 십만 원 낸 사람도 있어. 그걸 내게끔 만들어야 그 사람이 무서워서 안 버려." (익산시 주현동 주민 인터뷰, 2016년 5월)

<공·폐가 내 쓰레기 투기 문제>

출처: 한수경(2016), p.190.

---

2) 한수경(2016).

이상에서 살펴본 바와 같이 유휴·방치부동산은 근린 부동산의 가치 하락, 범죄나 화재 등 안전상의 문제, 공중위생 및 건강상의 문제들을 야기하고 있으며, 이를 해결하기 위해 지자체들은 경찰, 소방, 보건 등 여러 부문에서 소요되는 경비를 부족한 예산하에서 지출하여야 하는 상당한 부담을 안게 된다. 유휴·방치부동산은 부동산 세수 등 지방 재정에 부정적인 영향을 미치는 동시에 지자체로 하여금 상당한 인력, 시간, 비용을 지불해야 하는 상황을 발생시키며, 부동산의 유휴·방치 상태가 지속될수록 그 비용은 매년 더 증가하게 된다. 따라서 도시들은 유휴·방치부동산이 주변 커뮤니티에 미치는 부정적인 영향 때문만이 아니라 그것이 야기하는 막대한 비용 때문에라도 증가하는 유휴·방치부동산 문제를 해결해야만 하는 과제를 안고 있다.

(2) 유휴·방치부동산 처리과정의 문제점

유휴·방치부동산이 많이 발생하는 지자체의 경우 이를 안전하게 관리하려고 노력하지만, 거의 대부분이 개인 소유의 부동산이기 때문에 세금 체납과 같은 특정한 상황하에서만 개인의 소유권 이전을 시도할 수 있는 정도로 지방 정부에게 주어지는 법적 권한은 매우 제한적이다. 이에 따라 지자체에서는 유휴·방치부동산 소유주들이 최소한의 외관 수준을 유지할 수 있도록 설득, 회유, 장려하는 방법 이외의 사실상 다른 방법을 도입하는 것은 매우 어려우며, 따라서 근원적으로 유휴·방치부동산으로 인해 야기되는 문제들을 해결할 수 없다.

유휴·방치부동산 가운데 공·폐가가 가장 많이 발생하는 이유는 주택이 너무 노후화되었으나 유지·보수를 제대로 하지 않아 부동산 거래가 전혀 이루어지지 않기 때문이라고 볼 수 있다. 특히 방치되고 있는 자가 소유 주택의 경우 주택 소유주가 주택 담보대출을 받았거나 재산세를 납부하지 않고 있는 경우가 대부분이다. 특히 오래된 단독주택의 경우 노인 소유주들이 많으며, 이들이 유언 없이 사망하거나, 부동산을 다수의 상속자에게 남기거나, 소유권이 불명확한 상태일 경우 해당 부동산은 방치될 위험성이 높다. 소유권이 명확하지 않은 경우 지자체가 해당 부동산을 처분하는 것은 사실상 불가능하다. 때때로 저소득층의 주택 소유주들이 유언 없이 사망할 경우, 지방 정부는 남겨진 부동산 처분을 위해 연락할 수 있는 가족을 찾고 있으나 가족을 찾기 어려운 경우도 발생한다. 더 나아가 상속자가 남겨진 노후화된 부동산에 대해 잘 모르는 경우나 너무 낡아 부동산 가치가 떨어진 경우 이를 처분하거나 임대하기보다는 그냥 내버려두는 경우도 종종 발생한다.

인천 중구의 주택가 이 동네에는 빈집이 11채 있다. 원래 18채였는데 지난해까지 7채가 철거됐다. 구청은 빈집이 사라진 자리에 운동기구와 벤치를 놔뒀다. 그러나 아직 철거되지 않은 빈집들이 버티고 서 있어 골치라고 한다. 주민센터 관계자는 "빈집 소유자들이 나서서 관리를 해야 하는데 대부분 방치하고 있다. 구청에서 매입해 녹지로 조성하려 해도 가격을 너무 높게 불러 번번이 실패하곤 한다"고 말했다. 빈집 소유주들은 "내 집에 손대면 손해배상을 청구하겠다"고 으름장을 놓는다. 여러 단점들이 대두됨에 따라 발전차액지원제도는 2011년까지 적용된 후 폐지되었다.

출처: 전세난 시대, 도시 잠식하는 '빈집' (국민일보, 2015년 2월 13일).

이와 같은 공·폐가수를 줄이기 위해 현재 도입되고 있는 관리 방식은 크게 빈집을 활용(재생)하는 방식과 정비(철거)하는 방식으로 진행되고 있다. 그러나 정비 대상인 빈집과 활용 대상인 빈집을 구분하는 기준이 모호하고, 빈집의 정비 방법에 관한 가이드라인이 구체적으로 제시되어 있지 않다. 또한 빈집을 정비하는 방식도 소유자가 자진 철거하는 경우와 소유자 동의를 거쳐 해당 지자체에서 철거하는 방식으로 나누어진다. 심각한 물리적인 위험이나 공중위생상의 문제로 건물 철거가 필요한 경우 반드시 건물 소유주의 동의가 필요하다. 그러나 소유주가 동의하지 않을 경우 철거가 반드시 필요한 공·폐가가 장기간 방치 상태에 놓여 질 수밖에 없다. 따라서 주변에 상당한 부정적 영향을 미치고 있는 사유재산에 대한 개입을 강제로 집행할 수 있는 법·제도 구축을 위한 노력이 반드시 필요하다.

지자체의 경우 한정된 공공 재원으로 급증하는 빈집을 철거하고 정비하는 데 소요되는 비용에도 한계가 있기 때문에 빈집 철거가 사실상 활발하게 이루어지지 못하고 있다. 일반적으로 소유자 동의를 거쳐 주택정비기금과 같은 공적 재원을 투입하여 철거할 경우 철거된 부지는 일정 기간 공공 목적(대부분의 경우 간이 주차장이나 간단한 주민생활체육시설 등)으로 활용하게 된다. 최근 건물이 철거된 자리에 작은 체육시설 기구가 설치되는 사례를 자주 목격할 수 있는데, 이미 반경 30~40m 내에 오히려 더 쾌적하고 넓은 주민생활 체육시설이 설치되어 있는 경우가 많아 중복성 논란도 있다. 대부분 철거된 부지들이 인근 주민의 필요를 반영하여 활용되지 못하고 있어 현재로서는 철거 자체에 대한 긍정적 영향력을 기대하기는 어렵다.

한편 소유주가 일정 기간 동안 재산세를 내지 못하거나 주택담보 대출금 체납으로 해당 부동산이 압류되는 경우 '공매 처분 과정'을 통해 부동산이 매매될 수 있다. 특히 압류된 부동산의 물리적 상태가 양호하고, 해당 지역의 부동산 시장이 활성화된 경우 압류된 주택은 단기간 내에 타인에게 매각되어 점유될 수 있다. 그러나 현행 법률 자체가 세금 연체로 인한 부동산을 매매하는 과정이나 타인이 획득하는 기간이 상당히 길고 복잡하다. 미국에서는 대체로 해당 부동산이 수년간 세금이 연체

될 때까지 공매를 개시할 수 없으며, 법적 절차가 한번 시작되면 소유주를 찾고 소유주에게 통지하는 과정 등을 거쳐 최소 2년 정도 걸릴 수 있다(Accordino and Johnson, 2000).

자본주의 사회에서 토지에 대한 재산권은 기본적으로 사유재산이며, 토지재산권은 자유·평등과 함께 천부불가침의 권리로 인식되고 있다. 그러나 우리나라 헌법 제120조 제2항에서 "토지와 자원은 국가의 보호를 받으며, 국가는 균형 있는 개발과 이용을 위하여 필요한 계획을 수립한다"라고 토지재산권에 대해 규정하고 있다. 또한, 제 122조에서는 "국가는 국민 모두의 생산 및 생활의 기반이 되는 국토의 효율적이고 균형 있는 이용·개발과 보전을 위하여 법률이 정하는 바에 의하여 그에 관한 필요한 제한과 업무를 과할 수 있다"라고 규정하고 있다. 특히 토지 재산권에 대한 투기적 이익 추구를 통제하기 위하여 토지는 일반 재산권에 비해 강한 사회적 구속을 받게 된다. 이와 같이 토지사용으로 인한 투기를 억제하고 국토이용의 합리화를 위해 토지 재산권의 자유를 제한하고 있다. 최근 들어와 토지재산권에 대한 규제 양상이 점점 더 복잡해지고 있으며, 토지 재산권에 대한 제한 범위와 한계가 중요한 이슈로 등장하고 있다. 그러나 아직까지 유휴·방치부동산으로 인해 근린 주민들에게 다양한 측면에서 부정적 영향을 주는 경우 이를 해결하기 위해 토지 소유자에게 부과하는 제도적 장치가 마련되어 있지 못하다. 유휴·방치부동산 발생으로 인해 인근 주민들에게 부정적 영향을 미치는 경우 이러한 문제들을 해결해나갈 수 있는 제도적 장치가 하루빨리 마련되어야 할 것이다.

(3) 유휴·방치부동산에 대한 공공성 및 공유경제 개념 도입

저출산-고령화에 따른 빈집, 빈 점포 등 유휴·방치부동산 발생에 따른 다양한 문제들을 해결하고 도시재생 사업을 효과적으로 펼쳐나가기 위해서는 유휴·방치부동산에 대한 공공성 또는 공유경제 개념 도입이 절실하다. 공유경제에 대한 논의는 벤클러(Benkler, 2004)의 "멋지게 공유(Sharing Nicely: On Shareable Goods and the Emergence of Sharing as a Modality of Economic Production)"에서 비롯되었다. 그에 따르면 공유행위는 사회관계와 공유 윤리를 기반으로 자원을 동원·배분하는 것으로, 사회적 공유(social sharing)라는 새로운 생산양식의 가치를 기반으로 참여자들의 자율성과 역동성을 통해 경제적 효율성을 누리려는 것이다. 학술용어로서의 공유경제(sharing economy)에 대한 개념은 2008년 레식(Lessig)의 저서 "리믹스(Remix: Making Art and Commerce Thrive in the Hybrid Economy)"에서 공유경제 용어가 처음 사용된 이후부터이다. 그는 공유경제를 시장에서의 수요-공급에 기반한 가격이 아닌 다양한 사회관계(social relations)에 의해서 조율되는 경제라고 정의했다. 사회관계에 기반을 두어야 한다고 주창한 리프킨(Rifkin, 2014)의 견해에 따르면 공유야말로 인류역사에서 오랜 시간 동안 자연스럽고 보편적인 행태이며, 공유경제는 보이지 않는 시장의 힘보다 네트워크에 기반한 사회적 신뢰와 같은 사회적 자본에 의존한다는 것이다. 이와 같이 공유경제란 자산의 부분적인 소유권, 이용권 또는 향유권을 주거나 받는 경제, 또는 구성원들이 공동으로 소유, 사용 또는 향유하는 경제라고 할 수 있다. 전통경제가 소유와 이윤 창출을 위한 경쟁에 초점을 두었다면 공유경제는 공유와 신뢰를 통한 가치 창출과 자원 절약에 초점을 둔다. 공유경제의 목표는 이윤의 극대화가 아니라 자원 절약, 환경 보호, 공동체의식 회복, 지역경제 활성화와 같은 사회적 가치를 창출하고, 이를 통해 적정한 이윤을 얻는 것을 중요하게 생각하며, 공유경제를 통해 모두에게 이익이 돌아가는 윈윈 구조를 지향하고 있다. 기업회계컨설팅업체 PwC(Pricewaterhouse Coopers)는 2014년 150억 달러였던 세계 공유경제 시장의 규모가 10년 뒤에는 약 20배 증가해 3350억 달러로 증가할 것으로 전망하고 있다(PwC, 2014).

우리나라와 같이 토지사유제가 당연한 것으로 간주되는 국가에서 토지의 공공성을 주장하는 경우 사회주의적 발상이라는 심한 비판을 받게 된다. 근원적으로 토지의 소유권을 구성하는 권리는 사용권, 처분권, 수익권으로 구분할 수 있으며, 누구에게 귀속시키느냐를 기준으로 토지제도의 분류가 가능하다. 세 권리 모두 민간이 가지면 토지사유제가 되고, 세 권리 모두 공공이 가지면 사회주의적 토지공유제가 된다. 사용권은 민간이 갖고 수익권은 공공이 가질 경우 토지가치 공유제가 되며, 이 경우 처분권을 공공이 가지면서 사용권을 가진 자에게 한시적으로 처분권을 맡길 경우 토지공공임대제가 된다.

조성찬(2015)은 토지가치 공유를 기반으로 하는 「상생도시」라는 책을 출간하였다. 여기서 그가 말하는 '상생'이란 우리가 순응해야 할 자연 질서로, 상생에서의 핵심은 토지이다. 즉, 토지가 사람과 자연, 사람과 사람을 이어주는 것으로 토지에는 '모두 함께 어울려 살라'는 뜻이 담겨 있다는 것이다. 그의 주장에 따르면 토지 가치는 사회 및 마을공동체가 이루어낸 소산이며 가치이기 때문에 소유권자가 이를 가로채고 사유화해서는 안된다는 것이다. '상생도시'란 토지가치를 공유하여 상생의 기초 위에서 재산의 소유 및 사용에 대한 권리를 보장하고, 마을 공동체가 파괴되지 않으면서도 경제적 활력을 유지하는 도시로 정의되고 있다. 이렇게 상생도시를 형성하려면 무엇보다도 오랫동안 지역사회를 발전시키고 지켜온 사용자들의 노력으로 인한 토지 가치를 인정하고, 토지소유주, 세입자, 지방정부 및 제3섹터가 함께 공유경제가 작동되도록 해야 할 것이다.

실제로 공유경제 개념에 입각한 토지공공임대제도의 성공 사례도 있다. 소행주(소통이있어행복한주택만들기)가 바로 토지임대부 공동체주택이다. 여기서 토지임대부 공동체 주택이란 공공의 토지를 빌린다는 의미의 '토지임대부'와 거주자들이 공간을 공유하면서 살아간다는 의미의 '공동체주택'이다. 2011년 소행주 1호를 처음 공급한 이후 현재까지 9호가 진행 중이다. 소행주의 경우 사업자가 SH공사 부지를 40년간 임차하여 공동체주택(8가구, 5층 건물)을 건축했다. 거주자들은 건축비만 부담했으며, 매달 32~35만원의 토지이용료를 부담하게 된다.

소행주 1호 전경(철재류인 징크재의 모양과 색깔을 달리해 외장을 마감하여 집마다 다르게 디자인하였음)

소행주 3호의 세대별 베란다(입주민의 요청에 의해 나무 오두막 형태의 누울 수 있는 베란다가 만들어짐)

출처: mdesign.designhouse.co.kr/article/article_view/101/67477

그림 8-1. 소행주 1호와 소행주 3호 전경

녹색친구들(주)도 서울시와 토지임대차 계약(40년 사용)을 맺고 인근의 시세보다 20~40% 저렴하면서도 품질 좋은 '더불어숲'이라는 사회주택을 건설할 예정이다. 토지임대부 사회주택 사업인 더불어숲의 사업방식은 공유자산과 민간 역량을 결합한 민관 거버넌스의 특징을 갖고 있다. 서울시는 민간 토지매입자금을 SH공사에 출자하고 사업자를 선정하며, 해당 자치구는 구가 소유한 공유지를 기부체납 조건으로 제공한다. SH공사는 부지를 매입 후 장기 임대하여 입주자를 모집하게 된다. 현재 마포구 성산동에 더불어숲 1호(11세대)와 서대문구 창천동에 더불어숲 2호(13세대)가 건설 중이다. 더불어숲 1호의 경우 2016년 12월말에 입주가 이루어질 예정이다.

출처: greenfriends.co.kr/board/offer

그림 8-2. 더불어숲 1호 공사 착공과 조감도

또 다른 공유경제 개념을 도입한 마을협약형 사례도 있다. 순수하게 마을 주민들이 추진 주체가 되고 지방정부는 프로그램 및 재원을 통해 지원하는 역할을 담당하는 것이다. 아직까지 구체적으로 제도화되지 않았지만, 주민들 스스로 협약을 맺어 임대료 인상 자제 등을 자체적으로 정하는 것이다. 가장 대표적인 사례가 서울시 성북구의 장수마을이다. 이 마을의 경우 저소득층의 세입자들이 내쫓길 위기에 처하자, 마을 공동체가 마을협약을 제정하였다. 서울시는 2013년 10월 집수리 지원을 위한 공고를 발표하여 수리비 및 신축비를 지원하는 대신 혜택을 받는 건물주는 세입자 보호에 대한 주민협정안(4년 장기계약 체결 및 임대료 인상 제한)에 동의해야 한다는 단서를 달았다. 또 다른 예시로는 2014년 2월 서대문구청의 중재로 '신촌상가 임대료 안정화를 위한 협약'을 체결하고, 건물주가 최대 임대차 계약기간인 5년 동안 월세와 보증금을 올리지 않는 대신, 임차인은 호객행위, 바가지 상술, 보도에 물건을 쌓아두는 행위 등 신촌상권 활성화를 저해하는 일체의 행위를 하지 않겠다는 약속을 했다. 이와 같이 마을협약은 마을공동체 단위에서 쉽게 시도할 수 있는 방식이다. 그 외에도 지방정부는 물론 기존 토지소유자와 지역 주민이 조합원으로 참여하여 민간 토지를 지역자산으로 전환한 후 지분에 따라 토지가치를 공유하는 토지협동조합도 가능하다.

최근에는 도시란 근본적으로 공유되는 것이라는 전제하에서 공유도시(shareable city)도 나타나고 있다. 도시는 우리가 모여서 부분적으로는 기본적인 시설들을 공유하거나, 사회활동을 하거나, 함께 모이려는 본능에 만족하거나, 문화를 함께 만드는 곳이며, 공유도시를 위한 요구는 도시 문화의 변화를 상상하는 데 영감을 줌과 동시에 우리가 이미 항상 공유하고 있는 보이지 않는 것들을 알게 해 준다(McLaren &

Agyeman, 2015). Shareable과 Sustainable Economies Law Center 두 비영리기관에서 출간한 '공유도시를 위한 정책(Policies for Shareable cities)'에서 공유경제의 성장을 촉진시키는 것이 도시정부가 경제 위기와 기후변화 시대에 번영과 탄력성을 강화하기 위해 할 수 있는 가장 중요한 일임을 피력하고 있다. 이 책에서 공유도시에 대한 내용을 보면 다음과 같다.

"도시는 공유를 위해서 만들어졌다. 공유는 도시를 번영과 혁신 문화 교류의 엔진으로 만든다. 잘 연결된 도시는 놀랄 만큼 적은 에너지를 사용하면서 1인당 생산과 혁신을 증가시키는 독특한 능력을 가지고 있다. 이런 이유 때문에 지구가 가지는 한정된 자원을 가지고 널리 번영하기 위한 목표를 위해서 도시는 최고의 희망일지도 모른다.
오늘날, 새로운 환경은 공유를 위한 플랫폼으로 도시를 확장하기 위한 전례 없는 기회를 만들었다. 사람들은 이미 이런 기회에 행동하고 있다. 경제적인 필요나 기술의 발달로 인해서 도시 안에 그들은 음식이나 직업, 주거, 제품, 교통을 그들 스스로 좀 더 탄력적인 새로운 것을 만들고 있다. 이것이 공유경제이다. 카쉐어링, 자동차 함께 타기, 협동조합, 공동체 농업, 공유 주거, 공유 사무실과 개인과 개인 수준에서 수요와 공급을 연결하는 플랫폼을 통해서 만들어진 아주 많은 새로운 마이크로 기업가의 사례들의 폭발로 인해서 특징지어진다.

이것은 지난 세기 동안 미국인들이 그들의 물질적 필요로 만나왔던 방법들에 대한 중요한 출발을 표시한다. 예를 들어, 가치 있는 도시의 공간에 자동차를 주차하는 것을 포함해서 자동차를 사는 것을 대신해서 자동차를 공유하고, 그렇게 함으로써 도시의 기반시설이나 환경에 대한 시민들의 부담을 줄일 수 있다. 응급실에 의존하기 보다는 개인과 개인의 거래시장이나 타임달러 프로그램을 통해서 노인의료 예방을 제공할 수 있다. 여행을 할 때 호텔을 이용하는 것을 대신해, 개인 간 숙박 공유 시장을 이용해서 일반 시민의 집에서 머무르는 것을 선택하고 있다.

공유경제는 어떻게 도시가 도시 공간을 디자인하고 일자리를 만들고, 범죄를 줄이고, 교통수단을 관리하고, 제공할 것인가에 대해서 깊은 의미를 가지고 있다. 예를 들어 공유경제는 정책을 만드는 것에도 깊은 의미를 가지고 있다. 공유경제는 20세기에 만들어진 계획과 규제의 틀의 핵심 가정에 도전한다. 즉, 주거, 상업, 공업, 농업 활동들이 물리적으로 다른 하나로부터 구분되고, 개별 단일 가구가 독립적인 경제 유닛으로 동작하는 것이다. 공유경제는 공유, 선물하기, 물물교환, 개인 간의 사고팔기를 통해서 사람과 일들을 다시 모은다. 도시의 정부는 기반시설, 서비스, 혜택, 게임 체인지 변화의 사회적 교환의 안에 요소인 규제의 디자인을 통해서 점점 더 공유경제의 조정자 역할을 할 수 있을 것이다."

출처: 공유도시를 위한 정책(Policies for Shareable cities)

이와 같이 골칫거리로 여겨온 유휴·방치부동산에 대해 상생 또는 공유의 개념을 도입하는 경우 그 활용성은 매우 다양화될 수 있다. 유휴·방치부동산 재활용을 위해 근린의 유휴·방치부동산에 대한 공공성과 상호 신뢰하에서 마을 주민 주도의 공유공간 조성과 공유공간 속에서 협업을 통한 일자리 창출도 가능할 수 있다. 즉, 유휴·방치부동산 재활용을 위해 공유공간을 조성하고 그 활용성을 높이며, 마을 주민들 모두에게 윈-윈(win-win) 구조가 될 수 있도록 유휴·방치부동산을 재활용할 수 있는 길이 열릴 수 있다.

우리나라의 경우 30여개의 지자체에서 공유경제 촉진을 위한 조례가 마련되었지만, 여전히 제도적 기반이 매우 취약하다. 유휴·방치부동산 재활용을 위해 필요한 공유경제 개념 도입을 위해 가장 필요한 것은 사회적 자본과 신뢰이다. 선진국들에 비해 상대적으로 사회적 신뢰의 수준이 낮은 우리나라의 경우 부족한 신뢰를 공공부문이 보완할 수밖에 없는 실정이다. 다양한 유휴·방치부동산이 공유자원으로 인식되어도 현행 법과 제도하에서는 상당한 갈등이 발생할 수 있다. 개인 소유에서 마을 공동체 공유로의 유휴·방치부동산을 재활용하도록 하는 정책과 제도 정비가 필요하다. 유휴·방치부동산 공유로 인해 발생되는 편익과 사회적 가치 및 합리적 재활용과 관리를 위해 기존의 계획 및 법과 제도에 따를 경우 어떤 문제가 발생하는지를 파악하고, 지역 공동체와 사회의 공익을 위해 어떤 방향으로 제도 개선이 되어야 하는지, 더 나아가 이를 위한 사회적 합의를 어떻게 이끌어내야 하는가에 대한 연구가 필수적이다.

2) 유휴·방치부동산에 대한 인식 전환: 일시적 활용 및 안정화

(1) 유휴·방치부동산의 일시적 활용

인구가 감소하고 경제가 침체되는 도시들의 경우 상당히 많은 다양한 유형의 유휴·방치부동산이 발생하지만, 이를 재활용하려는 수요는 매우 적고 부동산 거래도 거의 이루어지지 않는다. 유휴·방치부동산을 어떻게 활용하는 것이 효율적인가에 대한 다각적인 고민을 하지만, 사실상 적절한 용도를 찾아내기 쉽지 않다. 우리나라보다도 먼저 유휴·방치부동산 문제를 겪어온 독일을 비롯한 선진국의 경우 유휴·방치부동산에 대한 인식이 상당히 다르며, 그에 따라 유휴·방치부동산을 일시적(temporary) 또는 중간적(interim)으로 활용하는 제도를 도입하고 있다. 이는 인구 감소로 인해 개발수요가 크지 않거나 개발에 필요한 수요를 충족시키지 못할 경우 무리하게 특정 용도로 개발 계획을 추진하는 것보다는 일시적 또는 임시적으로 필요한 용도로 사용하는 것이 도시의 황폐하게 버려진 토지(urban void)에 대한 안정감을 증진시키고 인근 부동산 가치를 유지시켜주며 궁극적으로는 경제적 편익을 얻을 수 있을 것이라는 전제하에서 이 제도가 시행되고 있다. 즉, 보다 더 수익성 있고 적합한 개발 대안이 나올 때를 기다리면서 유휴·방치부동산을 일시적, 단기적, 중간적으로 활용하는 것이다. 유휴·방치부동산을 일시적으로 잠시 사용하기 때문에 해당 유휴·방치부동산은 매우 다양하게 사용될 가능성이 크다. 특히 유휴·방치부동산 소유자가 아무런 용도로도 사용하지 않거나 시 당국에서도 유휴·방치부동산을 관리할 수 없는 경우, 그 도시에 거주하는 사람들의 필요에 따라 유휴·방치부동산을 일시적으로 다양한 용도로 사용하도록 가능성을 열어두는 것이다. 이렇게 열어두는 경우 일시적으로 활용하기 원하는 다양한 도시 구성원들에게는 또 다른 좋은 기회로, 아주 색다른 장소의 이미지로 변화시킬 가능성을 갖고 있다. 이처럼 유휴·방치부동산을 영구적으로 특정 목적으로 활용하기 전에 일시적인 실험장소로 다양하게 사용하지만, 만일 일시적이며 단기간적 활용이 성공적일 경우 일시적 활용에서 영구적 활용으로도 전환될 수 있다. 거대한 단일 프로젝트 개발 사업의 성패는 도시 전체에 상당한 영향을 미치게 되지만, 다양하고 작은 프로젝트들의 경우 그 영향력은 크지 않으며 오히려 곳곳에서 작지만 활기를 불어넣을 수도 있다.

도시의 개척자(urban pioneers)들에 의해 도시의 유휴·방치부동산을 다양한 유형의 프로젝트 실현을 위한 공간으로 일시적으로 활용하는 전략을 도입하여 성공을 거둔 대표적 도시는 베를린이다. 버려지거나 황폐한 유휴·방치부동산에 대한 일시적 사용에 대한 공식적 계획 명칭은 'Zwischennutzung(중간적 사용)'이라고 한다. 'Zwischennutzung'은 도시개발에 대한 참여를 촉진하며 자영업 일자리를 창출하고, 더 이상 방치로 인한 피해를 방지하기 위한 새로운 발상, 발상의 전환이라고 볼 수 있다. 흉물스러운 유휴·방치부동산들을 그대로 방치할 경우 도시의 활기를 빼앗아가므로, 이를 방지하기 위해 일시적으로 자유롭게 활용하게 하여 커뮤니티의 안정감과 활기를 불어넣도록 하는 것이다. 베를린의 유휴·방치부동산은 이러한 일시적 활용을 통해 젊은이들이 선호하는 등산, 스케이트보드, 자전거 경주와 같은 극한 스포츠 경기 개최지, 사회인 동아리 모임 장소, 인공 해변, 각종 공연장, 그리고 매우 엉뚱한 발상이었지만 낡은 아파트를 개조한 매우 저렴한 숙박 시설(예: Hotel Neustadt) 등으로 사용되고 있다(Hollander, 2009).

베를린에서 유휴·방치부동산의 일시적 활용이 나타나게 된 것과 성공을 거둔 것은 어떻게 보면 베를린 시의 독특성에 기인한다고 볼 수 있다. 베를린 장벽의 붕괴 이후 베를린은 도시개발 시대가 열릴 것이라는 기대하에서 당시 엄청난 각광을 받았다. 또한, 통독 이후 '뉴 베를린'을 상징하기 위한 다양한 도시 재개발 프로젝트들이 수행되었다. 그러나 기대와는 달리 베를린 시의 개발 수요는 상당히 적게 나타나고 무리하게 사업을 추진하였던 베를린 주정부의 재정은 거의 파산에 직면했다. 이렇게 개발의 전성기를 맞이할 것이라 기대하였던 베를린 시에서 유휴·방치부동산이 많이 발생하게 된 이유는 복합적이었다. 즉, 지역 부동산 시장의 빈약한 수요, 정책 결정과 계획 과정에서의 지체, 오래되고 낡은 인프라, 상당히 높은 건설비용 등이 복합적으로 작용했다(Hentila and Lindborg, 2003). 특히 제2차 세계대전으로 인한 건축물들의 손상, 통독 이후 탈산업화에 따른 산업시설과 인프라 시설의 방치, 그리고 토지와 재산의 원상회복에 관한 분쟁들과 같은 특정 요인들이 복합적으로 작용하여 베를린 시는 다른 유럽의 대도시들보다 더 많은 유휴·방치부동산이 발생하게 된 것이다.

그러나 베를린 시는 이러한 유휴·방치부동산을 보는 인식이 매우 획기적이며 가히 혁신적이라고 할 수 있었다. 유휴·방치부동산의 대부분이 아직 용도가 결정되지 않아 일시적으로 사용가능한 공간(indeterminate spaces)이며, 결코 죽은 공간은 아니라는 것이었다(Groth and Corjin, 2005). 유휴·방치부동산은 다양한 활동이 펼쳐지는 역동적이고 개방적인 '사이(in-betweenness)' 공간이라는 개념으로 Till(2011)은 일시적으로 사용되는 공간들을 지칭하는 '중간적인 공간'이라는 단어를 사용하였다. 이렇게 유휴·방치부동산에 대한 인식이 유연했으며, 도시의 자연 그대로의 공간, 미시-정치적 활동공간(micro-political activity)이라고 간주하였다(Cupers and Miessen, 2002). 더 나아가 다양한 사람들에게 대안적으로 사용될 문화 공간 또는 소외된 사회계층, 젊은이들, 또는 예술가들을 위한 유연적 공간이라는 인식을 갖게 되었다(Shaw, 2005), 이러한 인식이 널리 조성되면서 베를린이라는 도시의 독특성이 다양한 사용자들이 일시적인 용도의 역동적인 공간을 만들었다. 유휴·방치부동산은 벼룩시장, 중고차 판매, 노천 테이블, 운동장, 도시의 해변, 커뮤니티 가든, 그리고 테크노 클럽 등 일상생활에서의 탈출 공간, 다양한 엔터테인먼트 공간으로 사용될 수 있었다. 그러나 일시적인 사용의 어떤 장소들은 1년 내내 사용되고, 비치 바와 같은 다른 장소들은 단지 여름에만 사용된다(Colomab, 2012).

2002년에 문을 연 베를린의 미테(Mitte) 지구에서 처음으로 비치 바(strand beach bar)가 성공을 거두면서 뒤를 이어 많은 바들이 생겨났고, 2010년에는 60개 이상의 도심형 해변의 바들이 베를린에 등장했다. 이러한 비치 바와 클럽들은 베를린 운하 또는 강가에 잘 사용되지 않는 장소들에 입지하였으나, 모래 설치, 갑판 의사, 아웃도어 가구, 그리고 특이한 장식들로 아주 색다른 장소성을 창출하였다. 특히 미테의 비치 바는 낮에만 아니라 밤에도 많은 젊은이들이 즐기는 장소로 더욱 각광받고 있다

출처: https://www.top10berlin.de/en/cat/night-life-259/beach-bars;
https://www.berlin.de/.../strandbar/strandbar-mitte

그림 8-3. 베를린의 유명한 Strand bar Mitte의 경관

좀 특이하고 다문화적인 경험과 다양한 볼거리와 먹거리가 있는 곳으로 유명한 곳은 YAAM(Young and African Arts Market)이다. 원래 이 장소는 냉장고가 없던 시절인 1896년에 건설된 독일에서 가장 오래된 얼음공장(isfabrik)이 세워졌던 곳이다. 이 공장은 슈프레(Spree) 강가에 입지하여 접근성이 매우 양호하여 당시 베를린 전역으로 얼음을 배달하였다. 그러나 냉장고 사용이 급증하면서 1995년에 약 100년의 전통을 지켜온 공장이 문을 닫게 되었다. 이에 따라 매우 부동산 가치가 높은 이 공장 부지를 어떻게 활용하여야 하는가에 대한 논란이 상당히 많았다. 현재 이 공장 일대는 일시적인 용도로 활용되고 있으며, 도시 비치 바와 함께 젊은이들의 문화장소로 온갖 엔터테인먼트가 펼쳐지고 있다.

출처: http://www.matttheroamingcanuck.com/abandoned-berlin-eisfabrik-ice-factor

그림 8-4. 독일 베를린 슈프레 강가에 입지한 얼음공장 Eisfabrik의 옛 모습

그림 8-5. 얼음공장 부지를 일시적으로 도시 해변으로 활용하는 사례

출처: Colomab(2012).

그림 8-6. 독일 베를린 Eisfabrik의 일시적 활용 모습

출처: https://www.yelp.com/biz_photos/yaam-berlin

그림 8-7. 베를린 YAAM 비치에서의 다양한 활동들

또한, 2006년 이후 미테 지구의 비어있는 유휴지로 젊은 예술가들이 모여들면서 스컬프트랜 공원(Skulpturen park) 콜레보레이트 아트 프로젝트가 수행되었다. 최근에는 도심의 오픈스페이스에서 소외된 사람들을 통합하는 목적으로 프로젝트(intercultural garden of Kopenick)가 이루어지고 있다.

출처: http://skulpturenpark-waldfrieden.de/startseite.html

그림 8-8. Skulpturen 공원의 아트 프로젝트 일면

2004~2005년 동안 조사된 연구에 따르면 베를린 시의 유휴·방치부동산은 예술, 문화, 레저, 상업, 엔터테인먼트, 운동, 원예활동 등 약 100개의 다양한 용도로 일시적으로 사용되고 있는 것으로 나타났다. 이러한 일시적 사용의 다양성은 유휴·방치부동산을 활용하는 사람들도 얼마나 다양하고 이질적인가를 말해준다. 예술가, 사설 기업, 문화업종 상인, 커뮤니티 그룹, 봉사자들, 또는 정치적 활동가, 벤처기업들, 이민자들(일시적으로 안정된 사회 네트워크 또는 고용 구조에 합류되지 못한 사람들), 체제 난민들, 낙오자들(예: 노숙자들, 불법 이민자들 등), 사회 운동가들까지 매우 다양한 사람들이 포함되어 있다(Colomab, 2015).

베를린에서 황폐한 공장부지를 일시적으로 활용하면서 매우 유명해진 또 다른 장소는 프리드리샤인(Friedrichshain)에 있는 'Raw Temple'이다. 이 지구는 강을 바라보면서 입지한 10ha에 달하는 넓은 면적을 가진 공장지대로 1867년에 건설되었다. 주로 독일의 철로와 관련된 부품과 수리 공장으로 제2차 대전 이후 약 50여 년 동안 1,200명의 근로자가 일하였으며, 유치원, 병원, 문화시설들도 있었다. 그러나 1991년 통독 이후 이 지구는 점차 황폐해지기 시작하였고 거의 버려지고 철거 직전의 건물들이 남아있었다. 베를린 시 당국은 Raw Temple 부지 토지소유주(철도 회사)와 계약을 통해 방치된 부지를 일시적으로 활용하도록 하였다. 그 결과 지금 이

지구는 클럽, 바, 색다른 카페 및 예술가들의 작업장으로 사용되고 있다. 특히 이 지구에 문화·예술 프로젝트가 진행되어 극장, 콘서트, 강연 등이 이루어지면서 점차 건물들이 수리되었다. 또한 스케이트 공원, 암벽 등반 등 옥외활동도 다양하게 이루어졌다. 이렇게 일시적 활용으로 널리 알려지게 되면서 많은 사람들과 관광객들이 이 지구를 찾아와 즐기고 다양한 문화, 예술, 오락 활동을 체험하고 있다.

출처: https://www.yelp.com/biz_photos/raw-tempel-berli/

그림 8-9. Raw Temple 부지의 일시적 활용 예시

(2) 유휴·방치부동산의 안정화

공·폐가나 공지 등이 발생하는 경우 대부분 이를 정비하여 공공 목적으로 활용하기 위해 많은 고심을 하고 있다. 물론 마을 주민들이 원하는 용도로 활용하도록 하는 것이 가장 이상적이지만, 토지가 개인 소유이면서 방치 상태로 있을 경우 함부로 개인 소유의 토지를 임의로 사용할 수 없다. 그렇다고 유휴·방치부동산이 이웃 주민들에게 미치는 부정적 영향을 고려해볼 때 그대로 둘 수만은 없다. 앞에서 살펴본 바와 같이 인구 감소로 인해 공·폐가가 급증하는 경우 빈집을 철거하거나 수리해서 재활용하는 정책이 아직까지 좋은 성과를 나타내지 못하고 있다.

공·폐가로 인해 많은 문제들을 겪어왔던 필라델피아 시의 경우 토지돌봄 프로그램(Philadelphia Land Care Program)을 통해 유휴·방치부동산 문제를 상당히 해결해나가면서 긍정적 효과를 거두고 있다. 인구 감소와 함께 상당히 많은 공지 발생으로 인한 문제를 해결하기 위해 도입한 토지돌봄 프로그램은 매우 혁신적인 것으로 미국의 다른 도시들에게도 상당히 본보기가 되고 있다. 필라델피아 시의 경우 유휴·방치부동산을 철거하고 그 필지를 재활용하려는 시도를 하지 않았다. 단순히 철거한 후에 녹지화하여 주변의 경관을 안정화하는 데 목적을 두었다. 즉, 쓰레기 더미와 잡초만 자라나던 공지 7,800필지에 잔디와 나무를 심고 울타리를 치고 땅을 돌보면서 근린 주민들에게 안정화된 필지를 주민자산으로 돌려주는 데 목적을 두었다. 토지돌봄 프로그램의 목적은 공지 발생으로 인해 이웃 주민들에게 미치는 부정적인 영향을 줄이고 커뮤니티의 외관상의 경관을 개선하고 시각적으로 녹지화를 통해 생태계 서비스를 공급하는 것이다. 즉, 토지돌봄 프로그램은 단지 공지를 철거하여 녹지화를 통해 안정화시키는 것으로 향후 어떠한 개발이 이루어질지에 대한 계획을 수립하지 않는 중간적 경관(interim landscape)을 조성한다. 필라델피아 시에서 돌보는 토지는 거의 대부분이 시 소유가 아닌 개인 소유의 필지들이다. 토지돌봄 사업은 공원과 유사한 환경을 창출한다. 즉, 빈집들을 헐고 벽돌을 부수고 이들을 땅에 묻고, 그 위에 좋은 토양을 덮고 잔디 씨를 심고 나무를 울타리처럼 심고 그 땅을 돌보면서 안정화시키는 것이다. 한편 커뮤니티 토지돌봄 프로그램(Community Landcare Program)도 시행되는데, 이는 해당 커뮤니티 스스로가 토지를 관리하는 일종의 토지지킴이라고 볼 수 있다. 현재 18개 커뮤니티 조직에 100여명이 넘는 주민들이 참여하면서 토지돌봄 사업에 아직 선정되지 못한 공지들을 잘 관리하고 돌보는 일을 담당한다. 매년 이들의 노력으로 약 3,000개 필지들이 돌봄을 받고 있으며, 약 80여개 커뮤니티 주민들이 이 프로그램에 고용되어 이웃을 깨끗하고 안전하게 유지하는 역할을 하고 있다.

출처: http://phsonline.org/programs/landcare-program

그림 8-10. 토지돌봄 사업을 통해 유휴·방치부동산을 안정화시키는 사례

한편 클리블랜드에서도 유휴·방치부동산을 안정화시키기 위한 전략을 수립하여 시행하고 있다. 특히 클리블랜드에서 적용하고 있는 전략은 상대적으로 저렴한 비용과 약간의 관리를 통해 유휴·방치부동산을 안정화시킬 수 있다는 점에서 주시해볼 필요가 있다. 특히 향후 가까운 장래(5년 이내)에 개발이 이루어질 것으로 예상되는 지역에 더욱 효과적으로 적용해볼 수 있다. 일반적으로 유휴·방치부동산이 발생되고 방치되는 경우 근린의 주택가격에 상당히 부정적인 영향을 미치게 된다. 실제로 필라델피아의 경우 방치된 유휴지로 인해 근린의 부동산 가격이 18%나 하락되는 것으로 나타났다. 그러나 토지돌봄을 통해 유휴·방치부동산이 관리되면서 오히려 근린의 부동산 가격을 30% 상향시킨 것으로 조사되었다(Wachter, 2005).

일반적으로 주거지에서 발생하는 공지의 경우 인접해서 공지가 발생하기보다는 상당히 산발적으로 분산되어 나타나는 경우가 많다. 따라서 개별 필지만을 대상으로 돌보는 것은 비용이 너무 크고 관리가 어렵다, 이런 경우 공지를 병합하거나 공지가 발생한 이웃집에서 공지를 마당으로 활용하도록 하는 방안도 효과적이다. 실제로 클리블랜드의 경우 유휴·방치부동산이 발생한 필지와 인접하여 살고 있는 이웃 사람이 유휴지를 관리하도록 하는 권한을 부여하여 유휴·방치부동산이 방치되고 있다는 인상을 주지 않고 근린환경을 안정화시키려고 노력하고 있다.

또한 클리블랜드의 경우 유휴·방치부동산이 발생한 부지에 나무와 진입 방지용 기둥을 세움으로써 유휴지가 관리되고 있다는 인식을 하게 함으로써 불법으로 쓰레기를 투기하는 것을 막는 효과도 거두고 있다. 그 외에도 유휴·방치부동산이 발생한 구역의 안정화를 위한 다양한 방안들이 도입되고 있다. 일례로 공지의 안정화를 위해 매우 낮게 깎은 자생 경관(low-mow native landscapes)을 조성하고 있는데, 이는 상대적으로 관리 비용이 적게 들지만 유휴지가 관리되고 있다는 인식을 강화시키기 때문에 매우 효과적이다. 더 나아가 유휴지를 관리하기 위해 식재하는 경우 각도를 맞추고 일렬로 나무를 식재함으로써 인위적으로 의도된 경관을 창출할 수 있기 때문에 근린환경의 안정화에 매우 도움을 주게 된다. 더 나아가 이렇게 식재된 나무들은 향후 개발이 이루어질 경우 주변의 가로수로도 활용될 수 있다(Cleveland City Planning Commission, 2008),

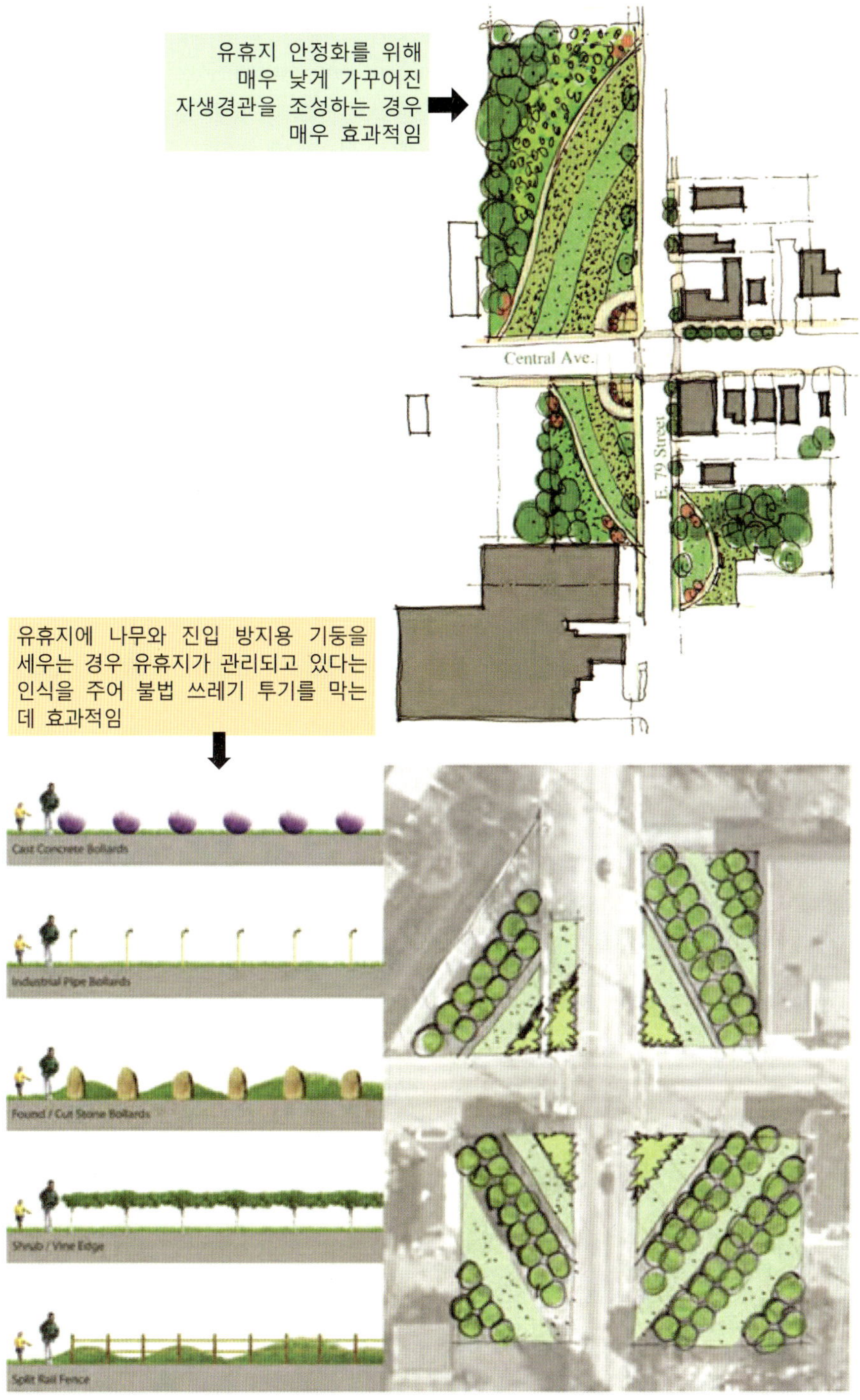

출처: Cleveland City Planning Commission(2008), p.7.

그림 8-11. 클리블랜드의 유휴·방치부동산을 안정화시키는 전략 예시

2 '유휴·방치부동산 살릴 길 찾기'를 위한 제도적 기반과 새로운 전략

1) 유휴·방치부동산 재활용을 위한 제도적 기반 구축

(1) 인구 감소에 따른 축소도시에 맞는 옷 입히기

선진국에서 인구가 지속적으로 감소되면서 경제가 침체되고 있는 축소도시들을 위해 가장 적극적으로 도입하고 있는 전략은 축소도시에 잘 맞는 옷을 입히는 맞춤형 재생이다. 특히 인구감소로 인해 상당히 심각한 위기를 맞게 되었던 클리블랜드, 디트로이트, 버팔로, 영스타운과 같은 축소도시들의 경우 수십 년간 지속된 인구감소로 인해 부동산이 방치되고 버려지고 지가가 폭락하는 실태를 직면하면서 'Re-Imagining', 'Smart Shrinkage' 또는 'Smart Decline'이라는 혁신적 정책을 도입하였다. 이들 도시의 경우 도시성장 패러다임하에서 부정적으로 사용되어온 도시쇠퇴 개념을 보다 긍정적인 도시발전의 개념으로 전환하고 쇠퇴도시의 위기를 축소도시의 기회로 인식하는 패러다임의 전환을 과감히 실행하였다. 이러한 정책적 기조하에서 유휴·방치부동산을 도시농업, 커뮤니티 가드닝, 대체 에너지를 위한 생산토지 및 그린인프라 등으로 다양하게 재활용하였다(Pagano and Bowman, 2004). 더 나아가 기후변화로 인한 홍수 및 재해 관리 등을 위한 공간으로도 사용하였으며, 일부는 자연 그대로의 공간으로 안정화시키기도 하였다.

경제학에서 사용되는 적정 규모란 일반적으로 기업이 수입과 비용을 고려하여 이윤 극대화를 가져오는 데 요구되는 고용 수준이라고 볼 수 있다. 축소도시에 적용되는 적정 규모란 도시의 건조환경을 축소시킴으로써 제 기능을 하지 못하는 부동산과 과소 수요로 인한 공공시설 운영의 비효율성을 제고하는 것이다(Schilling and Logan, 2008). 따라서 축소도시의 맞춤형 적정규모 조절 전략은 예측 가능한 미래 인구수에 맞도록 시가화 면적과 주거면적 및 적정 인프라 수준을 유지하는 것이다. 특히 유휴·방치부동산의 다양한 재활용을 통해 현존하는 부동산 가치를 유지하고 공공시설의 효율화를 가져오도록 하는 전략이다.

축소도시에 적용하는 적정 규모 조절 정책을 시행하는 궁극적인 목적은 황폐화된 유휴·방치부동산 밀집지구를 안정화시키기 위한 것으로, 만일 공공의 개입이 없다면, 유휴·방치부동산 밀집지구 인근 주변으로까지 확대되고 더 나아가 도시 전체가 쇠퇴의 소용돌이에 말려들게 될 것이라는 우려 때문이다. 앞으로도 인구 증가를 거의 기대할 수 없는 상황에서 지속적으로 발생하는 유휴·방치부동산 밀집지구의 부정적 영향이 계속 주변지역으로 확산되는 것을 미리 방지하여 도시에 활력을 불어넣어주고자 하는 것이다.

실제로 필라델피아의 Neighborhood Transformation Initiative(NTI)와 볼티모어의 Project 5000, 버팔로의 5 in 5 철거계획들은 적정 규모 조절을 위해 가장 황폐화된 유휴·방치부동산 밀집지구에 있는 건물들을 철거하려는 전략들이다. 이러한 전략을 도입한 것은 유휴·방치부동산의 철거가 적정규모 조절의 가장 효과적인 방안이라고 간주되었기 때문이다. 버팔로 시가 인구감소로 인해 위기에 직면했을 때 가장 큰 도전은 5,000개의 버려진 건물들(특히 주택)에 대한 해결책을 찾는 것이었다. 버팔로 시의 몸 사이즈는 40인치인데 옷은 60인치의 큰 옷을 입고 있음을 간파한 당시 버팔로 시장은 '5 in 5' 철거계획을 세우고, 2007년부터 5년 동안 5,000채의 주택을 철거하여 당시 15%이던 공가률을 5%까지 끌어내려 부동산 시장을 안정화하려고 하였다. 이렇게 버팔로 시의 버려진 건축물을 철거하는 데, 당시 약 1억 달러 정도의 비용이 들었다. <그림 8-12>에서 볼 수 있는 바와 같이 성장 시기에 맞는 시가지가 조성되었지만, 도시 축소로 인하여 수요가 부족하여 많은 유휴공간이 발생하고 있는 도시에 활력을 넣어주기 위한 효과적인 전략으로 감소된 수요에 맞는 적정 규모로 옷 사이즈를 줄이는 것이 필요하다.

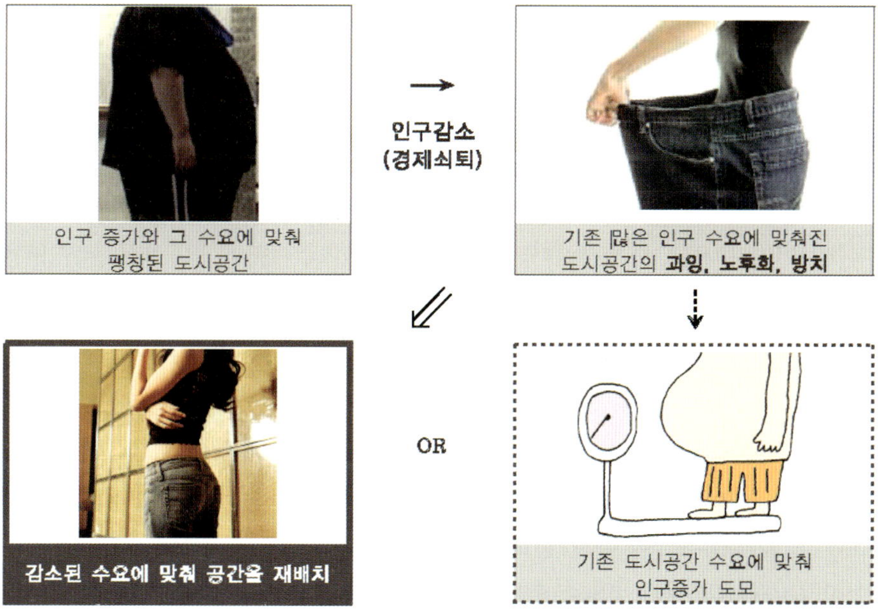

출처: 성은영 외(2015), p.29.

그림 8-12. 스마트 축소의 공간관리에 대한 개념도

지금까지 우리나라의 토지이용계획은 인구 증가에 따른 토지수요에 대한 개발압력을 해결하는 데 초점을 두어왔으며, 인구 감소로 인해 과잉 공급된 토지에 대한 관리 문제에 대해서는 상대적으로 매우 소홀하였다. 인구 감소와 저성장 추세는 우리나라가 향후 겪게 되는 거시적 추세이지만, 이러한 추세 변화로 인한 영향력은 지역 간에 상당히 차별적인 결과를 가져오게 될 것이다. 수도권의 개발 수요에 초점을 둔 토지정책은 과잉 토지공급으로 인해 다양한 문제에 직면하고 있는 지방의 대다수 축소도시들에게는 오히려 더 큰 부정적인 영향을 미칠 수 있다. 하지만 아직까지 우리나라의 경우 유휴·방치부동산이 많이 발생하는 축소도시에 부합되는 토지이용계획이나 정책이 미흡한 편이다. 여전히 인구 감소를 경험하고 있는 도시들에서도 외부로부터의 인구 유입을 기대하면서 성장과 개발이라는 환상 속에서 토지이용계획을 수립하고 있다. 해당 지역으로의 인구 유입은 다른 지역으로부터 인구 유출을 가져와 국가 전체적으로 보면 제로섬 게임이 될 것이다. 축소도시의 경우 더 이상 비현실적이고 가상적인 잠재 수요의 기대에서 벗어나 축소도시에 잘 맞는 옷을 입히고 보다 내실화된 지역주민을 위한 토지이용계획이 수립되어야 한다.

따라서 향후 인구가 감소하고 있는 축소도시의 경우 줄어든 수요에 맞춰 주택 및 토지, 사회기반시설 서비스 공급을 줄이는 전략은 필수적이다. 일례로, 인구가 감소된 작은 도시에 적실한 도로망을 다시 구축하고 수요가 없는 도로를 폐쇄하여야 하며, 대중교통 서비스를 모든 지역에 다 제공할 수 없는 경우 새로운 교통 서비스 공급체계도 수립하여야 할 것이다. 뿔뿔이 흩어져 살고 있는 주민들의 복지, 의료 및 공공 서비스 수요에 대응하기 위한 새로운 방안도 모색하여야 한다. 무엇보다도 인구 감소를 겪고 있는 축소도시에서 얼마나 많은 도로, 학교, 건물, 공공시설들이 과소 활용되고 있는가를 파악하고 적정 규모로 다운조닝하거나 적실한 서비스 공급체계로 전환하여야 할 것이다.

한편 축소도시에서 유휴·방치부동산의 재활용 문제를 다룰 경우 기후변화로 인한 문제점들을 감소시키거나 해결하려는 노력이 병행되어야 할 것이다. 기후변화는 국토환경, 국토 공간구조, 에너지와 자원이용, 교통체계, 경제, 문화 등 다방면에 걸쳐서 영향을 미치기 때문에 토지이용 계획이나 정책 수행에서 매우 중요한 구조적인 요소라고 할 수 있다. 축소도시에서 가장 흔하게 나타나는 유휴·방치부동산 재활용을 통해 오히려 기후변화에 효과적으로 대응할 수도 있다. 기후변화에 대응하기 위해 유휴·방치부동산을 재활용하는 경우 신재생에너지 생산을 위한 토지이용이나 온실가스 배출을 감축시키기 위한 녹지화 등 다양한 측면에서 유휴·방치부동산을 재활용할 수 있는 방안을 모색해야 한다.

(2) 유휴·방치부동산 재활용을 위한 유연적, 포용적 토지이용 제도 도입

토지는 특수한 재화로 전제되고 있으며, 토지 시장이 투기에 의한 가격 상승의 위험성이 존재하거나 과도한 개발 이익이 예상되는 경우 정부의 개입은 정당화되고 토지 규제는 당연한 것으로 받아들여져 왔다. 그러나 토지이용 계획에 따른 과도한 외연적 시가화 면적 증가나 스프롤 현상 등 예상하지 못한 토지 문제가 나타날 경우 이로부터 발생하는 폐해를 줄이기 위한 정부의 개입도 정당화되어야 한다. 토지는 일단 용도를 고정시킬 경우 그 이용 전환에 따르는 비용이 상당히 소요된다는 특성을 갖고 있다. 만일 특정 토지가 향후 보다 유효한 용도가 있음에도 불구하고 현재 특정한 용도로 사용하도록 고정시켜 버린다면 비효율적인 토지이용이 될 수 있다. 더 나아가 개별 필지의 입장에서 보는 최선의 용도와 근린 또는 도시 전체의 입장에서 보는 최선의 용도는 다를 수 있다. 더 나아가 토지가 단기적 관점에서 최선의 용도로 이용되었다고 해서 반드시 장기적인 관점에서도 최선의 이용이 된다는 보장할 수도 없다.

저출산·초고령화로 인한 저성장 시대가 도래되고 있지만, 국민소득의 증가로 인해 여가와 문화, 위락 생활이 점점 더 중요해지고, 복지, 건강, 행복, 웰빙을 추구하고자 하는 수요도 늘어나고 있으며 환경문제에 대한 관심도 커지고 있다. 이러한 추세는 향후 토지에 대한 사람들의 인식과 수요도 상당히 달라질 것임을 시사해준다. 미래 우리나라의 토지정책은 주어진 지역에서 생활하고 있는 주민들의 삶의 질과 행복을 향상시키는 데 초점을 둔 맞춤형 정책으로 바뀌어져야 할 것이다. 지역 주민의 삶의 질과 행복을 향상시키기 위해서는 지역 주민의 건강, 안전, 정주여건 등 물리적 기반시설 공급뿐만 아니라 문화, 여가, 교육서비스, 의료서비스 등 질적인 측면과 더 나아가 지역 사회에서의 형평, 정의, 참여를 통해 지역사회 전체의 행복을 느끼도록 해주어야 할 것이다. 이러한 목표를 수행해 나가는 데 있어서 토지자원에 대한 인식과 토지정책의 전환이 절대적으로 필요하다. 토지는 크게 주거용지로서의 생활공간, 경제활동을 위한 생산공간, 그리고 위락, 휴양을 위한 자연공간으로 구분할 수 있다. 지금까지 인구 증가에 따른 토지수요와 토지의 생산공간에 더 초점을 두어왔다면 비가시적, 비물질적이지만 토지의 자연환경적 가치의 중요성을 인식하고 자연환경적 가치에 대한 평가가 이루어져야 할 것이다. 즉, 인구 감소-기후변화 시대의 미래 토지이용은 삶의 터전인 생활공간과 위락, 휴양공간으로서의 자연공간의 기능을 최대한 살릴 수 있는 토지이용계획 및 정책이 마련되어야 할 것이다. 인구가 감소하고 경제가 침체하는 지역에서 여가, 체육, 위락, 건강, 웰빙을 위한 토지자원의 가치는 어떻게 측정할 것인가, 그리고 토지이용을 어떻게 해나갈 것인가와 관련하여 논의되어야 할 이슈들은 상당히 많을 것이다.

인구감소-기후변화 시대의 토지이용계획의 패러다임은 포용적-유연적인 토지이용을 전제로 하여야 한다. 토지이용계획은 근본적으로 토지이용의 용도와 강도, 밀도뿐만 아니라 토지이용·개발의 시기 및 비용까지 제어하는 강력한 수단이라고 볼 수 있다. 그동안 급속한 경제성장과 도시화로 인해 주거를 비롯한 도시용지의 부족으로 외연적 확산이 이루어졌으며, 지가가 상승되면서 토지의 이용 가치에 비해 교환가치가 훨씬 더 상승함에 따라 투기적 가수요가 유발되어 토지는 부의 축적 수단으로 이용되었다. 이로 인해 토지소유의 양극화가 심화되고 개인의 토지재산권이라는 권리행사가 더욱더 부각되어왔다. 그러나 축도소시의 경우 도시용지에 대한 수요는 계속 감소하며 토지에서 얻을 수 있는 개발이익도 줄어들어, 토지를 보유하는 것만으로는 더 이상 경제적 가치를 누릴 수 없게 될 것이다. 인구감소로 인해 유휴·방치부동산이 많이 발생하는 근린의 주민들이 겪고 있는 여러 문제점들을 고려해 볼 때 토지의 교환가치보다 이용가치를 더 중요하게 보고, 토지이용의 일종의 시간용도제(time zoning) 도입을 통한 토지분류 계획도 필요하다. 즉, 주어진 토지를 일정 이용 시기 기간에 따라 용도 분류를 계획한다면, 보다 지역의 토지이용 수요 변화에 대응하는 유연적이고 적실한 토지이용이 가능할 수 있을 것이다. 앞으로는 토지를 누가 소유하느냐보다는 어떻게 변화하는 현실과 미래 추세에 부합되도록 토지를 이용하는지를 강조해야 한다.

그러나 우리나라의 경우 전국 단위의 계획인 국토이용계획과 지역 차원에서의 계획체계(특정지역계획, 도계획, 시·군계획)와 도시계획법에 의한 계획체계(광역도시계획, 도시기본계획)가 중복·양립되어 있다. 또한 전국 단위의 상위계획이라고 볼 수 있는 국토이용계획은 용도지역·지구의 지정 근거를 제외하고는 사실상 계획(토지이용계획) 기능이나 구체적인 행위제한 수단을 갖추지 못하고 있는 데 비해 해당 도시 단위의 하위계획인 도시계획은 계획과 집행기능을 모두 포괄하고 있다. 더 나아가 경직적이고 획일적인 제도 운영에 따라 지역특성을 반영한 토지이용계획을 수립하기 어렵다는 점이다. 도시계획법과 국토이용관리법에 따른 획일적 이용·관리는 지역적 특성을 반영하기 어려우며, 토지의 개발수준과 형태를 규정해주는 용도지역제는 토지수요 및 여건 변화에 따른 유연적·계획적 이용을 유도하는 데 많은 제약이 있다.

한편 축소도시의 유휴·방치부동산에 대한 재활용 문제를 효율적으로 해결하면서도 형평성을 누리기 위해서는 공유경제의 개념을 도입한 전략을 모색해 나가야 할 것이다. 유휴·방치부동산 재활용을 위해 필요에 따라 잘 비워내고 거둬내는 동시에 토지임대제도를 마련하여 비워낸 토지를 근린주민들의 삶의 질 향상을 위해 재활용할 수 있는 방안을 모색할 필요가 있다. 최근 소득분배 중심의 성장에서 포용적 성장(inclusive growth)으로의 전환을 주창하고 있다(Samans et al., 2015; World Bank, 2009; 2015). 경제성장의 속도가 빠를수록 실질적인 빈곤 감소와 균등한 배분 효과를 거두기 위해서는 포용적 성장을 추구하여야 한다는 명제이다. 포용적 성장은 경제적 측면만을 강조하는 것이 아니라 사회적·공간적 측면을 아우르고 있다. 특히 공간적 포용 측면에서 생활 인프라 및 공공 서비스의 보다 형평적인 접근성 향상을 강조하고 있다. OECD(2014)는 빈곤 감소, 불평등 해소, 참여 확대, 지속가능성 추구 등의 포용적 성장을 위한 프레임워크를 제시하고 있으며, UN-Habitat(2015)는 도시계획 수립 및 시행 시 참여확대와 사회적 혁신, 양질의 기초서비스에 접근할 수 있는 권리를 모든 소득계층에 보장하는 포용성 제고를 위한 도시계획을 추구하는 포용도시를 개념화하였다.

토지이용 규제는 도시 내 토지의 합리적 이용을 유도하기 위한 목적으로 도입되었다. 따라서 토지이용 규제는 특정한 용도의 사용을 허용하고 다른 용도의 사용을 배제한다는 의미에서 배타적이라고도 볼 수 있다. 이러한 배타적인 토지이용에 대한 대안으로 최근 논의되고 있는 것이 포용적 토지이용(inclusive zoning)이다. 포용적이라는 것은 기존에 허용하지 않던 용도의 공존을 지향하는 것으로, 예를 들면 주거지역과 상업지역의 혼재가 가장 대표적이다. 집 근처에 작은 슈퍼마켓과 식료품점을 도보로 언제든지 접근 가능하도록 토지이용의 혼재를 통해 다양한 활동이 공존할 수 있도록 하는 것이 포용적 토지이용 이라고 볼 수 있다(박인권, 2015). 더불어, 함께 주민들이 거주하면서 기후변화에 따른 재해에 회복력을 높이기 위해서는 포용적 토지이용 계획 도입도 검토할 필요성이 있다. 기초적인 인프라와 주거 서비스가 제공되지 않은 유휴·방치부동산 밀집지구를 대상으로 하여 공동주거문화를 조성하고 대중교통의 확충과 복지시설 확충으로 취약계층의 통합과 참여를 통해 포용적인 커뮤니티를 조성할 수 있다. 더 나아가 다른 용도 간의 혼합뿐 아니라 기후변화 시대의 재해에 대비한 회복력 증진을 위해 친환경 농업, 신재생에너지 생산, 녹지화를 통해 유휴·방치부동산 밀집지구에서 다양한 활동이 이루어지는 포용적, 유연적 토지이용 계획에 대한 구상이 요구된다. 이를 위해 기후변화와 녹색성장에 대응하여 토지의 생산기반으로서 절대적 기능에서 토지의 환경적 가치를 중요하게 여기는 인식의 전환이 매우 필요하다. 즉, 아름다운 경관, 공기정화 및 수자원 함양 기능, 수질 정화 및 생태계 서비스 제공 등을 기반으로 하는 토지의 어메니티, 위락, 휴양경관의 기능을 가진 토지에 대한 평가가 이제부터라도 제대로 이루어져야 할 것이다. 자연공간으로서의 토지는 공공재적 성격을 지니고 있기 때문에 이러한 토지의 가치는 특정 개인에게 돌아가서는 안 될 것이며, 이러한 자연공간에 토지 가치를 공유하도록 제도가 뒷받침되어야 할 것이다. 이러한 과정에서 기후변화와 녹색성장에 대응한 에너지 저감형 토지이용이 요구될 것이다. 온실가스 배출을 줄이고 기후변화 시대에 대응하기 위해 축소도시에서 많이 발생하는 유휴·방치부동산에 어메니티를 최대한 제공할 수 있도록 하는 정책적 전환이 매우 요구된다. 신재생에너지 생산, 생태복원 및 녹화, 물·자원 순환 등 기후변화에 선제적으로 대응하는 것도 필요하다.

(3) 커뮤니티 단위에서의 유휴·방치부동산 활용을 위한 제도 기반 구축

빈집이 늘어나면서 지자체마다 조례를 제정하여 빈집 문제를 해결하기 위한 각종 사업들을 전개하고 있으며, 국토교통부도 빈집을 철거해 임대주택·공용시설·주차장·텃밭으로 활용하는 방안을 고민 중에 있다. 빈집이 상당히 많은 부산, 서울, 인천, 군산 등에서도 빈집을 재활용하는 각종 사업들이 펼쳐지고 있다. 부산시는 빈집을 최소화하기 위해 전국 최초로 폐가 철거를 지원하여 2008년 2,406동의 공·폐가를 철거했고, 2012년부터 빈집을 활용한 반값 임대주택인 햇살둥지사업을 실시하였다. 또한 2013년 10월에 전국 최초로 「부산광역시 빈집 정비 지원 조례」를 제정해 빈집 정비의 제도적 근거를 마련하였다. 이 사업은 도심의 빈집을 리모델링하여 주변 시세의 반값에 임대하는 사업으로 임대기간은 5년이다. 이 사업이 시행된 이후 2015년 5월까지 233채의 폐가와 공가를 리모델링하여, 총 311가구 502명에게 임대하는 성과를 거두었다. 빈집 관리 조례를 제정하여 빈집 정비 비용의 전부 또는 일부를 지원하는데, 지원대상은 국민기초생활 보장법에 따른 수급자 및 차상위계층 소유의 빈집이며, 빈집 철거 후 3년 이상 공공용지(공용 주차장, 쉼터, 운동시설, 공용텃밭, 녹지공간 등)로 제공하기로 소유자가 동의서를 제출한 빈집도 해당된다.

서울시도 '빈집 살리기 프로젝트'를 시행 중이다. 대중교통 접근성이 양호한 입지에 있는 주택으로, 4,000만원 한도 내에서 리모델링할 수 있는 빈집이 그 대상이다. 서울시가 리모델링 비용 절반을 지원하고, 이후 집주인이 6년간 시세의 80%로 해당 주택을 남에게 빌려주는 제도이다. 특히 6개월 이상 비어 있는 아파트나 단독주택 등을 민간 임대주택으로 바꾸고 개보수 비용의 절반, 최대 2,000만원까지 서울시가 부담하고 나머지 비용은 2%대 이자로 싸게 빌려주면서 저소득층에게 주거지를 제공하려는 취지이다.

인천광역시의 경우 빈집 정비 계획의 특징은 안전사고 우려가 있는 빈집을 부분 또는 전면철거를 실시하여 주민들을 위한 시설로 활용하는 것이다. 인천광역시 남구에서는 공가활용사업이라는 명칭으로 조례를 신설하여 빈집 리모델링을 통해 공공이용 시설, 사회적 기업 입주시설 및 공공의 목적으로 사용하고 있다. 빈집 10채를 무상임대하여 경로당과 사회적 기업 등의 공공시설로 활용하고 있으며, 2,000만원의 예산을 소요해 노인 장애인 시설인 돌봄의 집으로 활용하고 있다.

이상에서 살펴본 바와 같이 빈집을 정비하기 위한 지자체 나름대로의 조례 제정 및 실제 사업을 수행하여 어느 정도 성과를 거두고 있음을 엿볼 수 있다. 그러나 유휴·방치부동산 발생 특성을 보면 공간적으로 군집하여 나타나고 있으며, 한번 발생한 지구 주변으로 고착화되면서 확산되는 패턴까지 보이고 있다. 따라서 빈집을 한두채씩 정비하는 사업들이 기대할 만큼 근린에 거주하는 주민들의 삶의 변화를 가져오기 매우 어렵다. 특히 공·폐가 밀집지구 및 잠재적으로 노후불량주택이 과밀한 지구의 경우 빈집 정비 정책만으로는 별 효과를 거두기 어렵다. 따라서 커뮤니티(또는 마을) 단위에서의 유휴·방치부동산 관리 정책을 수립하여야 한다.

외국의 경우 커뮤니티 단위에서 '공동체토지신탁'(CLT: Community Land Trust) 제도가 시행되고 있다. 이는 토지가치를 커뮤니티 전체가 공유하는 시스템으로, 지불 가능한 범위로 토지가격을 유지하여 삶의 안정성을 도모하는 것이다. 즉, 토지를 영구적으로 소유·관리하는 커뮤니티 기반 비영리조직의 토지 신탁하에서 토지를 공동체적으로 활용하며, 창출된 토지가치도 공유를 기반으로 공동체 내에 저장·순환하도록 하는 것을 목적으로 한다. 그동안 무시되어온 토지 사용자의 권리를 강화하고 소유자 및 사용자 사이의 법적 균형을 기반으로 커뮤니티 공동체와 조합원의 상호이익을 도모하고 투자 수익은 마을에 재투자되어 커뮤니티의 자산과 활력을 불어넣으려는 것이 궁극적 목적이다(전은호, 2012). 토지의 공동체 소유라고 볼 수 있는 공동체토지신탁 제도가 도입되기 위해서는 비영리 법인(커뮤니티 기반의 사회적 기업), 소유권 분리(토지와 건물), 토지의 임대/사용권 보장, 장기적 저렴한 토지 임대료/재판매 규제, 커뮤니티 자산 기반의 공동체를 담보로 한 운영, 의사결정 거버넌스(거주자, 지역주민 및 전문가, 공공기관 대표자)가 함께 조성되어야 한다.

공동체토지신탁의 최초 설립자인 스완(Swann, 1972)은 공동체토지신탁 개념을 공동체, 토지, 신탁으로 나누어 설명하고 있다. 여기서 공동체(Community)란 신뢰를 통해 구축된 모든 인류의 공동체라는 광의적 의미와 토지신탁 내에 실제 거주하는 사람들의 주거공동체라는 협의적 의미를 모두 포함한다. 또한 토지(Land)는 상품으로 교환되는 것이 아니라, 다음 세대를 위해 공동체에 의해 '소유'되고 개인에 의해 '사용'될 대상으로 간주하고, 주택의 경우 CLT가 토지를 소유하고 주택 구매자는 땅에 대한 사용권과 집에 대한 독립적 소유권을 갖게 된다. 마지막으로, 신탁(Trust)은 공동체의 토지에 대한 신뢰 또는 책무를 강조하는 것으로서, 토지는 공동체 구성원에게 맡겨진 공유물로 간주하는 것이다. 따라서 CLT란 일정한 커뮤니티 내에서 신뢰를 바탕으로 토지의 가치를 공유함으로써 지속가능한 공동체를 만들어 나가려는 제도라고 볼 수 있다. 토지 임대방식을 통하여 초기에 소요되는 비용을 낮추며, 재판매 시에는 개인과 공동체가 균형 있게 이익을 나눌 수 있도록 자체 규정으로 판매율을 정하여 커뮤니티 발전에 따라 창출된 토지 가치를 공유하려는 것이다.

공동체토지신탁의 발달 과정을 간략히 살펴보면 <그림 8-13>과 같다. 부와 불평등 문제에 직면하여 토지 공유를 최초로 주창한 조지(George, Henry)에서 비롯되어 실제로 인도의 토지개혁과 마을 공동체를 구현하고자 노력하였던 바베(Bhave, Vinoba)를 거쳐서 1973년에 스완이 최초로 커뮤니티 단위에서의 공동체토지신탁이 이루어지는 CLT를 조직하게 되었다.

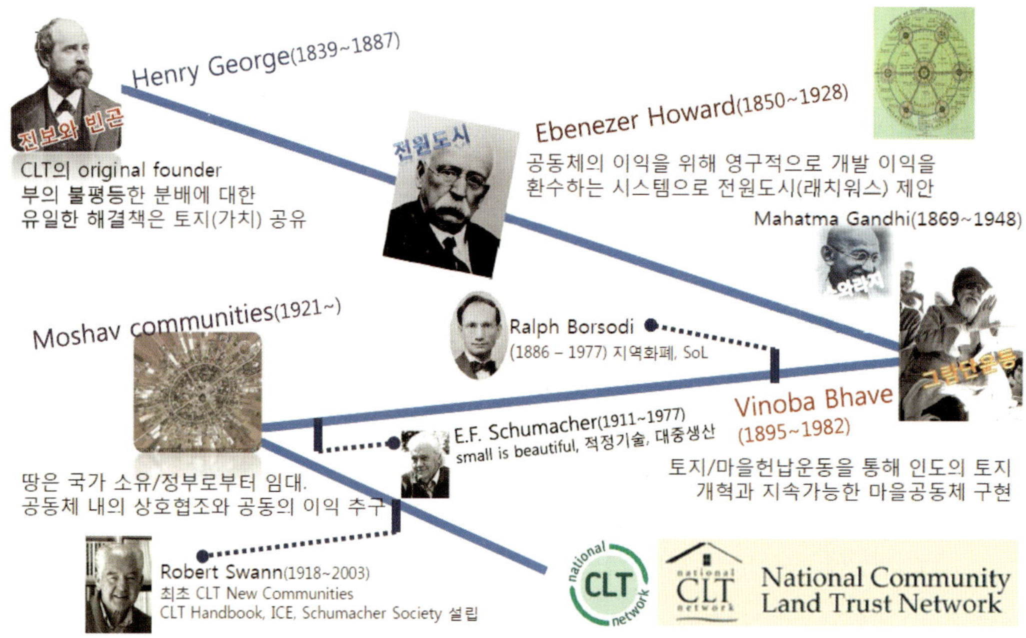

출처: 전은호(2012).

그림 8-13. 공동체토지신탁의 발달과정

공동체토지신탁의 유형은 주민주도, 지역조직, 지방정부 주도, 종교단체, 기업 등 다양하며, 최근에 들어와 지방정부가 지원하는 유형이 점차 늘어나고 있는 추세이다. 공동체토지신탁의 유형에 따라 그 효과도 달라지며, 각 유형별 장·단점도 다르다. 예를 들어 풀뿌리형의 경우 신뢰기반, 상호협조, 적극적 참여, 투명한 운영이 이루어지지만, 자금부족, 역량미비, 다양성 부족을 가져올 수 있다. 반면 정부 주도형의 경우 정부자금 지원, 직원 파견, 규제 완화, 조직적 후원이 장점이지만, 리더십에 따른 변화, 하향식 개발, 정부주도 의사결정, 상호 간 불신의 약점을 갖는다. 가장 바람직하다고 보이는 비영리 기구가 주관하는 유형의 경우도 기존 역량을 활용하고, 친화력,

다양성, 생산력이 높지만. 지역공동체성 부족, 주민관계 어려움, 느슨한 관리, 정치적 부담 등을 안고 있다.

미국의 경우 1992년 주택 및 커뮤니티 개발법(Housing and Community Development Act, Section 213)에 의해 법제화되었으며, 현재 미국 전역에 257개 CLT가 있다. CLT는 세계경제 불황과 부동산경기 침체, 주택가격 상승과 주거환경 양극화 등 매우 어려운 여건 속에서도 주택, 일터, 에너지, 로컬푸드, 도시농업, 공공 서비스시설 등 다양한 분야에서 지역사회의 지속가능한 발전을 도모하는 새로운 접근방식으로 각광을 받고 있다. 그동안 CLT가 적용된 분야를 보면 지불가능한 저렴한 주택 공급이 가장 큰 비율을 차지하고, 오픈스페이스 보존, 소규모 지역사업 개발 및 지원, 농업·산업·상업적 개발 등도 포함된다. NorthEast 투자협동조합(지역공동체와 조합원의 상호이익을 위한 장기적이고 안정적이며 변화를 만들어내는 투자), Weaver Street Market 협동조합(협동조합 방식에 의한 물적 공유지대 확보/공유경제 생태계 기반), 다이아몬드 지역 Market Creek Plaza 개발(버려진 공장지대가 지역주민들의 쇼핑몰로 변신하기까지 과정), 지역공동체주식, 크라우드 펀딩을 통한 지역 살리기(주민이 투자하고 주민이 유무형의 이익을 얻는 형태) 등이 가장 대표적인 사례들이다.

가장 성공적인 CLT의 사례로 미국 챔플레인 하우징 트러스트(CHT: Champlain Housing Trust)를 들 수 있다. 미국 버몬트(Vermont)주의 벌링톤(Burlington) 시는 주택가격 상승과 주거환경 노후화를 동시에 겪으면서 이를 해결하기 위한 대안으로 1982년 지역경제개발과를 만들어 CLT 설립을 추진하게 되었다. 저렴한 주택을 지속적으로 공급하고자 당시 벌링톤 시장 Bernie Sanders의 강한 리더십하에 공동체경제학회와 지역조직이 연대하여 CLT를 설립하게 되었다. 1984년 설립된 챔플레인 하우징 트러스트는 3개 카운티(Chittenden, Franklin, Grand Isle)의 39개 타운을 관할하는 미국 최대의 CLT로 성장하여 대표적인 지방정부 주도형 CLT가 되었다. CHT는 2008년에 UN으로부터 'World Habitat Award'를 수상하기도 하였다. 초기에는 벌링톤 시로부터 25만 달러를 지원받아 시작된 CHT는 최근에 들어와 연방정부, 주정부, 시정부뿐만 아니라 개인 및 기업의 기부금, 재단기금 등에서는 지원을 받고 있다. 사업을 안정적으로 추진해온 CHT는 현재 환경보호기금, 세금 면제, CHT에서 나오는 재산세 재투자 이외에 시의 자체적인 자본펀딩 등을 이용해 지역재생에 필요한 자금을 지속적으로 확보하고 있다. CHT가 성공을 거둔 가장 큰 요인은 시장의 리더십이다, 벌링톤 시장뿐만 아니라 1995년부터 2006년까지 시장으로 재임했던 시장 Peter Clavelle도 주택투기 방지와 정부 재정지원이 장기적으로 효과를 거둘 수 있도록 노력하였다(http://www.champlainhousingtrust.org).

또한 CHT는 주민참여 확대, 의사결정조직 구성, 행정 투명성 강화, 지역사회 통합에 힘쓰고 있다. 특히 주민 참여 기회 확대를 위해 CHT 거주자 및 주변 커뮤니티와 함께 마을 만들기 활동, 오픈하우스, 환경의 날 행사 등 각종 이벤트를 개최하며, CHT 위원회에는 누구나 참여할 수 있으며, 다양한 마을사업 및 지역계획, 기타 현안들에 대한 의사결정에 회원들의 참여를 보장한다. CHT가 커뮤니티 이용 장소 및 시설을 위한 토지도 제공하고 있다(예: 저소득층에게 일자리를 제공하기 위한 Good News Garage, 지역주민을 위한 커뮤니티 센터인 Multi-Generational Centre, 홈리스와 저소득층에게 음식을 제공하는 Food Shelf 등).

최근 우리나라에서도 CLT와 유사한 형태로 개발신탁(Development Trust) 형식의 도시재생신탁 제도를 도입하고자 하는 노력이 나타나고 있다. 대표적인 사례가 2011년 비영리법인으로 설립된 창원도시재생신탁업무센터이다. 이 센터는 창원의 상업지구 도시재생사업을 주관하는 사회적 기업으로 지역주민을 중심으로 공공기관과 연계하여 지역상점 재생사업을 추진하고 있다. 즉, 창원시가 8억원을 지원하여 부림시장의 건물을 리모델링하고, 임대료 2년간 무상 임대, 그 후 8년간 평당 1~2만원(물가상승률 반영)으로 50개 점포를 운영하는 제도이다. 또한 청주도시재생신탁업무센터도 유사한 기능을 하며, 현재 민간건물 2개소 및 공공건물 4개소를 활용하는 사업을 추진하고 있다.

그러나 아직까지 유휴·방치부동산이 밀집한 지구에 대해 CLT 제도를 도입할 수 있는 방안에 대해서는 거의 고심하지 못하고 있다. 유휴·방치부동산 밀집지구에 공동체 토지신탁과 공유를 통한 새로운 혁신적인 마을재생사업을 시도해볼 필요가 있다. 이를 위해서는 무엇보다도 토지의 공유가치를 인식하고 이를 뒷받침해주는 다양한 제도와 정책이 마련되어야 한다. 가장 시급한 것은 유휴·방치부동산 밀집지구에 거주하는 저소득층 주민의 주거 박탈감을 없애주고 마을 주민이 함께 웃고 사는 공동체를 형성하도록 우선적으로 지속가능한 저렴한 주택이 보장되어야 할 것이다. 이를 위해 정부나 기업이 유휴·방치부동산 밀집지구의 토지를 수용하거나 장기 임대하는 방식으로 토지를 확보하는 것이 급선무이다. 가능하다면 토지은행제도를 활용하여 마을재생을 위한 토지를 비축하고 이를 저렴하게 임대하여 저소득층의 공동체 주택을 선축하여 저비용으로 이들이 거주할 수 있도록 주거 안정화를 이끌어내야 한다. 유휴·방치부동산 거래가 거의 이루어지지 않고 있는 지구의 경우 소유주로부터 장기임대를 보장받고 저비용 임대 토지 위에 공동체 주택을 건설하여 지금까지 해당 지역에서 살아온 저소득층에게 안정적인 거주환경을 제공하여 마을에 대한 소속감을 가지고 살아가도록 하는 것이다. 빈집을 한 채씩 정비하는 방식보다는 커뮤니티 차원에서의 공동체 주택건설은 향후 지속가능한 커뮤니티 공동체를 형성하는 마중물이 될 것이다. 비록 소득은 낮고 가진 것은 없지만 마을 주민들이 토지의 본연적 가치와 기능을 공유하면서 서로가 함께 지내는 공동체를 형성하는 데 가장 필수적인 것은 공동체 주택이라고 볼 수 있다.

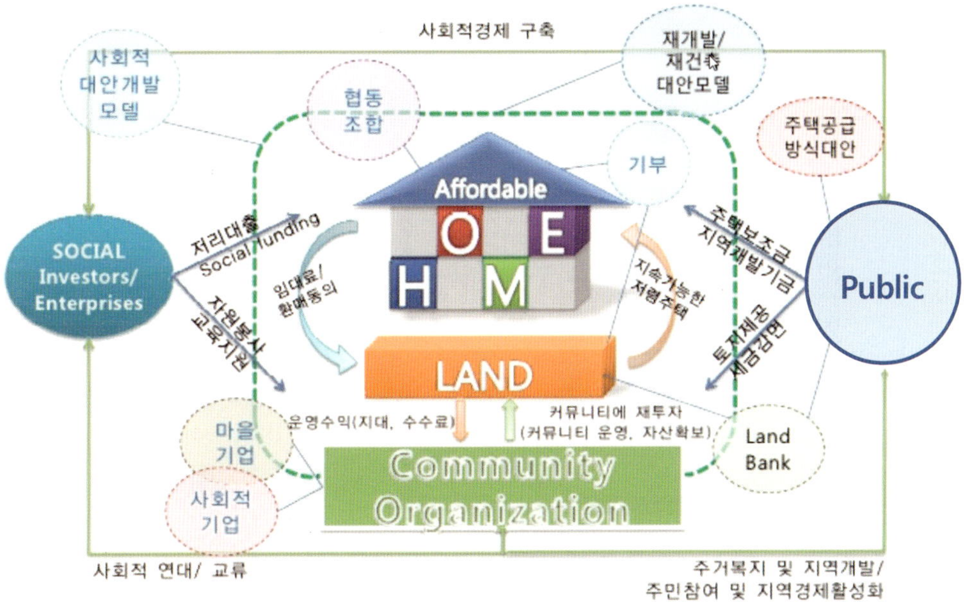

출처: 전은호(2012).

그림 8-14. 공동체토지신탁제도가 운영되기 위한 가치 공유 메커니즘

2) 유휴·방치부동산 재활용을 위한 새로운 전략

(1) 커뮤니티 셰어하우징을 통한 삶터와 쉼터 공간 조성

최근 1인 가구가 증가하면서 우리나라도 점차 주거문화가 바뀌어가고 있다. 따라서 개인 소유보다는 생활공간을 공유하는 셰어하우징(share housing) 주거문화 도입도 가능할 것이다. 일본의 경우 콜렉티브 하우징이라는 임대형 공동체 주택이 많이 보급되고 있다. 그중의 하나인 '칸칸모리'는 2013년 기준으로 1인 가구 비율이 70%, 가족형이 30%를 차지한다. 셰어하우스답게 공동부엌, 식당, 공동거실이 함께 있는 커먼룸에서는 뷔페식의 공동식사뿐만 아니라 개인적인 휴식, 신문이나 책 읽기 등이 이루어지며, 때로는 친구가 놀러올 때, 파티를 할 때에는 외부인도 사용 가능한 가변성이 높은 공간으로 사용된다. 이 콜렉티브 하우스의 의도는 청년층과 노인층의 1인 가구에게는 공동식사와 공동활동으로 외로움과 가사부담을 덜어주고, 자녀양육

기에 속한 가구는 자녀가 다양한 세대를 접하고 이웃집 자녀와 친구, 형제처럼 지내고 이웃이 스스럼없이 아이를 돌봐주는 환경을 조성하는 것으로, 이를 통해 자녀 출산도 늘었으며 만족도가 높은 것으로 나타나고 있다(고야베 이쿠고 외, 2013).

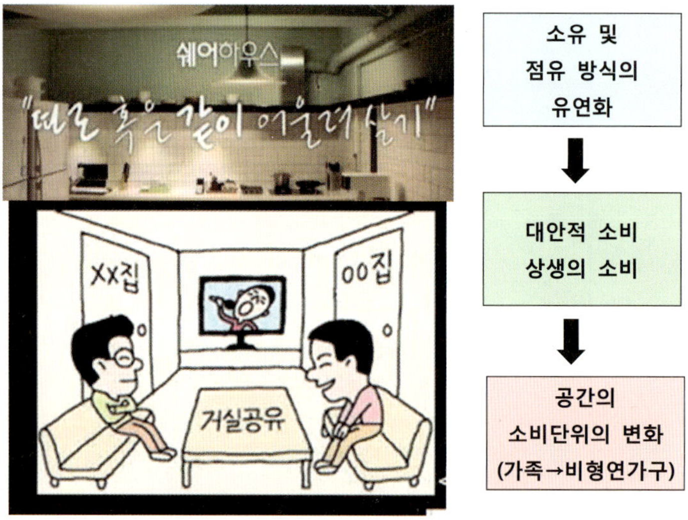

그림 8-15. 셰어하우징의 개념

우리나라에도 셰어하우징의 사례들이 있다. 민달팽이 주택협동조합이 시도하고 있는 공유주택 '달팽이 집'은 껍질이 없는 동물인 민달팽이처럼 집 없이 살아가는 청년들의 주거 문제를 해결하고자 2014년 3월 주택협동조합을 설립하여 청년들이 직접 공급하고 있다. 주택을 장기 임차하고 페인트, 철거, 목공까지 조합원들과 직접 리모델링해서 공급한다. 현재 달팽이집에는 총 10세대, 50명의 청년이 살고 있다. 임대료는 주택마다 다르며, 달팽이집 2호의 경우 보증금 60만원에 월세가 23만원이다. 계약 기간은 세입자가 원하는 만큼 연장할 수 있다. 앞에서 언급한 토지임대부주택 소행주(소통이있어행복한주택만들기)도 셰어하우징이라고 볼 수 있다.

한편 서울에는 노후주거지역 재개발지역에 들어선 우주(WOOZOO)셰어하우스가 약 20여 곳에 입지해있다. 입주자 주기 안정성과 재산권 피해 방지를 위한 주택임대차 보호법 개선과 조합형 공유 주택 지원 방안, 빈집 문제 해결과 노후주거지 재생 수단으로 우주 셰어하우징 공급이 이루어지게 되었다. 우주 셰어하우스는 집을 구입하여 실내 장식과 가구 설비를 갖추어 입주자에게 분양하는 방식으로 운영되며, 셰어하우스 한 집에 최소 6~7명이 공동생활하며, 방은 1인실, 2인실이 있고 거실, 주방, 화장실은 같이 사용한다. 우주셰어하우스는 보증금과 월세 이외에 입주 수수료는 따로 없다. 특히 유사한 취미나 성향을 가진 젊은이들이 모여 생활공간을 공유하면서 공동체 문화도 형성하고 있다.

그러나 달팽이집, 소행주, 우주 등은 서울에서 이루어지고 있으며, 저렴한 가격으로 젊은이들에게 주택을 공급해주는 데 초점을 두고 있다. 노후화된 주택의 리모델링을 통해 저렴한 주택공급도 잠재적인 수요가 확실하기 때문에 이루어질 수 있다. 그러나 공·폐가가 많은 지역의 경우 이러한 방식의 셰어하우스 공급이 거의 불가능하다. 주민의 재정착이 우선적으로 이루어져야 하며, 근린 주거 환경이 매우 불량하기 때문에 이런 지구에서의 셰어하우스의 개념 자체가 달라져야 한다.

부산시 남구 우암동의 82번 국가기초구역과 같이 녹지가 전혀 없고 불량도로 접도율이 매우 높고 과소필지가 많으며, 공·폐가가 밀집한 지구의 경우 빈집 정비를 통해 해당 지구를 재생시키기는 매우 어려운 일이다. 또한, '새뜰마을사업'을 통해서도 물리적 경관을 정비하기에는 마을 자체가 너무나 취약한 물리적 주거환경을 지니고 있다. 주민 대부분이 저소득층으로, 특히 독거노인이나 기초생활수급자들이 많다. 이러한 마을의 경우 빈집 정비보다는 전면 철거가 불가피하지만, 막상 전면 철거가 시행되면 그나마 불량주택에 거주하던 마을 주민들은 다른 곳으로 이주할 수 있는 상황도 되지 않기 때문에 삶의 박탈감을 느끼게 되고 오히려 그대로 두는 것이 어쩌면 이들에게 단기적으로는 더 좋을 수도 있을 정도이다. 이렇게 공·폐가 밀집지구로 주택 및 근린 주거환경이 너무 열악한 경우 유휴·방치부동산의 재활용을 위해서는 발상의 전환과 혁신적 전략이 필요하다,

공·폐가 밀집지구의 대부분은 저층의 단독주택지이기 때문에 상대적으로 밀도가 낮은 편이다. 특히 우암동의 82번 구역의 경우 경사도가 완만한 평지이다. 이런 지구의 경우 유휴·방치부동산의 재활용을 위해 커뮤니티 공동체의 셰어하우징을 통한 삶터와 남은 부지를 쉼터로 조성하는 새로운 시도가 필요하다. 82구역 전체를 대상으로 하여 한쪽으로 주택의 층수를 높여서 주민들이 재정착하도록 하는 한편 남은 철거된 공간은 녹지화, 커뮤니티 가든, 간단한 생활체육시설, 평상마루와 같은 쉼터를 조성할 필요가 있다. 가능하다면 친환경 주택지구(태양광, 우수저류소, 페시브에너지)로 조성해주는 것이 매우 바람직하지만 비용을 고려하면서 빠른 시간 내에 입주 가능하도록 컨테이너 조립식 공동체 주택을 건립하는 것도 가능할 것이다. 공동체 셰어하우스를 제공해주는 경우 동네에 끈끈하게 흐르는 마을 공동체 DNA와 토지의 자연 그대로의 상태를 가급적 유지하면서 마을 공동체가 토지 자산을 공유하여 삶터와 쉼터의 공존 속에서 건강, 웰빙, 행복을 누리도록 하는 것이다.

더 나아가 커뮤니티 셰어하우스의 경우 전용면적이 적기 때문에 계절물품을 보관하는 데 어려움을 겪을 수 있다. 예를 들어 겨울철에는 사용하지 않는 선풍기, 여름

- 우암동 82번 국가기초구역의 현재 주택들은 일제 강점기 소마굿간을 개조한 것으로 대부분 노후불량주택으로 거주 환경이 매우 열악하여 전면 철거가 불가피함
- 주민들의 주거지 이동이라는 불편함 없이 주택의 층수를 높여서 셰어하우스를 건축하여 대다수가 빈곤취약계층인 마을 주민들의 재정착이 가능하도록 하여야 함
- 다른 한쪽 편은 도로 접도율과 공공시설의 공유화를 고려하면서 건축하되 남은 공간은 쉼터 등 공동체 유지를 위한 시설들을 도입함 (예: 커뮤니티 가든, 평상마루, 게이트볼, 간단한 체력단련 운동기구 등)

그림 8-16. 빈집 밀집지구에 셰어하우스와 마을 공공시설(커뮤니티 가든, 평상마루 등)을 조성하는 방안

이불 등을 보관하고 여름철에는 겨울 이불, 난방기 등을 보관할 수 있도록 유휴토지에도 공동 창고시설이나 택배 수령함을 설치할 수도 있다.

구도심의 유휴·방치부동산 밀집지구에 셰어하우징 공급을 통해 주민들의 재정착이 가능하도록 하고 남은 유휴토지에 이들의 건강과 쉼을 위한 쉼터를 조성하는 것이 매우 필요하다. 시멘트로 포장된 아주 좁은 필지로 나누어진 불량주거지구를 정비하여 건강하고 쾌적한 환경을 제공하는 것뿐만 아니라 기후변화에 대응하여 재해피해를 줄이고 온실가스 배출을 줄일 수 있도록 하는 것이 매우 필요하다. 주민들이 필요로 하는 생태계 서비스를 제공하는 것이 무엇보다도 필요하다. 쌈지공원이나 생태공원과 같이 설치·관리 비용이 크게 들지 않고 자연 그대로의 경관을 가급적 살릴 수 있는 쉼터 공간을 조성하는 것이 바람직하다.

구도심의 대부분이 콘크리트로 포장되어 빗물이 땅으로 침투되지 못하는 실정이다. 폭우 시 일시적으로 물의 양이 증가하여 도로에 물이 차고 저지대가 침수되는 등의 문제점이 발생한다. 유휴지를 활용하여 빗물침투 및 저류시설을 설치할 수 있다. 도시 내 부족한 빗물침투공간의 확보를 위하여 유휴지를 사용하는 경우 토지의 이용효율을 높이고 빗물의 지하유입을 통한 열섬 현상 해소 등 도시환경문제도 해결할 수 있다. '자연마당'은 유휴·방치된 공간에 쉼터와 휴식처를 조성하여 자연이 주는 그대로의 혜택을 주민들이 보다 많이 누릴 수 있도록 한다. 유휴·방치부동산 밀집지구의 셰어하우징 단지 주변에 생활환경을 개선하기 위하여 마을진입로와 주차장, 누리길(산책길) 등 여가 휴식 공간 조성이 바람직하다.

(2) 노후·미활용 산업부지를 활용한 스테이케이션 레포츠 공간 만들기

스테이케이션(Staycation)이란 머무르다라는 의미의 'Stay'와 휴가를 의미하는 'Vacation'을 합친 신조어이다. 휴가를 보내기 위해 멀리 떠나는 것보다는 오히려 편안하게 집이나 또는 집 근처에서 휴식을 취하려는 사람들이 늘어나고 있는 추세이다. 즉, 관광이나 여행을 위해 돌아다니는 것보다는 편안하게 쉬며 여가를 즐기고자 하는 것이다. 이처럼 집 근처에서 휴가를 보내는 경우 경비와 준비 시간을 줄이면서 쌓인 스트레스를 풀 수도 있다. 이러한 추세는 특히 저소득층이 밀집하여 거주하는 지역에서 각광 받을 수 있다. 이를 위해 집 근처 동네에서 여가시간을 보낼 수 있는 스테이케이션(Staycation) 공간을 조성하여 저렴하게 여가시간을 보낼 수 있도록 하는 것이다. 유휴·방치 공간에 가벼운 생활체육용 운동시설과 산책로나 오솔길(trail)의 인기가 더욱 높아질 것이다.

한편 레포츠는 레저(leisure)와 스포츠(sport)의 약어이다. 레포츠는 젊은 층에서 노인 층까지 다양한 연령층에 적용 가능하며, 함께 어울려서 여가시간을 이용하여 신체적, 정신적 건강을 추구하는 다양한 운동이라고 볼 수 있다. 즉, 여가시간을 이용하여 할 수 있는 운동이라면 어떤 것이든지 레저 스포츠에 포함된다. 사회, 경제 발전에 따른 국민소득의 향상, 라이프 스타일과 가치관의 변화, 노동시간의 단축 등으로 여가, 휴식 시간이 늘어나면서 레포츠 활동도 급속히 확산되고 있다.

레저를 즐기려는 젊은 세대와 자녀들을 동반한 가족과 함께하는 레포츠 공간에 대한 수요도 증가 추세이다. 이를 위해 집 근처의 유휴방치 공간에 작은 규모의 캠핑장 시설 공급 및 정원 바베큐 및 간단한 체력단련 시설(배드민턴, 줄넘기, 체력단련기구 등 포함)도 갖출 수 있다. 특히 물을 이용한 소규모 공원 조성도 바람직하다.

그림 8-17. 미활용 산업부지를 활용한 스테이케이션 레포츠 공간 구상

생물 서식 공간은 빗물 등을 이용한 습지로 조성해 수생정화식물과 습지 주변 교목, 초목류를 심어 소생물이 살 수 있는 환경을 제공하는 것이다. 도시 내 방치된 노후산업부지나 미활용되고 있는 산업부지를 생태환경적 측면에서 도시민이 즐길 수 있는 맑은 물과 깨끗한 공기, 다양한 생물이 더불어 살아가는 장소로 만들어 생태계 서비스를 공급하면서 도시민들에게 가까운 인근에서 휴식을 취할 공간을 제공하는 것이다. 특히 자연마당이 조성되면 도심에서도 다양한 생물들을 접할 수 있고 도시 기후변화 완화, 도시 생태적 건전성 향상은 물론, 휴식·체험·학습 공간 등 자연이 주는 혜택을 누릴 수도 있을 것이다.

그림 8-18. 미분양 산업부지를 스테이케이션 레포츠 공간으로 조성하는 방안

(3) 폐교를 활용한, 함께 늙어가는 시니어 코하우징(Senior Cohousing) 조성[3)]

우리나라 대부분의 도농통합시는 농촌을 포함하고 있어 다른 도시들에 비해 고령화 수준이 매우 높다. 특히 자녀들이 모두 떠나 노인 부부나 혼자 사는 노인들이 급증하면서 노인을 돌보는 일이 매우 중요한 이슈로 부각되고 있다. 노인들을 위한 실버타운이 조성되고 있으나, 이는 경제적인 여유가 있는 일부 노인 계층만 입주가 가능하다. 또한 이러한 시설들은 노인의 거주지와 떨어진 곳에 위치하고 있어 자신의 거주지에서 계속 머물고 싶어 하는 노인들이 낯선 환경에 적응해야 하는 문제도 안고 있다.

자녀들이 다 떠나고 혼자 남은 노인들의 외로움과 우울증으로 인해 우리나라 노인 자살률은 OECD 국가들 가운데 가장 높다. 따라서 노인들이 일상생활에서 함께 먹고 돌보고 즐기는 공동체적 삶을 영위하면서 사회적으로나 경제적으로 이점을 얻을 수 있는 코하우징 조성이 매우 필요하다. 코하우징(cohousing)이라는 용어는 말 그대로 여럿이서 함께 지내는 주택이다. 1970년대에 덴마크에서 시작된 코하우징은 여러 세대가 독립된 개인생활 영역을 가지면서 공동생활시설, 공동옥외공간 등의 공유공간을 마련해 함께 모여 사는 주거단지를 말한다. 즉, 프라이버시가 존중되는 개인공간을 소유하면서, 다양한 공동공간에서 이웃과의 친밀한 교류를 가지는 공동체적 삶의 방식이라고 할 수 있다. 최근 나이 듦에 대한 관심이 높아지면서 '공동체에 참여하는 노령화(Engaged aging)', '공동체 속에서 나이 들기(AIC, aging in community)' 개념이 확산되고 있는 가운데, 코하우징은 신체기능이 약해져 돌봄이 필요하고 정서적으로 유대감을 원하는 노인들에게 유용한 주거방식이 될 수 있다.

이러한 코하우징을 성공적으로 잘 운영하고 있는 나라는 스웨덴이다. 스웨덴의 소켄스투간 시니어 코하우징(Sockenstugan senior cohousing)은 스톡홀름 남부의 교외의 섀르토프(Karrtorp)에 위치한 공영임대 코하우징이다. 교외에 위치하고 있는 작은 마을이지만, 전차를 타면 15분 이내에 스톡홀름 중심지에 도착할 수 있고 여러 노선의 버스 정류장이 있어 교통이 편리하다. 도심지에는 여러 개의 슈퍼마켓, 음식점, 중고품 가게, 약국, 은행 등이 있으며 극장과 영화관도 있다. 소켄스투간의 주민은 40세 이상이면서 동거하는 자녀가 없는 건강한 노후 세대로, 취사, 청소, 정원관리 등 공동작업에 참여하고 공동생활에 관심이 있어야만 한다. 소켄스투간에 입주하려면 우선 주택조합에 가입하고 주택조합은 스톡홀름 지방정부의 공영임대 주택회사와 임대계약을 맺고 조합원들에게 아파트를 재임대한다. 공동체 안에는 20개의 작업그룹이 있어서 공동활동을 운영하고 주택을 관리한다. 취사, 정원관리, 청소작업은

---

3) 이희연·한수경(2014)의 내용을 요약함.

의무 사항이지만 그 외의 공동식사, 정원사용은 의무가 아니다. 휴가철을 제외하고는 월~금요일까지 주 5회 공동 저녁식사를 하고 평일 오후에는 언제나 함께 커피를 마신다. 소켄스투간에서는 공동활동에 주민 모두가 공평한 업무량을 가지고 누구나 최소한 1개 이상의 작업그룹에 소속한다. 취사당번은 10~12명이 1조로 구성되고 월~금까지 일주일간 담당한다. 당번들은 2주 전에 만나서 메뉴를 결정하고 계획을 세운다. 주민들은 공동으로 계단과 커먼하우스를 청소하고, 1년에 한 번 취미실, 부엌, 창문 등의 대청소도 한다. 주민들이 계단청소를 하고 봄, 가을에 모두 모여 정원에 꽃을 심고 정원관리 비용은 주택회사로부터 환불받는다. 이와 같이 스웨덴의 코하우징의 성공은 공동체 주택 내의 주민 간에 긍정적 관계성이 지속될 수 있도록 커뮤니티 공간을 조성하고 공동활동을 구성하며 주민들이 자발적으로 적극 참여하는 공동활동 프로그램과 이 프로그램을 수행할 수 있는 커뮤니티 공간을 공동으로 사용하면서 갈등이나 불만이 발생하지 않도록 사전에 방지하고 공동체 주택의 원활한 운영과 지속가능성을 유지하기 위해 노력하고 있다

우리나라에도 이러한 시니어 코하우징을 폐교를 활용하여 공급하는 경우 잠재적 이점이 상당히 많을 것이다. 노인들은 오래 거주해 온 동네에 대한 애착도가 높으며, 이웃들과 맺어온 사회적 관계망이 매우 끈끈하다. 폐교를 활용한 '마을형 시니어 코하우징'은 노인들이 원래 살고 있던 지역에 계속 머무르면서 양질의 삶을 공유할 수 있는 방안이 될 수 있다. 특히 폐교의 경우, 주민들 스스로 혹은 그들의 자녀들이 다녔던 경험이 있는 추억의 공간으로, 정서적으로 매우 중요한 공간이다. 독립된 생활을 존중받으면서도 노년의 고독감과 혼자 사는 불편함을 덜 수 있는 새로운 형태의 주거 공동체를 '이질적이고 낯선 공간'이 아닌 '친숙한 장소'에 만들어 줌으로써, 노인들은 삶의 단절 없이 편리하고 건강한 생활을 이어나갈 수 있다. 마을형 시니어 코하우징은 노인요양시설에서 제공하는 일방적인 부양 방식이 아니라, 이웃이자 친구로 오랜 시간 한 동네에서 함께 살아온 이들이 같은 공간에 거주하면서 서로서로 도움을 주고받는 상부상조의 부양 방식으로 운영된다. 가까운 이웃이 먼 친척보다 낫다는 말과 같이 이제 이웃이 제2의 가족의 역할을 하는 것이다.

마을형 시니어 코하우징은 위치적으로나 기능적으로 동네 주민들의 일상적 통행과 방문이 이루어지는 곳이다. 이곳에 마을회관이나 보건소 등 지역 주민들이 자주 찾는 공공서비스시설이 함께 들어온다면 지역 커뮤니티와 상시적으로 소통할 수 있게 된다. 또한 문화·복지공간(운동시설, 노래교실, 족욕탕, 찜질방 등) 및 의료서비스를 지역주민들에게 개방함으로써 주민 전체가 코하우징을 중심으로 하나의 지역 공동체를 형성할 수도 있다. 즉, 코하우징 내에 노인용 공간과 일반주민용 공간을 함께 조성하여 지역주민들이 '함께 한다'는 느낌과 소속감을 가질 수 있어 노인과 지역주

민들의 통합을 자연스럽게 도울 수 있다. 고향을 찾는 젊은이들이 코하우징 공간에 자주 방문함으로써, 코하우징은 노인들의 고립을 극복하고 활력이 넘치는 공간이 될 수도 있다. 이와 같이 마을형 시니어 코하우징은 가장 확실한 사회적 연결망으로 작동할 수 있으며, 서로에 대한 깊은 이해와 유대감이 형성되어 '안전과 소속감'을 유지시켜 줄 수 있다. 최근 인구가 감소하여 정주여건이 악화되고 있는 과소화 지역에 거주하고 있는 주민들에 대한 대책이 요구되고 있는 상황에서 폐교를 이용한 시니어 코하우징은 종합복지서비스를 제공해 줄 수 있는 좋은 방안이 될 수 있다.

노인들에게 필요한 서비스라고 하면 가장 먼저 떠오르는 것이 의료서비스일 것이다. 나이가 들수록 병원 방문 빈도가 높아지나, 지리적·경제적 어려움으로 인해 의료서비스를 제대로 받지 못하는 노인들이 많다. 특히, 의료시설이 매우 부족한 읍·면에 거주하는 노인의 경우, 누군가 병원에 데려다주지 않을 경우 띄엄띄엄 오는 버스를 타고 직접 병원에 찾아가야 하는 힘든 상황에 처하게 된다. 이러한 불편함 속에서 치료받는 것을 차일피일 미루다가 병이 더 악화되어 큰 위험에 처하는 경우도 종종 발생하고 있다. 뿐만 아니라, 특별히 아픈 데가 없고 거동하는 데 큰 지장이 없다 하더라도 노인들은 나이가 들어감에 따라 꾸준한 건강관리 서비스를 필요로 하기 때문에, 근거리에서 상시적인 의료서비스를 쉽게 접할 수 있도록 하는 것이 중요하다. 노인들은 의료서비스 외에도 일상생활의 많은 부분에서 도움을 필요로 한다. 가령, 매일 반복되는 식사준비에서부터 생필품 구입 및 쇼핑, 빨래 및 청소, 위생관리, 병원가기, 산책하기, 운동하기 등 일상의 거의 모든 부분에서 돌봄이 요구되고 있다. 한 동네에 사는 노인들이 마을회관이나 경로당에 모여 매일 식사 한두 끼니를 함께 해결하면서 낮 시간을 보내는 것으로는 노인들이 필요로 하는 다양한 욕구들을 충족시켜주기 힘들다. 더군다나 상대적으로 거동이 어려운 노인들에게 있어 일상생활을 영위하는 가장 기본적인 활동 자체가 힘들 수 있다. 한편, 자녀를 모두 떠나보낸 노인 부부나 독거노인들의 경우 외로움, 고립감과 같은 부정적인 감정에 빠져들기 쉽다. 이들은 고독감을 해소하고 안정감을 얻기 위하여 타인과의 접촉 및 사회적인 활동을 원한다. 따라서 노인들이 다른 이들과 어울려 살면서 가족적이고 아늑한 느낌이 들도록 하는 동시에, 심신을 건강하게 가꿀 수 있도록 다양한 여가활동과 심리치료 등이 함께 제공될 필요가 있다.

폐교를 활용한 시니어 코하우징을 거점으로 삼아 흩어진 노인들의 수요를 모으고, 이곳에서 의료, 조리, 여가활동 등의 다양한 프로그램을 원스톱으로 제공할 수 있다. 시니어 코하우징에 보건소를 입주시키거나 정기적인 의료진이 방문함으로써 상시적인 의료서비스와 건강관리 프로그램을 제공하고, 영양사를 고용하여 규칙적이고 균형 있는 식사를 제공하며, 사회복지사, 요양보호사, 노인심리치료사 등을 통해

폐교를 활용하여 시니어 코하우징을 조성하는 방안

■ 비용:
폐교를 활용하여 시니어 하우징을 조성하는 경우, 지자체는 예산의 큰 지출 없이 노인복지를 현실화할 수 있다. 건물이 세워져 있는 공공부지를 재활용하는 형태이기 때문에 사설 요양원에 비해 초기 투자비용이 적다. 코하우징 특성에 맞게 기존 건물을 리모델링하는 데 복지예산을 일부 투입함으로써 노인들이 사설 요양시설에 비해 저렴한 비용으로 입주할 수 있도록 도울 수 있다. 한편, 시니어 코하우징을 운영하는 데 드는 비용은 정부에서 고령자들의 생활을 돕기 위해 지급하는 기초연금을 활용할 수 있다. 현행 기초노령연금제도 도입으로, 65세 이상 노인의 70%(상위 30% 제외)에게 매월 20만원의 기초연금이 지급된다. 부부의 경우 한 명당 20만원의 80%로 16만원씩, 합쳐서 총 32만원을 받게 된다. 이에 근거하여, 노인부부 5가구, 노인 단독 10가구 등 총 20명이 시니어 코하우징에 입주한다고 가정해보면, 이들이 매월 받게 되는 기초연금을 합산하면 총 360만원이 된다. 혼자 혹은 부부 둘이 최소한의 생활을 유지하는 데 있어서, 20만원 혹은 36만원은 적은 돈일 수 있다. 하지만 함께 모이면 따로 거주할 때보다 1인당 식료품 및 생필품 구입비, 냉난방비 등 생활비가 줄어들 수 있기 때문에, 360만원이라는 돈으로 함께 식사하고 필요한 것들을 구매하는 데 충분히 활용할 수 있다. 식사의 경우, 마을회관이나 경로당에서 이루어지는 것과 유사하게, 입주 노인들 중에서 상대적으로 젊고 건강한 노인들이 당번을 정하여 준비한다면 영양사를 고용하는 비용을 줄일 수도 있을 것이다. 더 나아가 지자체에서 시설구축 및 보수비, 의료서비스 등 일부 운영비를 지원해준다면, 노인들은 함께 모임으로써 규모경제 효과를 가져와 양질의 서비스를 누릴 수 있다.

■ 운영 방식:
마을형 시니어 코하우징은 기본적으로 최소 생계를 노인들이 자율적으로 꾸려나가는 방식으로, 자립적 생활을 통해 노인들의 일상생활 만족감을 높여주는 것이 바람직하다. 이는 행정적인 면에서도 노인 부양에 사용되는 사회적 비용 지출을 줄여나갈 수 있다. 현재 활용되지 않고 있는 폐교를 활용할 경우, 노인들의 공동 거주공간으로서의 기능과 더불어 마을 주민들도 함께 이용할 수 있는 종합복지센터로서의 기능을 수행할 수 있다. 따라서 입주자를 위한 개별생활공간을 제외한 공동생활공간과 공동옥외공간은 입주자뿐만 아니라 마을주민들도 함께 이용할 수 있는 공간으로 구성하여 운영하는 것이 바람직하다.

■ 공간 배치:
시니어 코하우징은 개별주거공간과 공동생활공간, 공동옥외공간으로 구성하며, 고향을 방문하는 사람들을 위한 게스트룸이 추가될 수 있다. 마을의 중심 기능을 수행하는 마을회관이 입주한다. 또한 모든 공간이 거동이 불편한 노인들도 편리하게 이용하도록 물리적인 제약이 없도록 폐교를 리모델링한다. 개인생활공간의 경우 노인부부 혹은 단독노인 등 입주자 특성에 맞도록 개인 공간을 구성한다. 또한 공동생활 침실(4~6명)을 마련해 함께 지내기를 희망하는 입주자들이 서로 어울리며 사용한다. 또한 개인 및 부부침실(1~2명)을 마련하여 프라이버시 보호를 희망하는 입주자를 위한 공간으로 사용한다. 공동생활공간은 생활서비스(공동식당, 목욕탕), 케어서비스(물리치료실), 오락서비스(문화교실), 마을회관 등의 기능을 복합적으로 구성한다. 공동식당은 취사를 위한 주방공간은 공동으로 사용하고, 영양사나 조리사가 식사를 돕는다. 목욕탕(찜질방)은 목욕탕이나 찜질방이 없는 농촌 지역의 특성을 고려하여 지역주민들과 공동으로 사용하고, 입주자가 아닐 경우에는 약간의 사용료를 받는 방식으로 운영한다. 물리치료실(진료실)은 수시로 사용가능하며, 외부에서 의료진이 방문할 경우 진료실로 사용한다. 문화교실은 입주자뿐만 아니라 지역사회의 다양한 희망자가 함께 참여하며, 호응도가 높은 노래 교실을 비롯한 각종 활동 프로그램(미술, 공예, 영화 등 취미활동과 사교활동을 위한 프로그램 구성)을 진행한다.

공동옥외공간은 입주자들이 건강한 삶을 유지할 수 있도록 다양한 야외활동이 이루어지는 공간으로 구성한다. 게이트볼장은 게이트볼은 쉽게 배울 수 있고 육체적으로도 무리가 없어 노인들이 즐기기 좋은 스포츠이며, 운동장 일부 공간을 이용하여 게이트볼장을 쉽게 조성할 수 있으므로, 활용도가 높다. 족욕장도 혈액순환을 좋게 하는 족욕을 즐길 수 있는 공간을 외부에 조성하여, 입주자들과 방문자들이 함께 이용할 수 있도록 함으로써 자연스러운 교류가 이루어질 수 있다. 더 나아가 텃밭은 입주자들이 직접 채소를 재배함으로써 건강한 먹거리를 확보하고, 재배과정을 통해 삶의 활력소를 갖게 한다. 더 나아가 고향을 찾은 자녀들이나 외지에서 온 방문자들이 이용할 수 있는 게스트하우스 공간을 만들어 단기 숙박하도록 한다.

노인들의 육체적, 정서적 치유를 도모할 수 있을 것이다. 또한, 공동생활을 함으로써 개별 노인 가구의 여름철과 겨울철의 냉·난방비 걱정을 덜 수도 있으며, 공동으로 냉·난방함으로써 에너지적인 면에서도 효과적일 수 있다. 그리고 무엇보다도 노인들에게 다양한 여가활동을 제공함으로써 한곳에 모여 사는 즐거움을 느끼도록 해주는 것이 중요하다. 이를 위해 실내에서의 여가행위를 위한 TV 시청 및 고스톱 공간, 카페공간, 찜질방 등과 야외에서의 여가행위를 위한 게이트볼장, 텃밭, 족욕탕 등의 시설을 함께 제공해 줄 수 있을 것이다. 또한 이러한 시니어 코하우징은 입주한 노인들만이 이용하는 폐쇄적인 공간이 아니라, 지역사회에 열린 공간으로서 지역 주민들 누구나가 이용할 수 있는 종합복지케어공간으로서의 기능을 갖도록 하는 것이 바람직하다.

(상주시 삼남분교는 2013년 3월1일에 외남초등학교로 통폐합되어 폐교된 이후 아직까지 활용되지 못하고 있으나, 남향 건물에 운동장도 비교적 넓은 편이며, 조경도 잘되어 있음)

출처: (상)http://blog.daum.net/siretoko/6488752; (하) 필자 현지 촬영

그림 8-19. 폐교된 상주시 삼남 분교

• 마을형 시니어 코하우징으로 탈바꿈된 삼남분교의 모습 시뮬레이션 구상
- 폐교의 넓은 운동장은 공동옥외공간을 구성하는 데 있어 활용도가 매우 높음 -

출처: 이희연·한수경(2014), p.187.

그림 8-20. 폐교를 시니어 코하우징으로 활용하는 새로운 도시재생 방안 모색

(4) 기후변화 대응을 위한 유휴·방치부동산의 재활용 기회 극대화

인구감소에 따라 도시에서 늘어나고 있는 유휴·방치부동산을 재활용하는 경우 도시농업의 확대, 신재생에너지 생산시설의 확대, 에너지 자급률 향상 등을 기대할 수 있으며, 특히 기후변화에 대응할 수 있는 방안의 하나가 될 수도 있다. 최근 도시농장(urban farm)을 도시엄마(urban mom)라고 부를 정도로 도시농장의 효과는 상당히 큰 것으로 잘 알려져 있다. 요즘 아이들이 겪는 건강 문제의 주요 원인이 '자연결핍'에서 연유된다고도 볼 수 있다. 어릴 적의 식습관은 어른이 되어서도 유지되기 때문에 어릴 때부터 바른 식습관을 형성시켜주는 것은 매우 중요하다. 무엇보다도 식습관이 올바르게 형성되지 못하면 어린 나이에도 성인병이나 당뇨병 등을 유발하기 때문에, 건강을 유지하는 올바른 식습관 및 운동을 통해 건강한 신체를 유지하는 것이 중요하다. 이런 점을 고려해볼 때 도시농장은 청소년들에게 자신들이 살고 있는 인근에서 농작물 재배 과정을 배우고, 직접 키우며, 자연과 친근해지고 신선한 야채를 먹는 식습관을 형성할 수 있는 기회를 제공한다는 점에서 청소년들이 정신적,

신체적 건강을 유지하는 데 상당히 기여할 수 있을 것이다. 따라서 유휴지나 자투리 땅, 또는 학교 건물옥상이나 학교 부지에 소규모 도시텃밭이나 스쿨팜(school farm)을 조성하고 농작물을 재배하는 방법을 교육하는 방안이 검토되어야 할 것이다.

학교에서 시행되는 스쿨팜은 학생들의 건강을 지켜줌과 동시에 교육적 효과를 거두는 것으로 알려져 있다. 미국 캠브리지에 있는 비영리기관인 CitySprouts는 스쿨팜(학교 농장) 프로그램을 보스턴과 캠브리지의 공립학교 학생들에게 교육시키는 일을 담당하고 있다. 이 프로그램을 통해 해당 학교 학생들에게는 자연과 친화하면서 손수 농작물을 재배하고 또 신선한 농산물을 먹는 일련의 과정이 교육과 연관되어 이루어지고 있다. 학교 농장 프로그램은 점차 초등학교에서 증등학교로까지 이어지고 있다.

보스턴의 CitySprouts

CitySprouts는 메사추세츠 주의 캠브리지에 있는 비영리조직이다. CitySprouts는 보스턴과 캠브리지의 공립학교가 입지한 커뮤니티 내에 학교 농장(school graden)을 조성하기 위해 공립학교 교사 및 기타 학교 직원들과 파트너십을 가지고 있다. CitySprouts는 지역 농민, 레스토랑 요리사, 보스턴과 캠브리지의 식품 서비스 프로그램 당당자들과 긴밀한 협력하에서 도시에 거주하는 학교 학생들에게 농작물 재배과정을 경험하게 하고, 신선하고 건강한 식품을 먹도록 하는 데 목적을 두고 있다. 2001년부터 CitySprouts는 이러한 활동을 보스턴뿐만 아니라 캠브리지의 모든 공립 초등학교까지 확대하고 있다. 특히 봄과 가을 시기에는 CitySprouts 직원들이 야외수업의 일환으로 학교 정원 활동을 교육하도록 지원하고 있다. CitySprouts의 농장 코디네이터는 4~11월 동안 주당 10시간씩 각 담당 학교에서 농장을 유지, 관리하는 일과 교사들이 핵심 교과과정을 확대하여 농장 관련한 교재를 개발하는 데 도움을 주고 있다. CitySprouts의 파트너 학교들에서 근무하는 교사들의 경우(캠브리지의 경우 교사의 83%, 보스턴의 경우 교사의 55%) CitySprouts로부터 학교농장에 관한 지원 교육을 받고 있다.

CitySprouts 중학교 프로그램은 2007년에 도입되었다. 특히 청소년들이 학교 농장에서부터 시작하여 로컬 환경의 자연생태에 대해 직접 배울 수 있는 기회를 제공하는 목적으로 이루어졌다. 방과 후 학교 프로그램으로도 현재 4개 캠브리지 학교에서 시행되고 있다. 과학, 기술, 공학, 수학(심화학습에 초점을 맞추고 있는 과목들)을 배우는 학생들에게도 이 프로그램은 그들의 음식 선택에 긍정적인 변화를 주는 것으로 나타나고 있다. 캠브리지 CitySprouts '여름 프로그램'은 젊은 사람들이 인턴십으로 참가하여 학교농장을 통해 농작물을 재배하여 신선한 식품으로 건강한 점심을 먹으면서 자신들이 지닌 지식과 과학을 적용하고 더 나아가 지역사회에 기여하는 훈련을 받을 수 있는 기회를 제공하고 있다.

출처: https://en.wikipedia.org/wiki/CitySprouts; www.citysprouts.org

또한 일본의 이지마 초등학교에서는 '쌀'을 주제로 하여 농업인이 교육하고 학생들이 직접 모내기를 하고, 수확 후 볏짚을 가지고 짚신을 만들어 수학여행 때 등산화 대용으로 신기도 한다. 일본의 농업인들은 '또 다른 선생님'으로서의 역할을 하며 '쌀'의 전통 문화성을 강조하고 '먹을거리 교육'의 기능을 강화하고 있다(오창길, 2013).

우리나라에서도 도시농장은 청소년에게 교육적 측면에서 그 가치가 충분히 높고 건강 증진에도 도움을 줄 수 있는 일거양득인 면이 있다. 즉, 교육적 측면에서 여러 농작물에 대해 배울 기회를 제공하고, 학생들의 오감을 자극하며, 자연 속에서의 다양한 신체활동을 통해 건강을 증진시키고, 자신이 직접 기른 채소를 섭취함으로서 올바른 식습관을 형성할 수 있다. 따라서 인구 감소로 인해 지속적으로 유휴·방치부동산이 발생하는 도시를 대상으로 유휴지를 도시농장으로 활용할 수 있는 가능성을 극대화시키는 방안은 도시재생 측면에서도 새로운 대안이 될 수 있을 것이다.

한편 인구감소 시대의 미사용 또는 방치된 유휴공간은 안전상의 위험과 미관상의 문제를 제기하지만, 기후변화 대응 측면에서 볼 때 유휴지를 신재생에너지의 설치 공간으로 활용한다면 유휴지 발생은 또 다른 기회이기도 하다. 사례지인 부산시 강서구의 경우, 199,865㎡의 유휴·방치부동산에 12,513kW의 태양광 발전시설을 설치할 수 있으며, 이를 통해 5,955tCO_2의 온실가스를 감축할 수 있을 것으로 추정되었다. 태양광 발전은 온실가스뿐만 아니라 나대지와 같은 비산먼지 배출원에서 발생되는 미세먼지를 최소화할 수 있어 대기오염 개선에도 도움을 줄 수 있다. 우리나라의 경우 태양광 발전 보급률은 비교적 높은 편이지만, 낮은 경제성과 설치 공간의 부족으로 인해 태양광 발전 설치 부지를 선정하는 데 어려움이 있다. 태양광 발전시설은 일반 나대지, 건물의 벽면, 옥상 등 적합한 공간만 있으면 설치할 수 있다는 장점을 살린다면 유휴·방치부동산은 태양광 발전시설 설치 장소로 상당한 가능성을 보여줄 것이다. 사례지인 강서구의 경우, 태양광 발전시설 설치 시 현행 신재생에너지공급의무화제도에서는 경제성을 기대하기 힘들지만, 서울시에서 진행하고 있는 서울형 발전차액제도를 적용할 경우 경제적 타당성도 기대할 수 있는 것으로 나타났다. 따라서 유휴·방치부동산을 활용하여 태양광 발전시설 설치를 활성화하기 위해서는 어느 정도 정부의 지원이 필요하다.

향후 인구 감소와 기후변화 시대에 선제적으로 대응하여 이러한 변화로부터 올 수 있는 충격을 완화하고 보다 지속가능한 도시를 지향해 나가기 위해서는 방치된 유휴공간이나 미사용되고 있는 산업부지를 활용하여 태양광 발전시설 설치 활성화를 증진할 수 있는 제도적 뒷받침이 필요하다. 특히 현행 제도하에서는 신재생에너지 공급인증서(REC)에서 책정한 태양광 발전에 대한 REC 가중치가 기존에 사용하던 건물을 활용하는 방안과 일반 부지를 활용하는 방안으로만 나누어져 있다. 아직까지 유휴·방치부동산을 활용하는 경우 REC는 책정되어 있지 못하다. 따라서 기후변화 시대에 대응하여 신재생에너지 보급의 활성화를 위해서는 유휴·방치부동산에 적용되는 신재생에너지원에 대한 REC 가중치가 추가되어야 하며, 이를 시행할 수 있는 관련 법 및 제도의 개선이 필요하다.

표 8-1. 신재생에너지 원별 가중치 현황

구분	공급인증서 가중치	대상에너지 및 기준	
		설치유형	세부기준
태양광 에너지	1.2	일반부지에 설치하는 경우	100kw미만
	1.0		100kW부터
	0.7		3,000kW초과부터
	1.5	건축물 등 기존 시설물을 이용하는 경우	3,000kW이하
	1.0		3,000kW초과부터
	1.5	유지의 수면에 부유하여 설치하는 경우	
기타 신재생 에너지	0.25	IGCC, 부생가스	
	0.5	폐기물, 매립지가스	
	1.0	수력, 육상풍력, 바이오에너지, RDF 전소발전, 폐기물 가스화 발전, 조력(방조제 有)	
	1.5	목질계 바이오매스 전소발전, 해상풍력(연계거리 5km이하), 수열	
	2.0	연료전지, 조류	
	2.0	해상풍력(연계거리 5km초과), 지열, 조력(방조제 無)	고정형
	1.0~2.5		변동형
	5.5	ESS설비(풍력설비 연계)	'15년
	5.0		'16년
	4.5		'17년

출처: 산업부「신·재생에너지 공급의무화제도 및 연료 혼합의무화제도 관리·운영지침」

참고문헌

고야베 이쿠코 (小谷部育子) (2013). 컬렉티브하우스-언제나 함께하고 언제든 혼자일 수 있는 집. 지비원 (옮긴이). 서울: 퍼블리싱 컴퍼니.

박인권 (2015). "도시의 공공성 ; 포용도시 개념과 한국의 경험". 공간과 사회. 25(1). 95-139.

성은영 외 (2015). 지역특성을 고려한 스마트 축소 도시재생 전략 연구, 건축도시공간연구소.

양민철 (2015. 2. 13). 전세난 시대, 도시 잠식하는 '빈집'. 국민일보.

오창길 (2013). 사계절 자연 빙고 (놀면서 배우는). 뜨인돌어린이.

우귀화 (2013. 6. 26). '한지붕 여러가족' 공동체 주택 아시나요. 경남도민일보

이희연·한수경 (2014). 길 잃은 축소도시 어디로 가야하나. 안양: 국토연구원.

전은호 (2012). 공동체 토지신탁과 마을 만들기 발표자료(2012-12-17일).

조성찬 (2015). 상생도시 : 토지가치 공유와 도시재생. 서울: 알트.

한수경 (2016). 유휴·방치부동산의 유형별 발생 특성과 고착화에 관한 연구-전라북도 익산시를 사례로. 서울대학교 박사학위논문.

Accordino, J. and Johnson, G. T. (2000). "Addressing the vacant and abandoned property problem". *Journal of Urban Affairs*, 22(3), 301-315.

Benkler, Y. (2004). "Sharing nicely: on shareable goods and the emergence of sharing as a modality of economic production". *Yale Law Journal,* 114, 273-358.

Cleveland City Planning Commission (2008). Re-Imaging a More Sustainable Cleveland: Citywide Strategies for Reuse of Vacant Land.

Colomb, C. (2012). "Pushing the urban frontier: temporary uses of space, city marketing and the creative city discourse in 2000s Berlin". *Journal of Urban Affairs*, 34(2), 131-152.

Colomb, C. (2015). 'DIY urbanism' in Berlin: dilemmas and conflicts in the mobilization of 'temporary uses' of urban space in local economic development, Workshop 'Transience and Permanence in Urban Development' University of Sheffield.

Cupers, K, and Miessen, M. (2002). *Spaces of Uncertainty.* Wuppertal: Mulller and Busmann.

Groth, J. and Corijn, E. (2005). "Reclaiming urbanity: indeterminate spaces, informal actors and urban agenda setting". *Urban Studies,* 42(3), 503-526.

Hentila, H. and Lindborg, T. (2003). Temporary uses of central residual spaces as urban development catalysts. A paper presented at ERSA Congress.

Hollander, J. (2009). *Planning Shrinking Cities.* Urban, Environmental Policy and Planning Department, Tufts University.

Lessig L. (2008). *Remix: Making Art and Commerce Thrive in the Hybrid Economy.* New York: The Penguin Press.

McLaren, D. and Agyemann, J. (2015). *Sharing Cities: A Case for Truly Smart and Sustainable Cities.* MIT Press.

National Vacant Properties Campaign(NVPC) (2005). *Vacant Properties: The True Costs to Communities.* Washington, DC: Author.

OECD (2014). All on Board making Inclusive Growth Happen.

Pagano, M. and Bowman, A. (2004). *Terra Incognita: Vacant Land and Urban Strategies.* Washington DC: Georgetown University Press.

PwC (2014). Five key sharing economy sectors could generate £9 billion of UK revenues.

Rifkin, J. (2014). *The Zero Marginal Cost Society: The Internet of Things, the Collaborative Commons, and the Eclipse of Capitalism.* Palgrave: MacMillan.

Samans, R., Blanke, J., Corrigan, G., and Drzeniek, M. (2015). *The Inclusive Growth and Development Report 2015.* World Economic Forum.

Schilling, J. and Logan, J. (2008). "Greening the rust belt". *Journal of the American Planning Association,* 74(4), 451-466.

Shai, D. (2006). "Income, housing, and fire injuries-a census tract analysis". *Public Health Reports*, 121, 149-154.

Shaw, K. (2005). "The place of alternative culture and the politics of its protection in Berlin, Amsterdam and Melbourne". *Planning Theory and Practice*, 6(2), 149-169.

Spellman, W. (1993). "Abandoned buildings: Magnets for crime", *Journal of Criminal Justice*, 21, 481-495.

Swann, R. (1972). *The Community Land Trust: A Guide to a New System of Land Tenure in America*, Cambridge, MA: Center for Community Economic Development.

Till, K. (2011). Interim use at a former death strip? Art, politics and urbanism at Skulpturenpark Berlin Zentrum, in Silberman, M. (ed.) *The German Wall. Fallout in Europe.*, Basingstoke: Palgrave Macmillan, 99-122.

UN-Habitat (2015). Habitat III: Issue paper on inclusive cities. United Nations Conference on Housing and Sustainable Urban Development.

Wachter, S. (2005). The determinants of neighborhood transformation in Philadelphia -Identification and analysis: The new kensington Pilot study. Report to the William Penn Foundation.

Wilson, J. and Kelling, G. (1982). "Broken windows: the police and neighborhood safety". *The Atlantic Monthly*, March, 29-38.

World Bank (2009). *What is Inclusive Growth*?. Washington DC: World Bank.

찾아보기

ㄹ

ㅁ

ㅂ

ㅅ

ㅇ

ㅈ

ㅊ

ㅋ

ㅌ

ㅍ

ㅎ

인구감소 · 기후변화 시대의 **공지의 재발견**
-유휴 · 방치부동산 살릴 길 찾다-

인 쇄 일 2017년 6월 12일
발 행 일 2017년 6월 20일

지 은 이 이 희 연 외
발 행 인 김 영 훈
발 행 처 도서출판 문우사 MoonWoo
주 소 경기도 고양시 일산동구 정발산로 24
(장항동, 웨스턴돔타워) 2동 814호
전 화 031) 901-6542, 070) 4200-6542
팩 스 031) 906-6542
이 메 일 moonwoosa@hanmail.net
홈페이지 www.munu.co.kr
출판신고번호 제396-2013-000113호

ISBN 979-11-85994-38-3 93320
정가 30,000원

이 책은 서울대학교 산학협력단의 재원으로 2015년 융복합연구과제 지원사업(No.940-20150005)의 지원을 받아 수행되었음